江苏历代文化名人传·冯梦龙

冯保善 著

江苏文库

研究编

江苏历代文化名人传

江苏文脉整理与研究工程

江苏人民出版社

图书在版编目(CIP)数据

江苏历代文化名人传.冯梦龙/冯保善著.--南京：
江苏人民出版社,2024.3
(江苏文库)
ISBN 978-7-214-28179-1

Ⅰ.①江… Ⅱ.①冯… Ⅲ.①文化-名人-列传-江
苏②冯梦龙(1574—1646)-传记 Ⅳ.①K825.4
②K825.6

中国国家版本馆 CIP 数据核字(2023)第 124019 号

书　　　名　江苏历代文化名人传·冯梦龙
著　　　者　冯保善
出 版 统 筹　张　凉
责 任 编 辑　王翔宇
责 任 监 制　王　娟
装 帧 设 计　姜　嵩
出 版 发 行　江苏人民出版社
地　　　址　南京市湖南路 1 号 A 楼,邮编:210009
照　　　排　江苏凤凰制版有限公司
印　　　刷　苏州市越洋印刷有限公司
开　　　本　718 毫米×1 000 毫米　1/16
印　　　张　28.25　插页 4
字　　　数　410 千字
版　　　次　2024 年 3 月第 1 版
印　　　次　2024 年 3 月第 1 次印刷
标 准 书 号　ISBN 978-7-214-28179-1
定　　　价　95.00 元

# 江苏文脉整理与研究工程

## 总主编

信长星　许昆林

## 学术指导委员会

主　　任　周勋初

委　　员　（按姓氏笔画排序）
　　　　　冯其庸　邬书林　张岂之　郁贤皓　周勋初
　　　　　茅家琦　袁行霈　程毅中　蒋赞初　戴　逸

# 编纂出版委员会

# 出版说明

　　江苏文化源远流长、历久弥新,文化经典与历史文献层出不穷,典藏丰富;文化巨匠代有人出、彪炳史册,在中华民族乃至整个人类文明的发展史上有着相当重要的地位。为科学把握江苏文化的内涵与特征,在新时代彰显江苏文化对中华文化的贡献,江苏省委、省政府决定组织实施"江苏文脉整理与研究工程",以梳理江苏文脉资源,总结江苏文化发展的历史规律,再现江苏历史上的文化高地,为当代江苏构筑新的文化高地把准脉动、探明趋势、勾画蓝图。

　　组织编纂大型江苏历史文献总集《江苏文库》,是"江苏文脉整理与研究工程"的重要工作。《文库》以"编纂整理古今文献,梳理再现名人名作,探究追溯文化脉络,打造江苏文化名片"为宗旨,分六编集中呈现:

　　(一)书目编。完整著录历史上江苏籍学人的著述及其历史记录,全面反映江苏图书馆的图书典藏情况。

　　(二)文献编。收录历代江苏籍学人的代表性著作,集中呈现自历史开端至一九一一年的江苏文化文本,呈现江苏文化的整体景观。

　　(三)精华编。选取历代江苏籍学人著述中对中外文化产生重要影响、在文化学术史上具有经典性代表性的作品进行整理,并从中选取十余种,组织海外汉学家翻译成各国文字,作为江苏对外文化交流的标志性文化成果。

　　(四)方志编。从江苏现存各级各类旧志中选择价值较高、保存较好的志书,以充分发挥地方志资治、存史、教化等作用,保存江苏的地方文献与历史文化记忆。

（五）史料编。收录有关江苏地方史料类文献，反映江苏各地历史地理、政治经济、文化教育、宗教艺术、社会生活、风土民情等。

（六）研究编。组织、编纂当代学者研究、撰写的江苏文化研究著作。

文献、史料、方志三编属于基础文献，以影印方式出版，旨在提供原始文献，以满足学术研究需要；书目、精华、研究三编，以排印方式出版，既能满足学术研究的基本需求，又能满足全民阅读的基本需求。

"江苏文脉整理与研究工程"工作委员会

# 江苏文库·研究编编纂人员

**主  编**

王月清  张新科

**副主编**

徐之顺  姜  建  王卫星  胡发贵  胡传胜  刘西忠

# 一脉千古成江河

## ——江苏文库·研究编序言

樊和平

"江苏文脉整理与研究工程"是江苏文化史上继往开来的一个浩大工程。与当下方兴未艾的全国性"文库热"相比,江苏文脉工程有三个基本特点:一是全面系统的整理;二是"整理"与"研究"同步;三是以"文脉"为主题。在"书目编—文献编—精华编—史料编—方志编—研究编"的体系结构中,"研究编"是十分独特的板块,因为它是试图超越"修典"而推进文化传承创新的一种学术努力。

"盛世修典"之说不知起源于何时,不过语词结构已经表明"盛世"与"修典"之间的某种互释甚至共谋,以及由此而衍生的复杂文化心态。历史已经表明,"修典"在建构巨大历史功勋的同时,也包含内在的巨大文化风险,最基本的是"入典"的选择风险。《四库全书》的文化贡献不言自明,但最终其收书的数量竟与禁书、毁书、改书的数量大致相当,还有高出近一倍的书目被宣判为无价值。"入典"可能将一个时代的局限甚至选择者个人的局限放大为历史的文化局限,也可能由此扼杀文化多样性而产生文化专断。另一个更为潜在和深刻的风险,是对待传统的文化态度。文献整理,尤其是地域典籍的整理,在理念和战略上面临的最大考验,是以何种心态对待文化传统。当今之世,无论对个体还是社会,传统已经不仅是文化根源,而且是文化和经济发展的资源甚至资本。然而一旦传统成为资源和资本,邂逅市场逻辑的推波助澜,就面临沦为消费和运作对象的风险,从而以一种消费主义和工具主义的文化态度对待文化传统和文献整理。当传统成为消费和运作的对象,其文化价值不仅可能被误读误用,而且也可能在对传统的消费中使文化坐吃山空,造就出文化上的纨绔子弟,更可能在市场运作中使文化不断被糟蹋。"江苏文脉整理与研究工程"的"整理工程"以全面系统的整理的战略应对可能存在的第一种风险,即入典选择的风险;以"研究工程"应对第二种可能的风险,即消费主义与工具主义的风险。我们不仅是既往传统的继承者,更应当是未来传统的创造者;现代人的使命,不仅是继承优秀传统,更应当创造新的优秀传统,这便是传统的创造性转化与创新性发展的真义。诚然,创造传统任重道远,需要经过坚忍不拔的卓越努力和大浪淘沙般的历史积淀,但对"江苏文脉整理与研究工程"而言,无论如何必须在"整理"的同时开启"研究"的千里之行,在研究中继承和发展传统。这便是"研究编"的价值和使命所在,也是"江苏文脉整理与研究工程"在"文库热"中于顶层设计层面的拔群之处。

## 一 倾听来自历史深处的文化脉动

20 世纪是文化大发现的世纪,20 世纪以来西方世界最重要的战略,就是文化战略。20 世纪 20 年代,德国社会学家马克斯·韦伯的《新教伦理与资本主义精神》,揭示了西方资本主义文明的文化密码,这就是"新教伦理"及其所造就的"资本主义精神",由此建构"新教伦理+资本主义"的所谓"理想类型",为西方资本主义进行了文化论证尤其是伦理论证,奠定了 20 世纪以后西方中心论的文化基础。20 世纪 70 年代,哈佛大学教授丹尼尔·贝尔的《资本主义文化矛盾》,揭示了当代资本主义最深刻的矛盾不是经济矛盾,也不是政治矛盾,而是"文化矛盾",其集中表现是宗教释放的伦理冲动与市场释放的经济冲动分离与背离,进而对现代西方文明发出文化预警。20 世纪 70 年代之后,亨廷顿的《文明的冲突与世界秩序的重建》将当今世界的一切冲突归结为文明冲突、文化冲突,将文化上升为西方世界尤其是美国国家战略的高度。以上三部曲构成西方世界尤其是美国文化帝国主义的国家文化战略,正如一些西方学者所发现的那样,时至今日,文化帝国主义被另一个概念代替——"全球化",显而易见,全球化不仅是一种浪潮,更是一种思潮,是西方世界的国家文化战略。文化虽然受经济发展制约甚至被经济发展水平所决定,但回顾从传统到现代的中国文明史,文化问题不仅逻辑地而且历史地成为文明发展的最高最难的问题,正因为如此,文化自信才成为比理论自信、道路自信、制度自信更具基础意义的最重要的自信。

在全球化背景下,文脉整理与研究具有重大的国家文化战略意义,不仅必要,而且急迫。文化遵循与经济社会不同的规律,全球化在造就广泛的全球市场并使全球成为一个"地球村"的同时,内在的最大文明风险和文化风险便是同质性。全球化催生的是一个文化上的独生子女,其可能的镜像是:一种文化风险将是整个世界的风险,一次文化失败将是整个人类的文化失败。文化的本质是什么?梁漱溟先生说,文化就是人的生活的根本样法,文化就是"人化"。丹尼尔·贝尔指出,文化是为人的生命过程提供解释系统,以对付生存困境的一种努力。据此,文化的同质化,最终导致的将是人的同质化,将是民族文化或西方学者所说地方性知识的消解和消失;同时,由于文化是人类应对生存困境的大智慧,或治疗生活世界痼疾的抗体,它所建构的是与自然世界相对应的精神世界和意义世界,文化的同质性将导致人类在面临重大生存困境时智慧资源的贫乏和生命力的苍白,从而将整个人类文明推向空前的高风险。应对全球化的挑战和西方文化帝国主义的国家战略,"江苏文脉整理与研究工程"是整个中华民族浩大文化工程的一部分和具体落实,其战略意义决不止于保存文化记忆的自持和自赏,在这个全球化的高风险正日益逼近的时代,完整地保存地方文化物种,认同文化血脉,畅通文化命脉,不仅可以让我们在遭遇全球化的滔滔洪水之时可以于故乡文化的山脉之巅"一览众山小"地建设自己的精神家园和文化根据地,而且可以在患上全球化的文化感冒甚至某种文化瘟疫之后,不致乞求"西方药"来治"中国病",而是根据自己的文化基因和文化命理,寻找强化自身的文化抗体和文化免疫力之道,其深远意义,犹如在今天经过独生子女时代穿越时光隧道,回首当年我们的"兄弟姐妹那么多"

一脉千古成江河

和父辈们儿孙满堂的那种天伦风光，不只是因为寂寞，而且是为了中华民族大家庭的文化安全和对未来文化风险的抗击能力。

"江苏文脉整理与研究工程"是以江苏这一特殊地域文化为对象的一次集体文化自觉和文化自信，与其他同类文化工程相比，其最具标识意义的是"文脉"理念。"文脉"是什么？它与"文献"和文化传统的关系到底如何？这是"文脉工程"必须解决的基本问题。

庞朴先生曾对"文化传统"与"传统文化"两个概念进行了审慎而严格的区分，认为"传统文化"可能是历史上曾经存在过的一切文化现象，而"文化传统"则是一以贯之的文化道统。在逻辑和历史两个维度，文化成为传统都必须同时具备三个条件：历史上发生的，一以贯之的，在现实生活中依然发挥作用的。传统当然发生于历史，但历史上发生的一切，从《道德经》《论语》到女人裹小脚，并不都成为传统，即便当今被考古或历史研究所不断发现的现象，也只能说是"文化遗存"，文化成为传统必须在历史长河中一以贯之而成为道统或法统，孔子提供的儒家学说，老子提供的道家智慧，之所以成为传统，就是因为它们始终与中国人的生活世界和精神世界相伴随，并成为人的生命和生活的文化指引。然而，文化并不只存在于文献典籍之中，否则它只是精英们的特权，作为"人的生活的根本样法"和"对付生存困境"的解释系统，它必定存在于芸芸众生的生命和生活之中，由此才可能，也才真正成为传统。《论语》与《道德经》之所以成为传统，不只是因为它们作为经典至今还为人们所学习和研究，而且因为在中国人精神的深层结构中，即便在未读过它们的田夫村妇身上，也存在同样的文化基因。中国人在得意时是儒家，"明知不可为而偏为之"；在失意时是道家，"后退一步天地宽"；在绝望时是佛家，"四大皆空"，从而建立了与自给自足的自然经济结构相匹配的自给自足的文化精神结构，在任何境遇下都不会丧失安身立命的精神基地，这就是传统。文化传统必须也必定是"活"的，是在现实中依然发挥作用的，是构成现代人的文化基因的生命因子。这种与人的生活和生命同在的文化传统就是"脉"，就是"文脉"。

文脉以文献、典籍为载体，但又不止于文献和典籍，而是与负载它的生命及其现实生活息息相关。"文脉"是什么？"文脉"对历史而言是

"血脉",对未来而言是"命脉",对当下而言是"山脉"。"江苏文脉"就是江苏人的文化血脉、文化命脉、文化山脉,是历史、现在、未来江苏人特殊的文化生命、文化标识、文化家园,以及生生不息的文化记忆和文化动力。虽然它们可能以诸种文化典籍和文化传统的方式呈现和延续,但"文脉工程"致力探寻和发现的则是跃动于这些典籍和传统,也跃动于江苏人生命之中的那种文化脉动。"江苏文脉整理与研究工程"的最大特点就在于它是"文脉工程"而不是一般的"文化工程",更不是"文库工程"。"文化工程""文库工程"可能只是一般的文化挖掘与整理,而"文脉工程"则是与地域的文化生命深切相通,贯穿地域的历史、现在与未来的生命工程。

　　"江苏文脉整理与研究工程"是"整理"与"研究"的璧合,在"研究工程"中能否、如何倾听到来自历史深处的文化脉动,关键是处理好"文献"与"文脉"的关系。"整理工程"是对文脉的客观呈现,而"研究工程"则是对文脉的自觉揭示,若想取得成功,必须学会在"文献"中倾听和发现"文脉"。"文献"如何呈现"文脉"? 文献是人类文明尤其是人类文化记忆的特殊形态,也是人类信息交换和信息传播的特殊方式。回首人类文明史,到目前为止,大致经历了三种信息方式。最基本也是最原初的是口口交流的信息方式,在这种信息方式中,信息发布者和信息传播者都同时在场,它是人的生命直接和整体在场并对话的信息传播方式,是从语言到身体、情感的全息参与,是生命与生命之间的直接沟通,但具有很大的时空局限。印刷术的产生大大扩展了人类信息交换的广度和深度,不仅可以以文字的方式与不在场的对象交换信息,而且可以以文献的方式与不同时代、不同时空的人们交换信息,这便是第二种信息方式,即以印刷为媒介的信息方式或印刷信息方式。第三种信息方式便是现代社会以电子网络技术为媒介的信息方式,即电子信息方式。文献与典籍是印刷信息方式的特殊形态,它将人类文化史和文明史上具有特殊价值的信息以印刷媒介的方式保存下来,供后人学习和研究,从而积淀为传统。文字本质上是人的生命的表达符号,所谓"诗言志"便是指向生命本身。然而由于它以文字为中介,一旦成为文献,便离开原有的时空背景,并与创作它的生命个体相分离,于是便需要解读,在解读中便可能发生误读,但无论如何,解读的对象并不只是文字本身,而是文字背后的生命现象。

文献尤其是典籍是不同时代人们对于文化精华的集体记忆,它们不仅经受过不同时代人们的共同选择,而且经受过大浪淘沙的历史洗礼,因而其中不仅有创造它的那个个体或文化英雄如老子、孔子的生命表达,而且有传播和接受它的那个民族的文化脉动,是负载它的那个民族的文化生命,这种文化生命一言以蔽之便是文化传统。正因为如此,作为集体记忆的精华,文献和典籍是个体和集体的文化脉动的客观形态,关键在于,必须学会倾听和揭示来自远方的生命旋律。由于它们巨大的时空跨度,往往不能直接把脉,而需要具有一种"悬丝诊脉"的卓越倾听能力。同时,为了把握真实的文化脉动,不仅需要对文献和典籍即"文本"进行研究,而且需要对创造它们的主体包括创作的个体和传播接受的集体的生命即"人物"进行研究。正如席勒所说,每个人都是时代的产儿,那些卓越的哲学家和有抱负的文学家却可能成为一切时代的同代人。文字一旦成为文献或典籍,便意味着创作它的个体成为一切时代的同代人,但无论如何,文献和它们的创造者首先是某个时代的产儿,因而要在浩如烟海的文献和典籍中倾听到来自传统深处的文化脉动,还需要将它们还原到民族的文化生命之中,形成文化发展的"精神的历史"。由此,文本研究、人物研究、学派流派研究、历史研究,便成为"文脉研究工程"的学术构造和逻辑结构。


## 二　中国文化传统中的江苏文脉

江苏文脉是中国文化传统的一部分,二者之间的关系并不只是部分与整体的关系,借助宋明理学的话语,是"理一"与"分殊"的关系。文脉与文化传统是民族生命的文化表达和自觉体现,如果只将它们理解为部分与整体的关系,那么江苏文脉只是中国文化传统或整个中华文化脉统中的一个构造,只是中华文化生命体中的一个器官。朱熹曾以佛家的"月映万川"诠释"理一分殊"。朗月高照,江河湖泊中水月熠熠,此番景象的哲学本真便是"一月普现一切水,一切水月一月摄"。天空中的"一月"与江河中的"一切水月"之间的关系是"分享"关系,不是分享了"一月"的某一部分,而是全部。江苏文脉与中国文化传统之间的关系便是"理一分殊",中国文化传统是"理一",江苏文脉是"分殊",正因为如此,关于江苏文脉的研究必须在与整个中国文化传统的关系中整体性地把握和展开。其中,文化与地域的关系、江苏文化在中华文化发展中的贡献和地位,是两个基本课题。

到目前为止的一切人类文明的大格局基本上都是由以山河为标志的地理环境造就的,从轴心文明时代的四大文明古国,到"五大洲四大洋"的地理区隔,再到中国山东—山西、广东—广西、河南—河北,江苏的苏南—苏北的文化与经济差异,山河在其中具有基础性意义。在这个意义上,可以将在此以前的一切文明称为"山河文明"。如今,科技经济发展迎来一个"高"时代:高铁、高速公路、电子高速公路……正在并将继续推倒由山河造就的一切文明界碑,即将造就甚至正在造就一个"后山河时代"。"后山河时代"的最后一道屏障,"山河时代"遗赠给"后山河时代"的最宝贵的文明资源,便是地域文化。在这个意义上,江苏文脉的整理与研究,不仅可以为经过全球化席卷之后的同质化世界留下弥足珍贵的"文化大熊猫",而且可以在未来的芸芸众生饱尝"独上高楼,望尽天涯路"的孤独之后,缔造一个"蓦然回首"的文化故乡,从中可以鸟瞰文化与世界关系的真谛。江苏独特的地域环境与江苏文化、江苏文脉之间的关系,已经不是所谓"一方水土一方人"所能表达,可以说,地脉、水脉、山脉与江苏文脉之间的关系,已经是一脉相承。

我们通过考察和反思发现,水系,地势,山势,大海,是对江苏文脉尤其是文化性格产生重大影响的地理因素。露水不显山,大江大河入大海,低平而辽阔,黄河改道,这一切的一切与其说是自然画卷和自然事件,不如说是江苏文脉的大地摇篮和文化宿命的历史必然,它们孕生和哺育了江苏文明,延绵了江苏文脉。历史学家发现,江苏是中国唯一同时拥有大海、大江、大湖、大平原的省份,有全国第一大河长江,第二大河黄河(故道),第三大河淮河,世界第一大人工河大运河,全国第三大淡水湖太湖,全国第四大淡水湖洪泽湖。江苏也是全国地势最低平的一个省区,绝大部分地区在海拔 50 米以下,少量低山丘陵大多分布于省际边缘,最高峰即连云港云台山的玉女峰也只有 625 米。丰沛而开放的水系和低平而辽阔的地势馈赠给江苏的不只是得天独厚的宜居,更沉潜、更深刻的是独特的文化性格和文脉传统,它们是对江苏地域文化产生重大影响的两个基本自然元素。

不少学者指证江苏文化具有水文化特性,而在众多水系中又具长江文化的特性。"水"的文化特性是什么?"老聃贵柔",老子尚水,以水演绎世界真谛和人生大智慧。"天下莫柔弱于水,而攻坚强者莫之能胜。"柔弱胜刚强,是水的品质和力量。西方文明史上第一个哲学家和科学家泰勒斯向全世界宣告的第一个大智慧便是:水是万物的始基。辽阔的平原在中国也许还有很多,却没有像江苏这样"处下"。老子也曾以大海揭示"处下"的智慧:"江海所以能为百谷王者,以其善下之,故能为百谷王。"历史上江苏的文化作品、江苏人的文化性格,相当程度上演绎了这种"水性"与"处下"的气质与智慧。历史上相当时期黄河曾经从江苏入海,然而黄河改道、黄河夺淮,几番自然力量或人力所为,最终黄河在江苏留下的只是一个"故道"的背影。黄河在江苏的改道当然是一个自然事件或历史事件,但我们也可能甚至毋宁将它当作一个文化事件,数次改道,偶然之中有必然,从中可以发现和佐证江苏文脉的"长江"守望和江南气质。不仅江苏的地脉"露水不显山",而且江苏的文化作品、江苏人的文化性格,一句话,江苏文脉,也是"露水不显山",虽不是"壁立千仞",却是"有容乃大"。一般说来,充沛的水系,广阔的平原,往往造就自给自足的自我封闭,然而,江苏东临大海,无论长江、淮河,还是历史上的黄河,都从这里入大海,归大海,不只昭示江苏的开放,而且演绎江苏文化、江苏文脉、江苏人海纳百川的博大和静水深流的仁厚。

黄河与长江好似中华文脉的动脉与静脉,也好似人的身体中的任督二脉,以长江文化为基色的江苏文化在中华文脉的缔造和绵延中作出了杰出贡献。有学者指出,在中国文明史上,长江文化每每在黄河文化衰弱之后承担起"救亡图存"的重任。人们常说南京古都不少为小朝廷,其实这正是"救亡图存"的反证,"天下兴亡,匹夫有责"的口号首先由江苏人顾炎武喊出,偶然之中有必然。学界关于江苏文化有三次高峰或三次大贡献,与两次大贡献之说。第一次高峰是开启于秦汉之际的汉文化,第二次高峰是六朝文化,第三次高峰是明清文化。人们已对六朝文化与明清文化两大高峰对中国文化的贡献基本达成共识,但江苏的汉文化高峰及其贡献也应当得到承认,而且三次文化高峰都发生于中国社会的大转折时期,对中国文化的承续作出了重大贡献。在秦汉之际的大变革和大一统国家的建构中,不仅在江苏大地上曾经演绎了波澜壮阔的对后来中国文明产生深远影响的历史史诗,而且演绎这些历史史诗的主角刘邦、项羽、韩信等都是江苏人,他们虽然自身不是文化人,但无疑对中国文化产生了深远影响。董仲舒提出"罢黜百家,独尊儒术"的主张,奠定了大一统的思想和文化基础,他本人虽不是江苏人,却在江苏留下印迹十多年。江苏的汉文化高峰对中国文化的最大贡献,一言概之即"大一统",包括政治上的大一统和思想文化上的大一统。六朝被公认为中国文化发展的高峰,不少学者将它与古罗马文明相提并论,而六朝文化的中心在江苏、在南京。以南京为核心的六朝文化发生于三国之后的大动乱,它接纳大量流入南方的北方士族,使南北方文化合流,为保存和发展中国文化作出了杰出贡献。明朝是中国历史上第一次在南京,也是第一次在江苏建立统一的帝国都城,江苏的经济文化在全国处于举足轻重的地位,扬州学派、泰州学派、常州学派,形成明清时代中国文化的江苏气象,形成江苏文化对中国文化的第三次重大贡献。三大高峰是江苏的文化贡献,在重大历史转折关头或者民族国家危难之际挺身而出,海纳百川,则是江苏文化的精神和品质,这就是江苏文脉。也正因为如此,江苏文化和江苏文脉在"匹夫有责"的担当精神中总是透逸出某种深沉的忧患意识。

江苏文脉对中国文化的独特贡献及其特殊精神气质在文化经典中得到充分体现。中国四大文学名著,其中三大名著的作者都来自江苏,这就是《西游记》《红楼梦》《水浒》,其实《三国演义》也与江苏深切相关,虽然罗贯中不是江苏人,但却以江苏为重要的时空背景之一。四大名著中不仅有明显的江苏文化的元素,甚至有深刻的江苏地域文化的基因。《西游记》到底是悲剧还是喜剧?仔细反思便会发现,《西游记》就是文学版的《清明上河图》。《清明上河图》表面呈现一幅盛世生活画卷,实际却是一幅"盛世危情图",空虚的城防,懈怠的守城士兵……被繁华遗忘的是正在悄悄到来的深刻危机。《西游记》以唐僧西天取经渲染大唐的繁盛和开放,然而在经济的极盛之巅,中国人的精神世界却空前贫乏,贫乏得需要派一个和尚不远万里,请来印度的佛教,坐上中国意识形态的宝座,入主中国人的精神世界。口袋富了,脑袋空了,这是不折不扣的悲剧。然而,《西游记》的智慧,江苏文化的智慧,是将悲剧当作喜剧写,在喜剧的形式中潜隐悲剧的主题,就像《清明上河图》将空虚的城防和懈怠的士兵淹没于繁华的海洋一样。《西游记》喜剧与悲剧的二重性,隐喻了江苏文脉的忧患意识,而在对大唐盛世,对唐僧取经的一片颂歌中,深藏悲剧的潜主题,正是江苏文脉"匹夫有责"的担当精神和文化智慧的体现。鲁迅说,悲剧将人生的有价值的东西毁灭给人看。《西游记》是在喜剧形式的背后撕碎了大唐时代人的精神世界的深刻悲剧。把悲剧当作喜剧写,喜剧当作悲剧读,正是江苏文化、江苏文脉的大智慧和特殊气质所在,也是当今江苏文脉转化发展的重要创新点所在。正因为如此,"江苏文脉研究"必须以深刻的哲学洞察力和深厚的文化功力,倾听来自历史深处的江苏文化的脉动,读懂江苏,触摸江苏文脉。

## 三  通血脉,知命脉,仰望山脉

江苏文化的巨大魅力和强大生命力,是在数千年发展中已经形成一种传统、一种脉动,不仅是一种客观呈现的文化,而且是一种深植个体生命和集体记忆的生生不息的文脉。这种文化和文脉不仅成为共同的价值认同,而且已经成为一种地域文化胎记。在精神领域,在文化领域,江苏不仅有灿若星河的文学家,而且有彪炳史册的思想家、学问家,更有数不尽的才子骚客。长江在这片土地上流连,黄河在这片土地上改道,淮河在这片土地上滋润,太湖在这片土地上一展胸怀。一代代中国人,一代代江苏人,在这里缔造了文化长江、文化黄河、文化淮河、文化太湖,演绎了波澜壮阔的历史诗篇,这便是江苏文脉。

为了在全球化时代完整地保存江苏文脉这一独特地域文化的集体记忆,以在"后山河时代"为人类缔造精神家园提供根源与资源,为了继承弘扬并创造性转化、创新性发展中国优秀传统文化,2016 年江苏启动了"江苏文脉整理与研究工程"。根据"文脉"的理念,我们将研究工程或"研究编"的顶层设计以一句话表达:"通血脉,知命脉,仰望山脉。"由此将整个工程分为五个结构:江苏文化通史,江苏历代文化名人传,江苏文化专门史,江苏地方文化史,江苏文化史专题。

"江苏文化通史"的要义是"通血脉",关键词是"通"。"通"的要义,首先是江苏文化与中国文明的息息相通,与人类文明的息息相通,由此才能有民族感或"中国感",也才有世界眼光,因而必须进行关于"中国文化传统中的江苏文脉"的整体性研究;其次是江苏文脉中诸文化结构之间的"通",由此才是"江苏",才有"江苏味";再次是历史上各个重要历史时期文化发展之间的"通",由此才能构成"史",才有历史感;最后是与江苏人的生命与生活的"通",由此"江苏文脉"才能真正成为江苏人的文化血脉、文化命脉和文化山脉。达到以上"四通","江苏文化通史"才是真正的"通"史。

"江苏文化专门史"和"江苏文化史专题"的要义是"知命脉",关键词是"专",即"专门"与"专题"。"江苏文化专门史"在框架上分为物质文化史、精神文化史、制度文化史、特色文化史等,深入研究各类专门史,总体思路是系统研究和特色研究相结合,系统研究整体性地呈现江苏历史上的重要文化史,如哲学史、文学史、艺术史等,为了保证基本的完整性,我们根据国务院学科分类目录进行选择;特色研究着力研究历史上具有江苏特色的历史,如民间工艺史、昆曲史等。"江苏文化史专题"着力研究江苏历史上具有全国性影响的各种学派、流派,如扬州学派、泰州学派、常州学派等。

"江苏地方文化史"的要义是"血脉延伸和勾连",关键词是"地方"。"江苏地方文化史"以现省辖市区域划分为界,13 市各市一卷。每卷上编为地方文化通史,讲述地方整体历史脉络中的文化历史分期演化和内在结构流变,注重把握文化运动规律和发展脉络,定位于地方文化总体性研究;下编为地方文化专题史,按照科学技术、教育科举、文学语言、宗教文化等专题划分,以一定逻辑结构聚焦对地方文化板块加以具体呈现,定位于凸显文化专题特色。每卷都是对一个地方文化的总结和梳理,这是江苏文化血脉的伸展和渗入,是江苏文化多样性、丰富性的生动呈现和重要载体。

"江苏历代文化名人传"的要义是"仰望山脉",关键词是"文化"。它不是一般性地为江苏历朝历代的"名人"作传,而只是为文化意义上的名人作传。为此,传主或者自身就是文化人并为中国文化的发展、为江苏文脉的积累积淀作出了重要贡献;或者虽然自身主要不是文化人而是政治家、社会活动家等,但对中国文化发展具有重大影响。如何对历史人物进行文化倾听、文化诠释、文化理解,是"文化名人传"的最大难点,也是其最有意义的方面。江苏历史上的文化名人汗牛充栋,"文化名人传"计划为100位江苏文化名人作传,为呈现江苏文化名人的整体画卷,同时编辑出版一部"江苏文化名人辞典",集中介绍历史上的江苏文化名人1000位左右。

一脉千古成江河,"茫茫九派流中国"。江苏文脉研究的千里之行已经迈出第一步,历史馈赠我们一次千载难逢的宝贵机遇,让我们巡天遥看,一览江苏数千年文化银河的无限风光,对创造江苏文化、缔造江苏文脉的先行者们献上心灵的鞠躬。面对奔涌如黄河、悠远如长江的江苏文脉,我们惟有以跋涉探索之心,怵惕敬畏之情,且行且进,循着爱因斯坦的"引力波",不断走近并播放来自江苏文脉深处的或澎湃,或激越,或温婉静穆的天籁之音。

我们一直在努力;

我们将一直努力!

# 目　录

# 绪　论

　　有人说，"经典的原义是指我们的教育机构所遴选的书"，是"主流社会、教育体制、批评传统"综合选择的结果①；或者认为"经典化产生在一个累积形成的模式里，包括了文本、它的阅读、读者、文学史、批评、出版手段（例如，书籍的销量，图书馆使用等等）、政治等等"②。总之，能够进入文学史教材，走进学校教学的课堂，对于作家成为经典作家、作品成为经典作品，有着十分重要的意义。

　　在林林总总的中国文学史著作中，对于晚明作家冯梦龙（1574—1646）及其编辑的小说"三言"，大都会以专节的篇幅来加以讨论。以1949年新中国成立以后、作为国内各高等学府专业教材的5种文学史为例，即分别以"冯梦龙和《古今小说》"（中国社会科学院文学研究所编《中国文学史》）、"冯梦龙与三言"（游国恩等主编《中国文学史》）、"冯梦龙和'三言'"（郭预衡主编《中国古代文学史》）、"'三言''二拍'与明代的短篇小说"（袁行霈主编《中国文学史》）、"'三言''两拍'等明末小说"（章培恒等主编《中国文学史新著》）为题，用专节篇幅，介绍冯梦龙和他编辑的白话短篇小说集"三言"。冯梦龙在文学史上的经典作家地位，成为一种共识。同时，他辑评的民歌集《山歌》《挂枝儿》、故事集《古今谭概》《情史》《智囊》，改订的《墨憨斋定本传奇》，辑评的《太霞新奏》，编创的《新列国志》《平妖传》，著作《墨憨斋词谱》，及其小说序跋评点等，在中国俗文学、民歌、小说理论、戏曲理论发展史上，也具有着重要的地

① 哈罗德·布鲁姆著、江宁康译：《西方正典——伟大作家和不朽作品》，译林出版社2005年版，第11、14页。
② 斯蒂文·托托西讲演、马瑞琦译：《文学研究的合法化》，北京大学出版社1997年版，第44页。

位,并成为各家著作中重点论述的对象。冯梦龙的贡献,还不限于文学,如葛兆光《中国思想史·导论》中所说:"过去的思想史只是思想家的思想史或经典的思想史……在人们生活的实际的世界中,还有一种近乎平均值的知识、思想与信仰,作为底色或基石而存在,这种一般的知识、思想与信仰真正地在人们判断、解释、处理面前世界中起着作用,因此,似乎在精英和经典的思想与普通的社会和生活之间,还有一个'一般知识、思想与信仰的世界',而这个知识、思想与信仰世界的延续,也构成一个思想的历史过程,因此它也应当在思想史的视野中。"[1]作为"大众文化"作家冯梦龙,他异常丰硕的"大众文化"著述,在他的时代及后来的民间社会里,有着广泛深远的影响,对于民众"判断、解释、处理面前世界中起着作用",是绵延不绝的中华文脉的重要构成,也是中国思想文化史上弥足珍贵的精神资源,我们理应给予更多的关注。

在中国现代大学教育史上,有两件与冯梦龙相关的事情应该一提:第一件事,1917 年,曲学大师吴梅在北京大学开设戏曲史课。其同年发表《顾曲麈谈》(著于 1914 年)有《谈曲》,专节谈到冯梦龙:"冯梦龙,字犹龙,一字子犹,吴县人。崇祯时,官寿宁知县,未几即归,归而值乙酉之变,遂殉节焉。所居曰墨憨斋,曾取古今传奇,汇集而删改之,且更易名目,共计十四种,曰《墨憨斋定本》。……每曲又细订板式,煞费苦心,其书固可传也。其自著之曲,只有二种,一曰《双雄记》,一曰《万事足》,余亦有藏本。曲白工妙,案头场上,两擅其美,直在同时陆无从、袁箨庵之上,惜世之见者少矣。所作散套至多,亦喜改订古词……其用力之勤,不亚于沈词隐,而知之者卒鲜。"[2]因为曲学著作的缘故,其重点谈冯梦龙戏曲、散曲的价值。第二件事,1920 年,鲁迅受聘北京大学,讲授《中国小说史大略》[3]。其成书出版的《中国小说史略》第二十一篇为《明之拟宋市人小说及后来选本》,以较大篇幅谈到冯梦龙及其"三

---

① 葛兆光:《中国思想史·导论》,复旦大学出版社 2001 年版,第 13 页。

② 吴梅:《顾曲麈谈 中国戏曲概论》,上海古籍出版社 2000 年版,第 113 页。

③ 据路工《从〈中国小说史大略〉到〈中国小说史略〉》一文说:"1920 年鲁迅先生在北京大学文科讲中国小说史,当时用四号字排印了讲义《中国小说史大略》,这是《中国小说史略》的前身。此讲义和……新潮社发行的出版本《中国小说史略》对照,全书的叙述、评价的观点是一致的,但内容有增加,文字有修改。""北大第一院新潮社发行的初版本,分上下两卷(上卷 1923 年 12 月出版,下卷 1924 年 9 月出版)"。参见赵景深《〈中国小说史略〉旁证》,陕西人民出版社 1987 年版,《题记》。

言"。鲁迅当时尚未见到《喻世明言》《警世通言》二书,其重点所谈乃《醒世恒言》:"杂以汉事二,隋唐事十一,多取材晋唐小说,而古今风俗,迁变已多,演以虚词,转失生气。宋事十一篇颇生动,疑《错斩崔宁》而外,或尚有采自宋人话本者,然未详。明事十五篇则所写皆近闻,世态物情,不待虚构,故较高谈汉唐之作为佳。"①吴梅、鲁迅先后在北京大学开设中国戏曲史、中国小说史课程,首先,对于戏曲、小说这两种在中国传统主流文化视阈中历来地位"卑下"的文体的经典化,重要意义自不待言;其次,他们关于俗文学家冯梦龙及其作品的高度评价,对于冯梦龙及其创作走进更多的研究者视野,乃至对于日后冯梦龙作品的经典化,产生了深远的影响。其三,吴梅、鲁迅各自重点谈到的冯梦龙的曲学贡献与"三言"中作品的时代及差异,成为后来冯梦龙研究者最为聚焦的方向。可以说,他们为现代学术视域下的冯梦龙研究开示了路径。

肇始于吴梅、鲁迅的相关论述,冯梦龙研究步履蹒跚,走过了百馀年的历史,大体可以分成四个时期:(一) 1914 年至 1949 年,发轫期;(二) 1950 年至 1976 年,新变期;(三) 1977 年至 2000 年,走向繁荣的新时期;(四) 进入 21 世纪后,蓬勃发展期。

(一) 发轫期。在 1920 年代的冯梦龙研究中,马廉(字隅卿)是一位不应该被忘记的学者。孙楷第赞其"斯学专家,收藏尤富"②,周作人赞其"蒐集梦龙著作最多,研究最深"③。其关于冯梦龙多有撰述。1926年翻译盐谷温《明代之通俗短篇小说》,刊发《关于白话短篇小说"三言""二拍"》;另有《与长泽规矩也关于〈警世通言〉的通信》《墨憨斋著作目录》《冯犹龙氏年表》手稿④,辑有《墨憨斋编山歌》。

三四十年代,冯梦龙研究渐入佳境,从文献资料到冯梦龙生平史实、作品研究,涌现出一批重要成果。关于冯梦龙生平史实及作品的研究,1931 年,容肇祖在《岭南学报》刊发《明冯梦龙的生平及其著述》,包括"冯梦龙的生平系年""冯梦龙的著述考",旁征博引,较早对冯梦龙字

① 鲁迅:《中国小说史略》,中华书局 2010 年版,第 123 页。
② 孙楷第:《三言二拍源流考》,《沧州集》,中华书局 2009 年版,第 106 页。
③ 周作人:《谈冯梦龙与金圣叹》(墨憨斋编山歌跋),《人间世》1935 年第 19 期。
④ 马廉著、刘倩编:《马隅卿小说戏曲论集》,中华书局 2006 年版。

号别署、籍贯、生年、生平著述,进行了比较系统地梳理。次年,又在《岭南学报》刊发《明冯梦龙的生平及其著述续考》,据新见《太霞新奏》等文献资料,补考冯梦龙游冶青楼相交侯慧卿诸人、受知于熊廷弼等事迹,及其散曲、传奇改订,曲谱著作等。这两篇文章,成为日后冯梦龙研究的奠基之作。

作品研究,1931 年,孙楷第在《北平图书馆馆刊》刊发《三言二拍源流考》,考证了《全像古今小说》(四十卷四十篇,明天许斋精刊本)、《喻世明言》(二十四卷二十四篇,重刻增补古今小说,衍庆堂刊本)、《别本喻世明言》(马隅卿藏本)、《警世通言》(兼善堂、三桂堂、衍庆堂三本)、《醒世恒言》(叶敬池、衍庆堂二本)各版本,考察了其篇目或故事见于《情史》《清平山堂话本》《宝文堂书目》《熊龙峰小说四种》《西湖游览志馀》《京本通俗小说》等情况。郑振铎《明清二代的平话集》,系统介绍明清话本小说,以较大篇幅论及"三言",特别是其中作品的年代问题①。作品本事研究,有赵景深《〈喻世明言〉的来源和影响》(1940)、《〈警世通言〉的来源和影响》(1936)、《〈醒世恒言〉的来源和影响》(1937);叶德钧《古今小说探原三则》《三言二拍来源考小补》(1947)等。

日本汉学界染指冯梦龙研究甚早。1924 年 6 月 26 日,盐谷温在日本斯文会研究部做"关于明代小说'三言'"的演讲,系统梳理话本小说的发展,探讨冯梦龙及其"三言",以及"三言"在日本的影响。其由《中兴伟略》题"七十二老臣冯梦龙恭撰",最早考证出冯氏"诞生在万历二年"。关于"三言",介绍了内阁文库藏本《全像古今小说》(四十卷,五本)、帝国图书馆藏本《醒世恒言》(四十卷,十六本);《警世通言》,引鲁迅《中国小说史略》"《明言》《通言》'今皆未见'"语,称其"处处设法搜求,总不得一见"。②

以通俗文学为主要贡献的冯梦龙及其作品,因应"五四"新文化运动、歌谣学运动而受到越来越多的学人关注,在情理之中。

(二)新变期。新中国成立之后,百废待兴,旧中国的改造迫在眉

① 郑振铎:《中国文学研究》,人民文学出版社 2000 年版,第 330—431 页。
② 汪馥泉译:《中国文学研究译丛》,北新书局 1930 年版,第 1—62 页。

睫,由旧时代过来的学者处在转变适应的过程中。整体而言,"文革"前17年,仍然做出了不俗的成绩。文献整理:1954—1955年,《古本戏曲丛刊》初集、二集先后出版,收入冯梦龙改订戏曲11种;1955年,北京文学古籍刊行社影印出版《古今谭概》;1956—1958年,人民文学出版社陆续推出许政扬校注《古今小说》、严敦易校注《警世通言》、顾学颉校注《醒世恒言》;1960年,中国戏剧出版社影印出版《墨憨斋定本传奇》;1962年,关德栋校点撰序的《山歌》《挂枝儿》由中华书局上海编辑所编辑出版。这是冯梦龙研究走向深入的基础性工程。研究方面,陆树仑有系列论文发表,如《关于〈三言〉的编纂者》(1957)、《关于冯梦龙的身世》(1957)、《〈三言〉的版本及其他》(1963),引人瞩目。谭正璧《三言二拍本事源流述考》(1956)、关德栋《冯梦龙辑集的挂枝儿》(1958)、钱南扬《冯梦龙墨憨斋词谱辑佚》(1962)、范宁《冯梦龙和他编撰的"三言"》(1956)等,体现了本时期研究的新成果,以及学者自觉实践马克思主义文论的新变化。

海外研究,日本学者小野四平有冯梦龙研究系列论文发表,如《冯梦龙的小说观——关于"三言"诞生背景的笔记》(1961)、《从泰山到酆都——中国近代短篇白话小说中的冥界》(1963)、《关于道情》(1964)、《〈明悟禅师赶五戒〉论》(1967)、《中国近代短篇白话小说中的恋爱》(1969)、《中国近代短篇白话小说中的裁判》(1970)等,以"三言"中作品为中心,文化学视角,反映出冯梦龙研究方法的新变。其系列文章收入《中国近代白话短篇小说研究》①,1990年代译为中文版。此外,美国学者毕晓普《中国白话短篇小说"三言"探研》(哈佛大学出版社1956年版),韩南《〈古今小说〉中某些故事的作者问题》(中文译本原载《中外文学》卷四第六期,1957)、《〈蒋兴哥重会珍珠衫〉与〈杜十娘怒沉百宝箱〉撰述考》(中文译本原载《中外文学》卷五第一期,1976),也是本时期冯梦龙研究的重要收获。

(三)走向繁荣的新时期。"文革"结束,特别是中共十一届三中全会拨乱反正后,百花齐放,百家争鸣,冯梦龙研究迎来新的春天。

---

① 小野四平著、施小炜等译:《中国近代白话短篇小说研究》,上海古籍出版社1997年版。

1. 基础文献整理。1983 年,冯梦龙著《寿宁待志》,由陈煜奎校点,福建人民出版社出版,披露了诸多新资料。1985 年始,海峡文艺出版社《冯梦龙丛书》陆续出版。1993 年,上海古籍出版社、江苏古籍出版社分别推出《冯梦龙全集》影印本、校点本。

2. 冯梦龙生平著述等史实考证。1980 年,谭正璧集"三言"本事考证大成的《三言两拍资料》由上海古籍出版社出版(1963 年打成纸型);1987 年,复旦大学出版社出版陆树仑遗著《冯梦龙研究》,是作者 1950 年代以来相关研究的结晶,对于"冯梦龙的名号、籍贯、生卒与家世""冯梦龙的生平经历""结社活动""交游姓氏"及其通俗文学、戏曲、诗文笔记、经史、杂著等各类著述,进行了全面系统详实的梳理考证,是新时期冯梦龙研究的重要成果之一。1993 年,浙江古籍出版社出版《徐朔方集》,其中《晚明曲家年谱·苏州卷》收入《冯梦龙年谱》,是冯梦龙的第一部年谱。王凌《畸人·情种·七品官》(海峡文艺出版社 1992 年版),对于冯梦龙与侯慧卿、李贽,麻城之行、社籍、张无咎序等问题,多有新的考论。孙楷第《小说旁证》(成稿于 1935 年)于 2000 年由人民文学出版社出版,分别考证《古今小说》27 篇、《警世通言》23 篇、《醒世恒言》32 篇作品本事,与谭正璧《三言两拍资料》堪称双壁。代表性论文,有胡万川《冯梦龙与复社人物》(1979)、袁行云《冯梦龙三言新证》(1980)、徐朔方《"三言"中冯梦龙作品考辨》(1982)、谢巍《冯梦龙著述考补》(1982)、陆树仑《〈三言〉序的作者问题》(1985)《〈平妖传〉版本初探》(1985)、杨晓东《冯梦龙交游探微》(1989)等。美国学者马泰来有系列论文如《冯梦龙与文震孟》(1984)、《研究冯梦龙编纂民歌的新史料——俞琬纶〈打枣竿〉小引》(1986)、《冯梦龙友朋交游诗考释》(1991)、《冯梦龙研究献芹》(1993),多有新的探索或发现。

3. 作家作品新论。主要著作,有缪咏禾《冯梦龙和三言》(上海古籍出版社 1979 年版),重点论析"三言"的思想内容和艺术特色。游友基《冯梦龙论》(西南师范大学出版社 1996 年版),分别从冯梦龙的"情""智"、文学观、戏剧观、"三言"的艺术、《墨憨斋定本传奇》的思想意义、《挂枝儿》《山歌》《寿宁待志》,对冯梦龙的创作及思想进行多维度的讨论。胡士莹《话本小说概论》(中华书局 1980 年版)第十二章《〈三言〉

〈二拍〉及其他拟话本小说》，以三节文字专门讨论冯梦龙及其"三言"：
"《三言》编写者冯梦龙及其文学观""冯梦龙对《三言》的整理和加工"
"《三言》的思想性与艺术性"。其概括冯梦龙"三言"中对于宋元旧篇的
处理："改订各篇的题目""删去了一些说话人的术语""增补一些小故事
作为'头回'('入话')""对某些个别字句的增删移易""根据旧本加以增
补的""虽然采用旧本，改写的篇幅却相当大，等于是创作的"六类，至当
不易。欧阳代发《话本小说史》(武汉出版社 1994 年版)，设专章"杰出
的通俗文学家冯梦龙和'三言'"，分四节"冯梦龙的生平创作及其文学
思想""冯梦龙的拟话本小说创作""'三言'的思想价值""'三言'的艺术
发展"，对冯梦龙"三言"进行了深入细致的讨论。海外研究，美国汉学
家韩南的《中国白话小说史》，设专章"冯梦龙的生平和思想""冯梦龙的
白话小说""浪仙"，分别讨论冯梦龙署真名的作品《智囊》《古今谭概》；
民歌与笑话、戏剧与戏曲、《情史类略》；长篇小说《新列国志》《皇明大儒
王阳明先生出身靖难录》《三教偶拈》；短篇小说"三言"中的"天报""人
报""儒家知识分子的价值观"等道德价值观，认为"冯梦龙的小说世界
比早期、中期的要来得广阔。这是一个倾向儒家思想的、关心世事的、
有教养的、积极活跃着的世界，同时又交织着强烈的浪漫主义的色彩"。
该著中，韩南还提出了一个大胆的判断："在冯梦龙所编的三个小说集
里，《醒世恒言》和前两个集子有很大不同"，这是因为"有一个新的执笔
人写了其中大部分的小说"，在《醒世恒言》40 篇小说中，"至少有二十
二篇是这位新人所写"，此人即"墨浪主人"，也即《石头记》作者"天然痴
叟""浪仙"。[①] 此外，美国贝茨大学中国文学教授杨曙辉出版英文版《点
石成金：冯梦龙与中国白话小说》(密执安大学中国研究中心 1998 年
版)，重点讨论了"冯梦龙与白话短篇小说""冯梦龙、眉批与说话人"
"'三言'与口头民间文学""'三言'话本的配对排列"等问题。

　　(四) 进入 21 世纪的蓬勃发展期。

　　经历了 70 多年的积淀，在步入 21 世纪之后，冯梦龙研究呈现出文
献与理论并重、作家作品与思想艺术综合观照、文学文化学透视的多维

① P·韩南著、尹慧珉译：《中国白话小说史》，浙江古籍出版社 1989 年版，第 116、118 页。

度走向纵深的繁盛景观。因本阶段成果丰硕众多,姑且以相关著作为主,略加梳理。

1. 综合研究。龚笃清《冯梦龙新论》(湖南人民出版社 2002 年版),是作者 20 多年冯梦龙研究成果的结集。书中如《冯梦龙万历时期交游录析》《冯梦龙在天启崇祯年间交游录析》《冯梦龙生平行迹考释》,充分吸收既有研究成果,详加考论,不乏新见,是冯梦龙生平交游史实研究的一次新总结。聂付生《冯梦龙研究》(学林出版社 2002 年版),重点考述"三言"《山歌》《挂枝儿》《新列国志》《墨憨斋定本传奇》等问题,以此为基础,结合时代环境、人生经历,全面深入地讨论冯梦龙的思想、文学观、文学成就及其成因。傅承洲是新时期以来在冯梦龙研究方面用力最勤、成果丰硕的学者之一,其《冯梦龙文学研究》(中国社会科学出版社 2013 年版)聚焦"冯梦龙文学",在对冯梦龙生平著述史实全面梳理的基础上,分别考论其章回小说、话本小说、文言小说、戏曲、民间文学著述情况及价值贡献,是其冯梦龙研究的代表性成果。日本学者大木康《冯梦龙与明末俗文学》(汲古书院 2018 年版),围绕冯梦龙生平及其读者和评价、"三言"的编纂意图、"三言"的世界、《叙山歌》、冯梦龙所处俗文化环境等,进行了探讨。

2. "三言"研究。温孟孚《"三言"话本与拟话本研究》(中国社会科学出版社 2005 年版),分别论述"'三言'话本人物特征""'三言'拟话本人物特征""'三言'话本情节""'三言'拟话本情节""'三言'话本主题"。罗小东《"三言""二拍"叙事艺术研究》(中国社会科学出版社 2010 年版),论述"三言""二拍"的完善体制、艺术世界、人物描写、情节建构、叙事时间、叙事视角、叙述者。刘果《"三言"性别话语研究——以话本小说的文献比勘为基础》(中华书局 2008 年版),论述"三言"生存的性别语境,考察宋元明作品分布情况,以文献比勘论述其对宋代同题材小说的改写,分析同母题宋元明作品的不同表现。姜良存《三言二拍与佛道关系之研究》(山东人民出版社 2014 年版),主要论述了"三言""二拍"中表现的佛教思想、道教信仰,以及佛道思想对"三言""二拍"题材选择、教化意识、情节设定的影响。刘勇强《话本小说叙论:文本诠释与历史构建》(北京大学出版社 2015 年版),集中讨论"三言"的章节甚多,如

"话本小说与文言小说的关系:以'三言''二拍'对《夷坚志》的继承与改造为中心""话本小说的'韵散结合':以'三言'署名诗词为中心""话本小说的'互文性'""话本小说版本问题的特殊性""嘉惠里耳:'三言'的经典品格"等,都以新的视觉,对文本进行了别开生面的新阐释。程国赋《三言二拍传播研究》(中国社会科学出版社 2006 年版),综合研究"三言""二拍"作品的传播,涉及到版本流传、改编现象、传播主体、传播地域、传播环境,是一部集中探讨"三言""二拍"传播问题的著作。2000—2001 年,由杨曙辉、杨韵琴夫妇历时十五年翻译的第一部英文全译本"三言"陆续推出,是"三言"传播史上的大事。

3. 曲学剧学研究。涂育珍《〈墨憨斋定本传奇〉研究》(齐鲁书社 2011 年版),在梳理冯梦龙基本史实的基础上,分别论述了其中反映出的冯梦龙的戏曲改编理论、冯梦龙的戏曲改编、该书的演剧影响。香港理工大学魏城璧《冯梦龙戏曲改编理论研究》(南京大学出版社 2012 年版),分别从"戏曲改编理论的建构:个人及社会篇""戏曲改编理论的建构:明代传奇剧本改编概论""戏曲改编理论的确立:内容篇""戏曲改编理论的确立:演出篇""戏曲改编理论的影响及局限",论述了冯梦龙戏曲改编理论的构成及影响。王小岩《冯梦龙曲学剧学研究》(中国社会科学出版社 2015 年版),分别从冯梦龙创作及改本传奇、冯梦龙批评晚明剧坛、冯梦龙曲学实践的建构和意义、冯梦龙的曲学理论、冯梦龙墨憨斋词谱辑佚补、冯梦龙对王骥德《曲律》的接受、冯梦龙《太霞新奏》的曲学史意义、冯梦龙剧学实践的构建及意义、冯梦龙传奇改本的思想世界、冯梦龙传奇改本与晚明情论的文本实践,以及冯梦龙改编张凤翼传奇、《万事足》与冯梦龙的"晚期风格"诸方面,对于冯梦龙曲学剧学构建进行了具体探讨。

此外,韩国金源熙《〈情史〉故事源流考述》(凤凰出版社 2011 年版),在考察《情史》作者、成书、版本、编纂等基本史实的基础上,重点对比分析了《情史》中明前故事的来源与内容、明代故事及特点,《情史》与明代志怪类、传奇类、笔记类小说集以及《情种》的关系。日本大木康《冯梦龙〈山歌〉研究》(复旦大学出版社 2017 年版),围绕冯梦龙编辑《山歌》,进行了深入的研究,重点讨论了各卷作品的构成、四句山歌的来历("场"的考察)、中长篇山歌的来历(山歌与滩簧、山歌与歌手、农村山歌向都市的发展)、桐城时兴歌,该著文献丰富,内容扎实,富有新见,反映了冯梦龙《山歌》研究的最新成就。

为冯梦龙写一部学术性传记,诚非易事。有两个大的难度:一是"子犹著作满人间"①,冯梦龙既著述甚夥,诸多作品还有辨伪的工作要做,而其著述的具体过程,也多有待进一步考证。二是其生平资料匮乏,存在诸多谜团或空白点,如其家世问题,扑朔迷离。其人生经历,19岁之前,记载完全空白;此后,如其与侯慧卿交往、麻城游学、社籍、去世等问题,具体细节也难知其详,或不得而知。如此,我们要明确判定其人生阶段的具体分界,便十分困难。能够做的,也就是根据有限的资料及冯梦龙思想的变化,进行大致的划分:40岁之前为早期,是其自标"童痴""情种",崇尚"真情"的时期;41岁至57岁为中期,由"私情"向"公情"转变,也是他作为大众文化作家取得丰硕成果,奠定其文学、文化史地位的时期;58岁出任丹徒训导,直至其去世,为晚期,是践履其"有情社会"理想的实践期。

《冯梦龙》的写作,遵循本丛书"学术性的观点、思路、结构、语言贯穿始终并向学术深处开掘"的原则,以传主冯梦龙的人生经历为经线,以其著述、思想、业绩为纬线,力求在晚明时代及苏州区域文化的背景下,揭示冯梦龙"与江苏历史文化的深刻关联",合理评价其"对江苏文化承传的贡献影响",进而准确把握其思想心灵的脉动,多维度立体化呈现冯梦龙的独特风姿。第一章所论,日薄西山的晚明政治,是冯梦龙生活的时代环境;江南商品经济的繁荣与消费社会的形成、大众文化与商业出版的崛起,是冯梦龙生活的地域文化空间,都深刻影响了他的人生选择及创作取向,是其成为大众文化作家不可缺少的重要土壤。第二章,考论冯梦龙的里籍庠籍,是澄清传主基本史实的需要,也关涉到其生存的具体空间;家世出身与家庭构成,家族文化渊源,是其所受濡化的第一媒介,深刻影响了冯梦龙毕生执着追求"治平"理想的形成,对

① 张无咎:《批评北宋三遂平妖传序》,黄霖、韩同文选注:《中国历代小说论著选》(上),江西人民出版社1982年版,第234页。

于他接受时代新思潮洗礼,在商业出版大潮中投身大众文化编辑著述事业,卖文为生,有着重要关系。第三章,重点叙论其早岁人生、思想状态及相关著述。其早岁成名,指他少年即开始研究《春秋》,卓有成就,为人瞩目。青楼之恋,编辑民歌集《挂枝儿》《山歌》,自称"童痴""情种",崇尚"真情",是其早岁"私情"思想的核心要义。"瓣香李贽",交往俞琬纶、董斯张,是其"私情"思想的重要来源。师事沈璟,对其曲学素养的形成,有着重要影响。第四章,游学麻城、参加韵社,反映了步入中年后冯梦龙思想的发展,编刊《古今谭概》,针砭世俗、疗治社会痼疾,疗俗当新人格的思考,正透露出其心灵史的具体嬗变。第五章,评辑《情史》的出版,倡导包括"君臣、父子、兄弟、朋友"在内的醇正、纯真之"情",希望以之为"有情者"的镜鉴,启"无情者"归于"有情",教化众生,呼唤建设"有情社会",标志了冯梦龙由早年拘囿于一己之"私情",到中年时期向关怀社会众生之"公情"的重要思想升华。第六章,冯梦龙编辑"三言",写人情世态、离合悲欢,从辑评编纂宗旨,到整个作品体系构成,与其"情教"思想一脉相承,是他以通俗文体"为六经国史之辅",适俗导愚,构建"有情社会"的重要文学尝试,其"有情社会"建构的宗旨,昭然可见。第七章,冯梦龙染指于曲学甚早,其辑评《太霞新奏》,是目今能够见到的最完整反映他曲学观点的一部著作,体现了鲜明的尊体意识;入选作者集中于晚明江南,入选作品"以调协韵严"为主要特点,可以见出冯梦龙对于南曲声律一派的推尊。沈自晋云:"昔维先词隐《南词韵选》,近则犹龙氏《太霞新奏》,所录姓字为准。"①将其与沈璟比肩,沈自友云"冯所选《太霞新奏》推为压卷"②,可见其影响。冯梦龙在曲坛的地位,也由此得以确立。第八章,梅之�《谭概序》中说,"士君子得志则见诸行事,不得志则托诸空言"③。崇祯四年(1631),冯梦龙出任丹徒训导,崇祯七年(1634),出任寿宁知县,从他过去的"托诸空言",向而今的"见诸行事"迈进,是他将自己的"有情社会"理想建构付诸实施的难得机会,他因此也格外珍惜,列名州县志之循吏,是对他三年知县

① 张树英点校:《沈自晋集》,中华书局 2004 年版,第 255 页。
② 张树英点校:《沈自晋集》,第 268 页。
③ 冯梦龙编选,陆国斌、吴小平校点:《古今谭概》,江苏古籍出版社 1993 年版,叙第 1 页。

生涯的最大褒奖。暮年以"草莽臣"自居,不辞年老衰惫,竭尽忠诚,为救亡图存呐喊,奔走呼号,则为其"公情"思想的偏至。结束语,基于晚明时代语境及冯梦龙各种著述,以"大众文化巨擘",对其文化贡献做出新的论定。

周作人《墨憨斋编山歌跋》中说:"明末清初文坛上有两个人,当时很有名,后来埋没了,现在却应当记忆的,一是唱经堂金圣叹,二是墨憨斋冯梦龙——此外还有湖上笠翁"①。冯梦龙以他具有开创意义的丰硕的文化创造,成为晚明中国文化发展史上一个坐标,中国文化史、文学史上无法绕过的一座山峰。为了"应当的记忆",我们共同走进冯梦龙的世界,阅读他的人生,剖析他的心路历程,领略他的审美,感受他的伟大,品味他的深邃。

---

① 周作人:《谈冯梦龙与金圣叹》(墨憨斋编山歌跋),《人间世》1935 年第 19 期。

# 第一章　乱世繁华

"晚明"之称,于清人文献中已经见及,如康熙朝名臣陆陇其信札中有云:"晚明诸儒学术之正,无如泾阳、景逸。其扶植纲常之念,真可与日月争光;其痛言阳明之弊,亦可谓深切著明矣。"[①]桐城派三祖之一的方苞,在其《修复双峰书院记》一文中,也有"夫晚明之事,犹不足异也"云云[②]。然上述所谓"晚明"的说法,显然并不具备现代学界所普遍指向的社会转型之意涵,其意不过是"明代晚期"而已。

关于晚明时代的起讫,学界意见也不尽一致,如朱剑心《晚明小品选注·叙例》中说:"明自神宗万历迄于思宗崇祯之末,凡七十年,谓之晚明。此七十年间,政治腐败,学术庸暗,独文学矫王、李摹拟涂饰之病,抒发性灵,大放异彩。"[③]嵇文甫的《晚明思想史论》中说:"本书所要讲的晚明时代,是一个动荡时代,是一个斑驳陆离的过渡时代。……这样一个思想史上的转型期,大体上断自隆万以后,约略相当于西历 16 世纪的下半期以及 17 世纪的上半期。"[④]刘志琴《晚明史论》中说:"晚明时期,一般是指嘉靖末年、隆庆、万历、天启和崇祯王朝,为时不足一百年,其中又以长达四十八年的万历最令人瞩目。"[⑤]樊树志《晚明史》中说:"本书所界定的晚明……上起万历元年(1573 年),下迄崇祯十七年

---

① 陆陇其:《三鱼堂文集》卷五《答嘉善李子乔书》,南开大学古籍与文化研究所编:《清文海》第 19 册,国家图书馆出版社 2010 年版,第 171 页。
② 方苞:《方望溪全集》卷十四《修复双峰书院记》,中国书店 1991 年版,第 203 页。
③ 朱剑心:《晚明小品选注》,商务印书馆 1964 年版,第 1 页。
④ 嵇文甫:《晚明思想史论》,东方出版社 1996 年版,第 1 页。
⑤ 刘志琴:《晚明史论:重新认识末世衰变》,江西高校出版社 2004 年版,第 3 页。

（1644 年）。"①正如明史学家商传所概括："'晚明'乃是一个特定历史阶段,有时限的界定。一般来说,学界将晚明定位于万历朝以后。但晚明不同于晚唐、晚清,可以有一相对清晰的历史坐标,故至今学界对于晚明史之研究,虽多始于万历,亦有以万历十年,即张居正殁后为其始者,或有自嘉、隆朝即纳入晚明历史研究范畴者。"商传认为："晚明时代大约应从万历初年,至弘光朝灭亡,前后经历了大约半个多世纪的时间。"并云："其实在中国历史上,能够被称作'晚'的时代并不是很多的。我们比较熟悉的有晚唐、晚清,当然还有晚明,此外还有一段晚宋,就不那么为人所惯称了。……这些在中国历史上被称为'晚'的时代,也的确如此。它们几乎都是历史上繁华的颓世,千疮百孔的盛世吧？经济上的繁荣与政治上的腐朽在此时居然能够共同构成了一幅特有的历史画卷,谁都看得出来,它们与此前时代有着明显的变化。"②

　　冯梦龙（1574—1646）,字犹龙,一字子犹,别号龙子犹、墨憨斋主人,化名詹詹外史、茂苑野史、绿天馆主人、无碍居士、可一居士、顾曲散人、香月居主人等,出生于明神宗万历二年甲戌,卒于清世祖顺治三年丙戌,南直隶苏州府长洲县人。他的一生,跨越了明朝神宗万历（1573—1620）、光宗泰昌（1620）、熹宗天启（1621—1627）、毅宗崇祯（1628—1644）、福王弘光（1644—1645）,以及清朝世祖顺治（1644—1661）,凡两家王朝、六位帝王的统治时期。他生活的时代,正是史学家所说的晚明时期,一个"政治已颓败不堪,然其经济、文化与社会生活诸方面却仍有较强之发展"的"繁华乱世"③。

　　19 世纪法国著名史学家、批评家丹纳,在他的名著《艺术哲学》中谈道："要了解一件艺术品,一个艺术家,一群艺术家,必须正确的设想他们所属的时代的精神和风俗概况。这是艺术品最后的解释,也是决定一切的基本原因。"④丹纳的这一经典论断,对于我们认识我们的传主冯梦龙,对于我们深入了解并客观评价冯梦龙的思想和创作,以及揭示

① 樊树志：《晚明史》,复旦大学出版社 2016 年版,第 6 页。
② 商传：《走进晚明》,商务印书馆 2014 年版,第 473、22、25—26 页。
③ 商传：《走进晚明》,第 19 页。
④ 丹纳著、傅雷译：《艺术哲学》,安徽文艺出版社 1991 年版,第 47 页。

晚明大众文化巨匠冯梦龙的诞生,有着重要的启示意义。我们就从冯梦龙生活的那个"繁华乱世",那个"方生方死"的晚明江南社会说起。

## 第一节　日薄西山的晚明王朝

在张廷玉等人编撰的《明史》中,对于万历、天启、崇祯三朝,分别有如是评价:

> 神宗充龄践阼,江陵秉政,综核名实,国势几于富强。继乃因循牵制,晏处深宫,纲纪废弛,君臣否隔。于是小人好权趋利者驰骛追逐,与名节之士为仇雠,门户纷然角立。驯至忿恚,邪党滋蔓。在廷正类无深识远虑以折其机牙,而不胜忿激,交相攻讦。以致人主蓄疑,贤奸杂用,溃败决裂,不可振救。故论者谓明之亡,实亡于神宗,岂不谅欤。①

> 明自世宗而后,纲纪日以凌夷,神宗末年,废坏极矣。虽有刚明英武之君,已难复振。而重以帝之庸懦,妇寺窃柄,滥赏淫刑,忠良惨祸,亿兆离心,虽欲不亡,何可得哉。②

> 帝承神、熹之后,慨然有为。即位之初,沈机独断,刈除奸逆,天下想望治平。惜乎大势已倾,积习难挽。在廷则门户纠纷。疆场则将骄卒惰。兵荒四告,流寇蔓延。遂至溃烂而莫可救,可谓不幸也已。然在位十有七年,不迩声色,忧勤惕励,殚心治理。临朝浩叹,慨然思得非常之材,而用匪其人,益以偾事。乃复信任宦官,布列要地,举措失当,制置乖方。祚讫运移,身罹祸变,岂非气数使然哉。③

冰冻三尺,非一日之寒。譬如在上述文献中,已经谈到了"论者谓

① 张廷玉等:《明史》卷二十一《神宗本纪》,中华书局 1974 年版,第 294—295 页。
② 张廷玉等:《明史》卷二十二《熹宗本纪》,第 306—307 页。
③ 张廷玉等:《明史》卷二十四《庄烈帝本纪》,第 335 页。

明之亡,实亡于神宗",甚至言及"明自世宗而后,纲纪日以凌夷",孟森先生所云"明之衰,衰于正、嘉以后,至万历朝则加甚焉。明亡之征兆,至万历而定"①,是有其充分根据的。

如众周知,万历朝第一个十年,乃张居正执政时期,如上所揭,"综核名实,国势几于富强"。隆庆六年(1572),穆宗崩,神宗继位,湖广荆州卫江陵人张居正(1525—1582)出任首辅。其以整饬吏治、富国强兵为中心,强力推行改革:清丈田地,推行"一条鞭法";综核名实,以"考成法"考核各级官吏;任用戚继光等名将,镇边平乱。迄万历十年(1582)六月其病逝,任期十年,推行了系列改革,史称"万历新政"。《明神宗实录》中评价说:"受顾命于主少国疑之际,遂去首辅,手揽大政。劝上力守祖宗法度,上亦悉心听纳。十年内海寓肃清,四夷詟服,太仓粟可支数年,同寺积金钱至四百馀万。成君德,抑近幸,严考成,综名实,清邮传,核地亩,洵经济之才也。"②厥功至伟,影响甚大。但亦如曾任礼部尚书、东阁大学士的于慎行所说:"万历初年,江陵用事,与冯珰相倚,共操大权,于君德挟持不为无益,惟凭籍太后携持人主,束缚铃制,不得伸缩,主上圣明,虽在充龄,心已默忌,故祸机一发,遂不可救。……江陵之所以败,惟在操弄主之权,铃制太过耳。"③因此,可以说,一方面,张居正所推行的政治改革,虽然延缓但并未能够从根本上改变明朝后期政治衰败之大势;另一方面,他的铁腕政治,"铃制太过",也随着他的病逝,一如洪水决堤,汪洋泛滥,不可收拾。

谢国桢《晚明史籍考·自序》中说:"吾国近古政事之棼,无逾明季。自万历、天启之时,客魏乱政,政权旁驰,于是有流寇之乱、门户之争,外寇莫防,卒至清兵长驱入关,北京不守。"④朝廷政治的紊乱窳败、纷乱的党争、城市民变与农民起义、后金崛起与持续数十年的辽东战事,不仅是晚明政治颓败的具体标志性事件,也直接导致了朱明王朝走向覆灭。

---

① 孟森:《明史讲义》,上海古籍出版社 2002 年版,第 255 页。
②《明实录·明神宗实录》卷一二五,万历十年六月丙午,台湾"中央研究院"历史语言研究所 1962 年影印本,第 2335—2336 页。
③ 于慎行撰、吕景琳点校:《谷山笔麈》卷四《相鉴》,中华书局 1984 年版,第 42 页。
④ 谢国桢:《晚明史籍考》,国立北平图书馆 1932 年版,第 1 页。

## 一、君主昏庸怠政

神宗万历之前，世宗朱厚熜（即嘉靖皇帝）以武宗堂弟身份继位，"御极之初，力除一切弊政"，以严驭官，以宽治民，整顿朝纲，减轻赋役，史称"嘉靖新政"；后期，则"崇尚道教"，迷信方士，宠信严嵩，二十馀年不上朝，"府藏告匮，百馀年富庶治平之业，因以渐替"①。穆宗朱载垕（即隆庆皇帝），在位仅六年，虽然史称"令主"，但又评"第柄臣相轧，门户渐开，而帝未能振肃乾纲，矫除积习"②。其短命而夭折，亦因荒淫无度，好色纵欲所致。

神宗朱翊钧，即万历帝，十岁登基，前十年，张居正执政，史称"万历新政"。张居正病逝之后，其亲政未久，便沉湎酒色，自万历十四年（1586）九月十六日以后，因病连日免朝，甚至累年不视朝处理朝政，如时人所说："自万历二十年来，深居大内，讲学无期，临朝无日，大小臣工，莫见圣容；朝夕左右，不过宵小嫔嫱之流。一念精明强义之心，日蚀月消，而人才邪正，政事得失，都置膜外。"③大理寺评事雒于仁因此特上四箴疏，其中云：

> 臣入京阅岁馀，仅朝见于皇上者三，此外惟见经年动火，常日体软。即郊祀庙享，遣官代之，圣政久废而不亲，圣学久辍而不讲，臣以是知皇上之恙，药饵难攻者也。惟臣四箴可以疗病，敬请陈之：皇上之病，在酒色财气者也。夫纵酒则溃胃，好色则耗精，贪财则乱神，尚气则损肝。以皇上八珍在御，宜思德将无醉也，何酿味是耽？日饮不足，继之长夜。此其病在嗜酒者也。皇上妃嫔在侧，宜思戒之在色也，何幸十俊以开骗门，溺爱郑妃，惟言是从。储位应建而久不建，此其病在恋色者也。皇上富有四海，宜思慎乃俭德也，夫何取银动支几十万，索潞绸至几千匹，甚至拷宦官，得银则喜，无银则不喜，沂之疮痍未平，而鲸凭钱神复入，此其病在贪财者

---

① 张廷玉等：《明史》卷十八《世宗本纪》，中华书局1974年版，第250—251页。
② 张廷玉等：《明史》卷十九《穆宗本纪》，第258页。
③ 《明实录·明神宗实录》卷四七〇，"万历三十八年四月辛巳"，台湾"中央研究院"历史语言研究所1962年影印本，第8872页。

也。以皇上不怒而威,宜思有怨速惩也。夫何今日杖宫女,明日杖宫官,彼诚有罪,置以法律责之逐之可也,竟使毙于杖下,甚则宿怨藏怒于直臣范僎、姜应麟、孙如法,俾幽滞拘禁,抱屈而不伸,此其病在尚气者也。夫君犹表也,表端则影正。皇上诚嗜酒矣,何以禁臣下之宴会?皇上诚恋色矣,何以禁臣下之淫荡?皇上诚贪财矣,何以惩臣下之饕餮?皇上诚尚气矣,何以劝臣下之和衷?四者之病,缠绕心身,臣特撰四箴以进,对症之药石也,望采纳之。①

有趣的是,神宗见到雒于仁此疏之后,还曾向时任首辅的申时行做过一番辩白,云:"他说朕好酒,谁人不饮酒?若酒后持刀舞剑,非帝王举动,岂有是事?又说朕好色,偏宠贵妃郑氏,朕只因郑氏勤劳,朕每至一宫,他必相随,朝夕间小心侍奉勤劳。如恭妃王氏,他有长子,朕著他调护照管,母子相依,所以不能朝夕侍奉,何尝有偏?他说朕贪财,因受张鲸贿赂,所以用他。昨年李沂也这等说。朕为天子,富有四海,天下之财,皆朕之财,朕若贪张鲸之财,何不抄没了他?又说朕尚气。古云:少时戒之在色,壮时戒之在斗,斗即是气,朕岂不知?但人孰无气?且如先生每也有童仆家人,难道更不责治?如今内侍宫人等,或有触犯及失误差事的,也曾杖责,然亦有疾疫死者,如何说都是杖死?"②此地无银三百两,此等辩白,不仅软弱苍白,在狡辩的同时,亦实同告白,恰印证了雒于仁们所言不虚。时人赵志皋亦云:"臣近岁以少詹事侍朝讲,恭睹天颜和晬……得非衽席之爱不能割,曲糵之好不能免乎?有一于此,足耗元气。皇上行之有节而不沉溺,则元气自充矣。"③亦可为佐证。叶向高更直截了当地揭出由此导致的朝政日非:"国家多事,朝政不行……然皇上深居日久……典礼当行而不行,章疏当发而不发,人才当用而不用,政务当修而不修,议论当断而不断。"④朝廷政事几近停摆,乱局可见。

①《明实录·明神宗实录》卷二一八,"万历十七年十二月甲午",台湾"中央研究院"历史语言研究所1962年影印版,第4085—4087页。
②《明实录·明神宗实录》卷二一九,"万历十八年正月甲辰",第4097—4098页。
③谈迁著、张宗祥校点:《国榷》卷七十五,万历十七年六月甲申,中华书局1958年版,第4606页。
④《明实录·明神宗实录》卷五一〇,万历四十一年七月丁卯,第9657页。

光宗朱常洛,即泰昌帝,"虽正位东宫,未尝得志。……郑贵妃欲邀欢心,复饰美女以进。一日退朝内宴,以女乐承应。是日一生二旦,俱御幸焉。病体由是大剧"①。荒淫好色致病之后,有掌御药房太监崔文升,进"通利药",即大黄(泻药),服后连泻不止;又有鸿胪寺丞李可灼,进献所谓仙丹(其调制的红色药丸),朱常洛服用一粒,感觉尚好,命再进一粒服用,其夜五更驾崩,在位仅一月,即命丧红丸。

熹宗朱由校,即天启帝,"好驰马看武戏,又极好水戏。用大木桶、大铜缸之类,凿孔创机,启闭灌输。或涌泻如喷珠,或潺流如瀑布。或使伏机于下,借水力冲拥圆木毬如核桃大者,于水涌之大小,盘旋宛转,随高随下,久而不堕,视之以为笑乐。皆自运巧思,出人意表";又"性善为匠,在宫中每自造房,手操斧锯凿削,引绳度木,运斤成风。施设既就,即巧匠不能及。又好油漆,凡手用器具,皆自为之。性又急躁,有所为,朝起夕即期成。成而善,喜不久而废,弃而又成,不厌倦矣。且不爱成器,不惜改毁,惟快一时之意。当其执器奏能,解衣盘礴,非素喜侍臣,不能窥视。或有紧要本章,奏事者在侧,一边经营鄙事,一边倾耳且听之。毕即吩咐曰:'你们用心去行,我已知道了。'"②客观地讲,朱由校很有些发明家的天分,但身为帝王,则如史学家所评,乃"至愚至昧之童蒙"③,所以有"妇寺窃柄",客氏、魏忠贤的专权,"掖廷之内,知有忠贤不知有皇上;都城之内,知有忠贤不知有皇上;即大小臣工,积重之所移,积势之所趋,亦不觉其不知有皇上,而只知有忠贤"④。

思宗朱由检,即崇祯帝,固不可泛泛谓之怠政,如《明史》本纪中,一方面赞誉其"慨然有为","沈机独断,刈除奸逆";另一方面,也指出其刚愎自用、所用非人、宠信宦官、举措失当,招致身亡国破之祸。全祖望《明庄烈帝论》中大体持同样意见,认为:"虽然,庄烈之明察,济以忧勤,其不可以谓之亡国之君,固也,而性愎而自用,怙前一往,则亦有不能辞

① 文秉:《先拨志始》卷上,《续修四库全书》第437册,上海古籍出版社2002年版,第603页。
② 抱阳生编著、任道斌校点:《甲申朝事小纪》初编卷十,书目文献出版社1987年版,第250—251页。
③ 孟森:《明史讲义》,上海古籍出版社2002年版,第302页。
④ 杨涟:《杨大洪先生文集》卷上《劾魏忠贤疏》,《四库禁毁书丛刊·集部》第10册,北京出版社1997年版,第644页。

亡国之咎者。"①《明史·流贼传》中,对于崇祯之亡,有更具体精当的分析评价:

> 庄烈之继统也,臣僚之党局已成,草野之物力已耗,国家之法令已坏,边疆之抢攘已甚。庄烈虽锐意更始,治核名实,而人才之贤否,议论之是非,政事之得失,军机之成败,未能灼见于中,不摇于外也。且性多疑而任察,好刚而尚气。任察则苛刻寡恩,尚气则急遽失措。当夫群盗满山,四方鼎沸,而委政柄者非庸即佞,剿抚两端,茫无成算。内外大臣救过不给,人怀规利自全之心。言语謇直,切中事弊者,率皆摧折以去。其所任为阃帅者,事权中制,功过莫偿。败一方即戮一将,隳一城即杀一吏,赏罚太明而至于不能罚,制驭过严而至于不能制。加以天灾流行,饥馑洊臻,政繁赋重,外讧内叛。譬一人之身,元气赢然,疽毒并发,厥症固已甚危,而医则良否错进,剂则寒热互投,病入膏肓,而无可救,不亡何待哉。是故明之亡,亡于流贼,而其致亡之本,不在于流贼也。呜呼! 庄烈非亡国之君,而当亡国之运,又乏救亡之术,徒见其焦劳瞀乱,孑立于上十有七年。而帷幄不闻良、平之谋,行间未睹李、郭之将,卒致宗社颠覆,徒以身殉,悲夫!②

首先是根本已动,基础已坏,大势已去;次之,身为帝王,对于当时的政局时局,不能够有清醒理性的认识,"性多疑而任察,好刚而尚气","加以天灾流行,饥馑洊臻,政繁赋重,外讧内叛","不亡何待",而"明之亡,亡于流贼,而其致亡之本,不在于流贼也",信中肯之论。

## 二、党争纷起,朝政紊乱

关于晚明清初的党争,早在1930年代,谢国桢《明清之际党社运动考》已有系统梳理,并做了精湛的研究。其中云:"凡万历时代之朝政,我们所知道的所谓:国本论,三王并封,建储议,福王之国,楚太子狱,科场案,辛亥京察,丁巳京察,《忧危竑议》,妖书,熊廷弼案等事,一直到梃

① 全祖望撰、朱铸禹汇校集注:《鲒埼亭集》卷二十九,上海古籍出版社2000年版,第563页。
② 张廷玉等:《明史》卷三〇九《列传》第一九七《流贼》,中华书局1974年版,第7948页。

击、红丸、移宫等三大案,这都是他们的争端","平心而论,魏党的跋扈,祸人祸国,固不足道;但东林太存义气,在形如累卵的时局,他们还要闹家务,还存门户之见,置国是于不问,这也太不像话了","由上我们看来,在万历年间,东林和三党之争,他们所争的有宗旨,有目标。到了魏阉专权以后,他们好像闹家务,目标和宗旨都完全失去。因此我们可以断定,万历间是东林与三党相争的时期,天启间是魏党专横的时期,崇祯至永历是两党相轧的时期,康熙初年是党争的末路"①。张显清、林金树《明代政治史》一书中则认为,明朝万历以后的党争,有这样的特点:"一是党同伐异,彼此攻击,将本党的好恶变成判断是非的主要标准;二是对立的两个派别在分野之后,各自一直保持其基本阵容,直到明亡;三是融合了统治阶级内部的各种斗争,各类政治斗争都通过党争的形式表现出来,朝臣与宦官之争变成东林党与阉党的斗争,阁臣和首辅的更代、南人北人之争也都与党争密切相连。"②

首先,拉党结派,反映在用人方面,非亲不用,排除异己。明人谈到当朝用人之变化,有云:"昔嘉靖之末,隆庆之初,徐阶辅政,用舍颇公。自高拱起,尽取阶所任者摈斥之;及居正用,又取拱所任得摈斥之,不复问人材贤否,奚取为辅相哉?"③此言明朝用人不公,其始作俑者为高拱、张居正,因此批评其有亏辅相之名。但张居正时代,铁腕之治,吏部听命于政府,与之相水火者,乃言路一派;迨居正殁,则内阁、吏部、言路,成鼎足之势。谢国桢《明清之际党社运动考》引《明史·赵用贤传》中语:"自是朋党论益炽。中行、用贤、植、东之创于前,元标、南星、宪成、攀龙继之。言事者益裁量执政,执政日与枝拄,水火薄射,讫于明亡云。"④基于此,认为"党论之兴,就燎原于此了"⑤。

其次,党同伐异,打击对手,借事生非,清除异己。楚宗案:万历三十一年(1603),楚府镇国将军朱华越上疏,言楚王朱华奎、朱华璧非朱

---

① 谢国桢:《明清之际党社运动考》,辽宁教育出版社 1998 年版,第 4—5 页。
② 张显清、林金树:《明代政治史》,广西师范大学出版社 2003 年版,第 797 页。
③《明实录·明神宗实录》卷一六一,"万历十三年五月丁亥",台湾"中央研究院"历史语言研究所 1962 年影印版,第 2951 页。
④ 张廷玉等:《明史》卷二二九《列传》第一一七《赵用贤传》,中华书局 1974 年版,第 6002 页。
⑤ 谢国桢:《明清之际党社运动考》,第 12 页。

第一章 乱世繁华

021

姓子孙,不应封王。其间关涉到首辅沈一贯与内阁对手沈鲤的斗争。朱华奎有沈一贯的支持,而负责此案的郭正域乃沈鲤的好友。最终,此案虽因神宗帝发话,不了了之,但却成为妖书案的前奏。早在万历二十六年(1598)二月,太子未立之时,有人撰《闺范图说跋》,取名《忧危竑议》,说《闺范图说》的作者吕坤藉以媚郑贵妃,并称郑氏欲借以立其子。至万历三十一年(1603)十一月,又有人撰《续忧危竑议》,于京城中散发,即所谓"妖书"。沈一贯"欲借此以倾江夏郭正域等,并及归德(沈鲤)"①。在严刑逼供未能达成目的的情况下,沈一贯授意同党钱梦皋上疏,其中将郭正域与抓获之沈令誉、胡化牵连一起,有云:"妖书刊播,不先不后,适在楚王疏入之时。盖正域乃沈鲤门徒,而沈令誉者,正域食客,胡化又其同乡同年,群奸结为死党。乞穷治根本,定正域乱楚首恶之罪,勒鲤闲住。"②甚至命人包围郭正域住所,抓捕其下人,搜查沈鲤的私邸,因太子朱常洛发话:"何为欲杀我好讲官?"③为郭正域讲了话,最后以生员皦生光为妖书著者处死,此案了结。

京察(明代官员考核制度,京官六年一考核):万历二十一年(1593)大计,礼部尚书孙鑨、考功郎中赵南星力杜请谒,引起首辅王锡爵不满,授意给事中刘道隆疏劾,或夺俸,或贬官;礼部员外郎陈泰来为之辩白遭贬,左都御史李世达疏救,神宗更将赵南星削职为民。其凡疏救南星者,皆遭贬谪,"善类几空"④。万历三十二年大计,东林党人杨时乔、温纯主持,"力锄政府私人……一贯大恚,密言于上,留察疏不下,将半年"⑤,竟然扣留京察疏文不发。三十九年(1611)京察,据《明史·孙丕扬传》载:

> 三十八年大计外吏,黜陟咸当。又奏举廉吏布政使汪可受、王佐、张惺等二十馀人,诏不次擢用。先是,南北言官群击李三才、王元翰,连及里居顾宪成,谓之东林党。而祭酒汤宾尹谕德顾天埈各

① 文秉:《先拨志始》卷上,《续修四库全书》第437册,上海古籍出版社2002年版,第593页。
② 张廷玉等:《明史》卷二二六《郭正域传》,中华书局1974年版,第5947页。
③ 张廷玉等:《明史》卷二二六《郭正域传》,第5948页。
④ 张廷玉等:《明史》卷二四三《赵南星传》,第6298页。
⑤ 夏燮:《明通鉴》卷七十三,《续修四库全书》第366册,第203页。

收召朋徒，干预时政，谓之宣党、昆党；以宾尹宣城人，天埈昆山人也。御史徐兆魁、乔应甲、刘国缙、郑继芳、刘光复、房壮丽，给事中王绍徽、朱一桂、姚宗文、徐绍吉、周永春辈，则力排东林，与宾尹、天埈声势相倚，大臣多畏避之。[1]

诚如谢国桢先生云："这年的京察，观之似乎胜利，但齐、楚、浙三党已完全得了势力，正人已有岌岌不能在位的样子"[2]。四十五年（1617）丁巳京察，"一时齐、楚、浙三党盘踞言路，相与倡和，务以攻东林排击异己为事。……比方从哲秉政，言路已无正人，至是京察尽斥东林，且及林居者，大僚则中以拾遗，善类为之一空"[3]。东林与阉党之争，更为人耳熟能详。东林成员于天启初年得势，清除邪党，"与东林忤者，众目之为邪党。天启初，废斥殆尽，识者已忧其过激变生。及忠贤势成，其党果谋倚之以倾东林"[4]。

党比门户之争愤事乱政。言官铨部的矛盾，导致政局紊乱，乃至政府中大量职务出现空缺，导致无人理事，如《明史·赵焕传》记载："时神宗怠于政事，曹署多空。内阁惟叶向高，杜门者已三月。六卿止一焕在，又兼署吏部，吏部无复堂上官。兵部尚书李化龙卒，召王象乾未至，亦不除侍郎。户、礼、工三部各止一侍郎而已。都察院自温纯罢去，八年无正官。故事，给事中五十人，御史一百十人，至是皆不过十人。焕累疏乞除补。帝皆不报。"[5]职因事设，在其位谋其政，位置空缺，即意味着各种政务皆废，此等局面，明之覆灭，夫复何言。

## 三、城市民变与农民起义

所谓城市民变，"是指中国古代封建王朝以城市居民为主体的城市骚乱运动，它是以鼓噪、殴击、焚毁、示威等方式进行反抗活动的群众性

---

① 张廷玉等：《明史》卷二二四《孙丕扬传》，中华书局 1974 年版，第 5903 页。

[1] 张廷玉等：《明史》卷二二四《孙丕扬传》，中华书局 1974 年版，第 5903 页。
[2] 谢国桢：《明清之际党社运动考》，辽宁教育出版社 1998 年版，第 27 页。
[3] 夏燮：《明通鉴》卷七十五，《续修四库全书》第 366 册，第 242 页。
[4] 张廷玉等：《明史》卷三○五《魏忠贤传》，第 7817 页。
[5] 张廷玉等：《明史》卷二二五《赵焕传》，第 5921—5922 页。

第一章　乱世繁华

023

风潮"①。刘志琴文中,概括为抗税役、反官宦、反矿监税使、反阉党四类。巫仁恕《激变良民:传统中国城市群众集体行动之分析》,对此有更详细的研究。其中"搜集了城市中所发生的集体行动事件共有458件……其中明代的有158件,清代的有300件",并以十年为一单位,做了列表统计,以见其时间分布②:

明清城市集体行动事件数量时间分布

| 时间 | 事件数 | 时间 | 事件数 | 时间 | 事件数 |
|------|--------|------|--------|------|--------|
| 1480 | 1 | 1590 | 19 | 1700 | 13 |
| 1490 | —— | 1600 | 50 | 1710 | 19 |
| 1500 | —— | 1610 | 11 | 1720 | 54 |
| 1510 | 1 | 1620 | 14 | 1730 | 48 |
| 1520 | 2 | 1630 | 6 | 1740 | 65 |
| 1530 | —— | 1640 | 32 | 1750 | 37 |
| 1540 | 6 | 1650 | 6 | 1760 | 8 |
| 1550 | 1 | 1660 | 6 | 1770 | 8 |
| 1560 | 6 | 1670 | 3 | 1780 | 9 |
| 1570 | 7 | 1680 | 4 | 1790 | 4 |
| 1580 | 11 | 1690 | 7 | 总数 | 458 |

关于明清城市民变的性质,巫仁恕釐分为两类:一是直接与政府有关的集体行动,包括反对财税政令、反对官员与制度、要求政府改进政策与措施;二是社会性冲突,包括上下阶层的对抗、平行的社团与社群的冲突与竞争,并揭示出其中以反对政府公权力的事件居多(284件,占62%),社会冲突事件较少(172件,占32.7%)③。根据如上统计,以明代为例,则可以看出,首先,万历八年(1580)以后,城市民变事件迅速增加。其中,1590(万历十八年)、1600(万历二十八年)、1640(崇祯十三

---

① 刘志琴:《城市民变与士大夫》,《晚明史论:重新认识末世衰变》,江西高校出版社2004年版,第133页。

② 巫仁恕:《激变良民:传统中国城市群众集体行动之分析》,北京大学出版社2011年版,第53页。

③ 巫仁恕:《激变良民:传统中国城市群众集体行动之分析》,第57页。

年)是最为集中的高发时段。其次,因为政府执政引发的问题最为突出,暴露了政局存在着十分严重的问题。这也恰能够证明,在张居正时代以后,明朝政府呈现出迅速衰颓的趋势。

兹举冯梦龙家乡苏州二例,以见一斑:一是万历二十九年(1601)的"织佣之变"。因太监孙隆在苏州滥征商税,每机一张,税银三钱,导致机户停业,而激起民变发生。织工葛贤率领两千多市民,包围税监衙门,焚烧其党羽所居,要求罢税,爆发了规模浩大的反矿税使暴动。孙隆逃往杭州躲避。事后,撤换孙隆,葛贤下狱,十多年后获释。二是天启六年(1626),在苏州爆发的民众反对魏忠贤的斗争。魏忠贤遣缇骑至苏州,逮捕东林党人周顺昌。苏州数万市民为之请命,驱缇骑,毙旗尉。官府弹压,颜佩韦、马杰、沈扬、杨念如、周文元五人投案,被杀后,葬虎丘山旁,称"五人之墓",张溥撰有脍炙人口的《五人墓碑记》记其事。

(《五人墓碑记》石刻)

明朝政权,以李自成起义军攻破北京,崇祯帝煤山自缢,正式宣告覆灭。

事情要从天启七年(1627)说起。该年陕西大旱,官府"催科甚酷,民不堪其毒",白水王二,率众冲入县衙,杀死知县,团聚山中①。此后,各地饥民纷纷揭竿而起。至崇祯元年(1628),起义烽火已遍及陕西各

① 文秉:《烈皇小识》卷二,《明季稗史初编》,上海书店 1988 年版,第 27 页。

地,如文献中所载:"崇祯元年,延安大饥。其十一月,王嘉引起府谷,王二起白水,相聚于黄龙山为盗,不沾泥、一座城、五虎黑煞神等起洛川,王和尚、混天王等起延川,苗美、左挂子起绥德,苗登霄起安定,各有众三四千。汉南盗又大起,略阳、清水、泾阳、富平、耀州之间嚣然也。"①

崇祯二年(1629),朝廷以杨鹤为陕西三边总督,展开招抚,以失败告终。三年(1630),张献忠在米脂起义。四年(1631),李自成义军进入山西绛州,加入高迎祥队伍。七年(1634),据郧抚蒋允仪称:"强贼既破郧西,又破上津,其志弥壮,其气弥奋,燎原之势,殊难扑灭。"②张岱《石匮书后集》卷一也记载:"秦、晋、豫、楚,流贼蔓延,廷议以为各镇抚事权不一,互相观望。"③于是委任陈奇瑜兼兵部右侍郎,总督陕西、山西、河南、湖广、四川五省军务,围剿农民军,但遭李自成重创,撤职遣戍;洪承畴继任,如谈迁《国榷》中所载,他也不得不承认:"则今日贼势,断非见兵所灭。"④

崇祯八年(1635),高迎祥、张献忠起义军攻破明朝中都凤阳,焚毁皇陵,令举国震惊。崇祯十年(1637),兵部尚书杨嗣昌荐举熊文灿主持南直、河南、山西、陕西、四川、湖广军务,以 20 万兵力剿抚,均告失败,所谓"今日由秦而豫而楚,以暨大江之北,贼势漫淫而难遏,贼焰燎灼而难扑,在在决裂而莫可收拾者。"⑤

崇祯十一年(1638),河南、山东、南北直隶旱蝗灾情严重,赤地千里,民不聊生,李自成义军"一岁间略定河南、南阳、汝宁四十馀州县,兵不留行,海内震焉。时丧乱之馀,白骨蔽野,荒榛弥望。自成抚流亡,通商贾,募民垦田,收其籽粒以饷军。贼令严明,将吏无敢侵略。明季以来,师无纪律。所过镇集,纵兵抢掠,号曰打粮,井里为墟。而有司供给军需,督逋赋甚急,敲扑煎熬,民不堪命。至是陷贼,反得安舒,为之歌

① 严如煜原本、杨名飏续纂:《民国汉南续修郡志》卷二十四引《延绥镇志》,《中国地方志集成·陕西编》第 50 辑,凤凰出版社 2007 年版,第 370 页。
② 《蒋允仪题农民军克郧西上津等地科抄》,《清代档案史料丛编》第六辑,中华书局 1980 年版,第 3 页。
③ 张岱:《石匮书后集》卷一《烈皇帝本纪》,中华书局 1959 年版,第 12 页。
④ 谈迁著、张宗祥校点:《国榷》卷九十三,思宗崇祯七年,中华书局 1958 年版,第 5650 页。
⑤ 《杨希旦题秦督洪承畴暮气难振事科抄》,《清代档案史料丛编》第六辑,第 21 页。

曰:杀牛羊,备酒浆,开了城门迎闯王,闯王来时不纳粮。由是远近欣附,不复目以为贼。"①

崇祯十四年(1641)一月,李自成义军破洛阳,杀福王朱常洵。二月,张献忠义军克襄阳,杀襄王朱翊铭。杨嗣昌苦心经营的所谓"十面之网"围剿计划,也宣告失败,起义军发展进入高潮阶段。

崇祯十五年(1642),李自成百万大军攻打开封,在朱仙镇,一举歼灭朝廷二十万大军;年底,挥师南下,占领襄阳,在当时的官方文献中,有这样的记载:"自去年(崇祯十五年,1642)十二月闯、曹入楚,平贼镇左良玉并各营将领一齐奔溃,扬帆东下,抚治孤掌,力不能支,致荆、襄、承德、黄州属邑,不两月间相继尽陷,伪置官吏。而上游要地隔绝不通,长江天堑与贼共之矣。然此岂坏于贼哉?坏于兵也。此岂略地攻城惟贼之能哉?穷民内乱之能也。盖因连年大旱,百姓逃亡,十存四五,仅留皮骨,而官府以粮饷紧急,尽力追呼,将领以虎狼爪牙,无端掳掠,小民痛恨深入骨髓,汹汹思逞,已非一日。贼因明于此也,因其所恶,与之以好,假为不杀掳、不催科,较土安民,种种愚弄,故所到之处,望风迎顺。"②

崇祯十六年(1643)二月,李自成在襄阳建立倡义府;五月,称新顺王。同年三月,张献忠义军破黄州;五月,克汉阳、武昌,改武昌为天授府,称大西王。十月,李自成义军破潼关,击毙兵部尚书孙传庭,占领西安,改长安府。

崇祯十七年(1644)正月,李自成以长安为西京,建立大顺农民政权,势如破竹,长驱直入,连克太原、大同、宣府。三月十三日,占领昌平,北京的西北屏障,全线溃败;十七日,抵达北京城外,朝廷三大营守军望风而降;十八日,起义军攻克外城,崇祯帝自缢于煤山;十九日,李自成大军进入北京,大明王朝宣告灭亡。

---

① 张岱:《石匮书后集》卷六十三《盗贼列传》,中华书局1959年版,第383页。
② 《李乾德奏到任日期并郧属各地情况科抄》,《清代档案史料丛编》第六辑,中华书局1980年版,第114页。

## 四、后金崛起与辽东战事

"明朝都燕,辽东实为肘腋重地,建置雄镇,藩屏攸赖"①,辽东乃东北要地。因此,明朝曾设辽东二十五卫,并在黑龙江下游设立奴儿干都指挥使司,管辖辽东边外。万历十一年(1583),建州女真努尔哈赤以报祖、父之仇为名起兵,仅十年的时间,"太祖遂招徕各部,环满洲而居者,皆为削平,国势日盛"②;又南征北讨,相继统一海西及野人女真大部,用了三十年的时间,控制了辽东边外地区,并于万历四十四年(1616),建立后金政权。

努尔哈赤与明朝的战争,最初多为掠夺人畜、财富。万历四十六年(1618),后金连破抚顺、清河等,朝廷震惊。四十七年(1619),明朝政府以经略杨镐为统帅,统领十多万大军,围攻后金政治中心赫图阿拉。而后金以 6 万人马,在萨尔浒(今辽宁抚顺东)及附近地区,大败明军,此即著名的萨尔浒战役。

在这一战役之后,后金军又接连取开原、铁岭。明廷委任熊廷弼镇守辽东,后金几次出兵受阻。及熊廷弼因党争被免,天启元年(1621),后金再下辽阳、沈阳,又下广宁,明朝辽东都司的三大军事重镇(开原、辽阳、广宁),先后均告陷落。天启五年(1625),后金定都沈阳。崇祯元年(1628),思宗即位,启用袁崇焕督辽,也并未能够扭转败局,终于"辽东皆陷"。

明人论及辽东战事,认为:"辽事之坏,不坏于无兵,无饷,经略将帅之无人,而坏于大臣无识。"③明朝的辽东败绩,与朝廷对于形势的错误判断有关,党比争竞,用人不专,正为后金所用。天启初年,叶向高为首的东林党人执政。辽东经略熊廷弼,曾为楚党。辽东巡抚王化贞,为叶向高门生,属于东林。叶向高偏袒王化贞,其在广宁拥兵十多万;"而廷弼关上无一卒,徒拥经略虚号而已"④。因党派不同,熊廷弼主张积极防

① 顾祖禹撰,贺次君、施和金点校:《读史方舆纪要》卷三十七,中华书局 2005 年版,第 1699 页。
② 佚名:《满洲实录》卷二,《国学文库》第九编,崇文书局 2014 年版,第 34 页。
③ 谷应泰:《明史纪事本末·补遗》卷二《熊王功罪》,中华书局 1977 年版,第 1423 页。
④ 张廷玉等:《明史》卷二五九《熊廷弼传》,中华书局 1974 年版,第 6699 页。

御,其策略却难以落实。王化贞则盲目主张进攻,后金围攻西平,其广宁军倾巢往赴救援,一战即溃,导致广宁的失守。朝廷大臣,"东林之持论高,而于筹敌制寇,卒无实着"①,各党借"辽事"相互攻讦,因此导致边事益坏。

天启三年(1623),朝廷委任大学士孙承宗出镇山海关,时"忠贤益盗柄。以承宗功高,欲亲附之"②,孙与叶向高关系密切,不肯依附,于天启五年(1625),遭弹劾而罢免。孙承宗的继任者为阉党高羽,放弃关外,退守山海关。袁崇焕升任宁前道,则不为高羽左右,坚守宁远。天启六年(1626)正月,后金兵攻打宁远,"戴楯穴城,矢石不能退。崇焕令闽卒罗立,发西洋巨炮,伤城外军。明日,再攻,复被却,围遂解"③,努尔哈赤"自二十五岁征伐以来,战无不胜,攻无不克,惟宁远一城不下,遂不怿而回"④,八月十一日病逝。

皇太极继位,于天启七年(1627)五月攻打锦州、宁远,再受重创。然袁崇焕非但未能因功封赏,反遭论乞休罢去,至崇祯登基,方任命为蓟辽总督。崇祯二年(1629),后金调整战略,越边进入长城,直抵北京城下。并用反间计,放回俘虏的太监杨春,让他密告曾与袁崇焕私有密约。朝廷轻信,下袁崇焕狱,三年(1630)八月处死。"崇焕既缚,大寿溃而去。武经略满桂以趣战急,与大清兵战,竟死,去缚崇焕时甫半月。……自崇焕死,边事益无人,明亡征决矣"⑤。崇祯九年(1636),皇太极定国号大清,四月,占领明朝辽东海防重镇皮岛。十四年(1641),包围锦州,时任蓟辽总督洪承畴,善于用兵,清醒认识到必须"步步立营,以守为战"⑥,但在朝廷严令之下,进兵至锦州附近的松山城集结,城破遭清兵俘虏,明朝的宁锦防线,彻底瓦解。

郑廉《豫变纪略》卷二中有云:"是时,明室之亡决矣。外则防边,内则剿寇,无饷无兵;而将士不用命,士大夫袖手高谈,多立门户,虽贤者

---

① 夏允彝:《幸存录》,于浩辑《明清史料丛书八种》第1册,北京图书馆出版社2005年版,第366页。
② 张廷玉等:《明史》卷二五〇《孙承宗传》,中华书局1974年版,第6471页。
③ 张廷玉等:《明史》卷二五九《袁崇焕传》,第6709页。
④ 佚名:《满洲实录》卷八,《国学文库》第9编,崇文书局2014年版,第199页。
⑤ 张廷玉等:《明史》卷二五九《袁崇焕传》,第6719页。
⑥ 魏源:《圣武记》卷一,《续修四库全书》第402册,上海古籍出版社2002年版,第159页。

不免,不知圣人处此,尚有何计。"①朝廷昏庸,政局混乱,民不聊生,内忧外患,明之灭亡,已是大势所趋,不可逆转。

## 第二节　商品经济与消费社会的形成

明代中期以降,以江南为中心,市镇商业经济呈现出迅猛发展的态势,市民队伍不断壮大,消费社会在古老的中国大地悄然形成。

万历《歙志·风土论》曾以春、夏、秋、冬为比,谈及明代社会风俗的历史变迁:明初至弘治,"诈伪未萌,讦争未起,芬华未染,靡汰未臻,此正冬至以后、春分以前之时也";正德至嘉靖初年,"诈伪萌矣,讦争起矣,芬华染矣,靡汰臻矣,此正春分以后、夏至以前之时也";嘉靖、隆庆年间,"诈伪有鬼蜮矣,讦争有戈矛矣,芬华有波流矣,靡汰有丘壑矣,此正夏至以后、秋分以前之时也";万历初年迄于县志编纂的三十年间,"鬼蜮则匿影矣,戈矛则连兵矣,波流则襄陵矣,丘壑则陆海矣,此正秋分以后、冬至以前之时也"②,形象恰切地揭示了明代各阶段的社会异动,及其表现出的不同时代特征。

(《姑苏繁华图》局部)

明朝建国之初,以重本抑末、节俭治国为国策,打压江南富户,所谓"太祖塞之,遂渐萧索"③。仁、宣以后,社会渐趋稳定,朝廷政策有所松

---

① 郑廉:《豫变纪略》卷二,《丛书集成续编》第279册,台湾新文丰出版公司1988年版,第236页。
② 顾炎武:《天下郡国利病书·凤宁徽备录》,商务印书馆1936年版,第150—151页。
③ 佚名:《东湖乘》卷一,上海图书馆藏稿本。

动,江南经济开始复苏,至成化时期,臻于繁盛,如归有光所说:"明有天下,至成化、弘治之间,休养滋息,殆百馀年,号称极盛。"①王锜则说:"吴中素号繁华,自张氏之据,天兵所临,虽不被屠戮,人民迁徙实三都、戍远方者相继,至营籍亦隶教坊。邑里潇然,生计鲜薄,过者增感。正统、天顺间,余尝入城,咸谓稍复其旧,然犹未盛也。迨成化间,余恒三四年一入,则见其迥若异境,以至于今,愈益繁盛,闾檐辐辏,万瓦甃鳞,城隅濠股,亭馆布列,略无隙地。舆马从盖,壶觞罍盒,交驰于通衢。水巷中,光彩耀目,游山之舫,载妓之舟,鱼贯于绿波朱阁之间,丝竹讴舞与市声相杂。凡上供锦绮、文具、花果、珍羞奇异之物,岁有所增,若刻丝累漆之属,自浙宋以来,其艺久废,今皆精妙,人性益巧而物产益多。"②其所具体描绘苏州变化的过程,正是明代江南经济发展的一个缩影。

景泰五年(1454)进士丘濬曾说:"韩愈谓赋出天下,而江南居十九。以今观之,浙东、西又居江南十九,而苏、松、常、嘉、湖五郡,又居两浙十九也。……今国家都燕,岁漕江南米四百馀万石,以实京师。而此五郡者,几居江西、湖广、南直隶之半。"③归有光《送昆山县令朱侯序》中也说:"江南诸郡县,土田肥美,多粳米稻,有江海陂湖之饶。然征赋烦重,供内府,输京师,不遗馀力。"④则既可印证上述有关江南经济发展变化的说法,也足以说明,明代中期以后,江南经济在全国已经具有了核心地位。

明代的苏州,"一城中与长洲东西分治,西较东为喧闹,居民大半工技,金阊一带,比户贸易,负郭则牙侩辏集"⑤。其洞庭湖诸山,"以商贾为生,土狭民稠,人生十七八即挟赀出商,楚、卫、齐、鲁,靡远不到,有数年不归者"⑥。商业意识突出,商品经济繁华。市镇崛起,商品贸易空前活跃,如苏州的盛泽镇,"明初以村名著,居民仅五六十家,嘉靖间渐成

① 归有光:《归氏世谱后》,周本淳校点:《震川先生集》卷二十八,上海古籍出版社 1981 年版,第 638 页。
② 王锜撰、张德信点校:《寓圃杂记》卷五《吴中近年之盛》,中华书局 1984 年版,第 42 页。
③ 丘濬:《大学衍义补》卷二十四,《景印文渊阁四库全书》第 712 册,台湾商务印书馆 1986 年版,第 336 页。
④ 归有光著、周本淳校点:《震川先生集》卷二十八,第 254 页。
⑤ 顾炎武:《肇域志·江南八》,《续修四库全书》第 587 册,上海古籍出版社 2002 年版,第 651—652 页。
⑥ 王鏊:《震泽编》,顾炎武《肇域志·江南八》引,《续修四库全书》第 587 册,第 652—653 页。

市。国初户口日增，每日中为市，舟楫塞巷，街道肩摩"①，"居民百家，以锦绫为业，今商贾远近辐集，居民万有馀家，蓄阜气象，诸镇中推为第一"②。平望镇，"自弘治迄今，居民日增，货物益备，而米及豆麦尤多。千艘万舸，远近毕集，俗以小枫桥称之"③；"兹地为八省通邑，冲繁最剧。地方三里，居民千家，百货凑集，如小邑然。成、弘以来尤盛。嘉靖间，水荒、倭寇相仍，庐舍人烟荡焉欲尽。嗣后数十年，海宇承平，耕桑食货，熙攘盈繁，屹为吴江巨镇。……居民数千家，物产毕陈，商贾辐凑，比于苏之枫桥，时人呼曰'小枫桥'"④。黎里镇，在"明成、弘间为邑巨镇，居民千百家，百货并集，无异城市。自隆庆迄今，货物贸易如明初，居民更二三倍焉"⑤；"居民千百家，舟楫辐辏，货物腾涌，喧盛不减城市，盖一邑之巨镇也"⑥。浙江亦然，其"杭州省会，百货所聚。其馀各郡邑所出，则湖之丝，嘉之绢，绍之茶之酒，宁之海错，处之瓷，严之漆，衢之橘，温之漆器，金之酒，皆以地得名"⑦。其湖州府双林镇，据载："吾镇出门贸易者，大半在苏、杭及各近处，富商则走闽广、湘樊、松沪。其在本镇经纪者，以丝绵绸绢为盛。有资设店，获利固易，而精其业者，即空手入市，亦可日有所获，以赡其家。……近年惟丝业生意甚盛，客商赍银来者，动以千万计，供应奢华，同行争胜，投客所好，以为迎合，无所不至。"⑧以此商业手工业城镇人口迅速增加，市民队伍不断壮大。

明人王士性曾分析江、浙、闽地多产商人的原因，谓其"人稠地狭，总之不足以当中原之一省，故身不有技则口不糊，足不出外则技不售。

① 仲廷机:《盛湖志》卷一《沿革》,《中国地方志集成·乡镇志专辑》第 11 册,江苏古籍出版社 1992 年版,第 449 页。
② 郭琇修、屈运隆纂:(康熙)《吴江县志》卷一《市镇》,《江苏历代方志全书·苏州府部》第 95 册,凤凰出版社 2017 年版,第 382 页。
③ 沈彤等:(乾隆)《震泽县志》卷四《镇市村》,《中国地方志集成·江苏府县志辑》第 23 册,江苏古籍出版社 1991 年版,第 44 页。
④ 翁广平撰、沈春荣等点校:《平望志》,《平望志》(三种),广陵书社 2011 年版,第 18 页。
⑤ 倪师孟等:(乾隆)《吴江县志》卷四《镇市村》,《中国方志丛书·华中地方》第 163 号,台湾成文出版社有限公司 1975 年版,第 123 页。
⑥ 莫旦:(弘治)《吴江志》卷二《市镇》,刘兆祐主编《中国史学丛书三编》第 4 辑,台湾学生书局 1987 年版,第 81 页。
⑦ 王士性撰、周振鹤点校:《广志绎》卷四《江南诸省》,中华书局 2006 年版,第 263 页。
⑧ 蔡蓉升:(民国)《双林镇志》卷十五《风俗》,《中国地方志集成·乡镇志专辑》第 22 册(下),上海书店 1992 年版,第 554 页。

惟江右尤甚，而其士商工贾，谈天悬河，又人人辨足以济之。又其出也，能不事子母本，徒张空拳以笼百务，虚往实归。如堪舆、星相、医卜、轮舆、梓匠之类，非有盐商、木客、筐丝、聚宝之业也"①。人口稠密，土田不足，生计所迫，靠手艺技术与商业贸易吃饭，确为其重要的原因。

江南重赋，地少人多，徐光启曾说："尝考宋绍兴中，松郡税粮十八万石耳。今平米九十七万石，会计加编，征收耗剩，起解、铺垫，诸色役费，当复称是。是十倍宋也。壤地广袤，不过百里而遥；农亩之入，非能有加于他郡邑也。所繇共百万之赋，三百年而尚存视息者，全赖此一机一杼而已。非独松也，苏、杭、常、镇之币帛菓纻，嘉之丝纩，皆恃此女红末业，以上供赋税，下给俯仰。若求诸田亩之收，则必不可办。"②顾炎武也说："纺织不止乡落，虽城中亦然。里妪晨抱绵纱入市，易木棉花以归，机杼轧轧，有通宵不寐者。田家收获，输官偿债外，未卒岁室庐已空矣，其衣食全恃此"③。苏州东洞庭"编民亦苦田少，不得耕耨而食。并商游江南北，以通齐、鲁、燕、豫，随处设肆，博锱铢于四方，以供吴之赋税，兼办徭役"④，即为实例。也正因如此，才会有王士性所描绘的局面："苏、松赋重，其壤地不与嘉、湖殊也，而赋乃加其什之六。……毕竟吴中百货所聚，其工商贾人之利又居农之十七，故虽赋重，不见民贫。"⑤这自然是江南手工业及商贸业发展的一个重要的客观原因。

此类论述颇多，如万历年间徐贞明云："东南之境，生齿日繁，地若不胜其民，而民皆不安其土。"⑥徐光启云："南之人众，北之人寡，南之土狭，北之土芜……南人太众，耕垦无田，仕进无路，则去而为末富、奸富者多矣。"⑦甚至官宦士大夫之家，也以从事经商末业、赚钱赢利为追求，

① 王士性撰、周振鹤点校：《广志绎》卷四《江南诸省》，中华书局 2006 年版，第 274—275 页。
② 徐光启：《农政全书》卷三十五《蚕桑广谱·木棉》，《景印文渊阁四库全书》第 731 册，台湾商务印书馆 1986 年版，第 506 页。
③ 顾炎武：《肇域志·江南九·松江府》，《续修四库全书》第 588 册，上海古籍出版社 2002 年版，第 65—66 页。
④ 顾炎武：《天下郡国利病书》第五册《苏下·东洞庭》，《续修四库全书》第 595 册，上海古籍出版社 2002 年版，第 694 页。
⑤ 王士性撰、周振鹤点校：《广志绎》卷二《两都》，第 219 页。
⑥ 徐贞明：《潞水客谈》，《续修四库全书》第 851 册，上海古籍出版社 2002 年版，第 260 页。
⑦ 徐光启：《农政全书》卷九《农事·开垦》，《景印文渊阁四库全书》第 731 册，第 117—118 页。

如晚明黄省曾《吴风录》中所载："吴中缙绅士大夫,多以货殖为急。"①于慎行《谷山笔麈》中说"吴人以织作为业,即士大夫家,多以纺绩求利,其俗勤啬好殖,以故富庶",万历首辅徐阶在位期间,其老家华亭,即"多蓄织妇,岁计所积,与市为贾"②,皆为具体的例证。

工商业的发展,城市的繁荣,市民队伍的壮大,社会结构的调整,社会风尚也随之悄然发生了变迁。所谓"出贾既多,土田不重,操赀交捷,起落不常","末富居多,本富尽少"③,不仅表明了传统农本商末观念的动摇,也揭示出商富农贫的社会现实。巨大的现实反差,诱引着整个社会"舍本逐末""锱铢共竞"。在消费观念上,由崇俭尚朴,变而为竞相奢侈、夸富斗艳,风俗转移,已是大势所趋,所谓"人情以放荡为快,世风以侈靡相高,虽逾制犯禁,不知忌也"④。范濂还以其个人经历为例,说明了风俗的移人:"余最贫,最尚俭朴,年来亦强服色衣,乃知习俗移人,贤者不免。"⑤还有人将享乐消费上升到理论层面,主张以消费促进经济发展,为享乐消费摇旗呐喊,如明人陆楫《蒹葭堂稿》卷六有云:

> 论治者类欲禁奢,以为财节则民可与富也。噫!先正有言,天地生财,止有此数,彼有所损,则此有所益。吾未见奢之足以贫天下也。自一人言之,一人俭则一人或可免于贫;自一家言之,一家俭则一家或可免于贫。至于统论天下之势,则不然。治天下者,将欲使一家一人富乎?抑亦欲均天下而富之乎?予每博观天下之势,大抵其地奢则其民必易为生,其地俭则其民必不易为生者也,何者?势使然也。今天下之财赋在吴越,吴俗之奢莫盛于苏,越俗之奢莫盛于杭。奢则宜其民之穷也,而今苏杭之民,有不耕寸土而口食膏粱,不操一杼而身衣文绣者,不知其几何也。盖俗奢而逐末者众也。……然则吴越之易为生者,其大要在俗奢,市易之利,特

① 黄省曾:《吴风录》,《续修四库全书》第733册,上海古籍出版社2002年版,第694页。
② 于慎行撰、吕景琳点校:《谷山笔麈》,中华书局1984年版,第39页。
③ 顾炎武:《天下郡国利病书》原编第九册《风宁徽》引《歙志风土论》,《续修四库全书》第596册,第130页。
④ 张瀚撰、盛冬铃点校:《松窗梦语》卷七《风俗纪》,中华书局1985年版,第139页。
⑤ 范濂:《云间据目抄》卷二《记风俗》,《笔记小说大观》第13册,江苏广陵古籍刻印社1983年版,第110页。

因而济之耳,固不专恃乎此也。长民者因俗以为治,则上不劳而下不扰,欲徒禁奢,可乎?呜乎!此可与智者道也。①

或者从享乐消费可为下层社会提供更多的就业机会、谋生手段,论其不可或缺,如王士性说:"游观虽非朴俗,然西湖业已为游地,则细民所藉为利,日不止千金,有司时禁之,固以易俗,但渔者、舟者、戏者、市者、酤者,咸失本业,反不便于此辈也。"②乾隆时期的顾公燮亦有云:"即以吾苏而论,洋货、皮货、绸缎、衣饰、金玉、珠宝、参药诸铺,戏园、游船、酒肆、茶店,如山如林,不知几千万人。有千万人之奢华,即有千万人之生理。若欲变千万人之奢华而返于淳,必将使千万人之生理亦几于绝。"③这些论述,既是对当时社会变化的概括反映,对于新型消费观念的进一步深入人心,新社会风尚的确立,也具有重要的理论支持或引导意义。

关于明代中期以后享乐消费观念的风靡及社会风尚的变迁,文献中多有记载,尤以对于江南的描述最称繁富,如正德《姑苏志》中说:"吴下号为繁盛,四郊无旷土,其俗多奢少俭,有海陆之饶,商贾并凑,精饮馔,鲜衣服,丽栋宇,婚丧嫁娶,下至燕集,务以华缛相高。女工织作,雕镂涂漆,必殚精巧。"④正德《松江府志》中说:"成化来渐侈靡,近岁益甚,然其殷盛,非前日比矣。"⑤嘉靖《江阴县志》中说:"国初时,民居尚俭朴。三间五架,制甚狭小。服布素,老者穿紫花布长衫,戴平头巾。少者出游于市,见一华衣人,市人怪而哗之。燕会八簋,四人合坐为一席,折简不盈幅。成化以后,富者之居僭侔公室,丽裷丰膳,日以过求。"⑥天启《海盐县图经》中说:"吾乡习俗俭朴,自国初已然。……成化来渐侈靡,

① 陆楫:《蒹葭堂稿》,《续修四库全书》第1354册,上海古籍出版社2002年版,第639—641页。
② 王士性撰、周振鹤点校:《广志绎》卷四《江南诸省》,中华书局2006年版,第265页。
③ 顾公燮:《消夏闲记摘抄》卷上《苏俗奢靡》,涵芬楼秘笈第二集。
④ 林世远修、王鏊等纂:(正德)《姑苏志》卷十三《风俗》,《北京图书馆古籍珍本丛刊》第26册,书目文献出版社2000年版,第227页。
⑤ 陈威等修、顾清纂:(正德)《松江府志》卷四《风俗》,《天一阁藏明代方志选刊续编》第5册,上海书店1990年版,第215页。
⑥ 赵锦修、张衮纂:(嘉靖)《江阴县志》卷四《风俗记第三》,《天一阁藏明代方志选刊》,上海古籍书店1963年版。

近岁益甚,越礼非分,殆无纪极。司教化者,釐而正之可也。"①康熙《常熟县志》中说:"迨天顺、成化之际,民称富庶,颇以矜侈相高尚,不免朘削钩致以遂私。其迨于季,崇栋宇,丰庖厨,溺歌舞,嫁娶丧葬,任情而逾礼者有之矣。"②或记录其繁华奢靡,或指出成化时期为风俗变易的转捩,或揭示其"殷盛""富庶",经济的发展繁荣与消费能力的提升。

在明代中期以后兴起的享乐消费风潮中,吴地成为天下时尚的风向标、发源地。张翰《松窗梦语》中记载:"至于民间风俗,大都江南侈于江北,而江南之侈尤莫过于三吴。自昔吴俗习奢华、乐奇异,人情皆观赴焉。吴制服而华,以为非是弗文也;吴制器而美,以为非是弗珍也。四方重吴服,而吴益工于服;四方贵吴器,而吴益工于器。是吴俗之侈者愈侈,而四方之观赴于吴者,又安能挽而之俭也。盖人情自俭而趋于奢也易,自奢而返之俭也难。"③于慎行《谷山笔麈》中云:"吾观近日都城,亦有此弊,衣服器用不尚髹添,多仿吴下之风,以素雅相高。"④袁宏道有专文《时尚》谈到吴人器玩之风行:"古今时尚不同,薄技小器,皆得著名。……近日小技著名者尤多,然皆吴人。……其事皆始于吴中,猾子转相售受,以欺富人公子,动得重赀,浸淫至士大夫间,遂以成风。然其器实精良,他工不及,其得名不虚也。"⑤沈长卿《沈氏月旦》卷六中说:"妇女妆饰逐岁一新,而作俑自苏始,杭州效之,以达于东南,而闽、粤、川、贵等风靡;南都效之,以达于西北,而鲁、燕、秦、晋等风靡。此岂有檄文期会,媪妁传宣哉?有不知其然而然者。"⑥王士性《广志绎》中说:"姑苏人聪慧好古……又善操海内上下进退之权,苏人以为雅者,则四方随而雅;俗者,则随而俗之。……海内僻远皆效尤之,此亦嘉、隆、万三朝之盛。"⑦苏州流行的服饰新款,人称"苏意",据晚明薛冈《天爵堂

① 樊维城修、胡震亨等纂:(天启)《海盐县图经》卷四《方域篇·县风土纪》,《中国方志丛书·华中地方》第589号,台湾成文出版社有限公司1983年版,第324页。
② 高士鸛、杨振藻修、钱陆灿等纂:(康熙)《常熟县志》卷九《风俗》,《中国地方志集成·江苏府县志辑》第21辑,凤凰出版社2008年版,第164页。
③ 张翰撰、盛冬铃点校:《松窗梦语》卷四《百工纪》,中华书局1985年版,第79页。
④ 于慎行撰、吕景琳点校:《谷山笔麈》卷三《国体》,中华书局1984年版,第29页。
⑤ 袁宏道著、钱伯城笺校:《袁宏道集笺校》卷二十,上海古籍出版社1981年版,第730—731页。
⑥ 沈长卿:《沈氏月旦》,《续修四库全书》第1131册,上海古籍出版社2002年版,第447—448页。
⑦ 王士性撰、周振鹤点校:《广志绎》卷二《两都》,中华书局2006年版,第219—220页。

笔徐》中说："'苏意'非美谈,前无此语。丙申岁,有甫官于杭者,笞窄袜浅鞋人,枷号示众,难于书封,即书'苏意犯人',人以为笑柄。转相传播,今遂一概稀奇鲜见,动称'苏意',而极力效法,北人尤甚。"①钱希言《戏瑕》中也说,"苏意"原本为华亭人许乐善批文中所云"大有苏意",盖谓"其文气得三苏意味耳",长班传出,传者、听者,并误以为乃苏州之苏,"至是台省卿寺,及馆中诸公,无不交口称苏意,沿为常谈。后至闻于禁掖,至尊亦言苏意,六宫之中,无不苏意矣"②。乃至于青楼中妆饰打扮,也以苏州为风尚,所谓"曲中装束,尽效苏台,匆促不暇。始加鬏髻,金泥裙带,翠袖芙蓉,摹仿未必全工,而规模竟为粗具"③。凡此足以看出,在明代中期以后的享乐消费风尚中,以吴地为代表的江南,扮演着领导潮流的角色。

　　明代中期以后的享乐消费风潮,参与者不仅是权贵富商,仆隶卖佣之流也加入这股洪流之中,如李渔《闲情偶寄》中所说:"乃近世贫贱之家,往往效颦于富贵,见富贵者偶尚绮罗,则耻布帛为贱,必觅绮罗以肖之;见富贵者单崇珠翠,则鄙金玉为常,而假珠翠以代之。"④江南各地,如昆山,"邸第从御之美,服饰珍羞之盛,古或无之。甚至仆隶卖佣,亦泰然以侈靡相雄长,往往僭礼逾分焉"⑤;杭州,"毋论富豪贵介,纨绮相望,即贫乏者,强饰华丽,扬扬矜诩,为富贵容"⑥;松江府上海县,"市井轻佻,十五为群,家无担石,华衣鲜履"⑦;嘉定,"若夫富室招客,颇以饮馔相高。水陆之珍,常至方丈。至于中人,亦慕效之,一会之费,常耗数

① 薛冈撰、王春瑜点校:《天爵堂笔徐》卷一,转引自中国社会科学院历史研究所明史研究室编《明史研究论丛》第5辑,江苏古籍出版社1991年版,第326页。
② 钱希言:《戏瑕》卷三《苏意》,《笔记小说大观》第17编,台湾新兴书局有限公司1977年版,第1052—1053页。
③ 芬利它行者:《竹西花事小录》,王文濡编:《香艳丛书》精选本,岳麓书社1994年版,第189页。
④ 李渔:《闲情偶寄》卷四《器玩部·骨董》,《李渔全集》第三卷,浙江古籍出版社1991年版,第216页。
⑤ 申恩科修、周世昌纂:(万历)《重修昆山县志》卷一《风俗》,刘兆祐主编《中国史学丛书》第3编,台湾学生书局1987年版,第199页。
⑥ 张翰撰、盛冬铃点校:《松窗梦语》卷七《风俗纪》,中华书局1985年版,第139页。
⑦ 李文耀修、谈起行等纂:《上海县志》卷一《风俗》,《稀见中国地方志汇刊》第1册,中国书店1992年版,第280页。

月之食"①;南京,"正德已前,房屋矮小,厅堂多在后面,或有好事者,画以罗木,皆朴素浑坚不淫。嘉靖末年,士大夫家不必言,至于百姓,有三间客厅费千金者,金碧辉煌,高耸过倍,往往重檐兽脊如官衙然,园囿僭拟公侯。下至勾阑之中,亦多画屋矣"②;松江,"细木家伙,如书椟禅椅之类,余少年曾不一见,民间止用银杏金漆方桌。自莫廷韩与顾、宋两公子,用细木数件,亦从吴门购之。隆、万以来,虽奴隶快甲之家,皆用细器。而徽之小木匠,争列肆于郡治中。即嫁装杂器,俱属之矣。纨绮豪奢,又以榉木不足贵,凡床厨几桌,皆用花梨、瘿木、乌木、相思木与黄杨木,极其贵巧,动费万钱,亦俗之一靡也。尤可怪者,如皂快偶得居止,即整一小憩,以木板装铺。庭畜盆鱼杂卉,内列细桌拂尘,号称书房,竟不知皂快所读何书也"③;苏州,据龚炜说:"予少时,见士人仅仅穿裘,今则里巷妇孺皆裘矣。大红线顶十得一二,今则十八九矣;家无担石之储,耻穿布素矣;团龙立龙之饰,泥金剪金之衣,编户僭之矣"④;叶梦珠亦称:"自明末迄今,市井之妇,居常无不服罗绮,娼优贱婢以为常服,莫之怪也"⑤。由此可以看出,在当时的江南,享乐风气已经渗透到整个社会群体。

消费依赖于市场发达的程度,由此也折射出消费群体的规模,以及消费社会的发展现状。江南诸地,如苏州,"三四月卖时新,率五日而更一品。后时者价下二三倍。五月五日卖花胜三伏卖冰、七夕卖巧果,皆按节而出,喧于城中,每漏下十馀刻犹有市。大抵吴人好费乐便,多无宿储,悉资于市也"⑥;金陵,"迩来则又衣丝蹑缟者多,布服菲屦者少,以是薪粲而下,百物皆仰给于贸居"⑦,"凡百货交易之处谓之市。金陵人

① 韩浚修、张应武等纂:(万历)《嘉定县志》卷二《疆域考下·风俗》,《四库全书存目丛书·史部》第208册,齐鲁书社1996年版,第696页。

② 顾起元撰、张惠荣校点《客座赘语》卷五《建业风俗记》,凤凰出版社2005年版,第188页。

③ 范濂《云间据目抄》卷二《记风俗》,《笔记小说大观》第13册,江苏广陵古籍刻印社1983年版,第111页。

④ 龚炜撰、钱炳寰点校:《巢林笔谈》卷五《吴俗奢靡日甚》,中华书局1981年版,第113页。

⑤ 叶梦珠撰、来新夏点校:《阅世编》卷八《内装》,中华书局2007年版,第205页。

⑥ 林世远修、王鏊等纂:(正德)《姑苏志》卷十三《风俗》,《北京图书馆古籍珍本丛刊》,书目文献出版社2000年版。

⑦ 顾起元撰、张惠荣校点:《客座赘语》卷二《民利》,第69页。

家,素无三日之储,故每晨必有市"①;常熟,"往时履袜之属出女红,今率买诸市肆矣。往时茶坊酒肆无多,家贩脂胃脯者,恒虑不售;今则遍满街巷,旦旦陈列,暮辄罄尽矣"②,"至于衣履有铺,茶酒有肆,日增于旧。懒惰者可以不纫针,不举火,而服食鲜华,亦风俗之靡也"③;松江,"郡中绝无鞋店与蒲鞋店,万历以来,始有男人制鞋,后渐轻俏精美,遂广设诸肆于郡治东。……松江旧无暑袜店,暑月间穿毡袜者甚众,万历以来,用尤墩布为单暑袜,极轻美,远方争来购之,故郡治西郊,广开暑袜店百馀家"④。专业店铺的出现,鳞次栉比的店家,其背后自然有实力不俗的消费群体存在;而家无宿储,悉资于市,不仅是消费观念的变化,也需要以繁荣的商业为基础。明人顾起元《客座赘语》卷三《化俗未易》中记载:"湛甘泉先生为南大司马,令民毋得餐大鱼酒肆中,沽市无论举火当炉,致众丛饮者禁!除岁,庶民毋得焚楮祀天,縻财犯礼。姜凤阿先生为南大宗伯,申明宿娼之禁:凡宿娼者,夜与银七分访拿帮嫖之人,责而枷示。二公之事,皆以立礼之坊、制淫之流也。然姜之事行,仅游冶之子以为不便。湛之事行,而称不便者怨声遂载道。未几法竟不行,所以者何?都辇之地,群情久甘醋醯,万口易至沸羹,故当事者往往持'治大国若烹小鲜'之说,势固然也。故治贵因民。"⑤姜之事行,而湛之法竟不行,"都辇之地,群情久甘醋醯,万口易至沸羹"只是表面的原因。其深层次,如禁止焚楮祀天,是为民俗信仰;酒食饭店,事涉大众消费,足见都市社会大众消费对于服务业的依赖,已达到难分难解的程度,此固然不同于姜凤阿的宿娼之禁。

正如有学者所揭示:"举凡从市场购物的频率增高、奢侈品成为日常用品、奢侈消费的普及化、流行时尚的形成、身分等级制度的崩解与奢侈观念的新思维等等,都说明了过去被视为奢侈的社会风气,在晚明

① 陈作霖:《凤麓小志》卷三《记诸市弟八》,《金陵琐志九种》(上),南京出版社 2008 年版,第 77 页。
② 陈祖范:《陈司业文集》卷二《昭文县志未刻诸小序·风俗》,《四库全书存目丛书·集部》第 274 册,齐鲁书社 1997 年版,第 142—143 页。
③ 劳必达修、陈祖范纂:(雍正)《昭文县志》卷四《风俗》,《中国地方志集成·江苏府县志辑》第 19 辑,江苏古籍出版社 1991 年版,第 260 页。
④ 范濂:《云间据目抄》卷二《记风俗》,《笔记小说大观》第 13 册,江苏广陵古籍刻印社 1983 年版,第 111 页。
⑤ 顾起元撰、张惠荣校点:《客座赘语》,凤凰出版社 2005 年版,第 87 页。

时期的出现反映了更重要的历史意义。在此之前中国历代虽然都出现过奢侈的现象,但却多只是局限在统治阶层或是富民阶层,只有到了晚明的奢侈风气才是首次波及到社会下阶层。晚明时期在一片奢侈风气的盛行下,知识界也出现了关于奢靡的新论述。……将晚明时期视为中国第一个'消费社会'形成的时期,应不为过。"①

## 第三节　大众文化与商业出版的崛起

娱乐休闲文化古已有之,应该说,宋元时期的瓦舍勾栏,即为大众娱乐休闲文化的雏形。但作为大众自觉的、常态化的、商业性的、更具有普遍意义的大众娱乐休闲文化,无疑是在明代中后期,伴随着消费社会的出现方始形成。

明朝建国之初,鉴于元朝亡国的教训,崇尚俭朴,如康熙朝理学名臣李光地所说:"元时人多恒舞酣歌,不事生产。明太祖于中街立高楼,令卒侦望其上。闻有弦管饮博者,即缚至,倒悬楼上,饮水三日而死。"②《大明律》中更有明文规定:"凡乐人搬做杂剧、戏文,不许粧扮历代帝王后妃、忠臣烈士、先圣先贤神像,违者杖一百。官民之家,容令粧扮者与同罪。其神仙道扮及义夫节妇、孝子顺孙、劝人为善者,不在禁限。"③

明代中期以后,在江南社会,伴随着经济的发展繁荣,商业化的加剧,大众消费能力的提升,人们不再满足于生存这一基本需要,开始追逐享乐性消费,大众娱乐休闲文化勃兴,商业出版崛起,可谓应运而生。

成化年间为重要转捩。丘濬创作于成化年间的《伍伦全备记》剧本,第一齣《副末开场》中有云:"书会谁将杂曲编,南腔北曲两皆全。"又

---

① 巫仁恕:《品味奢华:晚明的消费社会与士大夫》,中华书局 2008 年版,第 40 页。

② 李光地撰,徐用锡、李清植辑:《榕村语录》卷二十二《历代》,《景印文渊阁四库全书》第 725 册,台湾商务印书馆 1986 年版,第 350 页。

③ 刘惟谦等:《大明律》卷二十六《刑律九》,《续修四库全书》第 862 册,上海古籍出版社 2002 年版,第 601 页。

云："今世南北歌曲,虽是街市子弟、田里农夫,人人都晓得唱念。"①可见当时南北歌曲流行的情景。戏曲曲艺等娱乐休闲文化渐趋兴盛,成化二年进士陆容,在其《菽园杂记》卷十,记载了成化、弘治年间浙江戏曲的发展："嘉兴之海盐,绍兴之余姚,宁波之慈溪,台州之黄岩,温州之永嘉,皆有习为倡优者,名曰戏文子弟,虽良家子不耻为之。其扮演传奇,无一事无妇人,无一事不哭,令人闻之,易生凄惨。"②弘治十二年进士都穆,在其《都公谈纂》卷下记载："吴优有为南戏于京师者,门达锦衣奏其以男装女,惑乱风俗。英宗亲逮问之。优具陈劝化风俗状。上命解缚,面令演之。一优前云'国正天心顺,官清民自安'云云。上大悦,曰:'此格言也,奈何罪之?'遂籍群优于教坊。群优耻之。驾崩,遁归于吴。"③弘治五年举人祝允明,在其《猥谈》中说："自国初来公私尚用优伶供事,数十年来,所谓南戏盛行,更为无端,于是声乐大乱……今遍满四方,转转改易,又不如旧,而歌唱愈缪,极厌观听,盖已略无音律腔调。愚人蠢工,徇意更变,妄名余姚腔、海盐腔、弋阳腔、昆山腔之类,变易喉舌,趁逐抑扬,杜撰百端,真胡说耳。若以被之管弦,必至失笑,而昧士倾喜之,互为自谩尔。"④成化十年病逝的昆山人叶盛,其《水东日记》中记载:"今书坊相传射利之徒伪为小说杂书,南人喜谈如汉小王光武、蔡伯喈邕、杨六使文广,北人喜谈如继母大贤等事甚多。农工商贩,钞写绘画,家畜而人有之;痴骏女妇,尤所酷好,好事者因目为《女通鉴》,有以也。……有官者不以为禁,士大夫不以为非,或者以为警世之为,而忍为推波助澜者,亦有之矣。"⑤王锜《寓圃杂记》卷五记载:"吴中素号繁华……正统、天顺间,余尝入城,咸谓稍复其旧,然犹未盛也。迨成化间,余恒三、四年一入,则见其迥若异境,以至于今,愈益繁盛。……水巷中,光彩耀目,游山之舫,载妓之舟,鱼贯于绿波朱阁之间,丝竹讴舞

① 丘濬:《伍伦全备记》,明绣谷唐氏世德堂刊本。
② 陆容:《菽园杂记》卷十,中华书局1985年版,第124页。
③ 都穆撰、陆采编次、李剑雄校点:《都公谈纂》卷下,《历代笔记小说大观·明代笔记小说大观》,上海古籍出版社2005年版,第584页。
④ 祝允明:《猥谈》,陆延枝辑《烟霞小说》第五帙,《四库全书存目丛书·子部》第125册,齐鲁书社1995年版,第610页。
⑤ 叶盛撰、魏中平点校:《水东日记》卷二十一《小说戏文》,中华书局1980年版,第213—214页。

与市声相杂。"①以及民国《仁和县志》中说:"成化末年,其(仁和)里有鲁姓者,素性机巧,好为美观,时值承平,地方富庶,乃倡议曰,七月十三日乃是褚侯降生,理宜立会以申庆祝。乃纠率一方富家子弟,各出己资,妆饰各样台阁及诸社火,备极华丽。"②这些记载,均可证明娱乐休闲文化在此际开始崛起的事实。

生活于弘治、正德年间,在晚明思想史上影响甚大的王阳明,其对于戏曲的见解殊堪注意:"先生曰:'古乐不作久矣。今之戏子尚与古乐意思相近。'未达,请问。先生曰:'《韶》之九成,便是舜的一本戏子。《武》之九变,便是武王的一本戏子。圣人一生实事,俱播在乐中。所以有德者闻之,便知他尽善尽美,与尽美未尽善处。若后世作乐,只是做些词调,于民俗风化绝无关涉,何以化民善俗?今要民俗反朴还淳,取今之戏子,将妖淫词调俱去了,只取忠臣孝子故事,使愚俗百姓人人易晓,无意中感激他良知起来,却于风化有益。然后古乐渐次可复矣。'"③尽管王阳明所主张的戏曲内容,不外乎敷演忠臣孝子故事,其目的在于借戏曲感染,行教化之功,但他对戏曲艺术的肯定,对于戏曲艺术发展的推助,为功匪浅;而王阳明对戏曲艺术的看重,也透露出在他生活的时代,戏曲在社会上所具有的重要影响和地位。王学后人中,喜爱戏曲音乐者不乏人在,如唐顺之"半醉作文,先高唱《西厢》惠明'不念法华经'一齣,手舞足蹈,纵笔伸纸,文乃成"④;顾璘"喜设客,每四五日即一张燕……先生每燕必用乐,乃教坊乐工也。以筝琶佐觞,有小乐工名杨彬者,颇俊雅,先生甚喜之"⑤等。

正德、嘉靖以后,娱乐业逐渐步入高潮。顾起元《客座赘语》卷一,具体描述了南京的这种变化:"有一长者言:正、嘉以前,南都风尚最为醇厚。荐绅以文章政事、行谊气节为常,求田问舍之事少,而营声利、畜伎乐者,百不一二见之。逢掖以呫哔帖括、授徒下帏为常,投贽干名之

① 王锜撰、张德信点校:《寓圃杂记》,中华书局1984年版,第42页。
② 丁世良、赵放主编:《中国地方志民俗资料汇编·华东卷》,书目文献出版社1989年版,第592页。
③ 王阳明:《传习录》卷下,吴光等编校《王阳明全集》卷三,上海古籍出版社1992年版,第113页。
④ 焦循:《剧说》卷六,《续修四库全书》第1759册,上海古籍出版社2002年版,第74页。
⑤ 何良俊:《四友斋丛说》卷十五《史十一》,中华书局1959年版,第124—125页。

事少,而挟倡优、耽博弈、交关士大夫陈说是非者,百不一二见之。"①正、嘉以后,特别是在江南地区,伎乐风行,如晚明管志道所说:"今之鼓弄淫曲,搬演戏文,不问贵游子弟,庠序名流,甘与俳优下贱为伍,群饮酣歌,俾昼作夜,此吴、越间极浇极陋之俗也。而士大夫恬不为怪,以为此魏晋之遗风耳。"②如果说,顾、管二人是目睹风气新变,感慨世风不古,那么,在康熙年间,隐居苏州吴江的刘献廷,则是径直为小说戏曲风行摇旗呐喊了。其《广阳杂记》中记载:"余观世之小人,未有不好唱歌看戏者,此性天中之《诗》与《乐》也;未有不看小说听说书者,此性天中之《书》与《春秋》也。……圣人六经之教,原本人情,而后之儒者,乃不能因其势而利导之,百计禁止遏抑,务以成周之刍狗,茅塞人心,是何异壅川使之不流,无怪其决裂溃败也。……戏文小说,乃明王转移世界之大枢机。"③其张扬小说、戏曲之意甚明。

成书于万历年间的《味水轩日记》中,记载了嘉兴地区的一次神会活动,称其持续时间长达二十天以上,"远近士女走集,一国若狂",周边如"松江、无锡、杭湖之人,万艘鳞集",不辞辛苦,远道而来,乐此不疲,足见其热烈的程度④。序署崇祯二年的朱京藩《风流院》传奇,第七龂《絮影》中,叙杭人舒氏妾小青,心情郁闷,老妈妈为她请来盲婆说唱盲词解闷:

> (丑)你既然不快,俺去唤个唱盲词的唱唱,与你消遣何如?
> (旦)也使得。(丑叫,诨介。净扮盲婆,诨上)……(丑引净进见旦,诨介。净)娘娘在上,请问要唱那朝故事,孰代标题?忠臣孝子、烈女贞姬,星前好事、月下佳期,我盲婆俱会唱。(旦)这都不要。有近日的新文,唱个吧!(净)近日新文,只有《魏太监》,到也好听。(丑)好,好,好,就是《魏太监》。⑤

① 顾起元撰、张惠荣校点:《客座赘语》卷一《正嘉以前醇厚》,凤凰出版社 2005 年版,第 24 页。
② 管志道《从先维俗议》卷五《家晏勿张戏乐》,《四库全书存目丛书·子部》第 88 册,齐鲁书社 1995 年版,第 464—465 页。
③ 刘献廷撰,汪北平、夏志和点校:《广阳杂记》卷二,中华书局 1957 年版,第 106—107 页。
④ 李日华:《味水轩日记》卷二,上海远东出版社 1996 年版,第 98—99 页。
⑤ 朱京藩:《风流院》,《古本戏曲丛刊二集》第 24 册,国家图书馆出版社 2016 年版,第 25—26 页。

由其地随叫随到的艺人,可以看出当时当地娱乐业的繁盛普及;叫说唱艺人伺候,以听说书来消遣,反映了当地当时人娱乐追求的"自觉"程度。这一情节,充分反映出在当时的江南社会,娱乐休闲文化已经颇为深入人心。

明代中期以后崛起的大众娱乐休闲文化,与同时期兴起的物质享乐风气一致,其中心地区,均集中于江南,并非偶然巧合。其间有着密切的内在逻辑关系,是一种合乎规律的自然发展。

首先,我们看戏剧这种令"通国若狂"的大众艺术演出。

南戏在北、南宋之交产生于温州。大约在明代成化元年以后,在东南诸省,南戏又衍化出各种新腔,有 15 种之多:余姚腔、海盐腔、弋阳腔、昆山腔、杭州腔、乐平腔、徽州腔、青阳腔(池州腔)、太平腔、义乌腔、潮腔、泉腔、四平腔、石台腔、调腔,"它们的产地,除潮腔与泉腔出自闽南语系以外,其他大体不出吴语方言的区域,或处于吴语和其他方言的过渡地带"①;而"这些新声腔一经产生,立即便以异常迅速的态势,向南北各地流布,其发展之快,足迹之远,致使原有的古老南戏根本不能望其项背。而在这些新腔调咄咄逼人的攻势下,曾经一度盛极全国的北杂剧竟然从此一蹶不振,陆续萎缩,直至消亡"②。至魏良辅改革昆山腔,新昆腔更是迅速发展,压倒众腔,一枝独秀。据明清之际长洲人徐树丕《识小录》卷四《梁姬传》中说:"吴中曲调起魏氏良辅,隆、万间精妙益出。四方歌曲必宗吴门,不惜千里重贲致之,以教其伶伎,然终不及吴人远甚。"③便反映了这一盛况。吴地百姓对于戏剧艺术的痴迷,如陆文衡《啬庵随笔》卷四所描述:"我苏民力竭矣,而俗靡如故。每至四五月间,高搭台厂,迎神演剧,必妙选梨园,聚观者通国若狂。"④康熙六十一年,瓶园子有《苏州竹枝词》云:"家歌户唱寻常事,三岁孩童识戏文。"⑤足见其风行之一斑。

① 廖奔、刘彦君:《中国戏曲发展史》第三卷上编,山西教育出版社 2003 年版,第 3 页。
② 廖奔、刘彦君:《中国戏曲发展史》第三卷上编,第 31 页。
③ 徐树丕:《识小录》卷四,孙毓修编纂《涵芬楼秘笈》第 1 集影印本。
④ 陆文衡:《啬庵随笔》卷四《风俗》,光绪二十三年刻本。
⑤ 丘良壬等:《中华竹枝词全编·江苏卷》,北京出版社 2007 年版,第 295 页。

（明代苏州戏台）

明清戏班的兴盛，是明清戏剧演出事业繁荣的重要标志。戏班分为家班与民间戏班。刘水云《明清家乐研究》附录《明清家乐情况简表》[1]，非常具体地展示了明清家乐发展及其分布的地域特征。由中我们可以看出：其一，成化前后为家庭戏班的发生期；嘉靖、隆庆时期，戏班飞速发展，进入繁荣期；万历、天启、崇祯时期，为戏班之鼎盛期；顺治、康熙时期，为戏班之持续发展期；乾隆朝，戏班则进入衰微期；嘉、道、咸、光时期，戏班走向没落。其二，从家庭戏班孕育发生伊始，江南便是其最为集中的大本营：正德以前 15 家戏班，江南以外的仅 3 家；嘉、隆时期戏班 51 家，江南以外 12 家；万历、天启、崇祯时期戏班 176 家，江南以外 37 家，江南占据了绝对的中心地位。进入清朝，顺、康时期戏班 125 家，江南以外约 67 家，江南戏班虽然已略见疲态，但仍占全国戏班总数的半壁江山；乾隆以后，扬州因为盐商集中的原因，戏班呈畸形繁盛外，江南戏班则随着昆曲传奇时代的式微，走向没落。综合而观，称江南为戏班之重镇，是不争的事实。

民间戏曲演出的风行，更体现出大众文化消费的特征。明人姜准《岐海琐谈》卷七，记浙江永嘉地区演戏情况："每岁元夕后，戏剧盛行，虽延过酷暑，弗为少辍。如府县有禁，则托为禳灾、赛祷，率众呈举，非

① 刘水云：《明清家乐研究》，上海古籍出版社 2005 年版，第 624—694 页。

迁就于丛祠,则移香火于戏所,即为瞒过矣。醵金之始,延门比屋。先投饼饵为囮,箕敛之际,无计赢诎,取罄锱铢。除所费之外,非饱其欲,未为遽止,虽典质应命有弗恤矣。且戏剧之举,续必再三。附近之区,罢市废业。其延款姻戚至家看阅,动经旬日,支费不訾,又不待言矣。"①张采辑《太仓州志》卷五《风俗志·流习》中记载:"游民四、五月间,二麦登场时,醵人金钱,即通衢设高台,集优人演剧,曰扮台戏。其害,男女纷杂,方三四里内多淫奔,又盗窃乘间。且醵时苛敛,伤及农本,乡镇尤横。"②均透露出民间观戏风气之盛。民间观众对戏曲演出的挑剔,观戏的内行程度,也侧面反映出民间演出的频繁状况,如张岱《陶庵梦忆》中记载:"唱《伯喈》《荆钗》,一老者坐台下,对院本,一字脱落,群起噪之,又开场重做。越中有'全伯喈''全荆钗'之名起此"③。

其次,我们看江南曲艺艺术的发展情况。

明代前期的说唱文艺资料十分稀见,反映了该时期曲艺艺术处在一种沉寂的状态。明代中后期,曲艺的发展步入了繁荣的时代,并表现出新的时代特征,姜昆、倪锺之主编《中国曲艺通史》称之为"古代曲艺向近现代曲艺的转化"时期④,不无道理。

刊刻于嘉靖二十六年(1547)的明代杭州人田汝成《西湖游览志馀》,其卷二十《熙朝乐事》中记载,杭州人八月观潮,其中最早提到了"弹词"一词。有云:"其时,优人百戏,击球、关扑、鱼鼓、弹词,声音鼎沸";"杭州男女瞽者,多学琵琶,唱古今小说、平话,以觅衣食,谓之陶真。大抵说宋时事,盖汴京遗俗也……若《红莲》《柳翠》《济颠》《雷峰塔》《双鱼扇坠》等记,皆杭州异事,或近世所拟作者也"⑤。结合明人赵琦美《酉阳杂俎序》中的记载:"吴中廛市闹处,辄有书籍列入檐蔀下,谓之书摊子,所鬻者悉小说、门事、唱本之类。所谓门事,皆闺中儿女子之

① 姜准著、蔡克骄点校:《岐海琐谈》卷七,上海社会科学院出版社 2002 年版,第 124 页。
② 钱肃乐修、张采辑:《太仓州志》卷五,康熙十七年增刻本。
③ 张岱著,夏咸淳、程维荣校注:《陶庵梦忆》卷四《严助庙》,上海古籍出版社 2001 年版,第 64 页。
④ 姜昆、倪锺之主编:《中国曲艺通史》第六章,人民文学出版社 2005 年版。
⑤ 田汝成:《西湖游览志馀》卷二十,《景印文渊阁四库全书》第 585 册,台湾商务印书馆 1986 年版,第 549—554 页。

所唱说也。"①可知在田汝成、赵琦美的时代,市场上应当是存在着不少的弹词唱本或仿作之类。这说明,在明代的江南,弹词不仅是说唱艺术,还成为大众文学读物。

1967年,在上海嘉定县东城公社澄桥大队宣家生产队所在地,发现了明代宣昶夫人的墓葬,发掘出土了说唱词话唱本11册,收录词话13种。据光绪《嘉定县志》卷十六记载:"宣昶,字汝昭,一字蹇斋……领成化戊子乡荐,选惠州府同知。外艰服阕,都御史王恕见昶文,谓必端士,荐补陕西西安府同知,以廉惠称。……卒年九十四。"②可知宣昶乃成化年间的举人。唱本为成化七年至十四年北京永顺堂刊刻。此墓葬中所发现,充分反映出在明代上海地区,词话及其话本,皆十分流行。

评话在元代的流行,从明永乐年间编纂的《永乐大典》,其中收录评话26卷,可以证明。晚明以后,在江南城市如苏州、杭州、南京以及扬州等地,评话艺术尤见繁盛,文献中对此多有记载,如《清稗类钞》载:"评话,即说书,又名平词。明末国初,盛于江南。"③《南浦行云录》载:"按平话一流,已见宋人小说中,此技独盛于苏。业此者多常熟人,男女皆有之,而总称之曰说书先生。所说如《水浒传》《西游》《铁冠图》之类,曰大书。"④《壶天录》载:"苏郡有评话词客,每岁腊月间择宽敞书场,按名集资,各奏尔能,说书至十回八回不等。听者喜其分门别类,异曲同工,趋之若鹜。由月初至岁杪,约二十日。"⑤《芜城怀旧录补录·龚午亭传》记扬州龚午亭说书,闻者"肩骈踵接,几忘身在流徙中",春秋佳日,"苟无午亭评话,则坐客为之不欢"⑥。

评话艺术名家辈出,则反映了晚明清初江南评话艺术达到的高度。李斗《扬州画舫录》卷十一《虹桥录下》记载:"评话盛于江南,如柳敬亭、孔云霄、韩圭湖诸人,屡为陈其年、余淡心、杜茶村、朱竹坨所赏鉴。"⑦这

---

① 丁锡根:《中国历代小说序跋集》,人民文学出版社1996年版,第305页。
② 程其珏:《嘉定县志》卷十六,《中国地方志集成·上海府县志辑》第8辑,上海书店出版社2010年版,第313页。
③ 徐珂:《清稗类钞》第一○册《音乐类·评话》,中华书局1986年版,第4952页。
④ 引自谭正璧、谭寻:《评弹通考·论"评弹"》,中国曲艺出版社1985年版,第393页。
⑤ 引自陈汝衡:《说书史话》,作家出版社1958年版,第133页。
⑥ 引自胡士莹:《话本小说概论》,中华书局1980年版,第631页。
⑦ 李斗著,汪北平、涂雨公点校:《扬州画舫录》卷十一,中华书局1960年版,第257页。

里所说的柳敬亭、孔云霄、韩圭湖、张樵、陈思、吴逸,都是晚明清初评话艺术界的著名艺人。其中如柳敬亭,吴伟业、黄宗羲、沈龙翔等均为其作传,足见其影响。张岱《陶庵梦忆》卷五《柳敬亭说书》,更具体描绘了柳敬亭说《水浒》的情景:"余听其说《景阳冈武松打虎》白文,与本传大异。其描写刻画,微入毫发,然又找截干净,并不唠叨。哱夬声如巨钟,说到筋节处,叱咤叫喊,汹汹崩屋。武松到店沽酒,店内无人,謈地一吼,店中空缸空甓皆瓮瓮有声。"①柳敬亭说评话的题材,综合有关记载,可知集中于西汉、隋唐、水浒三类。文献中还记载了其说书的价码:"一日说书一回,定价一两,十日前送书帖下定,常不得空。"这当然只能是柳敬亭的说书价格,一般艺人,自然无法望其项背。王士祯《分甘馀话》则记载了听众对其说书的痴迷程度:"余曾识柳于金陵,试其技,与市井之辈无异,而所至逢迎恐后,预为设几焚香。"②

其三,商业出版,因应大众娱乐休闲文化消费需要而崛起。

明代出版业的主体,即商业性书坊出版。综合张秀民《中国印刷史》,杜信孚《明代版刻综录》,杜信孚、杜同书《全明分省分县刻书考》,戚福康《中国古代书坊研究》,缪咏禾《明代出版史稿》,方彦寿《建阳刻书史》,顾志兴《浙江出版史研究——元明清时期》,陈昭珍《明代书坊之研究》,以及《江苏刻书》等有关研究成果,可约略见出明代书坊的发展脉络及其主要区域分布。明代刻书的中心地带,集中在建阳、金陵、苏州、杭州四地;书坊的飞速发展,始于嘉靖年间,如建阳新开书坊13家,金陵新开书坊10家,苏州新开书坊9家,杭州新开书坊4家。万历年间,金陵新开书坊数量已经超出了建阳。

明代刻书业的地域分布,胡应麟《少室山房笔丛》卷四《经籍会通四》中有具体揭示:"今海内书,凡聚之地有四,燕市也、金陵也、闾阖也、临安也。闽、楚、滇、黔则余间得其梓,秦、晋、川、洛则余时友其人,旁诹历阅,大概非四方比矣。"③其中谈到了当时图书的四大中心区域:北京、南京、苏州、杭州。其又云:"吴会、金陵,擅名文献,刻本至多,钜帙类书

① 张岱著,夏咸淳、程维荣校注:《陶庵梦忆》卷五,上海古籍出版社2001年版,第81页。
② 王士祯撰、张世林点校:《分甘馀话》卷二《柳敬亭》,中华书局1989年版,第52页。
③ 胡应麟:《少室山房笔丛》,上海书店出版社2009年版,第41页。

咸荟萃焉。海内商贾所资,二方十七,闽中十三,燕、越弗与也。然自本方所梓外,他省至者绝寡,虽连楹丽栋,搜其奇秘,百不二三,盖书之所出而非所聚也。"①认为在四大图书中心区域中,苏州、南京虽然刻本甚多,规模颇大,但以类书巨著为主,鲜见外地图书流通,珍稀之书难寻。又谓:"凡刻之地有三,吴也,越也,闽也。蜀本宋最称善,近世甚希。燕、粤、秦、楚今皆有刻,类自可观,而不若三方之盛。其精,吴为最;其多,闽为最,越皆次之。其直重,吴为最;其直轻,闽为最,越皆次之。"②指出以图书刻印出版而言,吴地、越地、福建最盛,但论其质量,以吴地为最,价值亦重;闽地印书数量最大,价值最为轻贱。

　　谢肇淛《五杂俎》卷十三《事部一》中,也谈到了明代各地刻书质量的差异,云:"宋时刻本以杭州为上,蜀本次之,福建最下。今杭刻不足称矣,金陵、新安、吴兴三地,剞劂之精者不下宋板,楚、蜀之刻皆寻常耳。闽建阳有书坊,出书最多,而板纸俱最滥恶,盖徒为射利计,非以传世也。大凡书刻,急于射利者必不能精,盖不能捐重价故耳。近来吴兴、金陵,骎骎蹈此病矣。近时书刻,如冯氏《诗纪》、焦氏《类林》,及新安所刻《庄》《骚》等本,皆极精工,不下宋人,然亦多费校雠,故舛讹绝少。吴兴凌氏诸刻,急于成书射利,又悭于倩人编摩其间,亥豕相望,何怪其然。至于《水浒》《西厢》《琵琶》及《墨谱》《墨苑》等书,反覃精聚神,穷极要眇,以天巧人工,徒为传奇耳目之玩,亦可惜也。"③

　　引起我们关注的,是从胡应麟与谢肇淛所列举当时的刻书之地中,涉及金陵、苏州、闽、新安、吴兴、楚、滇、黔、秦、晋、洛、蜀、燕、粤。此外,据文献中记载,如常州、扬州、南昌等地,也多有刻书。但综合而观,图书业与刻书业的中心,有金陵、苏州、杭州、吴兴、建阳、北京数地。金陵、苏州、杭州、新安、吴兴、常州、扬州,均在学界一般所认为的文化江南范围。

　　明清时期的书坊,"是一种具有商业性质的私人出版发行单位"④,

① 胡应麟:《少室山房笔丛》,上海书店出版社 2009 年版,第 42 页。
② 胡应麟:《少室山房笔丛》,第 43 页。
③ 谢肇淛:《五杂组》,上海书店出版社 2009 年版,第 266 页。
④ 郑如斯、肖东发:《中国书史》,书目文献出版社 1987 版,第 171 页。

"书坊刻印图书,是以营利为目的,以书籍作为商品投入市场的"①。在明代中后期的商业出版大潮中,传统的图书出版结构,发生了重大调整,大众文化读物,已然成为十分重要的题材内容。明人叶盛《水东日记》中说:"今书坊相传射利之徒伪为小说杂书……有官者不以为禁,士大夫不以为非;或者以为警世之为,而忍为推波助澜者,亦有之矣。"②此为成化年间的图书出版情况。何良俊《四友斋丛说》中说:"今小说杂家,无处不刻,何独于经传而靳惜小费哉!"③反映了嘉靖年间的情景。胡应麟《少室山房笔丛》中说:"然古今著述,小说家特盛……至于大雅君子,心知其妄而口竞传之,且斥其非而暮引用之,犹之淫声丽色,恶之而弗能弗好也。夫好者弥多,传者弥众,传者日众则作者日繁,夫何怪焉?"④其中《九流绪论》撰于万历十七年己丑(1589),所反映的自然是迄于此时的情况。清刊《功过格》中说"卖古书不如卖时文,印时文不如印小说"⑤,上述出版变迁,典型反映了商业出版的特质。

丹纳《艺术哲学》中说:"时代的趋向始终占着统治地位,企图向别方面发展的才干会发觉此路不通;群众思想和社会风气的压力,给艺术家定下一条发展的路,不是压制艺术家,就是逼他改弦易辙。"⑥大众读物出版,正是因为时代风气变化的影响,是为满足社会大众精神文化生活需要,简言之,是"时代的趋向"为艺术家、出版家规定的路线,也是商业出版发展的必然要求。

冯梦龙生活的时代环境,深刻影响了他的人生选择及创作取向。晚明王朝的政治腐败,使得执着追求治平理想的冯梦龙,未能有更大的作为;但社会现状及人生遭际,使他对于社会人生有了更加清醒深切的认识,激发了他的创作热情,也成为其作品的重要素材。江南教育的发达,科举的壅滞,使得冯梦龙的仕进之路显得异常艰难,然而冥冥之中,却为大众文化创作,预备了不可多得的人才,并影响及他的创作领域、

---

① 李瑞良:《中国古代图书流通史》,上海人民出版社 2000 年版,第 250 页。
② 叶盛撰、魏中平点校:《水东日记》,中华书局 版,第 213—214 页。
③ 何良俊:《四友斋丛说》卷三《经三》,中华书局 1959 ,第 25 页。
④ 胡应麟:《少室山房笔丛》卷二九《九流绪论下》,上海书 社 2009 年版,第 282 页。
⑤《汇纂功过格》卷七《与人格·劝化》,清康熙年间介邑刘氏刻本。
⑥ 丹纳著、傅雷译:《艺术哲学》,安徽文艺出版社 1998 年版,第 72 页。

艺术形式及作品内容的选择。江南商品经济的繁荣,大众娱乐文化的崛起,商业出版的发达,都使得冯梦龙能够以创作为生,并为其在创作领域中施展才华,提供了空前广阔的舞台。

# 第二章　里籍身世

　　陈寅恪论中国学术文化的变迁,认为在汉朝以后,其中心渐由官学向家族转移:"魏、晋、南北朝之学术、宗教皆与家族、地域两点不可分离","学术之中心移于家族,太学博士之传授变为家人父子之世业,所谓南北朝之家学者是也"①;"夫士族之特点既在其门风之优美,不同于凡庶,而优美之门风实基于学业之因袭"②。潘光旦亦云:"祖宗,尤其是中国的祖宗,代表两种力量,一是遗传,二是教育。"③在传统的中国社会里,幅员辽阔的国土,各自相对封闭的不同区域,特有的文化传统,宗法社会的性质,深刻影响着每一个人的成长,并在其思想深处打下鲜明的印记。《孟子》有云:"故说诗者不以文害辞,不以辞害志。以意逆志,是为得之。"赵岐注曰:"人情不远,以己之意逆诗人之志,是为得其实矣。"④如何可以做到"以意逆志",如孟子所说:"颂其诗,读其书,不知其人可乎? 是以论其世也,是尚友也。"⑤知人论世,了解作家所处时代,及其家族区域文化背景,为古代作家研究不可轻忽的重要环节。

## 第一节　里籍之争

　　关于冯梦龙的籍贯,概括所见文献资料,主要有三种不同的说法:

---

① 陈寅恪:《隋唐制度渊源略论稿》,生活・读书・新知三联书店 2001 年版,第 20、23 页。
② 陈寅恪:《唐代政治史论稿》,上海古籍出版社 1997 年版,第 71 页。
③ 潘光旦:《明清两代嘉兴的望族》,商务印书馆 1947 年版,第 115 页。
④ 赵岐注,孙奭疏、廖明春、刘佑平整理:《孟子注疏》卷九上,北京大学出版社 1999 年版,第 253 页。
⑤ 赵岐注,孙奭疏、廖明春、刘佑平整理:《孟子注疏》卷九上,第 291 页。

一、苏州吴县。晚明吕天成《曲品》"冯耳犹"条注称其"吴县人"①。乾隆《福宁府志》卷十七《寿宁循吏》载:"冯梦龙,江南吴县人,由岁贡崇祯七年知县事。"②黄之隽等纂《江南通志》卷一六五载:"冯梦龙,字犹龙,吴县人。……崇祯时贡选寿宁知县。"③嵇璜等撰《钦定续文献通考》卷一五四《经籍考》著录"冯梦龙《春秋衡库》三十卷,《别本春秋大全》三十卷",并注:"梦龙字犹龙,吴县人,崇祯时以贡生知寿宁县事。"④

二、苏州长洲。李清《三垣笔记·弘光》载:"长洲许生员琰闻毅庙缢殉,恸哭投水死。于少参重庆(崇祯辛未)先济南道,以国变南归,与同乡冯绅犹龙(长洲人,名梦龙。贡生,寿宁知县)饮,犹龙力称琰忠。重庆曰:'不然,若非忧贫则忧病,假此为名耳。'犹龙斥其言,重庆几与大哄,众解之乃已。"⑤黄虞稷《千顷堂书目》卷二十八"别集类"著录"冯梦龙《七乐斋稿》",有小字注云:"字犹龙,长洲人,贡生,寿宁知县。"⑥朱彝尊《明诗综》卷七十四选冯梦龙诗一首,小传曰:"梦龙,字犹龙,长洲人,由贡生选授寿宁知县,有《七乐斋稿》。"⑦张豫章等编《御选明诗·姓名爵里七》载:"冯梦龙,字犹龙,长洲人,以贡授寿宁知县,有《七乐斋稿》。"⑧

三、冯梦龙《寿宁待志》卷下"官司"栏自称:"冯梦龙:直隶苏州府吴县籍长洲县人,由岁贡于崇祯七年任。"⑨

综合排比资料可见,吕天成《曲品》所载,实为"吴县"说始作俑者。吕天成(1580—1618),字勤之,号棘津,别署郁蓝生,浙江余姚人,晚明著名戏曲家,与冯梦龙均为"吴江派"成员⑩。冯梦龙《太霞新奏》卷五收

① 吕天成撰、吴书荫校注:《曲品校注》卷上,中华书局 2006 年版,第 73 页。
② 朱珪修、李拔纂:(乾隆)《福宁府志》卷十七,《中国方志丛书》第 74 号,台湾成文出版社 1967 年版,第 332 页。
③ 黄之隽等:《江南通志》卷一六五《人物志·文苑一》,《景印文渊阁四库全书》第 511 册,台湾商务印书馆 1986 年版,第 749 页。
④ 嵇璜等:《钦定续文献通考》卷一五四《经籍考》,《景印文渊阁四库全书》第 630 册,第 144 页。
⑤ 李清:《三垣笔记》下《弘光》,中华书局 1982 年版,第 95 页。
⑥ 黄虞稷撰,瞿凤起、潘景郑整理:《千顷堂书目》,上海古籍出版社 2001 年版,第 681 页。
⑦ 朱彝尊:《明诗综》卷七十四,《景印文渊阁四库全书》第 1460 册,第 679 页。
⑧ 张豫章等:《御选明诗·姓名爵里七》,《景印文渊阁四库全书》第 1442 册,第 113 页。
⑨ 冯梦龙著,卞岐校点:《寿宁待志》,江苏古籍出版社 1993 年版,第 56 页。
⑩ 钱南扬:《论吴江派》,《汉上宦文存》,中华书局 2009 年版,第 58—80 页。

王伯良《哭吕勤之》，曲后附评语曰："勤之工于词曲，予唯见其《神剑记》，谱阳明先生事。其散曲绝未见也，当为购而传之。伯良《曲律》中盛推助之，至并其所著《绣榻野史》《闲情别传》，皆推为绝技。余谓勤之未四十而夭，正坐此等口业，不足述也。"①据此可知，冯、吕二人彼此熟悉。然《曲品》中所著录，特别是关于曲家里籍的记载，多不甚考究，如记宜兴邵灿，含糊称之"常州邵给谏"（邵灿终身布衣，未仕，称"给谏"亦误）；称长洲陆采为"江都人"；含糊称莆田苏汉英为"闽人"；称抚州金溪谢廷谅为"湖广人"；称河北元城张午山为"秣陵人"（实侨寓）；称下邳陈铎为"南京人"（实侨寓）；称陇西金銮为"应天人"（实侨寓）；称昆山周秋汀为"直隶人"②等，由此可见一斑。但《曲品》著录冯梦龙为吴县人，亦不为无据，上引冯梦龙撰《寿宁待志》即自称"吴县籍"。

较早明确提出冯梦龙里籍长洲者，有李清《三垣笔记》及黄虞稷《千顷堂书目》。李清（1602—1683），字映碧，一字心水，南直隶兴化人。崇祯四年（1631）进士，仕崇祯、弘光两朝，历任刑、吏、工科给事中，大理寺丞等。明亡，隐居家乡著书，《三垣笔记》即写于这一时期。书中所记，多其任职三科给事中时，耳闻目睹之朝章典故，及当时朝廷重要官员之言论行事。全祖望称："映碧先生《三垣笔记》最为和平，可以想见其宅心仁恕。"③黄虞稷（1629—1691），字俞邰，福建晋江人，目录学家。其父黄居中（1562—1644），以明季为南京国子监丞，遂流寓于此，乃著名藏书家，有千顷堂，撰《千顷斋藏书目录》六卷。黄虞稷《千顷堂书目》，即根据乃父之目录增益而成。康熙十八年（1680），黄虞稷入明史馆，撰《明史·艺文志稿》，又以其《千顷堂书目》为基础。其后，王鸿绪《明史稿·艺文志》、张廷玉《明史·艺文志》，并以黄虞稷目录为蓝本。《千顷堂书目》向为人称道，其说虽较吕天成氏晚出，然可信度颇高。《千顷堂书目》稿本曾为朱彝尊所藏，朱氏主长洲说，或本之黄虞稷。

冯梦龙的籍贯，究竟是在长洲，还是吴县？陆树仑《冯梦龙研究》认

① 冯梦龙著、俞为民校点：《太霞新奏》，江苏古籍出版社1993年版，第72页。
② 吕天成撰、吴书荫校注：《曲品校注》卷上，中华书局2006年版，第7、39、86、92、103、128、142、146页。
③ 李清：《三垣笔记》附录，中华书局1982年版，第251页。

为："冯梦龙的兄弟籍贯,均明标长洲,那么,冯梦龙决不可能独为吴县人";冯梦桂家在葑门,冯梦龙自称住在"葑溪之不改乐庵","葑门、葑溪位于苏州府城东南隅。唐长洲县未置以前属吴县辖。唐万岁通天元年长洲县置,划为长洲县。清雍正二年置元和县,属元和。凭此,不仅知道冯梦龙是长洲人,且可以知道是住在葑门附近。所以,冯梦龙是长洲人,可成定论"①。冯梦龙里籍长洲,首先是有上所称引李清、黄虞稷、朱彝尊及《御选明诗》等记载可以证明,如下证据材料,同样为有力佐证:

1. 《吴县冢墓志》卷二"长洲冢墓"记冯昌墓云:"处士冯昌墓。在高景山,永乐十九年葬。昌字世昌,靖难兵起,隐居姑苏,为葑溪冯氏始祖。"②冯梦龙为冯昌后裔,祖居长洲。

2. 冯梦龙兄弟及其后人均为长洲人。其兄冯梦桂,据徐沁《明画录》卷八载:"冯梦桂,字丹芬,长洲人。"③其弟梦熊,佚名《苏州诗钞》有小传曰:"梦熊,字杜陵,长洲人,太学生。"④又陈济生编选《天启崇祯两朝遗诗》卷八录"冯杜陵诗",注"长洲冯梦熊"⑤。冯梦桂曾孙冯勖,康熙十八年博学鸿词科进士,《康熙十八年鸿博姓氏录》中冯勖履历载"冯勖,字方寅,号勉曾,行一,丁亥年六月二十七日生,江南苏州府长洲县民籍"⑥;福格《听雨丛谈》卷四《己未宏词科征士题名》也记其"江南长洲人,布衣。取一等十三名,用检讨"⑦;汪景祺《西征随笔·熊文端明史》记"长洲冯勖,字方寅"⑧;赵尔巽等《清史稿》卷一〇九《志八十四·选举四》"制科荐擢",记录康熙十八年"取一等彭孙遹……冯勖……等二十人",并云"时富平李因笃、长洲冯勖、秀水朱彝尊、吴江潘耒、无锡严绳孙,皆以布衣入选,海内荣之"⑨,可证冯氏里籍为长洲县。

3. 冯梦龙家住苏州葑溪附近。天启五年乙丑(1625)二月,冯梦龙

---

① 陆树仑:《冯梦龙研究》,复旦大学出版社 1987 年版,第 4 页。
② 曹允源、李根源:(民国)《吴县志》卷四十一,江苏古籍出版社 1991 年版,第 661 页。
③ 徐沁:《明画录》卷八,华东师范大学出版社 2009 年版,第 178 页。
④ 佚名:《苏州诗钞》第十五册,山东大学图书馆藏抄本。
⑤ 陈济生:《天启崇祯两朝遗诗》,中华书局 1958 年版,第 1081 页。
⑥ 《康熙十八年鸿博姓氏录》,国家图书馆藏清抄本。
⑦ 福格著,汪北平点校:《听雨丛谈》,中华书局 1984 年版,第 89 页。
⑧ 汪景祺:《读书堂西征随笔》,上海书店 1984 年版,第 32 页。
⑨ 赵尔巽、柯劭忞等:《清史稿》,中华书局 1976 年版,第 3176—3177 页。

（苏州葑门）

为王骥德《曲律》所撰《叙》中，自署"古吴后学冯梦龙题于葑溪之不改乐庵"①；冯氏弟兄好友董斯张《吹景集》卷五《记葑门语》条，也记载了冯梦桂住在葑门："予入吴，饮冯若木斋头。酒次，语若木曰：'兄所居葑门，今俗讹为傅音，何也？'……予曰：'《史记正义》云：吴东城阖门，谓鲟门也。今名葑。……'"②梦桂曾孙冯勖序《三教同原录》，落款自署"康熙庚寅初夏翰林院检讨葑东冯勖题于郊圃之石帆舫斋并书"③。葑门位于苏州城东，在明代属于长洲县境内。

问题的关键之处在于，冯梦龙自称其为"直隶苏州府吴县籍长洲县人"，该作如何解释？有学者认为："冯梦龙在自己的籍贯前另冠以'吴县籍'三字，并不是说他就是吴县人。因为据查《苏州府志》卷二《建置沿革》篇载：'长洲县，本吴县地，唐万岁通天元年（696年）析置长洲县，与吴县分治郭下……历宋、元、明不改。'封建文人好发思古之幽情，或有以古为雅的陋习。冯梦龙在其他一些著作中，就常署为'古吴冯梦龙纂'。若他就是吴县人，大可不必前加'古'字，更不会在吴县籍下复加'长洲县'三字。否则就矛盾了。所以，这里说的'吴县籍长洲县人'，乃是取长洲古属吴县或本吴县地的意思。冯梦龙是长洲县人。"④明代的长洲，既然在"古吴"范围之内，冯梦龙称"古吴"人，可谓名正言顺；而明代吴县与长洲为同城两县，倘若说冯梦龙仅是为了"发思古之幽情"，或是因"以古为雅"，而称"吴县籍"，则不免强为说辞。

也有学者认为，冯梦龙的意思，应该是指"冯氏祖籍长洲，是长洲人。但出于某种原因，冯梦龙本人入籍于吴，并以吴县籍的身份参加科

① 王骥德：《曲律》，《中国古典戏曲论著集成》（四），中国戏剧出版社1959年版，第48页。
② 董斯张：《吹景集》，《丛书集成续编》第89册，上海书店出版社1994年版，第561页。
③ 徐道：《三教同原录》卷首，康熙刊本。
④ 高洪钧：《冯梦龙生平拾遗》，《冯梦龙集笺注》，天津古籍出版社2006年版，第289—290页。

举考试……既不是因为长洲本属吴县地,亦非因为其原籍吴县,后寓长洲,而是因为冯梦龙原籍长洲,寄籍于吴县"①。然而,这一推论,不仅回避了上举冯梦龙兄弟及其本人居住长洲的事实,亦有悖明代科举考试的规定:"如祖、父入籍二十年以上,坟墓、田宅俱有的据,本生声音相同,同袍保结不扶,并无违碍者,方许赴试。"②这一规定,在清代得到延续,如《大清会典事例》中记载:"生童有籍贯假冒者,尽行裭革,仍将廪保惩黜。如祖、父入籍在二十年以上,坟墓田宅俱有的据,方准应试。"③

据清人李铭皖等修《苏州府志》卷六十二《选举四·明贡生》记载,崇祯三年(1630)吴县贡生:冯梦龙④。由此可知,冯梦龙最终的庠籍,确为吴县县学。他最终也由吴县贡生选官,出任丹徒训导、寿宁知县。所谓"由岁贡于崇祯七年任"(《寿宁待志》)、"由岁贡崇祯七年知县事"(《福宁府志》)、"崇祯时贡选寿宁知县"(《江南通志》),均可为证。冯梦龙自称吴县籍,指其庠籍,的无疑义。

邓长风《程镳生平小考》一文,其关于康熙年间戏曲家程镳生平的考证,对于我们解决冯梦龙籍贯问题,有启示意义。道光十二年(1832)《博白县志》卷八《秩官·国朝知县》下记云:"程镳,浙江杭州府仁和县籍,江南徽州府休宁县人。康熙甲子科举人,康熙四十六年任。"此与冯梦龙自称"直隶苏州府吴县籍长洲人"庶几仿佛。该《志》同卷《宦绩》有传云:"程镳字瀛鹤,号介鸣,浙江仁和县举人,康熙四十六年由中翰知邑事……莅任八年,报最,擢主政,士民怀之。"卷首附康熙志程镳序,落款署"康熙四十八年岁次己丑内阁中书改授文林郎广西梧州府博白县知县仁和程镳谨识",皆以学籍称。但在道光《徽州府志》卷九之三《选举志·举人》中则载:"休宁程镳,字介远,临溪人,杭州籍,见康熙府

① 杨晓东:《冯梦龙研究资料汇编·专题略论·族望里籍》,广陵书社 2007 年版,第 207—208 页。
② 冯琦:《为尊奉明旨开陈条例以维世教疏》,《宗伯集》卷五十七,《四库禁毁书丛刊·集部》第 16 册,北京出版社 1997 年版,第 10 页。
③ 刘启端:《钦定大清会典事例》卷三九一《礼部·学校·生童户籍》,《续修四库全书》第 804 册,上海古籍出版社 1995 年版,第 239 页。
④ 李铭皖等修、冯桂芬纂:(同治)《苏州府志》,《中国地方志集成·江苏府县志辑》第 8 辑,江苏古籍出版社 1991 年版,第 660 页。

志。"既揭出其里籍安徽休宁,也指出其庠籍浙江杭州。① 如此,已约略
可以觇知,冯梦龙自称"吴县籍长洲人",也存在里籍、庠籍的问题。

既然冯梦龙里籍长洲,其吴县庠籍,便属于"占籍"。而"占籍"现象,在明代中期以后,实并不鲜见。据明人周永春录万历十三年(1585)朝廷谕旨:"朕惟祖宗设科取士,不为不严。近年以来,各省多有冒籍无耻之人幸得取中。提学官通不稽查,亦有嘱托倚势,滥行收录,好生不公。今年各省直提学官姑且不究。以后务要严察,籍贯明白,方准收取,不许徇情隐蔽,致伤风化。"②张廷玉等《明史》中也批评:"其贿买钻营、怀挟倩代、割卷传递、顶名冒籍,弊端百出。"③均是一般而言之。但当时社会对于占籍现象,也有不同的声音,如张凤翼云:"客有向予谈冒籍事,有中式二次复拟问革者。予谓圣世立贤无方,不应有此。如李斯谓四君皆客之功,则敌国之人,皆可用矣。况堂堂一统,莫非王臣耶?且若乐毅自魏,剧辛自赵,百里奚自虞,亦可以非土著而弃之乎?孔子之齐、之楚,自是道大莫容,非以冒籍见摈也。客大笑。"④谢肇淛云:"国家取士,从郡县至乡试俱有冒籍之禁,此甚无谓。当今大一统之朝,有分土无分民,何冒之有?即夷虏戎狄犹当收之,况比邻州县乎?且州县有土著人少而客居多者,一概禁之,将空其国矣。山东临清,十九皆徽商占籍,商亦籍也,往年一学使苦欲逐之,且有祖父皆预山东乡荐而子孙不许入试者,尤可笑也。余时为司理,力争之始解。"⑤沈德符云:"窃以故元用蒙古人为状元,而中华人次之,此陋俗何足效?善乎世宗之言曰:'天下皆是我秀才,何云冒籍?'圣哉!"⑥有趣的是,长洲张凤翼为冯梦龙乡前辈,冯梦龙《墨憨斋定本传奇》曾分别改编其《灌园记》《红拂记》为《新灌园》《女丈夫》;沈德符为冯梦龙友人。

明清两代,虽然明令禁止科举冒籍,然诚如有学者所揭示:"却上下

① 邓长风:《程镳生平小考》,《明清戏曲家考略全编·续编》,上海古籍出版社2009年版,第95—98页。
② 周永春:《丝纶录》卷三,《四库禁毁书丛刊·史部》第74册,北京出版社1997年版,第633页。
③ 张廷玉等:《明史》卷七十《志第四十六·选举二》,中华书局1974年版,第1705页。
④ 张凤翼:《谈辂续》,《处实堂续集》卷六,《续修四库全书》第1353册,上海古籍出版社1995年版,第486页。
⑤ 谢肇淛:《五杂组》卷十四《事部二》,上海书店出版社2009年版,第288—289页。
⑥ 沈德符:《万历野获编》卷十六《科场·畿元取乡人》,中华书局1959年版,第425页。

熟视无睹,朝野心照不宣,甚至不以为非,视为常情",而"对于庠(榜)姓、籍,在有关方志、郡邑总集和诸生谱、青衿谱中都是直书不讳的。以同治纂修《苏州府志》为例:'陆琇,有传,本姓钮,拔贡;吴树臣,有传,庠姓王,拔贡,俱(康熙)十一年'"①。又如长洲金圣叹、吴翌凤,庠籍吴县;吴县申庄,庠籍吴江;吴江沈培祥,庠籍杭州府学;浙江丁观生,由嘉善庠生改苏州府庠生;其堂弟丁观澜,庠籍长洲;观澜弟丁王肃,吴庠增广生等②。而大名鼎鼎的徐祯卿,"常熟人,迁吴县(《三科志》:琴川人,徙家吴县,遂占籍焉)"③。明清之际苏州派戏剧家薛旦,"无锡诸生,本籍长洲"④。清朝顺治年间,徐乾学、陆元文皆由长洲县学改归昆山,如钱国祥《苏州府长元吴三邑诸生谱》卷一注云:"是案中黄专勖、王树枚等五人,皆归宗改姓名者。"⑤此类多属于占籍情况。

明代嘉靖、万历时期的叶春及,曾记载福建福清科举冒籍与改学情况,有云:"蒙许金铎改学当差。盖生员百二十人,本县二十,外县一百。始则冒籍以干进,终则改学以自便。是闽清一学,不过为冒籍之人登垄之所耳。"⑥上举丁观生由嘉善庠生改苏州府庠生,徐乾学、陆元文由长洲县学改归昆山,俱为"改学"冒籍的例子。冯梦龙是否如丁观生等人那样,曾经有改变庠籍的经历?据祁彪佳《与应霞城》书札中记载:

> 绣斧新莅八闽,绅弁靡不兢兢以奉功令。为贤为否,宁有遁于鉴衡之外?惟是属在亲谊,弟某有不得不一具恳款者。……至于百司济济,在贤科者,自有可见之长。故于同籍同乡之中,或有清真之司李,或有敏妙之邑令,弟皆不敢漫然以推毂。惟寿宁令冯梦龙作诸生时,为先人所识拔;作学博时,又与弟有共事之谊,恐被资格所拘,难以一时露颖,并祈台台垂盼及焉。仰体怜才之盛心,遂

① 陆林:《金圣叹史实研究》,人民文学出版社 2015 年版,第 55 页。
② 陆林:《金圣叹史实研究》,第 57 页。
③ 钱谦益:《列朝诗集小传》丙集,上海古籍出版社 1983 年版,第 300 页。
④ 王豫:《江苏诗征》卷一五六,焦山海西庵诗征阁藏板,道光元年王豫序本。
⑤ 钱国祥:《苏州府长元吴三邑诸生谱》,光绪丙午刊本。
⑥ 叶春及:《石洞集》卷八"不奉改学",《景印文渊阁四库全书》第 1286 册,台北商务印书馆 1986 年版,第 540 页。

不觉冒昧至此,统惟垂照不尽。①

这封书札,是冯梦龙因为自己没有举人、进士功名,以科贡官出任知县,感到动辄得咎,处处掣肘,又"恐被资格所拘,难以一时露颖",而请祁彪佳代其在福建新任巡抚应霞城处说项,祁彪佳致应霞城的信札。书札中提及"冯梦龙作诸生时,为先人所识拔"一语,殊堪注意。祁承爜(1563—1628),字尔光,号夷度,又号旷翁,晚号密园老人,浙江山阴(今绍兴)人,明代著名藏书家。万历三十二年(1604)进士;三十五年(1607),由宁国知县调任冯梦龙家乡长洲知县;三十八年(1610)升任南京兵部主事。冯梦龙"作诸生时"为祁承爜所"识拔",循之常理,自然发生在万历三十五年至三十八年,即祁承爜任职长洲知县的三年内。此时,冯梦龙或许应该是长洲县学的生员。

祁彪佳(1602—1645),字虎子,又字幼文、宏吉,号世培,别号远山堂主人。山阴(今属浙江绍兴)人。天启二年(1622)二十一岁成进士,任福建兴化推官。崇祯四年(1631)任右佥都御史,六年(1633)巡按苏、松,八年(1635)告病辞职返乡,里居八年。崇祯十四年(1641)起为河南道御史,次年改南京畿道。南明弘光朝任苏松总督。有戏曲批评著作《远山堂曲品、剧品》存世。祁彪佳任职苏松巡抚以后,与冯梦龙交往颇密。崇祯六年(1633),祁彪佳有《与冯学博犹龙》书札,其中写道:

> 夙耳芳名,幸瞻风采。昨承佳刻,顿豁蓬心。三吴为载籍渊薮,凡为古今名贤所纂辑著述者,不论坊刻家藏,俱烦门下哀集其目,仍开列某书某人所刻,出于何地,庶藉手以披获数种,聊解蠹鱼之僻,拜教多矣,诸不一。南都近日新刻有足观者,望并示数种之目。②

这是祁彪佳任职苏松巡抚后,两人交往的记录。冯梦龙将自己刻印的著作赠送给祁彪佳,该是初次见面,所以祁彪佳说"夙耳芳名,幸瞻风采",仰慕已久,方得一见。初次会晤,相谈甚欢,所以祁彪佳不久即致函

---

① 祁彪佳:《都门入里尺牍》,《祁彪佳文稿》,书目文献出版社1991年版,第2122—2123页。
② 祁彪佳:《按吴尺牍》癸酉秋季册,明末祁氏远山堂抄本。

冯梦龙,请他搜集三吴一带各种刻书目录,并推荐南京新刻的图书目录。

冯梦龙在离开家乡,任职寿宁知县后,与祁彪佳继续保持密切来往。如上称引,崇祯八年(1635),冯梦龙在寿宁任上寄赠著作给祁彪佳,并托他为代向应霞城处揄扬。祁彪佳回信《与冯犹龙》云:

(祁彪佳像)

　　台下才华肝胆,冠绝一世。昔先子幸叨一日之雅,荷台下倦倦推置,已感千古高谊;而不肖获以共事之缘,得睹丰采,且聆矩诲,足荷三生之多幸也。因以乔迁之早,未遂推毂素心。然台下有为有守,仁声仁闻,千村棠芾,万姓口碑,在不肖之借光实侈矣。自惭菲劣,待罪名邦,蒙诸君子过加许可,实无以仰报地方。因病乞身入里,而抱恙转甚,即今困顿床褥,已越四旬。忽于罗雀之门,惊承云翰,且拜琼瑶,在台下笃厚逾甚,不肖愧怍转滋矣。至于鸿猷卓品,当道自加赏识,然不肖顺风之呼,何敢后乎?应霞老或便道过里,不然亦必有数行相闻,定当力致循卓之政,少慊缁衣之彩也。尊刻拜教实多,不肖吴中罪状,及先子生平,附呈郢政,不尽注切。①

书札中,祁彪佳谈到"昔先子幸叨一日之雅,荷台下倦倦推置",对于冯梦龙为父亲之"幸叨一日之雅"感戴不置,甚表感动,称之"千古高谊";对于因任职苏松巡抚得以与冯梦龙相识,有"共事"机缘,深表欢悦,称之"三生之多幸";对于自己任职期间,多获地方赞誉认可,则谢不

① 祁彪佳:《都门入里尺牍》,《祁彪佳文稿》,书目文献出版社 1991 年版,第 2107—2108 页。

敢当,称之"实无以仰报地方"。不久,祁彪佳便致函应霞城,即上引《与应霞城》。因冯梦龙与祁氏父子两世交谊,祁彪佳对其知之甚深,其记载有着很高的可信度。

又据梅之焕《叙〈麟经指月〉》中说:"乃吾友陈无异令吴,独津津推毂冯生梦龙也。"[1]陈无异,名以闻,字寄生,号石泓,湖广麻城人。万历三十五年(1607)进士,三十六年(1608)出任吴县令。不妨推测,有了长洲、吴县知县的联手帮助,共同"识拔",冯梦龙由长洲县学"改学"吴县,便水到渠成了。又上引吕天成《曲品》定稿于万历三十八年(1610),其中著录冯梦龙为吴县人,如果其所著录确有所本,此时的冯梦龙,其学籍也应该已经由长洲县学改为吴县县学。

综上,我们可以明确地说,冯梦龙自称"直隶苏州府吴县籍长洲县人",指的是其里籍长洲,庠籍吴县。而其最初的庠籍,则有可能便是其里籍长洲。

## 第二节　儒医世家

关于冯梦龙的家世出身,我们以前所知甚少。新见《康熙十八年鸿博姓氏录》,由其中的冯勋履历,让我们有了不少新的认知,冯梦龙的家世之谜,也由此可以解开[2]。录原文如下:

> 冯勋,字方寅,号勉曾,行一,丁亥年六月二十七日生,江南苏州府长洲县民籍。由布衣荐举,御试授翰林院检讨。高祖曙,廪生。高祖母张氏。曾祖梦桂,庠生;曾祖母王氏。祖爟,太医院官;祖母夏氏。父谦吉,庠生;母汪氏,河南学道缄庵公嫡侄女,现任编修钝翁公堂妹;继母陆氏。高伯祖其盛,贡生,精医理,有《幼科辑粹》诸书行世。曾叔祖:梦龙,贡元,历任福建寿宁县知县,有《春秋衡库、指月》《四书指月》《纲鉴统一》诸书行世;梦熊,庠生;梦麟,儒医。伯祖煌。叔祖:煌,娄县儒学教授;焴,庠生。嫡叔恒吉,儒医。叔:师

---

① 冯梦龙著,李廷先、田汉云校点:《麟经指月》卷首,江苏古籍出版社 1993 年版,叙第 1 页。
② 参见冯保善:《冯梦龙史实三考》,《江苏第二师范学院学报》2021 年第 6 期,第 1—7 页。

吉;诺,庠生;咏;谦尊;谦亨;谦光。胞弟:铭勖,太学生;昆勖。弟:晁、星、罡、景、晃、旻、昱、昊,俱业儒。娶王氏,世袭指挥佥事讳用砺公女。子:兆陞、兆纯,俱幼,业儒。嫡侄兆麟。(宗族不载)①

首先,根据这一记载,可进一步坐实清人凌寿祺纂《浒墅关志》卷十三《冢墓》据府县志所记:"处士冯昌墓,在高景山,永乐十九年葬。昌字世昌,靖难兵起,隐居于姑苏,为葑溪冯氏始祖。贡生其盛、知县梦龙、本朝翰林勖皆其后。"②以及曹允源、李根源纂《吴县冢墓志》卷二所记长洲冯昌墓:"处士冯昌墓,在高景山,永乐十九年葬。昌字世昌,靖难兵起,隐居于姑苏,为葑溪冯氏始祖。贡生其盛、知县梦龙、本朝翰林勖皆其后。"③由此可知,在明朝成祖朱棣从侄子朱允炆手上夺取政权的那场所谓"靖难之役"的战争中,冯昌(字世昌)隐居于苏州,遂为"葑溪冯氏始祖",此"葑溪冯氏",即冯梦龙家族的源头。明朝贡生冯其盛、知县冯梦龙,清朝翰林冯勖,是这一家族中具有代表性的人物。

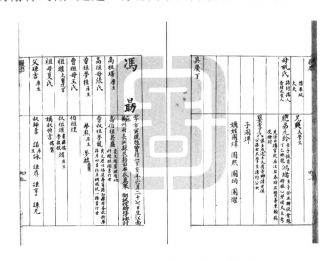

(《康熙十八年鸿博姓氏录》书影)

其次,在这一资料中,记载了冯勖"高祖曙,廪生;高祖母张氏","高

① 《康熙十八年鸿博姓氏录》,国家图书馆藏清抄本,另有《康熙己未鸿词科名贤履历》,清刻本,藏天津图书馆,其中冯煊作冯瑄,"兆麟"作"兆林"。
② 凌寿祺撰、钦瑞兴点校:《浒墅关志》卷十三,广陵书社2012年版,第224页。
③ 曹允源、李根源:《民国吴县志》卷四十一,江苏古籍出版社1991年版,第661页。

伯祖其盛,贡生,精医理,有《幼科辑粹》诸书行世"。由此,我们得以知道冯梦龙的父亲名曙,为廪生;母亲姓张。冯曙之兄,乃晚明苏州大名鼎鼎的幼科医生冯其盛(贡生),即冯梦龙的亲伯父。冯其盛《幼科辑粹大成》今见传世五卷本①,卷一题署"吴门安予冯其盛躬甫纂辑、弟熙东冯曙升甫校正、门人省吾吴俊秀甫全校";卷二题署"吴门安予冯其盛躬甫纂辑、弟熙东冯曙升甫校正、门人润吾姚光德佑昌同校";卷三题署"吴门安予冯其盛躬甫纂辑、弟熙东冯曙升甫校正、门人湛泉朱濂清之同校";卷四题署"吴门安予冯其盛躬甫纂辑、弟熙东冯曙升甫校正、门人含晖皇甫珽润之同校";卷五题署"吴门安予冯其盛躬甫纂辑、弟熙东冯曙升甫校正、门人少虚王廷赞公襄同校"。据《幼科辑粹大成》中题署,我们还可以得知,冯梦龙之父冯曙字升甫,号熙东;冯其盛字躬甫,号安予。

其三,由冯其盛相关资料,我们还进一步可以获知,冯梦龙出生在一个儒医世家。

今见冯其盛《幼科辑粹大成》万历刻本,有晚明诸名家如申时行、徐显卿、江盈科、张凤翼、王敬臣所撰五篇序文,其中所披露的冯其盛身世资料,对于我们了解冯梦龙的家世出身,弥足珍贵。

1. 题署"万历乙未春三月吉休休居士申时行"撰《幼科辑粹大成序》:

> 余观太史传,越人仓公,称其所受禁方,本之长桑、阳庆,慎戒勿泄,而仓公亲奉宣问,对状为详。然亦不列其方剂,世靡得而述也。岂真神奇秘怪,书不能尽言,言不得尽意耶?毋亦技术擅名,高自标置,而鲜公天下、利万物之心耶?盖古之人,三折肱而更求方,曰以济来者。此其仁心可仰已。余友冯躬甫,早工博士业,廪于庠,久而不第。自以家世名医,不欲坠先业,则时时为人治病,良已!所籍方书皆奇验,因汇录成帙,名曰《幼科辑粹大成》。且欲付剞劂以公之同志者,盖不欲以禁方自秘,而以济世利物为亟,真仁

---

① 冯其盛:《幼科辑粹大成》,中医古籍出版社2002年版,据万历二十三年刻本影印。

人之心哉！后有传躬甫者，考其书，知其人，当与越人仓公争烈矣。①

申时行（1535—1614），字汝默，号瑶泉，晚号休休居士，南直隶苏州府长洲县人。嘉靖四十一年（1562）殿试状元，任翰林院修撰、礼部右侍郎。万历五年（1577）任吏部右侍郎，次年兼东阁大学士，旋进礼部尚书兼文渊阁大学士。万历十一年（1583），继张四维之后，出任内阁首辅。万历十九年（1591）辞官还乡，在家乡度过

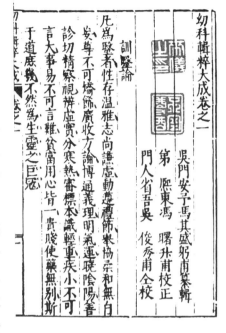

了二十三年馀生。卒赠太子太师，谥号"文定"。《明史》本传评其与张四维"秉政，务为宽大"，"时行诸人有鸣豫之凶，而无干蛊之略。外畏清议，内固恩宠，依阿自守，掩饰取名，弱谐无闻，循默避事"②，认为其执政于张居正之后，无所作为，未能继往开来，亦客观之论。申时行为冯其盛《幼科辑粹大成》撰序，在万历二十三年乙未（1595）春天，即其辞官里居四年之后。冯氏为地方幼儿医科名家，与同县权贵申氏有过交集，为申时行所知，请申时行为其作序，是自然之事。申序中称"余友冯躬甫"，自是客气自谦的称呼，但从中可以觇知，申时行对于冯其盛了解颇多。如其所称冯氏"家世名医"，言冯其盛"早工博士业，廪于庠，久而不第"，"不欲坠先业，则时时为人治病"，以及盛赞其"仁心可仰""济世利物""真仁人之心""当与越人仓公争烈矣"云云，可以为证。我们也由此得以获知，冯氏家族，不仅冯其盛以儿科知名，其"家世名医"，以医学名家，是一种家族传统。

① 冯其盛：《幼科辑粹大成》，中医古籍出版社 2002 年版。
② 张廷玉等：《明史》卷二一八《列传》第一〇六，中华书局 1974 年版，第 5747、5768 页。

**2. 题署"阳羡新主人徐显卿书"《幼科辑粹大成序》：**

> 天下有幼幼，无老老。老老者，非必及人之老，老吾老足矣。吾每见人得一甘饵，必曰："以饲幼子，以饲孙。"而不曰大臺；美婴孩膝上，伺其轩渠笑悦，而不闻嬉戏以娱其亲，故曰："有幼幼，无老老。"吾友冯君躬甫，至孝，顾不锡类为老老书，而幼科是辑，何居？盖有深意焉。人之寿考，在元气，辅以美食。老老者，夫亦在人子养志为先，温清定省，令其起居甚适，而竭力以备甘旨。若平日不此之务，逮父母有疾，第迎医问药，欲以汤熨、针石奏功，不知老人之不可药，犹弱国之不可战也。虽然，其要又在老者自老其老，其心澹然无事，如此，则安用方书为？乃婴儿则不然，苟非夭札，其血气向盛，可投剂安全，此冯氏世业专幼科，而躬甫所为辑书意也。昔扁鹊名闻天下，所受长桑禁方，其为带下医，为老人医，为小儿医，随俗而变，靡所不治，故天下以扁鹊能生死人。今躬甫不云乎随南北、察冬春，不执一隅之见，呜呼！安知他日不有悉取禁方，予躬甫辑大成者？①

徐显卿（1537—1602），字公望，号检庵，南直隶苏州府长洲县人。隆庆元年（1567）举人，二年（1568）进士，任翰林院编修，与纂《明穆宗实录》《明世宗实录》。万历十年（1582）任经筵讲官；十二年（1584），由翰林院侍读升兼詹事府左春坊左谕德，补国子监祭酒；十三年（1585），任明神宗日讲官；十四年（1586），任詹事府詹事兼翰林院侍读学士；十七年（1589），因遭弹劾，三次上书请致仕，告老还乡。著有《天远楼集》等。徐显卿为冯其盛《幼科辑粹大成》撰序，亦在其辞官还乡之后。该序于冯其盛擅儿科、编纂儿科医书，进行了重点阐释。其中评冯其盛的为人，言其"至孝"；"冯氏世业专幼科"，则披露了冯氏家族专长于儿科的传统。

**3. 题署"万历乙未冬楚桃源江盈科题"《幼科辑粹大成引》：**

> 躬甫冯君，盖儒流之俊也。髫时用制举业，鹊起胶庠中。侪偶

---

① 冯其盛：《幼科辑粹大成》，中医古籍出版社 2002 年版。

期君旦夕脱颖去,乃坐数奇,屡踬棘院。君稍稍厌之。辄取先世所遗幼科诸方术,研究探索,久乃遂窥其奥。以治里中小儿,无不应手起者,众惊为神。君既已收其功于身,又欲广其传于人人也,于是博采精校,汇为一书,题曰《幼科辑粹大成》云。予观君为人,真实醇笃,较然不欺。其妙于小儿医也,非独方术胜也。所谓心诚求之,虽不中,不远矣。不佞于此邦元元,辱父母之托,然坐视凋瘵,委顿而不能起,将方术短浅耶,抑其诚有未至耶?以躬甫观之,当由求民者未尽诚耳。不然,六经《语》《孟》,具言子民之方,不啻详矣,独不佞试之未必效,何也?藉令躬甫异日握一命之寄,吾知其收效于民也,犹小儿矣。盖吾不信躬甫之方术,而信躬甫之诚之必能中也。后世用躬甫书者,或有效,有不效,可以思矣。①

江盈科(1553—1605),字进之,号绿萝山人,湖南桃源人。万历二十年(1592)进士,选苏州府长洲县令,任职六载,以贤令名。二十六年(1598),改大理寺正。二十八年(1600),升户部员外郎,主试四川。三十二年(1604),任四川提学副使。次年八月,病逝于四川。"公安派"重要成员。著有《雪涛阁集》《雪涛诗评》《谐史》等。申时行为冯其盛撰序,在万历二十三年(1595)春三月,江盈科的这篇引言,则写于该年的冬天,在其任职长洲县令期间。其《引》即以父母官的角度,言及冯其盛"髫时用制举业,鹊起膠庠中",以"数奇,屡踬棘院","辄取先世所遗幼科诸方术,研究探索,久乃遂窥其奥。以治里中小儿,无不应手起者,众惊为神",披露了编著者有先世业幼科的家学传统,及其因举业坎坷,转而从事幼科的经历。其中评冯其盛为人"儒流之俊""真实醇笃,较然不欺",自谦"不佞于此邦元元,辱父母之托,然坐视凋瘵,委顿而不能起",赞誉冯其盛"异日握一命之寄,吾知其收效于民也,犹小儿矣",透露出冯氏及其家族在地方享有的声望及地位。江盈科有诗《冯躬甫》,诗题下小注云:"善小儿医。"诗曰:"冯唐双鬓老如丝,夜检丹方昼采芝。经济满腔无用处,都将交付小儿医。"②既惋惜冯其盛的"经济满腔无用

① 冯其盛:《幼科辑粹大成》,中医古籍出版社 2002 年版。
② 江盈科著、黄仁生辑校:《江盈科集》,岳麓书社 2008 年版,第 177 页。

处",也对其"都将交付小儿医",尽心竭力、心诚则灵、高妙的医术赞叹不置。

4. 题署"长洲张凤翼伯起书"《幼科辑粹大成序》：

> 夫医之难言也久矣！说者谓带下医难于老人医,医小儿难于带下医,非谓妇人不尽言则难,小儿不能言尤难耶？吾友冯君躬甫,家世业医,吴中号称幼科专门,可与钱氏、陈氏相颉颃者也。乃躬甫则生而颖异,不屑世其业,业佔毕,弱冠即为督学使者高第弟子,无何而廪于官,且将大其拯物疗民之用,而每试棘闱辄报罢。于是则抑而姑以世之业小试之,试辄验。由是吴门凡小儿病,无论甲族穷巷,争迎躬甫。躬甫随应之,检故方而损益疗之,其有裨益于吴中儿不浅鲜矣。且惧无以衍其传也,为之纂而成帙,命之曰《幼科辑粹大成》,卷凡十,类凡六十有奇。汇群说,罗诸方,不嫌于略;撮纲领,采精英,不厌其烦。允乎《大成》之云匪僭;允乎亡羊之讶不足凭而斋菜之谚可明征也。夫以躬甫之明彦,既能以穷经之绪馀,推而为小儿医,则必能以小儿医之旁通者,推而为带下医,为老人医。他时脱迹黉校,拜命通籍,又讵不能推其所既验于医者,老老幼幼,起民瘼而跻之安全之域哉？是其所以纪彝常、铭鼎钟者,当更有在,不独是编之永其传也。予窃有望焉,是为序。①

张凤翼(1527—1613),字伯起,号灵虚,别署泠然居士,南直隶苏州府长洲县人。嘉靖四十三年(1564)举人,累次会试不第。与弟燕翼、献翼并有才名,时称"三张"。十九岁新婚创作《红拂记》传奇最为有名,另有传奇剧本《祝发记》《窃符记》《灌园记》《虎符记》。诗文有《处实堂集》。擅书法,"晚年不事干谒,鬻书以自给"②。其序中言及"吾友冯君躬甫,家世业医,吴中号称幼科专门,可与钱氏、陈氏相颉颃者也",揭出其"家世业医"的家族传统,并明确谈及冯氏幼科的具体影响。明人顾清《慎庵钱君配徐孺人合葬墓表》中,谈到明代苏州医学世家,有云:"吴中自宋来多名医,至国朝尤盛。凡今京师以医名者,大半皆吴人

① 冯其盛:《幼科辑粹大成》,中医古籍出版社 2002 年版。
② 钱谦益:《列朝诗集小传》丁集中,上海古籍出版社 1983 年版,第 483 页。

也。而盛氏之大方,李氏之产难,陈氏、钱氏之婴孺科最著。"①其与"钱氏、陈氏相颉颃",由此可见冯氏幼科在地方的崇高声望。张凤翼《冯躬甫像赞》有云:"世其业则医,起其家则儒,殆率由乎孔孟,而傍通乎轩岐,即其心存乎保赤,而知其将泽暨乎群黎,俨乎其仪其大,冯之谓欤?"②对于冯氏医学世家,冯其盛本人始儒后医,医术精湛,泽披黎庶,有着高度评价。

5. 题署"长洲王敬臣以道撰"《幼科辑粹大成序》:

> 人之所贵于万物者,以其有礼义也。然必养之以至于成,而不夭阏于幼小,然后礼义可得而行焉。否则,生且不保,于礼义乎何有?而曰贵于物,不其谬与?由斯以言,则夫所以审疾处方,保护其幼小,而期于成者,其所系甚重,而其术诚不可不精也。知其系之重,而必欲精其术,其躬甫冯先生乎?躬甫少壮时,刻意博士业,其廪于黉而驰誉于棘闱者久矣。一旦念志之难遂,而思以仁幼之术溥于时也,乃以其先世所素业者而更扩之。上探《素》《难》,博及诸名家,以迨钱仲阳氏,靡不研究其渊微,而操执其旨要。由是出以疗疾,其取效若符之合而响之答也,盖群然遝迎争赴矣。然躬甫以幼稚无言说,察之不易,而柔肌弱脏,药之尤不易也,每投剂懍懍,若所谓九折肱而称良者。吾于躬甫有取焉。呜呼!此躬甫之所以为儒医与!夫儒之道,视保小民若保己之赤子,而心诚求之,躬甫视人之赤子亦犹己之赤子也,安得不心诚以求之乎?则其疗之当而效之神也,其亦宜矣。躬甫犹以济一时一方之幼,其及有限,而思欲广之于无穷也,于是整齐其所为,书成一家言,以行诸远,以垂诸后。其卷十,其类六十有奇,名之曰《幼科辑粹大成》。呜呼!何其用心之弘,而立志之远也,其殆仁及于天下万世矣!夫人所患,无其心耳。其所遇之不齐,乃时为之,无足论也。若躬甫之仁心恩恻,真若有固结于中,而不容解者。倘其获任民社,其功业岂眇小哉?然即躬甫今日之所就,有以跻夭阏于康寿,以行夫礼

---

① 顾清:《东江家藏集》,《景印文渊阁四库全书》第 1261 册,台湾商务印书馆 1983 年版,第 685 页。
② 张凤翼:《处实堂集续集》卷二,《续修四库全书》第 1353 册,上海古籍出版社 2002 年版,第 408 页。

义而贵乎物,固亦足以助王道之所不及,而默相天地生成之功矣。其平日未遂之志,夫亦有所寄而不虚也哉!①

王敬臣(1513—1595),字以道,号少卿,江西参议王庭之子,南直隶苏州府长洲县人。《明史》有传:

> 王敬臣,字以道,长洲人,江西参议庭子也。十九为诸生,受业于校。性至孝,父疽发背,亲自吮舐。老得瞀眩疾,则卧于榻下,夜不解衣,微闻有謦欬声,即跃起问安。事继母如事父,妻失母欢,不入室者十三载。初,受校默成之旨,尝言议论不如著述,著述不如躬行,故居常杜口不谈。自见耿定向,语以圣贤无独成之学,由是多所诱掖,弟子从游者至四百馀人。其学以慎独为先,而指亲长之际、衽席之间为慎独之本,尤以标立门户为戒。乡人尊为少湖先生。万历中,以廷臣荐,征授国子博士,辞不行。诏以所授官致仕。二十一年,巡按御史甘士价复荐。吏部以敬臣年高,请有司时加优礼,诏可。年八十五而终。②

王敬臣十九岁成秀才,五十二岁成贡生。万历年间荐举国子监博士,不就。初受魏校影响,认为议论不如著述,著述不如躬行,重实际践履。后受耿定向影响,设帐讲学,从游者四百馀人。倡导慎独,力戒门户之争,学者称其"少湖先生"。著作有《俟后编》存世,又有《礼文疏节》《家礼节》等,散佚未见。以孝行闻名,人称"仁孝先生"。万历年间,苏州知府朱文科为他立牌坊,题"仁孝坊"。王以道的父亲王庭(1488—1571),字直夫。嘉靖二年(1523)进士。历任许州知州、国子监博士、福建按察佥事、江西参议,为官清正廉洁。以病致仕,与二三知己诗歌酬唱,陶冶性情。或遇地方利害,人有冤屈,则仗义执言。因居阳城村,人称"阳湖先生"。王敬臣序中,同样言及"躬甫少壮时,刻意博士业,其廪于黉而驰誉于棘闱者久矣",因为"志之难遂","乃以其先世所素业者而更扩之",而由儒转医,成为儒医,"视保小民若保己之赤子",亦"儒之

---

① 冯其盛:《幼科辑粹大成》,中医古籍出版社 2002 年版。
② 张廷玉等:《明史》卷二八二《列传》第一七〇《儒林一》,中华书局 1974 年版,第 7252 页。

道"。而其《幼科辑粹大成》之纂辑,"以济一时一方之幼","而思欲广之于无穷","何其用心之弘,而立志之远也,其殆仁及于天下万世矣"。

冯梦龙三弟梦熊,曾受托为王敬臣《俟后编》撰写跋文,其中云:"孝子以道王先生,与先君子交甚厚。盖自先生父少参公,即折行交先君子云。予舞勺时,数数见先生杖履相过。每去,则先君子必耳提命曰:'此孝子王先生,圣贤中人也。小子勉之。'……余犹记先君子居恒每叹先生'斯人可用',恨当国有心,成均一衔,反如处士赐号,巧锢之林泉不出也。"①冯梦熊在跋文中言及冯家与王氏的两世交谊:始自王庭,便与乃父相交;父亲与王仁孝更是"交甚厚"——在自己舞勺之年(13—15岁),屡屡见仁孝先生来访,关系甚为密切;而每当仁孝先生去后,父亲每每耳提面命,希望儿子以他为楷模。父亲感慨王仁孝"斯人可用"而不得用,忧心国事之情可见,凡此亦可见出冯梦龙父亲冯曙的思想品格及为人。

冯其盛还与袁宏道有过交往。万历二十五年(1597),袁宏道于杭州作《冯秀才其盛》书札一通,有云:"一病几死,幸而瓦全,未死之身,皆鬼狱之馀,此而不知求退,何以曰人? 病中屡辱垂念,忽承大士之赐,甚隆素怀,走欲言之久矣。谢不尽。"②可知冯其盛于袁宏道有救命之恩,二人以此结下深厚情谊。

综上,冯梦龙的家族,世代业医,以幼科知名,在明代苏州医界,"可与钱氏、陈氏相颉颃"。冯梦龙父亲冯曙一辈,冯其盛乃传承家族医学传统的代表;而冯曙既然列名为《幼科辑粹大成》校正,其于医学,自非外行;冯梦龙兄弟一辈,老四梦麟为儒医;冯梦龙下一代,梦桂之子冯爔为太医院官;孙子辈,梦桂之孙恒吉为儒医。冯其盛早年习儒应举业,"髫时用制举业,鹊起膠庠中",为廪生;其后举业迍邅,"每试棘闱则报罢","念志之难遂,而思以仁幼之术传于时",于是继承祖业,发扬光大,以"善小儿医"知名。名流显贵,如申时行、徐显卿、江盈科、王敬臣、张凤翼,纷纷为其《幼科辑粹大成》作序,足见其所具有的社会影响。

① 王敬臣:《俟后编》,《四库全书存目丛书·子部》第 107 册,齐鲁书社 1995 年版,第 69—70 页。
② 袁宏道著、钱伯城笺校:《袁宏道集笺校》卷十一,上海古籍出版社 1981 年版,第 480 页。

## 第三节　谢庭玉树

湖广麻城人梅之焕序冯梦龙《麟经指月》,提到"王大可自吴归,亦为余言吴下三冯,仲其最著"①。据此,今人在有关冯梦龙的研究论著中,言及冯氏兄弟,皆认为其兄弟三人。然而,在上所引证新见之《康熙十八年鸿博姓氏录》所收录冯勖履历中,则确凿无疑地记载,冯梦龙兄弟不是三人,而是四人:冯梦桂、冯梦龙、冯梦熊、冯梦麟。

导致这一误会产生的原因,其实是不能归咎于王大可辈的。梅之焕《叙〈麟经指月〉》原文中说:"鄙邑麻,万山中手掌地耳,而明兴独为麟经薮。未暇遐溯,即数十年内,如周、如刘、如耿、如田、如李、如吾宗,科第相望,途皆由此。故四方治《春秋》者,往往问渡于敝邑,而敝邑亦居然以老马智自任。乃吾友陈无异令吴,独津津推毂冯生梦龙也。王大可自吴归,亦为余言吴下三冯,仲其最著云。余拊髀者久之。"②梅之焕序中,乃立足于治《春秋》而言,也正是从这方面来说,"吴下三冯,仲其最著"。冯梦麟为儒医,其对于《春秋》没有深入研究,是自然而然的事情。今人片面理解梅之焕序中的相关表述,误以为冯梦龙兄弟仅有三人,于是以讹传讹,乃至于在冯梦龙研究中,言及冯梦龙兄弟,依然称其仅有三人。一个儒医家族,冯曙的四个儿子中,有三位享有文名,且以研究《春秋》广为人知,已是一个不能不提的佳话了。

冯梦桂,据徐沁《明画录》卷八记载:"冯梦桂,字丹芬,长洲人。"③冯梦龙《麟经指月》开卷有"男焴赞明父识"《参阅姓氏》,其中也有"兄梦桂若木父、弟梦熊非熊父",可知冯梦桂又字若木。此亦可以佐证上述冯梦麟于《春秋》缺乏研究的判断。

上引《冯勖履历》中,并记其家庭及子嗣:冯梦桂,庠生,妻王氏;子煌、燨(太医院官,妻夏氏)、煊(娄县儒学教授)、焴(庠生);孙谦吉(庠生,妻汪氏,河南提学佥事汪永瑞嫡侄女,编修汪琬堂妹;续娶陆氏)、

---

① 冯梦龙著,李廷先、田汉云校点:《麟经指月》,江苏古籍出版社1993年版,叙第1页。
② 冯梦龙著,李廷先、田汉云校点:《麟经指月》,叙第1页。
③ 徐沁:《明画录》卷八,华东师范大学出版社2009年版,第178页。

恒吉（儒医，与谦吉皆嫡出）、师吉、诺（庠生）、咏、谦尊、谦亨、谦光；曾孙勖（字方寅，号勉曾，行一，由布衣荐举，御试授翰林院检讨。妻王氏，世袭指挥佥事讳用砺公女）、铭勖（太学生）、昆勖、晁、星、罡、景、晃、旻、昱、昊；玄孙兆陞、兆纯。

梦桂之孙冯谦吉，字六皆。《鹤征录》卷一记冯勖并及乃父六皆：

> 冯勖，字方寅，号勉曾，又号蔚东，江南长洲人，布衣，由庶吉士杨作桢荐举，授检讨，罢归。富孙按：先生性至孝，父尝馆闽中，与祖及母家居。荒岁乏食，先生为邻塾师，得升斗奉养，与妻采荇以食。后父客死，阻兵乱，弗获归榇。徒步入京，为诸侯客。应荐得第，即请假归，入闽，寻父榇未得，伏地恸哭，有老人哀之，指视其处，遂扶以归。后罢官家居。癸未岁，圣祖巡幸江南，与秦对严、潘稼堂、徐虹亭俱复原官。[1]

其中披露，冯谦吉曾在福建教馆，死于福建。冯勖与祖父冯爟、母亲汪氏在苏州老家，遭遇灾荒，只能靠他作塾师赚得升斗之米，并与妻子采野菜糊口，家境很是不易。

又《己未词科录》卷二记载：

> 冯勖，字方寅，号勉曾，又号蔚东逸史，江南元和人，布衣，由庶吉士杨作桢荐举，授检讨，著有《蔚东集》。瀛按：先生以戊辰在京师，朱竹垞方谪官，招诸同年，集六枳园，对菊分韵赋诗，竹垞有"可怪南邻冯检讨，酒钱肯为谪官悭"之句，后蔚东亦缘事罢归。癸未，以迎驾复原官。[2]

又乾隆《长洲县志》卷二十五记载：

> 冯勖，字方寅，号勉曾。父六皆远馆闽地，勖奉祖与母居家。岁荒乏食，课徒得脩脯以养。父死古田，耿逆乱闽，道路阻绝，祖与母相继殁，勖仰天叹曰：挺七尺躯，安能郁郁久居此？徒步入长安，

① 李集辑、李富孙等续辑：《鹤征录》卷一，《四库未收书辑刊》贰辑第 23 册，北京出版社 2000 年版，第 574 页。
② 秦瀛：《己未词科录》，《续修四库全书》第 537 册，上海古籍出版社 2002 年版，第 140—141 页。

荐征博学鸿词中选,授翰林院检讨。请假归,道武夷,过仙霞关,入古田。闻父棺寄破寺中,遗榇纵横,伏地哀嚎,有老人曰:墙西有半寸钉者是也。视之,题识宛然。扶丧归,终身不出。著有《游闽纪略》。①

冯勖(1636—1725),字方寅,号勉曾,又号葑东逸史,南直隶苏州府长洲县人,由庶吉士杨作桢荐举,参加康熙十八年(1679)博学鸿词科考试,以第十三名录取,授检讨,缘事罢归。康熙四十二年(1703),以迎驾复原官。著作有《葑东集》《游闽纪略》。

冯梦龙评选《太霞新奏》卷一,收其本人散曲《情仙曲》,小序中云:"某夜视友人召仙,而有王花舍者至。云吴之金阊里人,与黄生遇春善,年十五夭死。因写黄生所赠词四语,今曲中四'想杀您'句是也。已便求去,曰:'吾兄俟吾于门,恐失约。'叩之则遇春亦死。死复相从,亦大奇矣哉。语云:人不灵而鬼灵。余谓鬼不灵而情灵。古有'三不朽',以今观之,情又其一矣。无情而人,宁有情而鬼。"曲后评曰:"事奇,序奇,词又奇。同时咏歌其事者甚多,惟若木生古风一篇颇佳,因附此。"录乃兄冯若木诗曰:

> 谁窥玉笈摹雷文,清香夜永驱白云。须臾花雾簇仙灵,未通姓氏先氤氲。元是金阊繁华子,十五丰神净秋水,一寸柔肠暗瘗人。不愿同生愿同死,东风限短春难驻,冷香狼籍同朝露。天荒地老情转新,练裙犹忆消魂句。人生莫讶辞世早,世间离合多草草,何如一笑化双鸾,朝朝暮暮蓬莱岛。②

"同时咏歌其事者甚多",冯梦桂也参与了这次活动,可见其与乃弟梦龙有着共同的文人交际圈子。散曲《情仙曲》小序中云:"非鬼,夫花舍小竖子,生未尝越金阊数武,而仗此情灵,得谐所欢以逍遥吴越之间,而享仙坛香火之奉,与生人相应答不爽,花舍为不朽矣!鬼能如是乎哉?名之曰'情仙'也亦宜。"冯梦桂诗中,歌咏了虽死犹生,"天荒地老

---

① 李光祚修、顾诒禄等纂:(乾隆)《长洲县志》卷二十五《人物四》,《中国地方志集成·江苏府县志辑》第13辑,江苏古籍出版社1991年版,第316页。
② 冯梦龙评选、俞为民校点:《太霞新奏》,江苏古籍出版社1993年版,第16—18页。

情转新",永恒不灭之情,与乃弟梦龙所主张的情教思想,并无二致,可谓兄弟相知,志趣相合。

冯梦桂与明清之际湖州文学家董斯张(《西游补》作者董说之父)交往亦密。董斯张《吹景集·记莳门语》记载:"予入吴,饮冯若木斋头,酒次,语若木曰……若木曰:'……'因问吴中人物孰右,曰:'其莳闻乎?'予曰:'不然。言偃、澹台无论矣。太公避纣石室,在虞山东二里。巫咸及其子咸冢,皆在虞山上。书云在太甲时,巫咸乂王家,在祖乙时,有若巫贤二子为贤相,吴会为乐土,已在泰伯前数百岁。荆蛮之号,意殷衰政乱,南人多梗,故以蛮名。如一江汉也,西伯时为风动之首,荆之为夷,在昭王不复后耳。古来江左人物,定以海虞第一。'若木曰:'得兄稽古力,便为吴人出脱荆蛮二字矣。愿以一卮为广川生寿。'"①斋头饮酒,学问相商,辩难质疑,知无不言,两人关系之非同一般,显而易见。

董斯张《静啸斋存草》卷四,收录《赠别冯大若木二首》,云:

> 六载如一日,素心俱不疑。笑谈无俗调,慷慨或情痴。
> 兹别纵非远,怀君安可支?床头热杯酒,为定往还期。

> 有酒未能尽,有心那得知?空庭下寒月,醉据青梧枝。
> 可以接魂梦,犹然非别离。茫茫太湖水,无复西流时。②

从诗中内容来看,董斯张与冯梦桂的情谊,似乎较之冯梦龙还要更厚一层。他们相交六年,彼此坦诚,相互信任,论文谈艺,彼此视为文章知己。"慷慨或情痴",亦如乃弟冯梦龙,梦桂也可谓有"情痴"者。在冯梦桂将要离家出门的时候,虽兹别非远,董斯张仍眷恋难舍,尚未分别,便已订下归期。

《静啸斋存草》卷七有《喜冯大若闽归》,记冯梦桂福建归来时,自己的喜悦之情,应该是上引赠别之作后,在冯梦桂归来的时候所作。诗云:

---

① 董斯张:《吹景集》卷五,《续修四库全书》第1134册,上海古籍出版社2002年版,第46页。
② 董斯张:《静啸斋存草》卷四,《续修四库全书》第1381册,第493页。

花黄九月别闽天,云裹苏台已一年。

明日到家犹未暇,南浔南畔唤停船。①

《赠别冯大若木》诗中提到了"寒月",大约在深秋时分;本诗中则说"花黄九月",与前诗参对,约一年间隔,时间上恰相吻合。因此,赠别诗中写的冯梦桂出游便是赴闽,大约一年,回到了家乡苏州。"明日到家犹未暇,南浔南畔唤停船",迫切希望见面,一叙阔别之情,进一步透露出两人情谊的深挚。

冯梦熊,字非熊,中年后以字行,别字孝当,号杜陵居士,晚年更名师之,字少璜,诗人,有《冯杜陵集》。

冯梦熊的生卒年,据相关文献记载,可以做出大致的推断。首先,据其为侯岐曾《西堂初稿》所撰《序》中文字,曾忆及自己与侯峒曾兄弟读书侯家西堂,当时峒曾、岷曾为弱冠之年,岐曾乃总角之年。循之常理,冯梦熊的年龄,应该长于或不小于侯峒曾、岷曾兄弟,也即其生年不晚于万历十九年(1591)。其次,据下文所引侯峒曾撰《友人冯杜陵集序》,言及冯梦熊"死且无子,殡于萧寺"②,可知其死于峒曾之前。侯峒曾死于乙酉(1645)七月,冯梦熊卒年,自然不晚于该年。其三,据徐晟《续名贤小纪·钦太学愚公先生》附《冯杜陵先生》传载:

有冯杜陵先生师之者,一生肮脏负奇气,顾试博士屡进屡蹶,年几六十,犹颉颃童子试,意外补廪饩。其诗文益工,而其穷困益奇。与先外大父姚文毅交善。……其愤激大率如此。晟少受知于先生,读其遗诗,犹潜潜也。有稿若干卷,留嘐水侯兵宪豫瞻家,拟为梓行,遭乙酉兵火,竟付一炬。③

又徐晟《存友札小引》有冯梦熊小传载:

冯杜陵先生师之,棱角峭厉,高自标许,与先外大父为布衣交。予得数数追侍。须眉挺拔,如王光庵遗像。诗古文皆有名,留嘉定

---

① 董斯张:《静啸斋存草》卷四,《续修四库全书》第 1381 册,上海古籍出版社 2002 年版,第 520 页。

② 侯峒曾:《侯忠节公全集》卷十《文六》,沈乃文主编《明别集丛刊》第五辑第 58 册,黄山书社 2016 年版,第 479 页。

③ 徐晟:《续名贤小纪》,《涵芬楼秘笈》第七集,上海商务印书馆 1919 年影印。

侯豫瞻先生所,竟与国同殉。①

徐晟(1622—1683),字祯起,一字损之,又字曾铭,号秦台樵史。苏州府长洲县人。徐树丕之子。明诸生。明亡后随父隐居。著作有《陶园诗文集》《家乘识小录》《姑苏续名贤小纪》等。因外祖父姚希孟与冯梦熊"为布衣交""交善",得以"数数追侍",并"受知"于冯梦熊,故其对于冯梦熊的了解,应该是确切可信的。其传文中所云冯梦熊"试博士屡进屡蹶,年几六十,犹颉颃童子试",透露了冯梦熊考取秀才的时间甚晚,年近六十岁,还在参加童生考试,由此还可以觇知,冯梦熊的享年,或应该在六十岁以上。姑且以六十岁计,由乙酉年(1645)前推,其生年约在万历十三年(1585)前后。参酌冯家老二冯梦龙出生于万历二年(1574),兄弟之间的年龄差距,以及冯梦熊去世在乙酉(1645)之前,其生年或许还要更早。

嘉定侯峒曾《友人冯杜陵集序》记冯梦熊事迹颇详:

> 呜呼!此余故人杜陵冯君之作也。君初名梦熊,字非熊,中岁以字行,别字孝当,自号杜陵居士,晚更名师之,字少璜。今友人无问知与不知,多尚呼冯非熊,或间称杜陵,其称少璜者益少,故予衷而称之曰杜陵。往予兄弟与杜陵同事笔墨者累年,知其为人率略似狂,癖狭似狷,谭谐舞笑,动与俗疏,时时有所激昂诋讥,皆傅会书史,以发其侘傺无聊不平之气。自予辈交知十数子,临觞接席,非君不欢;而为爱居之骇者亦不少,故所如多迕。然其为人有独立之行,尝贫病不能出门户,其友某为关白于有司,得若干金,君明日尽以散诸贫族,身困如故。盖君之专介若此。所为时文亦矜奇迈俗,万历辛壬之间,名满江左,主司俛得而失之。自是而后,渐益诘曲世间,不逐时好。为诸生蹶者屡矣,竟以穷死。死且无子,殡于萧寺,寺僧举一被覆之,仅乃得无暴体。闻者悲之,以为有陈无己、元次山之风焉。噫嘻,可谓穷已。今独其诗古文若干篇在,诗古文,予何能知?独私叹杜陵负博闻强记之资,虽心肠如铁石,而

① 徐晟:《存友札小引》,《丛书集成续编》第155册,上海书店出版社1994年版,第331页。

下笔绮靡，辄有金谷河阳之丽，使得稍稍委蛇诸公间，假其笔札以为终身资，上者如陈琳书记、马周代奏，次之亦比义山、飞卿之所为；纵不得科第，安在不可以显其名声而赡其穷，而冯君倔强如故也。噫嘻！其又高已。百世而下，或以文传，或以诗传，或诗文以人传，俱未可知。夫世之孤耿特行之士，愤悱没齿，而无一言之传，以睹其生平者，又乌可胜论哉？悲夫！①

侯峒曾(1591—1645)，字豫瞻，号广成，南直隶松江府上海县人。万历四十六年(1618)举人，天启五年(1625)进士，历任南京武选主事，官至顺天府丞。明亡，领导民众抗清，城破而死。其因为与冯梦熊"同事笔墨者累年"，知之甚深，故序中所言，不独具体详赡，且信实可靠。其中关于冯梦熊字号的记载，囊括无遗；记其性格命运，"率略似狂，癖狭似狷，谭谐舞笑，动与俗疏"，故所在多迕；言其于"万历辛壬之间，名满江左，主司佹得而失之"，大约是在万历三十九年辛亥(1611)至四十年壬子(1612)间，曾经与秀才资格，失之交臂；"为诸生蹶者屡矣，竟以穷死。死且无子，殡于萧寺，寺僧举一被覆之，仅乃得无暴体"，则述其举业淹蹇，命途多舛，穷困潦倒，竟贫病死于寺院之中，草草成殓，这令人酸楚的生前身后。侯峒曾认为，以冯梦熊这样"博闻强记之资"，出众的才华，斐然之文采，倘若能够"稍稍委蛇诸公间，假其笔札以为终身资"，是上可以与历史上的名笔陈琳、马周相比，稍次，亦可以不逊于李商隐、温庭筠，纵然科第无着，也同样能够声名远扬，衣食无忧的。

姚希孟《冯杜陵稿序》，对冯梦熊的为人行迹，亦有具体记载评骘：

文章之难也，自信难。而其在不恒有之才与不经见之文，使天下指而目之者，忽以为祥，忽以为厉，而沉浮出没于利钝毁誉之间，则自信尤难。余尝与远近同志论文，主自信者半，不敢自信者半。……两说较若河汉，余未尝不两存之而两用之。友人冯杜陵，才名夙著，至酉戌间而欢噪逾狂。一言既成，人必手录而出入携之，如谢玄晖惊人诗，通国之内，上自荐绅，下迨学语小儿，无不奇

① 侯峒曾：《侯忠节公全集》卷十《文六》，沈乃文主编：《明别集丛刊》第五辑第58册，黄山书社2016年版，第479页。

其才。而皮相者又微致反唇，以为是文也，肉粟之有珍错，布帛之有绮縠也，可以膏吻，可以耀首，而未必当于实用。余独以为不然。迩来名理之障，重于五里雾；又如老狐流涎，使人张眼迷离，受其缠缚而不自知。而一经杜陵手，则斩除蒙茸，开涤山川，洗宿晕之词窟，吐长虹于性府，一快也。吴会一派，习为轻扬和媚之文，其弊至于有肉无骨，有花无实，脚板相随，莫之振起。而杜陵标新领异，常有古人不见我之恨，高竖义幢，横开笔阵。至于抵掌骧眉，雄谭侃侃，人如其文，文如其人，又一快也。余之交杜陵最晚，知杜陵最蚤，而赏杜陵文最真。然当通国之士，欢噪逾狂，而余墨墨不敢以雷同进，每欲以不自信之说，为杜陵韦弦之佩，使之抑才以就格，引格以控才，而犹恨其言之不尽也。比杜陵经年之内，前却不定，向之欢噪者退而疑，皮相者且征而信，而余始取其文，颉之颃之，以号于世曰：此谢玄晖惊人诗也。于前此诸大方未知何如，即庚戌榜中如李招远，如周即墨，如董玉山三四君子者，不堪雁行伯仲哉！夫此三四君子者顺风扬帆，而无砑崖触石之患，惟自信也。杜陵之忽为祥，忽为厉，而浮沉出没于利钝毁誉之间者，未始不坚其自信也。……顾余终有效于杜陵者，则请譬之酒人，洪饮者觥筹递交，而神明不乱，此量饮也；迨数斗之后，以酒饮酒，则披猖瞀乱，迄于不自持。杜陵才洵奇，慎毋为才用哉！抑才以就格，引格以控才，若不自信者，乃深于自信者也。此余所为两存而两用者也。夫杜陵，文如其人者也。得此而造于达者，奚而文，奚而文？[1]

姚希孟（1579—1636），字孟长，号现闻，南直隶苏州府吴县人。万历四十七年（1619）进士，改庶吉士。天启朝授检讨，纂修《神宗实录》，为崔呈秀《天鉴录》列为东林党人。崇祯元年（1628）起左赞善，历右庶子、日讲官，为温体仁所忌，贬官南京少詹事。崇祯九年（1636）卒。姚希孟列名冯梦龙《麟经指月》参阅者名单。由该篇序文中所述，其于梦熊，知之"最早"，相交"最晚"，但赏之"最真"。序中言及梦熊"才名夙

---

① 姚希孟：《响玉集》卷十，《四库禁毁书丛刊·集部》第178册，北京出版社2000年版，第586—587页。

著,至酉戌间而欢噪逾狂",当指万历三十七年己酉(1609)、三十八年庚戌(1610)之间,冯梦熊诗文之名甚盛,所谓"一言既成,人必手录而出入携之……上自荐绅,下迨学语小儿,无不奇其才",虽不无夸张,应该是有其根据的。此与侯峒曾序中所云"万历辛壬之间,名满江左",或可以参看。"吴会一派,习为轻扬和媚之文,其弊至于有肉无骨,有花无实,脚板相随,莫之振起。而杜陵标新领异,常有古人不见我之恨,高竖义幢,横开笔阵"云云,可谓相知之深,将冯梦熊诗文放在当时吴地文学视阈中,具体阐释了其"标新领异"的重要意义,并认为在"庚戌榜中如李招远,如周即墨,如董玉山三四君子者,不堪雁行伯仲"。冯梦熊也终于因其不能"抑才以就格,引格以控才",科场败绩,"向之欢噪者退而疑,皮相者且征而信",经历了人生的悲喜剧,感受了世情的冷暖,遭到了心灵的重创。

姚希孟又有《冯杜陵》书札一通:

连得吾兄手教,惨悴无聊,溢于楮墨。每与东林兄相向咨嗟,几至下泪。以吾兄才具,天既厄其一遇矣,又何故而降之酷罚,乃至于此!得非眼光太毒,舌锋太尖,本以涉世日深,感愤日甚,而时有申商之言,乃感此缘耶?虽然,以吾所见所闻,五十奇穷而竟能晚达者,比比矣。又安知天之非老其材培其德,而故以此相折磨也?兄宜善承此意。至于涸鲋之濡,弟实不能为兄计。一席皋比,难于南面王。即巧为曹丘者,安所置喙?而吾兄真率自赏,少世上繁文习套,恐不能与俗物周旋。且无论其它,即如沈去疑十载丹阳,合三千七十而教诲之,屡试屡挫,而诸弟子与其父兄之心终不变,兄能有此作用否?又如徐汝廉之家事不至于四壁,而一日饭一日粥;兄且以金粟孤僧为檀越,而午有肉,夜有酒,出有仆,能甘此澹泊否?又如启美家舅,文字生涯,凡城中锦帐颂祷之文,皆出其手,每篇必一金或二三金,不皆入格而可以谀俗。又如徐闻风所号为独行君子也,而少宰韩宗伯之高文大篇,皆代为捉刀,以此有田有庐,而终身不困,兄能有此应付否?以此数者参之,致贫之道在此,救贫之道亦在此矣。爱兄者莫如弟,故敢以狂直之言进。弟五六月间准归矣。弟归虽不能策兄,然朝夕相过,或不致寂寞耳。①

这通书札中所言,应该是冯梦熊曾经接连数次致函姚希孟,谈到了自己"惨悴无聊"的近况,并托希孟为其谋一馆职,于是有了这通复函。"天既厄其一遇矣,又何故而降之酷罚乃至于此",应该是在此之前,冯梦熊遭遇了什么严惩重创,不知是否即侯峒曾《友人〈冯杜陵集〉序》中所说的"万历辛壬之间……主司俛得而失之",科举上的挫折? 但对于冯梦熊提出的代为谋取馆职一事,姚希孟则表示其爱莫能助。主要原因,还是冯梦熊的性格,姚希孟说:"吾兄真率自赏,少世上繁文习套,恐不能与俗物周旋。"譬如,像沈去疑那样,在丹阳教馆十载,屡试屡挫,学生家长却对其始终不改信任,阁下能做到吗? 如徐汝廉那样,一日饭一日粥,勤俭节约,而阁下寄居僧寺,"而午有肉,夜有酒,出有仆",能做到吗? 如文震亨(字启美),"凡城中锦帐颂祷之文,皆出其手",以文章谋生,阁下能做到吗? 又如徐阆风,号为独行君子,而为少宰韩爰捉刀,阁下能做到吗?"致贫之道在此,救贫之道亦在此矣",姚希孟坦诚地指出了冯梦熊的问题所在。

书札中提及的沈去疑,即沈幾,字去疑,号大谷居士,南直隶苏州府长洲县人,天启七年(1627)举人,崇祯四年(1631)进士,任福建福宁知州,曾为冯梦龙《智囊》作序②。据尤侗《艮斋续说》记载:

> 沈去疑知福州,以贪黜归,遇故友冯杜陵,问近况如何。冯上指头,下指脚,曰:"与公同。"中指心,曰:"与公异。"沈不解,冯笑曰:"我不过贫耳。"盖讥其贪也。沈大惭。其后沈家遂败。贪者必贫,信然。③

由此可见冯梦熊与沈幾的关系及其为人品格的差异,也见出冯梦熊耿直磊落、胸无城府、孤傲不群的性格。

由上述两篇序文、一通书札,我们可以对冯梦熊其人及其人生遭

---

① 姚希孟:《文远集》卷二十一,《四库禁毁书丛刊·集部》第 179 册,北京出版社 2000 年版,第 565—566 页。

② 丁锡根:《中国历代小说序跋集》,人民文学出版社 1996 年版,第 652 页。

③ 尤侗:《艮斋杂说》卷九,《续修四库全书》第 1136 册,上海古籍出版社 2002 年版,第 443 页。

际,有较为清晰的了解。

其为人:"博闻强记","真率自赏","棱角峭厉,高自标许","率略似狂,癖狭似狷,谭谐舞笑","少世上繁文习套","眼光太毒,舌锋太尖","不逐时好","不能与俗物周旋","动与俗疏","时时有所激昂诋讥,皆傅会书史,以发其侘傺无聊不平之气",独立特行,性格倔强,狂狷乖僻,咄咄逼人,锋芒过露。

其为文:称赞者谓之"所为时文亦矜奇迈俗","下笔绮靡","有金谷河阳之丽",不同流俗;赞其:"斩除蒙茸,开涤山川,洗宿晕之词窟,吐长虹于性府";"标新领异,常有古人不见我之恨,高竖义幢,横开笔阵"。否定者"以为是文也,肉粟之有珍错,布帛之有绮縠也,可以膏吻,可以耀首,而未必当于实用"。

其人生:虽然"才名夙著","名满江左","通国之内,上自荐绅,下迨学语小儿,无不奇其才",然"所如多迕","诘曲世间","为诸生蹶者屡矣,竟以穷死……殡于萧寺,寺僧举一被覆之,仅乃得无暴体"。友人姚希孟既委婉劝谏:"杜陵才洵奇,慎毋为才用哉!抑才以就格,引格以控才,若不自信者,乃深于自信者也。此余所为两存而两用者也。"更苦口良药,"以狂直之言进"言,望其能够学学沈去疑、徐汝廉、文震亨(启美),认为"致贫之道在此,救贫之道亦在此矣"。

冯梦熊的文章[1],今存《承天寺代化大悲像疏》《雍熙寺重修大殿碑文》《慧庆寺募修大悲殿疏》《碛砂古寺募缘重建疏》《代人为万吴县考绩序》《吴邑令万公去思碑》《真义里俞通守去思碑》《贞节姚母旌表序》《代人赠陈吴县入觐序》《代人赠陈吴县觐行序》《代人为谢嘉定考绩序》《代人贺范长白得子序》《〈侯后编〉跋》《抚吴疏檄草序》(同名文章3篇)《侯雍瞻〈西堂初稿〉序》《〈麟经指月〉序》凡18篇,除了著作序跋3篇,大抵代人捉刀所作。上引侯峒曾《序》中云:"使得稍稍委蛇诸公间,假其笔札以为终身资,上者如陈琳书记、马周代奏,次之亦比义山、飞卿之所为;纵不得科第,安在不可以显其名声而赡其穷,而冯君倔强如故也。"姚希孟《冯杜陵》书札中说:"又如启美家舅,文字生涯,凡城中锦帐颂祷

① 胡小伟:《〈冯犹龙文抄〉作者考》,《明清小说研究》1996年第1期,第119—131页。

之文,皆出其手,每篇必一金或二三金,不皆入格而可以谀俗。又如徐阆风所号为独行君子也,而少宰韩宗伯之高文大篇皆代为捉刀,以此有田有庐而终身不困,兄能有此应付否?"劝其稍改脾气,"稍稍委蛇诸公间,假其笔札以为终身资";或放下身段,为人代做"锦帐颂祷之文",润笔之资,庶几"有田有庐而终身不困",此亦"救贫之道"。冯梦熊的这些文字,是因为接受了友人的意见而写? 还是因秉性孤傲,不愿意去接更多此类活计? 值得思量。总之,冯梦熊最终是"殡于萧寺,寺僧举一被覆之,仅乃得无暴体",以这样一个凄凉而令人酸楚的结局,为他的人生画上了句号,令人慨叹。

冯梦熊的诗歌创作,清初陈济生《天启崇祯两朝遗诗》(卷八)收录了 10 首:《螺川晚泊》《文彦翁移居寒山》(2 首)《南中杂诗》《渡剑浦》《彭蠡夜泊》《中秋寓虎丘客言时事有感》(2 首)《严陵滩》《哭通家侯仲子文中茂才》。佚名《苏州诗钞》第十五册选诗 4 首:《螺川晚泊》《文彦翁移居寒山》《渡剑浦》《彭蠡夜泊》。

其《南中杂诗》云:

> 南床谏草又中留,天意垂衣岂睿谋。
> 钩党清流唐汉季,杞忧娄恤圣明秋。
> 章缝误国齐华省,节钺筹边孰倚楼?
> 风雨孝陵十载势,江湖愁绝到松楸。[①]

又《中秋寓虎丘客言时事有感》其一云:

> 闻君时事大堪忧,我自清樽当老谋。
> 直挽横流回倒海,任他杀气阻邪沟。
> 么麽无地戎生莽,暝眩何年国始瘳。
> 独有一愁非兔窟,鱼肠肮脏久荒丘。

其二云:

> 阊阓墓望阊阓城,时事传来付半醒。

① 陈济生:《天启崇祯两朝遗诗》,中华书局 1958 年版,第 1081 页。

六月从他书雨雹，一杯劝汝扫长庚。

歌声名上生公法，鼓角楼头舣客程。

独吊太丘经济好，黄巾有狝坐消萌。①

朝廷上，谏书留中不发，党比纷争，迫害清流；边庭则辽东战事不断，后金日渐坐大，缺栋梁之材；因民不聊生，农民起义烽火连绵。诗中表现出对于国事日非的殷忧，忧国忧民的情怀，悲歌当哭，沉郁顿挫，在思想内容及艺术风格方面，确实颇能得杜甫诗歌精神一脉，无愧"杜陵"之称，惜其诗文集亡佚，无从见其全璧。

冯梦熊"死且无子"。冯梦龙有子冯焴，字赞明②；孙冯端虚，聘丁宏度次女为妻，未婚病逝，丁氏守节未嫁。康熙辛巳(1701)春，冯勖序丁宏度《漫吟稿》中有云："丁舆含先生，古君子也。……先生少敏慧，能以孝弟自植。授经予曾叔祖犹龙公。青年以《春秋》噪黉序。此时浮薄之习，毫不濡染。温恭醇朴，工于文章，拙于驰骛。先生之志大矣。奈数奇不偶，屡蹶棘闱。至癸未甲申，国祚潜移，先生功名之念淡，进取之愿违，举向之专精于文者，不得已而寄乎诗。故《漫吟》一编，始自癸、甲也。……更以秘授为麟经师，争相设绛，负笈门墙者，皆一时之俊，先后俱掇科名，而先生竟一毡老矣。且先生与寒家，以世好结朱陈。予叔端虚，犹龙公孙也，坦于先生，早夭又乏嗣。予姊即先生女也，冰霜矢节，归养予家，其端庄俭勤，足以母仪。由是知先生之教，不独施诸下门，而施于门内者，如此其谨饬也。"③丁宏度曾师从冯梦龙学习《春秋》，家境贫寒，女婿冯端虚青年早夭，其女便生活在冯勖家中。

冯梦龙弟兄四人，一儒医，三文人。家庭之中，兄弟之间的影响是自然的。冯梦龙兼擅书画，或者便是受了哥哥的影响。如上所述，冯梦龙有散曲《情仙曲》，冯梦桂不仅参与了群体唱和，其古风中所表现的思想，即与乃弟梦龙并无二致。冯梦桂、梦熊均列名为《麟经指月》"参阅者"名单，梦熊更在其为《麟经指月》所撰序中，题署"门下弟梦熊非熊

---

① 陈济生：《天启崇祯两朝遗诗》，中华书局1958年版，第1082页。

② 据《冯勖履历》，其叔祖有"焴，庠生"，冯焴或亦冯梦桂子过继给梦龙者。

③ 丁宏度：《漫吟稿》，林登昱主编：《稀见清代四部补编》第284册，台湾经学文化事业有限公司2019年版，第9—10页。

撰"，序中亦云："余兄犹龙，幼治《春秋》，胸中武库，不减征南。居恒研精覃思，曰：'吾志在《春秋》。'墙壁户牖皆置刀笔者，积二十馀年而始惬。……余受《春秋》于兄而同困者也，闻其言而共闵默焉。"①其受《春秋》于兄梦龙，自称"门下"，所受哥哥的影响，自然不容小觑。而冯梦龙关于医学的知识储备，既有家族文化传统的熏陶，也不能断然否定受到过四弟冯梦麟的影响。

《宋会要辑稿》中有云："伏观朝廷兴建医学，教养士类，使习儒术者通黄素，明诊疗，而施于疾病，谓之儒医，甚大惠也。"②《能改斋漫录·文正公愿为良医》载："范文正公微时，尝诣灵祠求祷，曰：'他时得位相乎？'不许。复祷之曰：'不然，愿为良医。'亦不许。既而叹曰：'夫不能利泽生民，非大丈夫平生之志。'他日，有人谓公曰：'大丈夫之志于相，理则当然。良医之技，君何愿焉？无乃失于卑耶？'公曰：'嗟乎，岂为是哉。古人有云："常善救人，故无弃人；常善救物，故无弃物。"且大丈夫之于学也，固欲遇神圣之君，得行其道。思天下匹夫匹妇有不被其泽者，若己推而内之沟中。能及小大生民者，固惟相为然。既不可得矣，夫能行救人利物之心者，莫如良医。果能为良医也，上以疗君亲之疾，下以救贫民之厄，中以保身长年。在下而能及小大生民者，舍夫良医，则未之有也。'"③所谓儒医，简言之，即由儒生而习医，既学习医术，也具备儒学修养。对于儒生而言，出为王佐，致君尧舜，利泽生民，乃人生最高追求；不得已而求其次，能为良医，"上以疗君亲之疾，下以救贫民之厄，中以保身长年"，亦可以"行救人利物之心"。经世济民、利济天下，皆谓之"行道"；读书仕进或行医治病，无非利民济世之手段而已。文化"是习得的，而不是经由生物遗传而来的，所以任何社会都必须以某种方式确保文化适当地从一代传递到下一代。这一传递过程就被称为濡化，个人通过这个过程成为社会成员，而且濡化是从个人一出生就开始

① 冯梦龙著，李廷先、田汉云校点：《麟经指月》，江苏古籍出版社1993年版，叙第2页。
② 徐松：《宋会要辑稿》第55册《崇儒三》，中华书局1957年版，第2217页。
③ 吴曾：《能改斋漫录》卷十三，上海古籍出版社1979年版，第381页。

的。在所有社会,濡化的第一媒介是个人出生之家的成员"①。出身于儒医世家,对于冯梦龙的影响是深刻的。首先,关心民瘼、利济天下、济时行道的"治平"理想,是其毕生执着的追求。不得志时适俗导愚,以文化人;其花甲之年,出任贫瘠的山区小县县令,由"托诸空言"到"见诸行事",均切实体现了他的这一思想理想追求。其次,儒医非儒,介于士、商之间,以业医治生,生活于市井社会,厕身于市民阶层,更易于受到市民思想的濡染,接受时代新思潮的洗礼,冯梦龙受李卓吾思想影响,早年放任私情,中岁倡导"情教",及其在商业出版大潮中,投身大众文化编辑著述事业,卖文为生,皆与其出身医家,耳濡目染,有着密切的关系。

---

① 威廉·A·哈维兰著,瞿铁鹏、张钰译:《文化人类学》(第十版),上海社会科学院出版社 2006 年版,第 130 页。

# 第三章　才名早著

唐寅有《江南四季歌》,描写明代中期苏州市井社会的繁华:

> 江南人住神仙地,雪月风花分四季。满城旗队看迎春,又见鳌山烧火树。千门挂彩六街红,凤笙鼉鼓喧春风。歌童游女路南北,王孙公子河西东。看灯未了人未绝,等闲又话清明节。呼船载酒竞游春,蛤蜊上巳争尝新。吴山穿绕横塘过,虎邱灵岩复元墓。提壶挈榼归去来,南湖又报荷花开。锦云乡中漾舟去,美人鬓压琵琶钗。银筝皓齿声继续,翠纱汗衫红映肉。金刀剖破水晶瓜,冰山影里人如玉。一天火云忧未已,梧桐忽报秋风起。鹊桥牛女渡银河,乞巧人排明月里。南楼雁过又中秋,悚然毛骨寒飕飕。登高须向天池岭,桂花千树天香浮。左持蟹螯右持酒,不觉今朝又重九。一年好景最斯时,橘绿橙黄洞庭有。满园还剩菊花枝,雪片高飞大如手。安排暖阁开红炉,敲冰洗盏烘牛酥。销金帐掩梅梢月,流酥润滑钩珊瑚。汤作蝉鸣生蟹眼,罐中茶熟春泉铺。寸韭饼,千金果,鳌群鹅掌山羊脯。侍儿烘酒暖银壶,小婢歌阑欲罢舞。黑貂裘,红毹毵,不知蓑笠渔翁苦?[1]

一年四季,春天,迎春的彩旗招展,灯火璀璨,乐声鼎沸,清明踏青春游,蛤蜊尝新;夏天,莲叶田田,荷花竞放,湖中荡舟,轻歌细乐,沉李浮瓜,冰块解暑;秋天,乞巧赏月,肥蟹美酒,桂菊盛开,橘绿橙黄;冬天,

---

[1] 唐寅撰,陈书良、周柳燕笺注:《唐伯虎集笺注》卷一,中华书局 2020 年版,第 107 页。

暖阁红炉,貂裘氍毹,牛酥暖酒。唐寅诗中,可谓写尽了当时苏州的饮食之奉、声色之乐、市廛之盛。当然,并非蓑笠渔翁、黎民百姓、寻常小户人家,所能够享有一切。

康熙帝玄烨,作为政治家,其对于江南的评价:"东南财赋地,江左人文薮",所揭示出的明清江南社会的两大特点——繁荣的经济与发达的文化,更显得要言不烦。事实上,明清江南文化的崛起并走向鼎盛,正与其繁荣的经济息息相关,没有"财赋地"——这经济的沃土,能否形成明清江南那盛极一时、人所公认的人文渊薮,不能不打上大大的问号。

"吴中信是好山水",明朝万历二年(1574)的春天①,晚明"大众文化"坐标式的人物——冯梦龙,诞生在苏州这美丽富饶的锦绣乡、财赋地、人文薮。他与祝允明、文徵明、唐寅们,如群星璀璨,点缀辉耀着中国明代文艺的天空;又如八音合奏,在"人间天堂"般的苏州,联袂演奏了一曲激越高亢、金鼓喧阗,令人肠回气荡的晚明文艺交响乐。

## 第一节　年少成名

文从简于崇祯十一年(1638)作《冯犹龙》诗,有云:

> 早岁才华众所惊,名场若个不称兄。
> 一时文士推盟主,千古风流引后生。②

文从简(1574—1648),字彦可,号枕烟老人,南直隶苏州府长洲县人。明末书画家。文徵明曾孙,文嘉孙,元善子。崇祯十三年(1640)拔贡。入清后以书画自娱。与冯梦龙同乡、同岁,有着同样坎坷举业经历的文从简,他对冯梦龙的了解,相较一般的人,自然要更加深入。他所说的冯梦龙早岁即以才华出众,在科场扬名,为众人称道,是比较可信的记载。

有学者根据文从简这首《冯犹龙》诗,结合冯梦龙的小说《老门生三

---

世报恩》,认为其能够令"众所惊"的才华,指的是他"在科举场中有惊人的表现;这个'早岁'应当是指他年纪很小即考中了秀才",小说中人物鲜于同"八岁举神童,十一岁中秀才也即是冯梦龙自己的经历"①。此论则不免主观臆断。

首先,我们在有关冯梦龙的传记等材料中,从未见到这样的记载。

明清时期,秀才只是举业之路上的初级功名,但能够有卓异的表现,依然为人所重,这在明清史料中,并不乏记载。以明朝人为例,如永嘉人孙华,"年十三,郡守课诸生春阴诗,操笔立就……守大奇之"②;会稽人唐肃,"九岁入郡庠"③;吴人张适,"幼颖悟,七岁能赋诗弹琴,十岁通五经,十三应江浙乡试,人以为神童"④;华亭人徐霖,"五岁日记小学千馀言,七岁能赋诗,九岁大书辄成体,通国呼为神童……年十四补弟子员"⑤;桐乡人杨述"成童游庠",沈槎"十三岁即补诸生",杨燮"年十三即游庠,旋食廪饩"⑥;乌程人凌濛初,"生而颖异,十二游泮宫,十八补廪饩"⑦。然而,关于冯梦龙,不仅在各种传记中只字未提其考取秀才之"特异",即便在乃弟冯梦熊为其《麟经指月》所撰序文中,虽极言其高才,痛心其不遇,但同样未见只字提到其秀才考试中曾经有过任何辉煌的业绩。而时人所重的早慧能诗,亦自然非冯梦龙所长,朱彝尊《明诗综》评冯梦龙诗:"明府善为启颜之辞,间入打油之调,虽不得为诗家,然亦文苑之滑稽也。"⑧由此可见一斑。

其次,在收录冯梦龙传记的同治、光绪《苏州府志·人物》中,屡次提到别人如何之早慧,而未及冯氏。

① 龚笃清:《冯梦龙十一岁入学游庠及久困诸生考》,《冯梦龙新论》,湖南人民出版社 2002 年版,第79—97 页。
② 钱谦益:《列朝诗集小传》甲前集,上海古籍出版社 1983 年版,第 52 页。
③ 钱谦益:《列朝诗集小传》甲集,第 113 页。
④ 钱谦益:《列朝诗集小传》甲集,第 132 页。
⑤ 顾璘:《隐君徐子仁霖墓志铭》,焦竑:《国朝献征录》卷一一五《艺苑》,《续修四库全书》第 531 册,上海古籍出版社 1995 年版,第 510—511 页。
⑥ 严辰等:(光绪)《桐乡县志》卷十五,《中国方志丛书·华中地方》第 77 号,台湾成文出版社有限公司 1967 年版,第 491、552、554 页。
⑦ 郑龙采:《别驾初成公墓志铭》,《凌氏宗谱》卷之五,嘉庆十年刊。
⑧ 朱彝尊:《明诗综》卷七十四,《景印文渊阁四库全书》第 1460 册,台湾商务印书馆 1986 年版,第 679 页。

以同治年间纂修的《苏州府志》为例,如卷八十"人物七"记吴文之,"七岁能属文,读书目数行下,未弱冠,登正德庚午乡举,辛巳成进士";袁衮,"七岁赋诗,有奇语。嘉靖乙酉举乡试第一,明年成进士";蔡羽,"为人高朗疏俊,聪警绝人,少失怙,母吴亲授之书,辄能领解。年十二操笔为文,有奇气。稍长,尽发家所藏书读之";黄省曾,"六龄好缃素,古文解通《尔雅》,弱冠与兄鲁曾散金购书,覃精艺苑";陆师道,"弱冠举嘉靖辛卯乡试,戊戌成进士";郑若庸,"年十六为诸生,三试皆首。连入棘闱不售,隐支硎山,殚精古文词";袁尊尼,"生而警颖,五岁授书,十岁诸经悉通。既工举子业,益读子史百家言。于诗喜眉山,于文喜潜溪";王廷贵,"早失怙,哀慕若成人。就傅,日诵千言。七龄属对惊人。长工举子业,试辄冠军。万历乙酉领乡荐,授江都教谕"①。卷八十一所收冯梦龙传,录自《江南通志》中的冯梦龙传,则并没有类似记载。

明清时期的苏州,乃举世闻名的科第之乡,如明人耿橘序《皇明常熟文献志》说:"今代科目之设,惟吴越为最盛。"②清人张大纯《吴中风俗论》中说:"吴俗之称于天下者三:曰赋税甲天下也,科第冠海内也,服食器用兼四方之珍奇,而极一时之华侈也。"③康熙末年,江苏布政使杨朝麟也曾感慨:"本朝科第,莫盛于江左,而平江一路,尤为鼎甲萃薮,冠裳文物,竞丽增华,海内称最。"④在这样一个科举教育异常繁盛的地区,作为初级功名的秀才,虽然为人所重,但无论如何都是难以令人们惊叹的!因此,从上述称引中亦可见出,所言及年龄者,大抵赞其早慧而已,冯梦龙却不在此列。

个人浅见以为,文从简诗中所说的冯梦龙"早岁才华众所惊,名场若个不称兄",其所赞誉的,应该是指冯梦龙早岁研究《春秋》,并达到很高的造诣,取得了不俗的成就。因为《五经》之中,"《春秋》向称难治,率谓孤经,读者往往中废。不独习之者畏其难,而闻之者举皆震慄"⑤。

① 李铭皖等修、冯桂芬纂:(同治)《苏州府志》卷八十,江苏古籍出版社1991年版,第154、155、155、157、155、161、162、166页。
② 管一德:《皇明常熟文献志》,《苏州掌故丛书》,苏州古旧书店1986年复印本。
③ 袁学澜:《吴郡岁华纪丽》卷首,江苏古籍出版社1998年版,第1页。
④ 杨朝麟:《紫阳书院碑记》,转引自杨镜如主编:《紫阳书院志》,苏州大学出版社2006年版,第490页。
⑤ 冯梦龙:《春秋要法》,《春秋定旨参新》,江苏古籍出版社1993年版,第30页。

《春秋》文本不易理解，难以掌握，令人望而生畏，学习的人也常常半途而废，改习他经。正因为如此，冯梦龙"幼治《春秋》"，特别是其钻研《春秋》的深入，自然引来了众人的惊叹羡慕，刮目相看，赞叹有加。

《五经》之中，《春秋》最难，也是明朝人的共识。官至吏部尚书的麻城人李长庚，在其为冯梦龙《春秋衡库》所写《序》中，还具体分析了学习《春秋》难在何处①。他认为有这样三难：

第一，文本自身难读。《易经》《诗经》《尚书》《礼记》，义理较为显著，并有《尔雅》和汉、宋各家注本，凭借注释，不难理解；而《春秋》讲究微言大义，寓褒贬刑赏于一字之中，或竟见于言外之意，变例丛生，云遮雾罩，学者因此多有臆测，各执一词，难得确诂，因此，初学者更是无从下手。

第二，学习的教材存在问题。明朝初年，科举考试所用《春秋》，是《左传》《公羊传》《穀梁传》、程氏注、胡安国注等可以比较选择，综合采用。其后，只准使用胡安国注释。而胡氏注本，其意在发明宋室南渡以后之事，与孔子《春秋》本意，有很大的出入，以此代圣人立言，必然是难以自圆其说。

第三，考试题目所存在的问题。《春秋》文本，字数十分有限，除去一些不适宜命题的文字，可作为题目的内容，已是寥寥；加上为避免与以往历届考题重复，因而采用传题、比题、搭题等千奇百怪的形式出题，偏题怪题丛生。考另外"四经"，仅担心文章的文字能否写好；考试《春秋》，首先要解决能否读懂题目的问题。

因为有此三难，考生对考试《春秋》，便望而生畏，在明清科举时代，愿意选择考试《春秋》的考生，少而又少。也正因如此，少年即开始研究《春秋》，并卓有成就的冯梦龙，则显得凤毛麟角，更为人瞩目。

事实上，当时人在谈到冯梦龙的时候，也总是不忘记提到他的《春秋》研究，如福建诗人徐燉在《寿宁冯父母诗序》中说："吴门冯犹龙先生，博综坟素，多著述。早岁治《春秋》，有《行（衡）库》集，海内经生传诵

① 冯梦龙：《春秋衡库》，《四库全书存目丛书·经部》第 123 册，齐鲁书社 1997 年版，序第 1—8 页。

之。"①崇祯十五年(1642)黄道周序冯梦龙《纲鉴统一》中说:"君博学多识,撰辑甚富,海内言《春秋》家,必以君为祭酒。"②梅之焕叙冯梦龙《麟经指月》,更是说到,自己的家乡麻城,是号称研治《春秋》的重镇,众多的家族以研习《春秋》而累代科第不衰,四方研治《春秋》的人,都渴慕能够来此学习深造,然而,麻城以《春秋》起家的陈无异等人,却对冯梦龙交口称赞;更令人称奇的是,麻城研治《春秋》的人,"反问渡于冯生",向冯梦龙讨教学习《春秋》的门径③。

关于冯梦龙进学的具体时间,所见文献中均未曾见言及。现代人的研究中,对于这一问题,或避而不谈④;或含糊言之,称其"在二十岁左右成诸生"⑤;或认为冯梦龙十一岁中秀才⑥。值得注意的是龚笃清《冯梦龙新论》中的一个分析,秀才资格考试,县、府、道三级,正场均只考《四书》文二题,《五经》是不列入必考科目的,冯梦龙"幼治《春秋》",是指他考取秀才后,为乡试而钻研《春秋》经文。这样,冯梦龙于何时开始钻研《春秋》,便关涉到他考取秀才的时间。

在《麟经指月·发凡》中,冯梦龙曾不无陶醉地说:"不佞童年受经,逢人问道,四方之秘笈,尽得疏观;廿载之苦心,亦多研悟。纂而成书,颇为同人许可。"⑦乃弟冯梦熊在《麟经指月·序》中,更是引哥哥以为自豪:"余兄犹龙,幼治《春秋》。胸中武库,不减征南。居恒研精覃思,曰:'吾志在《春秋》。'墙壁户牖皆置刀笔者,积二十馀年而始惬。……迩者夷氛东肆,庙算张皇,即行伍中冀有狄武襄、岳少保深沉好《春秋》者,而研精覃思积二十馀年者,独令其以《春秋》抱牍老诸生间,痛土蚀而悲蠹残也。"⑧不约而同,都谈到了冯梦龙研治《春秋》"二十馀年"这一经历,殊堪注意。也就是说,当《麟经指月》完稿,即将刊出时,冯梦龙钻研《春

① 徐𤊂:《红雨楼集》,《上海图书馆未刊古籍稿本》第42册,复旦大学出版社2008年版,第26页。
② 冯梦龙著,张玉范、沈乃文校点:《纲鉴统一》,江苏古籍出版社1993年版,黄序第2页。
③ 冯梦龙著,李廷先、田汉云校点:《麟经指月》,江苏古籍出版社1993年版,叙第1页。
④ 徐朔方:《冯梦龙年谱》,《徐朔方集》第二卷,浙江古籍出版社1993年版。
⑤ 陆树仑:《冯梦龙研究》,复旦大学出版社1987年版,第12页。
⑥ 龚笃清:《冯梦龙十一岁入学游庠及久困诸生考》,《冯梦龙新论》,湖南人民出版社2002年版,第79—97页。
⑦ 冯梦龙著,李廷先、田汉云校点:《麟经指月》,第1页。
⑧ 冯梦龙著,李廷先、田汉云校点:《麟经指月》,叙2—3页。

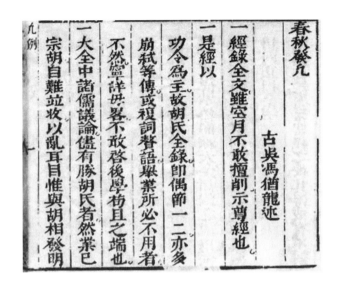

秋》，已经有了二十多年的时间。那么，《麟经指月》是何时完稿的？综合今存"万历庚申秋鹿巢李叔元书于古杭"《冯氏〈麟指〉小序》①，"岁在庚申泰昌元年九月日""西陵友人梅之焕撰并书"《叙〈麟经指月〉》②，以及冯梦龙《〈麟经指月〉发凡》中所说的"倾岁读书楚黄，与同社诸兄弟掩关卒业，益加详定，拔新汰旧，摘要芟烦"③，由两篇序中提到的时间，姑且前推三年（倾岁），可知冯梦龙《麟经指月》完稿，约在万历四十五年（1617）秋天以前。再由此姑且前推二十八年，则为万历二十年（1592），冯梦龙十八岁。这大约应该就是冯梦龙开始研究《春秋》的时间。而冯梦龙进学考取秀才，自然也应该在万历二十年（1592）十八岁之前。

此外，冯梦熊夸赞哥哥研究《春秋》的造诣高深，为他的举业坎坷抱屈，更为用人之际，有此等大才埋没，而惋惜不平，其中提到冯梦龙"而荏苒至今，犹未得一以《春秋》举也"④，言外之意，乡试必考一经，而对于《春秋》研究有素的哥哥，却是久困于乡试。由此亦可以佐证，冯梦龙考取秀才，已经多年。

毋庸置疑，举业迍邅，在冯梦龙的思想和心理上，都留下了很深的

① 杨晓东：《冯梦龙研究资料汇编》，广陵书社2007年版，第120页。
② 冯梦龙著，李廷先、田汉云校点：《麟经指月》，江苏古籍出版社1993年版，叙第1页。
③ 冯梦龙著，李廷先、田汉云校点：《麟经指月》，第1页。
④ 冯梦龙著，李廷先、田汉云校点：《麟经指月》，叙第2页。

阴影,并深刻影响了他的人生态度,以及他的人生轨迹。这里,我们不妨结合其小说《老门生三世报恩》,窥探一下冯梦龙的科举心迹。

虽然,文学不同于史传,小说人物鲜于同,也自然有别于现实生活中的冯梦龙。比如鲜于同为广西桂林府兴安县秀才,冯梦龙是南直隶苏州府吴县秀才;再如,小说人物鲜于同"五十七岁登科,六十一岁登甲,历仕二十三年,腰金衣紫,锡恩三代。告老回家,又看了孙儿科第,直活到九十六岁,整整的四十年晚运"①,这也只能是小说家冯梦龙的白日梦想。

但不可否认,小说作品中包含了作者冯梦龙一定的人生经历,更表现了他的思想认识。比如小说人物"八岁时曾举神童,十一岁游庠,超增补廪"②,虽然不能说是冯梦龙自己人生经历的翻版,但小说人物曾经的少年得意,踌躇满志,"论他的才学,便是董仲舒、司马相如也不看在眼里,真个是胸藏万卷,笔扫千军。论他的志气,便像冯京、商辂连中三元,也只算他便袋里东西,真个是足蹑风云,气冲牛斗"③,在"早岁才华众所惊,名场若个不称兄",年轻气盛的冯梦龙,则是很自然的想法。"何期才高而数奇,志大而命薄。年年科举,岁岁观场,不能得朱衣点额,黄榜标名";"自三十岁上让贡起,一连让了八遍,到四十六岁兀自沉埋于泮水之中,驰逐于青衿之队。也有人笑他的,也有人怜他的,又有人劝他的";"怎奈时运不利,看看五十齐头,'苏秦还是旧苏秦',不能勾改换头面。再过几年,连小考都不利了。每到科举年份,第一个拦场告考的就是他,讨了多少人的厌贱。……五十七岁,鬓发都苍然了,兀自挤在后生家队里,谈文讲艺,娓娓不倦。那些后生见了他,或以为怪物,望而避之;或以为笑具,就而戏之";"却说鲜于同少年时本是个名士,因淹滞了数年,虽然志不曾灰,却也是:泽畔屈原吟独苦,洛阳季子面多惭"④。这些,又很难说不是历经举业坎坷的冯梦龙,其真实心态的直接显露。

---

① 冯梦龙编著、吴书荫校:《警世通言》,中华书局2015年版,第128页。
② 冯梦龙编著、吴书荫校:《警世通言》,第123页。
③ 冯梦龙编著、吴书荫校:《警世通言》,第123页。
④ 冯梦龙编著、吴书荫校:《警世通言》,第123—125页。

还有科举选拔过程中的主观随意，即便如"为官清正""直言敢谏"的蒯遇时，也"有件毛病，爱少贱老，不肯一视同仁。见了后生英俊，加意奖借；若是年长老成的，视为朽物，口呼'先辈'，甚有戏侮之意"①。在他看来，"取个少年门生，他后路悠远，官也多做几年，房师也靠得着他。那些老师宿儒，取之无益"②。抡才大典，为国选才的大事，竟成了个人培植关系的自留田。因为有这样的认识，自然难以公正取人，在第一次"误取"鲜于同之后，他道："我科考时不合昏了眼，错取了鲜于'先辈'，在众人前老大没趣。今番再取中了他，却不又是一场笑话。我今阅卷，但是三场做得齐整的，多应是夙学之士，年纪长了，不要取他。只拣嫩嫩的口气，乱乱的文法，歪歪的四六，怯怯的策论，惯惯的判语，那定是少年初学。虽然学问未充，养他一两科，年还不长，且脱了鲜于同这件干纪。"如此"算计已定，如法阅卷，取了几个不整不齐，略略有些笔资的，大圈大点，呈上主司"，主司竟然也"都批了'中'字"③。乡试中，阴差阳错，蒯遇时第二番"误取"鲜于同，小说中写道："各房考官见了门生，俱各欢喜，惟蒯公闷闷不悦。鲜于同感蒯公两番知遇之恩，愈加殷勤，蒯公愈加懒散。上京会试，只照常规，全无作兴加厚之意。"④由"作兴加厚"可以觇知，进京会试，同样存在着不少人情因素。而发迹之后的鲜于同，自然投桃报李，在两报师恩之后，为了三报师恩，他不辞年迈，做了浙江巡抚。一天，蒯遇时携了十二岁的孙子蒯悟，"特携来相托，求老公祖青目一二"⑤。鲜于同就将他留在衙门中读书，"那蒯悟资性过人，文章日进。就是年之秋，学道按临，鲜于公力荐神童，进学补廪"，三年之后，学业已成，鲜于同"乃将俸银三百两赠与蒯悟为笔砚之资，亲送到台州仙居县"，最终蒯悟中举、取进士，想必鲜于同费心不少⑥。

　　在冯梦龙看来，科举选拔不公，是其举业淹蹇不遇的重要原因。如此的人才评价与使用标准，在崇祯三年，当冯梦龙成为吴县县学贡生，

① 冯梦龙编著、吴书荫校：《警世通言》，中华书局 2015 年版，第 124 页。
② 冯梦龙编著、吴书荫校：《警世通言》，第 125 页。
③ 冯梦龙编著、吴书荫校：《警世通言》，第 125 页。
④ 冯梦龙编著、吴书荫校：《警世通言》，第 125 页。
⑤ 冯梦龙编著、吴书荫校：《警世通言》，第 127 页。
⑥ 冯梦龙编著、吴书荫校：《警世通言》，第 127—128 页。

之后以贡生资格,出任丹徒训导、寿宁知县时,又是何等苦涩和无奈!

作品着意宣扬的主旨:"大抵功名迟速,莫逃乎命,也有早成,也有晚达。早成者未必有成,晚达者未必不达。不可以年少而自恃,不可以年老而自弃。……譬如农家,也有早谷,也有晚稻,正不知那一种收成得好?"①以及他那原本"爱少贱老"的恩师临终遗言:"我子孙世世不可怠慢老成之士!"②皆可谓"满纸荒唐言,一把辛酸泪",无非发泄其大半生受人轻贱,胸中那一腔肮脏不平之气而已。

## 第二节　青楼之恋

说到文人与青楼的话题,我们很自然会想起晚唐杜牧《遣怀》诗中那脍炙人口的名句:"十年一觉扬州梦,占得青楼薄倖名。"③唐朝文人征歌选妓,与青楼中女子的交往,被视作风雅韵事,如《开元遗事》卷上《天宝上·风流薮泽》记载:"长安有平康坊,妓女所居之地,京都侠少萃集于此,兼每年新进士,以红笺名纸游谒其中,时人谓此坊为风流薮泽。"④宋、元两朝,文人出入狭邪,同样不胜枚举。宋朝文人,知名者如晏殊、欧阳修、范仲淹、柳永、苏东坡,其与青楼女子的交往,亦被称为佳话。元朝"八娼九儒",文士与青楼自是难兄难弟,文人与青楼之恋,无论在生活中,还是在文学里,益发成为常态。明代中期以后,青楼业畸形发展,如谢肇淛《五杂组》中记载:"今时娼妓布满天下,其大都会之地动以千百计,其他偏州僻邑在在有之,终日倚门献笑,卖淫为活,生计至此亦可怜矣。"⑤晚明清初,文人与青楼交往的显例,如李湘真交往余怀、方以智、张岱,顾媚交往冒襄、吴绮、邓汉仪、龚鼎孳、张岱、吴伟业,董小宛交往冒襄、钱谦益、方以智、吴应箕、张岱、侯方域,李香君交往张溥、夏允彝、杨文骢、侯方域,柳如是交往张溥、陈继儒、陈子龙、汪汝谦、宋征璧、

---

① 冯梦龙编著、吴书荫校:《警世通言》,中华书局 2015 年版,第 123 页。

② 冯梦龙编著、吴书荫校《警世通言》,第 128 页。

③ 杜牧原著、吴在庆笺注:《杜牧集系年校注·樊川外集》,中华书局 2008 年版,第 1214 页。

④ 王仁裕撰、丁如明校点:《开元天宝遗事》,《唐五代笔记小说大观》,上海古籍出版社 2000 年版,第 1725 页。

⑤ 谢肇淛:《五杂组》卷八,上海书店出版社 2009 年版,第 157 页。

宋征舆、程嘉燧、李雯、孙临、谢三宾、钱谦益等，亦皆为人称道，视作文人风流韵事。

冯梦龙生活于明代后期，在温柔富贵乡的苏州，年少成名，才子风流，又举业迍邅，其出入青楼——"余少时从狎邪游"①，实亦当时文人普遍习气，无需苛责。值得一提的是，冯梦龙与青楼女子的交往，表现出他的真诚，尊重同情，知心相交，乃至于铭心刻骨的恋情。

冯梦龙在《青楼怨·序》中说："余友东山刘某，与白小樊相善也，已而相违。倾偕予往，道六年别意，泪与声落，匆匆订密约而去，去则复不相闻。每晌小樊，未尝不哽咽也。世果有李十郎乎？为写此词。"②从此序中，我们不难看出冯梦龙对于痴情的青楼女子白小樊的同情和对友人负心的谴责。《青楼怨》曲中，冯梦龙更是拟小樊声口，诉说其相思相恋之苦。曲后有评语曰："子犹又作《双雄记》，以白小樊为黄素娘，刘生为刘双，卒以感动刘生，为小樊脱籍。孰谓文人三寸管无灵也？"③从陪伴友人刘生重会白小樊，到为她制曲作剧，最终促成刘生与小樊的婚姻，冯梦龙的侠义情怀，真诚感人。

冯梦龙辑评《情史类略》中，有《张润》④《冯爱生》等传。为青楼女子立传，更体现出冯梦龙对于她们的特别尊重。《张润传》叙瓜州张润，少年被卖入苏州娼门，与商人程生相恋，双双殉情的故事。《冯爱生》叙爱生不知何姓、何地人氏，年十四，被卖入苏州娼门，"洞识青楼风波之恶"，厌恶风尘生活，渴慕"求有心人而事之"⑤，遇丁生，欲嫁之。丁力不能及。爱生郁郁寡欢，病体缠绵，为鸨母所厌，将其嫁茸城公子，未久病死。爱生死后，殡厝郊外，不得安葬。冯梦龙为她筹资，终得入土。

真诚相交，真心相待，发自本心的尊重，冯梦龙也因此赢得了与青楼女子真诚的友谊。其《挂枝儿》《山歌》等民歌的收集，不少得力于此辈。如《挂枝儿》卷三《帐》有评语曰："琵琶妇阿圆，能为新声，兼善清

---

① 冯梦龙辑、陆国斌校点：《挂枝儿》卷五，江苏古籍出版社 1993 年版，第 62 页。
② 冯梦龙评选、俞为民校点：《太霞新奏》卷十二，江苏古籍出版社 1993 年版，第 210 页。
③ 冯梦龙评选、俞为民校点：《太霞新奏》卷十二，第 212 页。
④ 冯梦龙辑评，周方、胡慧斌校点：《情史》卷四《冯蝶翠》附，江苏古籍出版社 1993 年版。
⑤ 冯梦龙辑评，周方、胡慧斌校点：《情史》，第 443 页。

讴,余所极赏。闻余广《挂枝儿》刻,诣余请之,亦出此篇赠余,云传自娄江。"①卷四《送别》有评语曰:"后一篇,名妓冯喜生所传也。喜美容止,善谐谑,与余称好友。将适人之前一夕,招余话别。夜半,余且去,问喜曰:'子尚有不了语否?'喜曰:'儿犹记《打草竿》及《吴歌》各一,所未语若者,独此耳。'因为余歌之。"②此等场景,令人感动。

冯梦龙对侯慧卿的恋情,更可谓刻骨铭心,甚至在当时的地方文人圈里,还曾经轰动一时,产生了不小的影响,如《太霞新奏》卷七《怨离词》附静啸斋评语中说:"子犹自失慧卿,遂绝青楼之好。有《怨离诗》三十首,同社和者甚多,总名曰《郁陶集》。"③

冯梦龙与侯慧卿由相识到分手的时间,因文献记载不详,现代学人只能进行大致的推测。概括起来,约有四种说法:万历三十七年(1609)之前,冯梦龙三十五岁前与她分离④;三十八年(1610)之前⑤;大约三十五年(1607)分离⑥;大约万历二十几年发生⑦。个人以为,冯梦龙与侯慧卿相识的时间,当不会太晚。其《怨离词》中有云:"被人骂做后生无藉""只奈何得少年郎清清捱着长夜""这歇案的相思无了绝,怎当得大半世郁结"⑧,如此这般话语,其间已经透露了冯梦龙当时的年龄阶段。

冯梦龙与侯慧卿相恋,应该是经历了较长的时间。如此刻骨铭心的恋情,显然非一见钟情所致。《山歌》卷四《私情四句》有情歌《多》一首云:

> 天上星多月弗明,池里鱼多水弗清。
>
> 朝里官多乱子法,阿姐郎多乱子心。

① 冯梦龙辑、陆国斌校点:《挂枝儿》,江苏古籍出版社1993年版,第28页。
② 冯梦龙辑、陆国斌校点:《挂枝儿》,第41页。
③ 冯梦龙评选、俞为民校点:《太霞新奏》,江苏古籍出版社1993年版,第116页。
④ 王凌:《冯梦龙与侯慧卿》,《畸人·情种·七品官——冯梦龙探幽》,海峡文艺出版社1992年版,第23—28页。
⑤ 徐朔方:《冯梦龙年谱》,《徐朔方集》第二卷,浙江古籍出版社1993年版,第411页。
⑥ 龚笃清:《冯梦龙生平行迹考释》,《冯梦龙新论》,湖南人民出版社2002年版,第411页。
⑦ 傅承洲:《冯梦龙与侯慧卿》,中华书局2004年版,第32页。
⑧ 冯梦龙评选、俞为民校点:《太霞新奏》,第115—116页。

此歌之后，冯梦龙有评语说："余尝问名妓侯慧卿云：'卿辈阅人多矣，方寸得无乱乎?'曰：'不也。我曹胸中，自有考案一张，如捐额外者不论，稍堪屈指，第一第二以至累十，井井有序。他日情或厚薄，亦复升降其间。倪获奇材，不防黜陟。即终身结果，视此为图，不得其上，转思其次，何乱之有?'余叹美久之。虽然，慧卿自是作家语，若他人未必心不乱也。世间尚有一味淫贪，不知心为何物者。则有心可乱，犹是中庸阿姐。"①其中所记冯梦龙与侯慧卿之间的一番对话，自然发生于两人相交的过程中。简短的对答，如冯梦龙所评，"自是作家语"，可见侯慧卿胸中泾渭分明，是一位有阅历，有见识，有主见的人。冯梦龙爱恋侯慧卿，不仅爱其美貌，也因了相知，欣赏，爱慕，而相恋日深。

失去侯慧卿，给冯梦龙带来了沉重的打击。其系列作品，如《怨离诗》三十首、《怨离词》《端二忆别》《怨梦》《有怀》《誓妓》诸曲，均抒发了发自肺腑的苦痛、怀恋。《怨离诗》末一章，借《挂枝儿》卷二《感恩》评语得以保存："诗狂酒癖总休论，病里时时昼掩门。最是一生凄绝处，鸳鸯塚上欲招魂。"②应该是与侯慧卿分手不久后所作。其闭门不出，沉湎于伤心苦痛中无法自拔，甚至郁结成疾，可见痛楚之深。《怨离词》（为侯慧卿）也应该是这一时期的作品：

【绣带儿】离情惨何曾惯者? 特受这个磨折。终不然我做代缺的情郎，你做过路的妻妾。批颊，早知这般冤债谁肯惹? 被人骂做后生无藉，青楼里少甚调风和弄月，直恁蠢魂灵依依恋着传舍。

【其二换头】作业，千般样牵肠挂肚，怎做得顺水浪一泻? 没见了软款趋承，再休提伶俐帮帖。悲咽，偶将飞燕闲问也，你想不想旧时王谢? 心儿里知伊冷热，只奈何得少年郎清清捱着长夜。

【太师引】他去时节也无牵扯，那其间酥麻我半截。自没个只字儿伤犯，也何曾敢眼角差撇? 蔷薇花臭味终向野，越说起薄情难赦，不信你自看做寻常狭邪。把绝调的琵琶，轻易埋灭。

【其二】几番中热难轻舍，又收拾心狂计劣。譬说道昭君和番

① 冯梦龙辑、陆国斌校点：《山歌》，江苏古籍出版社 1993 年版，第 41—42 页。
② 冯梦龙辑、陆国斌校点：《挂枝儿》，江苏古籍出版社 1993 年版，第 16 页。

去,那汉官家也只索抛卸。姻缘离合都是天判写,天若肯容人移借,便唱个诸天大喏。算天道无知,怎识得苦离别?

【三学士】忽地思量图苟且,少磨勒恁样豪侠。谩道书中自有千钟粟,比着商人终是赊。将此情诉知贤姐姐,从别后我消瘦些。

【其二】这歇案的相思无了绝,怎当得大半世郁结?毕竟书中那有颜如玉?我空向窗前读五车。将此情诉知贤姐姐,从别后你可也消瘦些?①

一套真情流淌的曲子,貌似自怨自艾,追悔过去:早知这是一本冤孽债,为什么还要去招惹?如此愚蠢,空恋着镜花水月,被人骂做"后生无藉",活该"批颊"!实则终不能够从其中超脱,咀嚼着往日的"软款趋承"、"伶俐帮帖"、卿卿我我、耳鬓厮磨,揣度着对方该不会"不想旧时王谢",薄幸无情。然而,何以你去的时节,又显得那样义无反顾,没有些些的迟回流连?难道是自己做错了什么?反躬自省,实不曾有"只字儿伤犯,也何曾敢眼角差撇";难道你真将以往的情分,"看做寻常狭邪。把绝调的琵琶,轻易埋灭"?于是再试做解脱:人生总有很多无奈,即便如西汉元帝,九五至尊,迫于匈奴淫威,也只能眼睁睁望着昭君和番,活生生分别;姻缘由天注定,"天道无知,怎识得苦离别";世上不见唐人小说中的侠士磨勒,不会有人行侠仗义,将侯慧卿送回。一切的一切,都是读书所误,"谩道书中自有千钟粟,比着商人终是赊",这两句话还透露出,侯慧卿是被卖给了一个商人。有钱能使鬼推磨,在知识与金钱的较量中,一介书生冯梦龙败下阵来,败得一塌糊涂。但他拥有真情,享受过真恋,也依然深深眷恋着侯慧卿,他现在最想告诉侯慧卿的是,"从别后我消瘦些","相思无了绝,怎当得大半世郁结"?最想知道的是,"从别后你可也消瘦些"?你是否也像我这样,为情所苦?正如此套曲子后,其友人董斯张署名静啸斋所作批语中说:"直是至情迫出,绝无一相思套语。至今读之,犹可令人下泪。"②

时光流逝,岁月的风霜雨雪,并没能够销蚀去冯梦龙失恋的苦涩,

---

① 冯梦龙评选、俞为民校点:《太霞新奏》,江苏古籍出版社1993年版,第115—116页。
② 冯梦龙评选、俞为民校点:《太霞新奏》,第116页。

也没有抚平他经历感情重创后留下的伤口。在侯慧卿离去一年以后，冯梦龙又写下了《端二忆别》一套曲子：

　　五月端二日，即去年失慧卿之日也。日远日疏，即欲如去年之别，亦不可得，伤心哉！行吟小斋，忽成商调。安得大喉咙人，顺风唱入玉耳耶？噫！年年有端二，岁岁无慧卿，何必人言愁，我始欲愁也？

　　【黄莺儿】端午暖融天，算离人恰一年。相思四季都尝遍，榴花又妍，龙舟又喧，别时光景重能辨。惨无言，日疏日远，新恨与旧愁连。

　　【集莺儿】来年宛似隔世悬，想万爱千怜。眉草裙花曾婉恋，半模糊梦里姻缘。情深分浅，攀不上娇娇美眷。谢家园，桃花人面，教我诗向阿谁传？

　　【玉莺儿】想红楼别院，剪新罗成衣试穿。昨朝便起端阳宴，偏咱懒赴游舡。三年艾怎医愁病痊？五色丝岁岁添别怨。怪窗前，谁悬绣虎，又早唬醒我睡魔缠。

　　【羽林莺】蒲休剪，黍莫煎，这些时，不下咽。书斋强自闲消遣，偶阅本《离骚传》。吊屈原，天不可问，我偏要问天天。

　　【猫儿逐黄莺】巧妻村汉，多少苦埋冤！偏是才子佳人不两全，年年此日泪涟涟。好羞颜，单相思万万不值半文钱。

　　【尾声】知卿此际欢和怨，我自愁肠不耐煎，只怕来岁今朝想更颠。[1]

　　由冯梦龙这套曲子，让人想起李渔小说《鹤归楼》中关于生离死别的一段论说："世上人不知深浅，都说死别之苦胜于生离。据我看来，生离之惨，百倍于死别。……生离的夫妇，只为一念不死，生出无限煎熬。……倒不若死了一个，没得思量，孀居的索性孀居，独处的甘心独处。竟像垂死的头陀不思量还俗，那蒲团上面就有许多乐境出来，与不曾出家的时节纤毫无异。这岂不是死别之乐胜于生离？"[2]

---

① 冯梦龙评选、俞为民校点：《太霞新奏》，江苏古籍出版社1993年版，第192—193页。
② 李渔著、崔子恩校点：《十二楼》，江苏古籍出版社1991年版，第194页。

由此而言,生离之苦,更甚于死别。流逝的岁月,非但没有能够让冯梦龙忘却过去,他对侯慧卿的思念,反而与日俱增了,恰如发酵的老酒,时间无非是增添了它的浓度。与侯慧卿分别,转瞬已是一年。在冯梦龙看来,离别虽苦,尚有相别,今日想有去年之别,亦不可得,伤心哉!成此曲子,商调秋声,凄苦悲催,冯梦龙忽然异想天开:"安得大喉咙人,顺风唱入玉耳耶?"年年岁岁有端二,岁岁年年再无慧卿,冯梦龙不堪其苦!

曲子里,冯梦龙更具体抒发了他对侯慧卿的思恋之苦。去岁此日,那人离去,一年以来,自己度日如年,尝遍了四季相思之苦。又到了石榴花绽放的时节,赛龙舟的鼓声再度敲起,别时的光景记忆犹新,旧愁更添新恨。虽是生离,但音信渺茫,再无见期,却如阴阳悬隔的死别。情深分浅,没有缔结良姻的福分,留下的只能是曾经的万爱千怜,与知音已去、赏鉴无人的深深遗憾。想红楼别院,往年今日,曾经是新罗剪成,新衣初试,欢度佳节;但今朝,当家家户户又摆起了端阳节的宴席,自己却全没有了往日的心情,懒赴游船。俗谚说"家有三年艾,郎中不用来",三年陈艾治得了多年的痼疾,治不了自己的相思之疾;端午日,民俗"以五彩丝系臂,名曰辟兵,令人不病瘟",但于己,则睹物生情,五色丝平添了相思之苦;民俗"到处艾绒悬绣虎",于己则惊醒了团聚好梦。粽子芳香,食不下咽,百无聊赖,读着忧愁的《离骚传》。天不可问,屈原赋《天问》,自个也要将天来问:为什么巧妻偏偏配蠢汉,这其中有多少埋冤?为什么才子佳人不两全,令他们泪水涟涟?徒有绣虎才,单相思不值半文钱。

结尾,冯梦龙最难忘怀的还是伊人,关心着此际的她,不知是欢是怨?自个儿则愁肠如煎,只怕在来年,益发不堪。曲后有剑啸阁批语:"句句是端二,句句是周年,而一段真情郁勃,绝不见使事之迹,是白描高手。"[1]可谓的评。

---

[1] 冯梦龙评选、俞为民校点:《太霞新奏》,江苏古籍出版社 1993 年版,第 193 页。

# 第三节　人性存真

　　冯梦龙编辑的两部民歌集《挂枝儿》《山歌》流传于世,广为人知。《挂枝儿》10 卷 10 部(包括"私部""欢部""想部""别部""隙部""怨部""感部""咏部""谑部""杂部"),收录作品 420 首(其中,间杂有冯梦龙、米万章、董遐周、白石主人、丘田叔、黄方胤、李元实等文人拟作)。《山歌》10 卷,以诗体分类,包括"私情四句"4 卷、"杂歌四句"1 卷、"咏物四句"1 卷、"私情杂体"1 卷、"私情长歌"1 卷、"杂咏长歌"1 卷、"桐城时兴歌"1 卷,收录作品 391 首(其中,间有冯梦龙、苏子忠、张伯起、傅四等文人拟作)。

　　这两部民歌集编刊于何时? 大体有六种说法:一、《挂枝儿》刊布于天启末年崇祯初年,《山歌》晚于《挂枝儿》①;二、《挂枝儿》出版于万历三十七年(1609),此后不久又出版了《山歌》②;三、《挂枝儿》的出版不迟于万历三十八年(1610),此时《山歌》犹未出版③;四、《挂枝儿》编刊于万历三十四年(1606),《山歌》可能编刊于万历三十六年(1608)④;五、《挂枝儿》刊行于万历四十一年(1613)至四十六年(1618)之间,《山歌》刊行在此后一段时间内⑤;六、《山歌》刊行于万历末年⑥。

　　不过,冯梦龙很早就开始了民歌的搜集,这是有资料可以证明的。如《山歌》卷五《乡下人》冯梦龙批语曰:"莫道乡下人定愚,尽有极聪明处。余犹记丙申年间,一乡人棹小船放歌而回,暮夜误触某节推舟,节推曰:'汝能即事作歌,当释汝。'乡人放声歌曰……节推大喜,更以壶酒劳而遣之。"⑦丙申乃万历二十四年(1596),这是在目前所见冯梦龙与民歌关系资料中的最早时间记录。这一年,冯梦龙二十三岁。又《挂枝

---

① 陆树仑:《冯梦龙研究》,复旦大学出版社 1987 年版,第 84 页。
② 王凌:《冯梦龙生平简编》,《畸人・情种・七品官——冯梦龙探幽》,海峡文艺出版社 1992 年版,第 123—125 页。
③ 徐朔方:《冯梦龙年谱》,《徐朔方集》第二卷,浙江古籍出版社 1993 年版,第 410 页。
④ 龚笃清:《冯梦龙生平行迹考释》,《冯梦龙新论》,湖南人民出版社 2002 年版,第 427 页。
⑤ 聂付生:《冯梦龙研究》,学林出版社 2002 年版,第 325 页。
⑥ 大木康:《冯梦龙〈山歌〉研究》,复旦大学出版社 2017 年版,第 217 页。
⑦ 冯梦龙辑、陆国斌校点:《山歌》,江苏古籍出版社 1993 年版,第 49 页。

儿》卷五《扯汗巾》批语说："每见青楼中凡受人私饷，皆以为固然，或酷用，或转赠，若不甚惜。至自己偶以一扇一帨赠人，故作珍秘，岁月之馀，犹询存否。而痴儿亦遂珍之秘之，什袭藏之；甚则人已去而物存，犹恋恋似有馀香者，真可笑已。余少时从狎邪游，得所转赠诗帨甚多。"①冯梦龙自称"少时从狎邪游"，他少年时在青楼中所得"甚多"的此等"转赠诗帕"，上面应该是不乏山歌小调这样的作品的。因为他喜欢收集山歌小调的雅好广为青楼女子知悉，又有着很好的人缘，于是便有了琵琶妇阿圆等主动将有关作品（包括诗帕）赠与，更有冯喜生等在嫁人前，与他作别时，仍不忘将自己知道的作品倾囊相告。

叙山歌

书契以来，代有诗谣，太史所陈，並称风雅，尚矣。自楚骚唐律，争妍競畅，而民间性情之響，遂不得列于诗壇，扵是别之曰山歌，言田夫野竖矢口寅兴之所为，薦绅学士家不道

　　王挺《挽冯犹龙》诗中记冯梦龙："放浪忘形骸，觞咏托心理。石上听新歌，当堤候月起。"②综观《挂枝儿》压卷所收《挂枝儿》一首所云："纂下的《挂枝儿》委的奇妙。或新兴或改旧，费尽推敲。娇滴滴好喉咙唱出多波俏。那个唱得完这一本，赏你个大元宝。啧啧，好一本新词也，可惜知音的人儿少。"③可以想见，为了采集民歌，冯梦龙常于夜晚静坐河湖堤上，等候着月起人静，听唱山歌。他采录的这些"新歌"小曲，自然便是收集在《挂枝儿》《山歌》集子里的那些"新兴"的"新词"。从王挺诗中所云，也可以觇知年轻时的冯梦龙对于搜集民歌，是何等的痴迷。

---

① 冯梦龙辑、陆国斌校点：《挂枝儿》，江苏古籍出版社1993年版，第62页。
② 陈瑚：《离忧集》上卷，《四库禁毁书丛刊补编》第47册，北京出版社2005年版，第647页。
③ 冯梦龙辑、陆国斌校点：《挂枝儿》，第122页。

冯梦龙何以会对山歌小调表现出如此浓厚的兴趣？我们先看其同乡、友人俞琬纶(1576—1618)所写的《〈打枣竿〉小引》：

街市歌头耳，何烦手为编辑，更付善梓，若欲不朽者，可谓童痴。吾亦素作此兴，尝为琵琶妇陆兰卿集二百馀首，间用改窜。不谓犹龙已蚤为之，掌录甚富，点缀甚工。而兰卿所得者，可废去已。盖吾与犹龙，俱有童痴，更多情种。情多而寡缘，无日无牢愁。东风吹梦，歌眼泣衣，吾两人大略相类。此歌大半牢愁语，聊以是为估客乐。每一宛唱，便如归风信鸽，平时阔绝者，恍然面对。天下多情，宁独吾两人乎？如以春蛙秋蝉听之，而笑为蛁鄷，笑者则蛁鄷矣。歌不足传，以情传。巴歌、棹歌、踏歌、白苎歌、吴歈歌，或入琴笺，或供诗料，至今有其名，是岂在歌也？①

明代音乐理论家王骥德说"小曲【挂枝儿】即【打枣竿】"②，准此，俞琬纶这篇文字中所谈的《打枣竿》，实际上也即《挂枝儿》。其中言及自己与冯梦龙同好民间小曲。其曾经对琵琶艺人陆兰卿所搜集民歌进行编辑加工，但友人冯犹龙走在了前面，所搜集的作品更为丰富，编辑加工更见完善，所下功夫也更大，于是只得罢手。他说，自己和冯犹龙皆有童痴，都是"多情种""多情人"，都希望让这些"街市歌头"的文字传之久远。他也坚信，这些歌词，因为它们有着在社会上渐成稀缺的真情，也必然会传之久远。

《自娱集》有"戊午中秋友弟文震孟篆"《小叙》，其中云："余与君宣交，盖自髫年也。……余读书城南，君宣衡宇相望，与古白及余三人，相为揣摩……犹未知其工诗古文也。又五年，同上公车，出杂稿一帙相示，使我歌之舞之，心折魂摇，不能自禁。"③如若《〈打枣竿〉小引》见于此"杂稿一帙"，在俞琬纶"上公车"之年，冯梦龙《挂枝儿》便已经成稿。据乾隆《长洲县志》卷二十《科目》，文从鼎(后改名震孟)为万历二十二年

---

① 俞琬纶：《自娱集》卷八，明万历年间吴郡章镛刻本。
② 王骥德：《曲律》卷四，《中国古典戏曲论著集成》第4册，中国戏剧出版社1959年版，第181页。
③ 俞琬纶：《自娱集》卷八，明万历年间吴郡章镛刻本。

第三章　才名早著

(1594)甲午科举人,俞琬纶为万历三十七年(1609)己酉科举人①,则两人同上公车,最早即万历三十八年(1610)庚戌,此或为冯梦龙《挂枝儿》辑成时间的下限。

俞琬纶有《丙午前除夕诗,多不能全忆,每录二语,数历年之况》云:"年年祈吉梦,今始笑童痴(丁酉)。一年胡乱去,片晷独多情(戊戌)。六年孤苦知清白,七业单传养拙疏(己亥)。梦神如有验,好梦不须来(庚子)。娱亲掩却头颅古,受岁欣来光景新(后集友人欲合除夜、元日作五言律,即用此二语改)。帽与头颅古,衣随光景新(辛丑)。点检历年除夜稿,参差悲喜目前过(壬寅)。懒从荆楚迎年饮,聊奉欧阳献寿杯(癸卯)。常添兽炭煨林雪,预暖衣篝待岁朝(甲辰)。女促老亲教剪蝶,侬随稚子戏藏钩(乙巳)。历年此夜凄其语,今日沉吟也索枯(丙午)。"②该诗列于《自娱集》目录卷八末,正文见于全书末,作为"杂著附",记其万历二十五年丁酉(1597)至万历三十四年丙午(1606)除夕夜所作诗句。其中丁酉年有"年年祈吉梦,今始笑童痴"句,称"童痴"或始于该年,其为冯梦龙撰《〈打枣竿〉小引》,则在丁酉(1597)至其去世戊午(万历四十六年,1618)之间。

再看冯梦龙自己写的《叙山歌》:

> 书契以来,代有歌谣。太史所陈,并称风雅,尚矣。自楚骚唐律,争妍竞畅,而民间性情之响,遂不得列于诗坛,于是别之曰山歌,言田夫野竖矢口寄兴之所为,荐绅学士家不道也。唯诗坛不列,荐绅学士不道,而歌之权愈轻,歌者之心亦愈浅,今所盛行者,皆私情谱耳。虽然,桑间濮上,《国风》刺之,尼父录焉,以是为情真而不可废也。山歌虽俚甚矣,独非《郑》《卫》之遗欤!且今虽季世,而但有假诗文,无假山歌,则以山歌不与诗文争名,故不屑假。苟其不屑假,而吾藉以存真,不亦可乎?抑今人想见上古之陈于太史者如彼,而近代之留于民间者如此,倘亦论世之林云尔。若夫借男

---

① 李光祚修、顾诒禄等纂:《长洲县志》,《中国地方志集成·江苏府县志辑》第13辑,江苏古籍出版社1991年版,第214页。

② 俞琬纶:《自娱集》卷八,明万历年间吴郡章镛刻本。

女之真情,发名教之伪药,其功与《挂枝儿》等。故录《挂枝词》而次及《山歌》。①

这篇不足三百字的短《叙》,冯梦龙以宏阔的视野和发展的眼光,言简意赅地陈述了他对于民歌小曲的认识。冯梦龙认为,自有文字以来,便有歌谣,无代无之。然而,自从楚骚、唐律等文人创作争奇斗妍,民间歌谣,这些性情本真的"民间性情之响",便不再入得大人先生们的视野,不被认可为诗歌创作,于是别名之曰"山歌"。然而,郑卫之地,桑间濮上,那些民间情歌小调,即便孔圣删诗,也予以保留。何以故?因其"情真而不可废";今日之山歌,可谓承传"郑卫"民歌的馀绪,虽然俚俗,却是草野小民"矢口寄兴"、未加雕饰的创作,是真情真性的表白;何况,处在末世,虚伪的假道学盛行,文人创作,顾虑声名,矫情伪饰,假诗假文盛行,而山歌小调,因不登大雅,不入大人先生们的法眼,作者无沽名钓誉的动机,因此"无假山歌"。自己之所以要收集民歌小调,就是要"藉以存真",让这些"民间性情之响"、真情一派的创作,赖以保留,以这些流淌着"男女真情"的作品为镜子,照见礼法之士的虚伪,可为疗治礼教虚伪的妙药。在《太霞新奏·序》中,冯梦龙也表达了同样的思想:"文之善达性情者,无如诗。《三百篇》之可以兴人者,唯其发于中情,自然而然故也。自唐人用以取士,而诗入于套;六朝用以见才,而诗入于艰;宋人用以讲学,而诗入于腐。而从来性情之郁,不得不变而之词曲。……则今日之曲,又将为昔日之诗。词肤调乱,而不足以达人之性情,势必再变而之【红粉莲】【打枣竿】矣,不亦伤乎!"②由此不难看出冯梦龙喜好民歌,并收集刊印民歌的根本原因所在。

冯梦龙的这种认识,自有其思想渊源。明代中期,李东阳(1447—1516)在《麓堂诗话》中便提出:"'诗有别材,非关书也;诗有别趣,非关理也。'……彼小夫贱隶妇人女子,真情实意,暗合而偶中,固不待于教。而所谓骚人墨客学士大夫者,疲神思、弊精力,穷壮至老而不能得其妙,

① 冯梦龙辑、陆国斌校点:《山歌》,江苏古籍出版社1993年版,叙第1页。
② 冯梦龙评选、俞为民校点:《太霞新奏》,江苏古籍出版社1993年版,序第1页。

正坐是哉。"①李梦阳（1473—1530）说："世尝谓删后无诗。无者，谓雅耳。风自谣口出，孰得而无之哉？今录其民谣一篇，使人知真诗果在民间。"②袁宏道（1568—1610）《叙小修诗》中也说："故吾谓今之诗文不传矣。其万一传者，或今闾阎妇人孺子所唱《擘破玉》《打草竿》之类，犹是无闻无识真人所作，故多真声，不效颦于汉、魏，不学步于盛唐，任性而发，尚能通于人之喜怒哀乐嗜好情欲，是可喜也。"③陈弘绪（1597—1665）《寒夜录》引卓人月（1606—1636）语，更是对明代民歌大加礼赞："友人卓珂月曰：我明诗让唐，词让宋，曲又让元，庶几【吴歌】【挂枝儿】【罗江怨】【打枣竿】【银绞丝】之类，为我明一绝耳。"④在冯梦龙之前之后，人们对于民歌"真情实意""真人真声"，堪称"真诗"的系列评价，以及如沈德符《万历野获编》中所记录的"比年以来，又有【打枣竿】【挂枝儿】二曲，其腔调约略相似，则不问南北，不问男女，不问老幼良贱，人人习之，亦人人喜听之，以至刊布成帙，举世传诵，沁人心腑"⑤的民歌传播盛况，都可以看出冯梦龙其道不孤，乃其喜好民歌的现实背景和思想历史渊源。

弥足珍贵的是，冯梦龙不仅在理论上发声，对民歌小调揄扬鼓吹，还编辑刊印《挂枝儿》《山歌》等作品。我们从这堪称"明代一绝"的众多作品中，看到与当时上层社会伪道学遍布迥异，在更加广阔的底层社会，依然存在着一种令人心跳的真情真性，一种近乎原生态的人性本真。

## 一、人性本真的男女大欲

"食色，性也"⑥；"饮食男女，人之大欲存焉"⑦。从穿衣、吃饭，到对于美味、声色、安逸等物质和精神的欲望追求，皆人性自然存在。冯梦

① 周维德：《全明诗话》第1册，齐鲁书社2005年版，第485页。
② 李梦阳：《空同集》卷六，《景印文渊阁四库全书》第1262册，台湾商务印书馆2008年版，第44页。
③ 袁宏道著、钱伯城笺校：《袁宏道集笺校》，上海古籍出版社2008年版，第188页。
④ 陈弘绪：《寒夜录》卷上，《续修四库全书》第1134册，上海古籍出版社2002年版，第700页。
⑤ 沈德符：《万历野获编》卷二十五，中华书局1959年版，第647页。
⑥ 杨伯峻：《孟子译注》，中华书局1960年版，第255页。
⑦ 郑玄注、孔颖达疏、龚抗云整理：《礼记正义》卷二十二，北京大学出版社1999年版，第689页。

龙《叙山歌》中说,他所采集的这些民歌,"皆私情谱耳",大抵写男女私情,不加掩饰地裸露着人性的本真。

> 天上星多月弗多,世间多少弗调和。你看二八姐儿缩脚眠,二十郎君无老婆。(《山歌》卷三《怨旷》)①

这首民歌,以天上星多月少、多寡失调起兴,写男女之情,也要阴阳调和。男大当婚,女大当嫁,琴瑟和谐、阴阳相调,风调雨顺,才会有社会之和谐。

> 天上星多月弗多,和尚在门前唱山歌。道人问道师父那了能快活,我受子头发讨家婆。(《山歌》卷五《和尚》)②

这首民歌,以同样的起兴,通过和尚唱山歌,打算留发还俗,娶妻生子的言说,写其对于世俗生活的渴望,以及其身在空门,不能杜欲绝情,以调侃的方式,表达了对宗教禁欲思想的否定。

> 思量同你好得场骇,弗用媒人弗用财。丝网捉鱼尽在眼上起,千丈绫罗梭里来。(《山歌》卷一《睃》)③

这首民歌,以女子的视角,写其"非礼之视"与"非礼之言"。大胆的女子,要用自己的眼睛,去寻找审视相爱的人儿,任何礼教的清规戒律,都将被她追寻爱的情感洪流涤荡得不见踪影,更不能够遮蔽住她的双眼。所谓的"父母之命,媒妁之言",统统与她无涉;金钱财富,荣华显贵,也被她视作无物。只有爱,才是她唯一的追求。

> 见郎俊俏姐心痴,那得同床合被时。虫蛀子蝗鱼空白鲞,出铜银子是干丝。(《山歌》卷二《干思》)④

男女相爱,首先要对上眼,看得惯,赏心悦目、一见钟情,是必然的初级阶段。这首民歌,写一位年龄该是不小的怨女,当她看见了俊俏的小伙儿,青春觉醒,心生爱慕,想起了暗约偷期,以及不愿虚度宝贵的青

---

① 冯梦龙辑、陆国斌校点:《山歌》,江苏古籍出版社 1993 年版,第 31 页。
② 冯梦龙辑、陆国斌校点:《山歌》,第 48 页。
③ 冯梦龙辑、陆国斌校点:《山歌》,第 1 页。
④ 冯梦龙辑、陆国斌校点:《山歌》,第 21 页。

春,要将青春赌明天的臆想,自然人性,十分真切。

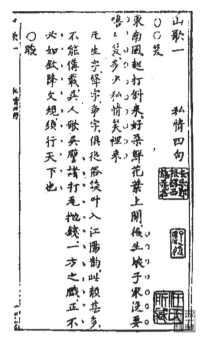

> 郎弗爱子姐哩姐爱子郎,单相思几时得成双。小阿奴奴拚得个老面皮听渠勾搭句话,若得渠答应之时好上桩。(《山歌》卷三《一边爱》)①

俗语云剃头挑子一头热。这首民歌所写的,正是一位女性的单相思。女子爱上了一位郎君,渴望早点鸳鸯成双,也希望人家心有灵犀,能够示爱,但终究不免为心理思想上的巨人,现实行动中的矮子。"拚得个老面皮",似乎何其勇敢,终于没有主动出击,要等待人家"勾搭句话",其胆怯羞涩情状也分明可见。

## 二、两情相悦:炽烈的恋情与相爱的执着

爱情是文学永恒的主题。古今中外文学之中,爱情故事一直是题材的大宗。然而,如明代民歌中所写的爱情,这样执着、炽烈、大胆、滚烫,具有如此强烈的视觉冲击力,实则鲜见:

> 眉儿来,眼儿去,我和你一齐看上。不知几百世修下来,与你恩爱这一场。便道更有个妙人儿,你我也插他不上。人看着你是男我是女,怎知我二人合一个心肠。若将我二人上一上天平也,你半斤我八两。(《挂枝儿》卷二《同心》)②

这首民歌,写热恋中的女子拥有的甜蜜幸福的心理与陶醉其中的感受。眉来眼去,彼此相悦,你恩我爱,互相喜欢,女子深深坠入爱河之

---

① 冯梦龙辑、陆国斌校点:《山歌》,江苏古籍出版社 1993 年版,第 32 页。
② 冯梦龙辑、陆国斌校点:《挂枝儿》,江苏古籍出版社 1993 年版,第 15 页。

中无法自拔。不是几时,也不是几年,甚至不是几辈,而是几百世才得以修来的福分,让两个人走到一起,这是一种何等的爱恋和陶醉! 也正因如此,才能够好成了一人,合成了一个心肠,上了天平,凑在一起,才是完整的一个;两人之间,在感情的世界里,已经容不下任何别人,无论是怎样美丽或帅呆的"妙人"。

> 弗见子情人心里酸,用心模拟一般般。闭子眼睛望空亲个嘴,接连叫句俏心肝。(《山歌》卷一《模拟》)①

这又是一个沉湎于爱河无法自拔的女子,在与情哥哥分离的日子里,或者是心爱之人暂时不在身边的时候,她仍陶醉于两人的相爱中,回味着爱的每一个细节,幸福地闭上眼睛,念叨着相爱的心肝,来一个飞吻,向着心心念念中的爱人。

> 吃娘打得哭哀哀,索性教郎夜夜来。汗衫累子鏖糟拚得洗,连底湖胶打弗开。(《山歌》卷一《娘打》)②

这首民歌,写女子恋爱被母亲发觉,遭到痛打,遇到了难以逾越的阻力后,真实心迹的表白。男婚女嫁,未经父母之命、媒妁之言,便是伤风败俗。顽固的母亲,对原本心爱的女儿,竟然痛下狠手,逼她悔改。但女子的心里,爱情的坚固,恰如酷寒天气里的连底湖胶,爱得结实,不可分开;非但如此,母亲的阻力,更给她爱下去的力量,"索性教郎夜夜来",既已撕破了脸皮,别人的看法,统统被她抛诸脑后。

> 要分离,除非是天做了地;要分离,除非是东做了西;要分离,除非是官做了吏。你要分时分不得我,我要离时离不得你。就死在黄泉也,做不得分离鬼。(《挂枝儿》卷二《分离》)③

天不可能成为地,东也不可能变成西,官当然迥异于吏。这首民歌,以不可能成为真实的三组对象为比,表达了相爱者爱的坚定,坚若磐石。两个人深深地相爱,任何人都不能够将他们分开。活着相爱,死

① 冯梦龙辑、陆国斌校点:《山歌》,江苏古籍出版社 1993 年版,第 6 页。
② 冯梦龙辑、陆国斌校点:《山歌》,第 10 页。
③ 冯梦龙辑、陆国斌校点:《挂枝儿》,江苏古籍出版社 1993 年版,第 16 页。

则同穴,生生世世,不愿分离,在天要做比翼鸟,在地要成连理枝。爱的炽烈,可与爱情名篇《上邪》相媲美。

### 三、婚姻不能自主时代的暗约偷期

在婚姻不能自主的时代,暗约偷期,是爱情文学中习见的内容。相较于文人文学的含蓄,明代民歌中对此类内容的表现,则率真自然,直截淋漓,大胆得令人目瞪口呆。

> 香消玉减因谁害,废寝忘飧为着谁来。魂劳梦断无聊赖,几番不凑巧,也是我命安排。你看隔岸上的桃花也,教我怎生样去采。(《挂枝儿》卷一《不凑巧》)[1]

这首民歌,应该是男子的口吻。他看着心爱的女子香消玉减,以自己的废寝忘飧、魂劳梦断、百无聊赖,揣想着对方也必然如是。但人言可畏,现实中的重重阻力,将一对热恋中的男女硬生生隔开,近在咫尺,却远在天涯,如隔岸的桃花,被汤汤流水所阻断,他因此焦灼,苦痛,煎熬。

> 约郎约到月上时,那了月上子山头弗见渠。咦弗知奴处山低月上得早,咦弗知郎处山高月上得迟。(《山歌》卷一《月上》)[2]

这首民歌,写热恋中小女子的心思,惟妙惟肖,形象逼真。已经与相爱的人儿相约,月上之时,在自家近处的山头僻静之地,不见不散。或许是女子到得太早,心理上的时间已到,迟迟不见伊人,于是,女子别出奇想:是因了自家所在之地,山势太低,月上得过早,还是郎君所在之地,山高遮挡,月儿未上?奇思妙想之中,见其情切心急。

> 姐道我郎呀,尔若半夜来时没要捉个后门敲,只好捉我场上鸡来拔子毛。假做子黄鼠狼偷鸡引得角角哩叫,好教我穿子单裙出来赶野猫。(《山歌》卷一《半夜》)[3]

---

[1] 冯梦龙辑、陆国斌校点:《挂枝儿》,江苏古籍出版社1993年版,第3页。
[2] 冯梦龙辑、陆国斌校点:《山歌》,江苏古籍出版社1993年版,第7页。
[3] 冯梦龙辑、陆国斌校点:《山歌》,第9页。

这首民歌写约会，女子的叮咛嘱托，别开生面，充满了想象力：半夜来，从后门走，可以避人耳目；不要叩门，免得将人惊醒。可捉了我家场上的鸡来，拔它的鸡毛，让它像被黄鼠狼衔了一样鸣叫。以此做暗号，我也可装作慌忙赶打，单裙跑出。

> 嫁出囡儿哭出子个浜，掉子村中恍后生。三朝满月我搭你重相会，假充娘舅望外甥。(《山歌》卷三《嫁》)①

这首民歌中所写女子，是在私下有了所恋之后，迫于父母之命，不得已嫁给了他人。但她终不能忘掉自己的情郎，出嫁时的哭泣，不是风俗中的应景，是发自肺腑的难以割舍，是因爱被拆离而悲泣。但她爱得执着，绝不肯放弃，她期待着"三朝满月"，情郎以舅舅望外甥的名义，再来相会。

> 丢落子私情咦弗通，弗丢落个私情咦介怕老公。宁可拨来老公打子顿，那舍得从小私情一日空。(《山歌》卷三《怕老公》)②

这首民歌，同样写所嫁非人。曾经青梅竹马，自小培育起来的感情，早有了心上的人儿，却是迫于父母之命，不得不嫁给另外的陌生男子。她想不通，也不甘心。然而，要保持先前的爱情，继续想着心爱的人儿，与他约会，丈夫自然不会答应。生命诚可贵，爱情价更高，在维持无爱婚姻与痛遭老公毒打且被休去之间，她义无反顾地选择了爱情。

> 结识私情弗要慌，捉着子奸情奴自去当。拼得到官双膝馒头跪子从实说，咬钉嚼铁我偷郎。(《山歌》卷二《偷》)③

好一个敢作敢当的女子！为了相爱，与人偷情，或许是情郎胆怯，因此，女子给他鼓劲，让他不要胆怯：即便被人捉住，你不须慌乱；大不了打起官司，送上衙门，我也绝对不会改口，是我偷了郎君，一切由我扛着。

① 冯梦龙辑、陆国斌校点：《山歌》，江苏古籍出版社 1993 年版，第 36 页。
② 冯梦龙辑、陆国斌校点：《山歌》，第 36 页。
③ 冯梦龙辑、陆国斌校点：《山歌》，第 20 页。

## 四、恋中人的痴情与离别相思之苦

宋代词人柳永名句:"衣带渐宽终不悔。为伊消得人憔悴。"①恋中人的痴情匪夷所思,相思离别之苦亦铭心刻骨。民歌中所写,穷形尽相,是真相思、真痴情,断然非文人笔下可以杜撰而出。

> 隔花阴,远远望见个人来到。穿的衣,行的步,委实苗条。与冤家模样儿生得一般俏。巴不能到跟前,忙使衫袖儿招。粉脸儿通红羞也,姐姐,你把人儿错认了。(《挂枝儿》卷一《错认》)②

所谓一日不见如隔三秋。心心念念,总不离恋人,这是热恋中人最真实的心理写照。这首民歌,便写了一位热恋中的女子,无时无刻不想着自己的情郎。隔着花阴,远远望见人来,看他的穿着打扮,步态行姿,像极了自己的恋人,也铁定以为就是自己的恋人,便迫不及待,招手致意,待到看清,却原来认错了人儿,于是羞得粉脸通红,娇羞之情如画。

> 碧纱窗下描郎像。描一笔,画一笔,想着才郎。描不成,画不就,添惆怅。描只描你风流态,描只描你可意庞。描不出你温存也,停着笔儿想。(《挂枝儿》卷二《描真》)③

这首民歌同样写热恋中人,女子一人独坐,沉湎相思,陶醉于相恋。心上放不下情郎,且自画饼充饥。无师自通,拈笔画起了情郎。但能够画出的,只是人的模样体态,温存爱恋却无论如何都描不出来。于是,停笔痴想,尽情煽动着想象的翅膀,驰骋于想象的天空。其痴情痴态可掬。

> 前日个这时节,与君相谈相聚;昨日个这时节,与君别离;今日个这时节,只落得长吁气。别君止一日,思君到有十二时。惟有你这冤家也,时刻在我心儿里。(《挂枝儿》卷三《相思》)④

---

① 柳永:《凤栖梧》,柳永著、薛瑞生校注:《乐章集校注》,中华书局1994年版,第87页。
② 冯梦龙辑、陆国斌校点:《挂枝儿》,江苏古籍出版社1993年版,第9页。
③ 冯梦龙辑、陆国斌校点:《挂枝儿》,第19页。
④ 冯梦龙辑、陆国斌校点:《挂枝儿》,第25页。

刚分离也就一天的时间，却是算计出前日、昨日、今日三个不同的时空，于是愁苦万端，长吁短叹。"别君止一日，思君到有十二时"，典型的一日不见如隔三秋。因为"这冤家也，时刻在我心儿里"，时刻不能忘记，于是在这里，计算时间的单位不复以日，而是以时，以刻，以分，以秒。度日如年，此女子之谓也。

灯儿下，独自个听初更哀怨。二更时，风露冷，强去孤眠。谯楼上，又听得把三更鼓换。四更我添寂寞，挨不过五更天。教我数尽更筹也，何曾合一合眼。(《挂枝儿》卷三《无眠》)①

这首民歌，让人想起《西厢记》中张生所唱的【拙鲁速】："对着盏碧荧荧短檠灯，倚着扇冷清清旧帏屏。灯儿又不明，梦儿又不成；窗儿外淅零零的风儿透疏棂，忒楞楞的纸条儿鸣；枕头儿上孤另，被窝儿里寂静。你便是铁石人，铁石人也动情。"②对着盏闪烁暧昧的孤灯，在时间的流动中，恋中人思绪纷纷，听得报时一更的声音悠悠传来，是那样的哀怨；风凄露冷，夜深人静，不情愿地步入卧室，孤枕寂寞，难以入眠；听得二更、三更、四更、五更，数尽更筹，彻夜难眠可见，写尽了思妇思夫之苦。

手执着课筒儿深深下拜，战兢兢止不住泪满腮，祝告他姓名儿我就魂飞天外。一问他好不好，二问他来不来。还要问一问终身也，他情性儿改不改。(《挂枝儿》卷三《问课》)③

好一个痴情的女子！应该是情郎出了远门，她依然魂牵梦绕地想念着他，牵挂着他，于是想到了抽签问卦。所牵挂的方面很多，都是她要请求神明指示的：首先是问他是否安好？其次问他何时归来，还有一个最关切的问题，便是自己的终身大事，他对自己的感情会否改变，能不能和他最终走到一起，喜结良缘。

---

① 冯梦龙辑、陆国斌校点：《挂枝儿》，江苏古籍出版社1993年版，第30页。
② 王实甫著、张燕瑾校注：《西厢记》，人民文学出版社1994年版，第47页。
③ 冯梦龙辑、陆国斌校点：《挂枝儿》，第34页。

### 五、痛苦的情变或婚变

男女感情，不仅有一往情深、海枯石烂、生死不渝，也有月缺花残、瓦解星散、恩断义绝，都是情感故事的重要内容，民歌中的相关描写，更为淋漓尽致。

> 几番的要打你，莫当是戏。咬咬牙，我真个打，不敢欺。才待打，不由我又沉吟了一会。打轻了你，你又不怕我；打重了，我又舍不得你。罢罢罢，冤家也，不如不打你。（《挂枝儿》卷二《打》）①

这首民歌，大约是写一对恋人，他们感情上出现了裂痕，或者是发生了矛盾。女子爱恨交加，气恼又裹挟着深深的疼爱；似乎恨得咬牙切齿，气得要动起手来，实则是恨在嘴上，爱在心中，写尽了恋中人感情的复杂。

> 姐儿哭得悠悠咽咽一夜忧，那了你恩爱夫妻弗到头。当初只指望山上造楼楼上造塔塔上参梯升天同到老，如今个山迸楼摊塔倒梯横便罢休。（《山歌》卷三《哭》）②

这首民歌，写一位女子遭遇婚变后撕心裂肺的痛苦。曾经山盟海誓、海枯石烂、信誓旦旦；曾经满是期待，满是憧憬，坚信"山上造楼，楼上造塔，塔上参梯，升天同到老"，生生世世，恩爱厮守，白头到老，忽然间，如同山崩、楼塌、塔倒、梯横，彻底地恩断义绝。女子陷入深不见底的苦痛中，悠悠咽咽，伤心地哭了一夜。作品中以当初与现在的巨大反差对比，深刻彰显了弱女子的无助、可怜。

> 要丢开，我与你丢开了罢。你无情，你无义，又相处做甚么。说相思，话相思，都是闲话。今朝你向我，明日又向他。好似驿递里的铺陈也，赶脚儿的马。（《挂枝儿》卷五《杂情》）③

这首民歌，所写女子同样遭遇了情变，相较上面一首中的女子，却

---

① 冯梦龙辑、陆国斌校点：《挂枝儿》，江苏古籍出版社1993年版，第22—23页。
② 冯梦龙辑、陆国斌校点：《山歌》，江苏古籍出版社1993年版，第35页。
③ 冯梦龙辑、陆国斌校点：《挂枝儿》，第47页。

显得更为理性坚强。既然情郎用情不专,吃着锅里看着碗里,足见他的无情无义。她要的是真真切切的爱情,不是花言巧语,甜言蜜语,嘴上说着肉麻的相思。她有自己爱情的追求,更有人格的尊严,她不要那种"驿递里的铺陈""赶脚儿的马"。

> 俏冤家,你好口应心不应。我待你其实是一点真心,你一笤帚扫得我干干净净。花落还有影,水流太无情。我想普天下人儿也,头一个是你狠。(《挂枝儿》卷六《狠》)①

这首民歌中所写女子,同样理智、坚强。她付出了真诚的爱情,但落花有意流水无情,收获的是对方"一笤帚扫得我干干净净"。她因此更加清醒地认识到曾经的情郎,其薄幸绝情的本质,一个"狠"字,写尽了女子感情上的决绝。

### 六、恩断义绝后的诅咒

负心薄幸原本只是道德的审判,并不存在性别所指。但在男尊女卑的传统社会中,"负心薄幸"近乎成为男性的专利,受害者更多为女性一方。民歌中对于负心薄幸的凌厉批判,反映出作者、辑评者的鲜明的态度。

> 俏冤家一去了,无音无耗。欲待要把你的形容画描,几番落笔多颠倒。你的形容到容易画,你的黑心肠难画描。偶落下一点墨来也,到也像得你心儿好。(《挂枝儿》卷六《黑心》)②

同样是不能放下,同样是用笔描画,却截然不同于上引的《挂枝儿·描真》中那温馨的痴情,而是一种凌厉的谴责和咒骂。不是画他的"风流态""可意庞"和"温存"的恋情,而是要揭出其心肠肝肺,暴露他的狼心狗肺。"几番落笔多颠倒",是因为气愤至极,更因为负心汉"黑心肠难画描";"偶落下一点墨来也,到也像得你心儿好",可谓点睛之笔。

> 告诉你爹,这薄倖子一定不忠不孝;告诉你友,这薄倖人休要

---

① 冯梦龙辑、陆国斌校点:《挂枝儿》,江苏古籍出版社1993年版,第71页。
② 冯梦龙辑、陆国斌校点:《挂枝儿》,第70页。

第三章　才名早著

117

相交;告诉你妻,这薄倖夫也须留心防着。告诉普天下掌祸福的神灵听,这样薄倖贼莫恕饶;再告诉他日做墓志的官人也,莫把他薄倖名儿除掉了。(《挂枝儿》卷六《告诉》)①

这首民歌,堪称一篇对于"薄倖子"的控诉状、讨伐书:向他的亲爹揭露他的"不忠不孝",向他所有的朋友揭露他不可相交,向他的妻子揭露他的薄情不可依靠,向"掌祸福的神灵"揭露让他罪责难逃,向将来给他写墓志铭的人揭露让他遗臭万年,正因为恨得切齿入骨,所以有如此凌厉的诅咒,要让他身败名裂,生不如死,死不能安,方才解气。

> 鬼门关,告一纸相思状。不告亲,不告邻,只告我的薄倖郎。把他亏心负义开在单儿上。欠了我恩债千千万,一些儿也不曾偿。勾摄他的魂灵也,在阎王面前去讲。(《挂枝儿》卷六《告状》)②

这首民歌,同样是一篇对于"薄倖子"的诉状。冤有头债有主,告的便是负心薄幸的薄情郎,将他的亏心负义,一一开载明白。但控告的地方,不是人间的衙门,因为人间的刑罚,不足以惩其恶;告他到鬼门关,是诅咒他不得好死,让他到阴曹地府,领受他该应得到的惩处。

在"私情谱"之外,还有些作品,写世相人情,对于丑恶的社会现象,亦嘲笑尽致,讽刺的尖锐,抨击的直截,令人叹为观止。如《挂枝儿》卷九《鸨妓问答》讽刺老鸨,以鸨儿、忘八、妓女的对话,让他们自我画像,暴露其丑恶:

> 老鸨儿拿银子在钱铺上换。换钱的说道是一块铅,一斤只值得三分半。忘八顿下脚,妈儿哭皇天。整日里哄人,天那,谁知人又哄了俺。

> 小姐姐双膝儿忙跪下。告娘亲息怒果是我差,是铜是铁权且收留下。虽然不折本,只是便宜了他。再来的低银也,在试金石上打。③

---

① 冯梦龙辑、陆国斌校点:《挂枝儿》,江苏古籍出版社 1993 年版,第 68—69 页。
② 冯梦龙辑、陆国斌校点:《挂枝儿》,第 73 页。
③ 冯梦龙辑、陆国斌校点:《挂枝儿》,第 109 页。

《挂枝儿·山人》则以"山人"所为,讽刺其不学无术、老脸皮厚、四体不勤、不劳而获、贪图享乐等人性的丑陋:

> 问山人,并不在山中住。止无过老着脸,写几句歪诗,带方巾称治民到处去投刺。京中某老先,近有书到治民处;乡中某老先,他与治民最相知。临别有舍亲一事干求也,只说为公道没银子。

《挂枝儿·当铺》中通过当铺商人以次充好,高戥进,低戥出,抨击其奸诈盘剥:

> 典当哥,你犯了个贪财病,挂招牌,每日里接了多少人。有铜钱,有银子,看你日出日进。一时救得急,好一个方便门。再来不把你思量也,怪你等子儿大得狠。

《挂枝儿》卷九《银匠》一首,抨击银匠的缺德,借着为人家倾银,暗中偷梁换柱,偷了人家的银两,如同强盗:

> 倾银的分明是活强盗。他恨不得一火筒夺去了你的银包。你如何不识机落他圈套。他把炭火儿簇一会,瓦盖儿揭几遭。撒上一把硝儿也,贼,把银子儿偷去了。①

《挂枝儿》卷九《假纱帽》一首,犀利地嘲讽了假冒官员的做贼心虚,无升无降,无职无权,唯一的好处,是死后的遗像,可以添些堂皇:

> 真纱帽戴来胆气壮,你戴着只觉得脸上无光。整年间也没升也没个降。死了好传影,打醮好行香。若坐席尊也,放屁也不响。②

民歌小调,典型地体现了清新流畅、形象真切、生动活脱、自然本色等艺术风格。例举几首,尝鼎一脔。

> 俏娘儿指定了杜康骂。你因何造下酒,醉倒我冤家。进门来一跤儿跌在奴怀下。那管人瞧见,幸遇我丈夫不在家。好色贪杯的冤家也,把性命儿当做耍。(《挂枝儿》卷一《骂杜康》)③

---

① 冯梦龙辑、陆国斌校点:《挂枝儿》,江苏古籍出版社1993年版,第115页。
② 冯梦龙辑、陆国斌校点:《挂枝儿》,第113页。
③ 冯梦龙辑、陆国斌校点:《挂枝儿》,第8页。

题目便新鲜别致,逗起人疑问。酒文化的老祖杜康,何以会成为遭骂的对象?原来,因为杜康,有了酒的生产;因为酒的作孽,让情人喝得大醉;酒壮人胆,不知轻重,不顾死活,竟然跑到了相爱的女人家,跌倒在爱人的怀抱里。幸亏她的丈夫出门,否则要性命相搏,岂不是将生命当做儿戏!杜康该骂,骂得自然,骂得生动,形象如画。

> 月儿高,望不见我的乖亲到。猛望见窗儿外,花枝影乱摇。低声似指我名儿叫。双手推窗看,原来是狂风摆花梢。喜变做羞来也,羞又变做恼。(《挂枝儿》卷一《错认》)[1]

热恋中的人,朝朝暮暮,魂牵梦绕,想着心爱的人儿。小女子或者应该是已经有约,所以当月亮升起之际,银辉朦胧之中,恍惚见窗外花枝摇动,似乎听到了有人轻声低唤着自己的小名,以为情郎到来,禁不住怦然心动,按捺不住喜悦,但推开窗儿,却原来是风在作怪,于是,女子喜而害羞,羞而恼怒。画面真切,形象生动。

> 对妆台,忽然间打个喷嚏。想是有情哥思量我,寄个信儿,难道他思量我刚刚一次。自从别了你,日日泪珠垂。似我这等把你思量也,想你的喷嚏儿常似雨。(《挂枝儿》卷三喷《嚏》)[2]

以喷嚏这一生理反应,借传统民俗文化内涵,抒发恋中人离别思念之情苦。对着妆台,突然间一个喷嚏,民间有一声喷嚏人在想你的说法,由此,自然而然,首先便想起了离别的情郎。接着,更自然引发了疑问:离别之后,难道他就思念我一次?如果喷嚏表示着有人想念,像我日日将他想念,他岂不要时常喷嚏儿打得如雨?想象奇特,自然本色。

> 为冤家造一本相思帐。旧相思,新相思,早晚登记得忙。一行行,一字字,都是明白帐。旧相思销未了,新相思又上了一大桩。把相思帐出来和你算一算,还了你多少也,不知还欠你多少想。(《挂枝儿》卷三《帐》)[3]

---

[1] 冯梦龙辑、陆国斌校点:《挂枝儿》,江苏古籍出版社1993年版,第9页。
[2] 冯梦龙辑、陆国斌校点:《挂枝儿》,第27页。
[3] 冯梦龙辑、陆国斌校点:《挂枝儿》,第28页。

相思可以入账,可谓想象奇特大胆,想落天外。相思一桩桩,早晚登记得忙,明明白白记下来,不知还欠下多少账? 以此写女子对情郎的相思之重之深之苦,形象真切,构思新颖,宛转深切。

> 蜂针儿尖尖的刺不得绣,萤火儿亮亮的点不得油,蛛丝儿密密的上不得筘。白头翁举不得乡约长,纺织娘叫不得女工头。有甚么丝线儿的相干也,把虚名挂在旁人口。(《挂枝儿》卷一《虚名》)①

蜜蜂的针儿,自然不能够用来刺绣;萤火虫儿,也不能够用来点灯;蜘蛛吐的丝儿,不可以用来织布;鸟儿白头翁,也做不得乡村的里长;虫子纺织娘,做不得女工头,通过这诸多有名无实之物象的层层铺垫,最后水到渠成,以"丝"之谐音"相思",诉说着莫可名状的私情之冤,想象出奇。

> 数归期,数得我指尖儿痛。若数得他归来了,这是痛有功。到如今,不归来,你痛成何用。他若不把归期来哄着我,为甚的一日间数上他几百通。骂一声薄倖的冤家也,就是指尖儿也被你哄。(《挂枝儿》卷六《数归期》)②

一定是离别的时候,或是在书信中,情郎讲到了自己的归期。痴情的女子,便笃信不疑,每日里扳着指头,算着归期,已是算得指尖儿生疼,正不知算过了多少回数。"骂一声薄倖的冤家也,就是指尖儿也被你哄",以指尖儿被哄,写自己被哄,以指尖儿生疼,写自家心疼,形象逼真,宛转情深。

> 孤人儿最怕是春滋味。桃儿红,柳儿绿,红绿他做甚的。怪东风吹不散人愁气。紫燕双双语,黄鹂对对飞。百鸟的调情也,人还不如你。(《挂枝儿》卷七《春》)③

起句以问作起,问题的设计亦颇有新意,春滋味究竟是何滋味,颇能引发人的想象。春天到了,桃儿红了,柳儿绿了,但桃何以红,柳何以

① 冯梦龙辑、陆国斌校点:《挂枝儿》,江苏古籍出版社1993年版,第7页。
② 冯梦龙辑、陆国斌校点:《挂枝儿》,第69页。
③ 冯梦龙辑、陆国斌校点:《挂枝儿》,第76页。

绿？为什么要争奇斗艳，如此多情？紫燕双双，黄鹂对对，百鸟调情，鸟儿也为什么如此惬意？触景生情，孤寂者益发孤寂，落单者益发可怜。描写真切自然，渲染中益见忧愁。

> 闷来时，独自个在星月下过。猛抬头，看见了一条天河，牛郎星织女星俱在西边坐。南无阿弥陀佛，那星宿也犯着孤。星宿儿不得成双也，何况他与我。（《挂枝儿》卷七《牛女》）①

明写星星，暗写自我。孤寂的牛女双星，是分离了的恋人的写照。"星宿儿不得成双也，何况他与我"，有此对照，愁怀略可以稍释，忧愁苦思，可得以暂时解脱。想象新奇，对比自然。

> 不写情词不写诗，一方素帕寄心知。心知接了颠倒看，横也丝来竖也丝。这般心事有谁知。（《山歌》卷十《素帕》）

典型的民歌手法，谐音表情，将"丝"比"思"。短短数句，表达相思之情，真切自然，形象生动，活脱欲出。

> 新生月儿似银钩，钩住嫦娥在里头。嫦娥也被勾住了，不愁冤家不上钩。栾圆日子在后头。（《山歌》卷十《新月》）

想象自然天真，由新生一弯月亮想起银钩，想到了嫦娥被钩住在里头；仙女嫦娥尚且如此，何况凡人的自己！暂时的分别，离愁别绪，算不得大事；憧憬着未来，团圆的日子，就在眼前。自然本色，形象真切，乐观开朗。

# 第四节　瓣香李贽

许自昌《樗斋漫录》载，冯梦龙"酷嗜李氏之学，奉为蓍蔡，见而爱之"②，称其对李卓吾学说瓣香崇敬、奉为神明。的确，在冯梦龙的思想及创作中，所受李卓吾影响，十分显著。

李贽（1527—1602），原姓林，名载贽，后改名贽，字宏甫，号卓吾，别

---

① 冯梦龙辑、陆国斌校点：《挂枝儿》，江苏古籍出版社1993年版，第79页。
② 许自昌：《樗斋漫录》卷六，《续修四库全书》第1133册，上海古籍出版社2002年版，第103页。

号温陵居士、百泉居士等。福建晋江（今泉州）人。明代后期著名思想家、史学家、文学家。

科举时代，读儒家经典，走举业之路，被视作最佳人生选择。李贽自不例外，其《易因小序》中云："余自幼治《易》，复改治《礼》，以《礼经》少决科之利也，至年十四，又改治《尚书》，竟以《尚书》窃禄。"①其悟性甚高，很快对当时的科举有了清醒的认识："此直戏耳。但剽窃得滥目足矣，主司岂一一能通孔圣精蕴者耶?"②嘉靖三十一年（1552），考中举人。嘉靖三十五年（1556），以举人任河南共城县教谕，凡五年。三十九年（1560），升南京国子监博士，不数月，丧父丁艰

（李贽画像）

回籍。服满回京，补北京国子监博士；未久，祖父去世，再度回籍守孝。嘉靖四十五年（1566），补礼部司务。隆庆四年（1570）至万历五年（1577），任南京刑部员外郎。

李贽晚年撰《圣教小引》中有云："余自幼读《圣教》不知《圣教》，尊孔子不知孔夫子何自可尊，所谓矮子观场，随人说研，和声而已。是余五十以前真一犬也，因前犬吠形，亦随而吠之，若问以吠声之故，正好哑然自笑也已。"③在李贽自己认为，五十岁是他人生思想的一个分水岭。"五载春官，潜心道妙"④，任职北京礼部司务五年中间，开始接触王阳明学说；任职南京刑部员外郎期间，与王学传人罗汝芳、耿定向的学生焦竑交往甚密，"既而徙官留都，始与侯朝夕促膝穷诘彼此实际"⑤，又见到

① 李贽：《李温陵集》卷十一，《续修四库全书》第1352册，上海古籍出版社2002年版，第151页。
② 李贽：《焚书》卷三，中华书局1975年版，第84页。
③ 李贽：《续焚书》卷二，中华书局1975年版，第66页。
④ 李贽：《焚书》卷三，第86页。
⑤ 李贽：《续焚书》卷二，第55页。

了罗汝芳和王畿，"无岁不读二先生之书，无口不谈二先生之腹"①，思想发生了重要的变化。

万历五年(1577)，李贽 51 岁，任云南姚安知府。在任期间，曾撰有一副楹联，可谓自我评价：

> 听政有馀闲，不妨毕运陶斋，花栽潘县；
>
> 做官无别物，只此一庭明月，两袖清风。②

万历八年(1580)，三年任满，李贽决意致仕。万历九年(1581)正月，他到了黄安，见到友人耿定理。在湖广的日子里，他陆续结识了一批新的朋友，如周思久、周思敬兄弟，梅国桢、梅国楼兄弟，僧人无念，以及后来成为他弟子的杨定见、梅澹然等。万历十二年(1584)耿定理去世，李贽撰《哭耿子庸四首》《耿楚倥传》深表悼念。万历十三年(1585)，因与耿定向交恶，李贽移居麻城。万历十六年(1588)春夏之交，完成《藏书》初稿，削发为僧，移居龙潭，入住周思久兄弟为其修建的芝佛院，在这里编著了《初潭集》《四书评》。万历十七年(1589)编就诗文集《焚书》。

因与耿定向的论争，黄安郡守、兵宪称李贽"左道惑众"，欲行抓捕。于是，李贽四处亡命，于万历十八年(1590)春天，来到公安县，住在荒村破庙中，袁中道《柞林纪谭》记载了他们兄弟拜见李贽的情况：

> 柞林叟，不知何许人，遍游天下，至于郢中。常提一篮，醉游市上，语多颠狂。庚寅春，止于村落野庙。伯修时以余告寓家，入村共访之。扣之，大奇人。再访之，遂不知所在。予仿佛次其语，以传于后。③

秋天，李贽以新刊《焚书》赠袁氏兄弟。次年，袁宏道再访李贽，相从三月馀，别后作诗《怀龙湖》："汉阳江雨昔曾过，岁月惊心感逝波。老子本将龙作性，楚人元以凤为歌。朱弦独操谁能识，白颈成群尔奈何。

---

① 李贽：《焚书》卷三，中华书局 1975 年版，第 124 页。
② 引自厦门大学历史系编：《李贽研究参考资料》第二辑，福建人民出版社 1976 年版，第 248 页。
③ 袁中道：《柞林纪谭》，张建业主编：《李贽文集》第七卷，社会科学文献出版社 2000 年版，第 329 页。

矫首云霄时一望,别山长是郁嵯峨。"①

万历二十六年(1598)春,李贽在焦竑陪同下赴南京,先后住定林庵、永庆寺、牛首山、摄山。沈铁《李卓吾》中说:"载贽再往白门,而焦竑以翰林家居,寻访旧盟,南都士更靡然向之。登坛说法,倾动大江南北。"②记其在南京的活动及影响。在南京期间,李贽三次与意大利传教士利玛窦会面,《利玛窦中国札记》第四卷第六章《南京的领袖人物们交结利玛窦神父》载:

> 当时,在南京城里住着一位显贵的公民,他原来得过学位中的最高级别。中国人认为这本身就是很高的荣誉。后来,他被罢官免职,闲居在家,养尊处优,但人们还是非常尊敬他。……他家里还住着一位有名的和尚,此人放弃官职,削发为僧,由一名儒生变成一名拜偶像的僧侣,这在中国有教养的人中间是很不寻常的事情。他七十岁了,熟悉中国的事情,并且是一位著名的学者,在他所属的教派中有很多的信徒。这两位名人都十分尊重利玛窦神父,特别是那位儒家的叛道者;当人们得知他拜访外国神父后,都惊异不止。不久以前,在一次文人集会上讨论基督之道时,只有他一个人始终保持沉默,因为他认为,基督之道是唯一真正的生命之道。他赠给利玛窦神父一个纸折扇,上面写有他做的两首短诗,这两首短诗就放在利玛窦当时积累的资料中去;这是中国人常见的作风。③

李贽的赠诗,今存于《焚书》卷六,即《赠利西泰》:"逍遥下北溟,迤逦向南征。刹利标名姓,仙山纪水程。回头十万里,举目九重城。观国之光未? 中天日正明。"④

万历二十七年(1599),李贽赴江西临川探访戏剧家汤显祖。此时的汤显祖,经历了万历十九年(1591)贬官徐闻典史,二十一年(1593)改

---

① 袁宏道著、钱伯城笺校:《袁宏道集笺校》,上海古籍出版社 1981 年版,第 68 页。
② 张建业:《李贽研究资料汇编》,社会科学文献出版社 2013 年版,第 57 页。
③ 利玛窦、金尼阁著,何高济、王遵仲、李申译:《利玛窦中国札记》,中华书局 1983 年版,第 358—359 页。
④ 李贽:《焚书》卷六,中华书局 1975 年版,第 247 页。

任浙江遂昌知县,二十六年(1598)辞官回籍,并于当年在家中完成了他的名著《牡丹亭》创作。两人可谓英雄相惜。汤显祖对李贽仰慕有年。早在万历十八年(1590),于南京任上,汤显祖便已经读到了李贽的《藏书》,盛赞其为"畸人",并希望友人石昆玉帮助,找到李贽别的著作①。在与其他友人的通信中,他又称"见以可上人之雄,听以李百泉之杰,寻其吐属,如获美剑"②,足见倾慕之情。后来,听闻李贽去世的消息,他还写了《叹卓老》一诗:"自是精灵爱出家,钵头何必向京华?知教笑舞临刀杖,烂醉诸天雨杂花。"③

万历三十年(1602)闰二月,都察院礼科给事中张问达奏疏朝廷,讨伐李贽,有云:"惟时有李贽,号卓吾者,壮岁为官,晚年削发,业已自外于名教,不足齿矣。近又刻《藏书》《焚书》("书"原作"修")《卓吾大德》等书,流行海内,惑乱人心。是其人不可一日容于圣明之世,其书必不可一日不毁者。"④万历帝批复:"李贽敢倡乱道,惑世诬民,便令厂卫五城严拿治罪。其书籍已刊未刊者,令所在官司尽搜烧毁,不许存留。如有党徒曲庇私藏,该科及各有司访参奏来,并治罪。"⑤李贽在通州被捕,狱中受尽各种非刑,万历三十年(1602)三月十五日自刎,十六日气绝身亡,死于狱中。

如张岱所言:"李温陵发言似箭,下笔如刀,人畏之甚,不胜其服之甚,亦惟其服之甚,故不得不畏之甚也。异端一疏,瘐死诏狱。温陵不死于人,死于口;不死于法,死于笔。"⑥李贽《答焦漪园》中云:"又今世俗子与一切假道学,共以异端目我,我谓不如遂为异端,免彼等以虚名加我,何如?"⑦顾炎武则云:"自古以来,小人之无忌惮而敢于叛圣人者,莫

① 汤显祖:《寄石楚阳苏州》,汤显祖著、徐朔方笺校:《汤显祖诗文集》,上海古籍出版社1982年版,第1246页。
② 汤显祖:《答管东溟》,汤显祖著、徐朔方笺校:《汤显祖诗文集》,第1229页。
③ 汤显祖著、徐朔方笺校:《汤显祖诗文集》,第583页。
④ 张问达:《邪臣横议放恣、乱真败俗,恳乞圣明严行驱逐、重加惩治,以维持世道疏》,吴亮辑:《万历疏钞》卷三六《崇儒类》,《续修四库全书》第469册,上海古籍出版社2002年版,第374页。
⑤《明实录·明神宗实录》卷三六九,万历三十年闰二月乙卯,台湾"中央研究院"历史语言研究所1962年版,第6919页。
⑥ 张岱:《石匮书》卷二〇三《文苑列传下·李贽焦竑列传》,《续修四库全书》第320册,上海古籍出版社2002年版,第138页。
⑦ 李贽:《焚书》卷一,中华书局1975年版,第8页。

甚于李贽。……然虽奉严旨，而其书之行于人间自若也。……而士大夫多喜其书，往往收藏，至今未灭。"①我们且看一下李卓吾被人视作异端的惊世骇俗之论。

首先，李贽的"是非"观。他在《藏书世纪列传总目前论》中说："人之是非，初无定质。人之是非人也，亦无定论。无定质，则此是彼非，并育而不相害；无定论，则是此非彼，亦并行而不相悖矣。然则今日之是非，谓予李卓吾一人之是非，可也；谓为千万世大贤大人之公是非，亦可也；谓予颠倒千万世之是非，而复非是予之所非是焉，亦可也。则予之是非，信乎其可也。前三代，吾无论矣。后三代，汉、唐、宋是也。中间千百馀年，而独无是非者，岂其人无是非哉？咸以孔子之是非为是非，故未尝有是非耳。"②他反对将孔子推到神坛，其《赞刘谐》中云："有一道学，高屐大履，长袖阔带，纲常之冠，人伦之衣，拾纸墨之一二，窃唇吻之三四，自谓真仲尼之徒焉。时遇刘谐。刘谐者，聪明士，见而哂曰：'是未知我仲尼兄也。'其人勃然作色而起，曰：'天不生仲尼，万古如长夜。子何人者，敢呼仲尼而兄之？'刘谐曰：'怪得羲皇以上圣人尽日燃纸烛而行也？'其人默然自止。然安知其言之至哉！李生闻而善，曰：斯言也，简而当，约而有馀，可以破疑网而昭中天矣。其言如此，其人可知也。盖虽出于一时调笑之语，然其至者百世不能易。"认为孔子"亦庸众人类"，说："虽孔夫子亦庸众人类也。人皆见南子，吾亦可以见南子，何禅而何机乎？子路不知，无怪其弗悦夫子之见也，而况千载之下耶！人皆可见，而夫子不可见，是夫子有不可也。夫子无不可者，而何不可见之有？"③又认为："夫天生一人，自有一人之用，不待取给于孔子而后足也。若必待取足于孔子，则千古以前无孔子，终不得为人乎？"④

其次，李贽的"童心说"。其名篇《童心说》，抨击《六经》《语》《孟》，推尊通俗文学："夫童心者，真心也。若以童心为不可，是以真心为不可也。夫童心者，绝假纯真，最初一念之本心也。若失却童心，便失却真

① 顾炎武著、黄汝成集释、秦克诚点校：《日知录》卷十八《李贽》，岳麓书社1994年版，第668页。
② 李贽：《藏书》，中华书局1959年版，卷首第1页。
③ 李贽：《焚书》"增补一"《答周柳塘》，中华书局1975年版，第263页。
④ 李贽：《焚书》卷一《答耿中丞》，第16页。

心;失却真心,便失却真人。人而非真,全不复有初矣";"天下之至文,未有不出于童心焉者也。苟童心常存,则道理不行,闻见不立,无时不文,无人不文,无一样创制体格文字而非文者。诗何必古选,文何必先秦。降而为六朝,变而为近体;又变而为传奇,变而为院本,为杂剧,为《西厢曲》,为《水浒传》,为今之举子业,皆古今至文,不可得而时势先后论也。"①

其三,李贽的"六经皆史"观。其《经史相为表里》一文中说:"经、史一物也。史而不经,则为秽史矣,何以垂戒鉴乎?经而不史,则为说白话矣,何以彰事实乎?故《春秋》一经,春秋一时之史也。《诗经》《书经》,二帝三王以来之史也。而《易经》则又示人以经之所自出,史之所从来,为道屡迁,变易匪常,不可以一定执也。故谓《六经》皆史可也。"②甚则称:"夫《六经》《语》《孟》,非其史官过为褒崇之词,则其臣子极为赞美之语。又不然,则其迂阔门徒,懵懂弟子,记忆师说,有头无尾,得后遗前,随其所见,笔之于书。后学不察,便谓出自圣人之口也……是岂可遽以为万世之至论乎?然则《六经》《语》《孟》,乃道学之口实,假人之渊薮也,断断乎其不可以语于童心之言明矣。"③

其四,李贽的女性观。针对"妇人见短,不堪学道"的观点,李贽在他的名篇《答以女子学道为见短书》中说:"故谓人有男女则可,谓见有男女岂可乎?谓见有长短则可,谓男子之见尽长,女子之见尽短,又岂可乎?设使女人其身而男子其见,乐闻正论而知俗语之不足听,乐学出世而知浮世之不足恋,则知当世男子视之,皆当羞愧流汗,不敢出声矣。"④其《初潭集》中历述二十五位女性故事,有云:"此二十五位夫人,才智过人,识见绝甚,中间信有可为干城腹心之托者,其政事何如也。若赵娥以一孤弱无援女儿,报父之仇,影响不见,尤为超卓。李温陵长者叹曰:是真男子,是真男子!已而又叹曰:男子不如也!"⑤又曰:"若无

---

① 李贽:《焚书》卷三《童心说》,中华书局 1975 年版,第 98—99 页。

② 李贽:《焚书》卷五,第 214 页。

③ 李贽:《焚书》卷三,第 99 页。

④ 李贽《焚书》卷二,第 59 页。

⑤ 李贽:《初潭集》卷二,张建业主编:《李贽文集》第五卷,社会科学文献出版社 2000 年版,第 16 页。

忌母、班婕妤、从巢者、孙翊妻、李新声、李侃妇、海曲吕母,皆的的真男子也。"①在其《藏书·司马相如》中,则赞扬卓文君私奔司马相如为"善择佳偶"。其中云:

> 方相如之客临邛也,临邛富人如程郑、卓王孙等,皆财倾东南之产,而目不识一丁,令虽奏琴,空自鼓也,谁知琴心?其陪列宾席者,衣冠济楚,亦何伟也。空自见金而不见人,但见相如之贫,不见相如之富也。不有卓氏,谁能听之!然则相如,卓氏之梁鸿也。使当其时,卓氏如孟光,必请于王孙,吾知王孙必不听也。嗟夫!斗筲之人,何足计事,徒失佳偶,空负良缘,不如早自抉择,防小耻而就大计。《易》不云乎:同声相应,同气相求。同明相照,同类相招。云从龙,风从虎。归凤求凰,安可污也!②

李贽在当时社会的影响,如袁中道《李温陵外纪》中说:"当卓吾子被逮后,稍稍禁锢其书,不数年后,盛传于世,若揭日月而行。"③朱国桢也提及时人读书,"全不读《四书》本经,而李氏《藏书》《焚书》,人挟一册,以为奇货"④。《四库全书总目提要》中评价说:"贽非圣无法,敢为异论。虽以妖言逮治,惧而自刭,而焦竑等盛相推重,颇荧众听,遂使乡塾陋儒,翕然尊信,至今为人心风俗之害。"⑤沈瓒《近事丛残·李卓吾》称其"好为惊世骇俗之论,务返宋儒道学之说。……儒、释从之者几千万人。其学以解脱直截为宗,少年高旷豪举之士,多乐慕之。后学如狂,不但儒教溃防,即释宗绳检,亦多所屑弃。"⑥

如上所说,自隆庆四年(1570)至万历五年(1577),李贽曾经任南京刑部员外郎前后七年。冯梦龙于万历二年(1574)出生,这一时期,自然不可能与李贽结缘。万历二十七年(1599)初夏,李贽重游南京,住在城内北门桥永庆寺伽蓝殿,著书立说,传道讲学。二十八年(1600),在焦

---

① 李贽:《初潭集》卷四,张建业主编:《李贽文集》第五卷,第 35 页。

② 李贽:《藏书》卷三十七,中华书局 1959 年版,第 626 页。

③ 袁中道:《李温陵外纪》卷三,《四库禁毁书丛刊补编》第 25 册,北京出版社 2005 年版,第 638—639 页。

④ 朱国桢著、王根林校点:《涌幢小品》卷十六,上海古籍出版社 2012 年版,第 312 页。

⑤ 永瑢等:《四库全书总目》卷一七八《集部别集类存目五》,上海古籍出版社 1992 年版,第 895 页。

⑥ 沈瓒:《近事丛残》,北京广业书社 1928 年版,第 23 页。

竑等人的帮助下,《藏书》在南京刻印出版,在金陵盛行,"海内又以快意而歌呼读之"①。此时已经二十七岁的冯梦龙,其少年即以才华知名,作为对于新学说、新事物有着高度敏感的风流名士,接触并接受在金陵盛行的李卓吾学说,是自然而然的事情。

冯梦龙《古今谭概》中,便有径直录自李贽著作的内容和观点。如卷一《许子伯哭》文后有"卓老曰:'人以为澹,我以为趣。'"②该条全文引自李贽《初谭集·贤臣》。卷十一《盗》文后有"李卓吾曰:'击楫渡江,誓清中原,使石勒畏避者,此盗也。俗儒岂知!'"③该条则录自李贽的《初谭集·豪客》。卷十八《天后时三疏》文后有"天后作事,往往有大快人意者,宜卓老称为圣主也"④,该条由《藏书·唐太宗才人武氏》李卓吾评武则天"政由己出,明察善断"而来⑤。

王凌《冯梦龙探幽》书中,举例探讨了冯梦龙所受李卓吾的具体影响。如反道学,李贽《藏书·程颐传》中叙程颐渡江,舟将覆,人皆号哭,独其"正襟安坐如常",事后人问他原因,他说是"心存诚敬耳",李贽批语"胡说甚"⑥;冯梦龙《古今谭概》"迂腐部"记程颐故事,其一日为皇帝讲课,帝凭栏戏折柳枝,程颐进言:"方春发生,不可无故摧折。"帝不乐,掷柳枝于地。冯梦龙批曰:"遇了孟夫子,好货好色都自不妨,遇了程夫子,柳条也动一些不得。苦哉,苦哉。"⑦如平等观,李贽有《答以女人学道为见短书》,如上称引,冯梦龙则说:"语有之:'男子有德便是才,妇人无才便是德。'其然,岂其然乎?……夫才者,智而已矣。不智则懵,无才而可以为德,则天下之懵妇人,毋乃皆德类也乎?譬之日月,男日也,女月也。日光而月借,妻所以齐也;日没而代,妇所以辅也,此亦日月之智,日月之才也。"⑧如文学主情,李贽说:"天下之至文,未有不出于童心

---

① 张建业:《李贽研究资料汇编》,社会科学文献出版社2013年版,第207页。
② 冯梦龙编、陆国斌等校点:《古今谭概》,江苏古籍出版社1993年版,第9页。
③ 冯梦龙编、陆国斌等校点:《古今谭概》,第214页。
④ 冯梦龙编、陆国斌等校点:《古今谭概》,第336页。
⑤ 李贽:《藏书》卷六十三,中华书局1959年版,第1050页。
⑥ 李贽:《藏书》卷四十三,第731页。
⑦ 冯梦龙编、陆国斌等校点:《古今谭概》,第4页。
⑧ 冯梦龙辑、缪咏禾等校点:《智囊》卷二十五,江苏古籍出版社1993年版,第594页。

焉者也。"①冯梦龙《叙山歌》中说："虽然,桑间濮上,《国风》刺之,尼父录焉,以是为情真而不可废也。……且今虽季世,而但有假诗文,无假山歌……而吾藉以存真,不亦可乎?……若夫借男女之真情,发名教之伪药,其功于《挂枝儿》等。"②当然,这种影响是深层多维度的,在冯梦龙的人生品格、思想创作中,都有深刻的渗透。

梅之焕、丘长孺、杨定见等人,皆为李卓吾的崇拜者,又与冯梦龙有交,他们对于冯梦龙接受李卓吾思想,或者会产生更具体的影响。

梅之焕(1575—1641),字彬父,湖广麻城人,梅国祯之侄。楚地著名学者,与李长庚、刘仲英并称"西陵三老"。万历三十二年(1604)进士,历仕吏科给事中、广东副使、太常少卿、右佥都御史、山东学政、江西巡抚、甘肃巡抚。崇祯初为温体仁所忌罢职。李贽移居麻城后,与梅国祯书信往来频繁,万历二十五年(1597),曾前往大同,投奔梅国祯。万历二十八年(1600),在给梅之焕的信中谈道:"公人杰也……不意衡湘老(梅国祯)乃有此儿,又不意衡湘老更有此侄儿也。羡之!慕之!……仆出游五载,行几万里,无有一人可为至圣大贤者,归来见尔弟兄昆玉如此如此,真为不虚归矣。"③梅之煊,字惠连,经学家,梅国祯之子,"持身方正,励学湛深,博极群书,工制举艺,与三吴复社诸子颉颃主盟,驰声海内有年"④。梅之焕、之煊兄弟,皆与冯梦龙有交。梅之焕于泰昌元年(1620)曾为冯梦龙《麟经指月》作序,盛赞冯氏在《春秋》研究方面的造诣:"敝邑麻,万山中手掌地耳,而明兴独为麟经薮。未暇遐溯,即数十年内,如周、如刘、如耿、如李、如吾宗,科第相望,途皆由此。故四方治《春秋》者,往往问渡于敝邑,而敝邑亦居然以老马智自任。乃吾友陈无异令吴,独津津推毂冯生犹龙也。……无何,而冯生赴田公子约,惠来敝邑。敝邑之治《春秋》者往往反问渡于冯生。《指月》一编,发传得未曾有。余于是益重冯生。"⑤梅之煊列名《麟经指月》"参阅姓氏",

① 李贽:《焚书》卷三《童心说》,中华书局1975年版,第99页。
② 冯梦龙辑,陆国斌校点:《山歌》,江苏古籍出版社1993年版,叙第1页。
③ 李贽:《续焚书》卷一《与梅长公》,中华书局1975年版,第31页。
④ 郑重修、余晋芳纂:《麻城县志前编》卷九《耆旧志·名贤》,《中国方志丛书·华中地方》第357号,台湾成文出版社有限公司1975年版,第732页。
⑤ 冯梦龙著,李廷先、田汉云校点:《麟经指月》,江苏古籍出版社1993年版,叙第1页。

又曾为冯梦龙《古今谭概》作序，其中云："犹龙《谭概》成，梅子读未终卷，叹曰：'士君子得志则见诸行事，不得志则托诸空言。老氏云："谭言微中，可以解纷。"'然则谈何容易？不有学也不足谭，不有识也不能谭，不有胆也不敢谭，不有牢骚郁积于中而无路发摅也亦不欲谭。夫罗古今于掌上，寄《春秋》于舌端，美可以代舆人之诵，而刺亦不违乡校之公，此诚士君子不得志于时者之快事也！"冯梦龙与梅氏兄弟思想上相通，进而加深对李卓吾思想的认识，并接受其思想影响，是十分自然的。

袁中道《李温陵传》中载，李贽移居麻城后，"与僧无念、周友山、丘坦之、杨定见聚，闭门下键，日以读书为事"①。李贽有《丘长孺生日》诗云："似君初度日，不敢少年看。百岁人间易，逢君世上难。三杯生瑞气，一雨送春寒。对客犹辞醉，尊前有老聃。"②《丘长孺访余湖上兼有文玉》诗云："春风不扫尘，竹径少行人。何自来君子，而犹现女身。"③《和丘长孺醉后别意》诗云："难逢是白雪，难别是相知。恨我不能饮，喜君真醉时。"④又有《喜杨凤里到摄山》诗二首，其一云："十年相守似兄弟，一别三年如隔世。今日还从江上来，孤云野鹤在山寺。"其二云："忆别龙湖才几时，天涯霜雪净须眉。君今复自龙湖至，鬓里有丝君自知。"⑤可见其与丘长孺、杨定见之间相交关系的亲密。冯梦龙《情史》有《丘长孺》传，文后批语曰："余昔年游楚，与刘金吾、丘长孺俱有交。"⑥万历四十年(1612)冬日序刊的许自昌《樗斋漫录》中，记载了杨定见携李贽批点本《水浒传》来到苏州，"吴士人袁无涯、冯犹龙等酷嗜李氏之学，奉为蓍蔡，见而爱之，相与校对再三，删削讹谬，附以余所示《杂志》《遗事》，精书妙刻，费凡不赀。开卷琅然，心目沁爽，即此刻也"⑦。有学者考证，"袁刊本《忠义水浒全传》中征田虎、王庆二十回"即是冯梦龙"根据简本《水浒》中的人物和情节进行加工、改写，而后增补进去的"⑧。由此可

① 李贽：《焚书》，中华书局1975年版，序第3页。
② 李贽：《焚书》卷六，第245页。
③ 李贽：《续焚书》卷五，中华书局1975年版，第108页。
④ 李贽：《续焚书》卷五，第109页。
⑤ 李贽：《焚书》卷六，第243页。
⑥ 冯梦龙辑评、周方等校点：《情史》卷六，江苏古籍出版社1993年版，第215页。
⑦ 许自昌：《樗斋漫录》卷六，《续修四库全书》第1133册，上海古籍出版社2002年版，第103页。
⑧ 傅承洲：《冯梦龙与〈忠义水浒全传〉》，《明清小说研究》1992年第3、4期合刊。

知,特别是冯梦龙与杨定见的交往与合作,甚至便是以整理李卓吾著作为纽带,其受李卓吾影响,显而易见。

当然,人的思想形成及其发展,如流淌不歇的河流,不同河段,会有不同的水源注入,思想的来源同样是多源的。如前所述,冯梦龙接受李贽思想影响,应该是早在而立之年以前,李贽重游南京的时候。而冯梦龙与梅之焕、杨定见的关系,也需要作如下补充说明。

首先,冯梦龙与梅之焕的关系。据梅之焕泰昌元年(1620)为冯梦龙《麟经指月》所写序中交代,他们并没有多少交往。梅之焕只是从同乡陈无异、王大可的介绍中,对于冯梦龙其人有了一定的了解,得知他到过麻城;因为耿定向的弟弟耿自励"深于《春秋》,亦喜是编,相与从臾付梓"[1],而这篇序文,或者是耿自励代为约请,或是由他介绍而撰写的。

其次,冯梦龙与杨定见的关系。在杨定见撰写的《水浒传·小引》中谈道:"自吾游吴,访陈无异使君,而得袁无涯氏。揖未竟,辄首问先生,私淑之诚,溢于眉宇,其胸中殆如有卓吾者。嗣是数过从语,语辄及卓老。求卓老遗言甚力,求卓老所批阅之遗书又甚力。无涯氏岂狂耶癖耶?吾探吾行笥,而卓吾先生所批定《忠义水浒传》及《杨升庵集》二书与俱,挈以付之。无涯欣然如获至宝,愿公诸世。吾问:'二书孰先?'无涯曰:'《水浒》而忠义也,忠义而《水浒》也,知我罪我,卓老之春秋近是。其先《水浒》哉!其先《水浒》哉!'吾笑曰:'唯,唯!非卓老不能发《水浒》之精神,非无涯不能发卓老之精神。吾之事卓吾先生最久,而无涯之得卓吾先生最深。吾愧无涯矣!然无涯非吾,亦谁能发无涯之精神者!吾不负卓吾先生,无涯亦不负吾兹游也。'"[2]如上所述,湖广麻城人陈无异,万历三十五年(1607)进士,三十六年(1608)出任吴县令;其继任者周尔发,三十八年(1610)接任[3]。又其传中云:"万历三十六年以进士知吴县,尊贤礼士,严绝匪类,有治办声。居二载,调无锡县"[4]。杨

① 冯梦龙著,李廷先、田汉云校点:《麟经指月》,江苏古籍出版社1993年版,叙第1页。
② 丁锡根:《中国历代小说序跋集》,人民文学出版社1996年版,第1471页。
③ 李铭皖等修、冯桂芬纂:(同治)《苏州府志》卷五十三《职官二》,《中国方志丛书·华中地方》第5号,台湾成文出版社有限公司1970年版,第1439页。
④ 李铭皖等修、冯桂芬纂:(同治)《苏州府志》卷七十一《名宦四》,第1779页。

定见"游吴，访陈无异使君，而得袁无涯氏"，应该在万历三十六年（1608）至三十八年（1610）陈无异任期之内。冯梦龙与袁无涯也有交往，其《送友访伎》散曲小序中有云："王生冬，名姝也，与余友无涯氏，一见成契。将有久要，而冬迫于家累，比再访，已鬻为越中苏小矣。无涯氏固多情种，察其家侯姓，并其门巷识之，刻日治装，将诉之六桥花柳中，词以送之。"①但在杨定见这篇足够详细的《小引》中，却只字未提冯梦龙，倘若冯梦龙参与了其事，则他似乎并未给杨定见留下很深的印象，也是可以看出的。

但无论如何，李贽的思想，对冯梦龙的人生，发生了深刻的影响，特别是对他中年时期开始所竭力从事的适俗导愚，以大众文艺启蒙教化众生的工作。

## 第五节  早年师友

冯梦龙早年师友，对他影响较大的，有著名曲学家沈璟。

沈璟（1553—1610），字伯英，号宁庵，别号词隐，南直隶苏州府吴江县人。据其《家传》："生而韶秀玉立，颖悟绝人。数岁属对，应声如响。授之章句，日诵千馀言，有神童之称。及长，颀晳靓俊，眉目如画。"②万历元年（1573）中举，二年（1574）成进士，观政兵部，授兵部职方司主事。万历四年（1576），奉使归，告病。万历七年（1579）出补礼部仪制司主事，升本司员外郎。万历九年（1581），调吏部稽勋司员外郎，旋补验封司员外郎，十月，丁父忧回籍。万历十三年（1585）秋起复，仍补验封司员外郎。万历十四年（1586）二月，因上疏谏请立储，"上怒，命降三级，得行人司司正"③；奉使赴越，归里。万历十六年（1588），还朝，为顺天乡试同考官，由行人司正升光禄寺丞。万历十七年（1589），以病告归。其何以壮岁辞官，据研究，乃因任顺天乡试同考官时，录取当朝首

① 冯梦龙评选、俞为民校点：《太霞新奏》，江苏古籍出版社1993年版，第60页。
② 沈璟著、徐朔方辑校：《沈璟集》，上海古籍出版社1991年版，第906页。
③ 引自徐朔方：《沈璟年谱》，《徐朔方集》第二卷，浙江古籍出版社1993年版，第303页。

辅申时行之婿李鸿,引起部分朝臣的议论,迫于流言,故辞官归去①。

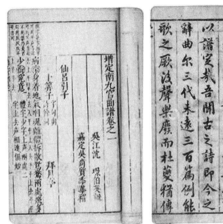

从此,沈璟便一直隐逸吴江,寄情词曲,家居二十年,致力于戏曲研究与创作。同孙镰、孙如法、王骥德等人切磋曲学,潜心于昆腔声律体系的建设,在蒋孝《旧编南九宫谱》的基础上,结合昆腔戏曲发展和演唱实践,从宫调、曲牌、句式、音韵、声律、板眼等方面,对昆腔格律进行规范,约在万历三十四年(1606),编撰出版《南曲全谱》(又称《南词全谱》《南九宫谱》《南九宫十三调曲谱》)。时人徐复祚盛赞此谱:"订世人沿袭之非,铲俗师扭捏之腔,令作曲者知其所向往,皎然词林指南车也,我辈循之以为式,庶几不可失队耳。"②在戏曲音乐史上,这是一部影响深远的著作。

沈璟曲学主张,其要有二:一、强调"合律依腔"。他在商调【二郎神】《词隐先生论曲》中明确提出:"名为乐府,须教合律依腔。宁使时人不鉴赏,无使人挠喉捩嗓","纵使词出绣肠,歌称绕梁,倘不谐律吕也难褒奖","词人当行,歌客守腔。大家细把音律讲"③。二、崇尚本色。如他在《答王骥德》信中说:"所寄《南曲全谱》,鄙意僻好本色,殊恐不称先生意指。"④

① 朱万曙、朱雯:《晚明曲坛盟主:话说沈璟》,江苏人民出版社2017年版,第15—22页。
② 徐复祚:《曲论》,《中国古典戏曲论著集成》(四),中国戏剧出版社1959年版,第240页。
③ 沈璟著、徐朔方辑校:《沈璟集》,上海古籍出版社1991年版,第849—850页。
④ 沈璟著、徐朔方辑校:《沈璟集》,第900页。

在戏曲创作方面,沈璟著有传奇十七种,总称"属玉堂传奇"。现存戏曲创作七种:《红蕖记》《双鱼记》《桃符记》《一种情》(即《坠钗记》)《埋剑记》《义侠记》《博笑记》。他的传奇创作,以"场上之曲"为指归,追求创新,如《博笑记》传奇"每一事为数出,合数事为一记。既不若杂剧之拘于四折,又不若传奇之强为穿插"①(茗柯生《刻博笑记题词》),实乃传奇的变体;又如他的《红蕖记》《埋剑记》《双鱼记》等,程度不同地体现出双重结构,情节离奇、关目曲折,影响到后来活跃于苏州一带的一批剧作家。

冯梦龙与沈璟的交往始于何时? 在冯梦龙为王骥德《曲律》所作《序》中,有这样的记载:"余早岁曾以《双雄》戏笔,售知于词隐先生。先生丹头秘诀,倾怀指授,而更谆谆为余言王君伯良也。先生所修《南九宫谱》,一意津梁后学。"②这篇序写于天启五年(1625)。序中,冯梦龙深情回忆了早年得沈璟指点,自己对沈璟的推崇,以及沈璟向他推荐王骥德的往事。冯梦龙的戏曲处女作《双雄记》,大约创作于万历三十年(1602)左右。也就是说,冯梦龙约在三十岁左右,创作《双雄记》的时候,便得到了戏曲大家沈璟的悉心指教、"倾怀指授"。晚明曲论家祁彪佳在其《远山堂曲品》中也谈及:"此冯犹龙少年时笔也,确守词隐家法,而能时出俊语。"③亦可以佐证冯梦龙所受沈璟影响之大。师恩难忘,冯梦龙晚年最大的一个心事,就是整理沈璟曲谱。顺治二年(1645),时值改朝换代、兵荒马乱的岁月,已然到了生命的尽头,他依旧念念不忘,先后造访沈自晋、沈自继,叮嘱修订曲谱的事情。对此,沈自南《重定南九宫新谱序》中有明确记载:"岁乙酉之孟春,冯子犹龙氏过垂虹,造吾伯氏君善之庐,执手言曰:词隐先生为海内填词祖,而君家家学之渊源也。《九宫曲谱》,今兹数十年耳,词人辈出,新调剧兴。幸长康作手与君在,不及今订而增益之,子岂无意先业乎? 余即不敏,容作老蠹鱼其间,敢为笔墨佐。兹有雪川之役,返则聚首留侯斋,以卒斯业。"④顺治二年

① 沈璟著、徐朔方辑校:《沈璟集》,中华书局 2004 年版,第 926 页。
② 冯梦龙:《曲律叙》,《中国古典戏曲论著集成》(四),中国戏剧出版社 1959 年版,第 47 页。
③ 祁彪佳:《远山堂曲品》,《中国古典戏曲论著集成》(六),第 33 页。
④ 张树英点校:《沈自晋集》,第 260 页。

(1645)春天,冯梦龙过吴江,拜访沈自继,谈到修订《九宫曲谱》的意义,说自己有要事将赴浙江,回头相聚沈自南书斋,共同完成其业。可惜,生命的大限已到,冯梦龙最终没有参与完成其事,成为毕生的遗憾。沈自晋在《和子犹〈辞世〉原韵》诗中提及此事:"词隐琴亡凭汝寄,墨憨薪尽问谁传? 芳魂逝矣犹相傍,如在长歌短叹边。"①这段师生交谊,堪称文坛一段佳话。

在冯梦龙早年交友中,董斯张也是其交往甚密一位的人物。

董斯张(1587—1628),原名嗣暲,初字然明,号遐周,自称借庵居士、瘦居士,浙江乌程(今长兴)人,廪生。

湖州南浔镇董氏,为世家巨族,书香门第。董斯张的祖父董份,为嘉靖二十年(1541)辛丑科进士,官至礼部尚书。万历二十三年(1595),发生在乌程的震动朝野的民变事件,抄没董宦家事,即因他而起。父亲董道醇,万历十一年(1583)癸未科进士,曾官南京工科给事中。道醇六子:嗣成、嗣茂、嗣昭、嗣昕、嗣暐、嗣暲。董斯张居末。嗣成为万历庚辰(1580)进士,授礼部主事,历转祠祭司郎中,以建言立储事免官。嗣昭为万历乙未(1595)进士,早卒。

董斯张"少负隽才"②,幼年得长兄嗣成嘉许③。其为学之初,所习不外举业制艺。据其自述:"万历庚子,仆十五应童子试。"以少年身体羸弱,疾病缠身,加之父丧兄亡,家里并没有给他太多压力。其自谓:"十六病肺,恒卧一木榻,履不逾户。医谓必散郁病乃已。适友生遗仆唐人诗,披之亟为心赏。小有撰著,闷诸箧,藉以自娱,乃病竟不得去。癸卯秋病棘,死而苏者三。"④没有了举业制艺上的压力与束缚,董斯张可以随心所欲,杂学旁收,"泛览百家之籍,旁穷二氏之微"⑤,"能读三坟五典,八索九丘"⑥,也得闲暇与朋友诗歌酬唱,风雅自适。

① 张树英点校:《沈自晋集》,中华书局 2004 年版,第 258 页。
② 钱谦益:《列朝诗集小传》丁集下,上海古籍出版社 1983 年版,第 658 页。
③ 董樵等:《遐周先生言行略》,董斯张:《静啸斋存草》附录,《续修四库全书》第 1381 册,上海古籍出版社 2002 年版,第 575 页。
④ 董斯张:《静啸斋存草》卷之一《童牙稿序》,《续修四库全书》第 1381 册,第 468 页。
⑤ 韩曾驹:《静啸斋诗序》,董斯张:《静啸斋存草》卷首,《续修四库全书》第 1381 册,第 465 页。
⑥ 董樵等:《遐周先生言行略》,董斯张:《静啸斋存草》附录,《续修四库全书》第 1381 册,第 575 页。

董斯张的诗论主张，在其《唐诗合选序》《徐元叹诗小序》《孙孟朴蘅草序》《沈伯任诗小引》《古诗多伪序》《笺杜诗二十则》等序文中，有具体阐说。他提倡风骨，强调诗歌创作要得自然性情，反对造作割裂。《静啸斋存草》10卷存诗652首，词一卷录词39阕。另有《静啸斋遗文》4卷。其诗风近于竟陵。董家后人董熜辑录《董氏诗萃》，评斯张诗曰：

> 大抵古瘦则穷追秦汉，冲淡则兼采大历、会昌，怪丽则出入飞卿、长吉，务期自成一家，不袭前哲。《寒竽集》微近钟、谭，而胸有画轴，独擅熔裁，淡泊之中至味存焉。①

此评价颇中肯綮。董斯张《读曲歌》（二首）、《过桐江》《吴门道中》《初夏》（五首）等，颇能见其诗歌风貌。



董斯张之孙董樵、董耒等述《遐周先生言行略》中说："启祯以来，东南文社一昌君子之气，而一时领袖群贤几人，皆当年就正遐周先生之门，比之苏门诸君子者，然后天下谓遐周先生往日说文章气节，非浪自鸣也。"②比之苏轼及其门下，未免谀美，但说他结社联吟，提携后进，促进诗道发展，庶几近之。

董斯张与冯梦龙交非泛泛。对于比自己年少一轮的董斯张，冯梦龙亦赞赏有加。其编选民歌集《挂枝儿》，收董斯张《喷嚏》；选辑散曲集《太霞新奏》，收董斯张《赠王小史》，并收入自己的《为董遐周赠薛彦升》。《太霞新奏》中评点，多为冯梦龙自己撰写，在为数不多的他人评点中，冯氏自己的作品《怨离词》由董斯张点评；《挂枝儿》卷四《送别》一首，也录董斯张评语。冯梦龙在《挂枝儿·喷嚏》题后有评语曰："题亦奇。"诗后更附有热情洋溢的考评："此篇乃董遐周所作。遐周旷世才人，亦千古情人，诗赋文词，靡所不工。其才吾不能测之，而其情则津津笔舌下矣。'愿言则嚏'，一发于诗人，再发于遐周。遂使无情之人，喷嚏亦不许打一个。可以人而无情乎哉？"③这是对自己"小友"的评价，不难看出冯梦龙的欣赏喜欢之情。

---

① 董熜：《董氏诗萃》，乾隆十年董氏刻本。
② 董斯张：《静啸斋存草》附录，《续修四库全书》第1381册，上海古籍出版社2002年版，第575页。
③ 冯梦龙辑、陆国斌校点：《挂枝儿》，江苏古籍出版社1993年版，第27页。

董斯张对冯梦龙更是赞赏备至。《太霞新奏》卷七冯梦龙《怨离词》后，董斯张评语曰："子犹自失慧卿，遂绝青楼之好。有《怨离诗》三十首，同社和者甚多，总名《郁陶集》。如此曲，直是至情迫出，绝无一相思套语。至今读之，犹可令人下泪。"①知其典出，赏其作品，称得上真正的解人。

董斯张《静啸斋存草》卷三《未焚稿》，有《偕冯犹龙登吴山》一首：

> 春风驮荡静无氛，选胜蓝舆喜共君。
> 湖影正当岩际落，江声初到树边分。
> 野田鸟雀翻斜照，城郭人烟混白云。
> 传有神仙蜕遗骨，至今灵气自氤氲。②

诗为纪游之作，写其与冯梦龙的一次结伴游历。据田汝成辑撰《西湖游览志》卷十二载：

> 吴山，春秋时为吴南界，以别于越，故曰吴山。或曰以伍子胥故，讹伍为吴，故郡志亦称胥山，在镇海楼之右。盖天目为杭州诸山之宗，翔舞而东，结局于凤凰山，其支山左折，遂为吴山。派分西北为宝月，为蛾眉，为竹园，稍南为石佛，为七宝，为金地，为瑞石，为宝莲，为清平，总曰吴山。奇萼危峰，澄湖靓壑，江介海门，回环拱固，扶舆淑丽之气钟焉。是以邑居丛集，华艳工巧，殆十万馀家，声甲寰宇，恢然一大都会也。其陟山之径，有门曰登高览胜。石磴斗折，可数百级许，元时平章达剌罕托欢所甃也。立而环眺，则官司廨署，卫镇崇严，阛阓街衢，红尘雾起，市声隐振，漏尽犹喧。道院僧庐，晨钟暮鼓，青楼画阁，杂以笙歌。③

又同卷载："三茅宁寿观，在七宝山东北，本三茅堂，相传三茅君长盈、次固、季衷，秦初咸阳人，得道成仙，自汉以来崇祀之。"又记："元至元间道士徐洞阳得之，改为紫阳庵。其徒丁野鹤弃俗全真，一日召其妻

① 冯梦龙评选、俞为民校点：《太霞新奏》，江苏古籍出版社 1993 年版，第 116 页。
② 董斯张：《静啸斋存草》卷三，《续修四库全书》第 1381 册，上海古籍出版社 2002 年版，第 485 页。
③ 田汝成：《西湖游览志》卷十二《南山城内胜迹》，明万历二十五年刻本。

王守素入山,付偈云:'懒散六十年,妙用无人识。顺逆两俱忘,虚空镇长寂。'抱膝而逝。守素遂奉其尸而漆之,端坐如生。亦束发为女冠,不下山者二十年。萨天锡赠之诗云:'不见辽东丁令威,旧游城郭昔人非。镜中人去青鸾老,华表山空白鹤归。'"①

董诗描写,在一个春光明媚、蓝天白云、风和日丽的日子里,其与冯梦龙结伴来到了杭州吴山,游兴甚浓。将要日落的时分,对着面前渐渐在山岩之际淡去的湖光,袅袅炊烟升腾而起与白云交融,鸟雀在旷野斜阳中翻飞,想起了与此地有关的升仙传说,于是诗兴大发。诗中表达了诗人的隐逸情致。

另有俞琬纶,与冯梦龙互以知音相许,在冯梦龙早年交往中,也是一位应该谈到的人物。

俞琬纶《〈打枣竿〉小引》中谈道:"盖吾与犹龙,俱有童痴,更多情种。情多而寡缘,无日无牢愁,东风吹梦,歌眼泣衣,吾两人大略相类。"②引为知音同调。其《吴康侯文引》中也谈及冯梦龙:"康侯喜与诸名士游,诸名士惊赏其文席之甚,谓足空海内。予不信,问犹龙,犹龙云:'未必然,压倒吴人士矣。'予复不信,问愚公,愚公其师也,故为抑康侯语,谓:'堪压倒吴下诸年少耳。'……康侯饮日月之华而生,生具绣肠,腕多僆采,信与诸年少不同。然春风花榭,奇石美人,得之天,不繇师传。至其苍然之干,深本发长苔,似从风霜久炼而成者,则师之功讵少哉?而嗜与诸名士游,亦不无界云尔。"③自称与冯梦龙"俱有童痴,更多情种",请教冯梦龙,皆可见其志趣相投,以及对冯梦龙的认可。冯梦龙评选《太霞新奏》卷十录其套曲《傅灵脩五调》,有评语云:"君宣资近于词,下笔灵秀,颇似汤临川,但于此道中闻见未广耳,《自娱集》所刻多出韵落调,偶获全璧,亦异事也。"④又卷十二龙子犹《别思》套曲,自注"改俞君宣",曲后评语云:"君宣料,子犹调,合之双美。"⑤比之汤显祖,

---

① 田汝成:《西湖游览志》卷十二《南山城内胜迹》,明万历二十五年刻本。
② 俞琬纶:《自娱集》卷八,明万历年间吴郡章镛刻本。
③ 俞琬纶:《自娱集》卷八,明万历年间吴郡章镛刻本。
④ 冯梦龙评选、俞为民校点:《太霞新奏》,江苏古籍出版社 1993 年版,第 150—151 页。
⑤ 冯梦龙评选、俞为民校点:《太霞新奏》,第 215—217 页。

可见其对俞琬纶才情的高度赞许。

俞琬纶(1574—1618),字君宣,长洲人,《江南通志》有传:

> 俞琬纶,字君宣,长洲人,万历癸丑进士。任西安知县,风流文采,掩映一时。性简傲,不乐仕宦,尝与友书云:擢翼梯高之志,胸中绝无。捱过一两年,稍免堂下侏儒,即寻故邱台笠矣。书法秀挺,人尤宝爱。①

乾隆《长洲县志》卷二十四《人物三》亦有传:

> 俞琬纶,字君宣,长洲人,元儒都昌令贞木后,世居南园。琬纶父华六第进士,延师教纶,阅二岁,略不省。有朱翁者曰:"此美玉也,奈何不善雕琢,而遗俗工败之?"即留翁与俱。翁任纶所学,纶好司马左氏书,即与解。期年,曰:"是可以为文矣!"纶性机警,文若宿构。举万历四十一年进士,授西安知县。纶治简静,学老氏,民安其所为。公馀携小胥弄笛,间作诗,吟声相和,或出登高,或扁舟来往,不耐官人,恤民,益好之。上官谓之曰:"乡县事,治稍整饬,即可入台阁,独不可自重耶?"纶以其俗吏,语侵之,因纠纶。纶见弹章云:"颇有晋人风度,绝无汉官威仪。"笑曰:"君侯之言,诚属不谬。"竟挂官归。平生多古文词书,兼晋唐体,著有《自娱集》。②

俞琬纶与冯梦龙不仅皆"情痴""情种",在为官理政方面,俞氏"性简傲,不乐仕宦","治简静,学老氏,民安其所为。公馀携小胥弄笛,间作诗,吟声相和,或出登高,或扁舟来往,不耐官人",冯氏"政简刑清"③,"山城公署喜清闲,戏把新词信手编"④,"计闽中五十七邑,令之闲,无逾先生"⑤,亦称同志,物以类聚,人以群分,良有以也。

---

① 黄之隽等:《江南通志》卷一六五,《景印文渊阁四库全书》第511册,台湾商务印书馆1986年版,第747页。

② 李光祚修、顾诒禄等纂:(乾隆)《长洲县志》卷二十四《人物三》,《中国地方志集成·江苏府县志辑》第13辑,江苏古籍出版社1991年版,第294—295页。

③ 赵廷玑纂修、柳上芝纂:《寿宁县志》卷四《守官志·宦绩》,《中国方志丛书·华南地方》第218号,台湾成文出版社有限公司1974年版,第175页。

④ 冯梦龙:《万事足》,冯梦龙编、俞为民校点:《墨憨斋定本传奇》,江苏古籍出版社1993年版,第697页。

⑤ 徐𤊺:《红雨楼集》,《上海图书馆未刊古籍稿本》第42册,复旦大学出版社2008年版,第27页。

文震孟于戊午(万历四十六年,1618)中秋为俞琬纶《自娱集》撰写《小序》,评介其人及创作:

> 余与君宣交,盖自髫年也。每飞书相问,声情笔舌,举体皆俊,心异赏之,谓必将来才人,故未知其业能颛也。已余读书城南,君宣衡宇相望,与古白及余三人,相为揣摩,言覃思沉沉,乃更服其精。若然,犹未知其工诗古文也。又五年,同上公车,出杂稿一秩相示,使我歌之舞之,心折魂摇,不能自禁。盖明兴,作者大起,以至今日,大都襜襜研研,一种争炎斗名之想,浸淫于神魂,而漱泅于毫吻,以故骨不仙而机不夭。莽材闧学,复创为决裂踔荡之文,自命胆识。其肤者剥割眉山,影其盼笑,倚门殢客,喜为逸品,转相飘摇,几不省机趣为何等矣。君宣诸稿,如凝似纵,欲朴旋灵,不摹先造,而古玉古鼎,决无凡色,不落今趣,而为云为雨,绰露仙姿。至于诗篇,空想幽怀,聊思澹响,名葩泫露,敧态迎风,每使魅泣于冥,嫠痴在室。诗情至此,可仙可鬼,亦逝亦传矣。而君宣故以无意出之,不知竟以此传,且仅以此传也。悲夫,君宣手稿,错落甚异,如衫履嵚崎,雄姿弥耀。而今兹刻集,冠之冕之,裼之袭之,容仪矜严,乃稍襜襜研研矣。或非君宣旨也,则后死者之任矣夫。①

所谓"明兴,作者大起,以至今日,大都襜襜研研,一种争炎斗名之想,浸淫于神魂,而漱泅于毫吻",或"莽材闧学,复创为决裂踔荡之文",或如"肤者剥割眉山,影其盼笑,倚门殢客,喜为逸品,转相飘摇",其对于明代诗坛的评骘,亦称中肯;琬纶文稿,"如凝似纵,欲朴旋灵,不摹先造,而古玉古鼎,决无凡色",其诗歌"空想幽怀,聊思澹响,名葩泫露,敧态迎风",虽"以无意出之",而"衫履嵚崎,雄姿弥耀",此创作思想与追求,与冯梦龙等性情一派,共同汇聚为晚明的文艺潮流,成为一种新的文艺生态。

俞琬纶喜好民歌,其创作也深受民歌影响。其《自娱集》,卷一有"古乐府",如《拟古遗远》《友人作归鸿别鹤操属予作高山流水》《采莲

---

① 俞琬纶:《自娱集》,明万历年间吴郡章镛刻本。

曲》《道旁柳》《江南春》《映水曲》《焦小玉》《行路难》《轻离别》《明朝别》《悲愁行》,拟古歌谣而作;卷十"诗馀"中,《十二红》《孟珠十二调》(步步娇、山坡羊、忒忒令、香罗带、斗宝蝉、玉芙蓉、香遍满、醉扶归、江儿水、玉交枝、嘉庆子、侥侥令)《四朝元》《江行纪春》(闹十八)《傅灵修五调》(二郎神、集贤宾、金衣公子、啄木鹂、猫儿坠)《小翩十九调》(山坡里羊、步步娇、醉扶归、园林好、月云高、江儿水、三段子、皂罗袍、节节高、玉交枝、玉胞肚、嘉庆子、侥侥令、香柳娘、好姐姐、减字忆多娇、减字斗黑麻、减字归朝欢)《小二四调》(二犯江儿水)《侯小双十调》(懒画眉)《陈家暎桃十三曲》(香遍满二调、梧桐树二调、浣溪沙二调、刘泼帽二调、秋夜月二调、东瓯令二调、金莲子一调)《襄人四曲》《燕女有搊琵琶者喜为是歌乞新声数调余时大醉应弦疾书成十八调》《黄莺儿》等,更是文人拟民歌之作。

# 第四章　中岁之困

　　早岁成名、才华出众的冯梦龙,以情痴、情种自负,有过一阵风流放浪的生活。早年人生中,有两件事情对于他是不小的打击,迫使他直面现实,不得不严肃认真地去思考未来的人生之路。一件事,是他与侯慧卿的恋爱悲剧,如其友人董斯张所说:"子犹自失慧卿,遂绝青楼之好。"①可见此事对他有着非同一般的触动。另一件事情,则是他编辑民歌集《挂枝儿》和谈博弈之戏的《叶子新斗谱》的出版,引发了一场不小的风波。

　　清初苏州吴江人钮琇,在他的《觚剩续编》卷二《英豪举动》②中,对此有具体的记载。其中谈到,冯梦龙自恃聪明,游戏为文。他编辑的《挂枝儿》和《叶子新斗谱》刊印行世后,风靡一时,"浮薄子弟,靡然倾动,至有覆家破产者"。冯梦龙也因此招来了舆论的声讨、谴责,一时四面楚歌,狼狈不堪。

　　困境中,冯梦龙想起了自己的恩师、湖广江夏人熊廷弼。熊氏曾经督学江南,颇欣赏他的才情,此际正罢官赋闲在家。于是,冯梦龙乘船逆江而上,登门拜谒。见到冯梦龙,熊廷弼问起:"海内盛传冯生《挂枝儿》曲,曾携一二册,以惠老夫乎?"冯梦龙踟蹰不安,说出了千里来访的意图。熊廷弼说:"此易事,毋足虑也,我且饭子。"不多时,饭菜上来,简单的一尾红烧鱼,烧得稀烂,此外便是一碗糙米饭。看着冯梦龙面有难

① 冯梦龙评选、俞为民校点:《太霞新奏》,江苏古籍出版社 1993 年版,第 116 页。
② 钮琇:《觚剩续编》卷二,《笔记小说大观》第 17 册,江苏广陵古籍刻印社 1983 年版,第 67—68 页。

色,熊廷弼缓缓说道:"晨选佳肴,夕谋精菜,吴下书生,大抵皆然。似此草具,当非所以待子。然丈夫处世,不应于饮食求工。能饱餐粗粝者,真英雄耳。"吴下书生,太过讲究饮食,吃得菜根,方可做得大事。熊廷弼自己,则狼吞虎咽,吃得津津有味。冯梦龙象征性地吃上几口了事。饭后,熊廷弼进了书房。过了很久,方才出来,交给冯梦龙一封书信,让他便道拜会自己的朋友。又送给他一只足有数十斤重的冬瓜。冯梦龙也只得恭敬领受。

告别返程,尚未登舟,冯梦龙便扔掉了那榔槺笨重的冬瓜。几日后,来到了一所繁华的市镇,拜访老师熊廷弼的友人,受到隆重的接待。熊廷弼友人向冯梦龙说:"阁下文章才情,天下知名,光临鄙处,不胜荣幸。已备下一份薄礼,请别推辞。"早将三百两银子送到舟上。冯梦龙回到苏州,熊廷弼的书信,先期送到了当权者的手中,一场风波,冰消瓦解。

钮琇说,熊廷弼是真心喜欢冯梦龙的才情,而"惜其露才炫名,故示菲薄",意在劝化。这段文字,在表彰熊廷弼"英豪举动"的同时,也透露出一个关于冯梦龙的信息,即他"露才炫名"、锋芒过露的性格。这一性格,应该说是贯穿了冯梦龙的一生。

# 第一节　游学麻城

接踵而至的人生挫折和打击,确乎对冯梦龙产生了触动。但江山易改,本性难移,人到中年的冯梦龙,依旧才情自负,他对自己有着十足的自信。他决定要做些更能够证明自己的事情。但在他所处的时代,要改变命运,科举依然是绕不过的关口。总结提升自己赖以成名的《春秋》研究成果,希望尽快地在举业上有所斩获,摆在了冯梦龙的重要议事日程上面。

万历三十六年(1608),湖广麻城人陈无异出任吴县令。陈无异,名以闻,字寄生,号石泓。万历三十五年(1607)进士。其举人、进士,均选考《春秋》。履新不久,他便知道了有位生员叫冯梦龙,在《春秋》研究方面有很高的造诣,便对他青眼有加。明代有"山阳《礼记》,麻城《春秋》"

的说法。麻城在当时被视为天下研究《春秋》的重镇,如《麻城县志》中记载:"明代邑人捷春秋闱者,多以麟经显外省。有不远千里来麻就益者,巴县刘尚书春兄弟,均学于麻,以《春秋》起家。他如重庆刘成穆、浙江吴云、四川张大用辈,均随父祖任来麻受经,卒魁乡榜、捷南宫焉。江西安福县相传得麻城麟经诀,李惠时述其事云:'人称山阳《礼记》,麻城《春秋》,言冠海内人文也……'"①。正因为麻城人多以选考《春秋》高中,为天下人熟知,外省人为了学习《春秋》,纷纷来到麻城,《春秋》研究也因此成为麻城一面响亮的文化招牌。研究《春秋》的冯梦龙,其对于麻城,应该是神往已久了。通过陈无异的媒介,冯梦龙也对于麻城《春秋》有了更加深入的了解,向往之情与日俱增。

应该说,正是陈无异等人,架起了一座沟通冯梦龙与麻城士人交往的桥梁。梅之焕《叙〈麟经指月〉》中说:"鄙邑麻,万山中手掌地耳,而明兴独为麟经薮。……故四方治《春秋》者,往往问渡于敝邑,而敝邑亦居然以老马智自任。乃吾友陈无异令吴,独津津推毂冯生梦龙也。王大可自吴归,亦为余言吴下三冯,仲其最著云。余拊髀者久之。无何,而冯生赴田公子之约,惠来敝邑。敝邑之治《春秋》者往往反问渡于冯生。"②麻城,群山环抱中的一个小县,在明朝,竟然成为天下研习麟经的渊薮。用梅之焕的话说,远的不谈,近几十年以来,如周姓、刘姓、耿姓、田姓、李姓,以及自己的家族,科第不绝,便都经由考麟经而得以高中。因此,各地研习《春秋》的人,接踵而至,前来朝圣。本地人也以此自豪。陈无异即以考《春秋》而中进士起家,自然是这方面的专家,却对县学生员冯梦龙赏赞不绝,揄扬有加;王大可从吴地归来,也对冯氏兄弟,特别是冯梦龙赞赏备至。

因为陈无异、王大可等人对冯梦龙的高度赞许认可,冯梦龙的《春秋》研究,在号称天下麟经渊薮的麻城,逐渐为人所知。而田氏某人的邀约冯梦龙前往麻城,与陈无异、王大可等人对冯梦龙的赞许,应该是

---

① 余晋芳:(民国)《麻城县志前编》卷十五《杂志·轶事》,《中国方志丛书·华中地方》第 357 号,台湾成文出版社有限公司 1975 年版,第 1386—1387 页。

② 冯梦龙著,李廷先、田汉云校点:《麟经指月》,江苏古籍出版社 1993 年版,叙第 1 页。

存在着一定的联系。

冯梦龙去麻城的时间，大约在万历四十五年左右。其前往麻城的目的何在？做了哪些事情？在其《〈麟经指月〉发凡》中有具体的交代："不佞童年受经，逢人问道，四方之秘策，尽得疏观；廿载之苦心，亦多研悟。纂而成书，颇为同人许可。倾岁读书楚黄，与同社诸兄弟掩关卒业，益加详定，拔新汰旧，摘要芟烦，传无微而不彰，题虽择而不漏。非敢僭居造后学之功，庶几不愧成先进之德

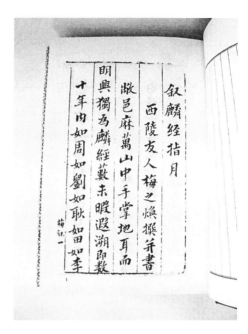

云耳。"①谓其童年开始学习《春秋》，痴迷于此，遇有造诣之人，即虚心求教，各地卷子、心得成果，得以遍览；苦心钻研二十多年的成果，编纂成书，征求意见，颇得研究者赞赏。近年游学麻城，与同社中人潜心讨论，将稿子进一步打磨完善，增删补益，提炼精简，使得《春秋》传文之内蕴尽得彰显；所拟作文题目，虽然有所选择，也庶几完备没有遗漏。不敢说有造福成就后学之功，可以无愧地说，将有益助成先贤前辈之德。在这里，冯梦龙自己说得很清楚，是"读书楚黄"，并参加了当地研习《春秋》的文社，将自己的研究成果，即《麟经指月》初稿，拿出来向大家请教，共同讨论，加以完善，使之完备。列入《〈麟经指月〉参阅姓氏》名单中者，便大多应该是对他这部书的完成，有过具体帮助的人。其中麻城人，有梅国楼、田生芝、田生金、王之机、梅之焕、陈以闻、周之夫、刘钟英、邹人昌、王奇、周应昕、李长年、梅之炜、田生兰、项士贞、周振、梅国棨、周应东、周应仑、刘涵清、鲁重礼、李延、王之桢、梅之煟、田弘慈、李春潮、田弘恩、王都会、刘启元、周世护、李围阳、李春江、宋之吕、陈以

① 冯梦龙著，李廷先、田汉云校点：《麟经指月》，江苏古籍出版社 1993 年版，发凡第 1 页。

愿,以及门人刘辉、陈以恩、周应颖、田弘忠、刘炫、董繁露等 40 人,以田、王、刘、周、李、梅、陈诸姓居多,大抵麻城一地研究《春秋》的世家。另有汉阳萧丁泰,黄安秦植、耿汝思、耿汝忞、耿汝憝、耿应衡、王三衡、耿应台、李时芳、耿应旗、耿应骃,应该也是在冯梦龙游学麻城的过程中所到之地,特别是去了黄安,向当地《春秋》世家学习,与其交往的记录。

冯梦龙游学麻城,也加深了麻城学人对他的了解,麻城之行,取得了很大的成功。梅之焕《叙〈麟经指月〉》中说:"敝邑之治《春秋》者,往往反问渡于冯生。"不完全是虚美之词,而有其根据。不然,作为《麟经》研究的重镇,"以老马智自任"的麻城学者,也不会答应。事实上,麻城周应华,还成为冯梦龙的学生。在冯梦龙《春秋衡库》出版的时候,他毕恭毕敬为老师的著作写了篇推崇备至的跋语。其中说道:"吾师犹龙氏才高殖学,所著多为世珍,而《麟经》尤擅专门。"认为世人读《春秋》,不可不知《春秋衡库》,此书"主以经文,实以《左》《国》,合以《公》《穀》,参以子史,证以他经,断以胡氏,辅以群儒",取精用弘,重内容,也重文采,从而使得春秋 242 年的历史,源流清晰,如同贯珠,是是非非,烛照无隐;还提到冯梦龙关于读书的教导:"凡读书,须知不但为自己读,为天下人读;即为自己,亦不但为一身读,为子孙读;不但为一世读,为生生世世读。作如是观,方铲尽苟简之意,胸次才宽,趣味才永。"因此,他认为,冯梦龙的著作,"可示于子孙,可惠于天下,而其精诚直可贯于生生世世"①。其中,冯梦龙关于读书的一番议论,于今仍有启示意义。

《情史》卷六《情豪类·丘长孺》条,有冯梦龙批语云:"余昔年游楚,与刘金吾、丘长孺俱有交。"②由此可知,在麻城,冯梦龙有着相当广泛的交际,比如这里所提到的刘金吾、丘长孺,便不见于上列《参阅姓氏》名单,自然属于冯梦龙在交往文社社友,学习研讨《春秋》以外,另外交往的朋友。

《古今谭概》卷八《不韵部·宣水》,有冯梦龙批语云:"余寓麻城时,或呼金华酒为'金酒',余笑曰:'然则贵县之狗,亦当呼"麻"狗矣。'坐客

① 杨晓东:《冯梦龙研究资料汇编》,广陵书社 2007 年版,第 125 页。
② 冯梦龙辑评,周方、胡慧斌校点:《情史》,江苏古籍出版社 1993 年版,第 215 页。

有脸麻者,相视一笑。"①这则笑话,则记录了冯梦龙游学麻城时期,读书研习之馀的社交生活,其中也显示了冯梦龙张扬外露、诙谐幽默的一贯性格。

晚明清初吴江人毛莹有《冯梦龙先生席上同楚中耿孝廉夜话》诗,云:"萧斋文酒雅相宜,沅芷湘兰慰所思。千里云停怀旧社,一时星聚结新知。骚坛共识南风竞,郢曲重翻白雪奇。自笑囊锥已无用,好凭何物较妍媸。"②应当是在冯梦龙游楚归来之后,楚中友人耿氏过访吴地,冯梦龙设宴,相与话别忆旧之作。

万历四十六年(1618)秋天,冯梦龙在南京,时值秋榜之后,应该是参加了本年的乡试,与同样不第的扬州李云翔相晤,"偕游诸院",并怂恿其撰《金陵百媚》,品六院名姬。李云翔题署"戊午秋日邗江为霖子"所作序言中有载:

> 南畿为六朝都会,以其纷华靡丽胜也。其尤胜者,桃叶渡头秦淮旧馆是也。予兹岁铩羽金陵,旅中甚寥寂。偶吴中友人过予处,见予郁郁,呵余曰:"李生何自苦乃尔!岂素谓豪侠者,一至此耶?"因偕予游诸院,遍阅丽人。其妖冶婉媚,或以情胜,以态胜,以韵胜,以度胜,甚至以清真雅洁胜,以风流偶俶胜,以浓艳嘲笑胜。虽种种不一,无非乔妆巧抹,以媚人也。总之,千万难当什百,亦何异于当今之世,尽以狐媚公行哉?予殆为之不平。友曰:"子既为之不平,何不一为之平,以洗近日之陋于见闻者?"遂强予。予不觉走笔之下,随花品题,阗然成帙。然次第中微有讽评,大都取其姿态雅洁、丰艳妖媚、清芬可挹、秀色可飧者为最。舍兹而往,品斯下矣。噫嘻!花固以媚人为主,而又不尽以媚人取也。予间有录者,正为青楼之规箴、风月之藻鉴耳。虽然,岂若今之狐媚以媚人者耶?噫嘻!真可涕也。人才之难,从古皆然,何独辈中哉!予何能,谬为不情之加以眩具眼者。因叶君请梓,以公同好,故名"百媚"。

① 冯梦龙编选,陆国斌、吴小平校点:《古今谭概》,江苏古籍出版社 1993 年版,第 166 页。
② 毛莹:《晚宜楼集》,《清代诗文集汇编》第 9 册,上海古籍出版社 2010 年版,第 140 页。

第四章　中岁之困

其所以媚者,又非兹集所能尽也。①

戊午即万历四十六年(1618),《金陵百媚》一书题署"广陵为霖子著次,吴中龙子犹批阅",卷首图像后有题署"吴中友弟龙子犹九顿"跋语:"泼墨时动惜花心,恍然合囿生春。落笔时动疾花心,倏焉满苑悲秋。花兮花兮,素以艳冶媚人,今悉向绮语瑰词受钧衡也"②。据此可知,序中所言之"吴中友人",乃指冯梦龙。此后,李云翔在天启五年(1625)游学蕲州、黄州,曾拜李长庚为师。同年九月,李长庚为冯梦龙《春秋衡库》作序,其中云:"余邑《春秋》,其世业也,习是经者十人而九。……每思国家明经初指,非以隐癖傲士,欲辑一书,备载近代各家之题,采加评定。而冯犹龙《指月》一刻,先余同然。又《大全》中诸儒所说,有与胡相发明者,有愈于胡氏者。其他芜杂,可少删芟。而诸书有与《春秋》相关者,合增刻为一书。犹龙氏近复以《衡库》出矣。犹龙氏才十倍于余。是二书出,为习《春秋》者百世之利也。"③对于冯梦龙的《春秋》研究,给予了颇高的评价。

关于冯梦龙的《春秋》研究,龚鹏程《冯梦龙的春秋学》一文中,有这样的评价:"冯梦龙于五经仅重《春秋》,本就是因'春秋经世,先王之志',故其论《春秋》亦以经世为念,著意阐发圣人经世之意";"冯氏著作,自己虽很耗精神,编写态度迥异于他那些小说戏曲作品,在友朋间也很受推崇。但萧条异代,未获赏音,根本乏人重视,更是明代经学中的冷门";"但治经学且志在经世资治的冯梦龙,毕竟又是一位文人,文人治经,自有其文学性的追求。因此冯氏之《春秋》学,其实又充满着文学观点,既重词气文章,要从词气文例书法文势上看出《春秋》的大意、圣人的用心;也要让读《春秋》的人由此揣摩出作文之法,以便应试。在这种情况下,文学性的追求、文学式解经法,遂与其经世资治结合合为一体";总体而言,"无论牧斋式的说法,抑或冯梦龙式,整体上共同促进了经学在晚明的发展","那是一个由文学角度全面解读经史诸子的时代"④。

---

① 参见周明初:《李云翔生平事迹辑考及〈封神演义〉诸问题的新认识》,《文学遗产》2014 年第 6 期,第 81—92 页。
② 高洪钧:《〈金陵百媚〉与冯梦龙跋》,《冯梦龙集笺注》,天津古籍出版社 2006 年版,第 321 页。
③ 杨晓东:《冯梦龙研究资料汇编》,广陵书社 2007 年版,第 123 页。
④ 龚鹏程:《晚明思潮》,商务印书馆 2005 年版,第 236—270 页。

## 第二节　韵社盟主

中国古代文人结社,以"社"命名,大约肇始于东晋慧远大师的"白莲社"。而真正具有文学性质的结社,要算是中唐幕府诗人的"诗社"了。宋、元时期,结社的风气逐渐盛行,据学人考证,仅在宋代,有材料记载的各类诗社,已经达到六七十家。明代文人结社益趋繁荣,据郭绍虞统计,有明一代文人社团,达170余家①。新近研究成果统计,明代文人社团,更多到680馀例。其中,隆庆、万历时期,超过220例;泰昌、崇祯时期,近200例。②

在何宗美《文人结社与明代文学的演进》一书中,言及冯梦龙结社凡三次:1."冯梦龙结社",约在万历三十八年(1610)之前,"时冯梦龙与人结社,乌程董斯张(1586—1628)为其社友。此外,钱谦益、文震孟、姚希孟、毛莹等与冯梦龙结社抑或在此时"。2."冯梦龙麻城结社",在"万历四十八年(1620),冯梦龙设馆黄州麻城,刊《麟经指月》,此际有结社,梅之熉《叙谭概》署曰:'古亭社弟梅之熉惠连述。'之熉为梅国桢之子,是冯梦龙'读书楚黄'时的社友"。3.韵社,本为诗社,但"抑郁无聊"之际,以说笑话为乐,社长冯梦龙为"笑宗",这种别开生面的情景,在明代文人结社个案中并不多见,冯梦龙《古今谭概》《广笑府》的成书与结社不无关系。③

梳理相关文献中有关冯梦龙结社的材料记载,大体有这样五条:其一,《太霞新奏》卷七《怨离词》附董斯张评语中说,"子犹……有《怨离诗》三十首,同社和者甚多,总名《郁陶集》"④。冯梦龙与董斯张等人结社,此事大约发生在万历三十八年(1610)之前。其二,冯梦龙《〈麟经指月〉发凡》中回忆说,他曾经"读书楚黄。与同社诸兄弟掩关卒业,益加

① 郭绍虞:《明代的文人集团》,《照隅室古典文学论集》,上海古籍出版社2009年版,第518—610页。
② 何宗美:《文人结社与明代文学的演进》,人民出版社2011年版。
③ 何宗美:《文人结社与明代文学的演进》,第362、371—372、372页。
④ 冯梦龙评选、俞为民校点:《太霞新奏》,江苏古籍出版社1993年版,第116页。

详定",称其游学麻城期间,与"同社"友人共同删定《麟经指月》①。此事大约在万历四十五年(1617)左右。其三,万历四十八年庚申(1620)之前出版的《古今谭概》,有署名"古亭社弟梅之熉惠连"所撰叙②,由此可知,冯梦龙还曾与梅之熉结社。其四,崇祯十六年(1643),钱谦益作《冯二丈犹龙七十寿诗》,其中"七子旧游思应阮,《五君》新咏削山王"句,后有小字注曰:"冯为同社长兄。文阁学、姚宫詹,皆社中人也。"③回忆与文震孟、姚希孟、冯梦龙同为社友。其五,万历四十八年(1620)刊《古今笑》,有署名"韵社第五人题于萧林之碧泓"所撰《题〈古今笑〉》,称冯梦龙为韵社社长④。这些社集,除了韵社,因为均不知其社名,究竟是一社的延续,还是前后不同的几个文社(诗社),学界存在不同的看法。

署名"韵社第五人题于萧林之碧泓"所撰《题〈古今笑〉》,对于我们研究冯梦龙结社问题,有比较重要的参考价值。在这篇题词中,谈到了韵社的活动以及冯梦龙与韵社的关系:

> 韵社诸兄弟抑郁无聊,不堪复读《离骚》,计唯一笑足以自娱,于是争以笑尚,推社长子犹为笑宗焉。子犹固博物者,至稗编丛说,流览无不遍,凡挥麈而谈,杂以近闻,诸兄弟辄放声狂笑,粲风起而郁云开,夕鸟惊而寒鳞跃,山花为之遍放,林叶为之振落。日夕相聚,抚掌掀髯,不复知有南面王乐矣。一日,野步既倦,散憩篱薄间,无可语,复纵谭笑。村塾中忽出腐儒,贸贸而前,闻笑声也,揖而丐所以笑者。子犹无已,为举显浅一端,儒亦怳悟,划然长噱。余私与子犹曰:"笑能疗腐邪?"子犹曰:"固也。夫雷霆不能夺我之笑声,鬼神不能定我之笑局,混沌不能息我之笑机。眼孔小者,吾将笑之使大;心孔塞者,吾将笑之使达。方且破烦蠲忿,夷难解惑,岂特疗腐而已哉!"诸兄弟前曰:"吾兄无以笑为社中私,请辑一部鼓吹,以开当世之眉宇。"子犹曰:"可。"乃授简小青衣,无问杯馀茶罢,有暇,辄疏所睹记,错综成帙,颜曰"古今笑"。不分古今,笑同

---

① 冯梦龙著,李廷先、田汉云校点:《麟经指月》,江苏古籍出版社 1993 年版,发凡第 1 页。
② 冯梦龙编选,陆国斌、吴小平校点:《古今谭概》,江苏古籍出版社 1993 年版,叙第 1 页。
③ 钱谦益著、钱曾笺注,钱仲联标校:《牧斋初学集》卷二十,上海古籍出版社 1985 年版,第 713 页。
④ 杨晓东:《冯梦龙研究资料汇编》,广陵书社 2007 年版,第 159 页。

也;分部三十六,笑不同也。笑同而一笑足满古今,笑不同而古今不足满一笑。倘天不摧,地不塌,方今方古,笑亦无穷,即以子犹为千秋笑宗,胡不可? 世有三年不开口如杨子者,请先以一编为之疗腐。[1]

首先,我们知道,在万历四十八年(1620)之前,冯梦龙曾经参加了韵社,还被推选为社长。其次,我们了解到,韵社因"不堪复读《离骚》",而"争以笑尚",追求自娱。其三,韵社又不以"笑为社中私",希望通过他们的著作,"开当世之眉宇",不仅治疗迂腐,还使世人"眼孔小者,吾将笑之使大;心孔塞者,吾将笑之使达",寓教于乐,疗治世风。

由韵社的这种追求,很自然地令人想起《庄子·天下》里的一段文字来:"庄周闻其风而悦之,以谬悠之说,荒唐之言,无端崖之辞,时恣纵而不傥,不以觭见之也。以天下为沈浊,不可与庄语,以卮言为曼衍,以重言为真,以寓言为广。独与天地精神往来而不敖倪于万物,不谴是非,以与世俗处。"[2]庄子何以持如此玄虚不可捉摸的理论,喜广不可测的言论、不着边际的言辞、放纵不明确的论说,即因天下沉沦污浊,不可以讲庄重的话,于是以卮言肆意推衍,以重言体现真实,以寓言阐发道

---

① 杨晓东:《冯梦龙研究资料汇编》,广陵书社 2007 年版,第 159 页。
② 郭庆藩撰、王孝鱼点校:《庄子集释》卷十下,中华书局 1961 年版,第 1098—1099 页。

理,从而体现他的独立精神,济世理想。韵社庶几近之,这也应该是冯梦龙编纂笑话类故事的理论根据。

综合所见关于冯梦龙参加文社(诗社)的各种文献,可以发现,首先,各社的时间间隔并不甚远;其次,从最早的社友董斯张,到钱谦益及其提及的社友文震孟、姚希孟,再到"古亭社弟梅之熉",均见于《〈麟经指月〉参阅姓氏》名单;其三,对照梅之熉《叙谭概》中所云"士君子得志则见诸行事,不得志则托诸空言。……然则谭何容易? 不有学也不足谭,不有识也不能谭,不有胆也不敢谭,不有牢骚郁积于中而无路发撼也亦不欲谭。夫罗古今于掌上,寄《春秋》于舌端,美可以代舆人之诵,而刺亦不违乡校之公,此诚士君子不得志于时者之快事也",以及冯梦龙所云"学语不成,亦足自娱。吾无学无识,且胆销而志冷矣,世何可深谭? 谭其一二无害者,是谓概"①,更可以发现,这些言论,与韵社第五人所撰《题〈古今笑〉》中的说法先后一脉相承,梅之熉当也属韵社社友。进一步推论,同在《〈麟经指月〉参阅姓氏》名单中的董斯张、钱谦益、文震孟、姚希孟,或许也应该是韵社成员。因为冯梦龙"为同社长兄"(钱谦益语),年纪最长,博学多闻,是公认的笑宗,于是公推他成为韵社的社长。《古今谭概》《笑府》应该是韵社集体催生出来的成果。

## 第三节　编刊《古今谭概》

《古今谭概》,又名《古今笑》,书目著录或称之《谈概》《谭概》②。其最早书名为何,《古今谭概》与《古今笑》何者刊刻在先,冯梦龙纂辑该书的命意何在,以及如何评价是书之内容? 诸多方面,均有待进一步探讨。

---

① 冯梦龙编选,陆国斌、吴小平校点:《古今谭概》,江苏古籍出版社1993年版,叙第1页。
② 嵇璜、曹仁虎等:《钦定续文献通考》卷一七八《子部·杂家下·杂纂》,《景印文渊阁四库全书》第630册,台湾商务印书馆1986年影印,第398页;永瑢等:《四库全书总目》卷一三二《子部杂家类类存目九·杂纂》,上海古籍出版社1992年版,第632页。

## 一、书名、刊刻及其命意

关于书名,在李渔康熙丁未(六年,1667)所撰《古今笑史序》中,原本有较为清晰的梳理:

> 是编之辑,出于冯子犹龙,其初名为《谭概》,后人谓其网罗之事,尽属诙谐,求为正色而谈者,百不得一,名为《谭概》,而实则笑府,亦何浑朴其貌而艳冶其中乎?遂以《古今笑》易名,从时好也。……同一书也,始名《谭概》,而问者寥寥,易名《古今笑》,而雅俗并嗜,购之惟恨不早:是人情畏谈而喜笑也明矣。不投以所喜,悬之国门,奚裨乎?石钟昆季,笔削既竣,而问序于予。予请:"所以命名者,仍旧贯乎?从时尚乎?"石钟曰:"予酒人也,左手持蟹螯,右手持酒杯,无暇为晋人清谈,知有笑而已矣。但冯子犹龙之辑是编,述也非作也;予虽稍有撙节,然不敢旁赘一词,又述其所述者也,述而不作,仍古史也,试增一词为《古今笑史》,能免蛇足之讥否乎?"予曰:"善,古不云乎:'嬉笑怒骂,皆成文章。'是集非他,皆古今绝妙文章,但去其怒骂者而已,命曰《笑史》,谁曰不宜?"时康熙丁未之仲春,湖上笠翁漫述。①

在这段文字中,李渔明确谈及冯梦龙书名的演变,记其前后次第,甚为清晰,即"初名为《谭概》",而"后人谓其网罗之事,尽属诙谐,求为正色而谈者,百不得一,名为《谭概》,而实则笑府",于是"以《古今笑》易名,从时好也"。也就是说,《谭概》之名在先,易名《古今笑》,是因为考虑读者的意见,受众的诉求而为之。易名的效果,可谓立竿见影:"始名《谭概》,而问者寥寥,易名《古今笑》,而雅俗并嗜,购之惟恨不早",是书因此而畅销大行。

较早就此问题提出疑问者,是署名金苏刊发的一篇短文《〈古今笑〉与〈古今谭概〉》。文中提出:"或说《古今笑》系取《古今谭概》旧版重印,即《古今谭概》辑在前,《古今笑》印于后。笔者看法完全相反"。其认为

---

① 丁锡根:《中国历代小说序跋集》,人民文学出版社 1996 年版,第 659—660 页。

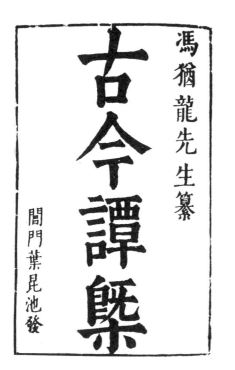

"《古今笑》之两篇序文"中透露出，在"庚申春朝"之前，"并无其他类似作品，包括《古今谭概》在内。如有相同的书，诸兄弟就不必'请辑一部鼓吹，以开当世之眉宇'了"，而"《古今谭概》之所以仅有梅之熉一序，序文内容无成书经过，亦无系年，探究其因，即《古今笑》已有刻本行世，《古今谭概》为其易名重印而已"①。

时隔多年，高洪钧刊发《冯梦龙的俗文学著作及其编年》一文，对此做了更为具体的论述。其理由有四：其一，从是书的成书过程来看，韵社第五人所撰《题〈古今笑〉》中文字表明，该书是在韵社诸兄弟请求下编成的，书名即颜曰《古今笑》，并没说是《古今谭概》的改版易名；若是同一书，冯梦龙大可不必"授简小青衣"，重复此项劳动，韵社诸兄弟也不必再有所"请"，或许早就拜读或传阅了。其二，从书序中表露出的思想感情来看，冯梦龙在《题〈古今笑〉》中表现得多么自信自负，但在《古今谭概》中却消极委顿，前后判若两人，显然是因《古今笑》自刻在先，遭到了非议，犹如当初编刻《挂枝儿》而被人攻讦一样，最后还是在梅之熉的宽慰和担保下，才改题《古今谭概》而重行于世。其三，从出版时间来看，《古今笑》是墨憨斋自刻本，并没有说是重刻；而《古今谭概》是叶昆池能远居刻本，若说在万历四十八年（1620）前即已有之，那时书林能远居尚未开业，梅之熉也还不到 18 岁，难能肩此重任；据杜信孚《明代版刻综录》，吴县书林能远居所刻书有四种，其中包括冯梦龙的《春秋衡库》《古今谭

① 金苏：《〈古今笑〉与〈古今谭概〉》，《明清小说研究》1988 年第 2 期，第 234 页。

概》，皆著录为明天启间刻，《古今谭概》刻于明天启间，显然比墨憨斋刻《古今笑》要晚。其四，再从是书的流传情况来看，至明末清初，社会上流传的、藏书家见到的和国家书目著录的，是《古今谭概》而非《古今笑》，《古今笑》出版在前，时人已少见，或说已为《古今谭概》所替代。《古今笑》序刊于万历四十八年（1620），那时李渔还不到10岁，读书不多，知事甚少，他成人后见到的，只能是天启间刻《古今谭概》。① 台湾学者吴俐雯刊发《〈古今谭概〉书名及版本考辨》文章，再申此说②。

为便于讨论，引录梅之熉《叙谭概》、墨憨斋《自叙》如下，韵社第五人《题〈古今笑〉》见前文。

梅之熉《叙〈谭概〉》：

> 犹龙《谭概》成，梅子读未终卷，叹曰："士君子得志则见诸行事，不得志则托诸空言。老氏云："谭言微中，可以解纷。"然则谭何容易？不有学也不足谭，不有识也不能谭，不有胆也不敢谭，不有牢骚郁积于中而无路发摅也亦不欲谭。夫罗古今于掌上，寄《春秋》于舌端，美可以代舆人之诵，而刺亦不违乡校之公，此诚士君子不得志于时者之快事也。"犹龙曰："不然。子不见夫鹦鹉乎？学语不成，亦足自娱。吾无学无识，且胆销而志冷矣，世何可深谭？谭其一二无害者，是谓概。"梅子曰："有是哉，吾将以子之谭，概子之所未谭。"犹龙曰："若是，是旌余罪也。"梅子笑曰："何伤乎？君子不以言举人，圣朝宁以言罪人？知我罪我，吾直为子任之。"于是乎，此书遂行于世。③

墨憨斋《自叙》：

> 龙子犹曰：人但知天下事，不认真做不得；而不知人心风俗，皆以太认真而至于大坏。何以故？胥庭之世，摽枝野鹿，其人安所得真而认之？尧、舜无所用其让，汤、武无所用其争，孔、墨无所用其

第
四
章
　
中
岁
之
困

---

① 高洪钧：《冯梦龙的俗文学著作及其编年》，原载《天津师大学报》1997年第1期，收入其《冯梦龙集笺注》，天津古籍出版社2006年，第312—320页。
② 吴俐雯：《〈古今谭概〉书名及版本考辨》，《耕莘学报》2012年第1期，第25—45页。
③ 冯梦龙编选，陆国斌、吴小平校点：《古今谭概》，江苏古籍出版社1993年版，叙第1页。

教,管、商无所用其术,苏、张无所用其辩,跅、跖无所用其贼。如此,虽亿万世而泰阶不靠,可矣。后世凡认真者,无非认作一件美事。既有一美,便有一不美者为之对,而况所谓美者,又未必真美乎!姑浅言之,即如富贵一节,锦褥飘花,本非实在,而每见世俗辈,平心自反,庸碌犹人,才顶却进贤冠,便尔面目顿改,肺肠俱变,谄夫媚子又从而逢其不德。此无他,彼自以为真富贵,而旁观者亦遂以彼为真富贵。孰知荧光石火,不足当高人之一笑也。一笑而富贵假,而骄吝忮求之路绝;一笑而功名假,而贪妒毁誉之路绝;一笑而道德亦假,而标榜倡狂之路绝;推之一笑而子孙眷属皆假,而经营顾虑之路绝;一笑而山河大地皆假,而背叛侵凌之路绝。即挽末世而胥庭之,何不可哉,则又安见夫认真之必是,而取笑之必非乎?非谓认真不如取笑也,古今来原无真可认也。无真可认,吾但有笑而已矣。无真可认而强欲认真,吾益有笑而已矣。野蕈有异种,曰"笑矣乎",误食者辄笑不止,人以为毒。吾愿人人得"笑矣乎"而食之,大家笑过日子,岂不太平无事亿万世?于是乐集《古今笑》三十六卷。庚申春朝书于墨憨斋。①

综合而观三篇序文,首先,我们认为,韵社第五人《题〈古今笑〉》中所谓韵社兄弟之"无以笑为社中私,请辑一部鼓吹",以及"乃授简小青衣,无问杯馀茶罢,有暇,辄疏所睹记,错综成帙"云云,无非文人故弄狡狯,原不必当真。墨憨斋《自叙》云其"于是乐集《古今笑》三十六卷",梅之熉《叙谭概》云"犹龙《谭概》成",均可证《古今谭概》(或《古今笑》)是冯梦龙个人之纂辑著述,此的无疑问;卷三十六《杂志部》小序中,冯梦龙曰:"史传所载,采之不尽;稗官所述,阅之不尽;客座所闻,录之不尽。"②该书乃冯梦龙"博览历代正史,兼收多种稗官野史、笔记丛谈"③,及"客座所闻",精心辑撰的著作,亦自非"小青衣""杯馀茶罢,有暇,辄疏所睹记",而能够"错综成帙",有此巨著。何况,所谓韵社诸兄弟之

---

① 冯梦龙:《古今笑》,冯氏墨憨斋明末刻本。
② 冯梦龙编选,陆国斌、吴小平校点:《古今谭概》,江苏古籍出版社1993年版,第756页。
③ 吴俐雯:《〈古今谭概〉书名及版本考辨》,《耕莘学报》2012年第1期,第26页。

"请辑一部鼓吹",也未尝不能指《古今谭概》,《古今笑》《古今谭概》原本就是同书异名的一部著作。

其次,细加体味三篇序文,可以看出,韵社第五人《题〈古今笑〉》、墨憨斋《自叙》,与梅之熉《叙谭概》写法殊异。前二者着眼于书名"古今笑",洋溢着文学色彩,颇富煽情成分;而后者,则遵从序跋惯常写法,交代缘起,揭示内容,按部就班,郑重其事而已。不同的文本呈现,带来了不同的阅读感受,似乎由中难以发现作者"自信自负"或"消极委顿"的证据。所谓"梅之熉的宽慰和担保",即梅之熉《叙谭概》中所云"君子不以言举人,圣朝宁以言罪人? 知我罪我,吾直为子任之",无非成语套话,也似乎读不出"宽慰和担保"的内涵。进一步讲,倘若真有所谓"因《古今笑》自刻在先,遭到了非议,犹如当初编刻《挂枝儿》而被人攻讦一样",冯梦龙也绝对不会因为梅之熉序中的几句话,便"改题《古今谭概》而重行于世"的。

其三,所谓"《古今笑》是墨憨斋自刻本,并没有说是重刻",却并不等于说其一定不是"重刻"或"重版";所谓万历四十八年(1620)前"书林能远居尚未开业",也终究只是一种臆测;至于说"梅之熉也还不到 18 岁,难能肩此重任",更显然是疏于考证。据凌礼潮研究,万历二十四年(1596)丙申,"七月二十五日,梅国桢侧室刘氏生子,取名梅之熉,号惠连",自注据《梅氏族谱》卷首《梅惠连先生行略》①,如此,在万历四十八年(1620),梅之熉便不是不到 18 岁,而是虚龄二十有五,自然是可以"肩此重任"了。

其四,所谓"至明末清初,社会上流传的、藏书家见到的和国家书目著录的,是《古今谭概》而非《古今笑》,《古今笑》出版在前,时人已少见,或说已为《古今谭概》所替代",但其所可资以证明的材料,也只是《古今谭概》较《古今笑》影响更大,更为人认可而已。其所驳论之李渔《〈古今笑史〉序》中,白纸黑字,清楚明白地记载了冯梦龙此书"初名为《谭概》",其"以《古今笑》易名,从时好也"。李渔等人读到的本子,应该便是《古今笑》。因为,李渔所序之朱氏兄弟删削本,其所做的工作:一是

① 凌礼潮:《梅国桢年谱》,凌礼潮笺校:《梅国桢集》附录,湖北人民出版社 2006 年版,第 327 页。

内容上"稍有搏节",删除其"读而不快,快而不甚快者","去其怒骂者而已";二是在书名上,"试增一词,为《古今笑史》",所据以增补的,即在"古今笑"基础上,增一"史"字而已。由此亦可窥知,朱石钟、朱姜玉、朱宫声兄弟所见,乃至所据以删节而成的《古今笑史》,便是《古今笑》。朱氏兄弟于康熙年间所见流行的《古今笑》,又如何会在《古今谭概》刊刻的"明天启年间",便"人已少见,或说已为《古今谭概》所替代"了呢?

其五,《古今谭概》刻印在先,《古今笑》重版在后,由书名与书中内容的关联度强弱,亦可察见端倪。韵社第五人《题古今笑》云:"不分古今,笑同也;分部三十六,笑不同也。笑同而一笑足满古今,笑不同而古今不足满一笑。倘天不摧,地不塌,方今方古,笑亦无穷,即以子犹为千秋笑宗胡不可?"然事实上,冯梦龙该书中所采辑内容,非笑话性质的文字大量存在,称其"古今笑",未免以偏概全。而"古今谭概",即梅之焕《叙谭概》中所云"谈言微中,可以解纷""罗古今于掌上,寄《春秋》于舌端",却更为名实相副,亦可见出冯梦龙著述命意所在。

关于成书时间。《古今谭概》中摘录钱希言《狯园》多条。其卷三十四《妖异部》引《狯园》云:"万历己酉,石湖民陈妻许氏产一白鱼。壬子,苏城吴妻娠身,产一金色大鲤鱼,长四尺许,鳞甲灿然。"①该条并见《古今笑》。《狯园》全称《狯园志异》,乃晚明钱希言所撰志怪小说集,书中有著者"癸丑冬"所撰《狯园自叙》。然据陈国军考证:"小说文本中如卷一'五郎神十二'等 14 篇作品的叙事时间已在万历甲寅(1614),且成书于万历四十二年的《听滥志》言'《狯园》而实未出也',则本书当刊行于万历四十三年或稍后。"②由此可知,《古今谭概》纂辑成书的时间,当不会早于万历四十三年(1615)。又《古今笑》有"庚申春朝书于墨憨斋"之《自叙》,可知万历四十八年(1620)为其纂辑成书时间的下限。也就是说,《古今谭概》当纂成于冯梦龙 42 岁至 47 岁之间。

关于该书纂辑的命意。冯梦龙在万历四十八年(1620)之前成书的《麟经指月》,卷首有乃弟冯梦熊所撰《序》,其中有云:

---

① 冯梦龙编选,陆国斌、吴小平校点:《古今谭概》,江苏古籍出版社 1993 年版,第 730 页。
② 陈国军:《明代志怪传奇小说叙录》,商务印书馆国际有限公司 2015 年版,第 374—375 页。

余兄犹龙,幼治《春秋》,胸中武库,不减征南。居恒研精覃思,曰:"吾志在《春秋》。"墙壁户牖皆置刀笔者,积二十馀年而始惬。其解粘释缚,则老吏破案,老僧破律;其劈肌分理,则析骨还父,析肉还母。……烨烨乎古之经神也哉! 而荏苒至今,犹未得一以《春秋》举也。于是抚书叹曰:"吾惧吾之苦心,土蚀而蠹残也。吾其以《春秋》传乎哉?"……今天下镐京磐石,邈禾黍之离;辨琛叩关,绝金缯之耻,似无所用其忧患愤发。然而纪纲之隳窳也,形势之单靡也,夷狄之侵陵也,则亦儒臣专以《春秋》入侍时也。诸葛武侯劝其君曰:"申、韩之书,益人意智。"岂时可以申、韩,则申、韩;时可以《春秋》,而反不可以《春秋》欤! 迩者夷氛东肆,庙算张皇,即行伍中冀有狄武襄、岳少保深沉好《春秋》者,而研精覃思积二十馀年者,独令其以《春秋》抱牍老诸生间,痛土蚀而悲蠹残也! 岂时可以《春秋》而学《春秋》者,亦自有其时而后可欤?①

《麟经指月》整理成书的时间,与冯梦龙纂辑《古今谭概》的时间大致相当。冯梦熊序中记载,对于我们了解冯梦龙这一阶段的思想状态,及其何以编纂《古今谭概》,颇有参考价值。

冯梦龙何以纂辑《古今谭概》? 其自叙中有所表露,而梅之熉、韵社第五人序等文献,亦有揭示。墨憨斋《自叙》中云:"孰知荧光石火,不足当高人之一笑也。一笑而富贵假,而骄吝忮求之路绝;一笑而功名假,而贪妒毁誉之路绝;一笑而道德亦假,而标榜倡狂之路绝;推之一笑而子孙眷属皆假,而经营顾虑之路绝;一笑而山河大地皆假,而背叛侵凌之路绝。即挽末世而胥庭之,何不可哉?"②其中虽多愤激之言,却也透露出他对于末世社会世俗心理的深切关怀,参酌上引冯梦熊序文中言及当时社会"纪纲之隳窳也,形势之单靡也,夷狄之侵陵也"云云,相互发明,正可见其针砭世俗心理及疗治社会的真切目的。

梅之熉《叙谭概》中云:"'谭言微中,可以解纷。'然则谭何容易? 不有学也不足谭,不有识也不能谭,不有胆也不敢谭,不有牢骚郁积于中

① 冯梦龙著,李廷先、田汉云校点:《麟经指月》,江苏古籍出版社 1993 年版,叙第 2—3 页。
② 冯梦龙:《古今笑》,冯氏墨憨斋明末刻本。

而无路发摅也亦不欲谭。夫罗古今于掌上，寄《春秋》于舌端，美可以代舆人之诵，而刺亦不违乡校之公，此诚士君子不得志于时者之快事也！"①正揭示出冯梦龙忧心国是，针砭社会，以文章济世的良苦用心。

韵社第五人《题〈古今笑〉》："余私与子犹曰：'笑能疗腐邪？'子犹曰：'固也。夫雷霆不能夺我之笑声，鬼神不能定我之笑局，混沌不能息我之笑机。眼孔小者，吾将笑之使大；心孔塞者，吾将笑之使达。方且破烦蠲忿，夷难解惑，岂特疗腐而已哉！'诸兄弟前曰：'吾兄无以笑为社中私，请辑一部鼓吹，以开当世之眉宇。'子犹曰：'可。'"②同样揭出冯梦龙欲藉谭谐手段，以疗腐化俗，使世人开眼界、展胸怀，改良思想人格的意图。

《孟子·滕文公下》中载："世衰道微，邪说暴行有作，臣弑其君者有之，子弑其父者有之。孔子惧，作《春秋》。《春秋》，天子之事也；是故孔子曰：'知我者其惟《春秋》乎！罪我者其惟《春秋》乎！'"③以研究《春秋》自负的冯梦龙，念兹在兹，"罗古今于掌上，寄《春秋》于舌端"（梅之熉《叙谭概》），汇古今于一帙，寓褒贬于其中，秉承《春秋》"上明三王之道，下辨人事之纪，别嫌疑，明是非，定犹豫，善善恶恶，贤贤贱不肖，存亡国，继绝世，补弊起废"④的史家精神，"微而显，志而晦，婉而成章，尽而不污，惩恶而劝善"⑤，如其《颜甲部》小序中云："余尝劝人观优，从此中讨一个干净面孔。夫古来笔乘，孰非戏本？只少一副响锣鼓耳！"⑥希望读者能够以此为鉴，照见自家面孔，各自完善人格，进而扭转世风，挽末世之狂澜，此亦"士君子不得志于时者之快事也"（梅之熉《叙谭概》）。书中或针砭，或张扬，一反一正，相辅相成，综合而观，完整体现出冯梦龙以新人格改良末世世风的良苦用心和追求。

---

① 冯梦龙编选，陆国斌、吴小平校点：《古今谭概》，江苏古籍出版社 1993 年版，叙第 1 页。
② 丁锡根：《中国历代小说序跋集》，人民文学出版社 1996 年版，第 657—658 页。
③ 杨伯峻：《孟子译注》，中华书局 1960 年版，第 155 页。
④ 司马迁：《史记·太史公自序》，《史记》卷一三〇，中华书局 1959 年版，第 3297 页。
⑤ 左丘明传、杜预注、孔颖达疏、浦卫忠等整理：《春秋左传正义》卷二十七"成公十四年"，北京大学出版社 1999 年版，第 765 页。
⑥ 冯梦龙编选，陆国斌、吴小平校点：《古今谭概》，第 333 页。

## 二、针砭末世人心

　　冯梦龙纂辑《古今谭概》，其针砭末世人心风俗的用意，是十分明显的。梅之熉《叙谭概》中称其"谭言微中""寄《春秋》于舌端""刺亦不违乡校之公"，韵社第五人《题〈古今笑〉》称其"笑能疗腐"，冯梦龙自云欲"挽末世而胥庭之"（墨憨斋《自叙》）、"或亦砭迂针俗之一助"①（《文戏部》小序）等等，均可以证明。其或刺或美，又以世道风俗、人心人格为中心内容。

　　（一）刺迂腐。《古今谭概》开卷即《迂腐部》。小序中说："天下事，被豪爽人决裂者尚少，被迂腐人担误者最多。何也？豪爽人纵有疏略，譬诸铅刀虽钝，尚赖一割。迂腐，则尘饭土羹而已。而彼且自以为有学有守，有识有体，背之者为邪，斥之者为谤，养成一个怯病，天下以至于不可复而犹不悟，哀哉。虽然，丙相、温公自是大贤，特摘其一事之迂耳。至如梁伯鸾、程伊川所为，未免已甚，吾并及之。正欲后学大开眼孔，好做事业，非敢为邪为谤也。"②迂腐者"尘饭土羹"，而自以为有学问、操守、见识，讲原则，视背反者为异端、诽谤，如此人格，误事害政不浅，而在冯梦龙所处之晚明社会，为害尤烈，故不避史书所称之"大贤"，录汉丞相丙相、宋丞相司马光故事，加以揭摘，此亦《春秋》"不掩恶"精神的继承发扬。

　　《问牛》载："丙吉为丞相，尝出，逢斗者，死伤横道。吉过之，不问。已而逢人逐牛，牛喘吐舌，吉止驻，使骑吏问：'逐牛行几里矣？'掾吏谓丞相前后失问。吉曰：'民斗相杀伤，长安令、京兆尹职所当禁备逐捕。岁竟，丞相课其殿最，奏行赏罚而已。宰相不亲小事，非所当于道路间也。方春少阳用事，未可太热，恐牛近行，用暑故喘。此时气失节，恐有伤害。三公典调阴阳，职所当忧，是以问之。'"文中，于"宰相不亲小事，非所当于道路间也"句评曰："事关人命，不犹大于牛喘耶？"文后评曰："死伤横道，反不干阴阳之和，而专讨畜生口气，迂腐莫甚于此。友人诘

---

① 冯梦龙编选，陆国斌、吴小平校点：《古今谭概》，江苏古籍出版社 1993 年版，第 531 页。
② 冯梦龙编选，陆国斌、吴小平校点：《古今谭概》，第 1 页。

余曰:'诚如子言,汉人何以吉为知大体?'余应曰:'牛体不大于人耶?'友人大笑。"①冯梦龙批语,可谓一针见血,在调侃文字中,益显丙吉之迂。丙吉字少卿,西汉名臣,《汉书》本传载其"为人深厚,不伐善","及居相位,上宽大,好礼让"②,冯梦龙录其"问牛"事,亦无否定其人之意,所批评者,乃其迂腐之性而已。

《鹅鸭谏议》载:"高宗朝,黄门建言:'近来禁屠,止禁猪羊,圣德好生,宜并禁鹅鸭。'适报金虏南侵,贼中有龙虎大王者甚勇,胡侍郎云:'不足虑。此有鹅鸭谏议,足以当之。'"文末评曰:"我朝亦有号虾蟆给事者,大类此。"③所谓"虾蟆给事",明沈德符《万历野获编》卷十九《台省·虾蟆给事》有载,万历朝礼科都给事中胡汝宁,"会亢旱祷雨禁屠宰,胡上章请禁捕鼋,可以感召上苍",汤显祖讽其"不过一虾蟆给事而已"④。两相参对,可见冯梦龙针砭现实的良苦用心。

此外,如终日驱驴出堂的右相王及善;规谏皇帝,柳枝"方春发生,不可无故摧拆"⑤的朝廷侍讲、理学大儒程颐;久旱不雨,"召城中巫觋"⑥祈雨的京兆尹黎干;见天有异象,"推《春秋》之意",建言汉帝当"求索贤人,禅以帝位"⑦而遭致杀头的眭孟;面对强兵,引经据典,向王莽建言"国有大灾,则哭以厌之"⑧的崔发,以及明成化朝御史建言骡驴分道而驰、弘治朝给事建言禁穿马尾衬裙、嘉靖朝员外建言为茶食店看桌糖饼擘画定式等,形形色色,五花八门,皆予以辛辣嘲讽,朝廷以此等迂腐辈为栋梁,政治败坏,实属必然。

(二)刺怪诞。《怪诞部》小序有云:"人情厌故而乐新,虽雅不欲怪,辄耳暗之。然究竟怪非美事:纣为长夜之饮,通国之人皆失日。以问箕子,箕子不对。箕子非不能对也,以为独知怪矣。楚王爱细腰,使群臣俱减餐焉。议者谓六宫可也,群臣腰细何为? 不知出宫忽见腰围如许,

---

① 冯梦龙编选,陆国斌、吴小平校点:《古今谭概》,江苏古籍出版社 1993 年版,第 1—2 页。
② 班固:《汉书》卷七十四,中华书局 1964 年版,第 3144、3145 页。
③ 冯梦龙编选,陆国斌、吴小平校点:《古今谭概》,第 3 页。
④ 沈德符:《万历野获编》卷十九,中华书局 1959 年版,第 504 页。
⑤ 冯梦龙编选,陆国斌、吴小平校点:《古今谭概》,第 4 页。
⑥ 冯梦龙编选,陆国斌、吴小平校点:《古今谭概》,第 5 页。
⑦ 冯梦龙编选,陆国斌、吴小平校点:《古今谭概》,第 6 页。
⑧ 冯梦龙编选,陆国斌、吴小平校点:《古今谭概》,第 6 页。

王必怪,怪则不测。即微王令,能勿减餐乎哉? 夫使人常所怪而怪所常,则怪反故而常反新矣。新故须臾,何人情之不远犹也? 昔富平孙家宰在位日,诸进士谒选,齐往受教,孙曰:'做官无大难事,只莫作怪!' 真名臣之言乎,岂唯做官?"①商之"纣为长夜之饮,通国之人皆失日",楚之"楚王爱细腰,使群臣俱减餐",上有怪诞之举,致天下以常为怪,以怪为常,世情颠倒,正末世通病。

《天文冠》载:"新莽好怪,制天文冠,使司命冠之,乘乾车,驾坤马,左苍龙,右白虎,前朱鸟,后玄武,右仗威节,左负威斗,号曰赤星,以尊新室之威命。司命孔仁妻,坐祝诅事连及,自杀。仁见莽免冠谢,莽使尚书劾仁擅免天文冠,大不敬。有诏勿问,更易新冠。"②历史上,王莽改制,不乏可称道处,冯梦龙评语云:"到王莽身上,周官井田,俱属怪诞,不止天文冠已也。"③固不可以一概而论,但故事中所述,其属于怪诞无疑。如《聊斋志异·促织》异史氏曰:"天子偶用一物,未必不过此已忘,而奉行者即为定例。加以官贪吏虐,民日贴妇卖儿,更无休止。故天子一跬步,皆关民命,不可忽也。"④朝廷一言一行,影响社会巨大,上行下效,百姓祸福,生民休戚,皆系于此,以此而言,无为而治,有其道理在。

《暴城隍》载:"万历己丑,苏郡大旱。时石楚阳为守,清惠素闻,祷雨特切。乃舁城隍于雩坛,与之对坐,去盖暴烈日中,神像皴裂,而石感暑疾几殆。"该条所记,为冯梦龙当朝事,其与上条有别,谈朝廷地方官员。案石昆玉,字楚阳,明末湖广黄梅人,万历庚辰(1580)进士,十八年(1590)任苏州知府,"孤行一意,而能惠下,按治豪横,剖析狱讼,舆论翕服⑤。此条所载,既可见石昆玉"能惠下"的爱民之诚,又见出其"孤行一意"之"怪诞"愚昧。冯梦龙反对扰民,其对于为官之"作怪",亦不肯稍贷。

晚明多畸人,冯梦龙亦以此自称。书中所辑刺青、刺眉、异服、洁

① 冯梦龙编选,陆国斌、吴小平校点:《古今谭概》,江苏古籍出版社 1993 年版,第 31 页。
② 冯梦龙编选,陆国斌、吴小平校点:《古今谭概》,第 31 页。
③ 冯梦龙编选,陆国斌、吴小平校点:《古今谭概》,第 32 页。
④ 蒲松龄著、张友鹤辑校:《聊斋志异》卷四,上海古籍出版社 1978 年版,第 489 页。
⑤ 李铭皖等修、冯桂芬等纂:《苏州府志》卷七十,《中国方志丛书·华中地方》第 5 号,台湾成文出版社有限公司 1970 年版,第 1766 页。

癖,怪僻诗人、晒腹书诸类异于常态之行,多此类畸人故事,列之于"怪诞",反映出冯梦龙不同阶段所具有思想的多面性。所谓"做官无大难事,只莫作怪",亦见出冯梦龙的具体指向,其所指斥乃仕途中人,并非泛泛而言。

(三)刺恶痴。《痴绝部》小序中云:"痴不可乎?……过则骄,不及则愚,是各有不受用处。若夫妒爱贪嗔,还以认真受诸苦恼。至痴而恶焉,则畜生而已矣。毋为鸥嚇,毋为螳怒,不望痴福,且违痴祸。"①冯梦龙虽然自号"情痴",但关于痴,他同时又认为,此亦过犹不及,"过则骄,不及则愚,是各有不受用处。若夫妒爱贪嗔,还以认真受诸苦恼",其尤憎者,"痴而恶焉",径称之"畜生而已"。

其于妒爱贪嗔,时予调侃,如《愚痴》载:"顾恺之痴信小术,桓玄尝以一柳叶给之,曰:'此蝉翳叶也,以自蔽,人不见己。'恺之引叶蔽己,玄佯眄而溺之,恺之信玄不见己,受溺而珍叶焉。"②以此嘲讽顾恺之的"痴信小术"。又《妒痴》载:"其邑(昆山)某秀才亦有痴疾,而性更迂缓。夜在家,尝伏暗处,俟其妻过,据前拥之。妻惊呼,则大喜曰:'吾家出一贞妇矣!'一日,唤土工甚急,继之以怒。工方为大家治屋,屡辞不获,乃舍而就之,问何造作,指门内壁间一隙曰:'为塞此。'工愠曰:'拨忙而来,宜先其急者。'答曰:'汝何知?此隙虽小,间壁有瘦长汉,尽可钻入。吾是以汲汲也。'"③以此讥嘲某秀才的痴而成妒。又《贪痴》载:"王溥父祚,致仕家居。呼一瞽者问寿,历举八十、九十以至百岁,皆云未也。此寿星命,最少亦须一百三四十岁。祚喜甚,令更推中间莫有疾厄否。瞽者细数至百二十岁时,曰:'祇此年流星欠利。'祚便惊愕。瞽者曰:'无伤也,微苦脏腑,寻便安耳。'祚回顾子孙在后侍立者曰:'尔辈切记,此年莫着我吃冷汤水!'"此则尖锐地嘲讽了王祚的贪心诞妄。

对于恶痴,则径斥其为畜生。《恶痴》条,胪列北齐文宣帝、北齐幼主高恒、隋炀帝、南齐东昏侯等令人发指诸事。举例以窥一斑:

---

① 冯梦龙编选,陆国斌、吴小平校点:《古今谭概》,江苏古籍出版社1993年版,第48页。
② 冯梦龙编选,陆国斌、吴小平校点:《古今谭概》,第54页。
③ 冯梦龙编选,陆国斌、吴小平校点:《古今谭概》,第55页。

齐文宣晚年，留情沈湎，肆行淫暴。或袒露形体，涂傅粉黛，游行市肆；或使刘桃枝、崔季舒负之而行，担胡鼓而拍之，歌讴不息；或持牟槊，游行市廛，问妇人曰："天子何如？"答曰："颠颠痴痴，何成天子？"遂杀之。裴谒之好直谏，文宣临以白刃，颜色不变。帝曰："痴汉何敢尔？"杨愔曰："彼望陛下杀以取后世名耳。"帝投刃叹曰："小子望我杀以成名，我终不成尔名。"①

东昏每出游走，恶人见之，驱斥百姓，惟置空宅。一月率二十馀出，既往无定处，尉司常虑得罪，应旦出，夜便驱逐，有不及披衣，徒跣走出者。或病人不便扶持，中道弃之，多死。一产妇不能行，帝入其室，令剖腹视男女焉。②

董仲舒《春秋繁露》中云："受命之君，天意之所予也。故号为天子者，宜视天如父，事天以孝道也。"③《墨子》中云："天子为善，天能赏之。天子为暴，天能罚之。"④天子受命于天，当替天行道，如文宣帝之"留情沈湎，肆行淫暴"，东昏侯之"恶人见之，驱斥百姓"，剖产妇之腹，荒淫残暴，令人发指，天必惩之，夫复何言！

（四）刺专愚。《专愚部》小序有云："人有盗范氏钟者，负之有声，惧人之闻，遽自掩其耳。太行、王屋二山，高万仞，愚公年九十，面山而居，恶而欲移之。二事人皆以为至愚，抑知秦政之鞭石为移山，曹瞒之分香为掩耳乎？彼自谓一世之英雄，孰知乃千古之愚人也。故夫杨广与刘禅同亡，国忠与苍梧齐蔽，平生凶狡，徒作笑柄，静言思之，不愚有几？"⑤所谓"专愚"，以用心太专而至于不通人情世故，亦人生通病。冯梦龙认为，掩耳盗钟、愚公移山，固然被人视作一厢情愿，自欺欺人；而一世英雄的嬴政、曹操，实则更是千古愚人；而"平生凶狡，徒作笑柄，静言思之，不愚有几"，实在令人警醒。

该卷开篇《昏主》系列故事，耐人寻味：

---

① 冯梦龙编选，陆国斌、吴小平校点：《古今谭概》，江苏古籍出版社 1993 年版，第 60 页。
② 冯梦龙编选，陆国斌、吴小平校点：《古今谭概》，第 61 页。
③ 苏舆撰、钟哲点校：《春秋繁露义证》卷十《深察名号》，中华书局 1992 年版，第 286 页。
④ 吴毓江撰、孙启治点校：《墨子校注》卷七《天志中》，中华书局 1993 年版，第 302 页。
⑤ 冯梦龙编选，陆国斌、吴小平校点：《古今谭概》，第 63 页。

晋惠帝在华林园闻虾蟆声,问左右曰:"此鸣者为官乎,为私乎?"侍中贾胤对曰:"在官地为官,在私地为私。"时天下荒馑,百姓多饿死,帝闻之,曰:"何不食肉糜?"

晋阳失守,齐后主出奔,斛律孝卿请帝亲劳将士,为帝撰辞,且曰:"宜慷慨流涕,感激人心。"众既集,帝不复记所受言,遂大笑,左右亦群咍,将士莫不解体。

王太后疾笃,使呼宋主子业。子业曰:"病人间多鬼,那可往?"太后怒,谓侍者:"取刀来剖我腹,那得生宁馨儿!"

杨玄感败,帝命推其党与,曰:"玄感一呼而从者十万,益知天下人不欲多,多则相聚为盗耳。不尽加诛,无以惩后!"由是所杀三万馀人。帝后至东都,顾盼街衢,谓侍臣曰:"犹大有人在。"①

该条篇尾有评语曰:"笑话有独民县知县,如杨广之言,须作独民国皇帝方可。二刘、晋惠,皆土偶也。齐宋三主,皆乳竖也。若杨广之才气,自足笼罩天下,而不欲人多一语,其愚乃甚于前六主者。……故天愚可开,人愚不可开。"②然书中所列七则文字,却似乎都很难以"专愚"涵括,所可解释者,乃以专制之愚故,方有如此昏悖者君临天下。

以下故事,或可称之"专愚"。《埋钱》载:"宋明帝或奢费过度,府藏空虚,乃令小黄门于殿内埋钱,以为私藏。"《反贼》载:"张丰好方术。有道士言丰当为天子,以五采囊裹石系丰肘,云石中有玉玺。丰信之,遂反。既当斩,犹曰:'肘后有玉玺。'旁人为椎破之,乃知被诈,仰天曰:'当死无恨!'"《蠢父蠢子》载:"苏州徐检庵侍郎,老而无子,晚年二妾怀孕,小言争竞,已坠其一矣。其一临蓐欲产,徐预使日者推一吉时,以其尚早,劝令忍勿生。逾时子母俱毙。"《服槐子》载:"道士黄可孤寒朴野。尝谒舍人潘佑,潘教以服槐子,可丰肌却老,未详言服法。次日,潘入朝,方辨色,见槐树烟雾中有人若猿狙状,追视之,可也。怪问其故,乃拥槐条对曰:'昨蒙指教,特斋戒而掇之。'潘大噱而去。"③宋明帝视财如

① 冯梦龙编选,陆国斌、吴小平校点:《古今谭概》,江苏古籍出版社1993年版,第64页。
② 冯梦龙编选,陆国斌、吴小平校点:《古今谭概》,第64页。
③ 冯梦龙编选,陆国斌、吴小平校点:《古今谭概》,第65、65、66、69页。

命,张丰迷信道术,徐检庵迷信生辰八字,道士黄可痴迷长生,均因执而迷失心智,是谓"专愚",皆人格扭曲畸形一类。

（五）刺无术。《无术部》小序云："夫人饭肠酒腑,不用古今浸灌,则草木而已。温岐悔读《南华》第二篇,而梅询见老卒卧日中,羡之,闻其不识字,曰：'更快活。'此皆有激言之,非通论也。世不结绳,人不面墙,谁能作聋瞽相向？但不当如弥正平,开口寻相骂耳。"①冯梦龙认为,不读书学习,人与无知之草木无异,所谓的晚唐温庭筠悔读《齐物论》,宋人梅询（字昌言）羡慕不识字之人,不过是愤激之言而已。

该卷嘲讽胸无点墨、不学无术之种种。如《署名》载："库狄干不能书,每署名,逆上画之,人谓之穿锤。又有武将王周者,署名,先为吉而后成其外。"又《北史》载："斛律金不识文字,初名敦,苦其难署,改名为金,从其便易。犹以为难,司马子如乃指屋角令况之。"又载："何敬容为尚书令,不善作草隶,署名敬字,大作苟,小为文,容字,大作父,小为口。陆倕见而戏之曰：'公家苟既奇大,父亦不小。'敬容笑而惭。"②库狄干、何敬容辈或不会写字,或不善草书；斛律金乃不识文字,均洋相出尽,成为笑谈。

《金熙宗赦草》载："金熙宗亶皇统十一年夏,龙见宫中,雷雨大至,破柱而去。亶惧,欲肆赦以禳之,召掌制学士张钧视草,中有'顾兹寡昧'及'眇予小子'之言。文成奏御,译者不解谦冲之义,乃曰：'汉儿强知识,托文字以詈上耳。'亶惊问故,译释之曰：'寡者,孤独无亲。昧者,不晓人事。眇为瞎眼。小子为小孩儿。'亶大怒,遂诛钧。"诚如文后评点所说："此等皇帝,真是不晓事瞎眼小孩儿也！"③贵为一国之君,操生杀予夺大权,雷霆之下,遭罪者多矣；国家大政,"不晓事瞎眼小孩儿"掌握,混沌懵懂,其偾事可以想见。

《三十而立》载："魏博节度使韩简,性粗质,每对文士,不晓其说,心常耻之。乃召一士人讲《论语》,至《为政》篇。明日,喜谓同官曰：'近方知古人禀质瘦弱,年至三十,方能行立。'"文后评点："如此解,则'四十

① 冯梦龙编选,陆国斌、吴小平校点：《古今谭概》,江苏古籍出版社1993年版,第111页。
② 冯梦龙编选,陆国斌、吴小平校点：《古今谭概》,第111页。
③ 冯梦龙编选,陆国斌、吴小平校点：《古今谭概》,第114—115页。

无闻',便是耳聋;'五十知命',便是能算命矣。"①此等大员,不知其如何能够主持军政,节度一方,运筹帷幄,决胜千里!

《生兵》载:"逆亮南侵,命叶义问视师江上。叶素不习军旅,会刘锜捷书至,读之至'金贼又添生兵',顾问吏曰:'生兵是何物?'"文后评点曰:"挽世牧民者,知百姓是何物? 衡文者,知文章是何物? 掌铨者,又知人才是何物? 天下之不为叶义问者鲜矣!"②领兵者不知"生兵"是何物,军国大事殆矣;牧民者不知百姓是"何物",生民危矣! 衡文者不知文章是"何物",掌铨者不知人才是"何物",何以为国抡才、使用人才? 国之不国,不亡云何!

(六)刺不韵。《不韵部》小序有云:"语韵则美于听,事韵则美于传。然韵亦有凤根,不然者,虽复吞灰百斛,洗胃涤肠,求一语一事之几乎韵,不得矣。"③人之为人,在于其知善恶、识美丑,具有思想精神。爱美之心人皆有之,也正是人区别于动物的本质属性。冯梦龙所谓的"韵亦有凤根",实愤激而言,乃针砭末世"不通"俗物而发。

《沈周》记苏州太守向沈周求画,"出砝票拘之"。沈画《焚琴煮鹤图》讽之,亦对牛弹琴。太守缺乏审美细胞,更不具备审美能力,故曰:"亦平平耳。"迨入觐进京,王阳明问及石田先生,其茫然无以应。归来问随从,方知正是"砝票所拘之人",乃"大惭恨,踵门谢过"。唐突风雅,自是俗人;因上司尊而尊之,非尊人也,尊位也。④ 苏州太守眼中,盖只有富贵功名、权势地位,乃彻头彻尾俗不可耐"不韵""不通"之物。

《碑祸》载:"唐玄宗东封泰山,命张许公摩崖为碑,至明八百馀年,为林焯磨平,以'忠孝廉节'四大字覆之。"又载:"天圣中,营浮图。姜遵在永兴,悉取汉唐碑之坚好者,以代砖甓。有县尉叩头争之,继之以泣,遵怒,并劾去之。"⑤或"摩崖为碑",或"取汉唐碑之坚好者,以代砖甓",似乎"雅人"所为,却回应了上文所述的"不识字""更快活"。此是碑祸,

---

① 冯梦龙编选,陆国斌、吴小平校点:《古今谭概》,江苏古籍出版社 1993 年版,第 117—118 页。
② 冯梦龙编选,陆国斌、吴小平校点:《古今谭概》,第 125 页。
③ 冯梦龙编选,陆国斌、吴小平校点:《古今谭概》,第 151 页。
④ 冯梦龙编选,陆国斌、吴小平校点:《古今谭概》,第 154—155 页。
⑤ 冯梦龙编选,陆国斌、吴小平校点:《古今谭概》,第 155 页。

更是中国文化之祸。

《党进画真》载："党进命画工写真，写成，大怒。诘画师云：'我前时见画大虫，犹用金箔贴眼。我消不得一对金眼睛！'"《高太监》载："南京守备太监高隆，人有献名画者，上有空方。隆曰：'好！好！更须添画一个'三战吕布'。'"①党进乃北宋名将，家奴出身，宋太宗朝任忠武军节度使。高隆为嘉靖朝南京守备太监，好收藏名画。其或与大虫之画攀比"金箔贴眼"，或要在名画上添画"三战吕布"，写"不韵"俗人，力透纸背，令人捧腹。

世风的变化，更具有普遍意义。《俗谶》附评语云："今南都乡试前一日，居亭主必煮蹄为饷，取'熟蹄'之谶也。又锡邑呼'中'字如'粽'音，凡大试，则亲友赠笔及定胜糕、米粽各一盒，祝曰'笔定糕粽'。又宗师岁考前一日，往往有祷于关圣者，或置等子一件于神前，谓之一等。其祝文云：'伏愿磕睡瞭高，犯规矩而不捉；糊涂宗主，屁文章而乱圈。'更可笑。"②《别号》载："道号别称，古人间自寓怀，非为敬名设也。今则无人不号矣。松、兰、泉、石，一坐百犯；又兄'山'则弟必'水'，伯'松'则仲、叔必'竹''梅'；父此物，则子孙引此物于不已。愚哉！向见一嫠媪，自称'冰壶老拙'，则妇人亦有号矣。又嘉兴女郎朱氏能诗，自号'静庵'，见《说听》。又江西一令讯盗，盗忽对曰：'守愚不敢。'令不解，傍一胥云：'守愚，其号也。'《挑灯集异》云：无锡一人同客啜茶，见一婢抱一幼儿出，其人即弃茶拱立。客问故，曰：'所抱，乃梅窗家叔也。'然则孩提亦有号矣。"③《俗谶》所记，是明清科举时代民间风俗的写照；《别号》所载，亦晚明社会风气的真实反映。列之"不韵"，见出冯梦龙对于此等附庸风雅习气的批判态度。

（七）刺矜嫚。《矜嫚部》小序云："谦者不期恭，恭矣；矜者不期嫚，嫚矣。达士旷观，才亦雅负。虽占高源，亦违中路。彼不检分，扬衡学步。自视若升，视人若堕。狎侮诋谋，日益骄固。臣虐其君，子弄其父。

① 冯梦龙编选,陆国斌、吴小平校点:《古今谭概》,江苏古籍出版社 1993 年版,第 159—160 页。
② 冯梦龙编选,陆国斌、吴小平校点:《古今谭概》,第 163 页。
③ 冯梦龙编选,陆国斌、吴小平校点:《古今谭概》,第 171 页。

如痴如狂,可笑可怒。君子谦谦,慎防阶祸。"①仁者爱人,中国传统文化强调在与人相处之中体现自己的君子人格。所谓人的本质是一切社会关系的总和,任何人都生存于社会之中,所以,懂得尊重,是一种品德,也是社会及个人存在发展的需要。该卷所辑,刺为人傲慢。

《负图先生》载:"季充号负图先生,尝饵菊术,经旬不语。人问何以,曰:'世间无可食,亦无可语者。'"文末评语曰:"此三代时仙人。必如此人,方可说如此语。"②其实,三代时亦未必有其人。社会由人类构成,个人都存在于群体之中,只要我们生活于现实世界,便不可能孤立于人的社会之外而存在。现实社会也断然没有此等人生存的土壤,如"负图先生"者,只能做他的"仙人"。

《李邕》载:"李邕尝不许萧诚书。诚乃诈作古帖,令纸故暗,持示邕,曰:'此乃右军真迹,如何?'邕看称善。诚以实告之,邕复取视,曰:'细看,亦未能全好。'"③唐书法家李邕,以习右军草书起家,因自视甚高、目中无人,为萧诚所戏,遭致羞辱。萧诚的"诈作古帖",正可谓请君入瓮,以其人之道,还治其人之身。

《柳三变》记载的是一则脍炙人口的故事:"柳耆卿为屯田员外郎,初名三变,自作词云:'才子词人,自是白衣卿相。'后有荐于朝者,仁宗曰:'此人风前月下,且去填词。'由是不得志,无复检率,自称'奉圣旨填词柳三变'。"④与上则故事对读,颇有意味:从身边之人,到九五至尊,构成了具体的社会,轻人者人亦轻之,自绝于社会,亦必将为社会所抛弃,此皆傲慢招祸之显例。

更有张狂之至者,如《殷娄狂语》记载:"殷安尝谓人曰:'自古圣贤不数出,伏羲以八卦穷天地之旨,一也。'乃屈一指。'神农植百谷,济万民,二也。'乃屈二指。'周公制礼作乐,百代常行,三也。'乃屈三指。'孔子出类拔萃,四也。'乃屈四指。'自是之后,无复屈得吾指者。'良久曰:'并安才五耳!'"又载:"上饶娄谅过姑苏,泊舟枫桥,因和唐人诗,有

① 冯梦龙编选,陆国斌、吴小平校点:《古今谭概》,江苏古籍出版社1993年版,第231页。
② 冯梦龙编选,陆国斌、吴小平校点:《古今谭概》,第231页。
③ 冯梦龙编选,陆国斌、吴小平校点:《古今谭概》,第233页。
④ 冯梦龙编选,陆国斌、吴小平校点:《古今谭概》,第237页。

'独起占星夜不眠'之句,对客云:'汝不知,我每行必动天象。'"①如题所示,确乎为不知天高地厚的"狂人呓语",现实世界中,自然难以有人能够入其法眼了。

(八)刺鄙吝。《贫俭部》小序云:"贫者,士之常也;俭者,人之性也。贫不得不俭,而俭者不必贫,故曰性也。然则俭不可乎?曰:吝不可耳。夫俭非即吝,而吝必托之于俭。俭而吝,则虽堆金积玉,与贫乞儿何异?"②中国传统社会崇尚勤俭,自然是一种美德,但吝啬亦为人性的劣根,故冯梦龙认为,俭可也,吝不可耳。

《夏侯妓衣》载,夏侯亶"性极吝。晚年好音乐,有妓妾数十,无被服姿容。客至,常隔帘奏乐。时呼帘为'夏侯妓衣'。"③因为喜好音乐而蓄"妓妾数十",自非节俭之属;而妓妾"无被服姿容",孰不知"不吃草的牛儿"何以成为"好牛",何以挤出甘美的牛奶?其所谓"好音乐",非能懂亦非真好。

《省夕餐》记桐城方某"性吝",乃兄晚上从家乡来,其欲省却晚餐,谎称外出远门,兄无奈草草就宿。适夜有黄鼠逐鸡,担心鸡为衔去,"不觉出声驱之",为兄所知,仓卒对曰:"不是我,是你家弟妇。"④同胞兄弟、骨肉亲情,薄于一餐之食,情分之淡,心性之劣,由中不难看出。

《鸭子》载韶州邓祐,"家巨富,奴婢千人。庄田绵亘","孙子将一鸭子费用,祐以擅破家赀,鞭二十";《妇取百钱》载库狄伏连"位大将军,甚鄙吝。妇尝病剧,私以百钱取药,伏连后觉,终身恨之";《故席》载韦庄"幼子卒,妻敛以时服,庄剥取,易故席裹尸,殡讫,仍擎其席归。庄忆子最悲,唯吝财物耳"⑤,俗语云儿孙自有儿孙福,莫为儿孙作马牛;又云钱财生不带来,死不带去。邓祐之孙吃一鸡蛋而遭"鞭二十";库狄伏连身为大将军,妻子病剧买百钱之药而"终身恨之";韦庄剥幼子殓服,皆为钱财异化,泯灭人性者。

① 冯梦龙编选,陆国斌、吴小平校点:《古今谭概》,江苏古籍出版社 1993 年版,第 240 页。
② 冯梦龙编选,陆国斌、吴小平校点:《古今谭概》,第 258 页。
③ 冯梦龙编选,陆国斌、吴小平校点:《古今谭概》,第 257 页。
④ 冯梦龙编选,陆国斌、吴小平校点:《古今谭概》,第 264—265 页。
⑤ 冯梦龙编选,陆国斌、吴小平校点:《古今谭概》,第 266 页。

《汉世老人》载："汉世老人家富俭啬，恶衣蔬食，侵晨而起，侵夜而息，营理产业，聚敛无厌，而不敢自用。人或从之求丐者，不得已，入内取钱十，自堂而出，随步辄减，比至于外，才馀半在，闭目以授乞者，复嘱云：'我倾家赡君，慎勿他说，令相效而来。'老人俄死，田宅没官。"①可谓富而鄙吝之人的最好结局与回报，不知邓祐、厍狄伏连、韦庄辈，读此故事，能否鄙吝稍减。

（九）刺汰侈。《汰侈部》小序云："余稽之上志，所称骄奢淫佚，无如石太尉矣。而后魏河间犹谓：'不恨我不见石崇，恨石崇不见我。'章武贪暴多财，一见河间，叹羡不觉成疾，还家卧三日不能起。人之侈心，岂有攸底哉！"②石崇、王恺斗富的故事，人所熟知；更有北魏河间郡公拓跋氏之富奢，从其自夸陶醉中，以及"贪暴多财"之章武羡而成疾，不难见出其骄奢的程度。人心不足蛇吞象，"人之侈心，岂有攸底哉"。该卷刺骄奢侈靡。

如《虞孝仁》载："隋虞孝仁性奢侈。伐辽之役，以骆驼负函盛水，养鱼以自给。"《金莲盆》载："段文昌富贵后，打金莲盆盛水濯足。"《烛围》载："韦涉家宴，使群婢各执一烛，四面行立，呼为'烛围'。"《杨国忠妓》载："杨国忠凡有客设酒，令妓女各执其事，号'肉台盘'。冬月，令妓女围之，号'肉屏风'。又选姿肥大者于前遮风，谓之'肉障''肉阵'。"《唾壶》载："符朗尝与朝士宴。时贤并用唾壶，朗欲夸之，使小儿跪而张口，唾而含出。"《严氏溺器》载："严分宜父子溺器，皆用金银铸妇人，而空其中，粉面彩衣，以阴受溺。"③或行军以骆驼负水养鱼，或以群婢为烛围，或以妓女为肉屏风，或以小儿口为肉唾壶，或以金银铸妇人为溺器，其玩物丧志，或以生命之轻，承泛滥欲望之重，败绩覆灭，势在必然。

（十）刺贪秽。《贪秽部》小序云："人生于财，死于财，荣辱于财。无钱对菊，彭泽令亦当败兴。傥孔氏绝粮而死，还称大圣人否？无怪乎世俗之营营矣。究竟人寿几何，一生吃着，亦自有限，到散场时，毫厘将不去，只落得子孙争嚷多、眼泪少。死而无知，直是枉却；如其有知，懊悔

---

① 冯梦龙编选，陆国斌、吴小平校点：《古今谭概》，江苏古籍出版社 1993 年版，第 268 页。
② 冯梦龙编选，陆国斌、吴小平校点：《古今谭概》，第 271 页。
③ 冯梦龙编选，陆国斌、吴小平校点：《古今谭概》，第 272—279 页。

又不知如何也?"①"衣食足,知荣辱",钱财物质是每个人赖以生存的必要条件。倘若陶渊明囊中羞涩,其面对菊花,也自提不起兴致;倘若孔子周游列国绝粮饿死,哪里还有后来人们敬仰的圣人? 但生命的本质是生命自身,君子爱财,取之有道,取之有度。贪得无厌,损人肥己,酷虐百姓,诛求无厌,皆属于"贪秽"一类,在否定谴责之列。

贪婪使人失去本性,生命为钱财所役。如《利赙给》载:"宋张璪使契丹,老病强行。故事,死于使者,本朝及北朝赙给甚厚。璪利之,在道日,食生冷,求病死,卒不死。"②《钱当酒》载:"苏五奴妻善歌舞,亦有姿色。有邀请其妻者,五奴辄随之。人欲醉五奴以狎其妻,多劝之酒。五奴曰:'但多与我钱,虽吃馄亦醉,不须酒也。'"③或爱钱不顾性命,或贪财而不知廉耻,皆迷失人性,忘记了人的本质,成为金钱的奴隶。

为官者以为官作为掠取财富的门径,横征暴敛,酷虐小民,手段无所不用其极。如《抱鸡、养竹》载:"唐新昌县令夏侯彪之,初下车,问里正曰:'鸡卵一钱几颗?'曰:'三颗。'彪之乃遣取十千钱,令买三万颗,谓里正曰:'未便要,且寄鸡母抱之,遂成三万头鸡。经数月长成,令县吏与我卖,一鸡三十钱,半年之间成三十万。'又问:'竹笋一钱几茎?'曰:'五茎。'又取十千钱付之,买得五万茎,谓里正曰:'吾未须笋,且林中养之。至秋竹成,一茎十文,积成五十万。'其贪鄙不道,皆此类。"④《取油客子金》载:"蜀简州刺史安重霸,黩货无厌。州民有油客子者,姓邓,能棋,其力粗赡。安召与对敌,只令立侍。每落子,俾其退立于西北牖下:'俟我算路,乃进。'终日不下十数子而已。邓生久立,饥倦不堪。次日又召,或讽邓子曰:'此候贿,本不为棋,何不献效而自求退?'邓生然之,以中金数铤获免。"⑤旧时衙门,每挂对联,如宋朝曰"尔俸尔禄,民膏民脂;下民易虐,上天难欺",元朝曰:"欺人如欺天,毋自欺也;负国即负民,何忍负之。"明朝曰:"要一文,不值一文,难欺吏卒;宽一分,民爱一

① 冯梦龙编选,陆国斌、吴小平校点:《古今谭概》,江苏古籍出版社1993年版,第282页。
② 冯梦龙编选,陆国斌、吴小平校点:《古今谭概》,第290页。
③ 冯梦龙编选,陆国斌、吴小平校点:《古今谭概》,第285页。
④ 冯梦龙编选,陆国斌、吴小平校点:《古今谭概》,第284页。
⑤ 冯梦龙编选,陆国斌、吴小平校点:《古今谭概》,第288页。

分,见佑鬼神"。夏侯彪之、安重霸辈,可以熟视无睹,早已忘掉了自己的本来出处。

贪欲驱使,敛财的手段五花八门,可谓礼义廉耻丧尽。如《科钱造像》载:"唐瀛洲饶阳县令窦知范贪污。有一里正死,范集里正二百人为之造像,各科钱一贯。既纳钱二百千,范曰:'里正地下受罪,先须救急,我先造得一像,且以贷之。'于袖中出像,仅五寸许。"①《张鹭鹚》载:"开宝中,神泉县令张某,外廉而内实贪。一日,自榜县门云:'某月某日,是知县生日,告示门内典级诸色人,不得辄有献送。'有一曹吏与众议曰:'宰君明言生日,意令我辈知也。言不得献送,是谦也。'众曰:'然。'至日各持缣献之,命曰'寿衣'。宰一无所拒,感领而已。复告之曰:'后月某日,是县君生日,更莫将来。'无不嗤者。众进士以《鹭鹚》诗讽之云:'飞来疑似鹤,下处却寻鱼。'"②

贪秽也似瘟疫一般,在当时的官场,从上到下,无处不有,无所不在,成为百姓的灾难。如《钱疬》载:"严相嵩父子聚贿满百万,辄置酒一高会。凡五高会矣,而渔猎犹不止。京师名之曰'钱疬'。"③又《一门贪鄙》载:"唐崔湜为吏部侍郎,贪纵。兄凭弟力,父挟子威,咸受嘱求,赃污狼籍。父挹为司业,受选人钱,湜不知也,长名放之。其人诉曰:'公亲将赂去,何不与官?'湜曰:'所亲为谁?吾捉取鞭杀!'曰:'鞭即遭忧!'湜大怒惭。"④

(十一)刺鸷忍。《鸷忍部》小序云:"人有恒言曰贪酷。贪犹有为为之也,酷何利焉?其性乎!其性乎!非独忍人,亦自忍也!"⑤冯梦龙认为,贪婪虽令人不齿,在贪者犹有所得,满足了其贪欲;酷虐,则受酷者不消说,施酷者又有何得何利?人皆有不忍人之心,其漠视生命,暴虐生灵,残民以逞,无非丧心病狂者所为。

荒淫残暴的国君帝王,如《以人命戏》载:"江都王建专为淫虐。游

① 冯梦龙编选,陆国斌、吴小平校点:《古今谭概》,江苏古籍出版社1993年版,第287页。
② 冯梦龙编选,陆国斌、吴小平校点:《古今谭概》,第288页。
③ 冯梦龙编选,陆国斌、吴小平校点:《古今谭概》,第293页。
④ 冯梦龙编选,陆国斌、吴小平校点:《古今谭概》,第290页。
⑤ 冯梦龙编选,陆国斌、吴小平校点:《古今谭概》,第297页。

章台宫,令四女子乘小船,建以足蹈覆其船,四人皆溺,二人死。后游雷波,天大风,建使郎二人乘小船入波中。船覆,两郎溺,攀船,乍见乍没。建临观大笑,令勿救。宫人姬八子(姬妾官名)有过,辄令裸立击鼓,或置树上,久者三十日乃得衣,或纵狼令啮杀之,建观而大笑。又欲令人与禽兽交而生子,强令宫人裸而四据,与羝羊及狗交。"又载:"北齐文宣淫暴。……帝即命索蝎一斗置浴斛,使人裸卧斛中,呼号宛转。帝与绰喜噱不已。"又载:"唐成王千里使岭南,取大蛇长八九尺,以绳缚口,横于门限之下。州县参谒,呼令入门,忽踏蛇,惊惶僵仆,被蛇绕数匝,良久解之,以为戏笑。又取龟及鳖,令人脱衣,纵龟等啮其体,终不肯放,死而后已。其人痛号欲绝,王与姬妾共看,以为玩乐。然后以竹刺鱼鳖口,或用艾灸背,乃得放。人被惊者皆失魂,至死不平复矣。"①此类,皆灭绝人性,禽兽不如,令人发指。

视民如草菅的官吏,如《吞鳝》载:"梁邵陵王纶为南徐州刺史,尝微服游市里,问卖鳝者曰:'刺史何如?'答言:'躁虐。'纶怒,令吞鳝以死。"②又《食鳖杖左右》载:"隋崔弘度为太仆卿,尝戒左右曰:'无得诳我。'后因食鳖,问侍者曰:'美乎?'曰:'美。'弘度曰:'汝不食,安知其美?'皆杖焉。长安语曰:'宁食三斗醋,不见崔弘度。'"③又《肉鼓吹》载:"李匡达性忍,一日不断刑则惨然不乐,尝闻捶楚之声,曰:'此一部肉鼓吹也!'"④此类,皆暴虐无道,漠视生灵,残民以逞。

俗语云虎毒不食子,然如《穆宁》载:"唐穆宁为刺史,其子已为尚书给事,皆分直供馔,少不如意,必遭笞杖。一日,给事当直,出新意,以熊白、鹿脯合而滋之,其美异常。宁食之致饱,诸子咸羡,以为行有重赏。及食饱,仍杖之,曰:'如此佳味,何进之晚?'"其性情喜怒无常,暴戾恣睢,心理扭曲如是。于子女骨肉尚且如此,于他人,其残暴益发可知。

(十二)刺容悦。《容悦部》小序有云:"南荒有兽,名曰狪猰,见人衣冠鲜采,辄跪拜而随之,虽驱击,不痛不去。身有奇臭,惟膝骨脆美,谓

① 冯梦龙编选,陆国斌、吴小平校点:《古今谭概》,江苏古籍出版社1993年版,第297—298页。
② 冯梦龙编选,陆国斌、吴小平校点:《古今谭概》,第299页。
③ 冯梦龙编选,陆国斌、吴小平校点:《古今谭概》,第300页。
④ 冯梦龙编选,陆国斌、吴小平校点:《古今谭概》,第302页。

之媚骨,土人以为珍馔。余谓凡善谄者,皆有媚骨者也。……谄人者亦何益哉?"①狒狒以貌取人,膝有媚骨,驱之不去,以此揶揄人之谄媚。该卷所辑,讽刺偷媚取容、奴颜婢膝之人格,以及世上谄媚风气。

臣之媚君,如《天后好谄》载:"朱前疑上书则天云:'臣梦见陛下御宇八百岁。'后大喜,即授拾遗。又刑寺系因将决,乃共商,于狱墙内外作大人迹,长五尺。至夜分,众大叫,内使推问,对云:'有圣人现,身长三丈,面黄金色,云:"汝等皆坐冤,然勿忧,天子万年,即有恩赦。"'后令把火照视,有巨迹,遂大赦天下,改为大足元年。"②《谀语》载:"桓玄篡位,床忽陷,殷仲文曰:'圣德深厚,地不能载。'……北齐武成生齴牙,诸医以实对,帝怒。徐之才曰:'此是智牙,主聪明长寿。'帝大悦。"③上有所好,下必甚焉,因帝王君主之好谄,朝廷上下,竞相以谄媚为事,风俗日偷、政事窳败,势在必然。

下之媚上,如《改姓》载:"令狐相绹奋自单族,每欲繁其宗党,与崔、卢抗衡。人有投者,不吝通族,由是远近争趋,至有姓胡冒令者。进士温庭筠戏为词曰:'自从元老登庸后,天下诸胡悉带令。'又有不得官者,欲进状请改姓令狐,尤可笑。"④《冒族》载:"崇宁末,策进士,蔡嶷以阿附得首选。往谒蔡京,认为叔父。京命二子攸、儵出见,嶷呕云:'向者大误!公乃叔祖,二尊乃诸父行也!'"⑤《贡女》载:"唐进士宇文翃有女国色,不轻许人。时窦璠年逾耳顺,方谋继室,翃以其兄谏议正有气焰,遂以女女璠。"⑥《江陵相公事》所载更为当朝故事:"张居正父初死,都御史陈瑞,癸丑所取士也,驰至江陵,乘幔舆以谒。入门,从者易白服毕,解纱帽,出麻冕于袖而戴上,已复加绖,伏哭尽哀。毕,则请见太夫人。不出,跪于庭。良久,太夫人出,复伏哭,前谒致慰,乃侍坐。有小阉者,居正所私留以役也。太夫人睨而谓:'陈君幸一盼睐之。'瑞拱立揖阉曰:

---

① 冯梦龙编选,陆国斌、吴小平校点:《古今谭概》,江苏古籍出版社 1993 年版,第 314 页。

② 冯梦龙编选,陆国斌、吴小平校点:《古今谭概》,第 314—315 页。

③ 冯梦龙编选,陆国斌、吴小平校点:《古今谭概》,第 317 页。

④ 冯梦龙编选,陆国斌、吴小平校点:《古今谭概》,第 319 页。

⑤ 冯梦龙编选,陆国斌、吴小平校点:《古今谭概》,第 320 页。

⑥ 冯梦龙编选,陆国斌、吴小平校点:《古今谭概》,第 322 页。

'陈瑞安能为公公重,如公公乃能重陈瑞耳。'"①权门如市,追逐权势,毁廉蔑耻,丑态百出,可谓斯文扫地。

从朝廷到官府,莫不如此,上行下效,社会风气日趋浇薄势利。如《势利》载:"徽州某上舍不读书,而好为势交。一日,里人有读陶公《归去来辞》者,至'临清流而赋诗',遽问曰:'是何处临清刘副使?幸携带往贺之。'里人曰:'此《归去来辞》语。'乃曰:'只疑见任上京,若归去者,吾不往矣。'"又载:"贺美之与伊德载饮一富民家,民以德载贵人也,谄奉之,而不识'伊'字,屡呼曰'尹大人'。酬醉重沓,略不顾贺。贺斟大觥呼之曰:'尔且与我饮一杯,不要旁若无人!'"②

(十三)刺颜甲。《颜甲部》小序有云:"天下极无耻之人,其初亦皆有耻者也。冒而不革,习与成昵,生为河间妇人,死虽欲为谢豹,亦不可得矣。"③孔子云:"行己有耻,使于四方,不辱君命,可谓士矣。"④孟子云:"人不可以无耻,无耻之耻,无耻矣。"⑤知耻为人格的基本要求,知耻而勇,知耻而有做人的底线。该部则讽刺厚颜无耻。

其有名实相悖者,如《唐宋士子》载:"唐时有士子奔马入都者,人问何急如此,答曰:'将赴不求闻达科。'宋天圣中,置高蹈丘园科,许本人于所在自投状求试。时人笑之。"⑥《誉词成句》附载:"凡府县官临去任,有遗爱者,百姓争为脱靴,著于仪门,以代甘棠之思。近有为贪令脱靴者,令讶曰:'我何德而烦汝?'答曰:'是旧规。'近吾邑又有伪为脱靴,而以敝靴易去其佳者,盖衔恨之极也,尤可笑。"⑦汲汲于"不求闻达"之科,于朝廷初衷不符,于汲汲追求者恰成讽刺;因遗爱而脱靴,前后为因果,贪官无爱可遗,恬不知耻,亦求脱靴,百姓之以"敝靴易去其佳者",乃是最好的回应。

有恬不知耻、自我吹嘘者,如《李庆远》载:"中郎李庆远初事皇太

① 冯梦龙编选,陆国斌、吴小平校点:《古今谭概》,江苏古籍出版社1993年版,第328页。
② 冯梦龙编选,陆国斌、吴小平校点:《古今谭概》,第331—332页。
③ 冯梦龙编选,陆国斌、吴小平校点:《古今谭概》,第333页。
④ 杨伯峻:《论语译注》,中华书局1980年版,第140页。
⑤ 杨伯峻:《孟子译注》,中华书局1960年版,第302页。
⑥ 冯梦龙编选,陆国斌、吴小平校点:《古今谭概》,第335页。
⑦ 冯梦龙编选,陆国斌、吴小平校点:《古今谭概》,第342页。

子,后因恃宠请托,遂屏之,然犹以见亲给人。一日,对客腹痛作楚,曰:'适太子赐瓜,多食致病。'须臾霍乱,吐出粗粝饭及黄臭韭薤,客大嘲笑。"①《刘生》载:"刘生者好夸诩。尝往吊无锡邹氏,客叩曰:'君来何晏?'生曰:'昨与顾状元同舟联句,直至丙夜,是以晏耳。'少顷,顾九和至,问:'先生何姓?'客曰:'此昨夜联句之人也。'生默然。他日,又与华氏子弟游惠山,手持华光禄一扇,群知其伪也,不发。时光禄养疴山房,徐引入揖坐,生不知为光禄,因示以扇。光禄曰:'此华某作,先生何自求之?'生曰:'与仆交好二十年,何事于求?'光禄曰:'得无妄言?'生曰:'妄言当创其舌。'众笑曰:'此公即华光禄也!'相与哄堂。"②借名人自重,在世俗已是习见,李庆远以疏为亲固已过分,刘生之无中生有,则颜甲尤甚。

有寡廉鲜耻或廉耻丧尽者,如《自宫》载:"宣德中,金吾卫指挥同知傅广自宫,请效用内庭。上曰:'此人已三品,更欲何为? 而勇于自残,以希进用。下法司问罪,还职不得复任事!'"③又《不肯丁忧》载:"唐御史中丞李谨度遭母丧,不肯举发。哀讣到,皆匿之。官僚苦其无耻,令本贯瀛洲申谨度母死。尚书牒御史台,然后哭。又员外郎张栖真被讼,诈遭母忧,不肯起对。"④古代社会,自宫入内庭者有之,但如金吾卫指挥同知傅广,三品大员,自宫求入内庭,自是稀见,乃至宣德皇帝怀疑其动机,将其"下法司问罪",不复叙用,不愧明朝历史上的明君。中国社会有孝亲传统,也有丁忧制度,但也有人将功名利禄看得高于人伦之情,如李谨度之匿丧不报,并不少见,而如张栖真被讼,"诈遭母忧,不肯起对",制造"母丧",亏他能够想出。

上述,类皆人性人格之负面,因此一概予以嘲讽抨击。而其所刺之迂腐、怪诞、恶痴、专愚、无术、不韵、矜嫚、鄙吝、汰侈、贪秽、鸷忍、容悦、颜甲等,皆可以为镜子,照见社会人性人格的扭曲和丑陋。在冯梦龙看来,这也是当时社会世风日下的重要症结所在。

---

① 冯梦龙编选,陆国斌、吴小平校点:《古今谭概》,江苏古籍出版社1993年版,第345页。
② 冯梦龙编选,陆国斌、吴小平校点:《古今谭概》,第345页。
③ 冯梦龙编选,陆国斌、吴小平校点:《古今谭概》,第337页。
④ 冯梦龙编选,陆国斌、吴小平校点:《古今谭概》,第340页。

## 三、疗俗当新其人格

冯梦龙辑《古今谭概》,类分三十六部,在上述之对立面,则展示了其所肯定赞许的人格内涵,如开明通达、平常随和、仁恕宽厚、能得痴趣、聪明睿智、真才实学、儒雅文明、谦让虚心、慷慨豪爽、简约朴素、清正廉洁、刚正不阿等,并以此为普世学习的榜样。

如墨憨斋《自叙》中说,反面典型之滑稽荒唐的可笑言行,可令世人在"悦读"笑谈之中,如同观戏,以此为戒,知"富贵假"而绝"骄奢侈求之路",知"功名假"而绝"贪妬毁誉之路",知"道德亦假"而绝"标榜倡狂之路",知"子孙眷属亦假"而绝"经营顾虑之路",知"山河大地皆假"而绝"背叛侵凌之路",其褒贬与夺,借此以改良末世人格,达到"挽末世而胥庭之",回归理想盛世的目的,是显而易见的。

颇堪注意的是,《古今谭概》中视作反面并有具体例说者,大抵为有悖于传统道德人格思想要求的内容;其正面人格内涵,原本为世人耳熟能详。此外,又有痴趣、越情、佻达、谲知、儇弄、机警、酬嘲、塞语、雅浪、文戏、巧言等类,虽未必一概值得肯定,亦每有作为正面而张扬,其中内涵,则更多地反映出冯梦龙立足于其所处时代,所赋予的新的人格理想追求。

(一)美"痴趣"。《痴绝部》小序中云:"虎头三绝,痴居一焉。痴不可乎?得斯趣者,人天大受用处也。碗大一片赤县神州,纵生塞满,原属假合。若复件件认真,争竞何已?故直须以痴趣破之。"①冯梦龙即自命"情痴",张岱《祁止祥癖》中亦云:"人无癖不可与交,以其无深情也;人无疵不可与交,以其无真气也。"②在晚明社会文人圈中,痴癖人格,为不少士人所推崇。该部于能得"痴趣"之人,亦每每加以颂扬。

《痴趣》辑一组能得"痴趣"的文人逸事:"陶渊明日用铜钵煮粥为食,遇发火,则再拜曰:'非有是火,何以充腹?'"又:"贾岛常以岁除取一年所得诗,祭以酒,曰:'劳吾精神,以是补之。'"又:"方镕隐天门山,以

① 冯梦龙编选,陆国斌、吴小平校点:《古今谭概》,江苏古籍出版社1993年版,第48页。
② 张岱著,夏咸淳、程维荣校注:《陶庵梦忆》卷四,上海古籍出版社2001年版,第72页。

棕榈叶拂书,号曰'无尘子',月以酒脯祭之。"又:"韩退之尝登华山巅,穷极幽险,心悸目眩,不能下,发狂号哭,投书与家人别。华阴令百计取之,方能下。"又:"张旭大醉,以头濡墨而书。"①所录陶渊明、贾岛、方镕、韩愈、张旭诸事,在今天看来,不无滑稽,但在晚明新的社会思潮中,人们为其所表现出的真性情而击节叹赏、肯定称颂,是不难理解的。

《米颠事》载:"米元章知无为军,见州廨立石甚奇,命取袍笏拜之,呼曰'石丈'。言事者闻而论之,朝廷传以为笑。或语芾曰:'诚有否?'芾徐曰:'吾何尝拜? 乃揖之耳。'"批语:"更妙。"又:"东坡在维扬,一日设客,皆名士,米元章亦在座。酒半,忽起曰:'世人皆以芾为颠,愿质之子瞻。'公答曰:'吾从众!'"文末评曰:"惟不自谓痴乃真痴。今则痴人比比是矣。饰痴态以售其奸,借痴名以宽其谤,此又古人中所未有也。"②不难见出晚明社会及冯梦龙肯定痴趣的原因所在。

(二)美"越情"。《越情部》小序有云:"天下莫灵于鬼神,莫威于雷电,莫重于生死,莫难忍于气,莫难舍于财。而一当权势所在,便如鬼如神,如雷如电,舍财忍气,甚者不惜捐性命以奉之矣。人情之蔽,无甚于此,故余以不畏势为首。"③鬼神之灵,雷电之威,生死之重,难忍之气,难舍之钱财,人所周知。但在权势面前,一切化为乌有,鲜有人能够挺直腰杆,故其弥足珍贵。冯梦龙辑录此类内容,正是要颂美这样的超凡脱俗之辈。

《不畏势》载:"况钟谒一势阉,拜下,不答。敛揖起云:'老太监想不喜拜,且长揖。'"④宦官为皇帝近倖之臣,势焰熏天,况钟拜而不答,改做长揖,其傲骨铮铮,品格着实可赞可叹。

《不佞神佛》载:"李梦阳督学江右,渡江,有司请祀水神。公怒,命从者缚神投诸江,曰:'以水神投水,得其所哉,得其所哉。'"⑤又《不畏鬼怪》载:"嵇中散尝于夜中灯火下弹琴。有一人入室,初来时,面甚小,斯

① 冯梦龙编选,陆国斌、吴小平校点:《古今谭概》,江苏古籍出版社1993年版,第48—49页。
② 冯梦龙编选,陆国斌、吴小平校点:《古今谭概》,第50页。
③ 冯梦龙编选,陆国斌、吴小平校点:《古今谭概》,第200页。
④ 冯梦龙编选,陆国斌、吴小平校点:《古今谭概》,第200页。
⑤ 冯梦龙编选,陆国斌、吴小平校点:《古今谭概》,第201页。

须转大,遂长丈馀,颜色惨黑,单衣草带。嵇熟视良久,乃吹火灭,曰:'耻与魑魅争光!'"①俗众迷信,敬畏神佛,惧怕鬼怪,嵇康、李梦阳辈之举,足见胆识过人,品格超迈流俗。

《不爱钱》载:"嘉兴许应逵为东平守,甚有循政,而为同事所中,得论调去,吏民哭泣不绝。许君晚至逆旅,谓其仆曰:'为吏无所有,只落得百姓几点眼泪耳。'仆叹曰:'阿爷囊中不着一钱,好将眼泪包去,作人事送亲友。'许为一拊掌。"②仆人之言,无非实话实说,是普通俗众的认识。许应逵则有君子抱负,为官清廉,其云"只落得百姓几点眼泪",是发自肺腑的愉悦,也是何其自豪的表白。

《不校侮嫚》载:"娄相师德温恭谨慎,与人无毫发之隙。弟授代州刺史,戒以勿与人竞。弟曰:'今后人唾吾面,亦自拭之耳。'师德曰:'此我所以忧汝也。凡人唾汝面,必怒汝故,拭之,是逆其心。夫唾不久自干,但当笑而受之。'"③又《荐詈己者》载:"王元美镇郧,荐一属吏,乃其乡人常詈公者。或曰:'自今以往,凡求荐者,皆詈公矣。'元美笑曰:'不然,我不荐彼,彼更詈我。'"④娄师德之言不免矫情,但居高位能自律自省、"温恭谨慎"如此,亦足称道。王世贞能够举荐不避隙,自然非惧其詈己,是看重其贤或才而已。娄师德、王世贞的胸襟格局,皆普通人难以企及,其境界修养亦自非凡流。

(三)美"佻达"。《佻达部》小序有云:"百围之木,不于枝叶取怜。士之跅弛自喜,不拘小节者,其中尽有魁杰骏雄、高人才子,或潜见各途,能不尽见。吾亦姑取焉,以淘俗士之肺肠。"⑤佻达,谓轻薄放荡。在冯梦龙看来,此辈中尽有"不拘小节"的"魁杰骏雄、高人才子",其故事正可以"淘俗士之肺肠"。《论语》中子贡问:"管仲非仁者与?桓公杀公子纠,不能死,又相之。"孔子曰:"管仲相桓公,霸诸侯,一匡天下,民到于今受其赐。微管仲,吾其被发左衽矣。"⑥庶其近之;所谓"大行不顾细

---

① 冯梦龙编选,陆国斌、吴小平校点:《古今谭概》,江苏古籍出版社 1993 年版,第 202 页。
② 冯梦龙编选,陆国斌、吴小平校点:《古今谭概》,第 204 页。
③ 冯梦龙编选,陆国斌、吴小平校点:《古今谭概》,第 206 页。
④ 冯梦龙编选,陆国斌、吴小平校点:《古今谭概》,第 208 页。
⑤ 冯梦龙编选,陆国斌、吴小平校点:《古今谭概》,第 312 页。
⑥ 杨伯峻:《论语译注》,中华书局 1980 年版,第 151 页。

谨，大礼不辞小让"①，正同此之意。该卷所录，乃称美不拘小节之人格。

《张徐州》载："裴宽尚书，罢郡西归汴，日晚维舟，见一人坐树下，衣服极敝，与语，大奇之，曰：'以君才识，必当富贵。'举船钱帛奴婢悉以贶之。客受贶不让，登舟，奴婢稍偃蹇，辄鞭之。裴公益异焉。其人，张徐州也。"篇后引李卓吾语曰："张建封易得，裴宽难逢。"②张建封之"受贶不让"，登舟见"奴婢稍偃蹇，辄鞭之"，皆非常人行为，亦未必值得称道。冯梦龙所称赞者，以其本质为豪杰，而非以其粗暴故尔。

《盗》载："祖车骑过江时，公私俭薄，无好服玩。王、庾诸公共就祖，忽见裘袍重叠，珍饰盈列。诸公怪问之，祖曰：'昨夜复南塘一出。'"③祖逖"常自使健儿行劫"，不知其所劫者何人，然如李卓吾所评："击楫渡江，誓清中原，使石勒畏避者，此盗也，俗儒岂知！"可谓的评。

《〈汉书〉下酒》载："苏子美豪放好饮，在外舅杜祁公家，每夕读书，以一斗为率。公密觇之，苏读《汉书·张良传》，至良与客狙击秦皇帝，抚掌曰：'惜乎击之不中！'遂满引一大白。又读至'良曰："始臣起自下邳，与上会于留，此天以授陛下。"'又抚案曰：'君臣相遇，其难如此！'复举一大白。公笑曰：'有如此下物，一斗不足多也。'"④大诗人苏舜钦自是文章雄豪，其以史书下酒，足称风雅，亦自非凡品。

《唱莲花道情》载："苏郡祝允明、唐寅、张灵，皆诞节倡狂。尝雨雪中作乞儿鼓节，唱莲花落，得钱沽酒野寺中，曰：'此乐惜不令太白知之！'又尝披氅持篮，相与跻虎丘为道人唱。有客吟颇涩，乃借笔疾书数韵，云烟满纸，翻然而逝，客踪迹之不得，遂疑为仙。"文后评曰："此真仙，又何疑！"⑤祝允明、唐寅辈江南才子，其乖张放荡之举，皆表现出真诚的品格，此亦晚明社会所颂扬的人格类型。

《黄勉之》载："黄勉之风流卓越。当上春官时，适田子艺过吴门，谈西湖之胜，便辍装不北上，往游西湖，盘桓累日。"⑥《汤义仍讲学》载："张

---

① 司马迁：《史记》卷七《项羽本纪》，中华书局 1959 年版，第 314 页。
② 冯梦龙编选，陆国斌、吴小平校点：《古今谭概》，江苏古籍出版社 1993 年版，第 213 页。
③ 冯梦龙编选，陆国斌、吴小平校点：《古今谭概》，第 214 页。
④ 冯梦龙编选，陆国斌、吴小平校点：《古今谭概》，第 218 页。
⑤ 冯梦龙编选，陆国斌、吴小平校点：《古今谭概》，第 214—215 页。
⑥ 冯梦龙编选，陆国斌、吴小平校点：《古今谭概》，第 223 页。

洪阳相公见《玉茗堂四记》，谓汤义仍曰：'君有如此妙才，何不讲学?'汤曰：'此正吾讲学! 公所讲是性，吾所讲是情。'"①黄省曾、汤显祖，其或淡泊功名，或以戏剧讲学，识见胸襟，大不同于俗儒。

（四）美"谲知"。《谲知部》小序云："人心之知，犹日月之光。粪壤也而光及焉，曲穴也而光入焉。知不废谲，而有善有不善，亦宜耳。小人以之机械，君子以之神明。总是心灵，惟人所设，不得谓知偏属君子，而谲偏归小人也。"②谲知，谓诡谲狡诈之智。在冯梦龙看来，智慧如日月之光华，智不废谲，然"小人以之机械，君子以之神明"，其所称赞者，乃"君子"之"谲知"。

《女巫》载："京师闾阎多信女巫。有武人陈五者，厌其家崇信之笃，莫能治。一日含青李于腮，诒家人疮肿痛甚，不食而卧者竟日。其妻忧甚，召女巫治之。巫降，谓：'五所患是名疔疮，以其素不敬神，神不与救。'家人罗拜恳祈，然后许之。五佯作呻吟甚急，语家人云：'必得神师入视救我可也。'巫入按视，五乃从容吐青李视之，捽巫，批其颊而叱之门外。自此家人无信崇者。"如篇后批语云："以幻术愚人，即有托幻术以愚之者；以神道困人，即有诡神道以困之者。"③又《诘盗智》载："胡汲仲在宁海日，偶出行，有群妪聚庵诵经。一妪以失衣来诉。汲仲命以牟麦置群妪掌中，令合掌绕佛，诵经如故。汲仲闭目端坐，且曰：'吾令神督之，若是盗衣者，行数周，麦当芽。'中一妪屡开视其掌，遂命缚之，果盗衣者。"如篇后批语所云"以其惑佛，因而惑之"④。又《海刚峰》载："有御史怒某县令，县令密使嬖儿侍御史。御史昵之，遂窃其符，逾墙走。明晨起视箓，箓箧已空，心疑县令所为，而不敢发，而称疾不视事。海忠肃时为教谕，往候御史。御史闻海有吏才，密诉之。海教御史夜半于厨中发火。火光烛天，郡属赴救。御史持箓箧授县尹，他官各有所护。及火灭，县令上箓箧，则符在矣。"⑤此所谓道高一尺魔高一丈，海青天非浪

①冯梦龙编选，陆国斌、吴小平校点：《古今谭概》，江苏古籍出版社1993年版，第227页。
②冯梦龙编选，陆国斌、吴小平校点：《古今谭概》，第398页。
③冯梦龙编选，陆国斌、吴小平校点：《古今谭概》，第406页。
④冯梦龙编选，陆国斌、吴小平校点：《古今谭概》，第408—409页。
⑤冯梦龙编选，陆国斌、吴小平校点：《古今谭概》，第409页。

right
第四章　中岁之困

185

得虚名,亦善能用"谲知"者。凡此,皆冯梦龙所称美之"君子谲知"。

（五）美"机警"。《机警部》小序中云："昔三徐名著江左,而骑省铉尤其白眉。及入聘,颇难押伴之选。艺祖令殿前司具殿侍中不识字者十人以闻,而点其一,曰:'此人可。'举朝错愕不解,殿侍者亦不敢辞。既渡江,骑省词锋如云,其人不能答,强聒之,徒唯唯。居数日,既无与之酬复,骑省亦倦且默矣。人谓此大圣人举动,不屑与小邦争口舌之胜。不知尔时直是无骑省对手,傥得晏婴、秦宓其人,滑稽辩给,奏凯而还,大国体面,更当何如？孔门恶佞,而不废言语之科,有以也！"①该卷所录故事,实多称颂机敏辩给之才。

其中有邦国外交,关涉国家尊严者,如《晏子》载："晏子至楚,王赐晏子酒。酒酣,吏缚一人前曰:'此齐人也,坐盗。'王视晏子曰:'齐人固多盗乎？'晏子避席对曰:'婴闻之,橘生淮南则为橘,生于淮北则为枳。今民在齐不盗,入楚则盗,意者楚之水土耶？'王笑曰:'圣人非所与嬉也,寡人反取病焉。'"②又《秦宓》载："吴使张温来聘,问秦宓曰:'天有头乎？'宓曰:'有。'温曰:'在何方？'宓曰:'《诗》云"乃眷西顾",以此推之,在西方。'温曰:'天有耳乎？'曰:'天处高而听卑。《诗》云"鹤鸣九皋,声闻于天"。'温曰:'天有足乎？'宓曰:'《诗》云"天步艰难"。无足何以步之？'温曰:'天有姓乎？'宓曰:'姓刘。'温曰:'何以知之？'曰:'天子姓刘,以此知之。'"③

而人际往来,关涉个人体面,乃至性命、命运,如《东方朔》载："武帝时,有献不死之酒者,东方朔窃饮之。帝怒,欲杀朔。朔曰:'臣所饮,不死之酒也。杀臣,臣亦不死。臣死,酒亦不验。'"④《孔文举》载："孔文举年十岁,随父到洛。时李元礼有盛名,为司隶校尉,诣门者俊才清称及中表亲戚乃通。文举至门,谓吏曰:'我是李府亲。'既通,前坐。李曰:'君与仆有何亲？'对曰:'昔先人仲尼与君先人伯阳,有师资之亲,是仆与君奕世为通好也。'膺问:'欲食乎？'曰:'须食。'膺曰:'教卿为客之

① 冯梦龙编选,陆国斌、吴小平校点:《古今谭概》,江苏古籍出版社1993年版,第442页。

② 冯梦龙编选,陆国斌、吴小平校点:《古今谭概》,第442—443页。

③ 冯梦龙编选,陆国斌、吴小平校点:《古今谭概》,第446页。

④ 冯梦龙编选,陆国斌、吴小平校点:《古今谭概》,第447页。

礼：但让，不须谢主。'融曰：'教公为主之礼：但置食，不须问客。'膺叹服，曰：'恨吾将死，不及见卿富贵。'融曰：'公殊未死。'膺问："何故？"答曰：'人之将死，其言也善，公向言殊未善。'适大夫陈韪后至，闻斯语，曰：'小时了了，大未必佳。'融曰：'想君小时，必当了了。'"①《梁伯龙》载："梁伯龙《浣纱记》成，一浙友谑之曰：'君所编吴为越灭，得无自折便宜乎？'梁笑曰：'苎罗之美，吴人试之；吴宫之秽，越人尝之。如此便宜，固亦足矣！'"②

《古今谭概》卷二十四《酬嘲部》称美的"谈锋"，卷二十五《塞语部》赞许的"辩给"，实亦可以归入此类。

（六）美"雅浪"。《雅浪部》小序中云："谑浪，人所时有也，过则虐，虐则不堪，是故雅之为贵。雅行不惊俗，雅言不骇耳，雅谑不伤心，何病乎唇弄？何虞乎口戒？何惮乎犁舌地狱？"③谑浪，谓戏谑放荡，谐谑，谑而不虐，是为雅谑。

或谑人，如《千岁》载："魏王知训陪烈祖曲宴，引金觚赐酒曰：'愿我弟千岁。'魏王引他器勺之，进曰：'愿与陛下各享五百。'"④《舍命陪君子》载："李西涯在翰林时，一日陪郡侯席，过饮大觥，醉而言曰：'生今日舍命陪君子矣。'郡侯笑曰：'学生也不是君子，老先生不要轻生。'"⑤《何次道志勇》载："何次道充往瓦官寺，礼拜甚勤。阮思旷裕语之曰：'卿志大宇宙，勇迈千古。'何曰：'卿今日何故忽见推？'阮曰：'我图数千户郡，尚不能得。卿乃图作佛，不亦大乎？'"⑥《大八字》载："有以星术见王元美者，座客争扣吉凶，元美曰：'吾自晓大八字，不用若算。'问：'何为大八字？'曰：'我知人人都是要死的。'"⑦《新建伯》载："王文成公封新建伯，戴冕服入朝，有帛蔽耳。某公戏曰：'先生耳冷？'公笑曰：'我不耳冷，先生眼热。'"⑧《破僧戒》载："虎丘僧人长于酒肉，彼之视腐菜，如持戒者之视鱼

① 冯梦龙编选，陆国斌、吴小平校点：《古今谭概》，江苏古籍出版社 1993 年版，第 447—448 页。
② 冯梦龙编选，陆国斌、吴小平校点：《古今谭概》，第 452—453 页。
③ 冯梦龙编选，陆国斌、吴小平校点：《古今谭概》，第 504 页。
④ 冯梦龙编选，陆国斌、吴小平校点：《古今谭概》，第 504 页。
⑤ 冯梦龙编选，陆国斌、吴小平校点：《古今谭概》，第 504 页。
⑥ 冯梦龙编选，陆国斌、吴小平校点：《古今谭概》，第 508 页。
⑦ 冯梦龙编选，陆国斌、吴小平校点：《古今谭概》，第 509 页。
⑧ 冯梦龙编选，陆国斌、吴小平校点：《古今谭概》，第 513 页。

肉,不胜额之蹙也。一日,友人小集,有楚客长斋,特设素供。楚客意僧必持戒,揖与共席,吴兴凌彼岸笑语之曰:'毋为此僧破戒!'"①

或自谑,如《石学士》载:"石曼卿尝出游报宁寺,驭者失控,马惊走,曼卿堕地,戏曰:'幸是石学士,若瓦学士,岂不破碎!'"②《大理寺》载:"江晴渌以大理属使滇,至普安驿,供亿不具,左右欲答其吏,江曰:'翰林科道,人闻而惮之。若大理寺,远方之人,且谓与报恩寺、大慈寺等。其官属,亦善世住持之类耳,恶乎答!'"③《三甲进士》载:"王伯固令太和,一士昂然而进曰:'一等生员告状。'伯固敛容,徐答曰:'三甲进士不准。'"④

或以嘲谑而颂美者,如《杜宗武》载:"杜甫子宗武,以诗示阮兵曹,答以石斧一具,并诗还之。宗武曰:'斧,父斤也。使我呈父加斤削也。'阮闻之,曰:'误矣,欲子斫断其手,此手若存,天下诗名,又在杜家矣。'"⑤《不廉》载:"沈约戏朱异曰:'卿年少,何乃不廉?'异逡巡未达其旨。约乃曰:'天下惟有文义棋书,卿一时将去,安得称廉?'"⑥或无关人我,纯粹之调笑而已,如《黄鹂自古少》载:"熊眉愚与江箓萝同官棘寺。一日,江曰:'此中不乏佳树,惜黄鹂甚少。'熊曰:'黄鹂自古少也。'江问:'何以见之?'熊曰:'杜诗云"两个黄鹂鸣翠柳",那得多?'"⑦

(七)美"文戏"。《文戏部》小序中云:"迂士主文而讳戏,俗士逐戏而离文,其能以文为戏者,必才士也。尼父之戏也,以俎豆;邓艾之戏也,以战阵;晦翁之戏也,以八卦;何独文人而不然?且夫视文如戏,则文之兴益豪;而虽戏必文,则戏之途亦窄,或亦砭迂针俗之一助云尔。"⑧在冯梦龙看来,孔子以礼乐为戏,邓艾以战阵为戏,朱熹以八卦为戏,才士以文为戏;以文为戏,文章才可以更加自由地发展。主文谲谏,其旨亦大,故美之。

其中所辑录故事,其一是自娱娱人,如《庙赋》载:"范文正公少时,

① 冯梦龙编选,陆国斌、吴小平校点:《古今谭概》,江苏古籍出版社 1993 年版,第 524—525 页。
② 冯梦龙编选,陆国斌、吴小平校点:《古今谭概》,第 514 页。
③ 冯梦龙编选,陆国斌、吴小平校点:《古今谭概》,第 515 页。
④ 冯梦龙编选,陆国斌、吴小平校点:《古今谭概》,第 516 页。
⑤ 冯梦龙编选,陆国斌、吴小平校点:《古今谭概》,第 520 页。
⑥ 冯梦龙编选,陆国斌、吴小平校点:《古今谭概》,第 520 页。
⑦ 冯梦龙编选,陆国斌、吴小平校点:《古今谭概》,第 519 页。
⑧ 冯梦龙编选,陆国斌、吴小平校点:《古今谭概》,第 531 页。

作《薤赋》。其警句云：'陶家瓮内，淹成碧绿青黄。措大口中，嚼出宫商角徵。'盖亲尝忍穷，故得薤之妙处云。"①《末名柬》载："翟永龄与陆廉伯并以才学驰名，后陆发解，而翟名最后，以书柬所亲曰：'至矣尽矣，方知小子之名。颠之倒之，反在诸公之上。'"②《烹鸡诵》载："唐六如游僧舍，见雌鸡，请烹为供。僧曰：'公能作诵，当不靳也。'援笔题曰：'头上无冠，不报四时之晓。脚跟欠距，难全五德之名。不解雄先，但张雌伏。汝生卵，卵复生子，种种无穷。人食畜，畜又食人，冤冤何已？若要解除业障，必先割去本根。大众先取波罗香水，推去头面皮毛，次运菩萨慧刀，割去心肠肝胆。咄！香水源源化为雾，镬汤滚滚成甘露。饮此甘露乘此雾，直入佛牙深处去，化生彼国极乐土。'僧笑曰：'鸡得死所，无憾矣！'乃烹以侑酒。"③《词曲》载："西安一广文，博学而廉介有气，罢官归，贫甚，戏作《清江引》云：'夜半三更睡不着，恼得我心焦躁。圪蹬的响一声，尽力子嚇一跳，把一股脊梁筋穷断了。'"④

其二是砭迂针俗，如《旧绝句易字》载："《西堂纪闻》云：'昨夜阴山贼吼风，帐中惊起黑髯翁。平明不待全师出，连把金鞭打铁骢。'此诗不知谁作，颇为边人传诵。有张师雄者，居洛中，好以甘言媚人，洛人呼为'蜜翁翁'。会官塞上，一夕传虏犯边，师雄仓皇震怒，衣皮裘两重，伏土窟中。秦人呼'土窟'为'土空'。有人改前诗以嘲之曰：'昨夜阴山贼吼风，帐中惊起蜜翁翁。平明不待全师出，连着皮裘入土空。'"⑤此嘲张师雄之徒能"甘言媚人"、调唇弄舌、嘴上功夫。又《广文嘲语》载："广文先生之贫，自古记之。近日士风日趋于薄，有某学先生者，人馈之肉，乃瘟猪也。先生嘲之曰：'秀才送礼，言之可羞，瘦肉一方，尧舜其犹。'又有以铜银为贽者，又嘲之曰：'薄俗送礼，不过五分，启封视之，尧舜与人。'或作破云：'时官之责门人也，言必称尧舜焉。'"⑥针砭社会不尊师道，不重文教，斯文委地的情状。又《十七字诗》载："正德间，有无赖子好作十

---

① 冯梦龙编选，陆国斌、吴小平校点：《古今谭概》，江苏古籍出版社 1993 年版，第 552—553 页。
② 冯梦龙编选，陆国斌、吴小平校点：《古今谭概》，第 555 页。
③ 冯梦龙编选，陆国斌、吴小平校点：《古今谭概》，第 559 页。
④ 冯梦龙编选，陆国斌、吴小平校点：《古今谭概》，第 562 页。
⑤ 冯梦龙编选，陆国斌、吴小平校点：《古今谭概》，第 533 页。
⑥ 冯梦龙编选，陆国斌、吴小平校点：《古今谭概》，第 536 页。

七字诗，触目成咏。时天旱，府守祈雨未诚，神无感应，其人作诗嘲之曰：'太守出祷雨，万民皆喜悦。昨夜推窗看，见月！'守知，令人捕至，曰：'汝善作十七字诗耶？试再吟之，佳则释尔。'即以别号'西坡'命题，其人应声曰：'古人号东坡，今人号西坡，若将两人较，差多！'守大怒，责之十八。其人又吟曰：'作诗十七字，被责一十八，若上万言书，打杀！'守亦哂而逐之。"①藉"无赖子"之名，讥讽太守之无知愚昧。又《裁缝冠带》载："有业缝衣者，以贿得奖冠带。顾霞山嘲曰：'近来仕路太糊涂，强把裁缝作士夫。软翅一朝风荡破，分明两个剪刀箍。'"②讽刺选官制度的腐败不堪。又《词曲》载："云间酒淡，有作《行香子》云：'浙右华亭，物价廉平，一道会买个三升。打开瓶后，滑辣光馨，教君霎时饮，霎时醉，霎时醒，听得渊明，说与刘伶，这一瓶约摸三斤，君还不信，把秤来称，有一斤酒，一斤水，一斤瓶。'"③嘲讽华亭假货，世风不醇。

另有一些作品，为游戏而游戏，则不免"逐戏而离文"，如《成语诗》载："林观过年七岁，嬉游市中，以黐诗自命。或戏令咏泄气，云：'视之不见名曰希，听之不闻名曰夷。不啻若是其口出，人皆掩鼻而过之。'"④亦失"主文谲谏"之旨。

上述内容，无疑是《古今谭概》的中心主题所在。此外，"谬误部"讥以讹传讹而致谬误种种，昭示"不误犹误，何况真误"⑤；"苦海部"嘲拙劣诗文，或于诗文之各种歪解，戒"莫要轻易便张口笑人"⑥；"闺诫部"中惧内故事，名曰闺诫，实诫惧内，昭示"中无贪欲，则必不忌贤而嫉能"，"当断不断，反受其乱"⑦；"委蜕部"之形体异常、生理缺陷故事，告诫"借以为笑可，执以为可笑则不可"⑧；"谈资部"所录酒令、句对、灯谜等，如小序中说："工者不胜书，书其趣者，可以侈目，可以解颐"⑨；"微词部"所

① 冯梦龙编选、陆国斌、吴小平校点：《古今谭概》，江苏古籍出版社 1993 年版，第 537—538 页。
② 冯梦龙编选、陆国斌、吴小平校点：《古今谭概》，第 543 页。
③ 冯梦龙编选、陆国斌、吴小平校点：《古今谭概》，第 562 页。
④ 冯梦龙编选、陆国斌、吴小平校点：《古今谭概》，第 531 页。
⑤ 冯梦龙编选、陆国斌、吴小平校点：《古今谭概》，第 86 页。
⑥ 冯梦龙编选、陆国斌、吴小平校点：《古今谭概》，第 133 页。
⑦ 冯梦龙编选、陆国斌、吴小平校点：《古今谭概》，第 360 页。
⑧ 冯梦龙编选、陆国斌、吴小平校点：《古今谭概》，第 373 页。
⑨ 冯梦龙编选、陆国斌、吴小平校点：《古今谭概》，第 584 页。

录,即"谈言微中,可以解纷"一类,所谓"上可以代虞人之箴,而下亦可以当舆人之诵"①;"口碑部"所录,各种人物及其口碑评价等,昭示"人之多口,信可畏夫"②;"灵迹部""荒唐部""妖异部""非族部"所录,各色神异之人、神道奇怪之事,揭示"精神无伪,伪极亦是真"③,"言固有习闻而不觉其害于理者"④,"末世祥多虚而妖多实"⑤,"少所见,多所怪。……怪怪奇奇,见于纪载者侈矣。不阅此,不知天地之大;不阅此,不知中国之尊"⑥;"杂志部"所录,乃"得一奇事",未能够收入之前各部,又"不忍遗"者,助"谈资"而已⑦。凡此,亦不外乎砭迂针俗,主文谲谏,令人侈目解颐,旨归于惩人心厚风俗,扭转末世颓风。

《文心雕龙·谐隐》释"谐"曰:"谐之言皆也;辞浅会俗,皆悦笑也。"谓浅显的词句,适合于一般人的理解;释"谑"曰:"谑者,隐也;遁辞以隐意,谲譬以指事也。……隐语之用,被于纪传:大者兴治济身,其次弼违晓惑。盖意生于权谲,而事出于机急,与夫谐辞,可相表里者也。"⑧谓闪烁其词中,将真正的意思隐藏,以诡谲的譬喻暗示某种事物,其在史书中,大而言之,可以使政治昌明,可以使本人获取成功;次而言之,可有助于改正错误,使迷惑者明白。由权变诡谲而生,取材于机智敏捷,可与谐辞互为表里,相得益彰。浸淫于传统文化,博学多才的冯梦龙,深谙此理。身处末世社会,虽然于世道人心殷忧忡忡,但作为下层士人,他所能做的只是以文化人。其辑评《古今谭概》,博采古今,以正、反事例为鉴,藉谐隐为手段,期望世人可由此照见自家优长欠缺,进而借由人心人格的建设,实现其疗治社会的目的,"此诚士君子不得志于时者之快事也"⑨。

① 冯梦龙编选,陆国斌、吴小平校点:《古今谭概》,江苏古籍出版社 1993 年版,第 605 页。
② 冯梦龙编选,陆国斌、吴小平校点:《古今谭概》,第 639 页。
③ 冯梦龙编选,陆国斌、吴小平校点:《古今谭概》,第 663 页。
④ 冯梦龙编选,陆国斌、吴小平校点:《古今谭概》,第 688 页。
⑤ 冯梦龙编选,陆国斌、吴小平校点:《古今谭概》,第 711 页。
⑥ 冯梦龙编选,陆国斌、吴小平校点:《古今谭概》,第 733 页。
⑦ 冯梦龙编选,陆国斌、吴小平校点:《古今谭概》,第 756 页。
⑧ 赵仲邑:《文心雕龙译注》,漓江出版社 1982 年版,第 128 页。
⑨ 冯梦龙编选,陆国斌、吴小平校点:《古今谭概》,叙第 1 页。

# 第五章　编刊《情史》及情教众生


　　冯梦龙的同乡、友人俞琬纶,在《〈打枣竿〉小引》中说,自己与冯梦龙"俱有童痴,更多情种"①。冯梦龙《情史叙》中也自称少负情痴,和朋友交往,常怀赤诚之心,祸福同享;知人穷困潦倒,或有奇冤奇屈,纵萍水相逢,一定会责无旁贷、竭尽全力;或者力量不及,不能解救,便要嗟叹多日,夜不能寐。见有情人,辄欲下拜;见无情人,即便话不投机,依然不愿放弃,耐心开导,万万不从乃已。还说,自己有意编选古往今来各种美好的情事,各写小传,让世人知道真情万古不磨,心向往之,将无情化有情,将私情化公情,使得天下众生,沐浴在真情之中,进而改变浇薄的世俗。②

　　《情史》(或称《情史类略》)二十四卷,题署"江南詹詹外史评辑",有"吴人龙子犹"《叙》、"江南詹詹外史述"《叙》。龙子犹《叙》中云:"余少负情痴……又尝欲择取古今情事之美者,各著小传,使人知情之可久……而落魄奔走,砚田尽芜,乃为詹詹外史氏所先,亦快事也。"③一般认为,所谓"乃为詹詹外史氏所先",《情史》为詹詹外史氏所编云云,无非文人狡狯,其实"詹詹外史氏"即冯梦龙的化名,此书便是冯梦龙自己编辑所成。值得关注的,是冯梦龙叙中的有关论述:"我死不能忘情世人,必当作佛度世,其佛号当云'多情欢喜如来'。有人称赞名号,信心奉持,即有无数喜神前后拥护,虽遇仇敌冤家,悉变欢喜,无有嗔恶妒嫉

① 俞琬纶:《自娱集》卷八,明万历年间吴郡章镛刻本。
② 冯梦龙辑评,周方、胡慧斌校点:《情史》,江苏古籍出版社1993年版,叙第1页。
③ 冯梦龙辑评,周方、胡慧斌校点:《情史》,叙第1页。

种种恶念",其俨然便是"情教"中的佛陀。"我欲立情教,教诲诸众生"①,虽是戏言,但冯梦龙秉持淑世精神,着意建构"情教"理论,希望为改变世风贡献一己绵薄之力的良苦用心,是真诚切实,无可怀疑的;与之前其编辑《谭概》的命意相承续而得到进一步发展。从其"情教"理论内涵,也正可以看出他由早年拘囿于一己之"私情",到中年时期,向关怀社会众生之"公情"的思想升华。

## 第一节 《情史》辑评者与辑评时间

关于《情史》的辑评者,容肇祖、陆树仑、傅承洲、金源熙等主张,詹詹外史即冯梦龙化名②,少数学者如胡士莹、林辰等持否定意见③。

否定论者的主要根据,大要有三:首先,即上引龙子犹《叙》中有云"而落魄奔走,砚田尽芜,乃为詹詹外史氏所先,亦快事也",认为由此"可证《情史》非冯梦龙所编";其次,"又《情史》卷十三《冯爱生》条有'龙子犹爱生传'云云,卷二十二《万生》条有'龙子犹万生传'云云,编者引用冯氏作品,亦可作为旁证"④;其三,著录《情史》的《苏州府志》,乃清代同治年间所纂修,时间甚晚,难以为证。

我们赞同詹詹外史即冯梦龙化名,认为《情史》乃冯梦龙辑评。

首先,龙子犹叙《情史》中云云,乃文人狡狯,实不足以凭信。如傅承洲所说:"冯梦龙在《古今小说叙》中说:'茂苑野史氏,家藏古今通俗小说甚富,因贾人之请,抽其可以嘉惠里耳者,凡四十种,畀为一刻。余顾而乐之,因索笔而弁其首。'似乎《古今小说》不是冯梦龙编纂。……谁也不会因为这篇序而否定冯氏对《古今小说》的著作权。"⑤

其次,关于《情史》的著录。近年有关研究成果中,已有学者揭示,

---

① 冯梦龙辑评,周方、胡慧斌校点:《情史》,江苏古籍出版社 1993 年版,叙第 1 页。
② 容肇祖:《明冯梦龙的生平及其著述》,《岭南学报》第 2 卷第 2 期,第 61—69 页;陆树仑:《冯梦龙研究》,复旦大学出版社 1987 年版,第 148—149 页;傅承洲:《〈情史〉辑评者考辨》,《中央民族大学学报》2001 年第 3 期,第 93—94 页;金源熙:《〈情史〉故事源流考述》,凤凰出版社 2011 年版。
③ 胡士莹:《话本小说概论》,中华书局 1982 年版,第 538—539 页;林辰:《明末清初小说述录》,春风文艺出版社 1988 年版,第 165 页。
④ 胡士莹:《话本小说概论》,中华书局 1982 年版,第 538 页。
⑤ 傅承洲:《冯梦龙文学研究》,中国社会科学出版社 2013 年版,第 205 页。

早在明末清初,与冯梦龙时代相近,该书已为藏书家所著录。如黄虞稷《千顷堂书目》卷十二《小说类》著录:

> 冯梦龙:《智囊》二十□卷,又《古今谈概》四十卷,又《情史》二十四卷。①

黄虞稷(1629—1691),字俞邰,福建晋江人,目录学家。其父黄居中(1562—1644),明季为南京国子监丞,遂流寓于此,乃著名藏书家,有千顷堂,撰《千顷斋藏书目录》六卷。黄虞稷《千顷堂书目》,即根据乃父之目录增益而成。康熙十八年(1680),黄虞稷入明史馆,撰《明史·艺文志稿》,又以其《千顷堂书目》为基础。其后,王鸿绪《明史稿·艺文志》、张廷玉《明史·艺文志》,并以黄虞稷目录为蓝本。《千顷堂书目》向为人称道,可信度颇高。

又,祁理孙《奕庆藏书楼书目》子之九《稗乘家一·说汇》著录"《情史》:二十四卷,乙套,十四本,吴县冯梦龙辑"②。祁理孙,祁承㸁之孙,祁彪佳之子。祁承㸁为明代著名藏书家,万历三十五年(1607)由宁国知县调任冯梦龙家乡长洲知县,三十八年(1610)升任南京兵部主事。冯梦龙"作诸生时"为祁承㸁所"识拔"。祁彪佳为天启二年(1622)进士,曾任福建兴化推官、右佥都御史,崇祯六年(1633)巡按苏、松,八年(1635)告病辞职返乡,里居八年,著名戏曲理论家。祁彪佳与冯梦龙交往颇密。正如有学人所论:"《奕庆藏书楼书目》虽然比不上祁承㸁《澹生堂藏书目》的规模",但"继承了父亲对戏曲小说的爱好,或者很可能就是在父亲藏书的基础上编著《奕庆藏书楼书目》的",因此,其所著录冯梦龙辑录《情史》,"应该是可以凭信的"③。

其三,《情史》中所引用冯梦龙作品,恰可以印证,该书即出自其本人辑评。《情史》中引用冯氏作品,远不止《冯爱生》《万生传》。据金源熙《〈情史〉故事源流考述》排比,其与冯梦龙编纂《太平广记钞》《古今谭概》《智囊》等书,即"有不少故事和评语有相同之处":"《古今谭概》与

---

① 黄虞稷撰,瞿凤起、潘景郑整理:《千顷堂书目》,上海古籍出版社 2001 年版,第 346 页。
② 祁理孙:《奕庆藏书楼书目》,国家图书馆藏清抄本。
③ 金源熙:《〈情史〉故事源流考述》,凤凰出版社 2011 年版,第 14—15 页。

《情史》重叠或者有关的共有五十三则故事，其中《情史》明确注明出自《古今谭概》的，共有四则故事"；《智囊补》"与《情史》不少故事重叠。两书相关的共有十三则故事和有关评语"；"《情史》继承了《古今谭概》和《智囊补》两部书中有关'情'的故事。这也为《情史》确实出自冯梦龙之手提供了有力的旁证"①。《情史》与《太平广记钞》"不但在于互见的故事数量较多，而且可以看到不少相同的文后评"②。又，"在《情史》中，引用诗人诗作的几乎只有龙子犹即冯梦龙一个人"，"《情史》中有各种评语……而在这些评语中又多引入冯梦龙自己的诗歌，其意义不容轻视"③；《情史》"不但正文有眉批、行间批，而且每卷都有以'情史氏'开头的总评，每则故事后又大多有文后评。这些评语……明确标明评者为谁的篇目不多，而且这些评语还是转录其他文献故事时一起引用的。还有一些评语则与故事来源并无关系，其评者就是'子犹''子犹氏'。以'子犹''子犹氏'开头的评语总共有十四篇，其中出于冯梦龙其他文言小说选集中的有卷四情侠类《娄江妓》《冯燕》，卷七情痴类《尾生》。此外……均与故事来源无关。《情史》文后评中虽然也可以看到与故事来源无关的'弇州山人''钱简栖'等文后评，但是为数不多，而征引最多的就是以'子犹''子犹氏'开头的文后评。这也证明《情史》一书的编纂出自冯梦龙之手"④。此外，如陆树仑《〈三言〉序的作者问题》一文中所揭示，"三言"中小说，其故事并评语亦与《情史》相同，详后不赘。这些，倘若其作者非同一人，反倒难以做出合理的解释。

关于《情史》的编纂辑评时间，主要有"万历四十八年"说⑤、"天启元年之后"说⑥、"天启年间以后"说⑦等几种观点。

---

① 金源熙：《〈情史〉故事源流考述》，凤凰出版社 2011 年版，第 15—20 页。

② 金源熙：《〈情史〉故事源流考述》，第 63 页。

③ 金源熙：《〈情史〉故事源流考述》，第 20—21 页。

④ 金源熙：《〈情史〉故事源流考述》，第 24—25 页。

⑤ 王凌：《畸人·情种·七品官——冯梦龙探幽》，海峡文艺出版社 1992 年版，第 14—26、96—126 页。

⑥ 徐朔方：《冯梦龙年谱》，《徐朔方集》第二卷，浙江古籍出版社 1993 年版，第 423—424 页。龚笃清《冯梦龙新论》断定《情史》成书于天启二年，湖南人民出版社 2002 年版，第 324 页。

⑦ 韩南《中国短篇小说》据《情史》中 6 篇及"小说"，分别与《醒世恒言》《古今小说》作品对应，而《醒世恒言》刊于天启七年，断定其成书于崇祯二年至五年间，"国立编译馆"1984 年版，第 110—111 页。陆树仑《冯梦龙研究》认为："不妨说此书成于启祯间。"复旦大学出版社 1987 年版，第 149 页。

《情史》中作品,明确注明来自《古今谭概》者,如卷十七《情秽类·张彩》条引曰"《谭概》评云"、《窦从一》条引"《谭概》评云",卷二十二《情外类·俞大夫》评语引"《谭概》云"、《张浪狗》条引"《谭概》云",如上所述,《古今谭概》的纂辑成书时间,其下限为万历四十八年(1620),那么,《情史》的成书,自然不可能早于这一时间。

又据龚笃清《〈情史〉刊行年代考》所揭,《情史》卷五《刘大刀》:

> 刘綎,神宗朝名将也。所用刀六十馀斤,军中号为刘大刀。有姬妾二十馀,极燕、赵之选,皆善走马弹械。綎每出巡,诸姬戎装穿小皮靴,跨善马,为前导。四力士共举刀架继之,綎在其后。旁观者意气亦为之豪。

其叙写万历朝名将刘綎事。綎战死于万历四十七年(1619),又称其为"神宗朝"名将,神宗乃万历帝朱翊钧庙号,朱翊钧死于万历四十八年(1620)七月二十一日,九月"上尊谥,庙号神宗",亦可佐证《情史》之纂辑成书,不会早于万历四十八年(1620)①。

复据金源熙《〈情史〉故事源流考述》,《情史》与宋存标编辑《情种》一书,有四篇作品(《负情侬传》《珠衫》《杨幽妍别传》《范笏林传》)故事重叠,"除了《珠衫》之外,两书文字基本上相同";《杨幽妍别传》《范笏林传》《负情侬传》分别为陈继儒、宋懋澄原作,收入《情种》,文字有别,《情史》则取自《情种》②。《情种》卷四《杨

情史敍

情史余志也、余少貟情癡、

遇朋儕必傾赤相與吉凶

同患聞人有奇窮奇枉雖

不相識、求為之地、或力所

---

① 龚笃清:《冯梦龙新论》,湖南人民出版社2002年版,第318—325页。
② 金源熙:《〈情史〉故事源流考述》,凤凰出版社2011年版,第178—185页。

幽妍别传》中叙及："岁逼除夕,圣清归侍椒觞,别去。幽妍惙惙喘益促。侍儿问,有何语传寄郎君,但瞪目捶胸,不复成声矣。盖壬戌腊月二十七日也。"①此壬戌乃天启二年(1622)。又《情种》卷二载："天启三年,凤凰集于河南大块山,从鸟数万,人近之,飞鸣作势,三日始去。"②如此看来,天启三年(1623)便是《情史》成书时间的上限。

如上所述,韩南《中国短篇小说》据《情史》中6篇言及"小说",又分别与《醒世恒言》《古今小说》中6篇作品对应,而《醒世恒言》刊于天启七年(1627),于是断定《情史》成书于崇祯二年(1629)至五年(1632)之间。且看《情史》中原文的表述。

《情史》卷二《情缘类·吴江钱生》评语曰："小说有《错占凤凰俦》。"韩南谓之即《醒世恒言》卷七《钱秀才错占凤凰俦》;同卷《崑山民》评语曰："小说载此事,病者为刘璞,其妹已许裴九之子裴政矣。"韩南谓之即《醒世恒言》卷八《乔太守乱点鸳鸯谱》;卷三《情私类·江情》有曰："小说曰《彩舟记》。"韩南谓之即《醒世恒言》卷二十八《吴衙内邻舟赴约》;卷五《情豪类·史凤》评语曰："小说有卖油郎,慕一名妓……",韩南谓之即《醒世恒言》卷三《卖油郎独占花魁》;卷十六《情报类·珍珠衫》评语曰："小说有《珍珠衫记》。"韩南谓之即《古今小说》卷一《蒋兴哥重会珍珠衫》。

首先,《情史》中"小说有《错占凤凰俦》""小说载此事""小说曰《彩舟记》""小说有卖油郎"云云,除了《错占凤凰俦》,或未言及小说名称,或云"小说曰《彩舟记》",这些作品,未必不是指《古今小说叙》中所说的"茂苑野史氏,家藏古今通俗小说甚富"③,为其家藏前人及时人小说,或所读之前人、时人所创作的小说。

其次,事实上,"三言"中作品,有故事见于《情史》者甚多④,如《古今小说》卷一《蒋兴哥重会珍珠衫》(《情史》卷十六《珍珠衫》)、卷二《陈御

① 宋存标:《情种》,《四库未收书辑刊》第3辑第28册,北京出版社1997年版,第727页。
② 宋存标:《情种》,《四库未收书辑刊》第3辑第28册,第694页。
③ 丁锡根:《中国历代小说序跋集》,人民文学出版社1996年版,第774页。
④ 王凌:《从〈情史〉到"三言"》《冯梦龙生平简编》,《畸人·情种·七品官——冯梦龙探幽》,海峡文艺出版社1992年版2002年第二次印刷,第14—26页。

史巧勘金钗钿》(《情史》卷十四《柳莺英》)、卷四《闲云庵阮三偿冤债》(《情史》卷三《阮华》)、卷五《穷马周遭际卖馎媪》(《情史》卷二《卖馎媪》)、卷六《葛令公生遣弄珠儿》(《情史》卷四《葛周》)、卷九《裴晋公义还原配》(《情史》卷四《裴晋公》)、卷十二《众名姬春风吊柳七》(《情史》卷十八《柳耆卿》)、卷十七《单符郎全州佳偶》(《情史》卷二《单飞英》)、卷十八《杨八老越国奇逢》(《情史》卷二《杨公》)、卷二十《陈从善梅岭失浑家》(《情史》卷二十一《猿精》)、卷二十七《金玉奴棒打薄情郎》(《情史》卷二《绍兴士人》)、卷二十八《李秀卿义结黄贞女》(《情史》卷二《王善聪》)、卷三十三《张古老种瓜娶文女》(《情史》卷十九《张果老》)、卷三十五《简帖僧巧骗皇甫妻》(《情史》卷十四《金山僧惠明》)、卷四十《沈小霞相会出师表》(《情史》卷四《沈小霞妾》);《警世通言》卷十《钱舍人题诗燕子楼》(《情史》卷一《关盼盼》)、卷十二《范鳅儿双镜重圆》(《情史》卷一《范希周》)、卷二十二《宋小官团圆破毡笠》(《情史》卷一《金三妻》)、卷二十三《乐小舍拼生觅偶》(《情史》卷七《乐和》)、卷二十四《玉堂春落难逢夫》(《情史》卷二《玉堂春》)、卷二十六《唐解元一笑姻缘》(《情史》卷五《唐寅》)、卷三十《金明池吴清逢爱爱》(《情史》卷十《金明池当炉女》)、卷三十一《赵春儿重旺曹家庄》(《情史》卷四《娄江妓》)、卷三十二《杜十娘怒沉百宝箱》(《情史》卷十四《杜十娘》)、卷三十四《王娇鸾百年长恨》(《情史》卷十六《周廷章》);《醒世恒言》卷三《卖油郎独占花魁》(《情史》卷五《史凤》)、卷五《大树坡义虎送亲》(《情史》卷十二《勤自励》)、卷七《钱秀才错占凤凰俦》(《情史》卷二《吴江钱生》)、卷八《乔太守乱点鸳鸯谱》(《情史》卷二《崑山民》)、卷九《陈多寿生死夫妻》(《情史》卷十《陈寿》)、卷十《刘小官雌雄兄弟》(《情史》卷二《刘奇》)、卷十四《闹樊楼多情周胜仙》(《情史》卷十《吴市草女》)、卷十五《赫大卿遗恨鸳鸯绦》(《情史》卷十八《郝应祥》)、卷十六《陆五汉硬留合色鞋》(《情史》卷十八《张荩》)、卷十九《白玉娘忍苦成夫》(《情史》卷二《程万里》)、卷二十三《金海陵纵欲亡身》(《情史》卷十七《金废帝海陵》)、卷二十四《隋炀帝逸游召谴》(《情史》卷五《隋帝广》)、卷二十八《吴衙内邻舟赴约》(《情史》卷三《江情》)、卷三十二《黄秀才徼灵玉马坠》(《情史》卷九《黄损》),总计有39篇之众。"三言"中如此众多的作品本事见于《情史》，而仅有 4 篇出注，恰可以说明《情史》在前，而"三言"在后。

第三，据陆树仑《〈三言〉序的作者问题》一文中所揭，"三言"中有些小说作品，其评语与《情史》等评语"颇多相同之处"①。其中或者全同，如《警世通言》卷二十三《乐小舍拼生觅偶》眉批："一对多情种，非得潮神撮合，且为情死矣。""全是潮王弄奇。"《情史》卷七《乐和》有篇后评、侧批："一对多情种，非得潮神撮合，且为情死矣。""全是潮王弄奇。"《醒世恒言》卷二十八《吴衙内邻舟赴约》眉批："若是一偷而去，各自开船，太平无话，二人良缘终阻，行止俱亏。风息再开，天所以玉成美事也。"《情史》卷三《江情》眉批中仅"风息"作"风便"，一字之异。或繁简有别，如《古今小说》卷二十八《李秀卿义结黄贞女》眉批云："确是真道学，可敬，可敬。"《情史》卷二《王善聪》批云："善聪真正女道学。"也就在这繁简之别中，或许透露出时间早晚不同的信息："确是"者，乃对于《情史》批语"善聪真正女道学"之认同。《情史》在前，《古今小说》在后，隐约可见其前后踪迹。

综上所述，《古今小说》序刊于天启四年（1624）以前，《警世通言》序刊于天启四年，《醒世恒言》序刊于天启七年（1627），如此，则《情史》之成书，应当在天启三年宋存标《情种》辑刊之后，至《古今小说》编辑成书之前，也即约在天启三、四年（1623—1624）之间。

## 第二节 "情教"思想的内在理路

吴人龙子犹《情史叙》中说"我欲立情教，教诲诸众生"。毫无疑问，"情教"思想的建构，为《情史》一书的核心内容所在。那么，冯梦龙的"情教"思想，究竟包含了怎样的内容及内在里路，辑评该书的意义何在？都是值得我们深入思考的重要问题。

① 陆树仑：《冯梦龙研究》，复旦大学出版社 1987 年版，第 65 页。

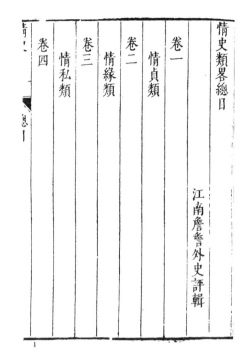

江南詹詹外史《叙》中,对于《情史》的旨归,有提纲挈领的概括:"是编也,始乎'贞',令人慕义;继乎'缘',令人知命,'私''爱'以畅其悦,'仇''憾'以伸其气,'豪''侠'以大其胸,'灵''感'以神其事,'痴''幻'以开其悟,'秽''累'以窒其淫,'通''化'以达其类,'芽'非以诬圣贤,而'疑'亦不敢以诬鬼神。譬诸《诗》云,兴、观、群、怨、多识,种种俱足,或亦有情者之朗鉴,而无情者之磁石乎!"①也就是说,书中诸多类别,"情贞"令人知"情"之大义,"情缘"令人知"情"之有缘,"情私""情爱"令人知两"情"相悦,"情仇""情憾"令人发"情"之憾恨,"情豪""情侠"令人抒"情"之酣畅("情豪类"某些故事,评语中谓之"酒池肉山,令人欲呕,真乃酒池地狱,有何佳趣","无赖所为,何豪之有"②),"情灵""情感"令人知"情"之神异感人,"情痴""情幻"令人由"情"兴感警悟,"情秽""情累"令人知"情""欲"之辨,"情通""情化"令人感万物有"情","情芽""情鬼"令人明圣贤鬼神莫不有"情",全书旨归,在于以此为"有情者"之镜鉴,启"无情者"归于"有情",教化众生,呼唤建设"有情社会",探讨其生成的机制。

## 一、天地有情,化育万物

龙子犹《叙》中有《情偈》云:

天地若无情,不生一切物。一切物无情,不能环相生。生生而

---

① 冯梦龙辑评,周方、胡慧斌校点:《情史》,江苏古籍出版社1993年版,叙第3页。

② 冯梦龙辑评,周方、胡慧斌校点:《情史》,第160页。

不灭,由情不灭故。四大皆幻设,惟情不虚假。有情疏者亲,无情亲者疏。无情与有情,相去不可量。我欲立情教,教诲诸众生。子有情于父,臣有情于君,推之种种相,俱作如是观。万物如散钱,一情为线索。散钱就索穿,天涯成眷属。若有贼害等,则自伤其情。如睹春花发,齐生欢喜意。盗贼必不作,奸宄必不起。佛亦何慈悲,圣亦何仁义。倒却情种子,天地亦混沌。①

首先,在这篇叙文中,讲到了万物生于有情。万物因情而衍生,生生不灭,于是构成大千世界;倘若缺乏情之存在,万物无以衍生,天地依然混沌。因了情的作用,万物可以如散乱的铜钱成串,天涯之隔如同比邻,盗贼不作,奸宄不起,进而成为有情的世界。

《情通类》卷末情史氏评语中云:"万物生于情,死于情,人于万物中处一焉,特以能言,能衣冠揖让,遂为之长,其实觉性与物无异。是以羊跪乳为孝,鹿断肠为慈,蜂立君臣,雁喻朋友,犬马报主,鸡知时,鹊知风,蚁知水,啄木能符篆,其精灵有胜于人者,情之不相让可知也。微独禽鱼,即草木无知,而分天地之情以生,亦往往泄露其象。何则?生在而情在焉。故人而无情,虽曰生人,吾直谓之死矣。"②万物生死于情,人以其能够言语,知礼仪,成为万物灵长。而动物之中,羊跪乳为孝,鹿断肠为慈,蜂有君臣,雁喻朋友,犬马报主等等,其有情并不逊色于人,情与生命同在,生人而无情,谓之行尸走肉可也。《情化类》卷末情史氏评语有云:"情主动而无形,忽焉感人,而不自知。有风之象,故其化为风。风者,周旋不舍之物,情之属也。浸假而为石,顽矣。浸假而为鸟,为草,为木,蠢矣。然意东而东,意西而西,风之飘疾,惟鸟分其灵焉。双翔双集,可以人而不如鸟乎?梓能连枝,花解并蒂,草木无知,象人情而有知也。人而无情,草木羞之矣!"③认为情主动而无形,化为风,鸟分其灵,鸟之"双翔双集",得情之灵;连枝之梓,并蒂之花,皆效人之有情,人岂可以不如花鸟吗?

---

① 冯梦龙辑评,周方、胡慧斌校点:《情史》,江苏古籍出版社1993年版,叙第1—2页。

② 冯梦龙辑评,周方、胡慧斌校点:《情史》,第932页。

③ 冯梦龙辑评,周方、胡慧斌校点:《情史》,第376页。

《情通类》中，即以具体故事，发明其万物有情之道理。如《凤》："南方有比翼凤，飞止饮啄，不相分离。雄曰野君，雌曰观讳，总名曰长离，言长想离著也。此鸟能通宿命，死而复生，必在一处。"①又《鹤》："湘东王修竹林堂，新杨太守郑袤送雄鹤于堂。其雌者尚在袤宅。霜天夜月，无日不鸣。商旅江津，闻者堕泪。时有野鹤飞赴堂中，驱之不去，即袤之雌也。交颈、颉颃、抚翼，闻奏钟磬，翩然共舞，婉转低昂，妙契弦节。"②又《象》："日南贡四象，各有雌雄，其一雌死于九贡。至南海百有馀日，其雄泥土著身，独不饮酒食肉，长史问其所以，辄流涕焉。"③此外，如蛤蚧、秦吉了、鸳鸯、鹡鸰、雁、燕、鹳、金鹅、马、虎、猴、鱼、蚕、红蝙蝠、红飞鼠、蝬、砂俘、候日虫、梨树、杏树、竹、相思草、鹤草蔓、鸳鸯草、怀梦草、有情树、夫妇花、相思子、相思石，举凡动植生物，皆有其情。

《情缘类》故事，则具体印证了作为万物灵长的人之情缘。《赵简子》："赵简子南击楚，渡汉，津吏醉卧，怒，将杀之。其女娟持楫走前曰：'妾父闻君渡不测之渊，故祷江淮之神，不胜杯酌，遂至沉醉，妾愿以微躯易父之命。'简子遂释不诛。将渡，娟攘拳操楫而前。中流，发激棹之歌曰：'升彼河兮而观清，水扬波兮杳冥冥。祷求福兮醉不醒，诛将加兮妾心惊。罚既释兮渎乃清，妾持楫兮操其维。蛟龙助兮主将归，呼来櫂兮行勿疑。'简子大悦。比归，纳为夫人。"④《崑山民》："嘉靖间，崑山民为子聘妇，而子得痼疾。民信俗有冲喜之说，遣媒议娶。女家度婿且死，不从。强之，乃饰其少子为女归焉，将以为旬日计。既草率成礼，父母谓子病不当近色，命其幼女伴嫂寝，而二人竟私为夫妇矣。逾月，子疾渐瘳。女家恐事败，诒以他故，邀假女去，事寂无知者。因女有娠，父母穷问得之。讼之官，狱连年不解。有叶御史者，判牒云：'嫁女得媳，娶妇得婿。颠之倒之，左右一义。'遂听为夫妇焉。"⑤该卷卷末情史氏评曰："夫人一宵之遇，亦必有缘焉凑之，况夫妇乎！媒母可为西子，缘在

① 冯梦龙辑评，周方、胡慧斌校点：《情史》，江苏古籍出版社 1993 年版，第 912 页。
② 冯梦龙辑评，周方、胡慧斌校点：《情史》，第 913 页。
③ 冯梦龙辑评，周方、胡慧斌校点：《情史》，第 920 页。
④ 冯梦龙辑评，周方、胡慧斌校点：《情史》，第 44 页。
⑤ 冯梦龙辑评，周方、胡慧斌校点：《情史》，第 54 页。

不问好丑也。瓦砾可为金玉,缘在不问良贱也。或百求而不获,或无心而自至,或久睽而复合,或欲割而终联。缘定于天,情亦阴受其转而不知矣。吁,虽至无情,不能强缘之断;虽至多情,不能强缘之合,诚知缘不可强也。多情者,固不必取盈,而无情者,亦胡为甘自菲薄耶!"①正所谓情之如风,动而无形,种种匪夷所思、难以揣摩之事,足见人间情缘的无所不在。

其次,《情偈》讲到了情的永恒不灭。冯梦龙认为,"四大皆幻设,惟情不虚假",世界万物,地、火、水、风,皆其幻象,惟有"情"乃真实的存在。《情幻类·司马才仲》篇末,情史氏评语曰:"然则古今有才情者,勿问男女,皆不死也。"②冯梦龙"尝欲择取古今情事之美者,各著小传",编纂《情史》,也正为由此可"使人知情之可久"③,永古不磨。

《情贞类·随清娱》:"清娱,姓随氏,平原人,从太史令司马迁侍姬也。年十七,归迁。迁凡游名山,必以清娱自随。后随至华阴之同州,而迁召入京师,留清娱于同。已而迁陷腐刑,发愤著书,未几病卒于京。清娱闻之,遂悲愤而死。州人葬之于某亭子下,忘其名。厥后唐褚遂良刺同州,清娱乃感梦于遂良,具言始末,云:'上帝悯其年寿未尽,因命为此州之神,庙食一方,然图籍未载,世人莫有知者。以公为一代文人,求志其墓,光扬幽懿。'遂良欣然从之。"篇后引长卿氏评语曰:"随娱为龙门姬,甚艳。十七,随龙门游名山,甚韵。独处同州,悲愤而死,甚冷。千百年而魂现于文士之手,甚香。清娱至今如生也。龙门于是乎不腐矣。"④清娱以情而死,以情之灵,感梦于遂良,藉其墓志文而传,人虽亡而情不磨,龙门、清娱千古不腐。

《情迹类·情尽桥》:"折柳桥在简县,初名情尽桥。雍陶典雅州日,送客至其地,向左右曰:'送迎之地止此。'故名。陶命笔题其柱曰折柳,因赋诗曰:'从来只说情难尽,何事教名情尽桥,自此改名为折柳,任教

---

① 冯梦龙辑评,周方、胡慧斌校点:《情史》,江苏古籍出版社1993年版,第79页。
② 冯梦龙辑评,周方、胡慧斌校点:《情史》,第268页。
③ 冯梦龙辑评,周方、胡慧斌校点:《情史》,叙第1页。
④ 冯梦龙辑评,周方、胡慧斌校点:《情史》,第21页。

离恨一条条。'自后送别，必吟是诗。"①此为地以情传。又《桃叶》："桃叶，王献之妾也。献之歌曰：'桃叶复桃叶，渡江不用楫。但乐无所苦，我自来迎接。'桃叶答《团扇歌》三首云：'七宝画团扇，灿烂明月光。与郎却暄暑，相忆莫相忘。''青青林中竹，可作白团扇。动摇郎玉手，因风托方便。''团扇复团扇，许持自障面。憔悴无复理，羞与郎相见。'"②此为人以情传。此外，该卷所辑洞庭刘氏、崔球妻、江宁刘氏、吴伯固女、杨状元妻、宜山邓氏、窦举、永丰柳、绛桃、张祐、卢肇、张文潜、钱鹤滩、贞娘墓、试莺、薛书记诗、刘采春、孟淑卿、孙巨源、南唐李煜、程正伯、秦少游、毛泽民、卢疏斋、碧玉、孙夫人、魏夫人、刘鼎臣妻、易彦章妻、朱希真、蜀娼词、刘燕哥、钓竿歌、羊车，并皆以情而不磨灭。

卷末情史氏评语曰："鸟之鸣春，虫之鸣秋，情也。迫于时而不自已，时往而情亦遁矣。人则不然，韵之为诗，协之为词，一日之讴吟叹咏，垂之千百世而不废；其事之关情者，则又传为美谈，笔之小牒。后世诵其诗，歌其词，述其事，而想见其情，当日之是非邪正，亦因是而有所考也。人以情传，情则何负于人矣！情以人蔽，奈何自负其情耶！"虫、鸟之鸣春鸣秋，是受季候时间所迫，时过情迁，如烟飘散；人则不然，在心为志，发言为诗，情之作用，有诗词文章，千古传唱，因此而穿越时空，亘古不灭，情之作用亦大。

## 二、愿得有情人，无情化有情

如上所述，在冯梦龙看来，"人而无情，虽曰生人，吾直谓之死矣"，因此，化无情为有情，是其《情史》编纂的重要命意之一。《情史叙》中云："余少负情痴，遇朋侪必倾赤相与，吉凶同患。闻人有奇穷奇枉，虽不相识，求为之地。或力所不及，则嗟叹累日，中夜展转不寐。见一有情人，辄欲下拜；或无情者，志言相忤，必委曲以情导之，万万不从乃已。"其《情偈》中云："无奈我情多，无奈人情少。愿得有情人，一起来演法。"③冯梦龙自负情痴，有憾于世之情少，希望以情导之，化无情为有

---

① 冯梦龙辑评，周方、胡慧斌校点：《情史》，江苏古籍出版社1993年版，第933页。
② 冯梦龙辑评，周方、胡慧斌校点：《情史》，第939页。
③ 冯梦龙辑评，周方、胡慧斌校点：《情史》，叙第1—2页。

情;更希望得有情同道,一齐弘扬真情,广而大之。

《情仇类·莺莺》篇后评语,谴责了张生的薄幸无情:"传云时人以张为善补过者,夫此何过也,而如是补乎? 如是而为善补过,则天下负心薄幸,食言背盟之徒,皆可云善补过矣! 女子钟情之深,无如崔者。乱而终之,犹可救过之半。妖不自我,何畏乎尤物? 微之与李十郎一也,特崔不能为小玉耳。"①《情私类》卷末情主人评语中,进一步抨击张生(以为作者自传)的始乱终弃,说:"微之薄倖,吾无取焉。我辈人亦自有我辈事,慎勿以须臾之欢,而误人于没世也。"②又《情仇类》卷末情史氏评曰:"语云'欢喜冤家',冤家由欢喜得也。夫'靡不有初,鲜克有终'。譬如蠹然,以木为命,还以贼木,忍乎哉! 彼夫售谖行诳,手自操戈,斯无所蔽罪者矣! 乃若垂成而败之,本合而离之,同欢而独据之,他好而代有之,天乎? 人乎? 是具有冤家在焉! 然仇不自我,两人之欢喜固在也,以冤家故愈觉欢喜,以欢喜故愈觉冤家。况乎情之所钟,万物皆赘。及其失意,四大生憎。仇又不独在冤家矣! 不情不仇,不仇不情。嗟夫,非酌水自饮,亦乌知其冷暖乎哉!"③张生之"食言背盟","以须臾之欢,而误人于没世","此何过也,而如是补乎"? 冯梦龙甚至以莺莺不能如霍小玉那样决裂复仇为憾。"以木为命,还以贼木,忍乎哉"!"不情不仇,不仇不情",仇者,乃因负情与痴情的冰炭不容,是无情与有情的必然冲突。靡不有初,鲜克有终,冯梦龙赞赏的是有始有终的情意。

唐人小说名篇《李娃传》的故事,脍炙人口,多认为其赞美了青楼之义。《情报类·荥阳郑生》篇后子犹氏评语中,则一反旧说,认为:"世览《李娃传》者,无不多娃之义。夫娃何义乎? 方其坠鞭流盼,唯恐生之不来。及夫下榻延欢,唯恐生之不固。乃至金尽局设,与姥朋奸,反唯恐生之不去。天下有义焉如此者哉! 幸生忍羞耐苦,或一旦而死于邸,死于凶肆,死于箠楚之下,死于风雪之中,娃意中已无郑生矣! 肯为下一滴泪耶? 绣襦之裹,盖由平康滋味,尝之已久,计所与往还,情更无如昔

---

① 冯梦龙辑评,周方、胡慧斌校点:《情史》,江苏古籍出版社 1993 年版,第 484 页。
② 冯梦龙辑评,周方、胡慧斌校点:《情史》,第 116 页。
③ 冯梦龙辑评,周方、胡慧斌校点:《情史》,第 533 页。

年郑生者,一旦惨于目而怵于心,遂有此豪举事耳。生之遇李厚,虽得此报,犹恨其晚。乃李一收拾生,而生遂以汧国花封报之。生不幸而遇李,李何幸而复遇生耶?"①以李娃"唯恐生之不来"及其"唯恐生之不去"的对比,郑生若"死于邸,死于凶肆,死于箠楚之下,死于风雪之中"的设问,李娃"豪举"乃因其平康中"更无如昔年郑生者"的感受,以及"生遂以汧国花封报之"之迅捷,眼光独到,笔锋犀利地批评了李娃的薄情,得出了"生不幸而遇李,李何幸而复遇生"的结论。

同卷《李益》篇后引"长卿曰":"予固悲小玉之为人,而深恨李娃也。玉之以怜才死,以钟情死,以结恨死,而犹不忘李郎也。三娶之后,小玉在焉,其恨之极,妒之极,正其爱之极也!彼李娃何为者?方娃之祷竹林,而弃郑生以他徙也,娃实与谋。迨乞食且死,而娃始回心,不亦晚乎?郑生不念旧恶,欢好令终,予于是深怜郑生,而益恨李十郎之无情矣!"②《周廷章》故事,冯梦龙评语更谓:"负心之人,不有人诛,必有鬼谴。惟不谴于鬼而诛于人,尤见人情之公耳。"③《情报类》卷末情史氏评语曰:"谚云:'种瓜得瓜,种豆得豆。'此言施报之不爽也。情而无报,天下谁劝于情哉!有情者,阳之属,故其报多在明。无情者,阴之属,故其报多在冥。"④以李娃、霍小玉故事比较,"深怜郑生","益恨李十郎之无情";负心之报于现世,"不谴于鬼而诛于人,尤见人情之公";果报不爽,或迟或早,纵使报之在冥,亦终无所逃遁。

在谴责无情薄幸的同时,对于世之男女真情,包括情私、情爱,冯梦龙给予了热烈而不加掩饰的礼赞。《情私类》卷末情主人评语曰:"人性寂而情萌。情者,怒生不可阏遏之物,如何其可私也!特以两情自喻,不可闻,不可见;亦惟恐人闻,惟恐人见,故谓之私耳。私而终遂也,雷雨之动,满盈。不遂,而为蝉哀,为蛩怨,为盍旦之求明,为杜宇之啼春。有能终阏人耳目者乎?崔莺莺有言:'必也君乱之,君终之。'是乃所谓

---

① 冯梦龙辑评,周方、胡慧斌校点:《情史》,江苏古籍出版社1993年版,第557页。
② 冯梦龙辑评,周方、胡慧斌校点:《情史》,第574页。
③ 冯梦龙辑评,周方、胡慧斌校点:《情史》,第568页。
④ 冯梦龙辑评,周方、胡慧斌校点:《情史》,第586页。

善补过者。"①该卷中所辑录故事,例皆男女私情之事;所写之人,亦皆真情痴情之人。

《情爱类》中,《飞燕合德》篇后,有评语赞美汉成帝、赵飞燕曰:"李夫人病笃,不肯见帝,虑减其爱也。成帝欲持昭仪足,昭仪转侧不就,虑尽其爱也。人主渔色,何所不至。而能使三千宠爱在一身,岂惟色哉?其智亦有过人者矣。"②又《何恢、潘炕》:

> 宋阮佃夫有宠于明帝。庐江何恢有妓张耀华,美而有宠。为广州刺史,将发,要佃夫饮。设乐,见张氏,悦而求之。恢曰:"恢可得,此人不可得也。"佃夫拂衣出户,曰:"惜指失掌耶?"遂讽有司,以公事弹恢。

> 内枢密使潘炕,字凝梦,河南人,有器量,家人未尝见其喜怒,然嬖于美妾解愁,遂成疾。妾姓赵氏,其母梦吞海棠花蕊而生。颇有国色,善为新声,及工小词。蜀王建尝至炕第,见之,谓曰:"朕宫无如此人。"意欲取之。炕曰:"此臣下贱人,不敢以荐于君。"其实靳之。弟蜎谓曰:"绿珠之祸,可不戒耶!"炕曰:"人生贵适意,岂能爱死,而自不足于心哉!"人皆服其有守。③

篇后有评语曰:"何恢之惜耀华,潘炕之惜解愁,与石崇之惜绿珠一辙耳。幸而为炕,不幸则为恢,尤不幸则为崇。虽然,死生荣辱,命也。出妻献妾,于以求免,去死几何! 恢、炕之义为正矣。即崇之辞孙秀,吾犹取之。"④在诚挚的爱情面前,富贵不能淫,威武不能屈,其赞誉之情,溢于言表。

《情感类》以具体故事,叙无情化为有情,情之感人的巨大魔力。《白头吟》附载:"赵松雪欲置妾,以小词调管夫人云:'我为学士,尔做夫人。岂不闻陶学士有桃叶、桃根,苏学士有朝云、暮云,我更多娶几个吴姬越女,何过分。你年纪已过四旬,只管占住玉堂春。'管答云:'你侬我

---

① 冯梦龙辑评,周方、胡慧斌校点:《情史》,江苏古籍出版社 1993 年版,第 116 页。
② 冯梦龙辑评,周方、胡慧斌校点:《情史》,第 197 页。
③ 冯梦龙辑评,周方、胡慧斌校点:《情史》,第 202—203 页。
④ 冯梦龙辑评,周方、胡慧斌校点:《情史》,第 203 页。

侬,忒煞情多,情多处热如火。把一块泥,捻一个你,塑一个我,将咱两个一齐打破,用水调和,再捻一个你,再塑一个我,我泥中有你,你泥中有我。与你生同一个衾,死同一个椁。'松雪得词,大笑而止。"①《图形诗》载:"濠梁人南楚材者,旅游陈颍。岁久,颍守慕其仪范,欲以子妻之。楚材家有妻,而重违知己之眷。遂遣家仆妇取琴书,似无返旧之心。或谓求道青城,访僧衡岳,不复留心于名宦也。其妻薛媛,善书画,好属文,亦微知其意。乃对镜图其形,并诗四韵寄之。楚材得妻真及诗,甚惭。遽辞颍牧之命,归而偕老。"②赵松雪、南楚材均为真情所感,不复另娶。

《白头吟》篇后评语曰:"唐张跂欲娶妾,其妻谓曰:'子试诵《白头吟》,妾当听子。'跂惭而止。夫情至之语,后世诵之,犹能坚人欢好,况当时乎!相如能为人赋《长门》,而复使人吟《白头》,又何也!"③《齐饶州女》篇后评语曰:"情之至极,能动鬼神,使韦生无情者,齐女虽冤,不复求见。田先生亦必不肯为之出手。天下冤苦之事,为无情人所误者多矣。悲夫!"④真情所至,既能够"坚人欢好",还可以感天地,动鬼神,如《孟姜》载:"秦孟姜,富人女也,赘范杞良。三日,夫赴长城之役,久而不归,为制寒衣送之。至长城,闻知夫已故,乃号天顿足,哭声震地。城崩,寻夫骸骨,多难认。啮指血滴之,入骨不可拭者知其为夫骨。负之而归。至潼关,筋骨已竭,知不能还家,乃置骸岩下,坐于旁而死。潼关人重其节义,立像祀之。"⑤是至情感天地泣鬼神之一例。《情感类》卷末情史氏评语曰:"古云:思之思之,鬼神通之。盖思生于情,而鬼神亦情所结也。使鬼神而无情,则亦魂升而魄降已矣,安所恋恋而犹留鬼神之名耶!鬼有人情,神有鬼情。幽明相入,如水融水。城之颓也,字之留也,亦鬼神所以效情之灵也。噫!鬼神可以情感,而况于人乎!"⑥对上述故事的存在,做出了合乎逻辑的解释。

① 冯梦龙辑评,周方、胡慧斌校点:《情史》,江苏古籍出版社 1993 年版,第 236 页。

② 冯梦龙辑评,周方、胡慧斌校点:《情史》,第 236 页。

③ 冯梦龙辑评,周方、胡慧斌校点:《情史》,第 236 页。

④ 冯梦龙辑评,周方、胡慧斌校点:《情史》,第 250 页。

⑤ 冯梦龙辑评,周方、胡慧斌校点:《情史》,第 264 页。

⑥ 冯梦龙辑评,周方、胡慧斌校点:《情史》,第 266 页。

## 三、淫实非情:化情秽为情贞

《情痴类·洛阳王某》载:"王某,洛阳人,寓祥符,以贩木为业,与妓者唐玉簪交狎。唐善歌舞、杂剧,事其曲尽殷勤,为之迷恋,岁遗白金百两。周府郡王者,人称鼓楼东殿下,以居址得名,雅好音乐。闻玉簪名,召见,试其技而悦之。以厚价畀其姥,遂留。某悲思成疾,赂府中出入之妪,传语妓云:'傥得一面,便死无恨,盍亦求之。'妓乘间为言,殿下首肯,且戏云:'须净了身进来。'妪以告某,某即割势,几绝,越三月始痊。上谒殿下,命解衣视之。笑曰:'世间有此风汉,既净身,就服事我。'某拜诺。遂使玉簪立门内见之,相向呜咽而已。殿下与赀千金,岁收其息焉。"篇后评语曰:"相爱本以为欢也,既净身矣,安用见为?噫!是乃所以为情也。夫情近于淫,而淫实非情。今纵欲之夫,获新而置旧;妒色之妇,因婢而虐夫,情安在乎!惟淫心未除故耳。不留他人馀欢之地,而专以一见为快。此一见时,有无穷之情;此一见后,更无馀情。情之所极,乃至相死而不悔,况净身乎!虽然,谓之情则可,谓之非痴则不可。"①如评语所云,洛阳王某之举,可谓痴情之至,也是对情、欲之别的最好说明。

与之不同,《情秽类》中所辑"情秽"类故事,则淫也,非情耳。如《晋贾后》载:"贾后讳南风,父充。后既立,而废弑杨太后,遂荒淫放恣,与太医令程据等乱。洛南有盗尉部小吏,端丽美容止,既给厮役,忽有非常衣服。众咸疑其窃,盗尉泰而辩之。贾后疏亲,欲求盗物,往听对辞。小吏云:'先行逢一老妪,说家有疾病,师卜云:"宜得城南少年厌之,欲暂相烦,必有重报。"于是随去。上车下帷,内箧箱中。可行十馀里,过六七门限,开箧箱,忽见楼阙好屋。问:"此是何处。"云:"是天上。"即以香汤见浴,好衣美食将入。见一妇人,年可二十五六,短形,青黑色眉,后有疵。见留数夕,共寝欢宴,临出,赠此众物。'听者闻其形状,知是贾后,惭笑而去。时他人入者多死,惟此小吏以后爱之,得全而出。"②此叙

① 冯梦龙辑评,周方、胡慧斌校点:《情史》,江苏古籍出版社 1993 年版,第 224 页。
② 冯梦龙辑评,周方、胡慧斌校点:《情史》,第 594 页。

贾南风之淫荡,秽乱宫廷。《元帝徐妃》载:"梁元帝徐妃,讳昭佩,东海郯人也。……无容质,不见礼于帝,三二年一入房。妃以帝眇一目,每知帝将至,必为半面妆以俟,帝见则大怒而出。妃性嗜酒,多洪醉,帝还房,必吐衣中。与荆州后堂瑶光寺智远道人私通。酷妒忌,见无宠之妾,便交杯接坐,才觉有娠者,即手加刀刃。帝左右暨季江有姿容,又与淫通。季江每叹曰:'植直狗虽老犹能猎,萧漂阳马虽老犹骏,徐娘虽老犹尚多情。'时有贺徽者,美色,妃要之于普贤尼寺,书白角枕为诗相赠答。既而贞惠世子方诸母王氏宠爱,未几而终。元帝归咎于妃。及方等死,愈见疾。太清三年,遂逼令自杀,以尸还徐氏,谓之出妻,葬江陵瓦官寺。"①梁元帝徐妃,淫荡放纵,惨无人道。《唐高宗武后》载武则天故事,叙其淫荡残忍,如《情妖类·潘妪》篇后所评:"武墨妇而帝,老而淫,亦人妖也,已入情秽类矣。"此类故事,以"情秽"名之,以区别于"情贞",皆在否定之列。

《情妖类》故事所写,或人妖,或畜妖。如《马化》载:"蜀中西南,高山之上,有物与猴相类:长七尺,能作人行,善走,逐人。名曰猳国,亦名马化,或曰玃猨。伺道行妇女,有美者辄盗取将去,人不得知。若有行人经过其傍,皆以长绳相引,犹故不免。此物能别男女气臭,故取女,男不取也。若取得人女,则家为室;其无子者,终身不得还。十年之后,形皆类之,意亦迷惑,不复思归;若有子者,辄抱送还其家。产子皆如人形,有不养者,其母辄死。故惧怕之,无敢不养。及长,与人不异。皆以杨为姓。故今蜀中西南多诸杨,率皆是猳国马化之子孙也。"②情妖种种,如狸精、猿精、猴精、狐精、虎精、马精、猪精、鼠狼、鼠精、鸳鸯白鸥、乌怪、鸡精、鹅怪、蟒精、白蛇精、赤蛇精、白鱼怪、鼍精、鳖精、虾怪、蜂异、蚱蜢、蟾蜍、蚯蚓、柳妖、桂妖、菊异、芭蕉、火怪、石妖、泥孩、石狮、石砧杵、牛骨等物、琴瑟琵琶、箸斛概、苕帚精等等。卷末情史氏评语曰:"妖字从女从夭,故女之少好者,谓之妖娆。禽兽草木五行百物之怪,往往托少女以魅人。其托于男子者,十之一耳。呜呼!禽兽草木五行百

① 冯梦龙辑评,周方、胡慧斌校点:《情史》,江苏古籍出版社 1993 年版,第 596 页。
② 冯梦龙辑评,周方、胡慧斌校点:《情史》,第 819 页。

物之妖,一托于人形,而人不能辨之。人不待托妖又将如何哉？武为媚狐,赵为祸水,郗为毒蟒,人之反常,又何尝不化而为禽兽草木五行百物怪也。"①称武则天为媚狐,赵飞燕为祸水,郗后为毒蟒,乃妖"托于人形",与"情妖"无异,可见冯梦龙对于"情秽"的态度。

《情史》以《情贞类》开篇,以情贞示范的用心昭然可见。《范希周》故事,记南宋建炎年间,建州范汝为造反。关西人吕忠翊为福州税官,其女为贼徒所掠。汝为有族子名希周,年二十五六,未娶,忠翊女为其所得。及叛平,吕氏谓"贞女不事二夫……孤城危逼,其势必破。君乃贼之亲党,其能免乎！妾不忍见君之死",引刀将自刎,希周止之曰:"我陷贼中,原非本心,无以自明,死有馀责。汝衣冠儿女,掳劫在此,大为不幸。大将军将士,皆北人,汝既属同方,或言语相合,骨肉宛转相遇,又是再生。"城破,希周不知所之,吕氏父女相见。乱平之后,吕忠翊逼女改嫁,女不从,骂曰:"汝恋贼耶？"吕氏曰:"彼虽名贼,实君子也。但为宗人所逼,不得已而从之。在贼中常与人作方便,若有天理,其人必不死。儿今且奉道在家,亦足娱侍二亲,何必嫁也。"夫妻忠贞不渝,多年后终得重圆。篇后评语曰:"范子作贼,吕氏从贼,皆非正也。贪生畏逼,违心苟就,其实俱有不得已者焉。既而鳏旷相守,天亦怜其贞而终成就之,奇哉！"②虽然曾经"范子作贼,吕氏从贼",然辑评者不仅于其"不得已"抱以同情,且对其深情忠贞赞赏有加。

又《盛道》:"赵媛姜,资中盛道妻。建安五年,道坐罪,夫妻闭狱。子翔方五岁。姜谓道曰:'官有常刑,君不得免矣！妾在,何益君门户？君可同翔亡命,妾代君死,可得继君宗庙。'道依违数日,姜苦劝之,遂解脱,给衣粮使去。姜代为应付,度道走远乃告,吏杀之。后遇赦,父子得还。道虽仕宦,终不再娶。"篇后有评语曰:"羊角死生之义,不谓见于闺阃。"③此赞其巾帼不让须眉。《申屠氏》载:"申屠氏,宋时长乐人,美而艳,申屠虔之女也。既长,慕孟光之为人,名希光。十岁能属文,读书一过,辄能成诵。……年二十,侯官有董昌,以秀才异等,为虔所识,遂以

---

① 冯梦龙辑评,周方、胡慧斌校点:《情史》,江苏古籍出版社 1993 年版,第 884 页。
② 冯梦龙辑评,周方、胡慧斌校点:《情史》,第 1—3 页。
③ 冯梦龙辑评,周方、胡慧斌校点:《情史》,第 3 页。

希光妻昌。……入门，绝不复吟，食贫作苦，晏如也。居久之，当靖康二年，郡中大豪方六一者，虎而冠者也。闻希光美，心悦而好之，乃使人阴诬昌重罪，罪至族。六一复阳为居间，得轻比，独昌报杀，妻子幸无死。因使侍者通殷勤，强委禽焉。希光具知其谋，谬许之。密寄其孤于昌之友人，乃求利匕首，怀之以往……伪为色喜，装入室。六一既至，即以匕首刺之帐中，六一立死。……因斩六一头置囊中，驰至董昌葬所，以其头祭之。明旦，悉召山下人告之曰：‘吾以此下报董君，吾死不愧魂魄矣。’遂以衣带自缢而死。"篇后评语曰："此妇是谢小娥一流人。方知劓鼻断腕，尚是自了汉勾当。彼甄皇后、巢剌王妃与朱氏辈，反面事仇，真禽兽不若矣。"①或誉之"羊角死生之义"，或赞其"谢小娥一流人"，此"情贞"，在夫妻深情之外，又多了朋友之义与节烈之侠，其行止确堪为世人典范。

## 四、蔼然以情相与：化私情为公情

冯梦龙辑评《情史》，倡导情教，如其《情史叙》中所说"无情化有，私情化公"，最终目的，还在于以此为基础，进而化私情为公情，获致"乡国天下，蔼然以情相与"②，实现其构建"有情社会"的理想。

芸芸众生，禀赋不一，境界互异。《情幻类·王生》篇末评语曰："无缘者，真亦成梦；有缘者，梦亦成真。"③《娟娟》附载："南唐内史舍人张泌，字子澄，初与邻女浣衣相善，经年不复睹，精神凝一，夜必梦之。尝有诗寄云：‘别梦依依到谢家，小廊回合曲栏斜。多情只有春庭月，犹为离人照落花。’此梦之积于情者也。渭塘奇梦，曾留连酒肆，偷窥半面，犹有因焉。秦观峰之梦，胡为乎来哉！无梦，则得扇不奇；得扇不奇，则生必不出入怀袖，肆翁必不问。而数月之姻缘，何以销之？梦岂偶然而已！"④梦由情生，亦非无故，如该卷卷末情史氏评语曰："梦者，魂之游也。魄不灵而魂灵，故形不灵而梦灵。事所未有，梦能造之；意所未设，

---

① 冯梦龙辑评，周方、胡慧斌校点：《情史》，江苏古籍出版社 1993 年版，第 9—11 页。
② 冯梦龙辑评，周方、胡慧斌校点：《情史》，叙第 1 页。
③ 冯梦龙辑评，周方、胡慧斌校点：《情史》，第 271 页。
④ 冯梦龙辑评，周方、胡慧斌校点：《情史》，第 274 页。

梦能开之。其不验，梦也；其验，则非梦也。梦而梦，幻乃真矣；梦而非梦，真乃愈幻矣。人不能知我之梦，而我自知之；我不能自见其魂，而人或见之。我自觉其梦，而自不能解。魂不可问也。人见我之魂，而魂不自觉，亦犹之乎梦而已矣。生或可离，死或可招，他人之体或可附，魂之于身，犹客寓乎？至人无梦，其情忘，其魂寂。下愚亦无梦，其情蠢，其魂枯。常人多梦，其情杂，其魂荡。畸人异梦，其情专，其魂清。精于画者，魂与之俱。精于术者，魂为之使。呜呼，茫茫宇宙，亦孰非魂所为哉！"①所谓"至人"，在庄子看来，乃凭借自然本性，顺应六气（阴、阳、风、雨、晦、明）变化，而超越自我，达到"无我"境界，与道合一之人②，其自然"无梦"。下愚之情蠢，常人之情杂，畸人之情专。精诚所至，金石为开，情之至，幻境亦为真境。

《情灵类·陈寿》载："陈寿，分宜人，聘某氏，未成婚而寿得癞疾。其父令媒辞绝，女泣不从，竟归。寿以己恶疾，不敢近。女事之三年不懈。寿念恶疾不可瘳，而苟延旦夕，以负其妇，不如死，乃私市砒欲自尽。妇觇知之，窃饮其半，冀与俱殒。寿服砒，大吐，而癞顿愈；妇一吐不死。夫妇偕老，生二子。家道日隆，人皆以为妇贞烈之报。"③《情化类·化铁》载："昔有一商，美姿容，泊舟于西河下。而岸上高楼中，一美女，相视月馀，两情已契。为十目十手所隔，弗得遂愿。迨后，其商货尽而去。女思成疾而死，父焚之，独心中一物不毁如铁。出而磨之，照见其中有舟楼相对，隐隐如有人形。其父以为奇，藏之。后商复来，访其女已死，痛甚。咨诹博询，备得其由。乃献金于父，求铁观之，不觉泪下成血。血滴于心上，其心即灰矣。"④同卷《心坚金石》篇尾评语曰："昔有妇人性好山水，日日临窗玩视，遂成心疾。死而焚之，惟心不化，其坚如石。有波斯胡一见惊赏，重价购去。问其所用，约明日至肆中验之。及至肆，已锯成片。每片皆光润如玉，中有山水树木，如细画然。波斯云：'以为宝带，价当无等。'夫山水无情之物，精神所注，形为之留，况两情

① 冯梦龙辑评，周方、胡慧斌校点：《情史》，江苏古籍出版社 1993 年版，第 312 页。
② 冯友兰：《中国哲学简史》，世界图书出版公司北京公司 2013 年版，第 72—73 页。
③ 冯梦龙辑评，周方、胡慧斌校点：《情史》，第 317 页。
④ 冯梦龙辑评，周方、胡慧斌校点：《情史》，第 365 页。

之相感乎!"①《双梓双鸿》载:"吴黄龙年中,吴都海盐有陆东美妻朱氏,有容止。夫妻相重,时人号为比肩夫妇。后妻死,东美不食而死。家人哀之,乃合葬。未一岁,冢上生梓树同根,两身相抱而合成一树。每有双鸿,常宿于上。孙权闻之,封其里曰'比肩',墓曰'双梓'。后子弘与妻张亦相爱慕,吴人呼为'小比肩'。"②上述,皆真情所致,幻能成真之具体例子。

《情灵类》卷末,情史氏批语中,对此有进一步发明,有云:"人,生死于情者也;情,不生死于人者也。人生,而情能死之;人死,而情又能生之。即令形不复生,而情终不死,乃举生前欲遂之愿,毕之死后;前生未了之缘,偿之来生。情之为灵,亦甚著乎! 夫男女一念之情,而犹耿耿不磨若此,况凝精翕神,经营宇宙之瑰玮者乎!"③又《情化类》卷末情史氏批语曰:"梓能连枝,花解并蒂,草木无知,象人情而有知也。人而无情,草木羞之矣! 白香山云:'在天愿作比翼鸟,在地愿为连理枝。天长地久有时尽,此恨此情无尽期。'谓此也。噫! 自非情坚金石,畴能有此。则其偶然凝而为金为石也,固宜。"④人生死于情,而情终不灭;情之精诚所至,可为金石,为梓鸿,"情之为灵,亦甚著乎"。

上述,皆人之一己私情。如《情痴类》卷末情主人评语曰:

> 人生烦恼思虑种种,因有情而起。浮沤石火,能有几何,而以情自累乎? 自达者观之,凡情皆痴也,男女抑末矣。或者流盼销魂,新歌夺耳,佳人难得,同病相怜,亦千古风流之胜事。眇与哑何择焉,斯好不已辟乎? 然犹曰匹夫自喻适志,遑及其他。乃堂堂国主,粉黛如云,按图而幸,日亦不给,彼雨花霜柳,皆眇哑之属耳。而乃与匹夫争一夕之欢,谚所谓"舍黄金而抱六砖"者也。至若娶妇蓄妾,本为自奉;寻芳选俊,只以求欢。而或苦其体以市一怜,残其躯以希一面,此岂特童心而已哉! 虽然未及死也。尾生甚矣,女子无信,我焉得有信。必也两心如结,计无复之,与其生离,犹冀死

① 冯梦龙辑评,周方、胡慧斌校点:《情史》,江苏古籍出版社 1993 年版,第 367 页。
② 冯梦龙辑评,周方、胡慧斌校点:《情史》,第 369—370 页。
③ 冯梦龙辑评,周方、胡慧斌校点:《情史》,第 362 页。
④ 冯梦龙辑评,周方、胡慧斌校点:《情史》,第 376—377 页。

合,幸则为喜、乐,不幸则为傅、林,王、陶死而有知,倡随无梗。即令无知,亦省却终身万种凄凉抑郁之苦,彼痴人者,不自以为得算耶!虽然,害止此耳。成帝以之斩嗣,幽王以之欺诸侯,齐、燕二主以之堕万人之功,弱宗招乱,树敌速亡,以彼易此,如以千金易一发,又何愚哉!虽然玩好在耳目之前,而患在一国之后,中智以上始能料之。景阳宫之事,岌岌乎兵在其颈,生趣已尽,井中非乐所也。而必以两贵妃同下上,顽钝无耻,其至矣乎!虽然,彼犹有同生之望焉。夫襚犹先袚,而景公以臭腐为神妙;死欲速朽,而杨政以刀索为祍席。死者生之,而生者死之,情之能颠倒人一至于此。往以戕人,来以贼己,小则捐命,大而倾国。痴人有痴福,惟情不然,何哉?①

人生烦恼种种,也因情而起;"小则捐命,大而倾国",皆以情自累,甚或累及一国。《情累类·柳耆卿》记柳永因周月仙事损其名。卷末情史氏批语曰:"啬财之人,其情必薄。然三斛明珠,十里锦帐,费侈矣。要皆有为为之。成我豪举,与供人骗局,相去不啻万万也。天下莫重于情,莫轻于财。而权衡必审,犹有若此,况于愤事败名,履危犯祸,得失远不相偿。可不慎与?夫情之所钟,性命有时乎可捐,而情之所裁,长物有时乎不可暴。彼未参乎情理之中者,奈之何易言情也。"②因此,冯梦龙认为,对于情亦当"参乎情理之中",而不可轻易言之。

其所辑评《情史》中所倡之"情",当然不限于男女私情,如江南詹詹外史《叙》中所云:"六经皆以情教也。《易》尊夫妇,《诗》有《关雎》,《书》序嫔虞之文,《礼》谨聘奔之别,《春秋》于姬姜之际详然言之,岂非以情始于男女,凡民之所必开者,圣人亦因而导之,俾勿作于凉,于是流注于君臣、父子、兄弟、朋友之间而汪然有馀乎!异端之学,欲人鳏旷以求清净,其究不至无君父不止,情之功效亦可知已。……譬诸《诗》云,兴、观、群、怨、多识,种种俱足,或亦有情者之朗鉴,而无情者之磁石乎!"③

① 冯梦龙辑评,周方、胡慧斌校点:《情史》,江苏古籍出版社1993年版,第233页。
② 冯梦龙辑评,周方、胡慧斌校点:《情史》,第657页。
③ 冯梦龙辑评,周方、胡慧斌校点:《情史》,叙第3页。

只是因为"情始于男女",故而男女之情,成为《情史》中之突出内容;然其旨归,乃在于以此为"有情者"的镜鉴,化无情为有情,进而使得醇正、纯真之"情","流注于君臣、父子、兄弟、朋友之间",是之谓"公情",理所当然包括了"君臣、父子、兄弟、朋友"之情。而如此"汪然有馀"的人伦道德之"情",当其风行于整个社会,也便有了"蔼然以情相与"的"有情社会"产生。

冯梦龙自称:"我死后不能忘情世人,必当作佛度世,其佛号当云'多情欢喜如来'。有人称赞名号,信心奉持,即有无数喜神前后拥护,虽遇仇敌冤家,悉变欢喜,无有嗔恶妒嫉种种恶念"①,其俨然是"情教"的佛陀。"我欲立情教,教诲诸众生",当然只能是一个戏言,但冯梦龙秉持淑世精神,希望以其"情教"理论,为改变末世世风,贡献其绵薄的良苦用心,是真诚切实,无可怀疑的。而从其"情教"思想的内涵及理路,也正可以看出他已经由个人早年的拘囿于一己"私情",到中年时期,向关切社会众生之"公情"的思想升华。

## 第三节　《情史》编纂的时代意义

如学者所论:"冯梦龙的情教说体现了晚明文学思想的又一次转折,即从放任自我、追求享乐的个体情感论向关注国事、教化众生的伦理情感论的转折。从总体趋势上,它合乎心学思潮的运演线路:从王阳明的化外在天理为内在道德意志的致良知,到抽去道德伦理之内涵而只追求自我的舒适与快意,最终悟解到情欲的危害与放弃政治责任的危险而重新回到对伦理教化的关心。"②在冯梦龙自身,也正经历了这种"从放任自我、追求享乐的个体情感论"到"关注国事、教化众生的伦理情感论的转折",可照见其心路历程之轨迹。

龙子犹《情史叙》中说:

情史,余志也。……尝戏言:我死后不能忘情世人,必当作佛

① 冯梦龙辑评,周方、胡慧斌校点:《情史》,江苏古籍出版社1993年版,叙第1页。
② 左东岭:《阳明心学与冯梦龙的情教说》,左东岭:《明代心学与诗学》,学苑出版社2002年版,第367页。

度世,其佛号当云"多情欢喜如来"。有人称赞名号,信心奉持,即有无数喜神前后拥护,虽遇仇敌冤家,悉变欢喜,无有嗔恶妒嫉种种恶念。又尝欲择取古今情事之美者,各著小传,使人知情之可久,于是乎无情化有,私情化公,庶乡国天下,蔼然以情相与,于浇俗冀有更焉。……是编分类著断,恢诡非常,虽事专男女,未尽雅驯,而曲终之奏,要归于正。善读者可以广情,不善读者亦不至于导欲。①

论及《情史》的意义,学人多着眼于其在文艺思想史上的地位及影响,此自不待言。而由该《叙》所述内容可见,冯梦龙辑评《情史》,其命意实则有三:一可"使人知情之可久";二则曰"可以广情",使"无情化有";三则曰"私情化公",构建"蔼然以情相与"之"有情社会","于浇俗冀有更焉"。可见,今人的评价,与冯梦龙之本意,不免方枘圆凿。

## 一、针砭朝廷淫佚

明代后期,帝王多荒淫怠政,朝政日非。世宗嘉靖帝"志在长生,半为房中之术所误"②;穆宗隆庆朝,太监"平日造进海淫之器,以荡圣心;私进邪燥之药,以损圣体。先帝因以成疾,遂至弥留"③。神宗万历帝,更是长期罢朝,如赵志皋云:"臣近岁以少詹事侍朝讲,恭睹天颜和晔……得非衽席之爱不能割,曲糵之好不能免乎? 有一于此,足耗元气。皇上行之有节而不沉溺,则元气自充矣。"④叶向高则直截揭出:"国家多事,朝政不行……然皇上深居日久……典礼当行而不行,章疏当发而不发,人才当用而不用,政务当修而不修,议论当断而不断。"⑤影响所及,如《明史》评万历帝云:"神宗充龄践阼,江陵秉政,综核名实,国势几

---

① 冯梦龙辑评,周方、胡慧斌校点:《情史》,江苏古籍出版社 1993 年版,叙第 1 页。

② 陈继儒:《眉公见闻录》卷六,《宝颜堂秘笈·眉公杂著》第一帙,文明书局 1922 年版。

③ 高拱:《高文襄公文集》卷四十四《病榻遗言·矛盾原由下》,《四库全书存目丛书·集部》第 108 册,齐鲁书社 1997 年影印版,第 642 页。

④ 谈迁:《国榷》第 58 册,万历十七年六月甲申,《续修四库全书》第 362 册,上海古籍出版社 2002 年版,第 344 页。

⑤《明实录·明神宗实录》卷 510,万历四十一年七月丁卯,台湾"中央研究院"历史语言研究所 1962 年影印版,第 9657 页。

于富强。继乃因循牵制,晏处深宫,纲纪废弛,君臣否隔。于是小人好权趋利者驰骛追逐,与名节之士为仇雠,门户纷然角立。驯至忿恚,邪党滋蔓。在廷正类无深识远虑以折其机牙,而不胜忿激,交相攻讦。以致人主蓄疑,贤奸杂用,溃败决裂,不可振救。故论者谓明之亡,实亡于神宗,岂不谅欤。"①并认为,"明之亡,实亡于神宗"。其后,短命皇帝光宗泰昌帝,"虽正位东宫,未尝得志。……郑贵妃欲邀欢心,复饰美女以进。一日退朝内宴,以女乐承应。是日一生二旦,俱御幸焉。病体由是大剧"②。熹宗天启帝,"性善为匠,在宫中每自造房,手操斧锯凿削,引绳度木,运斤成风。……又好油漆,凡手用器具,皆自为之。性又急躁,有所为,朝起夕即期成。成而善,喜不久而废,弃而又成,不厌倦矣"③,恰如有学者评价,乃"至愚至昧之童蒙"④。

相互对照发明,我们已不难理解《情史》中有关内容,以及冯梦龙辑录该类故事的用心所在。《情豪类·汉灵帝》篇后评语曰:"酒池肉山,令人欲呕,真乃酒池地狱,有何佳处!而桀、纣一辙相寻。当由上世人情犹朴,未开近日侈靡之窍,一味饮食奢费,遂谓至乐无加耳。裸游甚不佳,况男女相逐而以为乐乎?桀、纣倡之,汉灵因之。子业斩不裸者,刘铄好观人交,皆无赖所为,何豪之有!"⑤酒池肉山,令人作呕,"桀、纣倡之,汉灵因之","无赖所为,何豪之有"。该卷末情主人评语曰:"匹夫稍有馀赀,无不市服治饰,以媚其内者。况以王公贵人,求发摅其情之所钟,又何惜焉?然桀、纣而下,灭亡相踵。金谷沙场,木妖荆棘。石崇、元载,具为笑端。豪奢又安可为也?景文诸公,或以菑粥辛勤,偿其不足;或以抑郁未遂,发其无聊。至于五陵豪客,力胆气盈。选伎征歌,买欢鬻笑,固其常尔。"⑥"桀、纣而下,灭亡相踵",徒为笑端,谈何豪奢!又《情秽类·金废帝海陵》篇后评语曰:"从来女淫无过武氏,男淫无过

① 张廷玉等:《明史》卷二十一《神宗本纪》,中华书局1974年版,第294—295页。
② 文秉:《先拨志始》卷上,《续修四库全书》第437册,上海古籍出版社2002年版,第603页。
③ 抱阳生编著、任道斌校点:《甲申朝事小纪》初编卷十《禁御秘闻·天子巧艺》,书目文献出版社1987年版,第250—251页。
④ 孟森:《明史讲义》第六章,上海古籍出版社2002年版,第302页。
⑤ 冯梦龙辑评,周方、胡慧斌校点:《情史》,江苏古籍出版社1993年版,第160页。
⑥ 冯梦龙辑评,周方、胡慧斌校点:《情史》,第193页。

海陵。始皆以诈术取位,亦皆有逸才,而皆不令终。使此两人作夫妇,未知当何如也?"①"女淫无过武氏,男淫无过海陵",其皆不得令终,有以也。因此之故,亦如卷末情主人评语中所云:"情,犹水也。慎而防之,过溢不上,则虽江海之洪,必有沟浍之辱矣。情之所悦,惟力是视。田舍翁多收十斛麦,遂欲易妻。何者? 其力馀也。况履极富贵之地,而行其意于人之所不得禁,其又何堤焉。始乎宫掖,继以戚里,皆垂力之馀而溢焉者也。上以淫导,下亦风靡。生斯世也,虽化九阃而为河间,吾不怪焉。夫有奇淫者,必有奇祸。汉唐贻笑,至今齿冷。宋渚清矣,元复浊之。大圣人出,而宫内肃然,天下之情不波。猗与休哉!"②情亦如水,当"慎而防之",而作为帝王,"上以淫导,下亦风靡",上行下效,世风因之颓靡,朝政因之窳败,而"奇淫者,必有奇祸",最终身死国亡,贻笑后人,遗臭万年。《情史》之编纂,其于晚明王朝及社会的讽喻针砭,不难看出。

## 二、呼唤识人伯乐

如上所述,晚明朝廷荒淫怠政,门户纷然,"小人好权趋利者驰骛追逐,与名节之士为仇雠",最终导致无人可用的局面出现。熹宗即位后,邹元标上疏中即云:"今日急务,惟朝臣和衷而已,朝臣一和,天地之和应之。向论事论人者各有偏见,偏因迷,迷生执,执而为我,不复知有人。……臣意急在用人……不大破常格,谆谆拘拘,欲豪杰我用,不可得也。"③认为当下朝廷的急务,在于"朝臣和衷",清醒认识到人才的危机,呼吁"大破常格",方得豪杰可用。佚名《崇祯长编》卷一记载大学士王应熊奏疏中云:"臣观迩来用人之途,亦甚易矣。登甲不数年而巡抚,履任不逾年而骤易。纪纲未必粗布,肯綮何曾熟尝,真以官为传舍也!推官即升监临,知府即界节钺。名分转换,凌替易生,真以官为戏场也!此固有缺多人少,为通权济便之计,乃其治效亦可观矣。"一方面,指出

---

① 冯梦龙辑评,周方、胡慧斌校点:《情史》,江苏古籍出版社 1993 年版,第 614 页。
② 冯梦龙辑评,周方、胡慧斌校点:《情史》,第 631—632 页。
③ 陈建辑、江旭奇补订:《皇明通纪集要》卷四十四,《四库禁毁书丛刊·史部》第 34 册,北京出版社 1997 年版,第 515 页。

了人才问题的症结，认为"保举之法，知人实难，夤缘请托，参乎其间。至于换授亦然"；另一方面，也提出建议："请停罢诸科，俾仕路少清。新授刍牧之任者，极力保障，所谓用人当谨其始者。"①该书同卷，还载有南京兵部尚书史可法提出了"选用旧将"的对策。

冯梦熊《麟经指月·序》中，慨叹乃兄冯梦龙高才不遇："余兄犹龙，幼治《春秋》，胸中武库，不减征南。居恒研精覃思，曰：'吾志在《春秋》。'……迩者夷氛东肆，庙算张皇，即行伍中冀有狄武襄、岳少保深沉好《春秋》者，而研精覃思积二十馀年者，独令其以《春秋》抱牍老诸生间，痛土蚀而悲蠹残也。"②针对当时朝廷边庭不宁，满族贵族势焰益炽，缺乏将帅之才，军中"冀有狄武襄、岳少保深沉好《春秋》"这样的人才，深为自家兄长冯梦龙"胸中武库，不减征南"，却迍邅不遇，难以有施展才华的机会，而"以《春秋》抱牍老诸生间"，困惑不解。

因此，冯梦龙在编纂《情史》中，对此问题的关注，也在情理之中。《情侠类·红拂妓》篇后有评语曰："红拂一见，便识卫公，又算定越公无能为，然后相从，是大有斟酌人。或曰：'红拂既有殊色，必膺特眷，万一追讨甚急，将如何？'余曰：'卫公，智人也，计之熟矣。布衣长揖，责以踞见宾客，越公遂敛容谢之。越公能受言者也，设追讨相及，靖必挺身往见，不过费一席话耳。越公岂以一妇人故，而灰天下豪杰之心哉！'"③对于红拂妓的慧眼识人，杨越公之不以妇人"灰天下豪杰之心"，深表赞赏。《情爱类·长沙义妓》篇末评语曰："千古女子中，爱才者，温都监女、长沙妓二人而已。而长沙妓以风尘浪宕之质，一见少游，遂执妇道终身，尤不易得，虽曰贞妓可也。柳耆卿不得志于时，乃传食妓馆。及死，诸为醵钱葬之乐游原上。每春日踏青，争以酒酹之，谓之吊柳七。诸妓亦知怜才者，但未若二女子之甚耳。郑畋少女，好罗隐诗，常欲委身焉。一日，隐谒畋，畋命其女隐帘窥之，见其寝陋，遂终身不读江东篇什。畋女爱貌者也，非真爱才者也。子犹氏曰：不然，昔白傅与李赞皇不协，每有所寄文章，李缄之一箧，未尝启视，曰：见词翰则回吾心矣。

① 佚名：《崇祯长编》，于浩辑：《明清史料丛书》第7册，北京图书馆出版社2005年版，第193页。
② 冯梦龙著，李廷先、田汉云校点：《麟经指月》，江苏古籍出版社1993年版，叙第2—3页。
③ 冯梦龙辑评，周方、胡慧斌校点：《情史》，江苏古籍出版社1993年版，第123页。

郑女终身不读江东篇什,亦是恐回心故也。乃真正怜才者乎!"①盛赞妓女之怜才、爱才,是"真正怜才者"。

《情侠类》卷末情史氏评语中,有更为显豁的表述,云:"豪杰憔悴风尘之中,须眉男子不能识,而女子能识之。其或窘迫急难之时,富贵有力者不能急,而女子能急之。至于名节关系之际,平昔圣贤自命者不能周全,而女子能周全之。岂谢希孟所云'光岳气分,磊落英伟,不锺于男子,而锺于妇人'者耶? 此等女子不容易遇。遇此等女子,豪杰丈夫应为心死。若夫妖花艳月,歌莺舞柳,寻常之玩,讵足为珍。而王公贵戚,或与匹夫争一日之娱,何戋戋也。越公而下,能曲体人情,推甘让美,全不在意。而袁、葛诸公且借以结豪杰之心,而收其用,彼岂无情者耶!己若无情,何以能体人之情? 其不拂人情者,真其人情至深者耳。虞侯、押衙,为情犯难;虬须、昆仑,为情露巧;冯燕、荆娘,为情发愤。情不至,义不激,事不奇。吁,此乃向者妇人女子所笑也。"②将女子与须眉男子、富贵有力者、圣贤自命者对比,赞女子之"能识之""能急之""能周全之",进而赞同"光岳气分,磊落英伟,不锺于男子,而锺于妇人",由此不难见出冯梦龙因为个人落拓不遇,更因国事日非,朝廷党比之争,无人以人才为念,贤才之士不得展其宏图的郁结难舒。我们也因此对于《情史》中所辑录有关故事,有了更多的"同情"理解。

## 三、构建"有情社会"

在中国思想史上,并不乏关于世界本源的探讨。早在《老子》中,便提出了"道本"论,所谓"道生一,一生二,二生三,三生万物"③。至宋儒,相关论说尤多,如周敦颐提出"太极"说,认为万物统一于五行,五行统一于阴阳,阴阳统一于太极;张载提出"太虚元气"说,认为"太虚无形,气之本体,其聚其散,变化之客形尔"(《正蒙·太和篇》)④;程颢、程颐兄

---

① 冯梦龙辑评,周方、胡慧斌校点:《情史》,江苏古籍出版社 1993 年版,第 206—207 页。
② 冯梦龙辑评,周方、胡慧斌校点:《情史》,第 157—158 页。
③ 朱谦之:《老子校释》第四十二章,中华书局 1984 年版,第 174 页。
④ 张载:《张载集》,中华书局 1978 年版,第 7 页。

弟提出"天理"说，认为天理"这一个道理，不为尧存，不为桀亡"①，乃万事万物最高准则，如朱熹所说"理也者，形而上之道也，生物之本也"②；陆九渊提出"心本"说，认为"宇宙便是吾心，吾心即是宇宙"③，"万物森然方寸之间，满心而发，充塞宇宙，无非此理"④。迄明代中期，罗钦顺提出"气本说"，认为"盖通天地，亘古今，无非一气而已。气本一也，而一动一静，一往一来，一阖一辟，一升一降，循环无已。积微而著，由著复微，为四时之温凉寒暑，为万物之生长收藏"⑤；王阳明则继承发展陆九渊学说，提出"良知"说："知是心之本体，心自然会知：见父自然知孝，见兄自然知弟，见孺子入井自然知恻隐，此便是良知，不假外求"⑥，天下无心外之物、之理，良知即心，即天理；王廷相提出"元气本体论"，认为"天地未形，惟有太空，空即太虚，冲然元气"⑦。

可以说，冯梦龙辑评《情史》中，其有关"情本论"的论述，渊源所自，与陆九渊"心本"及王阳明"良知"说，不无关系。然细比较，亦存在不小差异。其相近者，无论心、良知、情，皆主观之物，意在彰显主观世界的突出作用；相异处，无论陆九渊的"心本"，抑或王阳明的"良知"，均限于"人"的范畴；冯梦龙的"情本"，则扩展至世界万事万物，如其所说："万物生于情，死于情。人于万物中处一焉。"⑧同时，"大众文化"作家冯梦龙固然缺乏精英思想家陆九渊、王阳明们的深度，也不具备他们所构建理论的精严体系，如其"四大皆幻设，惟情不虚假"云云，仍难掩其作为客观存在，与情之有无不相关涉的事实，并因其形而下的思维惯性，相比精英思想家，少了些对于终极问题的探寻思考。

但另一方面，较之精英思想家，冯梦龙的"情教"思想，更为关注"情教"与具体的社会人生、俗世人性之关系。在冯梦龙看来，万物有情，圣

---

① 程颢、程颐：《二程集·河南程氏遗书》卷二上，中华书局 1981 年版，第 29 页。
② 朱熹：《答黄道夫》，《晦庵先生朱文公文集》卷五十八，朱杰人等主编《朱子全书》第 23 册，上海古籍出版社、安徽教育出版社 2002 年版，第 2755 页。
③ 陆九渊：《陆九渊集》卷三十六《年谱》，中华书局 1980 年版，第 483 页。
④ 陆九渊：《陆九渊集》卷三十四《语录上》，第 423 页。
⑤ 罗顺钦：《困知记》卷上，中华书局 1990 年版，第 4 页。
⑥ 王守仁：《传习录》卷上，《王文成公全书》卷之一《语录一》，中华书局 2015 年版，第 8 页。
⑦ 王廷相：《王廷相集》第三册《雅述·上篇》，中华书局 1989 年版，第 849 页。
⑧ 冯梦龙辑评，周方、胡慧斌校点：《情史》，江苏古籍出版社 1993 年版，第 932 页。

贤也不能例外。《情芽类·孔子》篇后评语曰:"人知惟圣贤不溺情,不知惟真圣贤不远于情。"①《太公》载:"太公克商,获妲己,光华耀目。太公乃掩面而斩之。"篇后评语曰:"极是杀风景事,却是不能忘情处。"②《智胥》篇后评语曰:"王道本乎人情。不通人情,不能为帝王。"③《林和靖》篇后评语曰:"《宋史》谓其不娶,似无情者。特著其一词,见其非不近人情者耳。按林洪著《家山清话》,其中言'先人和靖先生'云云,即先生之子也。或丧偶后,未尝更娶乎?"④《范文正》篇后评语曰:"范公一时勋德重望,而辞亦情致如此。"⑤《米元章》篇后情主人评语曰:"元章之癖,不胜其情。元镇之情,不胜其癖;且其不能忘情则一也。故吾谓王昆之回面,避妓也;陈烈之逾墙,逃妓也;杨忠襄之焚衣,誓妓也;又徵仲之弄臭脚,果以求脱妓也:是皆情之至者,诚虑忽不自制,故预违之。故鲁男子之情,十倍于柳下惠。伊川之强制,万不若明道先生。"⑥孔子"不远于情"、周太公"不能忘情"、林和靖"非不近人情"、范文正之辞"情致如此"、米元章"不胜其情"等等,虽圣贤,皆不能忘情。如卷末情主人评语曰:"草木之生意,动而为芽。情亦人之生意也,谁能不芽者? 文王、孔子之圣也而情;文正、清献诸公之方正也而情,子卿、澹庵之坚贞也而情,卫公之豪侠也而情,和靖、元章之清且洁也而情。情何尝误人哉? 人自为情误耳。红愁绿惨,生趣固为斩然。即蝶嚷莺喧,春意亦觉破碎。然必曰草木可不必芽,是欲以隆冬结天地之局。吾未见其可也!"⑦其或"圣也而情",或"方正也而情",或"坚贞也而情",或"豪侠也而情",或"清且洁也而情",均不能无情,"惟真圣贤不远于情"、"王道本乎人情",有情,方才有世界万事万物的存在,世界亦因为有情,而"蔼然以情相与",进而构成了"有情社会"。

"六经皆以情教",故《情贞类》卷末情主人评语有云:"自来忠孝节

① 冯梦龙辑评,周方、胡慧斌校点:《情史》,江苏古籍出版社 1993 年版,第 535 页。
② 冯梦龙辑评,周方、胡慧斌校点:《情史》,第 535 页。
③ 冯梦龙辑评,周方、胡慧斌校点:《情史》,第 536 页。
④ 冯梦龙辑评,周方、胡慧斌校点:《情史》,第 538 页。
⑤ 冯梦龙辑评,周方、胡慧斌校点:《情史》,第 539 页。
⑥ 冯梦龙辑评,周方、胡慧斌校点:《情史》,第 543 页。
⑦ 冯梦龙辑评,周方、胡慧斌校点:《情史》,第 550 页。

烈之事，从道理上做者必勉强，从至情上出者必真切。夫妇其最近者也。无情之夫，必不能为义夫；无情之妇，必不能为节妇。世儒但知理为情之范，孰知情为理之维乎！男子顶天立地，所担者具咫尺之义，非其所急。吾是以详于妇节，而略于夫义也。妇人自《柏舟》而下，彤管充栋，不可胜书，书其万万之一，犹云举例云尔。古者聘为妻，奔为妾。夫奔者，以情奔也。奔为情，则贞为非情也。又况道旁桃李，乃望以岁寒之骨乎！《春秋》之法，使夏变夷，不使夷变夏。妾而抱妇之志焉，妇之可也。娼而行妾之事焉，妾之可也。彼以情许人，吾因以情许之。彼以真情殉人，吾不得复以杂情疑之。此君子乐与人为善之意。不然，舆台庶孽，将不得达忠孝之性乎哉！"①发自"至情"的"忠孝节烈"，方显"真切"。无情之人，固不能成为"义夫""节妇"。"世儒但知理为情之范"，不知"情为理之维"。这不仅是对于传统礼教的返本归真，更为重要的是，其关乎包括"舆台庶孽"在内的普世有情社会之构建，意义匪浅。

《郭店楚简》中云："道始于情"（《性自命出》）；"爱生于性，亲生于爱"（《语丛二》）；"爱，仁也"（《语丛三》）；"厚于仁，薄于义，亲而不尊，厚于义，薄于仁，尊而不亲"（《语丛一》）②。孔子曰："仁者，人也，亲亲为大。"③《孝经注疏》中曰："上古之人，有自然亲爱父母之心。"④礼作为一种制度化的规定，无非理顺人情、顺应人情的需要，约定俗成，最终得以确立。所谓"君令、臣共，父慈、子孝，兄爱、弟敬，夫和、妻柔，姑慈、妇听，礼也"⑤（《左传·昭公二十六年》），"何谓人义？父慈、子孝、兄良、弟弟、夫义、妇听、长惠、幼顺、君仁、臣忠，十者谓之人义"⑥（《礼记·礼运》），诚如有学者所论："在先秦儒家典籍中，君臣、父子、夫妇之间有着一种相互对应的关系，它是建立在双方相对应的义务基础上的，如'君义臣忠'、'父慈子孝'、'夫和妻柔'等等"，"如果把'父子'、'夫妇'、'兄弟'等等的关系建立在'实际的真情'上，那么家庭会和谐了，如果把孔

---

① 冯梦龙辑评，周方、胡慧斌校点：《情史》，江苏古籍出版社1993年版，第36—37页。
② 刘钊：《郭店楚简校释》，福建人民出版社2005年版，第88、199、109、182页。
③ 朱熹：《四书章句集注·中庸章句》，上海书店1987年影印本，第14页。
④ 李学勤主编：《十三经注疏·孝经注疏》，北京大学出版社1999年版，第12页。
⑤ 李学勤主编：《十三经注疏·春秋左传注疏》卷五十二，北京大学出版社1999年版，第1479页。
⑥ 李学勤主编：《十三经注疏·礼记正义》卷二十二，北京大学出版社1999年版，第689页。

子'仁学'由'亲亲'扩大到'仁民'而'爱物',将会为人与人之间的'和谐'、人与自然之间的'和谐',提供可供思考的路子。"①其实,冯梦龙何尝反对礼教? 他反对的,只是后世日渐虚伪僵化、不近情理的"礼教"而已。

葛兆光《中国思想史·导论》中说:"翻开叫做'思想史'或'哲学史'的著作,接踵排衙而来的,是睿智的哲人系列和经典系列,从孔子到康有为,从《诗经》到《大同书》,天才似乎每个时代都成群结队地来,经典也似乎每个时代都连篇累牍地出,我们的思想史家按照时间的顺序安排着他们的章节,大的思想家一章,小的思想家一节,仍不够等级的话可以几个人合伙占上一节,再不济的话也可以占上一段,只要在那上面留下了文字的就算'永垂不朽'";"直截了当地说就是,过去的思想史只是思想家的思想史或经典的思想史,可是我们应当注意到在人们生活的实际的世界中,还有一种近乎平均值的知识、思想与信仰,作为底色或基石而存在,这种一般的知识、思想与信仰真正地在人们判断、解释、处理面前世界中起着作用,因此,似乎在精英和经典的思想与普通的社会和生活之间,还有一个'一般知识、思想与信仰的世界',而这个知识、思想与信仰世界的延续,也构成一个思想的历史过程,因此它也应当在思想史的视野中"②。"大众文化"作家冯梦龙的"情教"思想及其实践,便应该是这种在"精英和经典的思想"之外的"近乎平均值的知识、思想与信仰",是对于更广大的民众"判断、解释、处理面前世界中起着作用"、更接地气的思想资源。作为"大众思想家"的冯梦龙,其"大众思想"建构,同样值得我们关注。

① 汤一介:《"孝"作为家庭伦理的意义》,《汤一介散文集》,译林出版社 2015 年版,第 354—355 页。
② 葛兆光:《中国思想史·导论》第一节,复旦大学出版社 2001 年版,第 9、13 页。

# 第六章　编辑"三言"及适俗导愚

　　"大众文化"作家冯梦龙,他在通俗小说编辑与创作方面的成就,尤为人所熟知。早在泰昌元年(1620),冯梦龙改写的《三遂平妖传》,已经刊行。其话本小说总集"三言"(《喻世明言》《警世通言》《醒世恒言》)的序刊,据绿天馆主人题《古今小说·叙》中说:"茂苑野史氏,家藏古今通俗小说甚富,因贾人之请,抽其可以嘉惠里耳者,凡四十种,畀为一刻。"[①]又书坊主人天许斋《识语》中说:"本斋购得古今名人演义一百二十种,先以三之一为初刻云。"[②]可知《古今小说》(后改名《喻世明言》)应当是"三言"中的第一种。《警世通言》有"时天启甲子腊月豫章无碍居士题"[③]《叙》,《醒世恒言》有"天启丁卯中秋陇西可一居土题于白下之栖霞山房"[④]《叙》。综合判定,则《古今小说》序刊于天启四年(1624)以前,《警世通言》序刊于天启四年(1624),《醒世恒言》序刊于天启七年(1627)。

　　如众周知,冯梦龙编辑的"三言",代表了明代白话短篇小说的最高成就。其能够取得如此卓越的建树,则得力于他的理论自觉。概括而言,其小说主张大体表现在三个方面:

　　第一是通俗性。冯梦龙认为,小说"其文必通俗"(《古今小说·

---

① 冯梦龙编著、陈熙中校:《喻世明言》,中华书局2015年版,叙第1页。
② 丁锡根:《中国历代小说序跋集》,人民文学出版社1996年版,第774页。
③ 冯梦龙编著、吴书荫校:《警世通言》,中华书局2015年版,叙第1页。
④ 冯梦龙编著、张明高校:《醒世恒言》,中华书局2015年版,叙第1页。

叙》），是因为"天下之文心少而里耳多"（同上）①。"六经国史而外"的诸多创作，"尚理或病于艰深，修词或伤于藻绘，则不足以触里耳而振恒心"（《醒世恒言·叙》）②。所以，"小说之资于选言者少，而资于通俗者多"（《古今小说·叙》）。而通俗小说，尤其有着其他文体所不具备的阅读效果，"虽小诵《孝经》《论语》，其感人未必如是之捷且深也。噫，不通俗而能之乎"（同上）。基于此，他批评时人以为通俗小说"恨乏唐人风致"的错误认识，认为这是"以唐说律宋，将有以汉说律唐，以春秋战国说律汉，不至于尽扫羲圣之一画不止"（同上）。③ 他自己所编辑的"三言"，"明者，取其可以导愚也；通者，取其可以适俗也；恒则习之而不厌，传之而可久。三刻殊名，其义一耳"（《醒世恒言·叙》）④，即旗帜鲜明地以适俗、导愚、"习之而不厌，传之而可久"为追求。

第二是娱乐性。冯梦龙溯源小说的发生，通过对于小说发展史的梳理，指出："史统散而小说兴。始乎周季，盛于唐，而浸淫至于宋。韩非、列御寇诸人，小说之祖也。……若通俗演义，不知何昉。按南宋供奉局，有说话人，如今说书之流。其文必通俗，其作者莫可传。泥马倦勒，以太上享天下之养，仁寿清暇，喜阅话本，命内珰日进一帙，当意，则以金钱厚酬。于是内珰辈广求先代奇迹及闾里新闻，倩人敷演进御，以怡天颜。……暨施、罗二公，鼓吹胡元，而《三国志》《水浒》《平妖》诸传，遂成巨观。"（《古今小说·叙》）⑤认为通俗小说源自宋人说话，其兴起的原因，便是为了满足人消闲娱乐的需要，其也因此而具有了娱乐性的特质。

第三是文学的教育性。冯梦龙认为小说野史不同于历史，有其虚构存在，如其所云："野史尽真乎？曰：'不必也。'尽赝乎？曰：'不必也。'然则去其赝而存其真乎？曰：'不必也。'"小说不必尽真，也不必尽

---

① 冯梦龙编著、陈熙中校：《喻世明言》，中华书局 2015 年版，叙第 1 页。
② 冯梦龙编著、张明高校：《醒世恒言》，中华书局 2015 年版，叙第 1 页。
③ 冯梦龙编著、陈熙中校：《喻世明言》，叙第 1 页。
④ 冯梦龙编著、张明高校：《醒世恒言》，叙第 1 页。
⑤ 冯梦龙编著、陈熙中校：《喻世明言》，叙第 1 页。

假,"人不必有其事,事不必丽其人","事真而理不赝,即事赝而理亦真",真实的故事,可以弥补史书不得其详之欠缺;虚构的故事,"亦必有一番激扬劝诱、悲歌感慨"(《警世通言·叙》)的意义①。因为小说是可以虚构的文学形式,形象生动,也有着不同于其他文体的特殊意义,如其所说:"《六经》《语》《孟》,谭者纷如,归于令人为忠臣,为孝子,为贤牧,为良友,为义夫,为节妇,为树德之士,为积善之家,如是而已矣。经书著其理,史传述其事,其揆一也。理著而世不皆切磋之彦,事述而世不皆博雅之儒。于是乎村夫稚子,里妇估儿,以甲是乙非为喜怒,以前因后果为劝惩,以道听途说为学问,而通俗演义一种,遂足以佐经书史传之穷",其感人的效果,也为其他文体所难以企及:"里中儿代庖而创其指,不呼痛。或怪之,曰:'吾顷从玄妙观听说《三国志》来,关云长刮骨疗毒,且谈笑自若,我何痛为!'夫能使里中儿顿有刮骨疗毒之勇,推此说孝而孝,说忠而忠,说节义而节义,触性性通,导情情出。视彼切磋之彦,貌而不情;博雅之儒,文而丧质,所得竟未知熟赝而熟真也"(《警世通言·叙》)②。所谓"崇儒之代,不废二教,亦谓导愚适俗,或有藉焉;以二教为儒之辅可也。以《明言》《通言》《恒言》为六经国史之辅,不亦可乎"(《醒世恒言·叙》)③,因为小说有此文学教育意义,在冯梦龙看来,其为"六经国史"之辅助价值是显而易见的。

"三言"一百二十篇作品,是冯梦龙编辑的宋、元、明小说话本总集。一般认为,其中约有六分之一的作品,来自宋、元旧篇;另有约六分之五的作品,为明代人创作(包括冯梦龙个人的创作)。但在编辑过程中,冯梦龙却是通盘做了系统的加工整理、删改润色,甚者近乎重新创作。而"三言"中的名篇,如《蒋兴哥重会珍珠衫》《金玉奴棒打薄情郎》《沈小霞相会出师表》《玉堂春落难逢夫》《唐解元一笑姻缘》《杜十娘怒沉百宝箱》《卖油郎独占花魁》《灌园叟晚逢仙女》《乔太守乱点鸳鸯谱》《施润泽滩阙遇友》等,学界普遍认为,均为明

① 冯梦龙编著、吴书荫校:《警世通言》,中华书局 2015 年版,叙第 1 页。
② 冯梦龙编著、吴书荫校:《警世通言》,叙第 1 页。
③ 冯梦龙编著、张明高校:《醒世恒言》,中华书局 2015 年版,叙第 1 页。

代人创作。

　　"三言"中所收作品，题材内容十分广泛，艺术形式新颖别致，正如"姑苏笑花主人漫题"《今古奇观序》中所概括："至所纂《喻世》《警世》《醒世》三言，极摹人情世态之歧，备写悲欢离合之致，可谓钦异拔新，洞心骇目，而曲终奏雅，归于厚俗。"①写人情世态、离合悲欢，是其突出的内容；新颖奇异，以通俗化育众生，是其根本的追求。

　　王汎森《执拗的低音：一些历史思考方式的反思》中谈到，在《哲学是作为生活的一种方式》的作者皮埃尔·阿道看来，"古代哲学思想适切于日用人生，后人讲哲学则是抽离日用人生"；"在现代学科观念的影响下，我们往往在将古代学问转换成现代学科的过程中，把价值、生活、带有现实意涵的部分打散开来，而且赋予太多定律、规律化的了解"，"有很多东西在转化的过程中被人们遗忘，或是变成低音"②。这些论说，对于我们认识和评价中国传统文学与文化，具有一定的醒示意义。

　　"三言"在中国文学史上的经典地位，早有定评。然既有相关研究成果，如关于"三言"思想蕴含的研究，大抵集中于其爱情婚姻、商品经济、市民生活、封建吏治主题的探讨，显然是一种现代理论视阈下的当下阐释，而对于体现着辑评者冯梦龙自己的思想，及其文本所包蕴的历

全像古今小說

小說如三國志水滸傳稱巨觀矣其有一人一事可
資談笑者猶雜劇之於傳奇不可偏廢也本齋購得
古今名人演義一百二十種先以三之一爲初刻云
天許齋識版

---

① 丁锡根：《中国历代小说序跋集》，人民文学出版社1996年版，第793页。
② 王汎森：《执拗的低音：一些历史思考方式的反思》，生活·读书·新知三联书店2020年版，第5、12、18页。

史意涵，却在有意或无意中，为之遮蔽，未得到充分的关注。正如有学者所揭示："冯氏在编纂、加工、整理那些历史上流传下来或当时流行的故事时，是不可能排除其自我思想意识的"，"冯氏的情教观不仅贯穿在他所编的《情史》一书中，也自然要贯穿在他的其他文学作品中。在他所编纂的最著名的小说'三言'中的不少篇章就蕴含着他这种思想因素"①。还有论者认为："冯梦龙的情教说，不仅表现在他编的《情史》《古今谭概》《挂枝儿》《山歌》中，也反映在他编著的《三言》：《喻世明言》《警世通言》《醒世恒言》中"；"重真情、颂扬情痴，而又诫纵欲，颂扬贞节；讲命定、因果报应，劝善惩恶；以至告诫人如何处事，如谦恭、结交重义，不要太看重钱财权势，以为一切皆虚幻。他虽然亲自作者甚少，但是选辑与修改，都反映着他的思想倾向"②。事实上，"三言"不仅在"不少篇章"中蕴含了"这种思想因素"，从其辑评编纂宗旨，到整个作品体系构成，均体现了冯梦龙的"这种思想因素"。可以说，"三言"的编纂，是冯梦龙以通俗文体"为六经国史之辅"，适俗导愚，构建"有情社会"的一次重要文学尝试。

## 第一节　基于"情教"说的"三言"故事分类

冯梦龙辑《情史》二十四卷，在题署龙子犹所撰《情史叙》中云："余少负情痴……又尝欲择取古今情事之美者，各著小传，使人知情之可久。"又说："我欲立情教，教诲诸众生"③。其以"有情者"为镜鉴，期望化"无情者"归于"有情"，以情化俗，教化众生，呼唤建设"有情社会"的宗旨，是昭然可见的。

在题署江南詹詹外史所撰《情史叙》中，对于《情史》之故事分类及其内在逻辑，有更为具体的揭示："是编也，始乎'贞'，令人慕义；继乎'缘'，令人知命，'私''爱'以畅其悦，'仇''憾'以伸其气，'豪'

① 张志合：《从爱情暨友情题材谈"三言"思想性》，《西南师范大学学报》1988年第1期，第78—83页。
② 罗宗强：《明代文学思想史》，中华书局2013年版，第825—829页。
③ 冯梦龙评辑，周方、胡慧斌校点：《情史》，江苏古籍出版社1993年版，叙第1页。

'侠'以大其胸,'灵''感'以神其事,'痴''幻'以开其悟,'秽''累'以窒其淫,'通''化'以达其类,'芽'非以诬圣贤,而'疑'亦不敢以诬鬼神。譬诸《诗》云,兴、观、群、怨、多识,种种俱足,或亦有情者之朗鉴,而无情者之磁石乎!"①所谓"种种俱足,或亦有情者之朗鉴,而无情者之磁石"也。

"三言"的编纂,正与此"情教"思想一脉相承。绿天馆主人序《喻世明言》曰:"天下之文心少而里耳多,则小说之资于选言者少,而资于通俗者多。试今说话人当场描写,可喜可愕,可悲可涕,可歌可舞;再欲捉刀,再欲下拜,再欲决脰,再欲捐金;怯者勇,淫者贞,薄者敦,顽钝者汗下。虽小诵《孝经》《论语》,其感人未必如是之捷且深也。"②此言与经书相比较,大众艺术、通俗小说更具有普适性,具有更强烈的感染力与更广泛的影响力。无碍居士序《警世通言》曰:"《六经》《语》《孟》……归于令人为忠臣,为孝子,为贤牧,为良友,为义夫,为节妇,为树德之士,为积善之家,如是而已矣。经书著其理,史传述其事,其揆一也。……而通俗演义一种,遂足以佐经书史传之穷。……里中儿代庖而创其指,不呼痛。或怪之,曰:'吾顷从玄妙观听说《三国志》来,关云长刮骨疗毒,且谈笑自若,我何痛为!'夫能使里中儿顿有刮骨疗毒之勇,推此说孝而孝,说忠而忠,说节义而节义,触性性通,导情情出。视彼切磋之彦,貌而不情;博雅之儒,文而丧质,所得竟未知孰赝而孰真也。"③此言说书艺术、通俗小说,其在道德伦理教化方面,与经书史传宗旨一致,而受众更广,社会影响面更大。可一居士序《醒世恒言》曰:"六经国史而外,凡著述皆小说也。而尚理或病于艰深,修词或伤于藻绘,则不足以触里耳而振恒心。此《醒世恒言》四十种,所以继《明言》《通言》而刻也。……忠孝为醒,而悖逆为醉;节俭为醒,而淫荡为醉;耳和目章,口顺心贞为醒;而即聋从昧,与顽用嚣为醉。人之恒心,亦可思已。从恒者吉,背恒者凶。心恒心,言恒言,行恒行。入夫妇而不

① 冯梦龙辑评,周方、胡慧斌校点:《情史》,江苏古籍出版社1993年版,叙第3页。
② 冯梦龙编著、陈熙中校:《喻世明言》,中华书局2015年版,叙第1页。
③ 冯梦龙编著、吴书荫校:《警世通言》,中华书局2015年版,叙第1页。

惊,质天地而无怍;下之巫医可作,而上之善人君子圣人亦可见。恒之时义大矣哉!自昔浊乱之世,谓之天醉。天不自醉人醉之,则天不自醒人醒之。以醒天之权与人,而以醒人之权与言。言恒而人恒,人恒而天亦得其恒,万世太平之福,其可量乎!则兹刻者,虽与《康衢》《击壤》之歌,并传不朽可矣。崇儒之代,不废二教,亦谓导愚适俗,或有藉焉;以二教为儒之辅可也。以《明言》《通言》《恒言》为六经国史之辅,不亦可乎?"①此言通俗小说能够"触里耳而振恒心",可以"为六经国史之辅"。

总而言之,"三言"之作,"归于令人为忠臣,为孝子,为贤牧,为良友,为义夫,为节妇,为树德之士,为积善之家",其与经书史传同一旨归;而在"世不皆切磋之彦""博雅之儒","天下之文心少而里耳多"的社会里,在经书史传"尚理或病于艰深,修词或伤于藻绘",难"以触里耳而振恒心"的背景下,小说之形象生动,通于俗众,广大民众因受其熏陶,"怯者勇,淫者贞,薄者敦,顽钝者汗下",皆堪成为有情有义之人。而其"说孝而孝,说忠而忠,说节义而节义,触性性通,导情情出",即便如经书史传,其"感人未必如是之捷且深",不一定可以达到小说教育的结果。以小说辅助六经国史,导愚适俗,化育众生皆归有情,"万世太平之福,其可量乎"!

冯梦龙所辑"三言"中作品,其本事见于《情史》者甚夥。孙楷第《三言二拍源流考》②《小说旁证》③,赵景深《〈喻世明言〉的来源和影响》《〈警世通言〉的来源和影响》《〈醒世恒言〉的来源和影响》④,胡士莹《话本小说概论》⑤,王凌《从〈情史〉到"三言"》⑥,金源熙《〈情史〉故事源流考述》⑦等论著中,均有具体考述。兹综合列表如下:

---

① 冯梦龙编著、张明高校:《醒世恒言》,中华书局 2015 年版,叙第 1 页。
② 孙楷第:《沧州集》,中华书局 2009 年版。
③ 孙楷第:《小说旁证》,人民文学出版社 2000 年版。
④ 见赵景深:《中国小说丛考》,齐鲁书社 1980 年版。
⑤ 胡士莹:《话本小说概论》,中华书局 1980 年版。
⑥ 王凌:《畸人·情种·七品官——冯梦龙探幽》,海峡文艺出版社 1992 年版,第 12—22 页。
⑦ 金源熙:《〈情史〉故事源流考述》,凤凰出版社 2011 年版。

《情史》、"三言"同题材作品对照表

| 《情史》卷数、卷名 | "三言"书名、卷数、篇名 |
| --- | --- |
| 卷一"情贞类":《关盼盼》《范希周》《金三妻》 | 《警世通言》卷十《钱舍人题诗燕子楼》、卷十二《范鳅儿双镜重圆》、卷二十二《宋小官团圆破毡笠》 |
| 卷二"情缘类":《卖馄饨》《单飞英》《杨公》《绍兴士人》《王善聪》《玉堂春》《吴江钱生》《昆山民》《刘奇》《程万里》 | 《喻世明言》卷五《穷马周遭际卖馄饨媪》、卷十七《单符郎全州佳偶》、卷十八《杨八老越国奇逢》、卷二十七《金玉奴棒打薄情郎》、卷二十八《李秀卿义结黄贞女》<br>《警世通言》卷二十四《玉堂春落难逢夫》<br>《醒世恒言》卷七《钱秀才错占凤凰俦》、卷八《乔太守乱点鸳鸯谱》、卷十《刘小官雌雄兄弟》、卷十九《白玉娘忍苦成夫》 |
| 卷三"情私类":《阮华》《李节度使姬》《江情》 | 《喻世明言》卷四《闲云庵阮三偿冤债》、卷二十三《张舜美灯宵得丽女》<br>《醒世恒言》卷二十八《吴衙内邻舟赴约》 |
| 卷四"情侠类":《葛周》《裴晋公》《沈小霞妾》《娄江妓》 | 《喻世明言》卷六《葛令公生遣弄珠儿》、卷九《裴晋公义还原配》、卷四十《沈小霞相会出师表》<br>《警世通言》卷三十一《赵春儿重旺曹家庄》 |
| 卷五"情豪类":《唐寅》《史凤》《隋帝广》 | 《警世通言》卷二十六《唐解元一笑姻缘》<br>《醒世恒言》卷三《卖油郎独占花魁》、卷二十四《隋炀帝逸游召谴》 |
| 卷七"情痴类":《乐和》 | 《警世通言》卷二十三《乐小舍拼生觅偶》 |
| 卷九"情幻类":《黄损》 | 《醒世恒言》卷三十二《黄秀才徼灵玉马坠》 |
| 卷十"情灵类":《祝英台》《绿衣人》《金明池当垆女》《陈寿》《吴市草女》 | 《喻世明言》卷二十八《李秀卿义结黄贞女》入话、卷二十二《木绵庵郑虎臣报冤》<br>《警世通言》卷三十《金明池吴清逢爱爱》<br>《醒世恒言》卷九《陈多寿生死夫妻》、卷十四《闹樊楼多情周胜仙》 |

| 《情史》卷数、卷名 | "三言"书名、卷数、篇名 |
|---|---|
| 卷十二"情媒类":《勤自励》 | 《醒世恒言》卷五《大树坡义虎送亲》 |
| 卷十三"情憾类":《非烟》 | 《警世通言》卷三十八《蒋淑真刎颈鸳鸯会》 |
| 卷十四"情仇类":《柳鸾英》《金山僧惠明》《杜十娘》 | 《喻世明言》卷二《陈御史巧勘金钗钿》、卷三十五《简帖僧巧骗皇甫妻》《警世通言》卷三十二《杜十娘怒沉百宝箱》 |
| 卷十六"情报类":《珍珠衫》《周廷章》(《念二娘》) | 《喻世明言》卷一《蒋兴哥重会珍珠衫》《警世通言》卷三十四《王娇鸾百年长恨》 |
| 卷十七"情秽类":《金废帝海陵》《虢国秦国等》 | 《醒世恒言》卷二十三《金海陵纵欲亡身》、卷二十五《孤独生归途闹梦》入话 |
| 卷十八"情累类":《柳耆卿》《郝应祥》《张荩》 | 《喻世明言》卷十二《众名姬春风吊柳七》《醒世恒言》卷十五《郝大卿遗恨鸳鸯绦》、卷十六《陆五汉硬留合色鞋》 |
| 卷十九"情疑类":《张果老》 | 《喻世明言》卷三十三《张古老种瓜娶文女》 |
| 卷二十一"情妖类":《猿精》 | 《喻世明言》卷二十《陈从善梅岭失浑家》 |
| 卷二十二"情外类":《邓通》 | 《喻世明言》卷九《裴晋公义还原配》入话 |
| 卷二十三"情通类":《虎》 | 《醒世恒言》卷五《大树坡义虎送亲》 |

首先,作为宋元明话本小说总集,冯梦龙所编辑"三言"中的小说作品,其所叙写故事,与冯氏辑评《情史》中故事重合比例如此之高,值得关注。

据上表统计,"三言"中作品,在《情史》中可以找到"本事"者,卷一"情贞类"3篇,卷二"情缘类"10篇,卷三"情私类"3篇,卷四"情侠类"4篇,卷五"情豪类"3篇,卷七"情痴类"1篇,卷九"情幻类"1篇,卷十"情灵类"4篇,卷十二"情媒类"1篇,卷十三"情憾类"1篇,卷十四"情仇类"3篇,卷十六"情报类"2篇,卷十七"情秽类"1篇,卷十八"情累类"3篇,卷十九"情疑类"1篇,卷二十一"情妖类"1篇。此外,该书卷十"情灵类"《祝英台》故事,《喻世明言》卷二十八《李秀卿义结黄贞女》为入话;卷十六"情报类"《念二娘》故事,《警世通言》卷三十四《王娇鸾百年长恨》为入话;卷十七"情秽类"《虢国秦国等》故事,《醒世恒言》卷二十五《孤独生归途闹梦》为入话；卷二十二"情外类"《邓通》故事，《古今小说》卷九《裴晋公义还原配》为入话；卷二十三"情通类"《虎》与卷十二《勤自励》，同为《醒世恒言》卷五《大树坡义虎送亲》采用。合计《情史》与"三言"正文故事相同者42篇，与"三言"入话相同者4篇。

《情史》中故事，其在目今见到的宋元明其他话本小说中得到演绎的作品，据金源熙《〈情史〉故事源流考述》梳理，卷一"情贞类"《李妙惠》有《卢梦仙江上寻妻》（《石点头》卷二），《申屠氏》有《侯官县烈女歼仇》（《石点头》卷十二），《王世名妻》有《行孝子到底不简尸》（《二刻拍案惊奇》卷三十一）、《千斤不易父仇》（《型世言》卷二）；卷二"情缘类"《郑任》有《感神媒张德容遇虎》（《拍案惊奇》卷五），《周六女》有《乞丐妇重配鸾俦》（《石点头》卷六），《赵判院》有《赵司户千里遗言》（《拍案惊奇》卷二十五），《王从事妻》有《王孺人离合团鱼梦》（《石点头》卷十），《崔英》有《顾阿秀喜舍檀那物》（《拍案惊奇》卷二十七），《甲乙二书生》有《陶家翁大雨留宾》（《拍案惊奇》卷十二）；卷三"情私类"《张幼谦》有《通闺闼坚心灯火》（《拍案惊奇》卷二十九），《潘用中》有《吹凤箫女诱东墙》（《西湖二集》卷十二）；卷四"情侠类"《古押衙》有《莽儿郎惊散新莺燕》（《二刻拍案惊奇》卷九）；卷六"情爱类"《马琼琼》有《寄梅花鬼闹西阁》（《西湖二集》卷十一）；卷九"情幻类"《吴兴娘》有《大姐魂游完宿愿》（《拍案惊奇》卷二十三），《贾云华》有《洒雪堂巧结良缘》（《西湖二集》卷二十七）；卷十"情灵类"《吴淞孙生》有《错调情贾母詈女》（《二刻拍案惊奇》卷三十五），《速哥失里》有《宣徽院士女秋千会》（《拍案惊奇》卷九），《西湖女子》有《赠芝麻识破假行》（《二刻拍案惊奇》卷二十九），《韦皋》有《玉箫女再世玉环缘》（《石点头》卷九），《李行修》有《大姐魂游完宿愿》（《拍案惊奇》卷二十三）；卷十二"情媒类"《秾芳亭》有《小道人一着饶天下》（《二刻拍案惊奇》卷二），《大别狐》有《妖狐巧合良缘》（《型世言》卷三十八）；卷十四"情仇类"《刘翠翠》有《李将军错认舅》（《二刻拍案惊奇》卷六），《周迪妻》有《江都市孝妇屠身》（《石点头》卷十一）；卷二十"情鬼类"《花丽春》有《宿宫嫔情殢新人》（《西湖二集》卷二十二）①。这些小说

① 金源熙：《〈情史〉故事源流考述》，凤凰出版社2011年版，第202—314页。

作品,集中出现在《石点头》、"两拍"、《西湖二集》中,而这些作品集,均晚出于"三言"。可知,当冯梦龙选编"三言"的时候,在其"情史"视野中,除了已入选作品,实际上亦并无其他作品可供选择。而《石点头》、"两拍"、《西湖二集》中相关作品,与接受当时社会主情思潮,及冯梦龙编辑《情史》"三言"的影响,都有着密切关系。

综上而言,"三言"与"情史"故事相同的作品,《喻世明言》19 篇,《警世通言》11 篇,《醒世恒言》15 篇(《大树坡义虎送亲》一篇重出扣除),总计过三分之一。此类内容为冯梦龙关注的核心题材,关乎其重要编选宗旨,是毋庸置疑的。

其次,冯梦龙辑评"三言",以服务其"有情社会"建构的宗旨,昭然可见。

署名龙子犹序《情史》中云:"天地若无情,不生一切物。一切物无情,不能环相生。……我欲立情教,教诲诸众生。子有情于父,臣有情于君,推之种种相,俱作如是观。"①江南詹詹外史序《情史》云:"六经皆以情教也,《易》尊夫妇,《诗》有《关雎》,《书》序嫔虞之文,《礼》谨聘奔之别,《春秋》于姬姜之际详然言之,岂非以情始于男女,凡民之所必开者,圣人亦因而导之,俾勿作于凉,于是流注于君臣、父子、兄弟、朋友之间而汪然有馀乎!"②由此可见,冯梦龙"情教"思想的意涵,显然并不限于男女之情。其倡导"情教"的旨归,在于以此教诲众生,使得"子有情于父,臣有情于君",君臣、父子、夫妻、兄弟、朋友,人与人之间,皆能以真情真义相待,化无情为有情,化情秽为情贞,化私情为公情,进而达成"庶乡国天下,蔼然以情相与"的"有情社会"。

"情教"的逻辑起点是"情",也包括了社会人际伦常内容,旨归则在于通过强化人际伦常关系建设,构建有情社会。兹以人际伦常关系之主要内涵为参照,试将"三言"中相关作品,进行新的归纳分类,藉以揭示其题材重心所在。

---

① 冯梦龙评辑,周方、胡慧斌校点:《情史》,江苏古籍出版社 1993 年版,叙第 1 页。
② 冯梦龙评辑,周方、胡慧斌校点:《情史》,叙第 3 页。

| | |
|---|---|
| 两性关系 | 《喻世明言》卷三《新桥市韩五卖春情》、卷四《闲云庵阮三偿冤债》、卷五《穷马周遭际卖𫗧媪》、卷十二《众名姬春风吊柳七》、卷十七《单符郎全州佳偶》、卷二十三《张舜美灯宵得丽女》、卷二十八《李秀卿义结黄贞女》、卷三十三《张古老种瓜娶文女》、卷三十四《李公子救蛇获称心》<br>《警世通言》卷八《崔待诏生死冤家》、卷十七《钝秀才一朝交泰》、卷二十《计押番金鳗产祸》、卷二十三《乐小舍拼生觅偶》、卷二十四《玉堂春落难逢夫》、卷二十六《唐解元一笑姻缘》、卷二十八《白娘子永镇雷峰塔》、卷二十九《宿香亭张浩遇莺莺》、卷三十一《赵春儿重旺曹家庄》、卷二十七《假神仙大闹华光庙》、卷三十《金明池吴清逢爱爱》、卷三十二《杜十娘怒沉百宝箱》、卷三十四《王娇鸾百年长恨》、卷三十六《皂角林大王假形》、卷三十九《福禄寿三星度世》<br>《醒世恒言》卷三《卖油郎独占花魁》、卷五《大树坡义虎送亲》、卷七《钱秀才错占凤凰俦》、卷八《乔太守乱点鸳鸯谱》、卷十《刘小官雌雄兄弟》、卷十三《勘皮靴单证二郎神》、卷十四《闹樊楼多情周胜仙》、卷十五《赫大卿遗恨鸳鸯绦》、卷十六《陆五汉硬留合色鞋》、卷二十四《隋炀帝逸游召谴》、卷二十八《吴衙内邻舟赴约》、卷三十一卷《郑节使立功神臂弓》、卷三十二《黄秀才徼灵玉马坠》、卷三十九《汪大尹火焚宝莲寺》 |
| 夫妻关系 | 《喻世明言》卷一《蒋兴哥重会珍珠衫》、卷六《葛令公生遣弄珠儿》、卷二十《陈从善梅岭失浑家》、卷二十四《杨思温燕山逢故人》、卷二十七《金玉奴棒打薄情郎》、卷三十五《简帖僧巧骗皇甫妻》、卷三十八《任孝子烈性为神》、卷四十《沈小霞相会出师表》<br>《警世通言》卷二《庄子休鼓盆成大道》、卷十《钱舍人题诗燕子楼》、卷十一《苏知县罗衫再合》、卷十二《范鳅儿双镜重圆》、卷十三《三现身包龙图断冤》、卷十四《一窟鬼癞道人除怪》、卷十六《小夫人金钱赠年少》、卷二十《计押番金鳗产祸》、卷二十二《宋小官团圆破毡笠》、卷三十三《乔彦杰一妾破家》、卷三十五《况太守断死孩儿》、卷三十八《蒋淑真刎颈鸳鸯会》<br>《醒世恒言》卷九《陈多寿生死夫妻》、卷十一《苏小妹三难新郎》、卷十九《白玉娘忍苦成夫》、卷二十三《金海陵纵欲亡身》、卷二十五《独孤生归途闹梦》、卷二十六《薛录事鱼服证仙》、卷三十三《十五贯戏言成巧祸》 |
| 父子兄弟关系 | 父子:《喻世明言》卷十《滕大尹鬼断家私》、卷十八《杨八老越国奇逢》;《醒世恒言》卷十《刘小官雌雄兄弟》、卷二十七《李玉英狱中讼冤》、卷三十六《蔡瑞虹忍辱报仇》<br>兄弟:《醒世恒言》卷二《三孝廉让产立高名》、卷十七《张孝基陈留认舅》、卷二十《张廷秀逃生救父》 |

| 朋友关系 | 《喻世明言》卷二《陈御史巧勘金钗钿》、卷七《羊角哀舍命全交》、卷八《吴保安弃家赎友》、卷九《裴晋公义还原配》、卷十六《范巨卿鸡黍死生交》、卷十九《杨谦之客舫遇侠僧》、卷二十一《临安里钱婆留发迹》、卷二十九《月明和尚度柳翠》、卷三十《明悟禅师赶五戒》、卷三十九《汪信之一死救全家》<br>《警世通言》卷二《俞伯牙摔琴谢知音》、卷三《王安石三难苏学士》、卷五《吕大郎还金完骨肉》、卷十七《钝秀才一朝交泰》、卷二十一《赵太祖千里送京娘》、卷二十五《桂员外途穷忏悔》<br>《醒世恒言》卷一《两县令竞义婚孤女》、卷十二《佛印师四调琴娘》、卷十八《施润泽滩阙遇友》、卷二十一《张淑儿巧智脱杨生》、卷二十九《卢太学诗酒傲公侯》、卷三十《李汧公穷邸遇侠客》 |
|---|---|
| 君臣关系 | 《喻世明言》卷十一《赵伯升茶肆遇仁宗》、卷十四《陈希夷四辞朝命》、卷十五《史弘肇龙虎君臣会》、卷二十二《木绵庵郑虎臣报冤》、卷二十五《晏平仲二桃杀三士》、卷三十一《闹阴司司马貌断狱》、卷三十二《游酆都胡母迪吟诗》、卷三十七《梁武帝累修成佛》、卷四十《沈小霞相会出师表》<br>《警世通言》卷四《拗相公饮恨半山堂》、卷六《俞仲举题诗遇上皇》、卷九《李谪仙醉草吓蛮书》 |
| 师生关系 | 《喻世明言》卷十三《张道陵七试赵升》<br>《警世通言》卷十八《老门生三世报恩》<br>《醒世恒言》卷二十二《吕洞宾飞剑斩黄龙》、卷三十七《杜子春三入长安》 |
| 主仆关系 | 《警世通言》卷十五《金令史美婢酬秀童》<br>《醒世恒言》卷三十五《徐老仆义愤成家》 |

　　首先,表中分类,所谓"两性关系",指非夫妻(妾)两性之间的感情纠葛,也包括以人物成为夫妻前的感情故事为主要内容的作品。"夫妻关系"类,指以人物具有夫妻关系后感情故事为主要内容。"父子兄弟关系"类,指以父(母)子(女)兄弟(姊妹)关系为主要内容,或为父复仇的故事。"朋友关系"类,以狭义的朋友故事为主,也包括人与人相处关系描写的篇章。"君臣关系"类,指际遇君王,或描写君臣关系、朝廷政治的篇章。"师生关系"类,指传统的师生关系,或宗教的僧徒关系。"主仆关系"类,指描写主子与家仆关系的篇章。其次,某些作品存在着跨类的情况。如《古今小说》卷四十《沈小霞相会出师表》,既写及君臣,也存在夫妻关系的描写;《醒世恒言》卷十《刘小官雌雄兄弟》,既写养父养子关系,也有两性姻缘的内容。由这样一个大体的分类构架,我们对冯梦龙辑评"三言"的匠心经营,或许可以有一个更符合历史本真的理

解;进一步,对于"三言"的思想意涵,也可以有新的认知。

上述对于"三言"与《情史》关系的重新梳理,以及基于冯梦龙"情教"思想对于"三言"故事内容新的分类,可以看出,"两性关系"类作品38篇,"夫妻关系"类作品26篇,"父子兄弟关系"类作品8篇(与"两性关系"重叠作品1篇),"朋友关系"类作品22篇,"君臣关系"类作品12篇(与"夫妻关系"类重叠作品1篇),"师生关系"类4篇,"主仆关系"类作品2篇。如同龙子犹《情史序》中所云"尝欲择取古今情事之美者,各著小传,使人知情之可久",狭义的情感故事,在"三言"中,同样为其大宗。

## 第二节 "两性"叙事的"情教"意涵

江南詹詹外史《情史叙》中云"情始于男女……流注于君臣、父子、兄弟、朋友之间而汪然有馀"①。男女两性之情,为冯梦龙"情教"思想的逻辑起点。在此基础上,有了人际伦常之君臣、父子、夫妻、兄弟、朋友等关系。此类作品,以作者的倾向,可以分为肯定、否定两类;据故事具体内容,肯定类作品中,主要有普通社会的男女婚恋、青年男性与青楼女子的爱情、知恩图报之情、异性知音之情诸种。

首先,普通社会的男女婚恋。如《喻世明言》卷四《闲云庵阮三偿冤债》、卷二十三《张舜美灯宵得丽女》、《警世通言》卷八《崔待诏生死冤家》、卷十七《钝秀才一朝交泰》、

---

① 冯梦龙评辑,周方、胡慧斌校点:《情史》,江苏古籍出版社1993年版,叙第3页。

卷二十三《乐小舍拼生觅偶》、卷二十九《宿香亭张浩遇莺莺》,《醒世恒言》卷五《大树坡义虎送亲》、卷七《钱秀才错占凤凰俦》、卷八《乔太守乱点鸳鸯谱》、卷十四《闹樊楼多情周胜仙》、卷二十八《吴衙内邻舟赴约》、卷三十二《黄秀才徼灵玉马坠》,大体可以归于这一范围。

《张舜美灯宵得丽女》叙少年张舜美赴杭州考试落榜,上元节出游,与少女刘素香一见倾心,相约私奔。不幸走散,素香投镇江寺院出家。三年后,舜美进京会试,途经镇江,二人巧遇,得团圆。篇中叙舜美自失素香,"立誓终身不娶,以答素香之情"①,赞其痴情不改。从大团圆结局安排,亦可见作者肯定倾向。该故事见《情史类略》卷三《情私类·补遗》。

《乐小舍拼生觅偶》叙临安杂货铺家之子乐和,与喜将仕之女顺娘,自小同学读书,私定终身。及年龄长大,离开学校,不得见面。观潮日,顺娘卷入潮水,乐和跳水营救。得龙王相助不死,终结连理。篇中写乐和舍生跳水,批语云:"一对多情种,非得潮神撮合,且为情死矣。"②《情史》卷七《乐和》亦评:"一对多情,若非得潮神撮合,且为情死矣。"③小说篇尾诗云:"少负情痴长更狂,却将情字感潮王。钟情若到真深处,生死风波总不妨。"④真情所致,感动潮王,赞美之情溢于言表。

《乔太守乱点鸳鸯谱》叙杭州医家子刘璞,聘同城孙寡妇之女为妻;有女慧娘,许字药铺裴九老之子。刘璞婚娶之前病危,不肯改期;孙寡妇担心女儿嫁去守寡,将儿子玉郎乔装代姊出嫁。刘家则让女儿代兄陪房。孤男寡女,成就好事。事发,裴九老告官,乔太守断案判词云:"弟代姊嫁,姑伴嫂眠。爱女爱子,情在理中。一雌一雄,变出意外。移干柴近烈火,无怪其燃;以美玉配明珠,适获其偶。……相悦为婚,礼以义起。……亲是交门,五百年决非错配。以爱及爱,伊父母自作冰人;非亲是亲,我官府权为月老。已经明断,各赴良期。"篇尾诗赞:"鸳鸯错配本前缘,全赖风流太守贤。锦被一床遮尽丑,乔公不枉叫青天。"小说

① 冯梦龙编著、陈熙中校:《喻世明言》,中华书局 2015 年版,第 175 页。
② 冯梦龙编著、吴书荫校:《警世通言》,中华书局 2015 年版,第 168 页。
③ 冯梦龙评辑,周方、胡慧斌校点:《情史》,江苏古籍出版社 1993 年版,第 226 页。
④ 冯梦龙编著、吴书荫校:《警世通言》,第 169 页。

有评语曰:"好个乔太守。乔者,高也。此太守真高。"①该故事见《情史》卷二"情缘类"。喜剧故事,"相悦为婚",是为理据;"情缘"之解,可谓正名,作者的态度不难见出。

《闹樊楼多情周胜仙》叙周胜仙与范二郎一见钟情,遭父亲阻挠:"他高杀也只是个开酒店的。我女儿怕没大户人家对亲,却许着他!你倒了志气,干出这等事,也不怕人笑话。"周胜仙听得父亲"不肯教他嫁范二郎,一口气塞上来,气倒在地"。围绕范二郎、周胜仙故事及其悲剧,小说中有诗云:"可怜三尺无情土,盖却多情年少人";"情郎情女等情痴,只为情奇事亦奇。若把无情有情比,无情翻似得便宜",可见作者对少男少女痴情,寄寓了无限同情。② 该故事见《情史》卷十"情灵类"《吴市草女》。

其次,青年男性与青楼女子之恋。如《喻世明言》卷十七《单符郎全州佳偶》,《警世通言》卷二十四《玉堂春落难逢夫》、卷三十一《赵春儿重旺曹家庄》,《醒世恒言》卷三《卖油郎独占花魁》。

《单符郎全州佳偶》叙邢、单两家一双儿女单符郎、邢春娘,从小定亲。遇金兵入侵,春娘沦为乐户,改名杨玉。数年后,单符郎袭父荫为全州司户。到任后,杨玉应官身,相谈间知为春娘,为之脱籍。同僚上司闻之,齐赞曰:"谚云:贵易交,富易妻。今足下甘娶风尘之女,不以存亡易心,虽古人高义,不是过也。"小说评云:"自是豪侠举动,若腐儒,鲜不以为蛇足矣。"③该故事见《情史》卷二"情缘类"《单飞英》。

《玉堂春落难逢夫》叙礼部尚书公子王景隆,爱恋青楼女子玉堂春,巨财费尽,为鸨母逐出,沦为乞丐。玉堂春赠金赎身,被老鸨卖给山西商人沈洪,又为沈妻诬陷入狱。王景隆科举高中,任山西巡抚,探明冤情,为之昭雪,两人团圆。篇中文字赞:"亏杀玉堂垂念永,固知红粉亦英雄。"④《情史》卷二"情缘类"有批语云:"生非妓,终将落魄天涯;妓非

---

① 冯梦龙编著、张明高校:《醒世恒言》,中华书局 2015 年版,第 85、86、85 页。
② 冯梦龙编著、张明高校:《醒世恒言》,第 132、132、133、136 页。
③ 冯梦龙编著、陈熙中校:《喻世明言》,中华书局 2015 年版,第 120、121 页。
④ 冯梦龙编著、吴书荫校:《警世通言》,中华书局 2015 年版,第 176 页。

生,终将含冤地狱。彼此相成,率为夫妇。"①

《赵春儿重旺曹家庄》叙扬州富家公子曹可成,原为败家之子,不会读书,不会作家,"专一穿花街,串柳巷",人称曹呆子。恋青楼女子赵春儿,为其赎身。春儿见其不改故态,索性"将箱笼上钥匙一一交付"于他,"吃了长斋,朝暮纺绩自食"。后察其真心悔改,助银选官,曹家复兴,"都亏赵春儿赞助之力"。篇中赞赵春儿"真女中丈夫"。② 该篇故事见《情史》卷四"情侠类",冯梦龙评语云:"既成就孙,而身亦得所归,可谓两利,所难者,十馀年坚忍耳。"③

《卖油郎独占花魁》叙卖油郎秦重,爱上青楼名妓莘瑶琴,日逐积攒,期待相会。莘瑶琴最终为其真情感动,赎身从良,与其结为夫妻。篇中有批语赞秦重为"第一情种","真正相爱,不为肉麻"。莘瑶琴说自己"相处的虽多,都是豪华之辈,酒色之徒,但知买笑追欢的乐意,那有怜香惜玉的真心。看来看去,只有你是个志诚君子,况闻你尚未娶亲。若不嫌我烟花贱质,情愿举案齐眉,白头奉侍。你若不允之时,我就将三尺白罗,死于君前,表白我一片诚心,也强如昨日死于村郎之手,没名没目,惹人笑话"。④《情史》卷五"情豪类"《史风》篇有评语曰:"小说有卖油郎,慕一名妓,乃日积数文。如是二年馀,得十金。倾成一锭,以授姬求一宿。……后妓感其意,赠以私财,卒委身焉。夫十金几何,然在卖油郎,亦一夕之豪也。"⑤小说篇尾诗云:"堪爱豪家多子弟,风流不及卖油人。"⑥"真风流""真情豪",赞赏之情可见。

其三,知恩图报之情。如《喻世明言》卷五《穷马周遭际卖䭚媪》、卷三十四《李公子救蛇获称心》,《醒世恒言》卷三十一《郑节使立功神臂弓》。

《穷马周遭际卖䭚媪》叙唐人马周"自幼精通书史,广有学问;志气谋略,件件过人"。进京谋求发展,途径新丰,店主人写信,让其投奔自

① 冯梦龙评辑,周方、胡慧斌校点:《情史》,江苏古籍出版社1993年版,第78页。
② 冯梦龙编著、吴书荫校:《警世通言》,中华书局2015年版,第240、243、245、245页。
③ 冯梦龙评辑,周方、胡慧斌校点:《情史》,第128页。
④ 冯梦龙编著、张明高校:《醒世恒言》,中华书局2015年版,第26、31、31页。
⑤ 冯梦龙评辑,周方、胡慧斌校点:《情史》,第182页。
⑥ 冯梦龙编著、张明高校:《醒世恒言》,第35页。

己京城中寡居的甥女卖馄媪。得卖馄媪介绍,为常何代笔,得唐太宗赏识,拜为监察御史。马周感激卖馄媪之情,娶其为妻。篇尾诗云:"一代名臣属酒人,卖馄王媪亦奇人。时人不具波斯眼,枉使明珠混俗尘。"①《情史》卷二"情缘类"《卖馄媪》有评语曰:"此媪能引人,的非常品,又何必问相。然唐人最重门第,故婚嫁有老而未遂者。而马公特以逆旅相得,终身鱼水,富贵共之,岂非天耶。"②盛赞其有缘。

《李公子救蛇获称心》叙少年李元,从顽童手中救下一蛇。此蛇为龙王,感激其救命之恩,问其所愿,李元道但得称心足矣。龙王有女名称心,遂将龙女配之,约定三年之期。称心嫁李元,助其读书高中得官。期满,称心乘云飞去。篇中诗云"种麻还得麻,种豆还得豆。报应本无私,作了还自受","三载酬恩已称心",③此为知恩图报之情。

《郑节使立功神臂弓》叙郑信做主管,误伤人命,打为死囚。开封城外有枯井,黑气冲天,府尹令遣死囚探看。郑信下井,与日霞仙子成为夫妻,并得其妹月华。日霞、月华原为红、白蜘蛛。二人争宠,日霞赠郑信神臂弓,助己战败月华,送其出洞投军。凭借神臂弓,屡立战功,官至两川节度使。

其四,异性知音之情。如《喻世明言》卷十二《众名姬春风吊柳七》、卷二十八《李秀卿义结黄贞女》、卷三十三《张古老种瓜娶文女》,《警世通言》卷二十六《唐解元一笑姻缘》,《醒世恒言》卷十《刘小官雌雄兄弟》。

《众名姬春风吊柳七》《唐解元一笑姻缘》两篇,叙写名士风流及异性知音。前者是对《柳耆卿诗酒玩江楼记》的改写。绿天馆主人《叙》中谓:"然如《玩江楼记》《双鱼坠记》等类,又皆鄙俚浅薄,齿牙弗馨焉。"④"三言"改本有批语曰:"此条与《玩江楼记》所载不同。《玩江楼记》谓柳县宰欲通月仙,使舟人用计,殊伤雅致,当以此说为正。"⑤改本叙柳永与

① 冯梦龙编著、陈熙中校:《喻世明言》,中华书局 2015 年版,第 45、48 页。
② 冯梦龙评辑,周方、胡慧斌校点:《情史》,江苏古籍出版社 1993 年版,第 45 页。
③ 冯梦龙编著、陈熙中校:《喻世明言》,第 242、245 页。
④ 冯梦龙编著、陈熙中校:《喻世明言》,叙第 1 页。
⑤ 冯梦龙编著、陈熙中校:《喻世明言》,第 86—87 页。

名妓谢玉英真情之恋，以及"情人自怜情人"(冯梦龙批语)①，为周月仙赎身除籍，成就她与黄秀才的相爱。《唐解元一笑姻缘》叙才子唐寅，见一画舫内青衣小鬟瞩目而笑，于是寻踪蹑迹，乃至乔装化名，投身无锡华学士府，先为伴读，后做主管，终于得娶其小鬟秋香的故事。篇中两处批秋香曰"具眼"，赞其识人。篇尾云"至今吴中把此事传作风流话柄"，有诗云："为人能把口应心，孝弟忠信从此始"，"头插花枝手把杯，听罢歌童看舞女。食色性也古人言，今人乃以为之耻。及至心中与口中，多少欺人没天理"，②夸美率性真情之意可见。该篇故事见《情史》卷五"情豪类"《唐寅》。

《李秀卿义结黄贞女》《刘小官雌雄兄弟》两篇，则写因女扮男装、异性兄弟而结下的深挚感情。前者叙应天府贩线客黄公丧妻，将幼女善聪乔装改扮，带在身边。后得病而死，客店有邻居少年李秀卿，与善聪结为兄弟，合作生意。"异性骨肉，最相爱契"。七年后，善聪扶父灵柩还乡，在姐姐家恢复女装。秀卿寻来，始知其为女子。得守备李公成全，二人结为夫妇。篇中批语赞善聪："确是真正女道学，可敬可敬。"③《刘小官雌雄兄弟》叙运河边经营酒店的老者刘德，无儿女，收养病死军人之子，改名刘方；又营救并收养少年刘奇。刘方、刘奇异性兄弟，"并力同心，勤苦经营"，服侍刘德夫妇，"备尽人子之礼"，"萍水相逢骨肉情"，携手经营，家业日裕，议成家室，续三家宗祀，始知刘方为女扮，昔日兄弟，终成夫妇，"哄动了河西务一镇，无不称为异事，赞叹刘家人一门孝义贞烈"。篇尾诗云："无情骨肉成吴越，有义天涯作至亲。三义村中传美誉，河西千载想奇人。"④两故事并见《情史》卷二"情缘类"。

否定类作品，如《喻世明言》卷三《新桥市韩五卖春情》,《警世通言》卷二十《计押番金鳗产祸》、卷二十七《假神仙大闹华光庙》、卷二十八《白娘子永镇雷峰塔》、卷三十《金明池吴清逢爱爱》、卷三十二《杜十娘怒沉百宝箱》、卷三十四《王娇鸾百年长恨》、卷三十六《皂角林大王假

① 冯梦龙编著、陈熙中校：《喻世明言》，中华书局2015年版，第87页。
② 冯梦龙编著、吴书荫校：《警世通言》，中华书局2015年版，第207页。
③ 冯梦龙编著、陈熙中校：《喻世明言》，第203、204页。
④ 冯梦龙编著、张明高校：《醒世恒言》，中华书局2015年版，第103、104、106页。

形》、《醒世恒言》卷十三《勘皮靴单证二郎神》、卷十五《赫大卿遗恨鸳鸯绦》、卷十六《陆五汉硬留合色鞋》、卷二十三《金海陵纵欲亡身》、卷二十四《隋炀帝逸游召谴》、卷三十九《汪大尹火焚宝莲寺》等，批判纵欲丧身、负心薄幸、人鬼（妖）孽缘、帝王荒淫等。

负心薄幸，理当受到谴责。《杜十娘怒沉百宝箱》叙浙江绍兴李布政公子李甲，在京坐监，迷恋名妓杜十娘，"一双两好，情投意合"。杜十娘见其"忠厚志诚，甚有心向他"。李甲虽惧怕老爷，不敢应承，然"情好愈密"，"海誓山盟，各无他志"。一年后，李公子囊箧渐空，老鸨逐之不去，答应"只要他三百两……须是三日内交付与我"。期限将至，李甲筹钱无门，避而不见。杜十娘出私房银一百五十两，柳遇春为十娘行为感动，慷慨解囊。杜十娘得以脱籍，随李甲南下。船至瓜州，李甲惑于商人孙富浮言，以千金交换，将十娘转让。篇中极尽铺陈，写杜十娘"叫公子抽第一层来看，只见翠羽明珰，瑶簪宝珥，充牣于中，约值数百金。十娘遽投之江中"，"又命公子再抽一箱，乃玉箫金管；又抽一箱，尽古玉紫金玩器，约值数千金。十娘尽投之于水"，"最后又抽一箱，箱中复有一匣。开匣视之，夜明之珠，约有盈把。其他祖母绿、猫儿眼，诸般异宝，目所未睹，莫能定其价之多少"。层层渲染，如杜十娘所说"妾椟中有玉，恨郎眼内无珠"，其于李甲的谴责，字字千钧，力透纸背，十娘之悲剧，令人扼腕痛心。最后，十娘抱持宝匣，跳向江心。"众人聚观者，无不流涕，都唾骂李公子负心薄幸"。"李甲在舟中，看了千金，转忆十娘，终日愧悔，郁成狂疾，终身不瘥。孙富自那日受惊，得病卧床月馀，终日见杜十娘在傍诟骂，奄奄而逝。人以为江中之报也"。① 该故事见《情史》卷十四"情仇类"，卷末情史氏评曰："夫'靡不有初，鲜克有终'。譬如蠹然，以木为命，还以贼木，忍乎哉！"② 小说篇末，作者意犹未尽，议论曰："后人评论此事，以为孙富谋夺美色，轻掷千金，固非良士；李甲不识杜十娘一片苦心，碌碌蠢才，无足道者。独谓十娘千古女侠，岂不能觅一佳侣，共跨秦楼之凤？乃错认李公子，明珠美玉，投于盲人，以致恩变

① 冯梦龙编著、吴书荫校：《警世通言》，中华书局 2015 年版，第 246、247、253 页。
② 冯梦龙评辑，周方、胡慧斌校点：《情史》，江苏古籍出版社 1993 年版，第 533 页。

第六章　编辑『三言』及适俗导愚

为仇,万种恩情,化为流水,深可惜也!"①

　　《王娇鸾百年长恨》同样写负心故事。叙河南南阳卫府学司教之子周廷章,爱上中所千户之女王娇鸾,山盟海誓,私定终身。后周父改任四川,又因病还乡。周廷章返乡探视,到了吴江家中,得知与同里魏同知家议亲,"初时有不愿之意,后访得魏女美色无双,且魏同知十万之富,妆奁甚丰。慕财贪色,遂忘前盟。过了半年,魏氏过门,夫妻恩爱,如鱼似水,竟不知王娇鸾为何人矣"。王娇鸾日夜思念,转瞬三年,闻其别娶,央人亲往访闻,眼见为实。题《长恨歌》一首,备述其交情始末。代父检阅文书,见其中"有一宗乃勾本卫逃军者,其军乃吴江县人",心生一计,"乃取从前倡和之词,并今日《绝命诗》及《长恨歌》汇成一帙,合同婚书二纸,置于帙内,总作一封,入于官文书内",发往吴江。吴江阙大尹见之,深以为奇,告知同年赵推官,赵推官报知察院樊公。樊公命将周廷章擒拿解院。行文南阳卫,查得娇鸾已经自缢。樊公骂道:"调戏职官家子女,一罪也;停妻再娶,二罪也;因奸致死,三罪也。婚书上说:'男若负女,万箭亡身。'我今没有箭射你,用乱捧打杀你,以为薄幸男子之戒。"②该故事见《情史》卷十六"情报类",有评语曰:"负心之人,不有人诛,必有鬼谴。惟不遣于鬼而诛于人,尤见人情之公耳。"③以"乱捧打杀",现世之报,表达其深恶痛绝之情。

　　纵欲苟合,如《新桥市韩五卖春情》,叙临安富户吴山,迷恋青楼女子韩五,纵欲过度,险丧其身。篇中写其病笃忏悔:"男子六尺之躯,实是难得! 要贪花恋色的,将我来做个样。孩儿死后,将身尸丢在水中,方可谢抛妻弃子、不养父母之罪。"④《赫大卿遗恨鸳鸯绦》叙监生赫大卿"专好的是声色二事"⑤,在城外尼姑庵与众尼鬼混。尼姑担心其走掉,将其剃发扮成尼姑,住在庵中,昼夜淫乐,最终纵欲过度丧命。《汪大尹火焚宝莲寺》叙宝莲寺僧人,借民间女子来寺求嗣,以暗道通于室内奸

---

① 冯梦龙编著、吴书荫校:《警世通言》,中华书局 2015 年版,第 254 页。
② 冯梦龙编著、吴书荫校:《警世通言》,第 269、273—274 页。
③ 冯梦龙评辑,周方、胡慧斌校点:《情史》,江苏古籍出版社 1993 年版,第 568 页。
④ 冯梦龙编著、陈熙中校:《喻世明言》,中华书局 2015 年版,第 37 页。
⑤ 冯梦龙编著、张明高校:《醒世恒言》,中华书局 2015 年版,第 137 页。

宿。后为新任汪大尹察觉，斩杀恶僧，火烧寺院。《隋炀帝逸游召谴》叙隋炀帝继位，沉迷声色，以巨资修运河，幸广陵，荒淫无度，民怨沸腾，招致天下反叛，身亡国破。

人鬼或人妖孽缘，如《白娘子永镇雷峰塔》《假神仙大闹华光庙》《金明池吴清逢爱爱》《皂角林大王假形》《勘皮靴单证二郎神》等篇。其中如《白娘子永镇雷峰塔》，白娘子乃白蛇成精，许宣因她而先后发配苏州、镇江牢城营做工，但其与许宣"恩爱深重""情似泰山，恩同东海，誓同生死"，只愿"百年偕老"，并"不曾杀生害命"，却是实情，即便最后为法海和尚压在宝塔之下，"变了三尺长一条白蛇，兀自昂头看着许宣"。该篇作品，作者的态度不无矛盾，一方面写白娘子本相之可怖，最终令法海将其镇压；另一方面，也写出了她对于许宣的痴情不改。篇中有评语曰："岂妖怪亦守贞节耶！"篇尾有诗云："奉劝世人休爱色，爱色之人被色迷。心正自然邪不扰，身端怎有恶来欺？但看许宣因爱色，带累官司惹是非。"①其中同样表现出态度的矛盾游弋。该故事成为经典民间传说故事，与冯梦龙"三言"的改造，有着很大的关系。

## 第三节　人伦关系的"情教"演绎

《孟子·滕文公上》篇中有云："人之有道也，饱食、暖衣、逸居而无教，则近于禽兽。圣人有忧之，使契为司徒，教以人伦，——父子有亲，君臣有义，夫妇有别，长幼有叙，朋友有信。"②此言人类社会的形成。人生存于社会，便有了群与己的关系，其"包括个人与国家的关系、个人与家庭的关系、个人与社会的关系"③。而在中国古代社会里，君臣关系，即反映了个人与国家的关系；而父（亲）子、兄弟、夫妇关系，则反映出个人与家庭的关系；朋友关系，所反映出的是个人与社会其他成员的关系，由此构成了整个社会人际关系的网络。

---

① 冯梦龙编著、吴书荫校：《警世通言》，中华书局 2015 年版，第 221、226、222 页。
② 杨伯峻：《孟子译注》，中华书局 1960 年版，第 125 页。
③ 张岱年：《中国伦理思想的基本倾向》，张岱年：《思想·文化·道德》，巴蜀书社 1992 年版，第 44 页。

## 一、夫妻关系

"三言"中此类作品,或描写夫妻(妾)情深,赞美琴瑟和谐、坚贞不渝。如《喻世明言》卷二十《陈从善梅岭失浑家》、卷四十《沈小霞相会出师表》,《警世通言》卷十《钱舍人题诗燕子楼》、卷十一《苏知县罗衫再合》、卷十二《范鳅儿双镜重圆》、卷二十二《宋小官团圆破毡笠》,《醒世恒言》卷九《陈多寿生死夫妻》、卷十一《苏小妹三难新郎》、卷十九《白玉娘忍苦成夫》、卷二十五《独孤生归途闹梦》、卷二十六《薛录事鱼服证仙》等。

《陈从善梅岭失浑家》叙陈从善任职广东,途中,妻子张如春为猿精摄去,坚守贞节,誓死不从。三年后,得紫阳真人帮助,锁住猿精,救出张如春,夫妻团圆。篇中有诗赞美如春:"宁为困苦全贞妇,不作贪淫下贱人","千日逢灾厄,佳人意自坚","三年辛苦在申阳,恩爱夫妻痛断肠。终是妖邪难胜正,贞名落得至今扬"①。该故事见《情史》卷二十一"情妖类"。

《沈小霞相会出师表》叙锦衣卫经历沈炼,以忠直得罪权奸严嵩,发配保安州。严嵩指使爪牙迫害沈炼全家,拘捕其长子沈小霞,解送京都。小霞妾闻淑英,担心丈夫"去数千里之外,没个亲人朝夕看觑"②,毅然随行,凭其机智多谋,沉着应对差役,助丈夫逃出魔掌。该故事见《情史》卷四"情侠类",有评语曰:"此妾与沈氏父子并传,忠智萃于一门,盛矣。"③

《苏知县罗衫再合》叙涿州苏云,携带家眷,赴浙江兰溪任。至黄天荡,为贼人船家徐能洗劫。苏云被捆投入水中。妻郑氏守贞出逃,途中产下一子,留罗衫金钗为记,出家为尼。该子为徐能收养,名徐继祖。十九年后,徐继祖考中进士,选授监察御史,差往南京刷卷。郑氏告状,徐继祖方知其出身。苏云被人营救,尚在人世。最终贼人伏法,苏家一门团聚。

---

① 冯梦龙编著、陈熙中校:《喻世明言》,中华书局2015年版,第139、142页。

② 冯梦龙编著、陈熙中校:《喻世明言》,第302页。

③ 冯梦龙评辑,周方、胡慧斌校点:《情史》,江苏古籍出版社1993年版,第130页。

《范鳅儿双镜重圆》叙建州饥民起义，吕忠翊赴任途中遭劫，女儿顺哥被掳，与义军首领之族侄范希周结为夫妻。乱平之后，顺哥自缢，为父解救，希周下落不明。吕忠翊劝女改嫁，坚贞不从。十二年后，吕忠翊官任统制，广州守将送书，送书人即范希周。夫妻终得团聚。篇中写吕忠翊夫妇劝女改嫁，顺哥道："'大海浮萍，或有相逢之日。'孩儿如今情愿奉道在家，侍养二亲，便终身守寡，死而不怨。若必欲孩儿改嫁，不如容孩儿自尽，不失为完节之妇。"篇末诗云："十年分散天

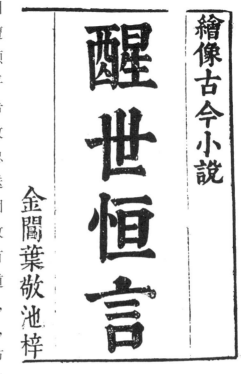

繪像古今小說

醒世恒言

金閶葉敬池梓

边鸟，一旦团圆镜里鸳。莫道浮萍偶然事，总由阴德感皇天。"①该篇故事见《情史》卷一"情贞类"开卷首篇。

《宋小官团圆破毡笠》叙昆山宋敦，有子宋金；其友刘有才，有女宜春。宋敦死后，宋金为刘有才收留，并与宜春成亲。后宋金患痨病，久治不愈，被丈人抛弃荒岛。宜春守节不嫁。宋金得奇僧治愈，并意外暴富，夫妻终得团圆。篇中有诗赞宜春："闺中节烈古今传，船女何曾阅简编？誓死不移金石志，《柏舟》端不愧前贤。"②该篇故事见《情史》卷一"情贞类"。

《陈多寿生死夫妻》叙江西庄户人陈青之子多寿，与邻居朱世远之女多福自小定亲。多寿十五岁得癞病，浑身恶臭。陈家多次提出退亲，多福不肯。婚后三年，多寿为使爱妻能够早日解脱，饮砒霜之酒。多福

① 冯梦龙编著、吴书荫校：《警世通言》，中华书局2015年版，第84、85页。
② 冯梦龙编著、吴书荫校：《警世通言》，第161页。

得知,抢壶而饮。多福得偏方救活,多寿竟以毒攻毒,"皮肤内迸出了许多恶血,毒气泄尽,连癞疮渐渐好了"。篇中有诗云:"病中只道欢娱少,死后方知情义深。相爱相怜相殉死,千金难买两同心。"①该故事见《情史》卷十"情灵类"。

此外,如《苏小妹三难新郎》叙苏小妹、秦观才子才女新婚唱和之乐;《独孤生归途闹梦》叙独孤遐叔与妻白娟娟灵犀相通,形诸梦寐;《薛录事鱼服证仙》叙薛伟夫妇系神仙谪凡,最终齐返仙籍;《白玉娘忍苦成夫》叙白玉娘为夫受苦受难,矢志不渝,与程万里由猜疑到相敬相爱的情感变化。

"三言"中还有不少作品,描写感情出轨或负心薄情等内容。如《喻世明言》卷一《蒋兴哥重会珍珠衫》、卷二十四《杨思温燕山逢故人》、卷二十七《金玉奴棒打薄情郎》、卷三十八《任孝子烈性为神》,《警世通言》卷二《庄子休鼓盆成大道》、卷十三《三现身包龙图断冤》、卷十六《小夫人金钱赠年少》、卷三十三《乔彦杰一妾破家》、卷三十五《况太守断死孩儿》、卷三十八《蒋淑真刎颈鸳鸯会》。

感情出轨,原因各不相同,情形也千差万别,作者态度也因之有异。《蒋兴哥重会珍珠衫》叙襄阳府蒋兴哥妻子王三巧感情出轨之事。其婚后二年,蒋兴哥外出做生意,王三巧为徽州商人陈大郎诱引出轨。兴哥返程得知,"急急的赶到家乡,望见了自家门首,不觉堕下泪来",想着"当初夫妻何等恩爱,只为我贪着蝇头微利,撇他少年守寡,弄出这场丑来,如今悔之何及"。妻子再嫁,"临嫁之夜,兴哥顾了人夫,将楼上十六个箱笼,原封不动,连匙钥送到吴知县船上,交割与三巧儿,当个陪嫁"。后来,兴哥在吴杰辖地惹下官司,三巧哭求为其开脱。二人见面,"也不行礼,也不讲话,紧紧的你我相抱,放声大哭"。篇中写到:"他夫妇原是十分恩爱的,因三巧儿做下不是,兴哥不得已而休之,心中兀自不忍,所以改嫁之夜,把十六只箱笼,完完全全的赠他"。吴杰得知原委,让三巧回到了兴哥身边。篇尾诗云:"恩爱夫妻虽到头,妻还作妾亦堪羞。殃

---

① 冯梦龙编著、张明高校:《醒世恒言》,中华书局2015年版,第95页。

祥果报无虚谬,咫尺青天莫远求。"①不仅批评了三巧的出轨,令其受到"惩罚";对勾引人妻室的陈大郎,安排了悲惨的报应结局,可贵的是,还深刻揭示了三巧出轨的原因,并基于同情对其表现了难得的宽恕。该故事见《情史》卷十六"情报类"。

《小夫人金钱赠年少》叙开封府开线铺的张士廉,年过六旬,娶小自己三四十岁的小夫人。小夫人看中了铺中年轻的主管张胜,私赠金银、衣服。元宵灯节,张胜外出看灯,遇小夫人。小夫人说张员外烧银被抓,无处投奔,同到张胜家中,取出一串念珠,补贴家用。一日,张胜遇到张员外,知小夫人出招宣府时偷得念珠,事发已经上吊,乃知其为鬼。篇中写及张员外"不伏老,兀自贪色,荡散了一个家计,几乎做了失乡之鬼",以及媒妁的欺瞒哄骗,小夫人"看见员外须眉皓白,暗暗地叫苦","扑簌簌两行泪下",埋怨媒人"将我误了",对于老夫少妻、媒妁之言,都寄寓了针砭。②

《况太守断死孩儿》叙扬州府丘元吉,婚后六年去世。妻邵氏年二十三岁,立志守寡。闲汉支助撺掇丘家小厮坏其贞洁,逼其通奸。邵氏情急中,杀了小厮,自缢身亡。得清官况钟破案,支助伏法。篇中云:"'呷得三斗醋,做得孤孀妇。'孤孀不是好守的。替邵氏从长计较,到不如明明改个丈夫,虽做不得上等之人,还不失为中等,不到得后来出丑,正是:作事必须踏实地,为人切莫务虚名。"③对于当时社会之女性节烈观,提出了质疑。

《任孝子烈性为神》《庄子休鼓盆成大道》《三现身包龙图断冤》《蒋淑真刎颈鸳鸯会》四篇,则对出轨者一无例外地予以谴责。

《任孝子烈性为神》叙孝子任珪,娶妻梁氏。梁氏未嫁之前,已与对门周有得有奸,婚后继续来往,反污任珪老父。在其娘家,被任珪捉奸,反将任珪污为盗贼毒打。任珪气恼中杀了奸夫淫妇并其一家。行刑日,天昏地暗,任珪坐化成神。篇中有诗赞任珪"生为孝子肝肠烈,死作明神姓字香",篇尾诗云:"铁销石朽变更多,只有精神永不磨。除却奸

① 冯梦龙编著、陈熙中校:《喻世明言》,中华书局 2015 年版,第 12、13、17 页。
② 冯梦龙编著、吴书荫校:《警世通言》,中华书局 2015 年版,第 110、111 页。
③ 冯梦龙编著、吴书荫校:《警世通言》,第 275 页。

淫拚自死,刚肠一片赛阎罗。"①

《庄子休鼓盆成大道》叙庄周"原不绝夫妇之伦","第一妻,得疾夭亡;第二妻,有过被出",与第三妻田氏,"十分相敬,真个如鱼似水"。庄周感慨"生前个个说恩深,死后人人欲扇坟",惹怒田氏。庄周病故七日,楚王孙前来吊唁。田氏见其英俊风流,遂勾搭成奸。楚王孙发病,称得人脑髓服用可愈。田氏携斧斫棺,欲取庄周脑髓。庄周醒来,原来楚王孙乃其幻化。田氏羞愧自缢。作品大旨在"要人割断迷情,逍遥自在",②然其中对于田氏的谴责,是显而易见的。

《三现身包龙图断冤》叙奉符县第一名押司孙文,算卦说其当夜必死,果然晚间投河。其妻再嫁小孙押司。丫头迎儿数次见大孙押司鬼魂,给她字条。包公任奉符县令,迎儿丈夫告官,包公解开字谜。原来,孙文之妻,早与小孙押司有奸,孙文即为其两人害死。孙文于小孙押司有救命之恩,不想浑家与他有事。篇尾诗云:"寄声暗室亏心者,莫道天公鉴不清。"③

《蒋淑真刎颈鸳鸯会》叙杭州府武林门外一姓蒋的女儿淑真,"心中只是好些风月,又饮得几杯酒。年已及笄,父母议亲,东也不成,西也不就"。隔邻有子阿巧,未曾出幼,为其勾搭,惊惧而死;嫁给近村李二郎,与李家教师私通;再嫁张二官,又与对门朱某通奸,后为张二官杀死。篇中言及蒋淑真老大未嫁,无人行聘,乃因"这女儿心性有些跷蹊,描眉画眼,傅粉施朱,梳个纵鬓头儿,着件叫身衫子,做张做势,乔模乔样,或倚槛凝神,或临街献笑,因此闾里皆鄙之",④作者倾向已见;故事的结局安排,益可看出对其为人的否定。

负心薄幸亦为作者谴责。《杨思温燕山逢故人》叙靖康之变,杨思温流落燕山,见到义兄韩思厚妻郑义娘。后见韩思厚悼亡妻词,方知义娘已死。同韩思厚往墓所,得见义娘。韩思厚道:"贤妻为吾守节而亡,我当终身不娶,以报贤妻之德。今愿迁贤妻之香骨,共归金陵可乎?"夫

① 冯梦龙编著、陈熙中校:《喻世明言》,中华书局2015年版,第281、282页。
② 冯梦龙编著、吴书荫校:《警世通言》,中华书局2015年版,第7、8、7页。
③ 冯梦龙编著、吴书荫校:《警世通言》,第92页。
④ 冯梦龙编著、吴书荫校:《警世通言》,第297页。

人不从。再三力劝，思厚以酒沥地为誓："若负前言，在路盗贼杀戮，在水巨浪覆舟。"①夫人急止之。其后，韩思厚见金陵土星观观主刘金坛，贪其貌美，娶为孺人。往游金山，船至江心，为义娘鬼魂揪下水中而死，此为负义人之报。

《金玉奴棒打薄情郎》写"一个夫弃妻的，一般是欺贫重富，背义忘恩，后来徒落得个薄幸之名，被人讲论"。故事叙穷书生莫稽，入赘团头金老大家，娶金玉奴为妻。后科举高中，授无为军司户，"动一个恶念：除非此妇身死，另娶一人，方免得终身之耻"。上任途中，舟行江上，将金玉奴推入江中。金玉奴为淮西转运使许德厚救起，收为义女。许德厚为义女找婿，莫稽喜攀高门。洞房花烛夜，被老妪丫鬟一阵棒打，始知新娶即为原配。篇尾诗云："宋弘守义称高节，黄允休妻骂薄情。试看莫生婚再合，姻缘前定枉劳争。"②该故事见《情史》卷二"情缘类"。

《喻世明言》卷六《葛令公生遣弄珠儿》、卷三十五《简帖僧巧骗皇甫妻》、《醒世恒言》卷三十三《十五贯戏言成巧祸》，则透过夫妻（妾）关系，反映出当时社会女性地位的卑微。

《简帖僧巧骗皇甫妻》叙开封府人皇甫松，见有人送简帖并钗、环给妻子杨氏，疑其与人有私，即休之。杨氏自尽，为一婆婆所救，并做媒，嫁一还俗恶僧。后僧人讲出此事实情原委，皇甫松告官，恶僧杖责而死，皇甫与杨氏再为夫妻。这一公案，不仅是一则"跷蹊作怪的小说"③，也反映出杨氏在皇甫松心目中的地位，以及当时社会女性的家庭处境。

《十五贯戏言成巧祸》叙南宋临安买卖人刘贵，生活困难，丈人赠其银十五贯为本钱。回家与小娘子陈二姐戏言，谎称为将其卖人所得。陈二姐惊慌，趁其睡觉，连夜逃出，要将此事告诉娘家。途中遇小商人崔宁，结伴同行。巧合刘贵为贼人入室抢钱所杀。邻居发现告官，寻陈二姐，见其与崔宁同行，崔宁囊中也恰有钱十五贯，于是二人被冤判斩。篇尾诗云："善恶无分总丧躯，只因戏语酿殃危。劝君出话须诚实，口舌

① 冯梦龙编著、陈熙中校：《喻世明言》，中华书局 2015 年版，第 181 页。
② 冯梦龙编著、陈熙中校：《喻世明言》，第 195、197、199 页。
③ 冯梦龙编著、陈熙中校：《喻世明言》，第 247 页。

从来是祸基。"①小说大旨在劝人不可戏言,然陈二姐之轻信戏言,足以说明这种现象在当时社会相当普遍。

《葛令公生遣弄珠儿》则叙五代梁朝名将葛周,将爱妾弄珠儿赏赐功臣申徒泰事。篇尾诗云:"重贤轻色古今稀,反怨为恩事更奇。试借兖州功簿看,黄金台上有名姬。"②作品旨在歌颂葛周重贤轻色,立意陈腐,但其中亦反映出当时姬妾卑微的社会地位。

## 二、父子兄弟关系

此类作品,或歌颂兄弟孝悌,如《醒世恒言》卷二《三孝廉让产立高名》,叙东汉阳羡人许武,十五岁父母双亡。"日则躬率童仆,耕田种圃,夜则挑灯读书",课弟许晏、许普读书,"食必同器,宿必同床",乡里称"孝弟许武",传出几句口号:"阳羡许季长,耕读昼夜忙。教诲二弟俱成行,不是长兄是父娘",因而被荐孝廉,进京做官。为帮助兄弟成名,辞职还乡。分家时,"般般件件,自占便宜。两个小兄弟所得,不及他十分之五,全无谦让之心,大有欺凌之意",众人不平,私下议论说:"许武是个假孝廉,许晏、许普才是个真孝廉。"把许晏、许普弄出一个大名来。朝廷求贤,地方荐举,晏、普应召进京,位至九卿。五年后,许武劝弟辞职还乡,遍请乡党,讲出分家实情,乡里又传出几句口号:"真孝廉,惟许武;谁继之? 晏与普。弟不争,兄不取。作义庄,赡乡里,呜呼,孝廉谁可比!"篇尾引诗云:"今人兄弟多分产,古人兄弟亦分产。古人分产成弟名,今人分产但嚣争。古人自污为孝义,今人自污争微利。孝义名高身并荣,微利相争家共倾。安得尽居孝弟里,却把阋墙来愧死。"③颂美兄弟悌让之德。

卷十七《张孝基陈留认舅》,叙汉末许昌巨富过善,有子过迁,吃喝嫖赌,无所不为。一次,过迁拳击仆人小四倒地,以为惹出人命,外逃沦为乞丐。过善有女淑女,天性孝友,赘张孝基为婿。过善临终,遗嘱将家产尽付女儿。孝基夫妇坚辞,不获允准,泣拜而受。其后,孝基在陈

---

① 冯梦龙编著、张明高校:《醒世恒言》,中华书局 2015 年版,第 371 页。
② 冯梦龙编著、陈熙中校:《喻世明言》,中华书局 2015 年版,第 52 页。
③ 冯梦龙编著、张明高校:《醒世恒言》,第 10、11、12、14、14—15 页。

留遇过迁乞讨,将其带回家中。知其悔改,乃"将昔日岳父所授财产,并历年收积米谷布帛银钱",一并移交,夫妻搬回自家。篇尾诗云:"还财阴德庆流长,千古名传义感乡。多少竞财疏骨肉,应知无面向嵩山。"颂姊妹之情,对妹夫于妻舅"死而生之,贫而富之,小人而君子之"的千古高义,赞叹弗置。①

与之相对,《喻世明言》卷十《滕大尹鬼断家私》、《醒世恒言》卷二十《张廷秀逃生救父》,则暴露了父母子女兄弟姊妹间,围绕财产所发生的种种矛盾,此与其对于当时社会家庭矛盾原因的认识——"世俗骨肉参商,多因财起"②,正相吻合。

《滕大尹鬼断家私》叙顺天府香河县倪守谦,夫人病故,有恶子善继。守谦七十九岁时,再娶梅氏,生子善述。倪守谦八十四岁病笃,知善继贪狠,不讲孝友,临终将家产尽与之。梅氏母子,仅得行乐图一幅。善述长大,闻新任知县滕大尹善断官司,携行乐图告状。滕大尹看出图中遗嘱,及赠银承诺,装神弄鬼,将倪家家产重新分配,自得千金。篇中有云:"'鹬蚌相持,渔人得利。'若是倪善继存心忠厚,兄弟和睦,肯将家私平等分析,这千两黄金,弟兄大家该五百两,怎到得滕大尹之手?白白里作成了别人,自己还讨得气闷,又加个不孝不弟之名。"篇尾诗云:"从来天道有何私,堪笑倪郎心太痴,忍以嫡兄欺庶母,却教死父算生儿。"③对于守谦父子矛盾有深刻描写,于倪善继夫妇不孝不友,也给予以有力鞭挞。

《张廷秀逃生救父》叙苏州王员外,有二女:长瑞姐,赘赵昂;次玉姐,待字闺中。篇中王员外与夫人言:"譬如瑞姐,自与他做亲之后,一心只对着丈夫,把你我便撇在脑后,何尝牵挂父母,着些疼热!"之后,过继木匠之子,取名王廷秀,人才出众,欲将次女配之。赵昂夫妇一心独吞王家家私,乃处心积虑,必欲除去廷秀而后快。先买通衙门,诬木匠张权为盗,抓入监牢;得知廷秀兄弟告状时,又欲在途中将其害命。兄

① 冯梦龙编著、张明高校:《醒世恒言》,中华书局 2015 年版,第 175、176、175 页。
② 冯梦龙:《墨憨斋重定双雄记传奇总评》,《墨憨斋定本传奇》(上),江苏古籍出版社 1993 年版,第 481 页。
③ 冯梦龙编著、陈熙中校:《喻世明言》,中华书局 2015 年版,第 78 页。

弟得人营救,廷秀考取进士,授常州推官,父冤得雪,并与玉姐团圆。篇中有诗评赵昂夫妇:"两口未曾沾孝顺,一心只想霸家私。愁深只为防甥舅,念狠兼之妒小姨。"①极尽嘲讽而口诛笔伐。

《醒世恒言》卷二十七《李玉英狱中讼冤》,则写继母凌虐前房儿女事。篇中叙李雄继室焦氏想到:"若没有这一窝子贼男女,那官职产业好歹是我生子女来承受。如今遗下许多短命贼种,纵挣得泼天家计,少不得被他们先拔头筹。设使久后也只有今日这些家业,派到我的子女,所存几何,可不白白与他辛苦一世?"篇尾有诗云:"昧心晚母曲如钩,只为亲儿起毒谋。假饶血化西江水,难洗黄泉一段羞。"②嘲讽后母心如蛇蝎,并深刻揭示了继母凌虐前房儿女这一社会现象发生的本质原因,表达了强烈的谴责。

## 三、朋友关系

此类作品,以歌颂者居多,如《喻世明言》卷七《羊角哀舍命全交》、卷八《吴保安弃家赎友》、卷十六《范巨卿鸡黍死生交》,《警世通言》卷二《俞伯牙摔琴谢知音》,《醒世恒言》卷十八《施润泽滩阙遇友》。此外,如《喻世明言》卷九《裴晋公义还原配》、卷十九《杨谦之客舫遇侠僧》,《警世通言》卷五《吕大郎还金完骨肉》、卷二十一《赵太祖千里送京娘》,《醒世恒言》卷一《两县令竞义婚孤女》、卷二十一《张淑儿巧智脱杨生》等,亦可以纳入广义范畴。

具体而言,或写朋友生死不渝的友情,如《羊角哀舍命全交》,叙春秋时期楚元王招贤,左伯桃前往应聘。途遇羊角哀,相见恨晚,结为兄弟,一同赴楚。至岐阳梁山,天大雪,缺衣少食,左伯桃将衣物留给羊角哀,冻饿而死。羊角哀到楚国,拜中大夫,述伯桃事,元王封其为中大夫,赐厚葬。羊角哀告假前往营葬。旁有荆轲墓,其阴魂不容伯桃葬此。羊角哀自刎,鬼魂共战荆轲。入话诗云:"背手为云覆手雨,纷纷轻薄何须数?君看管鲍贫时交,此道今人弃如土。"③颇可见作者命意。

---

① 冯梦龙编著、张明高校:《醒世恒言》,中华书局2015年版,第199、198页。
② 冯梦龙编著、张明高校:《醒世恒言》,第290、304页。
③ 冯梦龙编著、陈熙中校:《喻世明言》,中华书局2015年版,第53页。

《吴保安弃家赎友》叙唐宰相郭震的侄儿郭仲翔,豪侠尚义气。随李蒙出征南蛮途中,收到遂州方义尉吴保安求荐书信。素昧平生,知其缓急相委,必知己者,于是向主帅推荐,授为管记。吴保安至,军队以军情变化已开拔。败绩,李蒙自杀,仲翔被掳。蛮人要千匹绢赎人。仲翔修书吴保安,托其代找伯父郭震。吴保安到京城,郭震已于前月去世。保安念知遇之恩,生死重托,决心"不得郭回,誓不独生"。于是倾家所有,得绢二百匹;撇妻儿,出外为商,朝驰暮走,节衣缩食,历十年得七百匹。妻儿乞丐寻夫,感动姚州都督,助绢百匹,终于赎回郭仲翔。篇中有议论道:"末世人心险薄,结交最难。平时酒杯往来,如兄若弟;一遇虱大的事,才有些利害相关,便尔我不相顾了。真个是:酒肉弟兄千个有,落难之中无一人。还有朝兄弟,暮仇敌,才放下酒杯,出门便弯弓相向的。……如今我说的两个朋友,却是从无一面的。只因一点意气上相许,后来患难之中,死生相救,这才算做心交至友。"篇尾诗云:"频频握手未为亲,临难方知意气真。试看郭吴真义气,原非平日结交人。"①

或写义气相投,仁义感天。《施润泽滩阙遇友》叙苏州吴江盛泽镇施复,养蚕织绸为生。曾于路上捡到六两银子,候失主朱恩还之。这年,因缺桑叶,异乡购买,巧遇朱恩相赠,因此避免一场过湖之灾。篇中盛赞施复夫妇,"不以拾银为喜,反以还银为安","衣冠君子中,多有见利忘义的,不意愚夫愚妇到有这等见识",有诗云:"从来作事要同心,夫唱妻和种德深。万贯钱财如粪土,一分仁义值千金。"赞叹有加。又诗云:"一叶浮萍归大海,人生何处不相逢","只为还金恩义重,今朝难舍弟兄情";篇尾诗云:"六金还取事虽微,感德天心早鉴知。滩阙巧逢恩义报,好人到底得便宜。"②于仁义做人赞叹有加。

或写知音之遇,朋友信义。《范巨卿鸡黍死生交》叙汉明帝时汝州人张劭,应举途中,邂逅患瘟病住店的书生范式,请医问药,殷勤服侍。二人建立了深厚情谊,结为兄弟。相约明年此日重阳节,到张劭家,鸡黍相款。因生活负累,错记日期,范式至期未到,张劭倚门而望。三更

① 冯梦龙编著、陈熙中校:《喻世明言》,中华书局 2015 年版,第 59、57、63 页。
② 冯梦龙编著、张明高校:《醒世恒言》,中华书局 2015 年版,第 179、180、181、184、187 页。

第六章　编辑「三言」及适俗导愚

天,见范式飘然而至。原来,范式忽然记起此事,为不爽约,想着鬼魂可以日行千里,乃自杀以魂魄赴约。张劭伤恸,到范家吊唁,亦自刎殉友。篇中有诗赞范式"只恨世人多负约,故将一死见平生"。张劭曰:"人禀天地而生,天地有五行,金、木、水、火、土,人则有五常,仁、义、礼、智、信以配之,惟信非同小可。"篇尾词云:"千里途遥,隔年期远,片言相许心无变。宁将信义托游魂,堂中鸡黍空劳劝。月暗灯昏,泪痕如线,死生虽隔情何限。灵輀若候故人来,黄泉一笑重相见。"①盛赞朋友信义。

而在另一些作品中,对于亲朋故旧背信弃义、忘恩负义,则予以强烈谴责。如《警世通言》卷二十五《桂员外途穷忏悔》,叙苏州人桂富五,穷途末路,待要自尽,得同学施济赠银送屋,曾感激涕零:"某受施君活命之恩,今生倘不得补答,来生亦作犬马相报。"后于施家宅院掘藏致富,移居他乡。而施家中落,孤儿寡母上门求助。桂富五夫妻以为"接人要一世,怪人只一次",担心施家"吃了甜头,只管思想",乃薄情寡义,不予济助。其后,桂家遭人骗财,又遇火灾,妻儿丧命,投胎为犬。作者以果报不爽,表达强烈的诅咒。②《醒世恒言》卷三十《李汧公穷邸遇侠客》,叙唐朝长安士人房德,曾落魄潦倒,为强盗裹挟入伙,作案被擒。京兆畿尉李勉怜其遭遇,将其私放,因此罢官。李勉往常山投奔故人,遇房德在安禄山手下做柏乡县尉。房德夫妻不知报恩,担心李勉说出往事,反欲加害,并雇侠客追杀。侠客闻知实情后,飞身回去,斩了房德夫妇。篇尾诗云:"从来恩怨要分明,将怨酬恩最不平。安得剑仙床下士,人间遍取不平人。"③以此表明褒贬。

《醒世恒言》卷二十九《卢太学诗酒傲公侯》,叙大名府才子卢楠,好酒任侠,放达不羁,轻世傲物。濬县知县汪岑,贪婪猜刻,"晓得卢楠是个才子,当今推重,交游甚广,又闻得邑中园亭,唯他家为最,酒量又推尊第一","有心要结识他,做个相知"。卢楠知其俗吏,不肯结交,后见其"屡次卑词尽敬,以其好贤,遂有俯交之念",写帖邀约,共赏菊花。时间早过,汪岑迟迟未到,卢楠命撤去酒席,独自豪饮,"吃得性起,把巾服

---

① 冯梦龙编著、陈熙中校:《喻世明言》,中华书局2015年版,第115、116、117页。
② 冯梦龙编著、吴书荫校:《警世通言》,中华书局2015年版,第191、195页。
③ 冯梦龙编著、张明高校:《醒世恒言》,中华书局2015年版,第345页。

都脱去了,跣足蓬头,踞坐于椅上",“不觉大醉,就靠在卓上鼾鼾睡去"。汪岑审案之后,前来赴约,因无人迎接,自寻过去,见卢楠无礼之状,拂袖而去。欲加之罪,污卢楠因奸致命,打入死囚牢中。十多年后,新知县到任,卢楠方得开释。篇中有云:“盛衰有命天为主,祸福无门人自生。"篇尾诗云:“劝人休蹈卢公辙,凡事还须学谨谦。"①以卢楠、汪岑故事,警醒世人,为人处世,待人接物,宜谦虚谨慎,避免无谓祸端。

## 四、君臣关系

此类作品,或写君臣际会,如《喻世明言》卷十一《赵伯升茶肆遇仁宗》、卷十四《陈希夷四辞朝命》、卷十五《史弘肇龙虎君臣会》,《警世通言》卷六《俞仲举题诗遇上皇》、卷九《李谪仙醉草吓蛮书》。

《赵伯升茶肆遇仁宗》叙成都秀士赵旭,赴京应举,考在第一。卷呈御览,仁宗指出其一字之误,赵旭自负,不肯认错,招致刷落。羞归故里,流落京城。仁宗微服私访,见其在酒楼壁上题诗,乃召见;又见其新诗中言“屈曲交枝翠色苍,困龙未际土中藏。他时若得风雨会,必作擎天白玉梁",问其落榜原因。经历挫折后的赵旭,归咎自我,称“此乃学生考究不精,自取其咎,非圣天子之过也",于是得授成都制置,衣锦还乡。篇尾诗云:“相如持节仍归蜀,季子怀金又过周。衣锦还乡从古有,何如茶肆遇宸游?"②

《陈希夷四辞朝命》叙五代宋初高士陈抟,先后为后唐明宗、后周世宗、北宋太祖召见,均不奉诏。宋太宗继位,赐诗相召,陈抟“乃服华阳巾、布袍草履,来到东京,见太宗于便殿,只是长揖",再辞归。二十年后,为帮太宗立嗣,主动下山,立襄王为太子,住京师一月而去。入话诗云:“人人尽说清闲好,谁肯逢闲闲此身?不是逢闲闲不得,清闲岂是等闲人?"作品旨在称颂陈抟“两隐名山,四辞朝命,终身不近女色,不亲人事,所以步步清闲"之高隐境界,而于世俗众生,不啻为一剂清凉散。③

《史弘肇龙虎君臣会》叙五代后唐史弘肇,与结拜兄弟郭威,“日逐

① 冯梦龙编著、张明高校:《醒世恒言》,中华书局 2015 年版,第 316、319、321、330 页。
② 冯梦龙编著、陈熙中校:《喻世明言》,中华书局 2015 年版,第 81、82、83 页。
③ 冯梦龙编著、陈熙中校:《喻世明言》,第 100、97、97 页。

趁赌,偷鸡盗狗,一味干颡不美,蒿恼得一村疃人过活不得。没一个人不嫌,没一个人不骂"。郭威打死尚衙内,投奔刘知远,命为牙将。刘知远又见史弘肇英雄,亦命其为牙将。知远起兵,两人为先锋,"驱除契丹,代晋家做了皇帝,国号后汉。史弘肇自此直发迹,做到单、滑、宋、汴四镇令公","周太祖郭威即位之日,弘肇已死,追封郑王"。篇尾诗云:"结交须结英与豪,劝君莫结儿女曹。英豪际会皆有用,儿女柔脆空烦劳。"①写英雄发迹,君臣际会。

《李谪仙醉草吓蛮书》叙诗人李白应试长安,先为高力士、杨国忠黜落。遇番邦来献国书,无人能识。由贺知章推荐,玄宗皇帝廷赐李白进士及第,上殿宣读。次日再诏进殿,代回国书。玄宗调羹,高力士脱靴,杨国忠磨墨。玄宗欲加重用,李白不受,于是赐金牌放归。作品虽然写及"朝政紊乱,公道全无,请托者登高第,纳贿者获科名",南省试官杨国忠、监视官太尉高力士"都是爱财之人","无金银买嘱他,便有冲天学问,见不得圣天子",但更主要的则是表现诗仙李白"蟠胸锦绣欺时彦,落笔风云迈古贤"、"吓蛮书草见天才,天子调羹亲赐来"的君臣际会②。

另一类作品,则以暴露君臣矛盾、朝廷失政为重点。《喻世明言》卷二十二《木绵庵郑虎臣报冤》,叙宋室南渡,原有恢复之机,"只为听用了几个奸臣,盘荒懈惰,以致于亡"。宁宗朝,台州人贾涉纳妾生子,不见容于大妇,将妾胡氏嫁人,子似道托付哥哥贾濡抚养。父亲、伯父相继去世,贾似道"自此无人拘管,恣意旷荡,呼卢六博,斗鸡走马,饮酒宿娼,无所不至"。将家私荡尽,听说堂姐贾华"选入沂王府中,今沂王做了皇帝,宠一个妃子姓贾,不知是姐姐不是",于是来到京师。贾贵妃"向理宗皇帝说了,宣似道入宫","恩幸无比"。贾似道"恃着椒房之宠,全然不惜体面"。却扶摇直上,官至两淮制置使,镇守淮阳。钦取还朝,谗毁吴潜,代为右相。蒙古兵围鄂州、襄阳,为京湖宣抚大使,厚币称臣,以中兴功臣自任,加封少师。度宗朝,加封太师,称师相。蒙古改元,大举南下,贾似道出师大败。同党陈宜中以为贾似道"死于乱军之

---

① 冯梦龙编著、陈熙中校:《喻世明言》,中华书局 2015 年版,第 107、113 页。
② 冯梦龙编著、吴书荫校:《警世通言》,中华书局 2015 年版,第 53、60 页。

中,首上疏论似道丧师误国之罪,乞族诛以谢天下"。贾似道遭贬高州,押解者郑虎臣与他有杀父之仇,于木棉庵将其处死。① 篇中所写奸臣当道、政治黑暗,其背后透露的恰是朝廷与天下百姓间不可调和的矛盾。

《喻世明言》卷二十五《晏平仲二桃杀三士》,叙春秋时期齐国景公朝,有三臣"不知文墨礼让,在朝廷横行,视君臣如同草木"。如景公云:"此三人如常带剑上殿,视吾如小儿,久必篡位矣。素欲除之,恨力不及耳。"晏子多智,使楚有功,楚王来访,进桃五枚,景公、楚王、晏子各享一枚,馀二枚令三臣论功享用。未吃者自杀,吃者不愿独生,三人先后自刎。② 该故事则直接指向君臣间的矛盾。作者意在歌颂晏子之智,而于以下犯上之臣,则予贬斥。

此外,《喻世明言》卷三十一《闹阴司司马貌断狱》,叙玉帝令司马貌代理阎王,审四宗官司:韩信、彭越、英布状告刘邦、吕氏屈杀忠臣;丁公状告刘邦恩将仇报;戚氏状告吕氏专权夺位;项羽状告王翳等乘危逼命,以荒诞笔法,将封建朝廷政治的黑暗做了淋漓尽致的嘲讽。卷三十二《游酆都胡母迪吟诗》,叙胡母迪读秦桧、文天祥故事,怨天帝不公,醉卧中为阎王召至酆都,亲见"历代将相、奸回党恶、欺君罔上、蠹国害民"者,"遍历诸狱,受诸苦楚","变为牛、羊、犬、豕,生于世间,为人宰杀,剥皮食肉";而"历代忠良之臣,节义之士,在阳则流芳史册,在阴则享受天乐",于是知"夫天道报应,或在生前,或在死后;或福之而反祸,或祸之而反福。须合幽明古今而观之,方知毫厘不爽"。③ 由其"忠奸"叙事,于其背后,不难发现封建朝廷内部深刻的矛盾斗争。卷四十《沈小霞相会出师表》,叙明嘉靖朝严嵩"父子济恶,招权纳贿,卖官鬻爵",具体写其爪牙对忠臣沈炼父子的迫害,意在歌颂沈氏一门忠义"生前忠义骨犹香,魂魄为神万古扬",贬斥奸臣"奸魂沉地狱,果报自昭彰",而嘉靖朝政治的黑暗,亦不难见出。④

① 冯梦龙编著、陈熙中校:《喻世明言》,中华书局 2015 年版,第 107、113 页。
② 冯梦龙编著、陈熙中校:《喻世明言》,第 184、186 页。
③ 冯梦龙编著、陈熙中校:《喻世明言》,第 233、232、233、232 页。
④ 冯梦龙编著、陈熙中校:《喻世明言》,第 296、310 页。

## 五、主仆关系

此类作品,如《醒世恒言》卷三十五《徐老仆义愤成家》,《警世通言》卷十五《金令史美婢酬秀童》等。

《徐老仆义愤成家》一篇,叙嘉靖朝浙江严州府徐姓人家,弟兄三人:徐言、徐召、徐哲。徐哲患伤寒病去世,徐言、徐召算计分家,将老仆阿寄夫妇,推给三房颜氏。阿寄不忿,"偏要争口气,挣个事业起来,也不被人耻笑"。同颜氏商议,凑出十二两银子本钱,外出做生意。"十年之外,家私巨富","门庭热闹,牛马成群,婢仆雇工人等,也有整百,好不兴头"。"那老儿自经营以来,从不曾私吃一些好饮食,也不曾私做一件好衣服,寸丝尺帛,必禀命颜氏,方才敢用。且又知礼数,不论族中老幼,见了必然站起。或乘马在途中遇着,便跳下来闪在路旁,让过去了,然后又行。因此远近亲邻,没一人不把他敬重。就是颜氏母子,也如尊长看承。"篇中阿寄临终嘱咐颜氏:"那奴仆中难得好人,诸事须要自己经心,切不可重托。"入话诗云:"犬马犹然知恋主,况于列在生人。为奴一日主人身,情恩同父子,名分等君臣。主若虐奴非正道,奴如欺主伤伦,能为义仆是良民。盛衰无改节,史册可传神。"①综合晚明诸多民变事件的史料记载来看,我们于作者歌颂的"奴隶道德",固不可以苟同,而对于如阿寄这样同情弱者、济困扶弱的侠义,亦不能不置赞词。

《金令史美婢酬秀童》叙昆山县金满,谋得库房管事,失库银二百两,不得不变卖家私赔偿。苦恼郁闷间,见小厮秀童吃得半醉而生疑心:"这一夜眼也不曾合,那里有外人进来偷了去? 只有秀童拿递东西,进来几次,难道这银子是他偷了?"疑心生暗鬼,"闻得郡城有个莫道人,召将断事,吉凶如睹",于是请来"一问,以决胸中之疑"。道人装神弄鬼,召将画符,写出名字,均是秀童。秀童遭严刑拷打,"上了脑箍,死而复苏者数次,昏愦中承认了,醒来依旧说没有"。待贼赃俱获,知秀童被冤,"金满因思屈了秀童,受此苦楚,况此童除饮酒之外,并无失德,更兼立心忠厚,死而无怨",于是将其改名金秀,"用己之姓,视如亲子。将美

---

① 冯梦龙编著、张明高校:《醒世恒言》,中华书局 2015 年版,第 392、396、397、388 页。

婢金杏许他为婚"。作品命意,乃劝人不可迷信"书符召将","凡事要凭真实见",然其中亦颇能窥见当时社会主仆关系的真实状况。①

## 六、师生关系

《警世通言》卷十八《老门生三世报恩》最为典型。一般认为,该篇小说为冯梦龙创作。作品叙明朝正统年间,广西兴安县士人鲜于同,"八岁时曾举神童,十一岁游庠,超增补廪",有董仲舒、司马相如那样的才学,有冯京、商辂那般连中三元的志向,但"才高而数奇,志大而命薄。年年科考,岁岁观场,不能得朱衣点额,黄榜标名"。兴安知县蒯遇时,"只是有件毛病,爱少贱老,不肯一视同仁。见了后生英俊,加意奖借;若是年长老成的,视为朽物,口呼'先辈',甚有戏侮之意"。其主持录科,无意中将五十六岁的鲜于同取为首卷,"忍着一肚子气"。乡试时,蒯遇时做《礼记》房考官,前车之鉴,想着"三场做得齐整的,多应是夙学之士,年纪长了,不要取他。只拣嫩嫩的口气,乱乱的文法,歪歪的四六,怯怯的策论,惯惯的判语,那定是少年初学。虽然学问未充,养他一两科,年还不长,且脱了鲜于同这件干纪"。人算不如天算,不成想荐上首卷,又是鲜于同。会试中,为了避开鲜于同,蒯遇时申请阅《诗经》卷子,出乎意料,"《诗》五房头卷,列在第十名正魁。拆号看时,却是桂林府兴安县学生,复姓鲜于,名同,习《诗经》,刚刚又是那六十一岁的怪物、笑具"。因这三次遇合,鲜于同也有了"三报师恩"之举。蒯遇时临终遗言,"我子孙世世不可怠慢老成之士"。篇尾诗云:"利名何必苦奔忙,迟早须臾在上苍。但学蟠桃能结果,三千馀岁未为长。"②由中,亦可见当时社会师生关系的实质。

基于上述讨论,我们不妨说,"三言"的辑评编纂,是冯梦龙以通俗文体"为六经国史之辅",适俗导愚,构建有情社会的一次重要的文学尝试。参酌《情史》,对"三言"六大关系加以归纳分类、梳理分析,亦可见其具体的"情教"意涵。"三言"的编纂,也取得了很好的成效。如衍庆

---

① 冯梦龙编著、吴书荫校:《警世通言》,中华书局2015年版,第103、105、109、100、109页。
② 冯梦龙编著、吴书荫校:《警世通言》,第123、124、125、126、128页。

堂《醒世恒言》识语中云："本坊重价购求古今通俗演义一百二十种，初刻为《喻世明言》，二刻为《警世通言》，海内均奉为邺架玩奇矣。兹三刻为《醒世恒言》，种种典实，事事奇观。总取木铎醒世之意，并前刻共成完璧云。"①衍庆堂之所以能够"重价购求"，即显示了其自身的价值；而"海内均奉为邺架玩奇"，不仅证明了衍庆堂主人的眼光，也具体说明了其在社会上广泛传播，切实产生了重要的社会影响。凌濛初《拍案惊奇序》中云："独龙子犹氏所辑《喻世》等诸言，颇存雅道，时著良规，一破今时陋习；而宋、元旧种，亦被搜括殆尽。肆中人见其行世颇捷，意余当别有秘本，图出而衡之。……因取古今来杂碎事可新听睹、佐谈谐者，演而畅之，得若干卷。"②其评价"颇存雅道，时著良规，一破今时陋习"，可谓冯梦龙之知音；"肆中人见其行世颇捷"，仿效制作，与清刊《汇纂功过格》中所说："江南有书贾稽留者，积本三十金，每刻小说，及春宫图像。人多劝止之，不听，以为卖古书不如卖时文，印时文不如印小说。"③都可以进一步印证，衍庆堂主人所云，并非只是一种商业炒作。

清代学者嘉定钱大昕说："古有儒、释、道三教。自明以来，又多一教曰小说。小说演义之书，未尝自以为教也，而士大夫农工商贾，无不习闻之，以至儿童妇女不识字者，亦皆闻而如见之，是其教较之儒、释、道而更广也。释、道犹劝人以善，小说专导人以恶。奸邪淫盗之事，儒、释、道书所不忍斥言者，彼必尽相穷形，津津乐道，以杀人为好汉，以渔色为风流，丧心病狂，无所忌惮。子弟之逸居无教者多矣，又有此等书以诱之，曷怪其近于禽兽乎？世人习而不察，辄怪刑狱之日繁，盗贼之日炽，岂知小说之中于人心风俗者，已非一朝一夕之故也！有觉世牖民之责者，亟宜焚而弃之，勿使流播。内自京邑，外达直省，严察坊市有刷印鬻售者，科以违制之罪，行之数十年，必有弭盗省刑之效。或訾吾言为迂，远阔事情，是目睫之见也。"④所谓"奸邪淫盗之事，儒、释、道书所不忍斥言者，彼必尽相穷形，津津乐道"云云，自然是当时社会的一种偏

① 丁锡根：《中国历代小说序跋集》，人民文学出版社 1996 年版，第 780 页。
② 丁锡根：《中国历代小说序跋集》，第 785 页。
③《汇纂功过格》卷七《与人格·劝化》，清康熙年间介邑刘氏刻本。
④ 钱大昕：《潜研堂文集》卷十七《正俗》，清嘉庆十一年段玉裁序本。

见陋见;其称小说为"一教",将其与儒、释、道并举,言"其教较之儒、释、道而更广",则不尽是夸张,恰可以证明葛兆光所谓的在底层社会那种"近乎平均值的知识、思想与信仰"的存在与不容轻忽。毋庸置疑,"大众文化"作家冯梦龙的"情教"理论建构,其以编纂"三言"适俗导愚,以文学实践推助有情社会构建,这种在"精英和经典的思想"之外的"知识、思想与信仰",对于更广大的民众"判断、解释、处理面前世界中起着作用",是一种更接地气的思想资源,值得我们予以更多的关注。

# 第七章　辑评《太霞新奏》与宣示南曲范式

　　冯梦龙早在青年时期,便染指于戏曲创作。在其所辑评的《太霞新奏》卷十二,收入其本人所作《青楼怨》套曲,有小序云:"余友东山刘某,与白小樊相善也,已而相违。倾偕予往,道六年别意,泪与声落,匆匆订密约而去,去则复不相闻。每晌小樊,未尝不哽咽也。世果有李十郎乎? 为写此词。"又有评语曰:"子犹又作《双雄记》,以白小樊为黄素娘,刘生为刘双,卒以感动刘生,为小樊脱籍。孰谓文人三寸管无灵也?"①冯梦龙友人、晚明曲论家祁彪佳在其《远山堂曲品》中著录《双雄记》,有评语云:"此冯犹龙少年时笔也,确守词隐家法,而能时出俊语。丹信为叔三木所陷,并及其义弟刘双;而刘方正者,不惜倾赀救之。世固不乏丹三木,亦安得有刘方正哉! 姑苏近实有其事,特邀冯君以粉墨传之。"②综合以上材料可以获知,首先是冯梦龙为青楼女子白小樊经历不平;其次,他是接受了祁彪佳之父祁承爜的建议,糅合了丹三木叔占侄产的故事,创作了《双雄记》传奇。这部作品,也是冯梦龙戏曲创作的处女作,创作时间大约在万历三十五年(1607)前后。其三,在这一剧本的创作过程中,大戏剧家沈璟曾给予冯梦龙非常具体的指导。多年以后,冯梦龙为王骥德《曲律》所撰序中,还对此感念不置,特意提及其事。

　　在《双雄记》传奇定本《叙》中,冯梦龙谈道:"余发愤此道良久,思有

---

① 冯梦龙评选、俞为民校点:《太霞新奏》,江苏古籍出版社 1993 年版,第 210、212 页。
② 祁彪佳:《远山堂曲品》,《中国古典戏曲论著集成》(六),中国戏剧出版社 1959 年版,第 33 页。

以正时尚之讹。因搜戏曲中情节可观,而不甚奸律者,稍为审正。年来积数十种,将次第行之,以授知音。"①据此可知,他改定戏曲的工作,在改定其《双雄记》之前,已经有了"数十种"成果。在《太霞新奏·发凡》中,他提到"北曲,凡第二曲谓之'幺篇',南曲谓之'前腔'。墨憨斋改刻传奇定本,用其一其二三四,今从之。"②由此可以进一步佐证,具体讲,在《太霞新奏》成书以前,他的《墨憨斋改刻传奇定本》,已经颇具规模,也就是说,在天启七年(1627)以前,冯梦龙已经着手搜集了不少"情节可观"、音律差可的剧本,从舞台演出需要出发,开始了传奇剧本的改定工程。毫无疑问,这是他中年时期戏曲活动的重要内容。

早岁成名,散曲和戏曲创作,改定剧本,以及其沈璟弟子的身份,使得中年时期的冯梦龙,在吴中曲坛有了不小的名气。杨恩寿《词馀丛话》卷三记载了这样一则故事:戏曲家袁于令创作《西楼记》传奇,初稿完成,向冯梦龙请教。冯梦龙看后,放在了案头,未置可否。袁于令一脸茫然离开了冯府。当时,冯家正闹饥荒,缺钱买米。家人以告,冯梦龙胸有成竹地说:"无忧,袁于令今夕馈我矣。"家里人以为其信口开河,摇头离去。而袁于令回到家中,左思右想,猜不透冯梦龙的意思。天色已晚,豁然醒悟,打着灯笼,再次来到了冯家。问仆人,说主人正在书斋等候。袁于令急步进入,冯梦龙缓缓地说:"吾固料子必至矣。词曲俱佳,尚少一出,今已为增入。"③冯梦龙增补的一出,据说即为《错梦》。杨恩寿所记载,其真实性有待进一步探讨。

天启五年(1625),冯梦龙为王骥德《曲律》撰序,序文现存,则是无可置疑的事情。毛以燧《曲律跋》中,谈及自己与王骥德的交谊,有云:"余不谙词法,而酷好词致。犹忆弱冠之年,侍先君子山阴署中,获同王伯良先生研席。先生于谈艺之暇,每及词曲。先生于此道,故本夙悟,加以精探邃揽,自宫调以至韵之平仄,声之阴阳,穷其元始,究厥指归,靡不析入三昧。"苏州吴江毛寿南,字宇徵,万历十四年(1586)进士,授

---

① 冯梦龙编著、俞为民校点:《墨憨斋定本传奇》(上),江苏古籍出版社 1993 年版,第 480 页。
② 冯梦龙评选、俞为民校点:《太霞新奏》,江苏古籍出版社 1993 年版,发凡第 3 页。
③ 杨恩寿:《词馀丛话》,《中国古典戏曲论著集成》(九),中国戏剧出版社 1959 年版,第 269 页。

浙江山阴(今绍兴)知县。其子毛以燧弱冠时,随父任来到王骥德的家乡,得以与王骥德同学,敬佩其曲学造诣,结下了非同一般的友谊。因此,如其《跋》中所载,天启三年(1623)秋,身患重病的王骥德,方驰书于他,称:"吾生平论曲,为子所赏,顾喙也,非笔也。寝久法不传,功令斯湮,正始永绝,吾用大惧。今病且不起。平日所积成是书,曲家三尺具是矣,子其为我行之吴中。"其所托付代为刊印之书,即《曲律》。毛以燧接信,当即安排刻印,"方在校刻,而讣音遂至",天不假年,王骥德临终未能见到其书出版。①

冯梦龙撰写于天启五年(1625)二月的《曲律叙》,便是应毛以燧邀请而为之。《叙》中,冯梦龙交代了自己与王骥德的因缘——恩师沈璟曾"谆谆为余言王君伯良也",谆谆教诲,要他向王骥德学习。而对于王骥德《曲律》的价值,冯梦龙有着很高的评价:"而伯良《曲律》一书,近镌于毛允遂氏,法尤密,论尤苛——釐韵则德清蒙讥,评辞则东嘉领罚。字栉句比,则盈床无合作;敲今击古,则积世少全才。虽有奇颖宿学之士,三复斯编,亦将咋舌而不敢轻谈,韬笔而不敢漫试,洵矣攻词之针砭,几于按曲之申、韩。然自此律设,而天下始知度曲之难;天下知度曲之难,而后之芜词可以勿制,前之哇奏可以勿传。悬完谱以俟当代之真才,庶有兴者。"②赞誉其曲律修养在周德清、高则诚之上,认为其曲律著作的出版,必能令曲坛中兴。毛以燧,一名允遂,吴江诸生,有《粲华馆诗集》。他请冯梦龙为王骥德《曲律》作序,推其原因,一方面,是因为父亲毛寿南的学生、大戏剧家沈璟已经去世,冯梦龙是沈璟的学生;另一方面,冯梦龙在当时苏州曲界,已经具有了一定的影响,是合适的作序人选。

在为王骥德《曲律》作序两年后,即天启七年(1627),冯梦龙评选的《太霞新奏》刊刻面世。《太霞新奏》十四卷,题著"顾曲散人序、香月居主人评选"。祁彪佳致冯梦龙函中有云:"《太霞新奏》敢乞一部,外家与坊刻数种奉供清览。"③沈自晋《重定南词全谱凡例·稽作手》中云:"词

① 王骥德:《曲律》,《中国古典戏曲论著集成》(四),中国戏剧出版社 1959 年版,第 184 页。
② 王骥德:《曲律》,《中国古典戏曲论著集成》(四),第 47—48 页。
③ 祁彪佳:《与冯犹龙》,《远山堂尺牍》,庚午(1630)秋冬季,抄本。

何以必表姓字？盖声音之道通乎微，一人有一人手笔，一时有一时风气，历历尽然。昔维先词隐《南词韵选》，近则犹龙氏《太霞新奏》，所录姓字为准。"①沈自友《鞠通生小传》中亦云"冯所选《太霞新奏》推为压卷"②。据此可知，首先，《太霞新奏》乃冯梦龙评选无疑。其次，可以见出，《太霞新奏》刊出后，产生了比较广泛的影响。

冯梦龙的曲学贡献，吴梅《顾曲麈谈》中有具体评价："所居曰墨憨斋，曾取古今传奇，汇集而删改之，且更易名目，共计十四种，曰《墨憨斋定本》。……每曲又细订板式，煞费苦心，其书固可传也。……所作散套至多，亦喜改订古词，如梁伯龙之《江东白苎》，沈伯英之《宁庵乐府》，多有考订焉，其用力之勤，不亚于沈词隐，而知之者卒鲜。文人之传，亦有命也。"③诚为不刊之论。钱南扬有更具体的论述，认为，冯梦龙"早年曾受过沈璟的指教，但后来他的见解超过了沈璟；其时徐于室钮少雅也在修谱，从徐于室处得到许多资料，资料多了，眼界大了，愈觉沈璟《九宫十三调曲谱》错误很多，有修订的必要，于是便开始编写他的《墨憨斋词谱》。冯氏署名顾曲散人的《太霞新奏》，刻于天启七年（1627），其中已提到《墨憨斋词谱》，可见他开始编写，当在天启初年"④。冯梦龙的曲学观点，主要见诸其编纂《墨憨斋词谱》、改定《墨憨斋定本传奇》，以及评选《太霞新奏》中。因为《墨憨斋词谱》的散佚，以及《墨憨斋定本传奇》的残缺，《太霞新奏》也成为目今能够见到的最完整反映冯梦龙曲学观点的一部著作，其意义自不待言。

有关《太霞新奏》的研究，仍然相对薄弱。为数不多的研究成果，围绕其内容性质，也即其究竟是一部怎样的著作，或认为："它最突出的特点是将吴江派散曲家推上了晚明曲学领域的前台，使之成为晚明散曲家中新的生力军。同时，《太霞新奏》通过具体作品较为系统总结了吴江派散曲理论，提出了一些重要的曲学意见，丰富了沈璟、王骥德的曲

---

① 张树英点校：《沈自晋集》，中华书局 2004 年版，第 255 页。

② 张树英点校：《沈自晋集》，第 268 页。

③ 吴梅：《顾曲麈谈 中国戏曲概论》，上海古籍出版社 2000 年版，第 113 页。

④ 钱南扬：《冯梦龙墨憨斋词谱辑佚》，钱南扬：《汉上宧文存 梁祝戏剧辑存》，中华书局 2009 年版，第 28 页。

学理论","经过《太霞新奏》的鼓吹,吴江派散曲家在明末开始确立了自己的重要地位"①;或认为:"冯梦龙辑评的《太霞新奏》问世,这是明代曲学出版史上一件重要的事情,它首次展示吴江派曲家群体的成员构成及其'一祖三宗'式作家群体的结构模式,涉及了吴江曲学体系的特色及其曲学问题的检讨等内容,值得加以深入研究。"②此"一祖三宗"之"一祖",乃何良俊(元朗);沈璟、王骥德、冯梦龙则"鼎足而三,是'三宗'的代表人物"③。所论均指向冯梦龙与吴江曲派的关系,但或云其确立"吴江派散曲家"在明末的地位,或云冯梦龙在吴江派中与沈璟、王骥德为鼎足而三的代表性人物(唯一在世的人物),所持意见,实大相轩轾。

# 第一节  大众文学读本

明代中期以降,伴随着消费社会的形成,大众文化开始勃兴。张翰《松窗梦语》卷七《风俗纪》中云:"夫古称吴歌,所从来久远。至今游惰之人,乐为优俳。二三十年间,富贵家出金帛,制服饰器具,列笙歌鼓吹,招至十馀人为队,搬演传奇;好事者竞为淫丽之词,转相唱和;一郡城之内,衣食于此者,不知几千人矣。"④张采辑《太仓州志》卷五《风俗志·流习》中说:"游民四、五月间,二麦登场时,醵人金钱,即通衢设高台,集优人演剧,曰扮台戏。其害,男女纷杂,方三四里内多淫奔,又盗窃乘间。且醵时苛敛,伤及农本,乡镇尤横。"⑤潘之恒(1556—1622)《鸾啸小品》卷三《消夏》,具体入微地阐释了戏剧所具有的休闲消夏功能:

> 吴王夫差载西施于西洞庭,名其湾曰"消夏"。夫夏可休也,而不易消。其可消者,或以色,或以饮,或以弈,或以文,或以剧。而

① 艾立中:《论〈太霞新奏〉与吴江派散曲家之关系》,《苏州科技学院学报》2008年第1期,第85—89页。
② 王小岩:《冯梦龙曲学剧学研究》,中国社会科学出版社2015年版,第142页。
③ 王小岩:《冯梦龙曲学剧学研究》,第151页。
④ 张翰撰、盛冬铃点校:《松窗梦语》卷七《风俗纪》,中华书局1985年版,第139页。
⑤ 钱肃乐修、张采辑:《太仓州志》卷五,康熙十七年增刻本。

剧之爱最薄。非谓其忘之与？若有所爱，而无所忘，不能以移情易志者，其爱不足溺也！非专一之至能然乎？乐剧之领班者二：曰郝，曰陈。……余素知陈二。今复观剧于茅止生宅。己未休夏前七日，暑最酷。将申登席，戌犹未散。观者汗沾背，而剧者泱踵矣。剧若以凉饮人，以寒中人，无一字之懒漫，而人始不能散。其时会者孺文最以齿尊，伯麐病，献孺倦，而兴犹足以豪，乐阕而五申之，意未尽也。在兵法能贾馀者，气振于纤末，此可破锐，而况击息归乎？郝，旦；陈，生。各挟艳声。而延年所倚，娇宠在妹。今夜舒殁久，而郝赛之。誉方张，宜衄而振者，恃有赏音在也。吾党相聚，固尚忘情，兹以河朔饮后，无惩于六月之师，其专一之至，足以相摄。乃知吴王之消夏，固不在水一湾矣。陈，练师也；旦，蒋，若徐，皆有劲节，品之中而可上也，则以消夏占者也。①

在潘之恒看来，可以消夏者，乃声色戏剧等，特别是戏剧，沉浸于其中，可以移情易志，而盛夏观剧，如以凉饮人，以寒中人。可见在当时人心目中，戏剧、说书等娱乐休闲文化，有着不可偏废的意义在。

具有商业出版性质的私家书坊，顺应大众文化消费需求而崛起。陆容《菽园杂记》中记载："国初书版，惟国子监有之，外郡县疑未有。观宋潜溪《送东阳马生序》可知矣。宣德、正统间，书籍印版尚未广。今所在书版，日增月益，天下古文之象，愈隆于前已。"②至嘉靖以后，图书出版盛极一时，如王慎中、唐顺之所谈："数十年读书人，能中一榜，必有一部刻稿；屠沽小儿，身衣饱暖，殁时必有一篇墓志。此等板籍，幸不久即灭，假使尽存，则虽以大地为架子，亦贮不下矣。"③不仅有大批读书人刻印自家文稿，即使贩夫走卒，死了以后，其后人也要请人为其写篇墓志或传记，所出版图书的数量，盛况空前，蔚为大观。

① 潘之恒原著、汪效倚辑注：《潘之恒曲话》，中国戏剧出版社 1988 年版，第 36—37 页。
② 陆容：《菽园杂记》卷十，中华书局 1985 年版，第 128—129 页。
③ 引自叶德辉撰、刘发等校点：《书林清话》，辽宁教育出版社 1998 年版，第 154 页。

在明代中后期迅猛崛起的图书出版业中,书坊是一支重要的生力军。以当时的出版重镇南京、杭州、建阳为例,张秀民《中国印刷史》列举明代南京书坊 94 家,认为明代南京书坊"多于建阳九家,更远远超过北京"①。缪咏禾《明代出版史稿》据《江苏刻书》补充明代南京书坊 11 家②,总计达到 105 家。然据方彦寿《建阳刻书史》所揭,"明代建阳书坊的数量多达 221 家"③。明代杭州书坊,张秀民《中国印刷史》开列 24 家,顾志兴《浙江出版史研究——元明清时期》开列 36 家。

书坊出版自然以市场为导向。如清刊《功过格》中说:"今世文家之祸,百怪俱兴。往往倡淫秽之词,撰造小说……其意不过网取蝇头耳";"江南有书贾稽留者,积本三十金,每刻小说及春宫图像。人多劝止之,不听,以为卖古书不如卖时文,印时文不如印小说。"④聚焦市场需求,满足最广大的图书消费者需要,为书坊出版最显著的特点。叶盛《水东日记》记载:"今书坊相传射利之徒伪为小说杂书,南人喜谈如汉小王光武、蔡伯喈邕、杨六使文广,北人喜谈如继母大贤等事甚多。农工商贩,

① 张秀民:《中国印刷史》,浙江古籍出版社 2006 年版,第 246 页。
② 缪咏禾:《明代出版史稿》,江苏人民出版社 2000 年版,第 73—74 页。
③ 方彦寿:《建阳刻书史》第五章,中国社会出版社 2003 年版,第 367 页。
④《汇纂功过格》卷七《与人格·劝化》,清康熙年间介邑刘氏刻本。

钞写绘画,家畜而人有之;痴骏女妇,尤所酷好,好事者因目为《女通鉴》,有以也。"①何良俊《四友斋丛说》中说:"今小说杂家,无处不刻,何独于经传而靳惜小费哉!"②对于当时出版业"于经传而靳惜小费",却无处不刻"小说杂家",大惑不解。胡应麟《少室山房笔丛》中,则给出了最好的解答:"然古今著述,小说家特盛……夫好者弥多,传者弥众,传者日众则作者日繁,夫何怪焉?"③"好者弥多,传者弥众",因此方才有"日繁"之生产者,也惟此,如冯梦龙署名可观道人所作《新列国志叙》中说:"自罗贯中氏《三国志》一书以国史演为通俗,汪洋百馀回,为世所尚。嗣是效颦日众,因而有《夏书》《商书》《列国》《两汉》《唐书》《残唐》《南北宋》诸刻,其浩瀚几与正史分签并架。"④《三国演义》的畅销盈利,引发了书商竞起模仿,于是有了众多的历代演义创作蜂拥问世。

利益驱动带来了强劲的动力。随时随地设摊,或走街串巷,贩卖图书,书坊的经营也相当灵活自由。胡应麟《少室山房笔丛》记载了杭州书坊的情况:"凡武林书肆多在镇海楼之外及涌金门之内、及弼教坊、及清河坊,皆四达衢也。省试则间徙于贡院前;花朝后数日则徙于天竺,大士诞辰也;上巳后月馀则徙于岳坟,游人渐众也;梵书多鬻于昭庆寺,书贾皆僧也。自馀委巷之中,奇书秘简往往遇之,然不常有也。"⑤赵琦美《酉阳杂俎序》中,还记载了苏州书摊经营的品类:"吴中廛市闹处,辄有书籍列入檐蔀下,谓之书摊子,所鬻者悉小说、门事、唱本之类。所谓门事,皆闺中儿女子之所唱说也。"⑥其所经营的"小说、门事、唱本之类",自然都是广大读者欢迎的通俗读物。孔尚任《桃花扇》中,也借书商蔡益所之口,谈到了南京三山街书肆的出版经营情况:

> 在下金陵三山街书客蔡益所的便是。天下书籍之富,无过俺金陵;这金陵书铺之多,无过俺三山街;这三山街书客之大,无过俺

① 叶盛撰、魏中平点校:《水东日记》卷二十一《小说戏文》,中华书局 1980 年版,第 213—214 页。
② 何良俊:《四友斋丛说》卷三《经三》,中华书局 1959 年版,第 25 页。
③ 胡应麟:《少室山房笔丛》卷二九《九流绪论下》,上海书店出版社 2009 年版,第 282 页。
④ 丁锡根:《中国历代小说序跋集》,人民文学出版社 1996 年版,第 864 页。
⑤ 胡应麟:《少室山房笔丛》,第 42 页。
⑥ 丁锡根:《中国历代小说序跋集》,第 305 页。

蔡益所。(指介)你看十三经、廿一史、九流三教、诸子百家、腐烂时文、新奇小说，上下充箱盈架，高低列肆连楼。不但兴南贩北，积古堆今，而且严批妙选，精刻善印。……今乃乙酉乡试之年……俺小店乃坊间首领，只得聘请几家名手，另选新篇。今日正在里边删改批评，待俺早些贴起封面来。①

明代南京书坊刻书的题材，"十三经、廿一史、九流三教、诸子百家、腐烂时文、新奇小说"，经史子集、三教九流、新奇小说、八股时文，内容广泛，而值乡试之年，刻印时文，根据市场需求的变化，随时调整图书出版的题材范围。

大众消费类图书，生活类"通俗日用类书"蔚为大宗。翟金明《明代通俗日用类书的刊刻及价值》中说："'通俗日用类书'相对于官修大型类书及文士私撰类书而言，栏目清晰，语言通俗，便宜日常实用，是多由民间书坊编刊的一类书籍。……这一类书主要供下层民众日常实用、道德教育及文化娱乐之需要。其书将日常生活所需之各种常识，例如农桑、商业、财产、法律、婚姻、医药、修真、占卜、艺术、文学、饮食、居室、穿戴、路程、车乘、历法、气象、刑律、赋税、算术、命相、劝善、救济、蒙养、尺牍等，分门别类汇于一编，或摘录典籍，或采自民俗，或出以俚语，或图文并茂，大抵以提供士农工商等普通大众随时便用为宗旨，性质如同今日俗称之家庭生活手册。由选材范围及性质来看，既有百科全书式的《万用不求人》《三台万用正宗》《文林妙锦万宝全书》等，也有各种专门性的，如医书、农书、尺牍、律历、商书、善书、消遣娱乐书等。"②此类图书，其书名标识，如"便民图纂""居家必用""四民利观""天下四民利用便观""天下四民便览""天下通行""四民捷用""士民便用一事不求人""士民万用正宗不求人""士民备览便用""天下便用""天下民家便用""切用正音乡谈杂字""易知杂字"等，均明确昭示了其大众读物的选题定位。

---

① 孔尚任著、王季思等注：《桃花扇》，人民文学出版社 1959 年版，第 190 页。
② 翟金明：《明代通俗日用类书的刊刻及价值》，《明代通俗日用类书集刊》第 1 册，西南师范大学出版社、东方出版社 2011 年版，第 1—2 页。

文艺类图书如小说、笑话集、说唱话本等，自然是定位于大众阅读的大众图书出版重要题材。小说类，仅通俗小说一项，据《中国古代小说百科全书》著录统计，明代 161 种（包括少量已佚或明清之际难以断代者）①。而这些作品，究竟有多少版本，很难有确切的统计。如万历己丑（十七年，1589）天都外臣《水浒传叙》中提及，小说之书"无虑数百十家，而《水浒传》称为行中第一"②；万历二十二年（1594）双峰堂刊《忠义水浒传评林·水浒辩》中谈道，"《水浒》一书，坊间梓者纷纷"③；明人钱希言《桐薪》中称"今人耽嗜《水浒》《三国》"④；许自昌《樗斋漫录》中说，《水浒传》"其书上自名士大夫，下至厮养隶卒，通都大郡，穷乡小邑，罔不目览耳听，口诵舌翻，与纸牌同行"⑤；余象斗万历二十年（1592）刻《三国演义》，其《三国辩》说到"坊间所梓《三国》何止数十家"；甚至如《大宋演义中兴英烈传》，在明代后期，也有不少于七家书坊刊印。此外，如文言小说与白话小说合刊，或是小说与其他文体合刊，同样具有大众读物的性质，如万历刊《小说传奇合刊》，上栏为话本小说，下栏为文言传奇；明代中后期由金陵、建阳等地书坊刊刻的《国色天香》《绣谷春容》《万锦情林》《燕居笔记》等，则上、下分栏，兼收中篇文言小说、诗文杂类，并且在文字中间，间有插图出现。这些，都足以说明当时通俗小说的创作出版空前繁盛。

曲艺类，1967 年上海嘉定县发现明代宣昶夫人墓葬，发掘出土说唱词话唱本 11 册，收录词话 13 种。唱本为成化七年（1471）至十四年（1478）北京永顺堂刊刻图书。词话唱本的题材内容，昭示了它服务的对象，绝非少数的精英阶层，而是更为广大的大众读者。其题材主要集中于三类：讲史类 3 种：《新编全相说唱足本花关索传》（包括《花关索出身传》《花关索认父传》《花关索下西川传》《花关索贬云南传》4 集），《新编说唱全相石郎驸马传》《新刊全相唐薛仁贵跨海征辽故事》；公案类 7

① 陈大康：《明代小说史·导言》，上海文艺出版社 2000 年版，第 9 页。
② 丁锡根：《中国历代小说序跋集》，人民文学出版社 1996 年版，第 1462 页。
③《水浒志传评林》，万历二十二年双峰堂余象斗刊本。
④ 钱希言：《桐薪》第三《金统残唐记》，明万历四十一年钱希言自叙本。
⑤ 许自昌：《樗斋漫录》卷六，《续修四库全书》第 1133 册，上海古籍出版社 2002 年版，第 102 页。

种:《新刊全相说唱包待制出身传》《新刊全相说唱包龙图陈州粜米记》《新刊全相说唱足本仁宗认母传》《新刊说唱包龙图断曹国舅公案传》《新编说唱包龙图断歪乌盆传》《新编说唱包龙图赵皇亲孙文仪案传》《新编说唱包龙图断白虎精传》;灵怪类 3 种:《新刊全相说唱开宗义富贵孝义传》《新刊全相莺哥孝义传》《新刊全相说唱张文贵传》。讲史、公案、灵怪故事,皆为大众(特别是下层社会)喜欢的题材。这里的讲史,严格地说,主要是民间传说,其本身就是大众的创造。版式形式,如其书名所示,均有插图:《花关索传》上图下文形式,类元刊《全相平话五种》;其他则半页插图,如《薛仁贵跨海征辽故事》插图 13 幅,《包龙图断曹国舅公案传》插图 12 幅,《包龙图断歪乌盆传》插图 6 幅,《包龙图断白虎精传》插图 3 幅,《开宗义富贵孝义传》插图 6 幅,《莺哥孝义传》插图 10 幅。插图有题目,揭示图画内容,与正文交相发明。这种形式,体现了商业出版服务于一般受众的宗旨。

令"通国若狂"的戏曲艺术,进入书坊主图书出版的视野,在情理之中。陆文衡《啬庵随笔》卷四描述:"我苏民力竭矣,而俗靡如故。每至四五月间,高搭台厂,迎神演剧,必妙选梨园,聚观者通国若狂。"①《苏州竹枝词》中云:"家歌户唱寻常事,三岁孩童识戏文。"②均可见戏曲在民间所具有的广泛影响力。弘治十一年(1498)金台岳家书籍铺刻印《奇妙全相注释西厢记》终卷有广告文字云:"本坊谨依经书重写绘图,参订编次大字魁本,唱与图合,使寓于客邸、行于舟中、闲游坐客得此一览始终,歌唱了然,爽人心意。"③剧本曲选的读者圈,自然不及戏剧表演的受众那样广泛,但其借助戏曲演出影响的东风,其自身娱乐休闲的性质,也必然使书坊主趋之若鹜,将其作为商业出版的重要题材。

---

① 陆文衡:《啬庵随笔》卷四《风俗》,光绪二十三年刻本。
② 瓶园子:《苏州竹枝词》,丘良壬等编:《中华竹枝词全编·江苏卷》,北京出版社 2007 年版,第 295 页。
③ 王实甫:《奇妙全相注释西厢记》,弘治十一年金台岳家书籍铺刻本。

明代的戏曲刊刻分布的区域,涉及江苏、浙江、安徽、北京、陕西、山东、江西、福建、广东等省份城市,但主要集中于南京、苏州、杭州、绍兴、乌程数地,"吴越地区是明代戏曲刊刻的中心,其中又以南京为剧本刊行的核心城市"①。南京刻印戏曲的书坊,如积德堂、少山堂、世德堂、怀德堂、继志斋、广庆堂、三元堂、文林阁、环翠堂、师俭堂、富春堂、文秀堂、周敬吾、奎壁斋、长春堂、德寿堂、丽正堂、两衡堂、天章阁、乌衣巷、汇锦堂,凡 20 馀家。其中如富

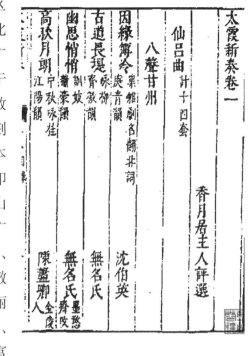

春堂,刻有《新刻出像音注花栏南调西厢记二卷》《新刻出像音注司马相如琴心记四卷四十出》《新刻出像音注观世音修行香山记二卷》《新刻出像音注何秀文玉钗记四卷》《新刻出像音注唐朝张巡许远双忠记二卷二十六出》《新刻出像点板音注李十郎紫箫记四卷》《新刻出像音注花栏裴度香山还带记二卷》《新刻出像音注岳飞破虏东窗记二卷》《新刻牡丹亭还魂记四卷》《新刻出像音注释义王尚忠节祭灵庙玉玦记四卷》《新刻出像音注齐世子灌园记二卷三十出》《新刻出像音注花将军虎符记二卷》《新刻出像音注姜诗跃鲤记四卷》《新刻出像音注苏音皇后鹦鹉记二卷》《新刻出像音注范雎绨袍记四卷》《新刻出像音注刘玄德三顾草庐记四卷五十三出》《新刻出像音注韩朋十义记二卷》《新刻出像音注花栏韩信千金记四卷》《新刻出像音注商辂三元记二卷》《新镌图像音注周羽教子寻亲记四卷三十出》《新刻出像浣纱记四卷》《新刻全像鱼篮记二卷》22 种剧本。

---

① 戴健:《明代后期吴越城市娱乐文化与市民文学》,社会科学文献出版社 2012 年版,第 209 页。

曲选类著作,如下表所示:

**明代书坊刊印曲选一览表**

| 作品名称 | 作品体类 | 卷数 | 作品数 | 说明 |
|---|---|---|---|---|
| 《盛世新声》 | 元明戏曲、散曲选集 | 12卷 | 套数400馀套、小令500馀首 | 依宫调曲牌排列 |
| 《词林摘艳》 | 元明戏曲、散曲选集 | 10集 | 套曲325套、小令286首 | 据《盛世新声》增删而成 |
| 《雍熙乐府》 | 金元明戏曲、散曲选集 | 20卷 | 套曲1121套、小令1897首 | 以《词林摘艳》为基础,依宫调曲牌排列 |
| 《风月锦囊》 | 元明戏曲、散曲、小曲选集 | 41卷 | 收录小令170馀首 | |
| 《新编南九宫词》 | 南曲选集 | 9卷 | 套曲67套,小令56首 | 以宫调分卷 |
| 《词林一枝》 | 元明戏曲、散曲、时调选集 | 4卷 | 上栏收19个剧本片段,下层收17个剧本片段,中层收"时尚楚歌""时新耍曲"、套曲等 | 分为上、中、下三层,上、下两层选戏曲片断,中层为散曲、时兴小曲 |
| 《群音类选》 | 元明戏曲、散曲选集 | 46卷 | 折子戏157种、小令323首、套曲292套 | 分宫腔类(昆腔)、诸腔类(地方声腔)、北腔类(北剧散出、北散曲)、清腔类(南散曲)及"续选" |
| 《吴歈萃雅》 | 元明散曲、戏曲选集 | 4卷 | 套曲117套、小令5首、剧曲159篇 | 所选皆"情真境真"之南曲 |
| 《乐府珊珊集》 | 元明散曲、戏曲选集 | 4卷 | 套曲49套、剧曲71篇 | 为《吴歈萃雅》姊妹篇,分文、行、忠、信4集,前2集为散曲,后2集为剧曲 |
| 《玉谷新簧》 | 元明戏曲、散曲、小曲选集 | 5卷 | 上下栏收22个传奇剧本44个戏曲单出 | 分上、中、下三栏,中栏收录散曲、时调、滚调新词,或酒令灯谜 |

| 作品名称 | 作品体类 | 卷数 | 作品数 | 说明 |
|---|---|---|---|---|
| 《词林白雪》 | 散曲、戏曲选集 | 8 卷 | 元明散曲套数以及杂剧、传奇中曲词 100 余套（其中散曲套数 92 套） | 以"美丽""闺情""闺怨""咏物""宴赏""栖逸"等不同题材分类 |
| 《乐府南音》 | 戏曲、散曲选集 | 2 卷 | 戏曲散出 28 套、套曲 26 篇 | |
| 《词林逸响》 | 戏曲、散曲选集 | 4 集 | 明代散曲套数 113 套，元明剧曲 121 篇 | 以风、花、雪、月分集，附刊魏良辅《昆腔原始》 |
| 《缠头百练》 | 戏曲散曲选集 | 2 集 | 初集《书集》专收散曲，其余 5 卷均收戏曲单出 75 个；二集同，第 5 卷收散曲，其他 5 卷收传奇 76 个 | 初集亦称《怡春锦》，以礼、乐、射、御、书、数为序分为 6 集，每集为 1 卷；第 2 集体例与初集同 |
| 《万锦清音》 | 戏曲、散曲选集 | 4 卷 | 散曲 410 首 | 上、下栏，上栏收录散曲、杂曲，下栏收传奇散出 |
| 《北曲拾遗》 | 散曲、戏曲选集 | 不分卷 | 小令 53 首、套曲 27 套 | |
| 《乐府遴奇》 | 散曲、戏曲选集 | 3 卷增补 1 卷 | | 存有佚曲共七套，未见其他曲选收录；另存有不少稀见之曲 |
| 《古今奏雅》 | 曲选类，戏曲、散曲选集 | 6 卷 | 卷五、六收录带过曲及套数百馀篇 | |
| 《新镌乐府争奇》 | 散曲、戏曲选集 | 3 卷 | | 所收散曲皆不注作者姓名 |
| 《南音三籁》 | 元明戏曲、散曲选集 | 4 卷 | 小令 71 首、套曲 102 套 | 康熙重刻本卷首有袁于令序、袁园客题词、即空观主人叙、李玉序，次王骥德《曲律》26 则，次《谭曲杂札》17 则 |

| 作品名称 | 作品体类 | 卷数 | 作品数 | 说明 |
|---|---|---|---|---|
| 《南北词广韵选》 | 散曲、戏曲选集 | 19卷 | | 依《中原音韵》十九韵目分卷 |
| 《乐府歌舞台》 | 戏曲、散曲选集 | 4卷 | | 残本，(全称《新镌南北时尚青昆合选乐府歌舞台》) |
| 《万花集》 | 元明散曲选集 | 2卷 | 小令414首，套曲12套 | 存本为《盛世新声》最后二卷 |
| 《乐府群珠》 | 元明散曲选集 | 4卷 | 小令1811首 | |
| 《南词韵选》 | 明散曲选集 | 19卷 | 小令315首、套曲74套 | 依《中原音韵》19韵分卷 |
| 《北宫词纪》 | 元明散曲选集 | 6卷 | 元明套曲308套 | 以"宴赏""祝贺""栖逸并归田""送别""旅怀附悼亡""咏物""宫室""美丽""闺情"等题材编排 |
| 《南宫词纪》 | 散曲选集 | 6卷 | 南曲套数140馀套，小令700馀首 | 《北宫词纪》的姊妹篇。除了2首北曲，其他为明代南曲。分"美丽""闺怨""宴赏""祝贺""游览""咏物""题赠""寄慰""送别""写怀""伤逝""隐逸""美丽""闺怨""宴赏""祝贺""游览""咏物""题赠""寄答""送别""旅怀""隐逸""嘲笑"等类 |
| 《昔昔盐》(全称《新刻点板情词昔昔盐》) | 明散曲选集 | 5卷 | | |
| 《吴骚集》 | 明散曲选集 | 4卷 | | |
| 《吴骚二集》 | 明散曲选集 | 4卷 | | |

| 作品名称 | 作品体类 | 卷数 | 作品数 | 说明 |
|---|---|---|---|---|
| 《吴骚合编》 | 明散曲选集 | 4卷 | 收套数200多套,小令40多首,除11套北曲外,均为南曲 | 合《吴骚一集》、《吴骚二集》、《吴骚三集》编选而成。依宫调排列,卷首刻张琦《衡曲麈谭》及魏良辅《曲律》,辨订牌调,考证板式,分别正赠 |
| 《乐府先春》 | 明散曲南曲选集 | 3卷 | 套曲142套 | 首卷朝《月露音》,后二卷取自《吴骚集》 |
| 《彩笔情词》 | 明散曲选集 | 12卷 | 南曲散套92套、北曲散套103篇、南北合套8套、南小令133首、北小令203首 | 以题材分类 |
| 《六院女史清流北调词曲》 | 明散曲选集 | 4卷 | | 专收青楼之作 |

在评选《太霞新奏》之前,冯梦龙已经出版了《牌经》《马吊脚例》《挂枝儿》《山歌》《智囊》《智囊补》《古今谭概》《情史》《太平广记钞》《墨憨斋词谱》,创作了传奇《双雄记》,着手改定《墨憨斋定本传奇》,在大众图书编辑出版方面,积累渐丰,影响日著。万历四十年(1612)冬日序刊的许自昌《樗斋漫录》,即记载了杨定见携李贽批点本《水浒传》来到苏州,"吴士人袁无涯、冯犹龙等……见而爱之,相与校对再三,删削讹谬,附以余所示杂志、遗事,精书妙刻,费凡不赀。开卷琅然,心目沁爽"[①]。

在晚明大众文化出版的视野中,我们已不难看出《太霞新奏》大众文学读本的性质。

首先,以新为标榜,自我夸耀。如顾曲散人《序》中有云:"余扼揽此道,间取近日名家散曲,择其娴于词,而复不诡于律者,题曰'新奏'而冠以'太霞'。太霞者,太极真人命青童所歌曲名也。……此曲应从天上

---

① 许自昌:《樗斋漫录》卷六,《续修四库全书》第1133册,上海古籍出版社2002年版,第103页。

有，人间能得几回闻？"①其《发凡》中云："散曲如往时所传诸套，习闻易厌。兹选取名'新奏'，大都名家新制，未经人耳目者"，"虽未空群，庶几巨览"②。并不惜贬斥同行，云："坊刻时曲，腔板讹传，妍媸不辨。兹刻按谱定板，复细加批阅，使歌者可以审腔，作者有所取法"，"前辈不欲以词曲知名，往往有其词盛传，而不知出于谁手者。《吴歈萃雅》悉取文人姓字，妄配诸曲，欲眩世目，贻笑明眼。兹刻选止新词，于古曲未悉釐正。唯二沈先生制，久为人借去数套，今特还之。其有讹传未的者，姑托之无名氏，以俟徐考"③。对照当时大众图书商业出版广告，如周曰校《三国志通俗演义识语》中云："是书也，刻已数种，悉皆伪舛，茫昧鱼鲁，观者莫辨，予深憾焉。辄购求古本，敦请名士按鉴参考，再三校雠。俾句读有圈点，难字有音注，地里有释义，典故有考证，缺略有增补，节目有全像；如牖之启明，标之示准。此编此传，士君子抚养心目俱融，自无难留，诚与诸刻大不侔矣。鉴者顾諟书而求诸，斯为奇货之可居。"④表述方式似曾相识，其作为大众读物、商业炒作之迹，并无二致。

其次，书中随处可见的文字注释，恰可印证其大众读物的读者定位。如卷一沈伯明《周生别妓赋此纪情》套曲"賸今宵天一涯"注："賸音盛。"卜大荒《中秋夜集虎丘四望阁》套曲"两两携手，拂麈坐青苔"注："麈音主。"⑤卷二沈伯英《偎情》套曲"抵死恨着伊，恰恨罢又添萦系"注："萦系音盈计。"沈伯英《复合》套曲"为甚的花儿懒簪"注："'簪'有二音，此从兹三切。""发儿乱鬖"注"鬖音三。""正晴烟漠漠柳毵毵"注"毵音三。"⑥此类例子甚多，不赘举，正如《发凡》中所云："曲中原不用艰深字眼，间有音切，以防俗误。"⑦虽然未必是疑难生僻之字，而多作注音，无非因为其阅读者多为文化水平不高的一般读者或艺人（俗人）。

其三，《太霞新奏》所选作品题材内容，从其题目如"咏柳""训妓"

① 冯梦龙评选、俞为民校点：《太霞新奏》，江苏古籍出版社1993年版，序第1—2页。
② 冯梦龙评选、俞为民校点：《太霞新奏》，发凡第1、3页。
③ 冯梦龙评选、俞为民校点：《太霞新奏》，发凡第2—3页。
④ 丁锡根：《中国历代小说序跋集》，人民文学出版社1996年版，第890页。
⑤ 冯梦龙评选、俞为民校点：《太霞新奏》，第12、19页。
⑥ 冯梦龙评选、俞为民校点：《太霞新奏》，第24、26页。
⑦ 冯梦龙评选、俞为民校点：《太霞新奏》，发凡第3页。

"中秋咏桂""代周生泣别阿蝉""周生别妓赋此纪情""姻缘""暮春初会""情仙曲""中秋夜集""别恨""别情""拟刘采春寄元微之""旅思""偎情""复合""春思"等,风花雪月类题材,同样可以见出其对于大众兴趣的关注,以及迎合大众阅读的旨趣。

## 第二节　鲜明的尊体意识

吴梅《词与曲之区别》一文中说:"今人言声歌之道,辄将词曲并举,一若二者绝无异点者,此不知音者之论调也。"①该文中,分别从音律、结构、作法三个层面,具体辨析了词、曲之相异。

冯梦龙署名顾曲散人撰写的《太霞新奏序》,可视为一篇关于散曲的通论。其中,首先由文体演变,论及散曲兴起的必然。其有云:"文之善达性情者,无如诗,三百篇之可以兴人者,唯其发于中情,自然而然故也。自唐人用以取士,而诗入于套;六朝用以见才,而诗入于艰;宋人用以讲学,而诗入于腐。而从来性情之郁,不得不变而之词曲。胜国尚北,皇明专尚南,盖易弦索而箫管,陶激烈于和柔。令听者解烦释滞,油然觉化日之悠长。此亦太平鸣豫之一征已。"②冯梦龙认为,文学的兴起,乃在于"发于中情","自然而然"地表达性情,中国文学史上的第一部诗歌总集《诗经》,其中所收作品,即为典型例证;而后,唐诗因用作考试文体而流于俗套,六朝诗人以之炫才而流于艰涩,宋诗载道而流于陈腐,于是有散曲应运而生,取而代之。元人尚北音,明人好南调,"易弦索而箫管,陶激烈于和柔",此南北曲之差异所在。

其次,冯梦龙还由散曲之繁兴,同时察见其所存在之弊端,指出:"先辈巨儒文匠,无不兼通词学者";沈璟撰曲谱,更"法门大启";"海内才人,思联臂而游宫商之林"③,此俱可见曲之繁荣③。然散曲创作,不似传奇那样可以就事敷演,而易于转换,其推陈致新,戛戛乎难之。"当行也,语或近于学究;本色也,腔或近于打油。又或运笔不灵,而故事填

① 王卫民:《吴梅戏曲论文集》,中国戏剧出版社 1983 年版,第 497 页。
② 冯梦龙评选、俞为民校点:《太霞新奏》,江苏古籍出版社 1993 年版,序第 1 页。
③ 冯梦龙评选、俞为民校点:《太霞新奏》,序第 1 页。

太霞新奏序

詞隱先生沈伯英撰

二郎神

何元朗二言見敞詞中寶藏道欲度新聲休走樣名
為樂府須教合律依腔章使將人不鑒賞無使人捷
喉換嗓說不得才長越有才越當著意料量

其二滾

恭祥舍宮泛徵延聲促拍久韻平音分幾項俏平
音窨處須巧將入韻埋藏道是詞隱先生獨秘方與

塞,侈多闻以示博;章法不讲,而饾饤拾凑,摘片语以夸工,此皆世俗之通病也。"①一时作者竞出纷起,风起云涌,争相创作,然或填塞典故,晦涩难懂;或语近打油,拼凑成章,不讲章法,鱼龙混杂,具体表达了他对于当时散曲创作现状的殷忧。

其三,交代其所以选辑《太霞新奏》的大旨:"作者不能歌,每袭前人之舛谬,而莫察其腔之忤合;歌者不能作,但尊世俗之流传,而孰辨其词之美丑。自非知音人,亟为提其耳而开其矇。则今日之曲,又将为昔日之诗。词肤调乱,而不足以达人之性情,势必再变而之《粉红莲》《打枣竿》矣,不亦伤乎! 余扼揽此道,间取近日名家散曲,择其娴于词,而复不诡于律者,题曰'新奏'而冠以'太霞'。"②指出在当时的曲坛,由于作者不懂声律,不知其创作是否便于歌唱;歌者不能创作,难以识别曲词之美丑优劣,创作与歌唱相互脱节,词肤调乱,难以表达人的性情,使得新兴之曲,"又将为昔日之诗",面临重蹈覆辙的危险。冯梦龙在其为王骥德《曲律》所作《叙》中,也表达了近同的观点:"近代之最滥者,诗文是已。性不必近,学未有窥,犬吠驴鸣,贻笑寒山之石;病谵梦吃,争投苦海之箱。独词曲一途,窜足者少,岂非以道疑小而不争,窍未凿而幸免乎? 数十年来,此风忽炽,人翻窠臼,家画葫芦,传奇不奇,散套成套。讹非关旧,诬日从先;格喜创新,不思乖体。饾饤自矜其设色,齐东妄附于当行。乃若配调安腔,选声酌韵,或略焉而弗论,或涉焉而未通。令

---

① 冯梦龙评选、俞为民校点:《太霞新奏》,江苏古籍出版社 1993 年版,序第 1 页。
② 冯梦龙评选、俞为民校点:《太霞新奏》,序第 1 页。

上帝下清问于周郎,则今日之声歌,其先诗文而受概也必矣。"①由于"近代"以来,诗文创作人竞染指,缺乏性情,不学无识,信口开河,泛滥成灾,至于"数十年来",词曲大盛,竞相创作,或标榜创新而有乖文体,或堆砌词藻而自诩文彩,而于"配调安腔,选声酌韵",或抛弃不论,或一窍不通,乖离文体根本,因此,沈璟"所修《南九宫谱》,一意津梁后学";王骥德所撰《曲律》,"法尤密,论尤苛——釐韵则德清蒙讥,评辞则东嘉领罚。字栉句比,则盈床无合作;敲今凿古,则积世少全才。虽有奇颖宿学之士,三复斯编,亦将咋舌而不敢轻谈,韬笔而不敢漫试,洵矣攻词之针砭,几于按曲之申、韩。然自此律设,而天下始知度曲之难;天下知度曲之难,而后之芜词可以勿制,前之哇奏可以勿传。"②其对于保障散曲创作健康发展,功莫大焉。

《太霞新奏》以沈璟【二郎神】套曲放在卷首,其最重要的意义,即着眼于尊体,如其批语曰:"此套系词隐先生论曲,韵律之法略备,因刻以为序。"立足于让更多的人通晓曲之所以为曲,有其不同于其他文体的特质:"何元朗,一言儿启词中宝藏。道欲度新声休走样,名为乐府,须教合律依腔。宁使时人不鉴赏,无使人挠喉捩嗓。说不得才长,越有才越当着意斟量";"怎得词人当行,歌客守腔? 大家细把音律讲。自心伤,萧萧白发,谁与共雌黄";"曾记少陵狂,道细论文,晚节详。论词亦岂容疏放? 纵使词出绣肠,歌称绕梁,倘不谐律吕也难褒奖"。③ 强调了散曲"名为乐府,须教合律依腔";作者唱者,"大家细把音律讲"。在《太霞新奏·发凡》中,冯梦龙还进一步申说明确散曲的要义:"词学三法:曰调、曰韵、曰词。不协调,则歌必捩嗓,虽烂然词藻无为矣。……是选以调协韵严为主,二法既备,然后责其词之新丽,若其芜秽庸淡,则又不得以调韵滥竽。"④尊"曲"之体,不仅辨彰源流,令人知其一如诗词文赋,乃文学之重要新体;同时,也要使人知曲之为曲有其文体特性,进而尊重其自身文体的独立,如此,方能够使其健康发展得到最基本的保障。

① 王骥德:《曲律》,《中国古典戏曲论著集成》(四),中国戏剧出版社 1959 年版,第 47 页。
② 王骥德:《曲律》,《中国古典戏曲论著集成》(四),第 47 页。
③ 冯梦龙评选、俞为民校点:《太霞新奏》,江苏古籍出版社 1993 年版,序第 1—2 页。
④ 冯梦龙评选、俞为民校点:《太霞新奏》,发凡第 1 页。

## 一、宫调与曲调

王骥德《曲律》卷二《论宫调》云:"宫调之说,盖微眇矣,周德清习矣而不察,词隐语焉而不详。或问曲何以谓宫调?何以有宫又复有调?何以宫之为六、调之为十一?既总之有十七宫调矣,何以今之用者,北仅十三,南仅十一?又何以别有十三调之名也?曰:宫调之立,盖本之十二律、五声,古极详备,而今多散亡也。……古有旋相为宫之法,以律为经,复以声为纬,乘之每律得十二调,合十二律得八十四调。此古法也,然不胜其烦,而后世省之为四十八宫调。四十八宫调者,以律为经,以声为纬,七声之中,去徵声及变宫、变徵,仅省为四;以声之四,乘律之十二,于是每律得五调,而合之为四十八调。四十八调者,凡以宫声乘律,皆呼曰宫,以商、角、羽三声乘律,皆呼曰调。"①此言宫调由来及其在后世的衍变。又云:"自宋以来,四十八调者不能具存,而仅存《中原音韵》所载六宫十一调,其所属曲声调,各自不同。仙吕宫,清新绵邈。南吕宫,感叹悲伤。中吕宫,高下闪赚。黄钟宫,富贵缠绵。正宫,惆怅雄壮。道宫,飘逸清幽。(以上皆属宫)大石调,风流蕴藉。小石调,旖旎妩媚。高平调,条拗滉漾。般涉调,拾掇坑堑。歇指调,急并虚歇。商角调,悲伤宛转。双调,健捷激袅。商调,凄怆怨慕。角调,呜咽悠扬。宫调,典雅沉重。越调,陶写冷笑。(以上皆属调)"②,此则具体论说了所存十七宫调,及其各自不同的声情特征。

然如曲学大师吴梅《论宫调》中所云:"宫调之理,词家往往仅守旧谱中分类之体,固未尝不是。但宫调究竟是何物件,举世且莫名其妙,岂非一绝大难解之事。余以一言定之曰:宫调者,所以限定乐器管色之高低也。……今曲中所言宫调,即限定某曲当用某管色,凡为一曲,必属于某宫或某调,每一套中,又必须同是一宫或一调。若一套中前后曲不是同宫,即谓出宫,亦谓犯调,曲律所不许也。"③认为宫调的本质,乃在于"限定乐器管色之高低";而一套曲子,须用同一宫调中的曲牌,否

---

① 王骥德:《曲律》,《中国古典戏曲论著集成》(四),中国戏剧出版社 1959 年版,第 99—100 页。

② 王骥德:《曲律》,《中国古典戏曲论著集成》(四),第 102—103 页。

③ 吴梅:《顾曲麈谈》,王卫民编:《吴梅戏曲论文集》,中国戏剧出版社 1983 年版,第 7 页。

则"即谓出宫,亦谓犯调",为"曲律所不许"。

吴梅先生还从制曲的角度,进一步论述了曲牌与宫调的关系,有云:"况曲牌之名,多至数百,各隶属于各宫调之下,而宫调之性,又有悲欢喜怒之不同,则曲牌之声,亦分苦乐哀悦之致,作者须就剧中之离合忧乐,而定诸一宫,然后再取一宫中曲牌,联为一套,是入手之始。"①又云:"或问各曲之隶属于各宫调下,亦有说乎?曰各曲有悲愉刚柔之不同,各宫调亦有高下卑亢之异,管色之间,更有声度抗坠之别,于是以曲声之高低哀乐,取其相类,分属各宫各调之下,而笛色亦酌定其尺度焉。……各宫各调,部署甚严,如卒徒之各有主帅,不得陵越焉。"②认为不同宫调,其所以有不同的曲调,乃因为宫调有"悲欢喜怒之不同"、"高下卑亢"的差异,曲调亦"分苦乐哀悦之致","有悲愉刚柔之不同",如此,"各宫各调,部署甚严",何种曲牌属于何种宫调,亦"如卒徒之各有主帅,不得陵越焉"。

但此亦一般之理,"惟文人好作狡狯,老于音律者,往往别出心裁,争奇好胜,于是北曲有借宫之法,南曲有集曲之法。所谓借宫者,就本调联络数牌后,不用古人旧套,别就他宫剿取数曲(但必须管色相同者),接续成套是也。……所谓集曲者,其法亦相似,取一宫中数牌,各截数句而别立一新名是也。"③又如有学者所论,"将几千支曲调仅概括为九种声情,这既不符合曲调的实际声情,同时也极大地限制了剧作家们对曲调的运用。因此,剧作家们在实际创作中,多不按照曲谱所规定的宫调与曲调的隶属关系来选择曲调。就像编撰《南九宫十三调曲谱》的沈璟,在他自己的剧作中,也并不完全按照宫调与曲调的隶属关系来选用曲调的"④。虽然如此,曲调的组合,如徐渭所云:"曲之次第,须用声相邻以为一套,其间亦自有类辈,不可乱也"⑤,吴梅亦云:"借宫集曲,统名犯调,若用别宫别调,总须用管色相同者。"⑥亦并非全然没有章法

---

① 吴梅:《顾曲麈谈》,王卫民编:《吴梅戏曲论文集》,中国戏剧出版社 1983 年版,第 4—5 页。
② 吴梅:《曲学通论》,王卫民编:《吴梅戏曲论文集》,第 264—265 页。
③ 吴梅:《顾曲麈谈》,王卫民编:《吴梅戏曲论文集》,第 17 页。
④ 俞为民:《曲体研究》,中华书局 2005 年版,第 40 页。
⑤ 徐渭:《南词叙录》,《中国古典戏曲论著集成》(三),中国戏剧出版社 1959 年版,第 241 页。
⑥ 吴梅:《顾曲麈谈》,王卫民编:《吴梅戏曲论文集》,第 17 页。

规律可循。

王骥德《曲律》卷一《十三调南曲音节谱》中，即论述了不同宫调之间可以出入互用的规律："仙吕（与羽调互用。出入道宫、高平、南吕。俱无词）、羽调、黄钟（与商调、羽调出入）、商调（与仙吕、羽调、黄钟皆出入）、商黄调（此系合犯，乃商调、黄钟各半只，或各一只合成者，皆是也。但不许黄钟居商调之前；曲无前高后低之理，古人无此式也）、正宫（与大石、中吕出入）、大石调（与正宫出入）、中吕调（与正宫、道宫出入）、般涉调（与中吕出入。无曲）、道宫调（与南吕、仙吕、高平出入）、南吕调（与道宫、仙吕出入）、高平调（与诸调皆可出入。其调曲名，皆就引各调曲名合入，不再录出。其六摄十一则，皆与诸调同）、越调（与小石调、高平调出入）、小石调（与越调、双调出入）、双调（中有夹钟宫俗歌，与小石出入）。"①

基于此，冯梦龙在《太霞新奏·发凡》中云："歌先审调，不知何调何曲，则板与腔俱乱矣。兹选以宫调分卷。其中犯调，一依《九宫词谱》分注，又有谱之所未备者，参之《墨憨斋新谱》。疑者释而讹者正，呈诸歌坛，即周侯必为首肯。"②该书即以宫调分卷：卷一仙吕曲，卷二羽调曲，卷三正宫曲，卷四大石调曲，卷五中吕曲，卷六、卷七南吕曲，卷八黄钟曲，卷九越调曲，卷十、卷十一商调曲，卷十二双调曲；另辑卷十三杂宫调曲、卷十四诸宫调小令（包括仙吕、羽调、正宫、大石调、中吕、南吕、黄钟、越调、商调、双调、仙吕入双调）。在《太霞新奏》中，冯梦龙对于"微眇"难言的宫调声情等，所论不多，仅卷三《正宫曲》收录王伯良《酬魏郡穆仲裕内史》套曲篇尾，有评语曰："正宫惆怅雄壮，不宜作纤细语，此篇恰称。"③由此亦可觇知其对于宫调声情的大体看法。而书中更多的篇幅，则为考订"配调安腔，选声酌韵"④，辨析宫调曲牌，及声韵字格等制曲中更为具体的常见问题。

（一）考订宫调

首先，辨析作品中借宫犯调的实例，具体说明何为借宫犯调。

---

① 王骥德：《曲律》，《中国古典戏曲论著集成》（四），中国戏剧出版社1959年版，第77—95页。

② 冯梦龙评选、俞为民校点：《太霞新奏》，江苏古籍出版社1993年版，发凡第2页。

③ 冯梦龙评选、俞为民校点：《太霞新奏》，第30页。

④ 王骥德：《曲律》，《中国古典戏曲论著集成》（四），第47页。

如卷二《羽调曲》沈伯英《偎情》【集贤宾】注："以下转入商调。"①此商调入羽调之例。

卷六《南吕曲上》王伯良《闺情》【梧桐树犯】注："犯【五更转】,此曲借商调。"此商调入南吕之例。沈伯英《思情》【梧桐树犯】批注："全套俱南吕,唯此曲商调。"此又商调入南吕之例。沈君善《君善自题祝发小像》【解三酲】注："此曲犯仙吕。"此仙吕入南吕之例。②

卷七《南吕曲下》秦复菴《忆情》【猫儿坠玉枝】注："【猫儿坠】【圣娇枝】。此曲商调犯双调。"此商调、双调入南吕之例。龙子犹(改史叔考作)《春闺》【醉太平换头】注："此曲犯正宫。"③此正宫入南吕之例。

卷八《黄钟曲》祝希哲《咏张敞画眉事》【女子上阳台引】注：【女冠子】犯【商调·高阳台】";【黄莺唤画眉】注："【商调·黄莺儿】带本宫【画眉序)";【集贤听画眉】注："【商调·集贤宾】带本宫【画眉序】。"篇尾批语曰："北谱有商黄调,可见二调相通;但每曲必前商而后黄,方不落调耳。"此商调入黄钟之例。沈伯英《春恨》【大胜乐】注："此曲转入南吕。"④此南吕入黄钟之例。

卷十《商调曲上》王伯良《寄都门同好》篇尾批语曰："曲名系方诸生新制,所谓商黄调也。"此黄钟入商调之例。沈伯英《怨忆》【啄木儿】注："此下入黄钟";【水红花】注："又归本调";【耍鲍老】注："复转入黄钟"。⑤此黄钟入商调之例。

卷十一《商调曲下》沈伯英《相思曲》【东瓯令】注："此下入南吕。"此南吕入商调之例。无名氏(墨憨斋改本)《春思》【东瓯令】注："此下入南吕。"【解三酲】注："又入仙吕。"此南吕、仙吕入商调之例。冯千秋(墨憨斋改本)《携孙娘绣鞋归戏赋》【东瓯令】注："以下入南吕。"【解三酲】注："又入仙吕。"此南吕、仙吕入商调之例。沈伯明《相思》【东瓯令】注："并下入南吕。"【解三酲】注："又入仙吕。"此南吕、仙吕入商调之例。秦复

① 冯梦龙评选、俞为民校点:《太霞新奏》,江苏古籍出版社 1993 年版,第 24 页。
② 冯梦龙评选、俞为民校点:《太霞新奏》,第 94、97、101 页。
③ 冯梦龙评选、俞为民校点:《太霞新奏》,第 113、120 页。
④ 冯梦龙评选、俞为民校点:《太霞新奏》,第 135—136、140 页。
⑤ 冯梦龙评选、俞为民校点:《太霞新奏》,第 156、169—170 页。

菴《闺情》【皂罗袍】注：“此入仙吕。”【香柳娘】注：“此入南吕。”【江儿水】注：“以下仙吕入双调。”此仙吕、南吕、仙吕入双调入商调之例。沈伯明《西湖即事》【滴溜子】注：“此调借黄钟。”①此黄钟入商调之例。

卷十二《双调曲》龙子犹《青楼怨》【解三酲】注：“此入仙吕。”此仙吕入双调之例。龙子犹《长恨曲》【山坡羊】注：“此入仙吕。”【五更转】注：“此入仙吕。”【园林好】注：“此下仙吕入双调。”【三学士】注：“此入仙吕。”【解三酲】注：“此入仙吕。”此仙吕入双调之例。王伯良《忆虞氏小姬》【醉扶归】注：“以下入仙吕。”此仙吕入双调之例。沈伯英《思情》篇尾批语：“次曲以下，皆词隐先生自制曲名，调极和叶，可用。”②虽自制曲名，冯梦龙赞其“调极和叶，可用”。上述借宫犯调，冯梦龙只是揭出其所犯何调，并未有批评的话语，应该是在其所认可的范围之内。

其次，对不得出宫犯调者，则明确标出，并分析其何以有悖，为制曲之戒。

如卷六《南吕曲上》梁伯龙《酬妓王桂父》（龙子犹改）篇尾批语曰：“全套皆南吕，独插入商调一曲，非体也。陈大声‘因他消瘦’一套，次曲【梧桐犯】，亦是商调。诸公仿‘因他消瘦’，作者甚多，皆为所误。详见词隐先生谱中。此套经子犹改定，韵调俱精，可以为法。”③冯梦龙既指出其“非体”，贻误后人，理由可见沈璟曲谱，并加以改定后入选，以为范式。

卷九《商调曲》高瑞南（墨憨斋改本）《代伎谢双送别瀑泉王孙》篇尾批语曰：“商黄二调，原可出入，但前后俱商调，而中间忽插黄钟【啄木儿】一曲，似亦非体。”④指出商调、黄钟原本可以出入，但前后皆商调，中间忽插黄钟，其认为“似亦非体”。

卷十二无名氏（墨憨斋改）《思情》篇尾批语：“元本【川拨棹】二曲，此下又有【五供养】一曲，【侥侥令】亦二曲，多失韵落调，词亦不佳。墨

① 冯梦龙评选、俞为民校点：《太霞新奏》，江苏古籍出版社 1993 年版，第 176、179、182—183、184、188—189、191 页。
② 冯梦龙评选、俞为民校点：《太霞新奏》，第 212、213—214、220、233 页。
③ 冯梦龙评选、俞为民校点：《太霞新奏》，第 91 页。
④ 冯梦龙评选、俞为民校点：《太霞新奏》，第 150 页。

憨斋删去,最是。"①指出该曲原作【川拨棹】有二曲,下有【五供养】一曲,【侥侥令】二曲,"多失韵落调,词亦不佳",因此删后收录。

卷十三《杂宫调曲》王伯良《丽情》【白乐天九歌】注:"曲名系伯良新制。"篇尾批语曰:"此调用正宫、南吕、仙吕,错杂而成,亦未必协,只取曲名五字为巧耳。偶一为之,不可学也。"②虽然收录此曲,也只是聊备一格,指出其"不可学也"。王伯良《赋得五月红楼别玉人》注:"曲名系伯良新制。"篇尾批语曰:"凡诸调合成,全要斗笋无痕,如出一调,方妙。此曲过接处尚未和叶。墨憨子云:【月上海棠】'叹青骢'句可删,【红娘子】宜用全曲。"③这里指出杂宫调曲,须要"诸调合成,全要斗笋无痕,如出一调",而该曲之"过接处尚未和叶",又对其【月上海棠】【红娘子】曲,亦不无微词。祝希哲《春闺》篇尾批语曰:"此曲用南吕一、商调二、仙吕三,又以商调一句结之,亦非体也。"④此处指出其诸调组合之"非体"。沈伯英《代武陵友人悼吴姬》篇尾批语曰:"此曲仿梁少白'院落清明左右'作,词隐先生评云:【三换头】前二句是【五韵美】,中二句是【腊梅花】,今用于此,是【巫山十三峰】,非【十二峰】矣。须用南吕别曲几句以代之,方得。先生既驳少白而躬自蹈之,吾所不解。大抵作套数者,每多因袭之病,总为旧曲已经行世,若改调必置弗歌。夫因陋仍弊,以求不废于俗,此亦作者之羞也。"⑤冯梦龙指出,沈璟此曲,乃仿梁辰鱼旧曲而作,其既已指出梁辰鱼该作品中所存在问题,又重蹈覆辙,盖因作者以为"旧曲已经行世,若改调必置弗歌",于是"因陋仍弊",但认为"此亦作者之羞也",并不肯苟同。

(二)明辨曲调

首先,考订曲牌。

如卷一卜大荒《中秋夜集虎丘四望阁》【蛮江令】批语云:"细查与【月儿高】大同,疑即一调也。"⑥认为【蛮江令】与【月儿高】大抵相同,疑

---

① 冯梦龙评选、俞为民校点:《太霞新奏》,江苏古籍出版社1993年版,第229页。
② 冯梦龙评选、俞为民校点:《太霞新奏》,第238页。
③ 冯梦龙评选、俞为民校点:《太霞新奏》,第239页。
④ 冯梦龙评选、俞为民校点:《太霞新奏》,第242页。
⑤ 冯梦龙评选、俞为民校点:《太霞新奏》,第244—245页。
⑥ 冯梦龙评选、俞为民校点:《太霞新奏》,第18页。

其原本一调。

卷三王伯良《寄顾姬》【普天乐】批语："此调俗名【小普天乐】。"①指出该调俗名【小普天乐】。卷五龙子犹《送友访妓》,篇尾批语云："蒋氏《旧谱》载'东野翠烟消'一曲,题曰【好事近】,实则【泣颜回】也。词隐《新谱》亦云:'详查旧板戏曲,皆以【泣颜回】为【好事近】。'可见【好事近】特后人恶【泣颜回】之名,而更之者耳。……词隐乃欲以'风月两无功'名【好事近】,谬矣。《墨憨斋新谱》定名为【颜子乐】,今从之。"②认为【好事近】乃"后人恶【泣颜回】之名"而改,沈璟"以'风月两无功'名【好事近】",大谬不然,冯梦龙为之定名【颜子乐】。沈伯英《秋怀》篇尾批语:"'风流谜'一曲,仿《荆钗记》'若提起旧日根芽'曲而作。原名【渔家灯】,末三句【剔银灯】无疑,而前段绝非【渔家傲】,有误后学。《墨憨斋新谱》查出前四句【两休休】(【两休休】曲见后【粉孩儿】一套内),中三句【红芍药】,定名为【两红灯】,今从之。"③追溯源头,指出"风流谜着紧包含"一曲,乃仿《荆钗记》中旧曲而作,其曲牌原名【渔家灯】,则末三句自然是【剔银灯】,前段亦绝非【渔家傲】,认为其"有误后学",于是为其改正后收录。龙子犹《拟赠戒指》,篇尾批语云:"此仿《拜月亭》'匆匆的离皇朝心不稳'一套作,而中多【两休休】【大影戏】【孩儿灯】三曲。【两休休】人多不习,不知《荆钗》【渔家灯】首四句,即犯此调也。"④指出其该套曲子乃仿《拜月亭》中曲子而作,中间多出三曲,【两休休】曲,人鲜知之,事实上,名剧《荆钗记》中"【渔家灯】首四句,即犯此调"。

卷六《南吕曲上》梁伯龙《酬妓王桂父》【金落索】批语:"'谁知觉'三字旧另注【针线箱】,查与【解三酲】无别。"⑤就曲中三字一句,辨其曲牌归属。王伯良《丽情》篇尾批语:"此系方诸生新制曲名。"⑥指出曲名为王骥德新制。

卷七龙子犹(改史叔考作)《春闺》【针线厢】批语:"此曲须细看,平

① 冯梦龙评选、俞为民校点:《太霞新奏》,江苏古籍出版社1993年版,第47页。
② 冯梦龙评选、俞为民校点:《太霞新奏》,第61页。
③ 冯梦龙评选、俞为民校点:《太霞新奏》,第67页。
④ 冯梦龙评选、俞为民校点:《太霞新奏》,第79—80页。
⑤ 冯梦龙评选、俞为民校点:《太霞新奏》,第90页。
⑥ 冯梦龙评选、俞为民校点:《太霞新奏》,第106页。

仄与【解三酲】不同处。"【大迓鼓犯】批语:"末三句【针线箱】。"①前者强调【针线厢】与【解三酲】平仄不同之处,后者揭出该曲之末三句当为【针线箱】。

　　卷九祝希哲《咏花间四友》篇尾批语:"墨憨斋主人云:花间四友,题既好,词亦秀妩。但咏蜂二曲,原稿【沉醉海棠红】,疑是【沉醉东风】【月上海棠】及【桃红菊】三调合成者,细查句字俱不叶,谱中亦无此曲名。今用【沉醉海棠】改定,庶全套不因之泯没,假以引玉,勿诮续貂也。"②揭出原稿疑是【沉醉东风】【月上海棠】【桃红菊】的集曲,但句字不叶,谱中无此曲名,改为【沉醉海棠】。唐伯虎(墨憨斋改本)《夜思》【下山虎·其二】"待他归后,看他怎说"批语:"原本'归来时节,看他分说',似【桂枝香】起句矣。"③以原作二句"似【桂枝香】起句",而非【下山虎】,故改。

　　卷十王伯良《答寄》篇尾批语:"曲名亦方诸生自创,每曲减一二句,何所取义? 此亦好奇之过。既可减,何不可增? 遂有【两条江儿水】【双声猫儿坠】。并【尾声】亦添句,如近日《蕉帕》所刻者。文人作俑,不可不慎。"④指出曲名乃王骥德自创,批评其每曲减句,乃"好奇之过",并具体揭示其所造成不良影响,指出创新当慎而又慎。

　　卷十一沈子勺《咏白莲》【二犯梧桐树】批语:"中二句【针线厢】,末三句【五更转】。"⑤辨析其曲句之曲牌归属。秦复菴《闺情》篇尾批语:"【猫儿坠】诸套俱用后,以为快腔紧板,今大套作第二曲,腔又当入细矣。俗有大唱小唱之说,看来紧慢原无定腔,如【古轮台】相沿快腔,而《拜月亭》用之大唱;【园林好】相沿慢腔,而双调南北套用之小唱。即此可以类推。然如【尾犯序】【香罗带】等,必不可作快腔;【扑灯蛾】【红绣鞋】等,必不可作慢腔。此又似有一定之格,作者不得好奇而立异也。"⑥指出"紧慢原无定腔",但"如【尾犯序】【香罗带】等,必不可作快腔;【扑灯蛾】【红绣鞋】等,必不可作慢腔","又似有一定之格",告诫制曲者"不

① 冯梦龙评选、俞为民校点:《太霞新奏》,江苏古籍出版社1993年版,第120—121页。
② 冯梦龙评选、俞为民校点:《太霞新奏》,第144页。
③ 冯梦龙评选、俞为民校点:《太霞新奏》,第145页。
④ 冯梦龙评选、俞为民校点:《太霞新奏》,第157页。
⑤ 冯梦龙评选、俞为民校点:《太霞新奏》,第157页。
⑥ 冯梦龙评选、俞为民校点:《太霞新奏》,第190页。

得好奇而立异"。龙子犹《端二忆别》【黄莺儿】批语:"以后每曲带【黄莺儿】后三句。"【集莺儿】注:"犯集贤宾。"【玉莺儿】注:"犯【玉交枝】。"【羽林莺】注:"犯【簇羽林】。"【猫儿逐黄莺】注:"犯【猫儿坠】。"篇尾批语:"此套曲可名【满林莺】。"①具体辨析所犯曲调,并名其套曲【满林莺】。

卷十二冯海浮《闲适》篇尾墨憨斋评云:"词隐先生谓此套乃【朝元令】,旧作【朝元歌】,非也。然古本《荆钗》《琵琶》皆作【朝元歌】,似亦有说。盖此套首只是【朝元令】本调,后三套俱以三曲带【朝元令】数句,制曲者遂举全套而立名曰【朝元歌】。亦犹'思量那日离故乡'一曲,是【雁过声】本调,后四曲俱以他调带【雁过声】数句,遂举全套而立名曰【雁鱼锦】耳。此套宜仍总名【朝元歌】,首只分注【朝元令】本调,以下但查明,分注犯某调,如【雁鱼锦】之例。"②沈璟以为旧作【朝元歌】误,当作【朝元令】。冯梦龙认为,"古本《荆钗》《琵琶》皆作【朝元歌】",当有其道理,并通过辨析,指出"此套宜仍总名【朝元歌】"。

卷十三沈伯明《友人谈梦戏作此赠之》【巫山十二峰】篇尾批语曰:"此套可分六曲:【三仙序】【太平乐】【征胡香】【琐窗帽】【懒新郎】【节节令】。"③揭出其可分【三仙序】等六曲。

卷十四《诸宫调小令》"仙吕小令"无名氏【香转南枝】篇尾批语曰:"旧名【月上花】,不知何调,今依《墨憨斋新谱》注明。"④"商调小令"张伯起【莺花皂】评语:"首三句【黄莺儿】,后五句【皂罗袍】,中段不知犯何曲,再详之。"⑤于集曲,分别辨析其曲牌归属,难以确定者存疑。

其次,标示正体。

如卷五沈伯英《春恨》【石榴花】注:"此【石榴花】本调。"梁少白《九日雨花台别陈文姝》【锦缠道】注:"此【锦缠道】本调。"⑥分别指出其为【石榴花】【锦缠道】本调。

卷六王伯良《春怀》【梁州序】篇尾批语:"此【梁州序】本调,与《荆

---

① 冯梦龙评选、俞为民校点:《太霞新奏》,江苏古籍出版社1993年版,第192—193页。
② 冯梦龙评选、俞为民校点:《太霞新奏》,第236页。
③ 冯梦龙评选、俞为民校点:《太霞新奏》,第247页。
④ 冯梦龙评选、俞为民校点:《太霞新奏》,第251页。
⑤ 冯梦龙评选、俞为民校点:《太霞新奏》,第269页。
⑥ 冯梦龙评选、俞为民校点:《太霞新奏》,第67、68页。

钗》《金印》相同。"①指出其与《荆钗记》《金印记》相同,为【梁州序】本调。

卷七龙子犹(改史叔考作)《春闺》【红衫儿换头】注:"此是【红衫儿】正调,句句用韵。"指出其句句用韵,是【红衫儿】正调。

卷十一冯千秋(墨憨斋改本)《携孙娘绣鞋归戏赋》【大胜乐】注:"此曲与原稿全别,调最合古。"②指出改本"与原稿全别",而最合古调。

卷十二龙子犹《束帖儿》篇尾评语:"按古曲【锁南枝】第四句六个字,又有换头,《琵琶记》'儿夫去不见还'一套,乃正体也。子犹此套,可以为法。"王伯良《惜别》篇尾批语:"此【惜奴娇】本体,与《荆钗记》'家道贫穷'同,《琵琶记》'杏眼桃腮'亦是此调,而中间缺两字句,不可训也。时曲皆以【夜行船序】误作此调,不可不辨。"③前者指出《琵琶记》中【锁南枝】"儿夫去不见还"一曲为正体,其本人所作该曲"可以为法";后者指出王骥德此【惜奴娇】与《荆钗记》同为本体,《琵琶记》"杏眼桃腮"一曲不足为训。

卷十四"仙吕小令"无名氏【香转南枝】注:"'特故里'句六字句法,亦用【锁南枝】正体。""中吕小令"张伯起(墨憨斋改本)【石榴花】篇尾批语:"此【石榴花】本调也,《杀狗记》及《白兔记》俱有之,《荆钗记》'觑着你花容月貌'、时曲'折梅逢使'皆【榴花泣】也。"④前者指出其为【锁南枝】正体,后者指出其改本【石榴花】同《杀狗记》《白兔记》,乃本调,而《荆钗记》中曲子,为【榴花泣】。

其三,订正讹误。

如卷一秦复菴《暮春初会少华于谯词以纪之》【傍章台犯】注:"【傍章台】既作第二只,宜用换头,今复以起调矣。"⑤指出【傍章台】曲,作第二曲,"宜用换头",因此改之。

卷五龙子犹《送友访妓》【颜子乐】眉批:"近谱作【好事近】,非也,辨在后。"篇尾批语曰:"'风月两无功'一曲,原犯【普天乐】【刷子序】者,而

---

① 冯梦龙评选、俞为民校点:《太霞新奏》,江苏古籍出版社 1993 年版,第 81 页。
② 冯梦龙评选、俞为民校点:《太霞新奏》,第 182 页。
③ 冯梦龙评选、俞为民校点:《太霞新奏》,第 201—202、203 页。
④ 冯梦龙评选、俞为民校点:《太霞新奏》,第 251 页。
⑤ 冯梦龙评选、俞为民校点:《太霞新奏》,第 14 页。

时本单刻【泣颜回】，不着二'犯'字。亦犹'新篁池阁'之混刻为【梁州序】，而不知犯【贺新郎】，'糠和米'之混刻为【孝顺歌】，而不知犯【江儿水】也。词隐乃欲以'风月两无功'名【好事近】，谬矣。"指出沈璟曲谱中名之【好事近】有误，正其名曰【颜子乐】。①

卷十三卜大荒《七夕》篇尾批语："'等不到'二句，旧注【二犯傍妆台】，今依谱查正。词隐先生云：【桂枝香】末二句，乃用在前，前后殊欠接续。'锁窗人静'一套，原非出知音者所制，不可为训。此曲系六调合成，因'锁窗人静'一套，原咏宫词，因名为【六犯宫词】，若他曲，只名【清音】为是。"王伯良《丽情》篇尾，有墨憨斋评云："既曰【十二红】，宜用十二曲合成，不应止十一曲，而以【尾声】足数也。且首二曲旧名【山羊转五更】，次二曲亦可名【园林好】【江儿水】，至【玉交枝】【五供养】【好姐姐】三曲，俱用上半只，接续处便少段落。【鲍老催】忽插入黄钟调半曲，而后以【川拨棹】全曲接之，亦俱可议。《南西厢》'小姐小姐多丰采'一曲，亦名【十二红】，与此曲绝不同，总之未必叶律也。"沈伯英《代武陵友人悼吴姬》篇尾批语："此曲仿梁少白'院落清明左右'作，词隐先生评云：【三换头】前二句是【五韵美】，中二句是【腊梅花】，今用于此，是【巫山十三峰】，非【十二峰】矣。"沈伯明《友人谈梦戏作此赠之》篇尾批语："伯明自注云：按《九宫谱》此曲第九段【三换头】一调，其中又犯【五韵美】及【腊梅花】二调，则于【十二峰】名不合，因以【懒画眉】一段易之。"②卜大荒《七夕》曲，依谱查正，改【二犯傍妆台】为【八声甘州】；辨"锁窗人静"一套原为咏宫词，故名【六犯宫词】，指出他曲只可名之【清音】。王伯良《丽情》曲，指出【十二红】不应止十一曲，故以【尾声】足数；确定首二曲、次二曲之名；认为【玉交枝】【五供养】【好姐姐】三曲接续处少段落，【鲍老催】插入黄钟半曲，以【川拨棹】全曲接之等，皆可商榷。沈伯英《代武陵友人悼吴姬》曲，引沈璟自己的说法，认为是"【巫山十三峰】，非【十二峰】"。沈伯明《友人谈梦戏作此赠之》曲，指出其与"【十二峰】名不合"，故"以【懒画眉】一段易之"。

---

① 冯梦龙评选、俞为民校点：《太霞新奏》，江苏古籍出版社 1993 年版，第 60—61 页。
② 冯梦龙评选、俞为民校点：《太霞新奏》，第 241、243、244、247 页。

卷十四"商调小令"龙子犹【梧蓼金罗】评语:"此调俗名【金井水红花】,蒋氏《旧谱》作【金水梧桐花皂罗】,俱误。今依词隐新谱改正。"①指出俗名【金井水红花】及蒋氏《旧谱》作【金水梧桐花皂罗】皆误,改为【梧蓼金罗】。

## 二、曲牌与曲体

清人徐大椿《乐府传声·句韵必清》有云:"牌调之别,全在字句及限韵。某调当几句,某句当几字,及当韵不当韵,调之分别,全在乎此。"②吴梅论制曲亦云:"分宫配角,已煞费苦心矣。乃套数既定,则须论字格。所谓字格者,一曲中必有一定字数,必有一定阴阳清浊,某句须用上声韵,某句须用去声韵,某字须阴,某字须阳,一毫不可通借";并谓"曲之胜场,在于本色"③。各曲牌句有定式,字有定声,调协韵严,方为合体,此即曲之为曲,其文体乐体的重要特质,也为《太霞新奏》评点的重心所在。

（一）句法字节

不同曲牌,曲句的句字构成,亦自有别。如卷一秦复菴《暮春初会少华于谯词以纪之》【解三酲犯】批语:"'且消停'句似【大胜乐】起,不叶本调。"④指出其起句"且消停催拍红牙"似【大胜乐】,与本调不叶。

卷二沈伯英《偎情》【四时花】篇尾,墨憨子云:"【四时花】即【四季花】,亦即【金凤钗】,宜以'和风扇柳荡烟'一曲为法,时曲'愁杀闷人天'稍异,不知何本? 决非出知音者之手。末句'奈天远地远山远水远人远',那有此句法? 特好奇者为之耳。词隐不知驳正,而复效颦,何也?"⑤指出时曲【四时花】"愁杀闷人天""非出知音者之手",对于沈璟未能驳正,反而效法,表示不解,认为当以"和风扇柳荡烟"曲为法。

卷三王伯良《酬魏郡穆仲裕内史》【刷子序犯】批语:"'狗屠不见'

---

① 冯梦龙评选、俞为民校点:《太霞新奏》,江苏古籍出版社1993年版,第270页。
② 徐大椿:《乐府传声》,《中国古典戏曲论著集成》(七),中国戏剧出版社1959年版,第180页。
③ 吴梅:《顾曲麈谈》,王卫民编:《吴梅戏曲论文集》,中国戏剧出版社1983年版,第5页。
④ 冯梦龙评选、俞为民校点:《太霞新奏》,第14页。
⑤ 冯梦龙评选、俞为民校点:《太霞新奏》,第25页。

第七章 辑评《太霞新奏》与宣示南曲范式

297

雨阻巫峡'一套,共四曲,每曲尾带【玉芙蓉】一句,其首曲'黛眉懒画'四
字,仍属【刷子序】本调,止宜'仄仄平'三字,而作者衬一'眉'字,遂误后
人不已。唱者既漫然作两头板,而词隐驳之,又误以为此句宜属【玉芙
蓉】。不知【玉芙蓉】乃五字,非四字也。且三曲皆止带一句,而独首曲
多一句,亦无此格。大抵旧时散曲,多率意妄作,必不可轻信。伯良首
曲,亦为泥古所误。谱载二曲,一用'叹古今'三字,一用'但有个'三字,
实一体。而词隐误以为二,余《新谱》有辨。【雁过声】第七句,本该五字
一句,第二字不必韵,谱有二古曲可证。因时曲'空教人易老',偶'教'
'老'二字同韵,后人学之,遂主于押韵,几成二句矣。此亦模仿时曲之
误也。宜以《琵琶记》'闻知饥与荒'为法。五字下二韵,唯【白练序】有
此句法,他曲皆无。"①具体辨析了时曲"云雨阻巫峡"共四曲,每曲尾带
【玉芙蓉】一句,首曲四字,仍属【刷子序】,本调'仄仄平'三字,沈璟加以
驳正,却误以为属于【玉芙蓉】,而王骥德首曲之讹乃"为泥古所误"。沈
伯英《咏美人红裙》【白练序】批语:"【白练序】古体四字起,此三字,亦近
体也。"②指出古体首句当为四字,此三字起句为近体。

卷五王伯良《忆燕姬》【锦缠道】批语:"'倩渔郎'二句不用衬字,甚
古。"③赞其皆正字,甚合古法。

卷六沈伯英《赠外》【梁州序】批语:"'朝云'句仿古七字句法,是正
体。"常楼居《涂雨怀家》【梁州新郎】批语:"'萧萧'上不用衬字,甚高";
"'苍台'句亦仿《琵琶》句法,谱中不妨并列二体。"梁伯龙《酬妓王桂父》
【浣溪沙】批语:"末二句照《琵琶记》,近添作三句,非也。"④或赞其正体、
甚高、不妨并列二体,皆可以为法;或如【浣溪沙】之末二句增添一句,则
认为非其体。

卷七王伯良《赠陈姬》【三换头】批语:"'揣'字用韵,人多不知,伯良

---

① 冯梦龙评选、俞为民校点:《太霞新奏》,江苏古籍出版社1993年版,第29—31页。
② 冯梦龙评选、俞为民校点:《太霞新奏》,第40页。
③ 冯梦龙评选、俞为民校点:《太霞新奏》,第69页。
④ 冯梦龙评选、俞为民校点:《太霞新奏》,第82、83、90页。

真东嘉之知已矣。但结句七字，宜先三后四，今先四后三，犹未脱俗。"①既赞誉王骥德之"揣"字用韵，深得高明《琵琶记》古法，也揭出其结句之先四后三，未能脱俗，与正体有悖。

卷九唐伯虎（墨憨斋改本）《夜思》【下山虎·其二】批语："'整思量''转思量'甚妙。此句原只该六字，旧用七字句，非也。"范夫人《春日书怀》【绵搭絮】批语："正调首只七字一句，第三句只六字，此仿《浣纱记》近习。"②前者指出旧用七字句之误，后者指出所录之作，只是"《浣纱记》近习"，亦非正调。

卷十王伯良《丽情》【簇御林】批语："'更素颈娇堪捧'用六字句法，合调。"董遏周《赠王小史》【簇御林】批语："'前生'句止该六字。"沈伯英《丽情》篇尾墨憨斋主人评云："【莺啼序】首句据伯英词谱，仍七字，而此曲乃用六字起，盖仿陈大声'孤帏一点残灯'句法也。《三籁》谓大声曲实是'孤帏一点将绝灯'七字，非六字。然考《拜月亭》，有【莺集御林春】曲，乃【莺啼序】二句、【集贤宾】三句、【簇御林】一句、【三春柳】二句合成者，起句如'恰才的乱掩胡遮''听说罢姓名家乡'，句法正与'孤帏一点残灯'相近，即少一字，亦宜添在'孤'字之上。若《三籁》'孤帏一点将绝灯'，则与【集贤宾】起句一般，何不直注【集贤宾】五句，而必另注【莺啼序】乎？凡【莺啼序】用七字起者，皆犯【集贤宾】者也。或作换头可耳。因二曲腔调相近，作者多互犯，而又不得真正知音者辨之，其是非颠倒，吾不知所终矣。"③评王骥德【簇御林】用六字句法合调，董遏周【簇御林】"止该六字"；【莺啼序】首句，沈璟曲谱为七字，但此作乃六字，认为其仿陈大声曲句法使然；不认同凌濛初的解释，认为【莺啼序】【集贤宾】二曲腔调相近，作者常常互犯，不曾有知音者为之辨白。

卷十一无名氏（墨憨斋改本）《春思》【大胜乐】批语："首句古调原只六字，首二句必用平声，一字作平用。"龙子犹《代伎赠友》篇尾批语："谱所载末云：'一声声叫得凄凉，愁锁在眉尖上。'本只二句，即《琵琶记》'空争着闲是闲非，祇落得垂双泪'，亦二句也。唱者却增'偏要争闲是

① 冯梦龙评选、俞为民校点：《太霞新奏》，江苏古籍出版社 1993 年版，第 114 页。
② 冯梦龙评选、俞为民校点：《太霞新奏》，第 145、146 页。
③ 冯梦龙评选、俞为民校点：《太霞新奏》，第 153、154、172—173 页。

闲非'句,陋甚。而时曲'只见片片桃花,阵阵杨花'、《浣纱记》'那时节异国飘零,音信难凭'俱用三句,不知何据? 谱分注【寄生子】,而【寄生子】本调竟缺,今从俗三句,终为未安,尚须查正。"①前者注明【大胜乐】首句古调原只六字;后者引《宛转歌》原注,指出结末原本二句,唱者、时曲、《浣纱记》均三句,因"【寄生子】本调竟缺","今从俗三句,终为未安"。

卷十二陈海樵《夜思》篇尾批语:"《琵琶记》此调第四句六字,只一板,又有换头,此调则近体也。"沈子勺《离情》【江儿水】批语:"第二句三字是正体。"龙子犹《青楼怨》【桂花遍南枝】批语:"'有甚'句,句法是正体。"②指出陈海樵此曲之为近体,赞许沈子勺【江儿水】第二句,及其【桂花遍南枝】"有甚"句,皆是正体。

卷十四"仙吕小令"无名氏【香转南枝】批语:"'特故里'句六字句法,亦用【锁南枝】正体。""商调小令"王渼陂【山坡羊】评语:"古【山坡羊】体,首皆三句,自《琵琶》添一句,人皆效之,而遂以此为【山坡里羊】,实非二也。""双调小令"沈青门【锁南枝】评语:"古曲【锁南枝】第四句,俱用六字句法,观《琵琶》《寻亲》等记可见,近用五字句,与【孝顺歌】腔混矣。然【锁南枝】与【孝顺歌】原同调可叶,正不妨并谱为近体也。"③赞赏无名氏曲"特故里"六字句法为【锁南枝】正体;指出古【山坡羊】体,首皆三句,【锁南枝】第四句为六字句法,【锁南枝】【孝顺歌】"原同调可叶","不妨并谱为近体"。

衬字须分辨,如《发凡》中所说:"曲之衬字,歌时抢带,各自有法,皆拈出细书。亦有传讹袭舛,以衬为正者,俱依《墨憨斋新谱》查正。"④如卷三沈伯英《丽情》【刷子序犯】批语:"'问'字乃衬字也,此句法亦为'云雨阻巫峡'曲所误。"卜大荒《闺情》【刷子序犯】批语:"'绣'乃衬字,勿误属下。"王伯良《寄顾姬》【锦缠道】批语:"'恰正是''又做个'皆衬字,本调原只七字句,不分不知。"史叔考《泊舟连河怀清源胡姬》【锦缠道】批

---

① 冯梦龙评选、俞为民校点:《太霞新奏》,江苏古籍出版社 1993 年版,第 179、195 页。

② 冯梦龙评选、俞为民校点:《太霞新奏》,第 202、209、210 页。

③ 冯梦龙评选、俞为民校点:《太霞新奏》,第 251、267、272 页。

④ 冯梦龙评选、俞为民校点:《太霞新奏》,发凡第 2 页。

语:"'我想他'二句衬字太多,夫七字句法之体,亦《红拂记》误之也。"①
卷五龙子犹《拟赠戒指》篇尾批语:"《拜月亭》'绣鞋儿'三字,'鞋'乃衬
字也。"②卷六凌初成《惜别》【梁州新郎·其四换头】批语:"衬字数转,有
味。"梁伯龙《酬妓王桂父》【金莲子】批语:"末二句衬字太多,误人不
浅。"王伯良《闺情》【金莲子】批语:"末句只该五字。"③卷七王伯良《赠燕
市胡姬》【懒画眉】批语:"首句寓何姓,然骤读之似【石榴花】起句,此衬
字之不可轻下也。"④卷十龙子犹《誓妓》【簇御林】批语:"'便相见'句只
该六字,'不似'为衬字,近人作七字句,非也。"⑤卷十四沈伯英【浣溪刘
月莲】篇尾批语:"今'免教这','这'字不用韵,只可作衬字耳。"无名氏
【绵搭絮】评语:"本调首句原该七字,【浣溪沙】添二字,作二句,非体也,
只应作衬字唱耳,第三句亦止该六字。"⑥上述,均就曲中衬字,不仅一一
查正,还指出导致讹误的原因,如"此句法亦为'云雨阻巫峡'曲所误",
"七字句法之体,亦《红拂记》误之"等。

(二)平仄声韵

冯梦龙《太霞新奏·发凡》中云:"《中原音韵》原为北曲而设,若南
韵又当与北稍异,如龙之驴东切,娘之尼姜切,此平韵之不可同于北也;
白之为排,客之为楷,此入韵之不可废于南也。词隐先生发明韵学,尚
未及此,故守韵之士犹谓南曲亦可以入韵代上去之押,而南北声自兹混
矣。《墨憨斋新谱》谓入声在句中可代平,亦可代仄,若用之押韵,仍是
入声。此可谓精微之论。故选中有偶以入声代上去押者,必标曰'借北
韵几字'。"⑦可见,冯梦龙既有别于沈璟的"一遵《中原》",也有别于王骥
德的"南曲之必用南韵",即主张"入声在句中可代平,亦可代仄,若用之
押韵,仍是入声"。

在《太霞新奏》批语中,对此也有专门论及,如卷三沈伯英《书怀》篇

① 冯梦龙评选、俞为民校点:《太霞新奏》,江苏古籍出版社 1993 年版,第 31、32、47、48 页。
② 冯梦龙评选、俞为民校点:《太霞新奏》,第 80 页。
③ 冯梦龙评选、俞为民校点:《太霞新奏》,第 87、91、95 页。
④ 冯梦龙评选、俞为民校点:《太霞新奏》,第 110 页。
⑤ 冯梦龙评选、俞为民校点:《太霞新奏》,第 166 页。
⑥ 冯梦龙评选、俞为民校点:《太霞新奏》,第 265、266 页。
⑦ 冯梦龙评选、俞为民校点:《太霞新奏》,发凡第 2 页。

尾批语:"周德清《中原音韵》原为北曲而作,北无入声,故配入平上去三声之中。若南曲自有入韵,不宜以北字入南腔也。如词隐先生'片时情'一套,以窄、侧叶上,擸叶平,终不可为训。精于律者,自当戒之。"①指出南曲有入声,不能像《中原音韵》那样入派三声,沈璟曲中以入声叶上叶平,不足为训。卷五王伯良《得书》篇尾批语:"伯良尝论《中原音韵》,谓周德清江右人,多土音,所订未确。如江阳之于邦王,齐微之于归回,鱼居之于模吴,真亲之于文门,先天之于鹃元。试细呼之,殊自径庭,皆宜析为二韵。故自定《南词正韵》一书,内有居蓬韵,与鱼模全别。此套用新韵,不犯旧韵一字。词林苦心,千古一人而已。"②称引王骥德主张,认为《中原音韵》多土音,对王骥德该曲"用新韵,不犯旧韵一字",赞赏有加,称其"词林苦心,千古一人"。卷八沈伯英《秋思》篇尾批语:"宋人不讲韵学,唯作诗宗沈韵,其诗馀率皆出入,但取谐音而已。自《中原音韵》既定,北剧奉之唯谨。南音从北而来,调可变而韵不可乱也。"③言简意赅地梳理了宋以后诗学音韵的流变,强调"调可变而韵不可乱"。卷十二王伯良《越王台吊古》篇尾批语:"入声派平上去三韵,在北曲用三声者则然,若南曲仍有四声,自不得借北韵而废入声一韵也。如皆来韵,时曲每以'客''色'等字押上,'额''墨'等字押去,使周郎听之,有不笑为'两头蛮'者乎?伯良此曲,绝不借北韵一字,可以为法。"④批评了时曲乱用入声押上押去,嘲其为"两头蛮",高度评价王骥德该曲"绝不借北韵一字,可以为法"。恰如其《发凡》中所云:"今于调,则唯取字句相配,平仄和谐,偶未尽善,即为标出……使后学知所法戒。"⑤但更多的,还是结合具体作品,评点其声韵得失。

或标举韵严律叶,以为范式。如卷一沈伯英《集杂剧名》注:"庚青韵,因集古,故字多重押。"其中【皂罗袍犯】批语:"'踏雪寻梅'四字正调,近多作平平仄仄矣。"沈伯明《周生别妓赋此纪情》【江儿水】批语:

---

① 冯梦龙评选、俞为民校点:《太霞新奏》,江苏古籍出版社 1993 年版,第 38 页。
② 冯梦龙评选、俞为民校点:《太霞新奏》,第 73 页。
③ 冯梦龙评选、俞为民校点:《太霞新奏》,第 141 页。
④ 冯梦龙评选、俞为民校点:《太霞新奏》,第 205 页。
⑤ 冯梦龙评选、俞为民校点:《太霞新奏》,发凡第 2 页。

"'层叠离愁'用平仄平平,甚叶,是正体。"卜大荒《中秋夜集虎丘四望阁》【上马踢】批语:"'散彩''试上'俱去上,妙甚。"【凉草蛩】批语:"'韵改'去上,'返棹''酒伴'俱去上,俱好。"篇尾批语:"此套唯《拜月亭》有之,韵严调叶,下去上字,皆属苦心。"①或注明"因集古,故字多重押";或赞其平仄"甚叶,是正体",或誉之"妙甚""俱好""韵严调叶"。卷二龙子犹《春思》(改旧曲)篇尾评:"原稿兼真文韵,且调多不叶,此可谓点金手矣。"②旧稿用韵庞杂,"调多不叶",颇以其改稿自得,自谓"点金手"。卷三史叔考《咏红叶》篇尾批语:"韵严律叶,亦近时一作家也。"③评其"韵严律叶"。卷五沈伯英《问月下老》篇尾批语:"支思窄韵,能不犯齐微韵一字,非老手不能。"④窄韵而能不犯韵,确是老手。卷六梁伯龙《酬妓王桂父》题下注:"萧豪韵,重押四字,借北韵一字。"【香遍满】批语:"'俏',笑去声,妙甚。"【浣溪沙】批语:"'高'字、'好'字用韵妙甚,与谱'谁惯经'一曲正合。"【金莲子】批语:"'到'字用韵甚妙。""此方与《拜月亭》'古今愁'一曲相合,时曲'表记留'云云,平仄俱拗口。"⑤指出其重押、借韵,赞其曲句去声、用韵"妙甚"。卷七沈伯英《复欢》【懒画眉】批语:"首四字仄仄平平起,是正体。"【浣溪沙】批语:"'嗟'字、'也'字用韵,妙。"秦复菴《忆情》【玉交枝】批语:"'总'字押得妙。"⑥或赞起句平仄是正体,或赞押韵之妙。卷八卜大荒《春景》【画眉序】批语:"首句用韵最是,《琵琶记》惯于首句偷韵,亦一病也。"王伯良《寄金姬》【啄木儿·其二】批语:"妙在'长''深'二平字。"【三段子】批语:"'笑'字、'是'字、'替'字、'这'字去声发调,妙甚。"⑦或赞首句用韵最是,或赞二平字之妙,或赞去声发调妙甚。卷九祝希哲《咏花间四友》【祝英台·其四换头】批语:"四曲调甚和叶,亦希哲最得意笔也。"⑧赞其调甚和叶,是祝允明最得意之笔。卷十王伯良《寄方姬》【集贤宾】批语:"'对酒''配偶''绪陡',俱去

① 冯梦龙评选、俞为民校点:《太霞新奏》,江苏古籍出版社 1993 年版,第 1、2、11、18、19、19 页。
② 冯梦龙评选、俞为民校点:《太霞新奏》,第 28 页。
③ 冯梦龙评选、俞为民校点:《太霞新奏》,第 45 页。
④ 冯梦龙评选、俞为民校点:《太霞新奏》,第 77 页。
⑤ 冯梦龙评选、俞为民校点:《太霞新奏》,第 90、90、90、91 页。
⑥ 冯梦龙评选、俞为民校点:《太霞新奏》,第 107、107、113 页。
⑦ 冯梦龙评选、俞为民校点:《太霞新奏》,第 132、139、139 页。
⑧ 冯梦龙评选、俞为民校点:《太霞新奏》,第 143 页。

上,'拣尽双眸'仄仄平平,俱妙。"俞君宣《傅灵脩五调》【二郎神】批语:"'在否''素友'俱去上,妙。"【黄莺儿】批语:"'自''暗''愿'三个去声字,妙。'魂'字改平,更叶。"沈伯英《闺情》【二郎神】批语:"'柳分'上去,'暗哂'去上,俱妙。"【集贤宾】批语:"'自忖''未忍''见悯'俱去上,妙。"董遐周《赠王小史》【二郎神】批语:"'水静'上去,'夜领''吊影'去上,俱妙。"【集贤宾】批语:"'愿等'去上,'半'字去声,俱妙。"【黄莺儿】批语:"'负'字去声,'就死'去上,妙。"①或赞曲句平仄之妙,或自许改后更叶。卷十一沈伯明《赠月来》【字字锦】批语:"'送彩''奏管''断楚''浪卷''盼想'俱去上,俱妙。"篇尾批语曰:"此仿'群芳绽锦鲜'一套作,音调俱极和协。"②赞其平仄音调和协。卷十二沈伯英(墨憨斋改)《秋思》【步步娇】批语:"【步步娇】首句第三、四字俱平,甚叶。"龙子犹《青楼怨》【步步娇】批语:"'秋风'平平,'置在何所'去去平上,叶甚。"龙子犹《长恨曲》【江儿水】批语:"'树树红迷'用仄仄平平是,第四句正体。"③卜大荒《山居清况》【步步娇】批语:"用平仄字俱叶甚。"【好姐姐】批语:"'暂启棘扉','棘'字作平,妙叶。"赞其平仄叶甚,是正体。

或揭出韵调欠叶,以之为戒。如卷一无名氏《咏柳》篇尾批语:"押脚借支思韵,二字(案:时、翅)前人往往以支思与齐微通用,终非正法。至【尾声】犯'雨'字,大减声价。"陈荩卿《中秋咏桂寿皮觉华》篇尾批语:"【八声甘州】第六句,以《荆钗记》'平生颇读书几行''微名幸登龙虎榜'为正。'行''榜'用韵,'几'字、'虎'字仄声,方叶。《琵琶记》'高堂已添双鬓雪'四曲,俱不用韵,然第六字必用仄,盖韵可偷,而调必不可改也。近来作者都不解此,《墨憨斋新定词谱》已辨之详矣。"秦复菴《暮春初会少华于谯词以纪之》【尾声】批语:"'谢'字犯车遮韵,宜借作嗟诈切。"④分别指出无名氏《咏柳》曲押脚借韵之"终非正法","【尾声】犯'雨'字"之"大减声价";陈荩卿曲中【八声甘州】一只第六句连用平声欠叶,第六字必用仄声方叶,"韵可偷,而调必不可改";秦复菴曲"'谢'字犯车遮

---

① 冯梦龙评选、俞为民校点:《太霞新奏》,江苏古籍出版社1993年版,第147、150、151、152、152、154、154页。
② 冯梦龙评选、俞为民校点:《太霞新奏》,第174—175页。
③ 冯梦龙评选、俞为民校点:《太霞新奏》,第205、210、214、221页。
④ 冯梦龙评选、俞为民校点:《太霞新奏》,第6、8、15页。

韵"。卷三史叔考《泊舟连河怀清源胡姬》注："先天韵,重押三字,借一字。"【锦缠道】批语："'眼'字借寒山韵,或欲改'连'字,又不妙矣。"①指出其借韵,及不可改"连"。卷五沈伯英《问月下老》【古轮台】批语："一曲中用二'时'字,少检。"②曲中有"问当时""从古来难遇其时","时"字重用,谓之"少检"。卷六王伯良《春怀》注："谱李玉【贺新郎】诗馀,庚青韵,不重押。"【梁州序】批语："'枕'字原不必韵,非借也。"篇尾批语："据'家私送等'及'风敲竹径',首句原该用韵。其不用韵,自'新篁池阁'始。《琵琶记》多有省韵处,如【画眉序】首句、【解三酲】第五句,失韵,皆其作俑,不可学也。伯良用'枕'字,疑于借矣。此等尤误后学,特为疏出。"③认为其"春慵玉枕"之"'枕'字原不必韵",无需借韵;后之首句应该用韵;《琵琶记》多有省韵之处,尤误后学,不足为法。沈伯英《赠外》注："皆来韵,四字重押。"篇尾批语："原稿尚有【尾声】云:'非是种情偏重色,爱杀你知音的俊才,那更高歌堪畅怀。''色'叶'洒',既借北韵,而语弱味淡,使全篇无色。墨憨斋定本去之,良是。"④原稿有【尾声】,"既借北韵,而语弱味淡,使全篇无色",因而删去。顾道行《闺怨》【香遍满】批语："'休'字换仄声方叶。"【秋夜月】批语："'在牖'旧作'一勾',欠叶。"【金莲子】批语："'还自羞'宜改仄平平,'间'字宜仄,'如仇'二字俱该仄,《三籁》评此胜'表记留'一曲,不知何取。"⑤改其欠叶处,并质疑凌濛初《南音三籁》之评价。凌初成《伤逝》【香遍满】批语："'无'字换仄声乃叶。"【浣溪沙】批语："'窟'以入声借作平押,不可用北韵叶苦。"【金莲子】批语："'有计无'新本改'待如初',欲叶古调,然不成句矣。"⑥指出"无"字换仄声,"窟"字作入声乃叶;对有人"欲叶古调"而改"有计无"为"待如初",则认为其"不成句矣",可见其意趣声律不可偏废的思想。沈伯英《思情》【香遍满】批语："'娃'字换仄声方叶。'君''妾''咱''他'四字稍混。"【懒画眉】批语："【懒画眉】首句仿《琵琶记》'强对南薰',用仄

① 冯梦龙评选、俞为民校点:《太霞新奏》,江苏古籍出版社1993年版,第48页。
② 冯梦龙评选、俞为民校点:《太霞新奏》,第76页。
③ 冯梦龙评选、俞为民校点:《太霞新奏》,第81—82页。
④ 冯梦龙评选、俞为民校点:《太霞新奏》,第82—83页。
⑤ 冯梦龙评选、俞为民校点:《太霞新奏》,第92—93页。
⑥ 冯梦龙评选、俞为民校点:《太霞新奏》,第95—96页。

仄平平是正格。"①指出"娃"换仄声方叶，"君""妾""咱""他"四字稍混。沈君善《君善自题祝发小像》【三换头】批语："'似'字脱韵，'锉'字脱韵。"②指出脱韵。卷七王伯良《赠陈姬》【太师引】批语："'些儿打乖'是又一体，然不如平平仄仄便唱。"【三换头】批语："'揣'字用韵，人多不知，伯良真东嘉之知己矣。"③前者虽又一体，如平平仄仄便唱；后者指出世人多所疏忽，并赞王骥德之过人处。卷八祝希哲《咏张敞画眉事》【女子上阳台引】批语："'娇'字用韵是，《琵琶记》【女冠子】四句不韵，不可为法。"④指出《琵琶记》【女冠子】四句不韵"不足为法。卷九唐伯虎（墨憨斋改本）《夜思》【亭前柳】批语："旧云'冷似铁泪点儿都渐成血'，欠叶。"【其二】批语："旧云'听得门前羯鼓报，又是不归也'，调欠叶。"【皂罗袍·其二】批语："'细雨'旧作'雨声'，不叶。"【下山虎】批语："'带'旧作'鸳'，'一任他'旧无'一'字，未叶，"或作'整整'，非。'向'字不必韵，'跌'字必该韵。旧云'女伴中不敢说，待掷金钱暗卜，犹惧他人来露泄'，欠叶。"⑤指出旧作原不叶处，以及"不必韵""必该韵"处。卷十沈子勺《闺情》篇尾批语："此套……翻北曲，故每借北韵，然非南曲之体也。"指出其乃翻北曲之作，非南曲之体。卷十一沈伯英《相思曲》篇尾批语："险韵长篇，能不旁借足矣。或嫌其多套语，然此出元人北词，人偷杜句，非杜句偷人也。"⑥肯定其险韵长篇能不借韵，指出其套语本自元曲。卷十二沈伯英（墨憨斋改）《秋思》【忒忒令】批语："'缠绕'旧作'凑泊'，是【园林好】腔矣"，"'寒峭'旧作'尤薄'，落韵。"【沉醉东风】批语："'厮叫'旧作'提着'，落韵。"⑦指出旧作原有落韵等。卜大荒《离恨》【锦衣香】批语："'闪杀桂英'句换平平平仄方叶。"⑧无名氏（墨憨斋改）《思情》篇尾批语："元本【川拨棹】二曲，此下又有【五供养】一曲，【侥侥令】亦二

---

① 冯梦龙评选、俞为民校点：《太霞新奏》，江苏古籍出版社 1993 年版，第 97 页。

② 冯梦龙评选、俞为民校点：《太霞新奏》，第 100 页。

③ 冯梦龙评选、俞为民校点：《太霞新奏》，第 114 页。

④ 冯梦龙评选、俞为民校点：《太霞新奏》，第 135 页。

⑤ 冯梦龙评选、俞为民校点：《太霞新奏》，第 144—145 页。

⑥ 冯梦龙评选、俞为民校点：《太霞新奏》，第 177 页。

⑦ 冯梦龙评选、俞为民校点：《太霞新奏》，第 206 页。

⑧ 冯梦龙评选、俞为民校点：《太霞新奏》，第 208 页。

曲,多失韵落调,词亦不佳,墨憨斋删去,最是。"①卷十三沈伯明《偶题》篇尾批语:"【醉扶归】首二句第二字俱该平,第四句俱该仄,因'著'字、'杀'字入声,可作平,亦可作仄,故不妨叠用。此仿陈大声'冷落冷落秋千架''谢却谢却海棠花'句法也。若不知而学步,比如'小姐小姐''君瑞君瑞'不叶甚矣。"②删去原"失韵落调,词亦不佳"曲句,追本溯源,戒后人无知学步。

(三)讲究尾声

王骥德《曲律》专设《论尾声》,有云:"尾声以结束一篇之曲,须是愈着精神,末句更得一极俊语收之,方妙。凡北曲煞尾,定佳。作南曲者,只是潦草收场,徒取完局,所以戏曲中绝无佳者,以不知此窍故耳。"③对于尾声,冯梦龙也高度重视,其卷五龙子犹《送友访妓》【尾声】批语云:"方诸生论尾声,以词意俱不尽为上,如此结句,足以当之。"④卷六沈伯英《赠外》篇尾批语云:"原稿尚有【尾声】云……既借北韵,而语弱味淡,使全篇无色。墨憨斋定本去之,良是。盖一调连用数曲,原可不用尾也。"⑤冯梦龙赞同王骥德关于【尾声】的见解,其删去沈璟《赠外》【尾声】,即因其"既借北韵,而语弱味淡",而"一调连用数曲,原可不用尾"。

选本中相关批语颇多,如卷一沈伯英《集杂剧名》【尾声】批语:"结亦韵致。"无名氏《训妓》(墨憨斋改本)篇后评语:"旧刻【解三醒】其二便用妓答,欠妙。今只用作尾,法老而有馀韵,词比旧刻亦雅净可观。此墨憨斋改本也。"⑥前者赞沈伯英曲作【尾声】有韵致,后者说明其对于无名氏《训妓》的改订及其修改原因。卷二沈伯英《复合》【尾声】批语:"住句悠然,具不俗。"⑦此赞其馀味无穷,悠然不俗。卷三沈伯英《丽情》【尾声】批语:"结妙。"⑧卷五高深甫《雪天闺怨》【尾声】批语:"'且看他'三字

---

① 冯梦龙评选、俞为民校点:《太霞新奏》,江苏古籍出版社1993年版,第229页。
② 冯梦龙评选、俞为民校点:《太霞新奏》,第240页。
③ 王骥德:《曲律》,《中国古典戏曲论著集成》(四),中国戏剧出版社1959年版,第139页。
④ 冯梦龙评选、俞为民校点:《太霞新奏》,第61页。
⑤ 冯梦龙评选、俞为民校点:《太霞新奏》,第83页。
⑥ 冯梦龙评选、俞为民校点:《太霞新奏》,第3、7页。
⑦ 冯梦龙评选、俞为民校点:《太霞新奏》,第26页。
⑧ 冯梦龙评选、俞为民校点:《太霞新奏》,第31页。

有馀味。"王伯良《得书》【尾声】批语:"用成句作结,甚妙,然非甚贴切耳不可。"①赞【尾声】之妙、有馀味,并指出以成句作结,当十分贴切方可。沈伯英《问月下老》【尾声】批语:"结亦弱,词隐先生多犯此病。"②指出沈璟曲作中【尾声】所存在通病。卷七王伯良《赠燕市胡姬》【尾声】批语:"结得风骚。"沈子勺《见美人晒鞋》【尾声】批语:"情语。"沈伯英《题情》篇尾批语:"词隐于【尾声】多不着意,亦是一病。"龙子犹(改史叔考作)《春闺》【尾声】批语:"旧云作'啸歌'便无味,歌以当泣胜于泣也。"③赞【尾声】风骚、情语、"歌以当泣胜于泣",并再次指出沈璟曲【尾声】之病。卷十俞君宣《傅灵脩五调》【尾声】批语:"一结入套,可恨。"④卷十二卜大荒《离恨》【尾声】批语:"结新俏。"卜大荒《山居清况》【尾声】批语:"结语占地步。"⑤批评俞君宣之套路可恨,赞卜大荒【尾声】新俏、占地步。其结合曲作的相关批语,更具体说明了他关于散曲【尾声】的见解。

(四)按谱定板

王骥德《曲律·论板眼第十一》有云:"盖凡曲,句有长短,字有多寡,调有紧慢,一视板以为节制,故谓之'板''眼'。初启声即下者,为'实板',又曰'劈头板'(遇紧调,随字即下,细调亦俟声出,徐徐而下);字半下者为'掣板',亦曰'枵板'(盖'腰板'之误);声尽而下者为'截板',亦曰'底板';场上前一人唱前调末一板,与后一人唱次调初一板齐下为'合板'。其板先于曲者,病曰'促板';板后于曲者,病曰'滞板'……(词隐)其所点板《南词韵选》,及《唱曲当知》《南九宫谱》,皆古人程法所在,当慎遵守。"⑥王骥德认为,曲调以板为节制,故称之板眼;板有实板、掣板、截板、合板之分,其病有促板、滞板,此类情况,沈璟曲论著作已有说明,是皆"古人程法","当慎遵守"。

《太霞新奏·发凡》中亦云:"坊刻时曲,腔板讹传,妍媸不辨。兹刻

---

① 冯梦龙评选、俞为民校点:《太霞新奏》,江苏古籍出版社1993年版,第64、73页。
② 冯梦龙评选、俞为民校点:《太霞新奏》,第77页。
③ 冯梦龙评选、俞为民校点:《太霞新奏》,第110、111、118、121页。
④ 冯梦龙评选、俞为民校点:《太霞新奏》,第151页。
⑤ 冯梦龙评选、俞为民校点:《太霞新奏》,第208、222页。
⑥ 王骥德:《曲律》,《中国古典戏曲论著集成》(四),中国戏剧出版社1959年版,第118页。

按谱定板，复细加批阅，使歌者可以审腔，作者有所取法。"①不仅是因为其辑评《太霞新奏》乃大众读物，方便读者、歌者，还在于曲为乐府，其音乐文学之文体乐体特质属性使然。

　　如卷三王伯良《寄顾姬》【古轮台】批语："'依然'二句从周梦仙腔点板也，旧腔'依'字、'手'字、'阻'字正板，'白'字腰板，后仿此。"②卷五龙子犹《拟赠戒指》篇尾批语，引《墨憨斋新谱》云："《拜月亭》'绣鞋儿'三字，'鞋'字乃衬字也，板仍该点在'儿'字上，而下用截板。时俗于'绣'字上添腰板，姑两存，以俟知音者。"③卷六王伯良《春怀》批语："既仿近体，则'酒'字一板必不可少。"篇尾批语曰："词隐先生于《琵琶记》必欲去'也'字一板，近固矣。"梁伯龙《酬妓王桂父》【香遍满】批语："'一团都是俏'照《琵琶记》'你只索阐阓'，板宜点'是'字上。"顾道行《闺怨》【香遍满】批语："板在'未'字，勿误。"王伯良《闺情》【香遍满】批语："'断'字一板不可移'头'字上。"凌初成《伤逝》【香遍满】批语："板在'已'字上，无误。"沈君善《君善自题祝发小像》【三换头】批语："末句或于'作'字点板，非。"王伯良《都门赠田姬》【王学士】批语："'我自'勿加截板。"④卷八沈伯英《春恨》【赏宫花】批语："'断'字或用掣板亦可。"⑤卷十二沈伯英（墨憨斋改）《秋思》【步步娇】批语："'离'字一板，优人多移于'恨'字上，决不可从。"沈子勺《离情》【五供养】批语："【五供养】本调末七字句第四字腰板，此用截板，岂所云死腔活板耶？若比《琵琶记》则又少二字矣。"龙子犹《青楼怨》【三学士】批语："'雁'字下决不可用截板。"沈伯英《思情》篇尾批语："【江头金桂】末五句，正用【桂枝香】末五句，《琵琶记》'笑伊家短行'，'笑'乃衬字，而'伊'字、'行'字，该两头用板，时人误加板于'短'字上，又重唱一句。词隐惑之，遂谓高则诚减中间一句，此理之不可通者。《琵琶记》'行'字、'景'字，虽借韵，然不敢不下韵也。词隐作此曲用'问西河地主'句，'主'字不叶本韵，则不得不于'地'字下板矣。

① 冯梦龙评选、俞为民校点：《太霞新奏》，江苏古籍出版社1993年版，发凡第2页。
② 冯梦龙评选、俞为民校点：《太霞新奏》，第47页。
③ 冯梦龙评选、俞为民校点：《太霞新奏》，第80页。
④ 冯梦龙评选、俞为民校点：《太霞新奏》，第81—82、90、92、93、95、100、105页。
⑤ 冯梦龙评选、俞为民校点：《太霞新奏》，第140页。

高明者精详之。"①卷十四沈伯英【浣溪刘月莲】篇尾批语:"【金莲子】,据《拜月亭》'军马骤,人闹语稠','骤'字用韵,一正板,一截板。"②结合具体曲子,标注其板眼情况。

上述,句法字节、平仄声韵、尾声、板眼,散曲作为音乐文学之大端,聊备于此,也是冯梦龙对于散曲文体的基本观点。其分别加以讨论例说,不仅体现了他的散曲尊体观,也为散曲创作健康发展,确立了具体可见的范式,做出了有益的规范。

## 三、文词与声律

沈璟【二郎神】论曲:"名为乐府,须教合律依腔。宁使时人不鉴赏,无使人挠喉捩嗓。"③王骥德《曲律》卷四《杂论下》,谈及沈璟与汤显祖之争,有云:"临川之于吴江,故自冰炭。吴江守法,斤斤三尺,不欲令一字乖律,而毫锋殊拙;临川尚趣,直是横行,组织之工,几与天孙争巧,而屈曲聱牙,多令歌者龉舌。吴江尝谓:'宁协律而不工。读之不成句,而讴之始协,是为中之之巧。'曾为临川改易《还魂》字句之不协者,吕吏部玉绳(郁蓝生尊人)以致临川,临川不怿,复书吏部曰:'彼恶知曲意哉!余意所至,不妨拗折天下人嗓子。'其志趣不同如此。郁蓝生谓临川近狂,而吴江近狷,信然哉!"④吕天成的评价见其《曲品》卷上,有云:"此二公者,懒作一代之诗豪,竟成千秋之词匠,盖震泽所涵秀而彭蠡所毓精者也。吾友方诸生曰:'松陵具词法而让词致,临川妙词情而越词检。'善夫,可为定品矣!……予谓二公譬如狂狷,天壤间应有此两项人物。不有光禄,词硎弗新;不有奉常,词髓孰抉?傥能守词隐先生之矩镬,而运以清远道人之才情,岂非合之双美者乎?"⑤孔子曰:"不得中行而与之,必也狂狷乎!狂者进取,狷者有所不为也。"⑥狂者激进,狷者拘谨,由此可以看出吕天成、王骥德对于沈璟、

① 冯梦龙评选,俞为民校点:《太霞新奏》,江苏古籍出版社1993年版,第205、209、212、233页。
② 冯梦龙评选,俞为民校点:《太霞新奏》,第264页。
③ 冯梦龙评选,俞为民校点:《太霞新奏》,序第1页。
④ 王骥德:《曲律》,《中国古典戏曲论著集成》(四),中国戏剧出版社1959年版,第165页。
⑤ 吕天成撰,吴书荫校注:《曲品》,中华书局2006年版,第37页。
⑥ 杨伯峻:《论语译注》,中华书局1980年版,第141页。

汤显祖之争的具体态度。

冯梦龙在这一问题上的看法,与王骥德、吕天成庶几相近。《太霞新奏》卷三卜大荒《闺情》篇尾批语曰:"大荒奉词隐先生衣钵甚谨,往往绌词就律,故琢句每多生涩之病。其谱北词为南却胜。"①对于卜大荒之"绌词就律",称其"琢句每多生涩之病",褒贬态度显然。而对于富有词彩而有乖声律者,也并不肯认同,如卷一史叔考《旅思》篇尾批语云:"叔考所著词名《齿雪馀香》,每篇多秀句,恨于律法尚未深考,故不能多选。"②

《太霞新奏》批语中,涉及此一问题者颇多,足见冯梦龙的重视。如卷一秦复菴《暮春初会少华于谯词以纪之》篇尾批语:"法律未必尽纯,而铺叙丽情,俱真色动人,大有《北西厢》风味。自是古作家,非近日后学可及。……秦大夫,亳州人。最工情语,然每带北路【粉红莲】腔。然北之【粉红莲】,南之【挂枝词】,其佳者,语多真至,政自难得。彼以腐套填塞为词者,视此何如?"③其选录前辈作家秦复菴之作,看重的是其"铺叙丽情,俱真色动人",但对于其"法律未必尽纯",则首先点出,见其未臻最佳。卷三王伯良《寄中都赵姬》篇尾批语曰:"雅艳不减《西厢》,其叶律处,真是熟能生巧。"王伯良《席上为田姬赋得鞋杯》篇尾批语:"律调既娴,而才情足以配之。字字文采,却又字字本色,此方诸馆乐府,所以不可及也。"史叔考《泊舟连河怀清源胡姬》【古轮台】批语曰:"旧云'笑歌声浅,孤篷里有客羁栖',固谬,《词纪》改云'全不管羁栖客在孤篷里,他兀自笑歌声浅',律虽叶,而意转欠通。此依墨憨改本。"篇尾批语:"通篇清婉,调复和协。此史叔考得意笔。《三籁》谓起处甚陡,馀不称。毋乃太刻乎?"陆包山(墨憨斋改本)《闺怨》篇尾批语:"世所传李日华《西厢记》,有【渔灯儿】一套,盖即王实甫北词,而被之南声者。……第其词音调凄惋,人喜歌之。……而词亦流利,恨兼用齐微、支思二韵。后见墨憨斋改本,悉去借韵,复调平仄,毫不戾嗓。洵可快也,亟为传

① 冯梦龙评选、俞为民校点:《太霞新奏》,江苏古籍出版社 1993 年版,第 33 页。
② 冯梦龙评选、俞为民校点:《太霞新奏》,第 23 页。
③ 冯梦龙评选、俞为民校点:《太霞新奏》,第 15 页。

之。"①上述,盛赞王骥德诸作雅艳叶律、文采本色;史叔考该作,"通篇清婉,调复和协",但其原作,有"固谬"之处,《词纪》所改,亦"律虽叶,而意转欠通";陆包山以南音谱《西厢》,原作"词亦流利",惜有借韵,冯梦龙改本,"悉去借韵,复调平仄",意调双美。卷六常楼居《途雨怀家》篇尾批语:"韵严调协,而文采亦斐然。此等古曲,尽是难得,不知何以埋没不传也。"顾道行《闺怨》篇尾批语:"中多俊语,但押三'瘦'字、六'头'字,何字之贫也?"②前者盛赞常楼居该曲之韵严调协、文采亦斐然;后者于顾道行《闺怨》,肯定其"中多俊语",也批评其语言贫乏,多有重字。卷十高瑞南(墨憨斋改本)《代伎谢双送别瀑泉王孙》篇尾批语:"全套俱朗秀,用韵亦帖。【莺啼序】原稿第三、四句云:'佃心头般般是恩,愁日后椿椿成恨。'语颇佳,因不叶之甚,故改。先辈云:'宁诎词以伸调,勿抑调以就词。'世之知音,必有笑予点金成铁者矣。"③原稿"语颇佳"而"不叶之甚",经冯梦龙改订,则"全套俱朗秀,用韵亦帖"。引用沈璟论曲名句,亦可见其对于韵调要求之严。卷十二龙子犹(改俞君宣)《别思》篇尾批语:"君宣料,子犹调,合之双美。"④有吕天成所谓沈、汤"合之双美"之比,此亦冯梦龙论曲之最高追求。

曲家论曲,每谈及本色当行。《太霞新奏序》中论及曲坛流弊,有云:"当行也,语或近于学究;本色也,腔或近于打油。"⑤将此与《太霞新奏》卷十二沈子勺《离情》篇尾批语:"词家有当行、本色二种,当行者,组织藻绘而不涉于诗赋;本色者,常谈口语而不涉于粗俗。若子勺"别凤离鸾"一套,可谓当行矣。"⑥彼此相互发明,不难见出其所谓"当行",即组织文词,而无诗赋之典故堆砌;所谓"本色",即语言通俗晓畅,而能够避免打油。

具体看一下为冯梦龙高度认同的"当行"之作,沈子勺《离情》【步

---

① 冯梦龙评选、俞为民校点:《太霞新奏》,江苏古籍出版社 1993 年版,第 34、44、48—49、51 页。
② 冯梦龙评选、俞为民校点:《太霞新奏》,第 85、93 页。
③ 冯梦龙评选、俞为民校点:《太霞新奏》,第 151 页。
④ 冯梦龙评选、俞为民校点:《太霞新奏》,第 125 页。
⑤ 冯梦龙评选、俞为民校点:《太霞新奏》,序第 1 页。
⑥ 冯梦龙评选、俞为民校点:《太霞新奏》,第 210 页。

步娇】：

> 别凤离鸾惊时变，新景添新怨。雕窗袅篆烟，青琐虚凉，翠幄空展。却忆俏婵娟，酬不了当初愿。[1]

别凤离鸾、雕窗篆烟、青琐、翠幄、婵娟云云，固不乏语典事典，然多为人熟知能详，并未影响及语意表达，也未成为阅读障碍，故可谓之"当行"。

其所盛赞的"如此曲便是本色妙品，何必堆金沥粉"者，如卷二沈伯英《偎情》【水红花】：

> 想应前世负亏伊，得便宜，今生偿抵。劝伊从此发慈悲，莫穷追。他生重会，免使得如咱今日。看簷下雨淋漓，点点滴滴不差池也啰。[2]

语语家常，又句句提炼，的是文学书面语言，而不复生活中俚语俗言，故可谓之"本色"。

冯梦龙自鸣得意之作，篇尾引幔亭主人评曰"此套散曲绝无，选调既新美，下字又稳叶，词复兼当行本色之妙，信可传也"[3]，如卷五《拟赠戒指》（录三只）：

> 【粉孩儿】普天下害相思犹恨少，算鸳鸯会上只我两人先到。这恩情似酒和密调，剁不开酽添酽膠。待学他解珮留情，将何物相赠才好？
>
> 【红芍药】重重想，想了几个昏朝。尽妆奁翻倒周遭，但锦绣珍珠任郎要。算不得记心之表，端详表记儿表奴情分高。要才郎记奴在怀抱，费奴心万遍踌躇也，只图百岁偕老。
>
> 【大影戏】抹脸呵，将你容颜拂照，抓痒呵，似奴手亲抑搔，下棋呵，叮当的子同敲。抚瑶琴遍把丝弦绕，品玉箫按伊腔调。就拢着

---

① 冯梦龙评选、俞为民校点：《太霞新奏》，江苏古籍出版社 1993 年版，第 208 页。

② 冯梦龙评选、俞为民校点：《太霞新奏》，第 25 页。

③ 冯梦龙评选、俞为民校点：《太霞新奏》，第 80 页。

两袖，暗暗的也摸过千遭。被里温存，贴肉相交。①

该曲既有诸多生活语言的提炼，如"这恩情似酒和密调，剁不开酽添酿胶""抹脸""抓痒""下棋"，也有"鸳鸯会""解珮留情""瑶琴""玉箫"等熟典的运用，故谓之"兼当行本色之妙"。

卷十沈伯英《男思情》，被冯梦龙誉为"本色当行，至此极矣"，细加品味，有助于进一步理解冯梦龙所谓"本色当行"的具体所指：

【集贤宾】彩云收凤台秋露冷，奈人隔蓬瀛。想当初作耍持杯说送行，怎知他真个登程？我从来眼硬，今日里伤情悲哽。不见影，空闲了绣幌银屏。

【其二】常言乐极悲自生，最苦是离情。瘦怯怯身躯温着又冷，虚飘飘幽梦难成。孤眠易醒，怎捱得香消人静？愁夜永，敢是误樵楼再打三更？

【黄莺儿】明月悄无声，唤奚奴又不肯应。窗前只伴梧桐影，谁家凤笙？谁行锦筝？断肠声不管人愁听。待把画楼凭，谁想愁先在彼，等待我上愁城。

【其二】想他倾国又倾城，笑和颦百媚生。等闲不敢穿花径，羞得那海棠乍惊。芙蓉避影，牡丹敢把天香竞。我好似掌中擎，烧香供养，说话敢高声？

【簇御林】把他恩和义，几度评，万分儿，情不轻，果是前生魂魄今生命。从去后无馀兴，纵有玉娉婷，莺招燕请，只是不留情。

【其三】相思病，日渐增，镇终朝，珠泪盈，离愁闪得人孤另。若诉于天公听，道我瘦伶仃，便因他病死，有甚不相应？

【尾声】有一日云归楚岫重欢庆，紧紧地将他搂定，把我满腹离情在他耳内倾。②

---

① 冯梦龙评选、俞为民校点：《太霞新奏》，江苏古籍出版社 1993 年版，第 78—79 页。
② 冯梦龙评选、俞为民校点：《太霞新奏》，第 163—164 页。

此等评语甚多,如卷五王伯良《吊方姬》【摊破地锦花】批语:"此等本色语,逼真元人声口。"①卷八卜大荒《春景》篇尾墨憨斋评云:"春辞须芳华灿烂,即点染正不失当行。"②卷十二秦复菴《雪夜忆雪仙》【皂罗袍】批语:"本色语,不害当行。"③

　　综上所述可知,冯梦龙十分重视声律,其对于文辞才情,同样有着一种抑制不住的欣赏。如卷一无名氏《咏柳》【八声甘州】篇尾批语:"首曲全妙,以下恨才短,不能开展。屡用行人别离等句,未免重复。"④击赏其首曲,又惋惜其"才短,不能开展"。秦复菴《暮春初会少华于谯词以纪之》篇尾批语:"秦大夫,亳州人。最工情语……语多真至,政自难得。彼以腐套填塞为词者,视此何如?"⑤赏其"最工情语""语多真至"。王伯良《拟刘采春寄元微之》篇尾批语:"通篇婉丽,不愧采春代笔。"⑥卷三沈伯英《丽情》【普天乐犯】批语:"词俱婉媚可喜。"沈伯英《咏美人红裙》【醉太平】批语:"数语妙绝。'早惊觑又无音耗'才是红裙,不可移动,却又含蓄不露,咏物宜以此为法。"沈子勺《离情》篇尾批语:"无字不俊。"⑦卷五卜大荒《拟元弟钱明妃》篇尾批语:"'累娘行'前段光景绝似,但'怕銮舆'以下未妙。'寒蛩泣露,冷晕惹纱窗',是寻常人相思语,入元帝口中,便觉猥琐。"沈伯英《问月下老》篇尾批语:"《问月下老》题目好,全套俱本色流利。支思窄韵,能不犯齐微韵一字,非老手不能。"⑧卷七龙子犹《怨离词》篇尾静啸斋评云:"如此曲,直是至情迫出,绝无一相思套语。至今读之,犹可令人下泪。"沈伯英《题情》评云:"全套皆俊语淋漓,真作手也。一时词人攘臂者宜缩项退矣。"周献王《四时赏玩》【楚江情】批语:"四曲无一点寒酸之气,信是锦衣玉食声口。"⑨卷十王伯良《寄方

① 冯梦龙评选、俞为民校点:《太霞新奏》,江苏古籍出版社 1993 年版,第 75 页。
② 冯梦龙评选、俞为民校点:《太霞新奏》,第 134 页。
③ 冯梦龙评选、俞为民校点:《太霞新奏》,第 222 页。
④ 冯梦龙评选、俞为民校点:《太霞新奏》,第 6 页。
⑤ 冯梦龙评选、俞为民校点:《太霞新奏》,第 15 页。
⑥ 冯梦龙评选、俞为民校点:《太霞新奏》,第 22 页。
⑦ 冯梦龙评选、俞为民校点:《太霞新奏》,第 32、40、46 页。
⑧ 冯梦龙评选、俞为民校点:《太霞新奏》,第 62、77 页。
⑨ 冯梦龙评选、俞为民校点:《太霞新奏》,第 116、116、130 页。

姬》篇尾批语:"伯良之词,由烂熟中来,故水到渠成,瓜熟蒂脱。手口和调处,自有一种秀色,不以小家子,以字句争奇已也。"沈子勺《宫词》【簇林莺】批语:"宫怨与常闺不同,须此等丽语方肖。"方氏(墨憨斋改本)《秋闺晓思》【集贤宾】批语:"'还自悔'二句涉套,且出入夫人口中,稍不肖。"①卷十一沈伯英《丽情》篇尾批语:"伯英自谓生平不能作情语,此曲又何亹亹也?"龙子犹《端二忆别》篇尾评云:"句句是端二,句句是周年,而一段真情郁勃,绝不见使事之迹,是白描高手。"王无功《咏庠水妇》篇尾评云:"情景亦略尽,但'鞋弓'不切,不如用唐诗'素足'句也。'縠纹捲破'亦当改,未有绮縠而庠水者。无功才甚捷,词多率意而成,此其最推敲之作也。"②卷十二卜大荒《山居清况》【醉扶归】批语:"清雅。"沈伯英《告杜鹃》篇尾批语:"通篇新警。"龙子犹《赠童子居福缘》篇尾批语:"中多俊句。"③

## 四、叙事之章法

王骥德《曲律》卷二《论章法》有云:"作曲,犹造宫室者然。……作曲者,亦必先分段数,以何意起,何意接,何意作中段敷衍,何意作后段收煞,整整在目,而后可施结撰。此法,从古之为文、为辞赋、为歌诗者皆然;于曲,则在剧戏,其事头原有步骤;作套数曲,遂绝不闻有知此窍者,只漫然随调,逐句凑泊,掇拾为之,非不闻得一二好语,颠倒零碎,终是不成格局。"④认为作曲亦如建造宫室,既要全局在胸,有总体立意,也要分成数段,考虑如何开篇,如何衔接,中段如何敷衍,结局如何收煞,也即作品的叙事章法问题。

《太霞新奏》选曲批点,于此多有关注,并结合作品,做了更具体的阐说。其赞赏者,如卷一沈伯英《集杂剧名》篇尾评语:"凡集曲名、牌名、花名、药名作词,须以己意熔化点缀,不露痕迹,方为作手,最忌牵强

---

① 冯梦龙评选、俞为民校点:《太霞新奏》,江苏古籍出版社 1993 年版,第 148、161、168 页。

② 冯梦龙评选、俞为民校点:《太霞新奏》,第 180、193、196 页。

③ 冯梦龙评选、俞为民校点:《太霞新奏》,第 221、230 页。

④ 王骥德:《曲律》,《中国古典戏曲论著集成》(四),中国戏剧出版社 1959 年版,第 123 页。

生拗。此集杂剧较易组织,然长套如此浑成,亦不易得。"①论述了散曲集曲,须以己意统摄,不露痕迹,并对沈璟此作,给予了高度评价,认为虽然集杂剧之组织稍易,然如此浑成,则不易得。卷三王伯良《别友》篇尾批语:"先说一生行踪无定,次叙及再到都门,与诸友相叙之乐,次及再别,而以别后相思束之。文之最有家数者。"②具体分析了各段意涵,赞其乃"文之最有家数者"。沈伯英《咏美人红裈》:"又咏物亦有次第,如此套咏红裈,先曰含苞,次及潮动,方及才郎调笑之语。他咏用事,未免错杂重复,虽有一二俊语,难称作者。"③不同于其他咏物之曲的不免"错杂重复"比较,赞扬了沈璟此曲咏物之次第有序。王伯良《丽情》批语:"'我爱你''你为我''你曾说''知道你''那知我'几个虚字安排,是他行文间架妙处。"④对于其数曲分别以此等词语领起,颇为欣赏,赞其是作者"行文间架妙处"。卷五龙子犹《拟赠戒指》篇尾批语:"先叙谋赠之意,次言他物皆不足赠,而后及戒指;又先言戒指好处,而后详叙所以赠戒指之意。是一篇有家数文字。"⑤具体分析其各段叙事的精微之妙,赞其"是一篇有家数文字"。卷六常楼居《途雨怀家》篇尾批语:"首曲言昼雨,二曲言暮雨,三曲以下言逆旅阻雨。不堪景况,井井有条。"王伯良《都门赠田姬》【琐窗寒】批语:"只寻常光景,叙得次第生情。"⑥前者赞常楼居曲之分层次叙事,写逆旅不堪景况,有条不紊;后者于王骥德【琐窗寒】一曲,赞其写寻常光景,而能次第生情。卷七沈伯英《复欢》篇尾批语:"题是'复欢',却以'别绪离情和你详细说'句领起,以后俱叙别离景况,直至【尾声】,只一句点归题面,而以'直说到楼头斗柄斜'结之,此文家炼格法也。"王伯良《张道士女为人窃去戏作》篇末批语:"极不雅之事,却叙得极雅,由笔性不俗故也。"⑦前者分析沈伯英《复欢》曲叙事层

---

① 冯梦龙评选、俞为民校点:《太霞新奏》,江苏古籍出版社 1993 年版,第 4 页。
② 冯梦龙评选、俞为民校点:《太霞新奏》,第 40 页。
③ 冯梦龙评选、俞为民校点:《太霞新奏》,第 41 页。
④ 冯梦龙评选、俞为民校点:《太霞新奏》,第 52 页。
⑤ 冯梦龙评选、俞为民校点:《太霞新奏》,第 78 页。
⑥ 冯梦龙评选、俞为民校点:《太霞新奏》,第 85、104 页。
⑦ 冯梦龙评选、俞为民校点:《太霞新奏》,第 108、113 页。

次,赞其堪称"文家炼格法";后者赞王骥德笔性不俗。卷十二龙子犹《金闾纪遇》篇尾砚斋主人评云:"凡纪事之词,全要节次清楚,而过脉绝无痕迹。如太史公《伯夷》《屈原》等传,以事实议论相衔而行,其叙事又须明显使人一览而知方妙。此是子犹胜场。"陈茇卿《题吴肃卿冶麓园》【步步娇】【江儿水】批语:"二曲铺排有声有色,绝似梁少白得意之笔。"①前者以"砚斋主人"语,赞冯梦龙该曲叙事之妙,是其胜场;后者赞陈茇卿曲中二只铺排有声有色。凡此,乃冯梦龙对于散曲叙事所认可赞赏的作品。

其有瑕疵者,如卷五卜大荒《拟元帝饯明妃》篇尾批语:"通篇无恨毛延寿一语,亦是脱节,若把斩延寿作结,更妙。"②画师毛延寿是导致昭君出塞的关键人物,不曾提及,缺了出塞的原因,自是脱节;斩延寿作结,也是该故事原有的大快人心的结局,故建议以此作结,庶几完整无憾。卷六常楼居《涂雨怀家》篇尾墨憨斋评云:"首曲'马头冉冉云升',是初雨之状,即接以'怯怯冲泥',似太骤。次曲又云'风雨催行',又云'雾濛腾',雨雾安得在一时也?第四只又云'凉飚阵阵,陡惊秋令',又似起头矣,况前已有'九秋'字乎?'玉琴瑶席'等语,亦似扯凑。呜呼,此长套之未易作也。"③具体指出该曲中衔接太骤、雨雾乱用、时序颠倒、次第混乱等问题,可为作长套者之戒。卷八祝希哲《咏张敞画眉事》批语:"此套曲名亦系希哲新造,咏画眉事,故每曲带【画眉序】,读此可想见前辈风流。第四曲接上亦似草草,前曲意尚未尽,岂得便入泛语?总之,四过曲不如一引之妙。"④赞祝希哲该曲读之"可想见前辈风流",于其第四曲衔接草草,前曲意尚未尽便入泛语,亦不肯稍贷。卷十一陈大声《冬景》【东瓯令】篇尾墨憨斋评云:"'殊幽致,不骄奢,与太尉家风分外别'三语,可想文人清致。但前后铺叙绣幄、银屏、雕栏、翠鼎、琼酥、羊羔、珠帘、金尊、凤笙、象板、翠袖、金钗,极其豪奢,不知与太尉家风何

① 冯梦龙评选、俞为民校点:《太霞新奏》,江苏古籍出版社1993年版,第200—201、225页。
② 冯梦龙评选、俞为民校点:《太霞新奏》,第63页。
③ 冯梦龙评选、俞为民校点:《太霞新奏》,第85页。
④ 冯梦龙评选、俞为民校点:《太霞新奏》,第136页。

别？亦是自不照管处。能点入腹不负吾意，便妥。"沈伯英《寄情罗帕》篇尾墨憨斋评云："首曲言赠帕，次曲序帕之美，三、四曲序谨藏爱重之意，而以成欢为用帕之吉日，结之极有章法。然细求之，病亦不少。既曰'织就回文字'，又曰'织几句花笺字'，何字之多也？既着得许多字，中又有群仙事，何帕之大也？如此说，则非素帕矣。而又曰'不敢写愁云怨雨伤心事'，不知写向何处？但中间佳语甚多，遂不可废。予不敢责备前人，第拈出以戒后学耳。"①前者对于陈大声该曲中有悖人物身份，有失照管之处；后者于沈伯英曲中细微处，一一指出其瑕疵，意在"以戒后学"。

沈自晋《重定南词全谱凡例续纪》中评及冯梦龙《墨憨斋词谱》，有云："大抵冯则详于古而忽于今，予则备于今而略于古。考古者谓，不如是则法不备，无以尽其旨而析其疑。从今者谓，不如是则调不传，无以通其变而广其教。两人意不相若，实相济以有成也。……乃今复如冯以拙调相错，论驳太苛，令作者歌者益觉对之惘然，绝不拣取新词一二，点缀其间，为词林生色，吾恐此书即付梨枣，不几乎爱者束之高阁，否则置之覆瓿也？敢以是质诸知音。"②其中言及冯谱"详于古而忽于今"，以为"不如是则法不备"；又云冯谱"论驳太苛"，皆可见冯梦龙辨体之细。其强调法则，正可见其尊体一片苦心。而《太霞新奏》所收诸曲，以晚明作家作品为重心，与其《墨憨斋词谱》之"详于古而忽于今"恰成补充，新调得传，足以通其变而广其教。

## 第三节　江南声律曲派的宣示

### 一、收录作者之时空分布

冯梦龙在《太霞新奏·发凡》中说："是选……虽未空群，庶几巨览。

---

① 冯梦龙评选、俞为民校点：《太霞新奏》，江苏古籍出版社 1993 年版，第 178、182 页。
② 张树英点校：《沈自晋集》，中华书局 2004 年版，第 258—259 页。

其他名家著作尚多，一时难购，容俟广搜，以成续梓，倘肯闻风嘉惠，尤拜明赐。"①既颇以其编选规模自负，也自知囿于闻见，"其他名家著作尚多"，难免有遗珠之憾，进而表达了继续搜求，期待荐稿，假以时日，再成续编的愿望。兹据《太霞新奏》所收作者作品，统计如下：

### 入选作者作品一览表

| 作者 | 生卒年 | 里籍 | 入选套数 | 入选小令 | 入选杂调 |
| --- | --- | --- | --- | --- | --- |
| 1. 王骥德，字伯良，号方诸生 | 1542？—1623 | 浙江绍兴府会稽县 | 34 | 29 | 5 |
| 2. 沈璟，字伯英，自号词隐生 | 1553—1610 | 南直苏州府吴江县 | 37 | 7 | 1 |
| 3. 冯梦龙，字犹龙，号龙子犹、墨憨斋主人、顾曲散人 | 1574—1646 | 南直苏州府长洲县 | 19 | 6 | 0 |
| 4. 卜世臣，字大荒 | 1572—1645 | 浙江嘉兴府秀水县 | 11 | 8 | 2 |
| 5. 陈所闻，字荩卿 | 1553—1617前 | 南直应天府上元县 | 5 | 12 | 0 |
| 6. 沈自晋，字伯明 | 1583—1665 | 南直苏州府吴江县 | 7 | 5 | 2 |
| 7. 梁辰鱼，字伯龙，号少白 | 1520—1592 | 南直苏州府昆山县 | 2 | 9 | 0 |
| 8. 陈铎，字大声，号秋碧 | 1488？—1521 | 南直应天府上元县 | 1 | 10 | 0 |
| 9. 秦时雍，字尧化，号复菴 | 万历初年在世 | 南直凤阳府亳州县 | 6 | 2 | 0 |

---

① 冯梦龙评选、俞为民校点：《太霞新奏》，江苏古籍出版社1993年版，发凡第3页。

| 作者 | 生卒年 | 里籍 | 入选套数 | 入选小令 | 入选杂调 |
|---|---|---|---|---|---|
| 10. 沈璟,字子勺 | 1558—1612 | 南直苏州府吴江县 | 7 | 1 | 0 |
| 11. 沈仕,号青门山人 | 1488—1565 | 浙江杭州府仁和县 | 1 | 5 | 0 |
| 12. 冯惟敏,字汝行,号海浮 | 1511—1578 | 山东青州府 | 1 | 5 | 0 |
| 13. 高濂,字深甫,号瑞南 | 1527—1603或略后 | 浙江杭州府钱塘县 | 3 | 0 | 2 |
| 14. 张文介,字惟守,号少谷 | 王世贞为其集作序 | 浙江衢州府龙游县 | 0 | 5 | 0 |
| 15. 祝允明,字希哲,号枝山 | 1461—1527 | 南直苏州府长洲县 | 2 | 1 | 1 |
| 16. 史槃,字叔考 | 1533?—1529以后 | 浙江绍兴府会稽县 | 3 | 0 | 1 |
| 17. 沈自普,字则平 | 1589—1641 | 南直苏州府吴江县 | 3 | 0 | 0 |
| 18. 凌濛初,字玄房,号初成 | 1580—1644 | 浙江湖州府乌程县 | 2 | 0 | 0 |
| 19. 王九思,字敬夫,号渼陂 | 1468—1551 | 陕西西安府 | 0 | 3 | 0 |
| 20. 常伦,字明卿,号楼居子 | 1493—1526 | 山西泽州沁水 | 1 | 1 | 0 |
| 21. 刘龙田 | 明正德初年 | 山东 | 0 | 2 | 0 |
| 22. 张凤翼,字伯起 | 1527—1613 | 南直苏州府长洲县 | 0 | 2 | 0 |
| 23. 刘氏 | | 楚人 | 0 | 2 | 0 |

| 作者 | 生卒年 | 里籍 | 入选套数 | 入选小令 | 入选杂调 |
|---|---|---|---|---|---|
| 24. 周献王朱有燉,号瞿仙 | 1379—1439 | 南直凤阳府凤阳县 | 1 | 0 | 0 |
| 25. 唐寅,字伯虎,号六如 | 1470—1524 | 南直苏州府吴县 | 1 | 0 | 0 |
| 26. 陆治,字叔平,号包山 | 1496—1576 | 南直苏州府吴县 | 1 | 0 | 0 |
| 27. 顾梦圭,字武祥,号雍里 | 1501—1559 | 南直苏州府昆山县 | 1 | 0 | 0 |
| 28. 陈鹤,字鸣业,号海樵 | 1516—1560 | 浙江绍兴府山阴县 | 1 | 0 | 0 |
| 29. 曹大章,字一呈,号含斋 | 1521—1575 | 南直常州府金坛县 | 0 | 1 | 0 |
| 30. 莫是龙,字云卿 | 1537—1587 | 南直松江府华亭县 | 0 | 1 | 0 |
| 31. 顾大典,字道行 | 1541—1596 | 南直苏州府吴江县 | 1 | 0 | 0 |
| 32. 范夫人徐媛,字小淑,范允临妻 | 1560—1619 | 南直苏州府长洲县 | 1 | 0 | 0 |
| 33. 俞琬纶,字君宣 | 1574—1618 | 南直苏州府长洲县 | 1 | 0 | 0 |
| 34. 沈自继,字君善 | 1585—1651 | 南直苏州府吴江县 | 1 | 0 | 0 |
| 35. 董斯张,字退周 | 1587—1628 | 浙江湖州府乌程县 | 1 | 0 | 0 |
| 36. 沈自征,字君庸 | 1591—1641 | 南直苏州府吴江县 | 1 | 0 | 0 |

| 作者 | 生卒年 | 里籍 | 入选套数 | 入选小令 | 入选杂调 |
|---|---|---|---|---|---|
| 37. 袁于令,字韫玉,号凫公、幔亭仙史 | 1592—1672 | 南直苏州府吴县 | 1 | 0 | 0 |
| 38. 王元功,字无功 | | 浙江杭州府钱塘县 | 1 | 0 | 0 |
| 39. 冯千秋,冯小青夫 | 冯小青生卒年1617—1635 | 南直隶扬州,嫁浙江杭州 | 1 | 0 | 0 |
| 40. 方氏,张少谷妻 | 嘉靖、万历年间在世 | 浙江衢州府龙游县 | 1 | 0 | 0 |
| 41. 蕲州伎 | | 湖广蕲州府 | 0 | 1 | 0 |
| 42. 王厚之 | | | 0 | 2 | 0 |
| 43. 贺五良 | | | 1 | 0 | 0 |
| 44. 费胜之 | | | 0 | 1 | 0 |
| 45. 无名氏 | | | 6 | 12 | 0 |
| 合计 | | | 167 | 133 | 14 |

王骥德《曲律》中云:"迩年以来,燕、赵之歌童、舞女,咸弃其捍拨,尽效南声,而北词几废。"[1]沈德符《顾曲杂言·北词传授》亦云:"自吴人重南曲,皆祖昆山魏良辅,而北词几废,今惟金陵尚存此调。"[2]不独"吴人重南曲",乃至"燕、赵之歌童、舞女",亦"尽效南声",并导致"北词几废",由此不难见出彼时南曲创作及演唱的繁盛景象。

据上表来看,首先,作者的地域分布,入选署名作者 44 位(包括蕲州伎),其中王厚之、贺五良、费胜之 3 人地域不详,姑置不论。其他作者之里籍,以省而论,南直 25 人,浙江 11 人,山东 2 人,湖广(楚)2 人,陕西、山西各 1 人。地域分布在 5 省 1 直隶。进一步看,苏州府以 17 人(吴江 7人,长洲 5 人,吴县 3 人,昆山县 2 人)居首,占署名作者比 39%,吴江作者

① 王骥德:《曲律》卷一,《中国古典戏曲论著集成》(四),中国戏剧出版社 1959 年版,第 56 页。
② 沈德符:《顾曲杂言》,《中国古典戏曲论著集成》(四),第 212 页。

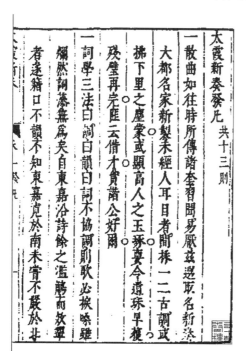

占署名作者比 16%。由此而论,无论是称其吴中曲派抑或吴江曲派作品集结,均言之过甚。而南直与浙江作者合计 36 人,其中除了秦时雍、朱有燉为凤阳人,其他 34 位,均在江南范围,占比 76%;入选套曲 151 篇,占全书收录 90%;入选小令 102 首,占全书 77%;入选杂调 14 首,占全书 100%。基于此,认为其凸显了江南区域特征,则是没有疑问的。

其次,以嘉靖元年(1522)为界,其中作者,除了活动年代难以确定者,如王元功、刘氏、蕲州伎、王厚之、贺五良、费胜之 6 位,此后出生,或大致可以判定生活于此后的,有曹大章(1521)、张凤翼(1527)、高濂(1527)、莫是龙(1537)、史槃(1533?)、顾大典(1541)、王骥德(1542?)、沈璟(1553)、陈所闻(1553)、沈瓒(1558)、徐媛(1560)、卜世臣(1572)、冯梦龙(1574)、俞琬纶(1574)、凌濛初(1580)、沈自晋(1583)、沈自继(1585)、董斯张(1587)、沈自普(1589)、沈自征(1591)、袁于令(1592)、张文介(王世贞为其集作序)、方氏(张文介妻)、秦时雍(万历初年在世)、冯千秋(冯小青夫,小青生卒年 1617—1635)25 人,占署名作者比 57%。若考虑到梁辰鱼(1520)、陈鹤(1516)等人成长创作于这一时期,即有 27 人,占比 61%,且皆为江南作者,恰如《发凡》中所说"大都名家新制";而少数前辈作家,"间采一二古调,或拂下里之尘蒙,或显高人之玉琢",以为圭臬,有作为范式之意。准此,更进一步说,《太霞新奏》所选作者以晚明江南为中心,同样是没有疑问的。

其三,《太霞新奏》刊刻于天启七年(1627),其所收录作者,除了卒年不详,难以确定编刊之际是否在世者,有秦时雍(万历初年在世)、张文介(王世贞为其集作序)、方氏、刘龙田(明正德初年)、王元功(不详)、冯千秋（不详）、刘氏、蕲州伎（不详）、王厚之（不详）、贺五良（不详）、费胜之（不详）11人；可以明确在此前已经去世者，有朱有燉、陈铎、祝允明、王九思、唐寅、沈仕、常伦、陆治、顾梦圭、冯惟敏、梁辰鱼、曹大章、张凤翼、高濂、莫是龙、顾大典、沈璟、陈所闻、沈瓒、徐媛、王骥德、俞琬纶22人；编刊时仍然在世者，有史槃、冯梦龙、卜世臣、沈自晋、凌濛初、沈自普、沈自继、沈自征、董斯张、袁于令10人，占比23％，由此，还不难看出冯梦龙对于当下作者及创作的高度关注。

## 二、宣示范式：推尊与批评的背后

《太霞新奏》是否如有学人所说，"它最突出的特点是将吴江派散曲家推上了晚明曲学领域的前台"，"经过《太霞新奏》的鼓吹，吴江派散曲家在明末开始确立了自己的重要地位"①；以及"首次展示吴江派曲家群体的成员构成及其'一祖三宗'式作家群体的结构模式"②，这仍然是一个"值得加以深入研究"的问题。

（一）如何看待以沈璟《二郎神》套曲为序

清代史学家赵翼有云："孙炎云：序，端绪也，孔子作序及尚书序，子夏作诗序，其来尚已。然何休、杜预之序左氏、公羊，乃传经者之自为序也；史迁、班固之序传，乃作史者之自为序也；刘向之叙录诸书，乃校书者之自为序也。其假手于他人以重于世者，乃皇甫谧之序左思《三都》始。"③在中国古代，著述有序，由来已久，早已成为一个传统。稗说戏曲亦然，各家全集、选本，鲜有例外。可以说，《太霞新奏》以沈璟《二郎神》套曲为序，首先便是传统使然。但冯梦龙之以沈璟作品为序，还有三个方面的具体原因：一是沈璟为其恩师，如其自云："余早岁曾以《双雄》戏笔，售知于词隐先生。先生丹头秘诀，倾怀指授"④。二是沈璟为当时曲坛领袖，在社会上有着巨大的影响力，如王骥德所说："其于曲学、法律甚精，泛滥极博。斤斤返古，力障狂澜，中兴之功，良不可没。……盖词

① 艾立中：《论〈太霞新奏〉与吴江派散曲家之关系》，《苏州科技学院学报》2008年第1期，第85—89页。
② 王小岩：《冯梦龙曲学剧学研究》，中国社会科学出版社2015年版，第142页。
③ 赵翼：《陔馀丛考》，商务印书馆1957年版，第425页。
④ 冯梦龙：《曲律叙》，《中国古典戏曲论著集成》（四），中国戏剧出版社1959年版，第47页。

林之哲匠,后学之师模也。"①徐复祚云:"至其所著《南曲全谱》《唱曲当知》,订世人沿袭之非,铲俗师扭捏之腔,令作曲者知其所向往,皎然词林指南车也,我辈循之以为式,庶几可不失队耳。"②冯梦龙称"词隐先生为词家开山祖师"③。三是《二郎神》套曲乃沈璟论曲之名篇,其所论与冯梦龙编选《太霞新奏》以尊曲体的旨趣,恰相吻合。但无论如何,以沈璟作品为序,都体现出冯梦龙对于沈璟的推崇。

（二）《太霞新奏》对沈璟及其同道的批评

冯梦龙对于沈璟的曲学贡献,有着很高的评价,如《太霞新奏序》中云:"先辈巨儒文匠,无不兼通词学者,而法门大启,实始于沈铨部《九宫谱》之一修。于是海内才人,思联臂而游宫商之林。"④但另一方面,他与沈璟在曲学具体问题上,亦每有不同的意见,如关于声韵,沈璟"又欲令作南曲者,悉遵《中原音韵》"⑤,以《中原音韵》为遵循,冯梦龙则认为:"《中原音韵》原为北曲而设,若南韵又当与北稍异……词隐先生发明韵学,尚未及此,故守韵之士犹谓南曲亦可以入韵代上去之押,而南北声自兹混矣。"⑥在《太霞新奏》有关批点中,对于沈璟的作品,甚至多有批评。如卷二沈伯英《偎情》篇尾评云:"【四时花】即【四季花】,亦即【金凤钗】,宜以'和风扇柳荡烟'一曲为法,时曲'愁杀闷人天'稍异,不知何本,决非出知音者之手。末句'奈天远地远山远水远人远',那有此句法?特好奇者为之耳。词隐不知驳正,而复效颦,何也?"⑦卷三王伯良《酬魏郡穆仲裕内史》篇尾评云:"时曲'云雨阻巫峡'一套,共四曲,每曲尾带【玉芙蓉】一句,其首曲'黛眉懒画'四字,仍属【刷子序】本调,止宜'仄仄平'三字,而作者衬一'眉'字,遂误后人不已。唱者既漫,然作两头板。而词隐驳之,又误以为此句宜属【玉芙蓉】。不知【玉芙蓉】乃五字,非四字也。且三曲皆止带一句,而独首曲多一句,亦无此格。大抵

---

① 王骥德:《曲律》卷四《杂论第三十九下》,《中国古典戏曲论著集成》(四),中国戏剧出版社1959年版,第164页。

② 徐复祚:《曲论》,《中国古典戏曲论著集成》(四),第240页。

③ 冯梦龙评选、俞为民校点:《太霞新奏》,江苏古籍出版社1993年版,第12页。

④ 冯梦龙评选、俞为民校点:《太霞新奏》,序第1页。

⑤ 王骥德:《曲律》卷二《论平仄第五》,《中国古典戏曲论著集成》(四),第105页。

⑥ 冯梦龙评选、俞为民校点:《太霞新奏》,发凡第2页。

⑦ 冯梦龙评选、俞为民校点:《太霞新奏》,第25页。

旧时散曲,多率意妄作,必不可轻信。伯良首曲,亦为泥古所误。谱载二曲,一用'叹古今'三字,一用'但有个'三字,实一体。而词隐误以为二,余《新谱》有辨。"①卷五沈伯英《秋怀》篇尾评云:"'风流谜'一曲,仿《荆钗记》'若提起旧日根芽'曲而作。原名【渔家灯】,末三句【剔银灯】无疑,而前段绝非【渔家傲】,有误后学。"②卷十三沈伯英《代武陵友人悼吴姬》篇尾评语:"此曲仿梁少白'院落清明左右'作,词隐先生评云:【三换头】前二句是【五韵美】,中二句是【腊梅花】,今用于此,是【巫山十三峰】,非【十二峰】矣。须用南吕别曲几句以代之,方得。先生既驳少白而躬自蹈之,吾所不解。大抵作套数者,每多因袭之病,总为旧曲已经行世,若改调必置弗歌。夫因陋仍弊,以求不废于俗,此亦作者之羞也。"③在以上批点文字中,冯梦龙一一指出了沈璟疏于对不同曲牌及其不同句格之辨析,每致失误。又卷三沈伯英《书怀》篇尾评云:"周德清《中原音韵》原为北曲而作,北无入声,故配入平上去三声之中。若南曲自有入韵,不宜以北字入南腔也。如词隐先生'片时情'一套,以窄、侧叶上,攃叶平,终不可为训。精于律者,自当戒之。"④卷五沈伯英《问月下老》【古轮台】眉批曰:"一曲中用二'时'字,少检。"⑤卷六王伯良《春怀》篇尾评云:"查古曲此句止该七字,然先辈亦多有作八字二句者,疑原有二体也。词隐先生于《琵琶记》必欲去'也'字一板,近固矣。"⑥沈伯英《赠外》眉批曰:"一曲二押'开'字,不雅观。"⑦篇尾评云:"原稿尚有【尾声】云:'非是种情偏重色,爱杀你知音的俊才,那更高歌堪畅怀。''色'叶'洒',既借北韵,而语弱味淡,使全篇无色。"⑧卷八沈伯英《秋思》篇尾评云:"自《中原音韵》既定,北剧奉之唯谨。南音从北而来,调可变而韵不可乱也。伯良谱诗馀为曲,共百馀章,然未能尽更其韵。"⑨卷十

---

① 冯梦龙评选、俞为民校点:《太霞新奏》,江苏古籍出版社1993年版,第30—31页。
② 冯梦龙评选、俞为民校点:《太霞新奏》,第67页。
③ 冯梦龙评选、俞为民校点:《太霞新奏》,第244—245页。
④ 冯梦龙评选、俞为民校点:《太霞新奏》,第38页。
⑤ 冯梦龙评选、俞为民校点:《太霞新奏》,第76页。
⑥ 冯梦龙评选、俞为民校点:《太霞新奏》,第82页。
⑦ 冯梦龙评选、俞为民校点:《太霞新奏》,第83页。
⑧ 冯梦龙评选、俞为民校点:《太霞新奏》,第83页。
⑨ 冯梦龙评选、俞为民校点:《太霞新奏》,第141页。

第七章 辑评《太霞新奏》与宣示南曲范式

327

二沈伯英《秋思》【忒忒令】眉批曰："'寒峭'旧作'尤薄',落韵。"①【沉醉东风】眉批曰："'厮叫'旧作'提着',落韵。"②卷十四沈伯英【浣溪刘月莲】篇尾评云："【金莲子】,据《拜月亭》'军马骤,人闹语稠','骤'字用韵,一正板,一截板,'今免教这','这'字不用韵,只可作衬字耳。末二句'与深林中躲避,只恐有人搜',亦不合,总为时曲'表记留'一曲所误。词隐于谱中驳之,而复蹈之,何欤?"③上述诸多批点文字中,冯梦龙又具体揭出沈璟曲作中"以北字入南腔"、重押、借北韵、失调落韵等问题。又卷五沈伯英《问月下老》【尾声】眉批曰："结亦弱,词隐先生多犯此病。"④卷六沈伯英《赠外》篇尾评云："原稿尚有【尾声】……墨憨斋定本去之,良是。盖一调连用数曲,原可不用尾也。"⑤卷七沈伯英《题情》篇尾评云："词隐于【尾声】多不着意,亦是一病。"⑥卷十一沈伯英《寄情罗帕》篇尾评云："然细求之,病亦不少。既曰'织就回文字',又曰'几句花笺字',何字之多也? 既着得许多字,中又有群仙事,何帕之大也? 如此说,则非素帕矣。而又曰'不敢写愁云怨雨伤心事',不知写向何处?"⑦上述批点文字,冯梦龙则针对沈璟曲作【尾声】及叙事结构,批评其"结亦弱"之"通病"、无需用【尾声】而使用、以及构思有欠周延合理,亦并不曾稍贷。

对于沈璟赞赏有加的王骥德,冯梦龙一方面亦甚表推崇,如其序《曲律》中谈到,沈璟曾"谆谆为余言王君伯良","而伯良《曲律》一书","洵矣攻词之针砭,几于按曲之申、韩"⑧。另一方面,在《太霞新奏》评点中,对于王骥德曲作,亦不乏微词,如卷三《酬魏郡穆仲裕内史》篇尾评云："大抵旧时散曲,多率意妄作,必不可轻信。伯良首曲,亦为泥古所误。……【雁过声】第七句,本该五字一句,此亦模仿时曲之误也。"⑨《丽

① 冯梦龙评选、俞为民校点:《太霞新奏》,江苏古籍出版社1993年版,第205页。
② 冯梦龙评选、俞为民校点:《太霞新奏》,第206页。
③ 冯梦龙评选、俞为民校点:《太霞新奏》,第264—265页。
④ 冯梦龙评选、俞为民校点:《太霞新奏》,第77页。
⑤ 冯梦龙评选、俞为民校点:《太霞新奏》,第83页。
⑥ 冯梦龙评选、俞为民校点:《太霞新奏》,第118页。
⑦ 冯梦龙评选、俞为民校点:《太霞新奏》,第183页。
⑧ 冯梦龙:《曲律叙》,《中国古典戏曲论著集成》(四),中国戏剧出版社1959年版,第47页。
⑨ 冯梦龙评选、俞为民校点:《太霞新奏》,第31页。

情》篇尾评云:"伯良此套主于配合原词,故'讨侥倖'等句,未免于声律牵强。要之戏笔,不可为常也。"①卷六《春怀》篇尾评云:"伯良用'枕'字,疑于借矣。此等尤误后学,特为疏出。"②卷七《赠陈姬》眉批曰:"结句七字,宜先三后四,今先四后三,犹未脱俗。"③卷十《答寄》篇尾评云:"曲名亦方诸生自创,每曲减一二句,何所取义? 此亦好奇之过。既可减,何不可增? 遂有【两条江儿水】【双声猫儿坠】。并【尾声】亦添句,如近日《蕉帕》所刻者。文人作俑,不可不慎。"④卷十三《丽情》【白乐天九歌】篇尾评云:"此调用正宫、南吕、仙吕,错杂而成,亦未必协,只取曲名五字为巧耳。偶一为之,不可学也。"⑤同卷《赋得五月红楼别玉人》篇尾评云:"凡诸调合成,全要斗笋无痕,如出一调,方妙。此曲过接处尚未和叶。墨憨子云:【月上海棠】'叹青骢'句可删,【红娘子】宜用全曲。"⑥同卷《丽情》【十二红】篇尾评云:"既曰【十二红】,宜用十二曲合成,不应止十一曲,而以【尾声】足数也。且首二曲旧名【山羊转五更】,次二曲亦可名【园林好】【江儿水】,至【玉交枝】【五供养】【好姐姐】三曲,俱用上半只,接续处便少段落。【鲍老催】忽插入黄钟调半曲,而后以【川拨棹】全曲接之,亦俱可议。《南西厢》'小姐小姐多丰采'一曲,亦名【十二红】,与此曲绝不同,总之未必叶律也。"⑦同卷《代金陵周姬寄朱生》【巫山十二峰】眉批曰:"'得'字伯良制《曲律》自云宜用韵,此亦失检。"⑧对于王骥德曲作之宫调曲牌、自创曲名、借韵叶律等,时有訾议,评其"要之戏笔,不可为常"、"此等尤误后学"、"偶一为之,不可学也"、"声律牵强"等等,不肯苟同。

对于沈氏子侄,以及被人称为沈璟同道或衣钵传人的一些曲家,冯梦龙同样有不少批评,如卷三卜大荒《闺情》篇尾评云:"大荒……往往

① 冯梦龙评选、俞为民校点:《太霞新奏》,江苏古籍出版社 1993 年版,第 53 页。
② 冯梦龙评选、俞为民校点:《太霞新奏》,第 82 页。
③ 冯梦龙评选、俞为民校点:《太霞新奏》,第 114 页。
④ 冯梦龙评选、俞为民校点:《太霞新奏》,第 157 页。
⑤ 冯梦龙评选、俞为民校点:《太霞新奏》,第 238 页。
⑥ 冯梦龙评选、俞为民校点:《太霞新奏》,第 239 页。
⑦ 冯梦龙评选、俞为民校点:《太霞新奏》,第 243 页。
⑧ 冯梦龙评选、俞为民校点:《太霞新奏》,第 246 页。

绌词就律,故琢句每多生涩之病"①。卷五卜大荒《拟元帝饯明妃》篇尾评云:"通篇无恨毛延寿一语,亦是脱节,若把斩延寿作结,更妙。"②卷六顾道行《闺怨》篇尾评云:"中多俊语,但押三'瘦'字、六'头'字,何字之贫也?"③沈君善《君善自题祝发小像》【三换头】眉批曰:"'似'字脱韵,'锉'字脱韵,末句或于'作'字点板,非。"④卷八卜大荒《春景》篇尾评云:"此套一味铺排而已,首曲'凝颦''拖泪'大是扫兴语,岂可入赏春中乎?"⑤卷十沈子勺《闺情》篇尾评云:"翻北曲,故每借北韵,然非南曲之体也。"⑥卷十二卜大荒《离恨》【锦衣香】眉批曰:"'闪杀桂英'句换平平平仄方叶。"⑦卷十三卜大荒《七夕》【六犯清音】评语:"'等不到'二句,旧注【二犯傍妆台】,今依谱查正。"⑧此外,如卷五王伯良《哭吕勤之》篇尾评云:"伯良《曲律》中盛推勤之至,并其所著《绣榻野史》《闲情野史》,皆推为绝技。余谓勤之未四十而夭,正坐此等口业,不足述也。"⑨虽然未收吕天成曲作,此评价则可见其褒贬。

由上述冯梦龙关于沈璟及其同道曲家的评论,说他借《太霞新奏》的编选,来表达对于沈璟及"吴江派"的"推尊",或说其借此以树坛立帜,与常理不合,是难以令人信服的。

如何看待冯梦龙对于沈璟、王骥德的推尊又不肯稍贷的矛盾?首先,如上所述,冯梦龙对于沈璟、王骥德的推尊是毋庸置疑的,但要看到,其"推尊"者,更主要是他们对于声律理论的建树。其次,《太霞新奏》有着严格的入选标准,如其《发凡》中云:"词学三法,曰调、曰韵、曰词。不协调,则歌必捩嗓,虽烂然词藻无为矣。……是选以调协韵严为主,二法既备,然后责其词之新丽,若其芜秽庸淡,则又不得以调韵滥

① 冯梦龙评选、俞为民校点:《太霞新奏》,江苏古籍出版社1993年版,第33页。
② 冯梦龙评选、俞为民校点:《太霞新奏》,第63页。
③ 冯梦龙评选、俞为民校点:《太霞新奏》,第93页。
④ 冯梦龙评选、俞为民校点:《太霞新奏》,第100页。
⑤ 冯梦龙评选、俞为民校点:《太霞新奏》,第134页。
⑥ 冯梦龙评选、俞为民校点:《太霞新奏》,第159页。
⑦ 冯梦龙评选、俞为民校点:《太霞新奏》,第208页。
⑧ 冯梦龙评选、俞为民校点:《太霞新奏》,第241页。
⑨ 冯梦龙评选、俞为民校点:《太霞新奏》,第72页。

竿。"①首论韵调,次论词章,所持尺度甚严,批点亦不免"论驳太苛"②,要"使后学知所法戒"③。宣示南曲范式,这是他辑评此曲选的大旨。《太霞新奏》正是着眼于南曲声律理论与创作相互统一的角度,"推重"了沈璟、王骥德等人的理论,"批评"了其入选作品与声律理论相悖的方面,本质原因,正在于此。

## 三、沈自晋的"戏说"及"误解"

最早提出"沈璟派"的是沈自晋。有意味的是,沈自晋的这一说法,并不见于其曲论著作,而是见于其改编冯梦龙小说为戏曲的传奇作品《望湖亭》中。

剧本第一出《叙略》【临江仙】曲中有云:"词隐登坛标赤帜,休将玉茗称尊。郁蓝继有榭园人,方诸能作律,龙子在多闻。香令风流成绝调,幔亭彩笔生春,大荒巧构更超群。鲰生何所似?颦笑得其神。"④一方面,曲中明确提出了沈璟"登坛标赤帜",为曲坛一派领袖;另方面,又指出其曲派作家成员构成,乃至成员各自的特色:继吕天成而起者有叶宪祖;王骥德以曲学研究享誉,著有《曲律》;冯梦龙博闻广见,著述丰富;范文若风流绝调,袁于令才子文笔,卜世臣构想奇巧,自晋自称其能得前辈精神。

在其所开列的9人名单中,我们可以看到,首先,沈自晋虽然提出了"沈璟派"的存在,但并未提出具体的名称。其次,该派所涉及沈氏家族成员,仅有沈璟、沈自晋2人;吴江籍作家,仅有沈璟、沈自晋、顾大典3人。其三,在这个"沈璟派"成员构成名单中,吕天成、叶宪祖、范文若3人,并无作品入选《太霞新奏》。其四,该剧本素材来源于冯梦龙编辑《醒世恒言》卷之七《钱秀才错占凤凰俦》,隐约透露出,他是受到了冯梦龙有关论述的影响。其五,这经由戏曲作品中所提出的见解,不免给人"戏说"的意味。

---

① 冯梦龙评选、俞为民校点:《太霞新奏》,江苏古籍出版社1993年版,发凡第1页。
② 沈自晋:《重定南词全谱凡例续纪》,张树英点校:《沈自晋集》,中华书局2004年版,第259页。
③ 冯梦龙评选、俞为民校点:《太霞新奏》,发凡第2页。
④ 张树英点校:《沈自晋集》,第81页。

事实上,在沈自晋之前,有关曲学文献中,已有论者关注到围绕沈璟周围存在着一批曲学同道。如吕天成《曲品》中,既高度评价了沈璟的贡献,称:"不有光禄,词硎弗新;不有奉常,词髓孰抉?傥能守词隐先生之矩矱,而运以清远道人之才情,岂非合之双美者乎?……予之首沈而次汤者,挽时之念方殷,悦耳之教宁缓也。"①虽然并称沈、汤,主张"合之双美",但其排序则"首沈而次汤"。同时,其书中谈及卜大荒,说他"按律蔚称词匠"②,"景趣新逸,且守韵甚严,当是词隐高足"③,言其为沈璟衣钵传人;谈到冯梦龙,说他"而能恪守词隐先生功令,亦持教之杰也"④。然所言者,亦仅区区 2 人,加上他自己,也就是 3 人而已。

此后,如王骥德《曲律》卷四《杂论第三十九下》谈及:"松陵词隐沈宁庵先生,讳璟。其于曲学、法律甚精,泛澜极博。斤斤返古,力障狂澜,中兴之功,良不可没。……与同里顾学宪道行先生,并畜声伎,为香山、洛社之游。"⑤"自词隐作词谱,而海内徒然向风。衣钵相承,尺尺寸寸守其矩矱者二人:曰吾越郁蓝生,曰樏李大荒逋客"⑥;"郁蓝生吕姓,讳天成,字勤之,别号棘津……所著传奇,始工绮丽,才藻烨然;后最服膺词隐,改辙从之,稍流质易,然宫调、字句、平仄,兢兢惢眚,不少假借。"⑦充分肯定了沈璟的贡献及影响,并提到顾大典、吕天成、卜大荒为其衣钵传人。但谈及沈璟的创作,王骥德说:"词隐传奇,要当以《红蕖》称首。其馀诸作,出之颇易,未免庸率。然尝与余言,歉以《红蕖》为非本色,殊不其然。生平于声韵、宫调,言之甚惢,顾于己作,更韵、更调,每折而是,良多自恕,殆不可晓耳。"⑧则不无微词,并不十分认同。

而冯梦龙在《太霞新奏》卷一沈伯明《周生别妓赋此纪情》篇尾评语中,则更为具体的揭出沈璟家族词曲作家群体的存在:"词隐先生为词家开山祖师,伯明其犹子,其诸弟则平、君善、君庸,俱以词擅场。信王

① 吕天成撰、吴书荫校注:《曲品校注》,中华书局 1990 年版,第 37 页。
② 吕天成撰、吴书荫校注:《曲品校注》,第 61 页。
③ 吕天成撰、吴书荫校注:《曲品校注》,第 249—250 页。
④ 吕天成撰、吴书荫校注:《曲品校注》,第 282—283 页。
⑤ 王骥德:《曲律》,《中国古典戏曲论著集成》(四),中国戏剧出版社 1959 年版,第 163—164 页。
⑥ 王骥德:《曲律》,《中国古典戏曲论著集成》(四),第 165 页。
⑦ 王骥德:《曲律》,《中国古典戏曲论著集成》(四),第 172 页。
⑧ 王骥德:《曲律》,《中国古典戏曲论著集成》(四),第 164 页。

谢家无弱子弟也。"①

更为重要的是，其编选《太霞新奏》，选录署名曲家 44 人中，沈璟家族成员和被后世指认为"吴江派"的作者，竟有 12 人（沈璟、沈瓒、沈自晋、沈自普、沈自继、沈自征、王骥德、冯梦龙、卜世臣、史槃、袁于令、顾大典）之众，占入选署名作者比 27%，确要算不小的比例了。

不仅如此，《太霞新奏》所收录的这些作家，其入选作品还要占有更大的优势。这里我们按照体类划分，以收录作品的数量多少为据，看一下前几位的具体排序：

| 排序 | 套曲 | 杂宫调曲 | 小令 |
|------|------|----------|------|
| 1 | 沈璟,37 | 王骥德,5 | 王骥德,29 |
| 2 | 王骥德,34 | 卜世臣,2 | 陈所闻,12 |
| 3 | 冯梦龙,19 | 高濂,2 | 陈铎,10 |
| 4 | 卜世臣,11 | 沈自晋,2 | 梁辰鱼,9 |
| 5 | 沈瓒,7 | 沈璟,1 | 卜世臣,8 |
| 6 | 沈自晋,7 | 祝允明,1 | 沈璟,7 |
| 7 | 秦时雍,6 | 史槃,1 | 冯梦龙,6 |
| 8 | 陈所闻,5 | | 沈自晋,5 |
| 9 | 沈自普,3 | | 沈仕,5 |
| 10 | 高濂,3 | | 张文介,5 |
| 11 | 史槃,3 | | 冯惟敏,5 |

从上表统计可知，套曲类前 11 位作者，沈璟家族成员有 4 位，另有所谓"吴江派"其他作者 4 人，个人作品数量排序占据前 6 名；杂曲总计收入作者 7 位，所谓"吴江派"作者 5 人；小令排名前 11 位作者中，"吴江派"作者 5 人。再从作品数量分布看，套曲总计 167 套，沈璟家族成员及所谓"吴江派"其他作者作品 125 套，合计占比 75%；杂宫调曲总 14 曲，沈璟家族成员及所谓"吴江派"其他作者作品 11 曲，占比 79%；小令总 133 曲，沈璟家族成员及所谓"吴江派"其他作者作品 56 曲，合

① 冯梦龙评选、俞为民校点：《太霞新奏》，江苏古籍出版社 1993 年版，第 12 页。

计占比42%。沈自晋从《太霞新奏》收录作品得到启示,提出"沈璟派",并非无此可能。

沈自晋受到冯梦龙影响,不为无因。二人交游甚笃,沈自晋《重订南词全谱凡例续纪》中记录了具体交往:"先是甲申(1644)冬杪,子犹送安抚祁公至江城(祁公前来巡按时,托子犹遍索先词隐传奇及余拙刻并吾家诸弟侄辈诸词殆尽,向以知音。特善子犹,是日送及平川而别),即谆谆以修谱促予,予唯唯。越春初,子犹为苕溪、武林游,道经垂虹言别,杯酒盘桓,连宵话榻,丙夜不知倦也。"①其中提及祁彪佳巡按苏、松,乃崇祯六年(1633)的事情,祁彪佳《与冯学博犹龙》书札有具体记载。正因为冯梦龙与沈氏家族熟稔,祁彪佳托其搜集"词隐传奇"及沈氏"诸弟侄辈诸词"(包括沈自晋的作品),冯梦龙也果然不负所托,搜集"殆尽"。也因为这层关系,沈氏子侄对于冯梦龙的著述,特别是对于收录沈氏家族成员作品甚夥的《太霞新奏》,不仅了解,也有着很高的评价,如沈自友《鞠通生小传》中所云"冯所选《太霞新奏》推为压卷"②。

沈自晋《重订南词全谱凡例续纪》还记载:"丙戌夏……适顾甥来屏寄语:曾入郡,访冯子犹先生令嗣赞明,出其先人易箦时手书致嘱,将所辑《墨憨词谱》未完之稿,及他词若干,畀我卒业。六月初,始携书并其遗笔相示,翰墨淋漓,手泽可挹,展玩怆然,不胜人琴之感。虽遗编失次,而典型具存,其所发明者多矣。"③唯因其密尔之交,冯梦龙临终嘱咐其子,要将其未完稿《墨憨词谱》交给沈自晋,托其代为"卒业"。后来,沈自晋修订的《南词新谱》,即将冯谱有关内容,编入其中。

但平心而论,沈自晋在《望湖亭》传奇中所提出的沈璟"登坛标赤帜",既不免有推尊"先词隐""我家词隐",表彰自家先人的成分,也难免有一定的"戏说"色彩。各家对于沈璟的推尊,如王骥德所云:"自词隐作词谱,而海内徒然向风。"以及上述冯梦龙对于沈璟的推尊,均指其曲学声律方面的贡献。冯梦龙编选《太霞新奏》,其本意,乃藉由呈现晚明江南南调散曲声律派的成果,宣示南调散曲创作的范式,以改变当时曲

---

① 张树英点校:《沈自晋集》,中华书局2004年版,第257页。
② 张树英点校:《沈自晋集》,第268页。
③ 张树英点校:《沈自晋集》,第257页。

坛"作者不能歌,每袭前人之舛谬,而莫察其腔之忤合;歌者不能作,但尊世俗之流传,而孰辨其词之美丑"①的局面,因此,倘若要取更准确的"流派"冠名,亦惟有"南曲声律曲派"可以名之。而沈自晋提出的"沈璟曲派",或者是他对冯梦龙《太霞新奏》的有意"误解",或者竟是他受了冯梦龙影响"别创"的一种戏说。

综上所述,《太霞新奏》入选作家作品分布,凸显了江南地域特征;一批晚明南曲作者作品的入选,显现出其对当下散曲创作的高度关注。冯梦龙虽然没有明确提出曲派的概念,但从其入选作者集中于晚明江南,入选作品"以调协韵严"为主要特点,评点严格以曲调声律为标尺,不难见出其对于南曲声律一派的推尊,而"晚明南曲声律派"的存在,自不待言。相较于后来沈自晋提出的沈璟曲派,冯梦龙所呈现的"南曲声律派",更符合历史的本真存在。

综上所述,关于《太霞新奏》的性质,可以得出以下几点结论:

第一,《太霞新奏》是晚明商业出版大潮中,在戏曲成为令"举国若狂"的大众文艺形式背景下,由大众文化作家冯梦龙辑评的一部大众文艺选本。其以新标榜,自我夸耀,大众读物商业炒作之迹甚明;随处可见的文字注释,恰可印证其大众读物的读者定位;其所选作品题材内容,亦可看出其迎合大众阅读的旨趣追求。

第二,《太霞新奏》是一部有着鲜明尊体意识的散曲选本。冯梦龙由诗体文学演变,论证了散曲乃诗歌新体;其大量有关宫调曲牌、句法字节、声韵板式、文词声律、叙事章法等的评点,突出强调了散曲文体的独立特质。

第三,《太霞新奏》是一部凸显地域、关注当下的散曲选本。其入选作家作品分布,具有突出的江南区域特征,一批在世作家作品的入选,见出其对当下创作的关注。冯梦龙虽然没有提出"吴江派"的概念,但其入选作品"以调协韵严为主",评点以曲调声律为根本,隐约见出其对于曲学声律一派的推尊。其集中展示沈璟同道及其家族成员的散曲创作,对于沈自晋提出沈璟曲派,也应该是产生了重要的启示意义。

---

① 冯梦龙评选、俞为民校点:《太霞新奏》,江苏古籍出版社1993年版,序第1页。

# 第八章　追求治平的晚年人生

　　冯梦龙小说《老门生三世报恩》中，谈及科举时代人才评价标准和用人制度的不公，有云："从来资格困朝绅，只重科名不重人"，"只是如今是个科目的世界，假如孔夫子不得科第，谁说他胸中才学？ 若是三家村一个小孩子，粗粗里记得几篇烂旧时文，遇了个盲试官，乱圈乱点，睡梦里偷得个进士到手，一般有人拜门生，称老师，谈天说地，谁敢出个题目将带纱帽的再考他一考么？ 不止于此，做官里头还有多少不平处，进士官就是个铜打铁铸的，撒漫做去，没人敢说他不字。科贡官兢兢业业，捧了卵子过桥，上司还要寻趁他。比及按院复命，参论的但是进士官，凭你叙得极贪极酷，公道看来，拿问也还透头。道：'此一臣者，官箴虽玷，但或念初任，或念年青，尚可望其自新，策其末路，姑照浮躁或不及例降调。'不勾几年工夫，依旧做起。倘拼得些银子央要道挽回，不过对调个地方，全然没事。科贡的官一分不是，就当做十分。晦气遇着别人有势有力，没处下手，随你清廉贤宰，少不得借重他替进士顶缸。有这许多不平处，所以不中进士，再做不得官"。[1] 这应该是冯梦龙自己人生阅历及其对当时社会认识所得出的最真切的感受。

　　"早岁才华众所惊"[2]，自少年时期考取秀才，在短暂的春风得意之后，冯梦龙便迎来了他举业上如炼狱般的漫长煎熬，最终他也并不曾有他小说中人物鲜于同那样的侥幸和晚运。这在冯梦龙，心灵的痛苦与

---

① 冯梦龙编著、吴书荫校：《警世通言》，中华书局 2015 年版，第 124 页。
② 陈济生：《天启崇祯两朝遗诗》，中华书局 1958 年版，第 1043 页。

难堪,是可以想见的。他也曾经因此而"抚书叹曰:'吾惧吾之苦心,土蚀而蠹残也。吾其以《春秋》传乎哉!'……"(冯梦熊《〈麟经指月〉序》)①,一种无奈绝望之情,流露于言表。而在经历多次举人资格考试,均不能得手,已然过了知命之年以后,冯梦龙对于做"进士官",是彻底的灰心失望了。

## 第一节　丹徒训导

明朝制度,"外官知州、推官、知县,由进士选。外官推官、知县及学官,由举人、贡生选"②。贡生出身,同样可以成为步入仕途的门径。但在科举教育发达、科举士子如过江之鲫的江南,要成为贡生,并不像冯梦龙小说《老门生三世报恩》中描写得那么容易简单。

据清初叶梦珠的记载:"前朝学校最盛,廪贡最难。凡岁、科两试,不列一等一、二名,无望补廪,甚或一、二名而无缺可补者,廪生非二十年之外,无望岁贡,其或有三十四(按:'三十四'应作'三、四十')年,头童齿豁而始得贡者。盖材多则难以见长,人众则艰于须次,理势然也。"③书画家文徵明谈到当时苏州学校的情况,一府八州县,生员 1500 人,三年所贡,不到 20 人(《三学上陆冢宰书》)④。

(《老门生三世报恩》绣像)

① 冯梦龙著,李廷先、田汉云校点:《麟经指月》,江苏古籍出版社 1993 年版,叙第 2 页。
② 张廷玉等:《明史》卷七十一《志》第四十七《选举三》,中华书局 1974 年版,第 1715 页。
③ 叶梦珠撰、来新夏点校:《阅世编》卷二《学校三》,中华书局 2007 年版,第 33 页。
④ 周道振辑校:《文徵明集》卷二十五,上海古籍出版社 1987 年版,第 584—585 页。

第八章　追求治平的晚年人生

337

而成为贡生之后，要做官，还要经过四次"国考"：朝廷考，国子监考，吏部考，朝廷考，皆通过，然后可以授予教职。

虽然如此，相对于"进士官"，"科贡官"的道路毕竟要容易许多。最终，冯梦龙应该是怀着某些凄凉，甚至还带了些许悲壮，毅然决然地选择了科贡官——这在当时人看来远不够理想的出仕之路。因为，他太渴望去践履自己人生的宏大"治平理想"，但岁月不饶人，垂垂老矣，理性告诉他，他已经没有更多的时间去淡定从容地等待了。

崇祯三年(1630)，冯梦龙成为吴县县学学籍的贡生。这在《苏州府志·选举》中有明确记录。然后，他千里迢迢，远赴京城，去参加朝廷规定的考试。宜兴徐懋曙(1600—?)《京口访犹龙不遇赋赠》一诗中，深情地回忆了他在京城同冯梦龙相识、交往的一些细节：

> 从君燕市酒垆过，慷慨行藏一剑多。落落拓拓无亲热，大者鞭捶小者呵。人谓狂生胡尔尔，余谓狂生厥有旨。读书著作雄千秋，彼其之子何足齿。呼余小友称忘年，余心出火眼生烟。草草言逢复言别，只兹草草真奇缘。有才如君宁不得，酬以一毡天且刻。人之患在好为师，使诸大夫有矜式。无庐无舆食无鱼，弹铗者冯君是欤？陈蕃悬榻不轻下，下者为谁南州徐。君身不见忆君态，旭颠仪舌两仍在。岂余一遇故尔悭，君其犹龙聊自晦。

陆林《冯梦龙袁于令交游文献新证》一文[①]，对此诗有具体考证分析，指出徐懋曙与冯梦龙相遇于京城北京，应当是在冯氏考取贡生后入京选官之际。冯梦龙与刚过而立之年的徐懋曙一见如故，称其为"小友"，许之为忘年交，令当时已是举人的徐懋曙分外兴奋。而徐懋曙对年近花甲始获一贡的冯梦龙，更是由衷佩服，透过其落拓的行止、羞涩的行囊，看出冯梦龙出众的才华。诗中表现了对冯梦龙"狂傲"人生的肯定欣赏，还表达了对冯梦龙坎坷遭遇，不遇知音，暮年仅得一教职、位卑职冷的深切同情。"旭颠仪舌两仍在"，并以唐代书法家张旭大醉之狂书与战国辩士张仪之善辩比喻冯梦龙，某种程度上，亦可见出冯梦龙

---

① 陆林：《求是集：戏曲小说理论与文献丛稿》，中华书局2011年版，第127—134页。

的风采神韵。

由此又令人想起冯梦龙那首《渡沙河曲》来：

渡沙河，风来面如割。酒味不求加，添钱但添热。①

有研究者认为，这首诗，应该是冯梦龙进入熊挺弼幕府参赞军务的证据，其中描写的是辽东地方严寒冷冽的气候②。按：今河北省迁安县境内有沙河，上引徐懋曙诗中提到了冯梦龙进京时行囊单薄、穷困落魄的窘况。综合这些材料分析，如果我们将该诗理解为冯梦龙进京考选，道经河北沙河，寒风凛冽，衣不能暖身，又缺钱买酒御寒，或许更切合实际情形。

京城选官考试，总算是顺利过关了。冯梦龙被任命为丹徒训导，任期为崇祯四年（1631）至六年（1633）。据《丹徒县志》卷十九《学校》记载："崇祯五年壬申，知县张文光从训导冯梦龙等议，用堪舆家言，高大巽方，建龙门，迁尊经阁，移置敬一亭"③。张文光，字谯明，河南祥符（今河南开封）人，崇祯元年（1628）进士。冯梦龙等人向知县张文光提出改造县学的建议，得到采纳。这是见于记载的冯梦龙在县学改造方面所做的工作。在《寿宁待志·升科》中，冯梦龙忆及往事，还提到："因思前司训丹徒时，适焦山沙长数里，诸势家纷纷争佃。然有长则必有摊，长则议增，摊不议减，宗祖承佃，遗累子孙，坐此破家，历历可数。余曾苦口为石令景云言之，求其踏勘条陈，即以新佃准销旧摊之额，利民甚博。景云慨然力任，会调宜兴而止。"④石景云，名确，湖广黄梅（今湖北黄梅县）人，崇祯四年（1631）进士，继张文光之后任丹徒知县。如果说，上述冯梦龙关于改造县学的建议，是其分内之责，他向新任县令石景云提议，重新丈量焦山沙滩，纠正垦田亩数，避免贻累百姓，则完全出自关心民瘼，充分体现了他博爱众生的情教理想。

---

① 蒋铣、翁介眉：《清诗初集》卷一，《四部禁毁书丛刊·集部》第三册，北京出版社 1997 年版，第 376 页。

② 龚笃清：《冯梦龙新论》，湖南人民出版社 2002 年版，第 141 页。

③ 何绍章等修、杨履泰等纂：《丹徒县志》，《中国方志丛书·华中地方》第 11 号，台湾成文出版社有限公司 1970 年版，第 334 页。

④ 冯梦龙著、卞岐校点：《寿宁待志》，江苏古籍出版社 1993 年版，第 11 页。

身为学官，作育人才是冯梦龙的本分。在丹徒训导任上，他编刊了教材《四书指月》。同乡陈仁锡为他写了篇热情洋溢的序。陈仁锡（1581—1636），字明卿，号芝台，长洲（今江苏苏州）人。天启二年（1622）进士，授翰林院编修，曾以得罪权宦魏忠贤罢职。崇祯初年复官，三年（1630）升国子监司业，再直经筵讲官，升右谕德。后升任南京国子监祭酒，未赴任而病逝。著作有《四书备考》《经济八编类纂》《重订古周礼》《陈太史无梦园初集》等。陈仁锡在其《四书指月序》中说：

犹龙氏灵心慧解，以镜花水月之趣，指点道妙。已说《春秋》行世，兹复锓《四书指月》，而问序于予。予唯《大学》一书，首定盘局，知所先后；《中庸》一书，务致中和，绝去流倚。以此学习，以此为政，尽其心，自心开一天焉；修其身，自身立一命焉。而后《四书》之义始备。……盖尝思之，《大学》之指，归于所厚，虽平天下亦复如是。不知厚字、平字如何下手，如天而其天，如渊而其渊，其天其渊而渊渊而浩浩。夫如是恭乃笃也。不知笃字如何下手，忠恕一贯可行，终以泰山岩岩之象，及其细心体贴，不过曰"强恕"而已。又不知"强恕"二字如何下手，倘亦《指月》之意欤？有终身焉耳矣。①

丹徒训导，苜蓿生涯，职卑位冷。冯梦龙公务之馀，游览胜迹，观戏听曲，自是文人生活。江宁艾荣有诗《寄冯梦龙京口，著有〈智囊〉〈衡库〉等集》，对于我们了解冯梦龙在丹徒训导任上的生活，不无价值，诗云：

几载行云寄远思，美人相望在江湄。

《智囊》自属救时宰，经筵原为天下师。

月满绛纱移乐部，风清狼石看潮时。

海门樽酒言何日，寒气城高咏昔时。②

艾荣，字子魏，南京上元县人，《金陵诗征》选其诗并有传。天启元

① 陈仁锡：《无梦园遗集》卷二，《续修四库全书》第 1383 册，上海古籍出版社 2002 年版，第 378—379 页。
② 艾容：《微尘暗稿》卷二，转引自马泰来：《采铜于山：马泰来文史论集》，国家图书馆出版社 2017 年版，第 86 页。

年辛酉(1621)副榜举人。挟奇才奇气。尝客刘总戎幕,力争机务,不从,知必败,夜溃围而出。游燕、豫、雍不遇,郁郁以终。① 其诗中,夸美冯梦龙所编《智囊》堪为"救时"之宰,《春秋衡库》可为天下之师;"绛纱乐部"用东汉经学家马融典故,《后汉书·马融传》载:"融才高博洽,为世通儒,教养诸生,常有千数。涿郡卢植,北海郑玄,皆其徒也。善鼓琴,好吹笛,达生任性,不拘儒者之节。居宇器服,多存侈饰。常坐高堂,施绛纱帐,前授生徒,后列女乐,弟子以次相传,鲜有入其室者。"②以此写冯梦龙在月夜风清之际听曲品戏之乐。

(镇江北固山)

阮大铖有《同虞来初冯犹龙潘国美彭天锡登北固甘露寺》诗,云:

> 莫御冯高意,同人况复临。云霞邻海色,鸿雁赴霜心。
> 川气饮残日,天风侮定林。无嫌诵居浅,暝月已萧森。③

诗歌记其与冯梦龙、虞来初、潘国美、彭天锡同游镇江甘露寺,便发生在冯梦龙丹徒训导任上。其中虞来初,名大复,金坛人,万历三十五年(1607)进士,曾任崇安知县。崇祯二年(1629)三月,郑三俊掌"南察",其名列魏忠贤遗党中,定逆案,照不谨例,冠带闲住。虞大复亦治

① 朱绪曾:《金陵诗征》卷二十八,光绪十八年壬辰(1892)萃古山房书庄刻本。
② 范晔撰、李贤等注:《后汉书》卷六十上,中华书局 1965 年版,第 1972 页。
③ 阮大铖撰,胡金望、江长林校点:《咏怀堂集》卷三,黄山书社 2006 年版,第 108 页。

《春秋》。有私家园林豫园,为晚明造园艺术家张涟(南垣)设计。彭天锡,晚明知名戏曲票友,金坛(或云溧阳)人,张岱《陶庵梦忆·彭天锡串戏》称"彭天锡串戏妙天下,然出出皆有传头,未尝一字杜撰。曾以一出戏,延其人至家,费数十金者,家业十万,缘手而尽"①。阮大铖当时也以名列阉党革职,流寓金陵,创作戏曲,调养戏班。五人相聚,戏曲自然是重要话题之一。

常熟人苏先(1585—?),字子后,与钱谦益往来甚密。其《五君咏》诗有小序云:"余旦岁居吴门,与五君交好,相莫逆。及余归海虞,五君亦各生事迁次,君宣、古白则相继谢世。抚今念昔,赠五字诗各一首。"五君者,蒋镶(字公鸣)、俞琬纶(字君宣)、陈元素(字古白)、谢梦连(字孟草)、冯梦龙(字犹龙)。咏冯犹龙诗云:

> 冯公富才藻,玩世遭绰虐。飘飘凌云气,苦被规矩缚。
> 嬉笑皆文章,笔墨当钱镈。邈矣三伯篇,风刺也不恶。
> 清时重功令,末俗戒轻薄。能言掩其口,能走斱其脚。
> 天不生聪明,有亦竟寂寞。皤皤老儒生,形状务褒博。
> 发挥既陈腐,含□亦糟粕。束带怀一经,禄米岁十石。
> 嗟嗟风流士,中岁割此席。语穷避乃得,名场抑何怯。
> 女为君子儒,风雅有所托。②

该诗对于了解冯梦龙的人生经历、思想个性,富有价值。诗中言及冯梦龙富有才藻,风流玩世,坎坷不遇,文章嬉笑怒骂,笔耕治生,幽默诙谐,然其凌云豪气为礼俗束缚,身处科举功名时代,不得不"掩其口""斱其脚",在知命之年,出任学官,告别既往之我,以擅长之《春秋》,受"十石"之"禄米",盛赞其文章道义为"君子儒"。

时也运也,崇祯六年(1633),故人之子祁彪佳(1602—1645)出任苏松巡抚。如前所述,早在万历年间,冯梦龙创作《双雄记》传奇,曾经受到祁彪佳之父祁承爜的指点。祁承爜(1563—1628),明代著名藏书家。

① 张岱著,夏咸淳、程维荣校注:《陶庵梦忆》,上海古籍出版社 2001 年版,第 93 页。
② 苏先:《苏子后集》卷三,稿本。转引自陆林:《冯梦龙交游文献补记》,《耆年集:陆林文史杂稿三编》,人民文学出版社 2016 年版,第 216—217 页。

万历三十五年(1607),以进士由宁国知县,调任冯梦龙家乡长洲知县,至三十八年(1610)升任南京兵部主事,在长洲知县任三年。冯梦龙认识祁承㸁,应该是在这一时期。祁彪佳在《与冯犹龙》书札中提及"昔先子幸叨一日之雅,荷台下惓惓推置"[①];又其《与应霞城》中言及"冯梦龙作诸生时,为先人所识拔"[②],可知冯梦龙曾经受知于祁承㸁,并对此感戴不置,多次向祁彪佳说起。

早在崇祯二年(1629),祁彪佳给袁于令的信中,便已提及冯梦龙:"昨所云冯犹龙初刊五种,忆是《玉麟》《双串》《合衫》《存孤》,乞仁兄留神"[③]。崇祯三年(1630),祁彪佳还致信冯梦龙,谈道:"恨生平不得一奉冯先生颜色,乃至咫尺清光而暌违如故也……《太霞新奏》敢乞一部,外家刻与坊刻数种奉供清览"[④]。此时祁彪佳因丧父守制,还在老家。

祁彪佳任职苏松巡抚以后,与冯梦龙交往颇密,自然在情理之中。崇祯六年(1633),其《与冯学博犹龙》书札中写到:

> 夙耳芳声,幸瞻风采。昨承佳刻,顿豁蓬心。三吴为载籍渊薮,凡为古今名贤所纂辑著述者,不论坊刻家藏,俱烦门下裒集其目,仍开列某书某人所刻,出于何地,庶藉手以批获数种,聊解蠹鱼之僻,拜教多矣。诸不一。南都近日新刻有足观者,望并示数种之目。[⑤]

这是祁彪佳任职苏松巡抚后,两人交往的记录。冯梦龙将自己刻印的著作赠送给祁彪佳,应该是初次见面,所以祁彪佳有"夙耳芳声,幸瞻风采"云云,表达了仰慕已久,方得一见的喜悦心情。这次见面,很是开心,谈得也很投机,所以祁彪佳很快又致信冯梦龙,再请他搜集三吴一带各种刻书目录,以及推荐南京新刻图书目录。沈自晋《重定南词新谱凡例续纪》中也提到,"祁公前来巡按时,托子犹遍索先词隐传奇及余

① 祁彪佳:《都门入里尺牍》,《祁彪佳文稿》,书目文献出版社 1991 年版,第 2107 页。
② 祁彪佳:《都门入里尺牍》,《祁彪佳文稿》,第 2123 页。
③ 祁彪佳:《与袁凫公》,《远山堂尺牍》抄本,己巳年。
④ 祁彪佳:《与冯犹龙》,《远山堂尺牍》抄本,庚午秋冬季。
⑤ 祁彪佳:《按吴尺牍》抄本,癸酉秋季册,明末祁氏远山堂抄本。

拙刻并吾家诸弟侄辈诸词殆尽,向以知音。特善子犹,是日送及平川而别"①,此可以佐证冯梦龙与祁彪佳交往的密切程度。

祁彪佳《与冯犹龙》书札中,还曾谈道:"而不肖获以共事之缘,得瞻丰采,且聆矩诲,足荷三生之多幸也。因以乔迁之早,未遂推毂素心。"②这是在冯梦龙出任寿宁知县以后,祁彪佳回忆两人间的交往,所以说到相处的时间太短,大有相见恨晚之慨;也因冯梦龙不久出任寿宁知县,而"未遂推毂素心",对于自己没能够给冯梦龙更多的帮助,甚表惋惜之意。

诚如有学者所论,"按照明选举制,县学训导任满,业绩突出者,经提督学道和所管知府考核以后,报省,经省里的布政使批准再报吏部诠选才可能得以升迁",冯梦龙得以在任职丹徒训导三年期满后,升任福建寿宁知县,与"时任苏松巡按,具有很大权力的祁彪佳有很大关系"③,也因此,冯梦龙在升任寿宁知县,即将赴任的前夕,特意前往拜谒祁彪佳,作别致谢。祁氏《祁忠敏公日记》崇祯七年(1634)六月十三日有明确记录"广文冯犹龙亦以升令进谒"④,便记载此事。

在冯梦龙到寿宁履新后,与祁彪佳继续保持着来往。崇祯八年(1635),应该是祁彪佳的亲戚应霞城出任福建巡抚,冯梦龙寄赠著作给祁彪佳,并托他为自己揄扬。祁彪佳在《与冯犹龙》书札中谈道:

> 然台下有为有守,仁声仁闻,千村棠芾,万姓口碑,在不肖之借光实侈矣。自惭菲劣,待罪名邦,蒙诸君子过加许可,实无以仰报地方。因病乞身入里,而抱恙转甚,即今困顿床褥,已越四旬。忽于罗雀之门,惊承云翰,且拜琼瑶。在台下笃厚逾甚,不肖愧怍转滋矣。至于鸿猷卓品,当道自加赏识,然不肖顺风之呼,何敢后乎?应霞老或便道过里,不然亦必有数行相闻,定当力致循卓之政,少

---

① 张树英点校:《沈自晋集》,中华书局 2004 年版,第 257 页。
② 祁彪佳:《都门入里尺牍》,《祁彪佳文稿》,书目文献出版社 1991 年版,第 2107 页。
③ 龚笃清:《冯梦龙新论》,湖南人民出版社 2002 年版,第 195 页。冯梦龙"以岁贡选授寿宁县职",与沈幾的援引也有关系(朱泽吉《梦龙师友录》,《朱泽吉文集》,社会科学文献出版社 2021 年版,第 101 页)。沈幾,字去疑,苏州府长洲县人,天启七年(1627)举人,崇祯四年(1631)进士,任福建福宁知州,曾为冯梦龙《智囊》作序。
④ 祁彪佳:《祁忠敏公日记·巡吴省录》,远山堂抄本。

慊缁衣之彩也。①

自然是因为应霞城没有回里,未得与其面见的缘故,祁彪佳因此专门致函,有《与应霞城》书札。祁彪佳无论是给冯梦龙的复信,还是给应霞城的书信,都写得十分诚恳。由此可进一步看出冯梦龙与他交情的深厚。

## 第二节　山城卧治

冯梦龙在寿宁知县任,福建学者徐𤊹《寄冯寿宁》札中云:"缅惟父台山城卧治,著作日富,铅椠大业,侈于爱书。"②于寿宁任上,冯梦龙创作了《万事足》传奇,篇尾诗亦云:"山城公署喜清闲,戏把新词信手编。"③相互印证,徐𤊹所称"山城卧治",不为无因。康熙《寿宁县志》卷四《冯梦龙》所载,可谓对其任期政绩之考评,有云:"冯梦龙,江南吴县人,由岁贡崇祯七年知县事,政简刑清,首尚文学,遇民以恩,待士有礼。"④乾隆《福宁府志》卷十七《寿宁循吏·冯梦龙传》全同。

"卧治"典出《史记·汲郑列传》,载西汉汲黯为东海太守,体弱多病,"卧闺阁内不出。岁余,东海大治";再召为淮阳太守,汲黯辞曰:"臣常有狗马病,力不能任郡事,臣愿为中郎,出入禁闼,补过拾遗,臣之愿也。"武帝曰:"顾淮阳吏民不相得,吾徒得君之重,卧而治之"⑤。后以"卧治"指政事清简、无为而治。徐𤊹《寿宁冯父母诗序》中,更对此有具体描述:"先生深于诗,已行于世者,无不脍炙人口。兹治寿宁,则又成《吟稿》一卷。……令早起坐堂皇,理钱谷簿书,一刻可了。退食之暇,不丹铅著书,则撚须吟咏。计闽中五十七邑令之闲,无逾先生,而令之文亦无逾先生者。顾先生虽耽诗乎,而百端苦心,政平讼理,又超于五

---

① 祁彪佳:《都门入里尺牍》,《祁彪佳文稿》,书目文献出版社 1991 年版,第 2107—2108 页。

② 徐𤊹:《红雨楼集》,《上海图书馆未刊古籍稿本》第 44 册,复旦大学出版社 2008 年版,第 82 页。

③ 冯梦龙:《万事足》,冯梦龙编、俞为民校点:《墨憨斋定本传奇》,江苏古籍出版社 1993 年版,第 697 页。

④ 赵廷玑修、柳上芝纂:《寿宁县志》卷四《守官志·宦绩》,《中国方志丛书·华南地方》第 218 号,台湾成文出版社有限公司 1974 年版,第 175 页。

⑤ 司马迁:《史记》卷一二〇,中华书局 1959 年版,第 3105、3110 页。

345

第八章　追求治平的晚年人生

## 一、冯梦龙的寿宁任期

冯梦龙在 60 周岁,值花甲之年,以岁贡生资格,由丹徒训导升任福建寿宁知县。上引祁彪佳《祁忠敏公日记》崇祯七年(1634)六月十三日记"广文冯犹龙亦以升令进谒"②,明确记载此时冯梦龙已获任命。冯梦龙抵达寿宁知县任的时间,已是该年的八月。《寿宁待志·里役》有载:"八月卑职到任。"③《寿宁待志·祥瑞》有更为具体的记载:

> 余于崇祯七年甲戌八月十一日到任。次日申刻,见黄云朵朵,自西而东,良久忽成五色,最后变为红霞,生平所未睹也。余喜而赋诗。是冬,果有年。

并附《纪云》诗云:

> 出岫看徐升,纷纶散郁蒸。莲花金朵朵,龙甲锦层层。
> 似浪千重拥,成文五色凝。不须占太史,瑞气识年登。④

其到任时间,并无异议。但冯梦龙寿宁知县任期迄于何年? 任期究竟有多长时间? 却于文献无征。

陆树仑《冯梦龙研究》较早论及这一问题,谈道:"冯梦龙是崇祯七年任寿宁知县的,是年六十一岁。至于是何年离寿宁知县任的,却有不同的记载:《福宁府志》秩官表中,冯梦龙之下是区怀素,区怀素之下是邓之凤。区怀素是由举人于崇祯十一年知寿宁县事。《福建通志》职官姓氏中,冯梦龙之下是邓之凤,邓之凤之下才是区怀素。若邓之凤任寿宁知县在区怀素之前,那么,冯梦龙当在到任后不久就离任了。若区怀素在邓之凤之前,那么,冯梦龙是在崇祯十一年才离任的。今检《寿宁县志》,所载悉同《福宁府志》。同时,毕九皋在《寿宁县志前记》,有这样一段记载:'邑乘始修于明嘉靖戊甲张公鹤年,继修于万历乙未戴公镗,

① 徐𤊹:《红雨楼集》,《上海图书馆未刊古籍稿本》第 42 册,复旦大学出版社 2008 年版,第 26—27 页。
② 祁彪佳:《祁忠敏公日记·巡吴省录》,远山堂抄本。
③ 冯梦龙著、卞岐校点:《寿宁待志》,江苏古籍出版社 1993 年版,第 37 页。
④ 冯梦龙著、卞岐校点:《寿宁待志》,第 70—71 页。

复修于崇祯十年冯公梦龙。'既然冯梦龙在崇祯十年还在任上修复《寿宁县志》,《寿宁县志》与《福宁府志》记载相同,那么,冯梦龙是崇祯十一年离任是可以肯定的。"①陆著所谓《寿宁县志前记》,即毕九皋为康熙《寿宁县志》所作《序》,其中"戊甲"有误,原文作"戊申"。毕九皋,河南河内人,由举人于康熙年间任寿宁知县。

(寿宁南山)

此后,王凌《冯梦龙生平简编》(《畸人·情种·七品官——冯梦龙探幽》,海峡文艺出版社 1992 年)、徐朔方《冯梦龙年谱》(《徐朔方集》第二卷《晚明曲家年谱》,浙江古籍出版社 1993 年版)、龚笃清《冯梦龙生平行迹考释》(《冯梦龙新论》,湖南人民出版社 2002 年版)、高洪钧《冯梦龙年谱》(《冯梦龙集笺注》,天津古籍出版社 2006 年版)等,均承陆树仑说,并沿袭至今。

对相关文献加以系统梳理,我们发现,首先,陆树仑此说,不为无据,但显然忽略了一个客观存在,即在正式县令到任之前,还存在着代为署理的现象。即以冯梦龙《寿宁待志·官司》中记载来看,如县令方可正,"天启四年任。本年八月,告病乞休。十一月,浦城县学训导戴太守代署"②;王学稷,"天启五年任。次年三月,被劾去,崇安学教谕贺大

① 陆树仑:《冯梦龙研究》,复旦大学出版社 1987 年版,第 25 页。
② 冯梦龙著、卞岐校点:《寿宁待志》,江苏古籍出版社 1993 年版,第 55 页。

亨代署";县令周良翰,"由举人于天启六年任。崇祯四年,以儒生鼓噪解任,转江西王府。二月,延平府通判朱钺代署";县令尹志伊,"由举人于崇祯四年任。七年三月,考察调四川威远县。四月,福州府照磨罗辰代署。五月,升茶陵卫经历。六月,建宁府照磨何之鸿代署";冯梦龙,"由岁贡于崇祯七年任"①。《寿宁待志·官司·知县》所载,截止于冯梦龙,而在冯梦龙与下任县令区怀素中间,是否同样存在着代署的情况?今查康熙《寿宁县志》卷四《官守志·职官》记"知县",冯梦龙之前为尹志伊,后为区怀素。尹志伊,广东东莞人,由举人于崇祯四年(1631)知县事;区怀素,广东高明人,由举人于崇祯十一年(1638)知县事②。乾隆《福宁府志》卷十五《秩官》之《寿宁知县》,冯梦龙之前为尹志伊,后为区怀素。卷十七《循吏》载,尹志伊,广东东莞人,由举人于崇祯四年(1631)知县事;区怀素,广东高明人,由举人于崇祯十一年(1638)知县事③。《福建通志》卷二十五《寿宁县知县》,所载相同,冯梦龙之前为尹志伊,后亦为区怀素,而非邓之风④。且皆不注代署之人。虽然如此,亦不可遽加否定存在着代署的情况。

其次,更为重要的是,新见福建诗人曹学佺《石仓诗稿》卷三十三《西峰六四草》收录《赠别冯犹龙大令》,为其赠别冯梦龙致仕离任诗无疑,其中透露了冯梦龙离任的确切时间。诗曰:

> 迟君无别径,水次即云涯。胜侣开三雅,清心度六斋。
> 暂然抛墨绶,旋得傍金钗。河尹风流者,宁妨韵事偕!⑤

曹学佺(1574—1646),字能始,号石仓、泽雁、西峰居士,福建侯官(今福建闽侯)人。万历二十三年(1595)进士。历任户部主事、南京大

---

① 冯梦龙著,卞岐校点:《寿宁待志》,江苏古籍出版社 1993 年版,第 56 页。

② 赵廷玑修、柳上芝纂:《寿宁县志》卷四,《中国方志丛书·华南地方》第 218 号,台湾成文出版社有限公司 1974 年版,第 174—175 页。

③ 朱珪修、李拔纂:《福宁府志》,《中国方志丛书》第 74 号,台湾成文出版社有限公司 1967 年版,第 332 页。

④ 谢道承等:《福建通志》,《景印文渊阁四库全书》第 528 册,台湾商务印书馆 1986 年版,第 288 页。

⑤ 曹学佺:《石仓诗稿》,《四库禁毁书丛刊·集部》第 143 册,北京出版社 1997 年版,第 688 页。陆林《冯梦龙、袁于令交游文献新证》(《文献》2007 年第 4 期)首先披露,未涉及其离任问题;拙文《曹学佺与冯梦龙及凌濛初交游考》(《明清小说研究》2010 年第 1 期)有论及。

理寺正、南京户部郎中、四川右参政、按察使、广西右参议等，后辞官不就。家居二十年，著书石仓园中。乃晚明闽中诗坛盟主。根据诗集中编年，知该诗作于崇祯十年（1637）丁丑夏初（其前有诗《四月朔日……》，其后有诗《夏至》），由其中内容可知，应该是在冯梦龙任寿宁知县三年，经朝廷考察之后，未能连任，即将归去之际，曹学佺为其送别之作。诗歌首二句，言送别的地点：因冯梦龙要从水路而去，故诗人在水边迎候饯行。这送别的地点，也将是冯梦龙的去处——云际天涯。"胜侣"二句，点出为良朋开樽取杯，设酒饯行，以及具体时间在"六斋"之日；同时，借佛教的持斋修福之日，夸美友人心性淡泊，不恋官位。但这何尝不是一种宽慰！"暂然"二句，以"抛墨绶"而"得傍金钗"，写其去官后便可享有温柔乡中之福，是亦旧时文人趣尚。"河尹"二句，以汉朝河南尹李膺的典故，表彰冯梦龙为官清正，又藉不无善意的调侃，表达他对未能连任的冯梦龙的恭维：做清官与风流汉，可并行不悖，大可不必以"辞官"去专享风流。对于冯梦龙离开寿宁，从官场退出，回归田园，深致惋惜之意。早年的冯梦龙"逍遥艳冶场，游戏烟花里""放浪忘形骸"①（王挺《挽冯犹龙》），看来曹学佺对他十分了解，由此亦可觇知二人相交相知之深，并说明该资料的可信度。

其三，明朝官员选拔及考核制度，可进一步佐证冯梦龙的寿宁任期，只有三年，而非四年。明朝官员的考察任用，《明史》卷七一《选举志三》有载："凡升迁，必考满。"②"考满之法，三年给由，曰初考，六年曰再考，九年曰通考。依《职掌》事例考核升降。"③其中，"州县以月计上之府，府上下其考，以岁计上之布政司。至三岁，抚、按通核其属事状，造册具报，丽以八法。而处分察例有四，与京官同。明初行之，相沿不废，谓之大计。计处者，不复叙用，定为永制。"④又载："至（弘治）十四年，南京吏部尚书林瀚言，在外司府以下官，俱三年一次考察"⑤。事实上，明

---

① 陈瑚：《离忧集》卷上《减庵》，《四库禁毁书补编》第47册，北京出版社2005年版，第647页。
② 张廷玉等：《明史》卷七十一，中华书局1974年版，第1716页。
③ 张廷玉等：《明史》卷七十一，第1721页。
④ 张廷玉等：《明史》卷七十一，第1723页。
⑤ 张廷玉等：《明史》卷七十一，第1724页。

朝中期以后,三考制已经名存实亡,如高拱《本语》卷五中云:"国家仿虞廷之制,文官三年考满,三考始论黜陟。然朝觐考察既有所汰,而在任又有死亡、丁忧、事故去者,则安得便有九年满者补之? 故后又有推升之例。推升之例行,于是九年考满者鲜矣!"①也就是说,明朝州、县官员考察,"俱三年一次"。

其具体考察,《明史》卷七一《选举志三》有载:"考满、考察,二者相辅而行。考满,论一身所历之俸,其目有三:曰称职,曰平常,曰不称职,为上、中、下三等。考察,通天下内外官计之,其目有八:曰贪,曰酷,曰浮躁,曰不及,曰老,曰病,曰罢,曰不谨。"②高拱《本语》卷五亦载考察"事例有八目、四科:曰贪、曰酷,为民;曰不谨、曰罢软,冠带闲住;曰老、曰疾,致仕;曰才力不及、曰浮躁浅露,降调外任。"③具体说明了考察之后的不同处分结果。

而在官员考察中,资格出身,也越来越成为影响考察结果的因素。《明史》卷七一《选举志三》记载:"初,太祖尝御奉天门选官,且谕毋拘资格。……至弘、正后,资格始拘,举、贡虽与进士并称正途,而轩轾低昂,不啻霄壤。"④《世宗实录》卷五四六"嘉靖四十四年五月丙申"条载,嘉靖四十四年(1565),南京江西道御史张士佩也谈到这一情况:"司铨者乃不惟其职业修废是视,而惟其出身高下是拘。进士率不三四年而迁,举人稍迟,岁贡则倍蓰矣! ……岂进士独贤而举贡尽不肖耶?"⑤隆庆五年(1571),大学士兼吏部尚书高拱《议处科目人才疏以兴治道疏》中亦云:"今布列中外,自州县正官而上,大较皆科目之人。而科目分数,进士居其三,举人居其七。……国初,进士、举人并用,其以举人登八座为名臣者,难以一二计。乃后进士偏重,而举人甚轻,至于今则极矣! 其系进士出身者,则众向之,甚至以罪为功。其系举人出身者,则众薄之,甚至以功为罪。上司之相临,同列之相与,炎凉盈面,可鄙可羞之甚,而皆不

① 高拱:《本语》,《景印文渊阁四库全书》第 849 册,台湾商务印书馆 2008 年版,第 854 页。
② 张廷玉等:《明史》卷七十一,中华书局 1974 年版,第 1721 页。
③ 高拱:《本语》,《景印文渊阁四库全书》第 849 册,第 854 页。
④ 张廷玉等:《明史》卷七十一,第 1717 页。
⑤《明实录·明世宗实录》卷五四六,台湾"中央研究院"历史语言研究所 1962 年影印本,第 8814 页。

自顾也。"①而在冯梦龙任职的福建,这样偏僻的地方,此类现象尤其突出,如万历十四年(1586)巡按福建监察御史杨四知所云:"环闽五十七县,甲科居其一,举贡居其四。其在举贡,资格微弱,既不足以镇压,而谓荐举不及,又自安于卑近。其在甲科,屈指四顾,皆弗若于己也。监司郡守又待以异数,虽甚不肖,亦博上考。乃建阳知县何必麟,则公堂聚敛,算及锱铢,用库千金,如取私囊;诏安知县张大器,则贪婪鲜耻,惧告买和,盟神歃血,与民为誓,如皆宇内县邑所未闻也。……此外,尸素偷安者,又难以疏举也。……是岂不肖之独萃于闽乎?亦由数少而骄纵之心易起,激劝之道不著耳!"②(《神宗实录》卷一七二"万历十四年三月甲子"条)因为过于强调出身资格,出身甲科者人少,待以异数,即便贪婪鲜耻,也并不影响其"博上考",可以得到继续升迁。

冯梦龙对此有清醒的认识,其《寿宁待志·官司》中即云:"故自万历庚寅,迄于崇祯甲戌,四十五年间,易令凡十有五。其得量擢而去者,仅两孝廉耳。他岂尽不肖,为一州五十八县之下流哉?肘掣于地方,而幅窘于资格,其情亦多有凄愤而不敢控者矣!"③又其小说《警世通言·老门生三世报恩》中所云"做官里头还有多少不平处,进士官就是个铜打铁铸的,撒漫做去,没人敢说他不字。科贡官兢兢业业,捧了卵子过桥,上司还要寻趁他"④。正因为如此,冯梦龙不得不请曾任职福建的友人祁彪佳,为其在福建巡抚应霞城那里,代为说项。

祁彪佳《与应霞城》信中谈道:

> 绣斧新莅八闽,绅弁靡不兢兢以奉功令。为贤为否,宁有遁于鉴衡之外。惟是属在亲谊,弟某有不得不一具悃款者。……至于百司济济,在贤可者,自有可见之长。故于同籍同乡之中,或有清真之司李,或有敏妙之邑令,弟皆不敢漫然以推毂。惟寿宁令冯梦

---

① 陈子龙等:《皇明经世文编》卷三〇一,《续修四库全书》第 1659 册,上海古籍出版社 2002 年版,第 437 页。

② 《明实录·明神宗实录》卷一七二,台湾"中央研究院"历史语言研究所 1962 年影印本,第 3157—3158 页。

③ 冯梦龙著、卞岐校点:《寿宁待志》,江苏古籍出版社 1993 年版,第 54 页。

④ 冯梦龙编著、吴书荫校:《警世通言》,中华书局 2015 年版,第 124 页。

龙作诸生时,为先人所识拔;作学博时,又与弟有共事之谊,恐被资格所拘,难以一时露颖,并祈台台垂盼及焉。仰体怜才之盛心,遂不觉冒昧至此,统惟垂照不尽。①

祁彪佳天启二年(1622)考中进士,三年(1623)曾任福建兴化府推官;崇祯四年(1631),任福建道御史。"恐被资格所拘,难以一时露颖",应该是冯梦龙托其说项的内容。而不具备进士、举人的履历资格,以科贡官出任知县,不仅升迁无望,工作中动辄得咎,处处掣肘,且任职三年时的考察能否通过,更是冯梦龙担心的问题。

如上所述,按照明朝官员考察之八目,贪、酷、不谨、罢软、才力不及、浮躁浅露,自然均与冯梦龙无涉;然"曰老、曰疾",特别是年龄问题,却是冯梦龙难以回避的问题。据《明史》卷七一《选举志三》载:(太祖)"尝谕礼部:'经明行修练达时务之士,征至京师。年六十以上七十以下者,置翰林以备顾问。四十以上六十以下者,于六部及布、按两司用之。'"②又《太祖实录》卷一七八载:"若年六十以上七十以下者,当置翰林以备顾问,四十以上六十以下者,则于六部及布政使司、按察司用之。"冯梦龙以岁贡资格,在六十岁时升任寿宁知县,已属难得;虽然其任期内"政简刑清"③,"百端苦心,政平讼理,又超于五十七邑之殿最",但在三年之后的地方州县官员考察中,却终究无法避免"曰老、曰疾,致仕"的命运。

综上,我们虽然无法具体确知,在冯梦龙与其下任区怀素中间,寿宁知县是否有人代理,何人代为署理,却完全可以断定,冯梦龙作为寿宁知县的任期,应该只有三年。在崇祯十年的考察中,他最终未能过关。夏初,冯梦龙即因年龄问题致仕,结束了他寿宁知县的使命。

## 二、冯梦龙的寿宁治理

明朝景泰六年(1455),寿宁建县。当冯梦龙出任寿宁知县之时,这

---

① 祁彪佳:《都门入里尺牍》,《祁彪佳文稿》,书目文献出版社 1991 年版,第 2122—2123 页。
② 张廷玉等:《明史》卷七十一,中华书局 1974 年版,第 1713 页。
③ 赵廷玑修、柳上芝纂:《寿宁县志》卷四《守官志·宦绩》,《中国方志丛书·华南地方》第 218 号,台湾成文出版社有限公司 1974 年版,第 175 页。

里设县还不到 80 年。"岭峻溪深,民贫俗俭"①,"区区寿邑,尤嵚岩偪窄之区","沙浮土浅,梯石而耕,连雨则漂,连晴则涸"②,自然条件相当恶劣,经济文化也十分落后。

冯梦龙对于自己所面临的挑战,有着清醒的认识。《寿宁待志·官司》中有这样一段文字:

> 寿令可为而不可为也。岭峻溪深,民贫俗俭。险其走集,可以无寇;宽其赋役,可使无饥;省其谦牍,可使无讼。寿令胡不可为也? 自夫隘废而出入无讥,兵裁而训练无质。茧丝令急,而上与下相仇;赎锾额增,而治与谷争胜。且界杂民顽,粮微事简,而受事者又非科即贡,取怜则不得上同于甲第,征缮则不得下视夫邻苢,救过不暇,见长实难。寿令胡可为也? 故自万历庚寅,迄于崇祯甲戌,四十五年间,易令凡十有五。其得量擢而去者,仅两孝廉耳。他岂尽不肖,为一州五十八县之下流哉? 肘掣于地方,而幅窘于资格,其情亦多有凄愤而不敢控者矣! 虽然以勤补缺,以慈辅严,以廉代匮,做一分亦是一分功业,宽一分亦是一分恩惠。若夫升沉明晦,则天也。余故备载姓名,俾为令者努力自彊,亦冀居上者怜僻吏之清苦,而稍垂矜恤。寿令胡不可为哉!③

所谓寿令可为,加强防御工事建设,便可以无寇;减轻赋役,百姓便可以不闹饥荒;减省诉讼,便可以少去诸多无谓官司。所谓寿令不可为,当时的寿宁,关隘废弛,出入无阻;裁革兵壮,缺乏训练;苛捐杂税,矛盾尖锐;赎金不断增加,治理与生产冲突。并且,省区交界,民风顽劣,粮少而诸事马虎,举人、贡生出身的知县,又不似进士官有上司青眼相加,赋役却又视作下等小县,救过不暇,遑论政绩?自万历十八年(1590)至崇祯七年(1634),四十五年间,十五任县令,仅有两位举人出身者升迁。其他县令,并非皆不肖之辈,只是地方掣肘,困于资格,可悲可慨。虽然如此,冯梦龙认为,升迁委之天命,勤奋可弥补

---

① 冯梦龙著、卞岐校点:《寿宁待志》,江苏古籍出版社 1993 年版,第 54 页。
② 冯梦龙著、卞岐校点:《寿宁待志》,第 10 页。
③ 冯梦龙著、卞岐校点:《寿宁待志》,第 54 页。

缺陷，仁慈以辅助严明，廉洁用来解决匮乏，做一分是一分功业，宽一分是一分恩惠，寿宁县令，又有什么不能做呢？“士君子得志则见诸行事，不得志则托诸空言”①（梅之熉《谭概序》），冯梦龙正是基于这样一种情怀、理想，开始了他由过去的“托诸空言”，向现在的“见诸行事”迈进，也因此有了将其“有情社会”理想构建，付诸具体实施的难得机会。

（一）平安寿宁建设

寿宁的地理位置，《寿宁待志·关隘》中有云：“寿邑东南并接福安，更南则宁德，西南则政和，北则景宁，东北则泰顺，西北则庆元。盖两省之瓯脱，而五界之门户也。有三关十六隘。……关防在海，而福安正海艘登陆之地，昔年倭寇亦从此道，故四隘特为要害。”②寿宁位于福建东北部，东有宁德市福安，东北是浙江省温州市泰顺，西北邻浙江丽水市景宁、庆元，西为福建南平市政和，南为福建宁德市周宁。地处鹫峰山脉北端，洞宫山脉的东麓，闽东大山的深处。寿宁县城所在地，则“城圅万山之中，形如釜底，中隔大溪。向虽树栅，所恃者隘耳，然仓库、狱囚以城为栏。自遭倭残毁……从此日就崩塌，四门荡然，出入不禁。”③“东岭关即车岭头，去县二十五里，一线千仞，仰关者无所措足。东南路第一险峻处，有扁曰‘南门锁钥’。迩来一望茅塞，不逞伏莽，早暮风雨，行人戒心。岭有小庵，道人亦委而去之。”④关于寿宁受倭寇侵扰事，康熙《寿宁县志》卷八有载：“嘉靖三十八年，倭寇自浙来，突至一都四都掳掠，合邑惊惶逃窜。四十一年，倭寇陷城，伤害男妇不可胜纪。四十二年，山寇刘大眼攻城焚屋，惨如倭寇。”⑤在冯梦龙任期内，其《寿宁待志·盐法》记载：“崇祯九年，海寇突起，焚烧黄崎司，拘盐船赎不得，并焚之。”⑥

---

① 冯梦龙编选，陆国斌、吴小平校点：《古今谭概》，江苏古籍出版社 1993 年版，叙第 1 页。
② 冯梦龙著、卞岐校点：《寿宁待志》，江苏古籍出版社 1993 年版，第 2 页。
③ 冯梦龙著、卞岐校点：《寿宁待志》，第 1—2 页。
④ 冯梦龙著、卞岐校点：《寿宁待志》，第 3 页。
⑤ 赵廷玑修、柳上芝纂：《寿宁县志》卷八《杂志·灾变》，《中国方志丛书·华南地方》第 218 号，台湾成文出版社有限公司 1974 年版，第 341 页。
⑥ 冯梦龙著、卞岐校点：《寿宁待志》，第 25 页。

而城门关隘，事涉防寇、防贼、防兽等治安工作，皆与百姓生命安全息息相关。冯梦龙到任之后，马不停蹄，立即着手相关修复工作。《寿宁待志·关隘》中记载："余初莅任，即以忧牖户，万难坐视事，申请各台蠲俸蠲赎，重立四门谯楼，城之崩塌处，悉加修筑。然小东门一带约数丈，较他处低尺许，尚未加增，以乏石料有待。又置打鼓一面，设司更一名于县之门楼。又修复东壩，畜水数尺于城内，规模亦似粗备矣。若溪中之栅，苦乏大材，此一段工程，将来亦不可缺。"①其中关隘，如东岭关，冯梦龙认为"复关必先复庵，乃招庵主，使之增葺墙屋。复给资，令垦荒田数亩，行道稍不寂寞。异日，资粮、火药以庵为外府，即万一增添戍守，亦不患栖息之无所矣。……三关（东岭关、绝险关、铁关）联络，闻风者当自息想。并防院洋，南路可以万全。若青草隘与浙中矿山相连，石门隘系政和正道，福安、庆元偏道。四隘之馀，宜以次及。各隘扼要而居，山径尺许阔，高下曲折，非用武之地。虽有长枪大戟，无所用之。守隘之具，铳第一，弩次之，虽弓矢亦不逮也。多畜硝磺，此最紧着。"②关隘有条不紊地修复，或虽限于经费，暂时未能落实，也已经在未来的规划之中。

　　地方民兵，是守护一方平安不可或缺的重要力量。寿宁"民兵额编二百名，谓之机兵，亦曰民壮"，但后来或因"奉文"裁革，或为福州府借取，或因"助饷"裁员等，冯梦龙到任时，实存 100 名，"除金总二名外，又去拨守城垣、库、狱二十名，押催钱粮二十二名，捕衙听差二十名，其随堂者止三十六名。凡拘提、押解、投递紧要公文等俱责成之，而铳手、旗手、吹鼓手别无工食，皆占名于额内，虽谓之无兵可也；然世上"安得烽烟绝警"，面对"县壮素不娴武"，冯梦龙"立正教师一名，副教师二名，专主教训。月必亲试，严其赏罚。人知自奋，有稍暇即往演习"，切实抓好民兵训练工作，为平安寿宁保驾护航③。

　　决狱讼，杜冤案，此为平安地方治理又一项重要工作。据《寿宁待志·狱讼》记载，青竹岭村村民姜廷盛状告，其与弟征粮至三望洋地方，

---

① 冯梦龙著、卞岐校点：《寿宁待志》，江苏古籍出版社 1993 年版，第 2 页。
② 冯梦龙著、卞岐校点：《寿宁待志》，第 3 页。
③ 冯梦龙著、卞岐校点：《寿宁待志》，第 21 页。

为刘世童打劫,并砍伤乃弟。刀伤严重,又有保家作证。不久,刘世童到案,诉说姜廷盛自砍其弟,企图敲诈。以常理推之,没有哥哥砍伤弟弟的道理,又且光天化日之下,如何可以敲诈他人? 但姜廷盛衣衫不整,刘世童应对从容,似不曾打架。冯梦龙并没有轻率做出裁决,让他们各自召保暂回。次日,冯梦龙自称外出拜客,出了城西门,径往三望洋,亲自前往调查案情,"遍询父老儿童,莫不言廷盛自砍"。听说姜廷盛的姨妈吴氏曾作劝解,所居之地不远,召来询问了解,也说是姜廷盛误伤。而姜廷盛本家一儿童,是目击斗殴,去向吴氏报信的人,也说确是自砍。深入了解之后,案情真相终于大白:原来是姜廷盛曾因里役事,为刘世童在县里告发,结下了梁子。姜廷盛恨之入骨。有弟残疾,平常嫌他吃白饭,于是带他找刘世童打架,希望借刘世童之手,将弟弟打死,一石双鸟,既去了弟弟的负担,也可以借此陷害刘世童。未成想刘世童不予理会,不肯上当。他恼羞成怒,随手取了肉案上的杀猪刀,扔向弟弟,砍伤额头,满面血污。冯梦龙感慨"始知天理所必无,未必非人情所或有"。于是杖责姜廷盛,保家出具甘结,命其领弟弟回家,"若不死,许从宽政,否则尔偿"。其弟得细心调护,终得无恙。冯梦龙也由此深切体会到,"假使余不躬往,或往而不密,必为信理所误矣。"①并将此告诫地方相关工作人员。关于寿宁的狱讼,冯梦龙认识到,"寿讼最简,亦最无情","狴犴中,累年无大辟,未必真刑措也",并总结其原因,拟向上级申报,设置仵作。

铲黑恶,也直接关系到平安寿宁建设的成效。《寿宁待志·铺递》记载,"寿宁有泗洲桥,皆从来顽民渊薮,非劫即窝,根蒂深固,有司知而不敢问。谢教在古田界,去更百五十里,其党强而自固。至磻溪、西溪二处,与泗洲桥素通姻盟,互相应援,一呼百集,目无官府,欠粮拒捕,无所不知。余惩顽民陈百进之事,乃请详上台,本县例有候缺巡简一名,县僻事简,无所用之,责令驻劄七都,一切征逋、提犯俱责成之。"②其中

① 冯梦龙著、卞岐校点:《寿宁待志》,江苏古籍出版社 1993 年版,第 24—25 页。
② 冯梦龙著、卞岐校点:《寿宁待志》,第 23 页。

提到的陈百(伯)进,乃地方一霸,"父以主讼问徒,家破尽。进唱杨花丐食,往来于磻溪、西溪之间。因与盗通,家道渐起,恃其口舌,遂为一方之霸。杀人屡案,皆以贿脱,固已弄官府于掌上矣",勾结匪盗,危害一方。冯梦龙"莅事以来,凡从来难致之犯,如黄茂十、范应龙无不就缚,而独不能致伯进。县差至,阖其门,挈汤壶从楼窗灌下,溃面而返。余耻其衡命,因郡归之便,亲往索之,而进纠西溪恶党朱仙堂等持梃相抗。"借着外出公干,出其不意,最终将其捕获,并"申究问徒"。①

除虎患,是冯梦龙到任不久,做的一项工作。寿宁地处大山深处,野兽出没害人。据《寿宁待志·虎暴》记载,冯梦龙到任之际,便听说城西门外,时常有老虎伤人事件发生,伤人达百余名,虎患十分严重。因为城门残毁已久,老虎经常于夜间闯入城中,将百姓家的猪犬衔去。经过多方打探,得知平溪地方,有周姓匠人,善于制造捕兽的陷阱,其形如一间小屋,内分三间,各有粗木似窗棂,将羊关入,作为诱饵,中间设机关。老虎突入,触动机关,两个闸门落下,虎困其中,于是可将老虎击毙。当时县里财政紧张,冯梦龙自己捐出薪水,造了几个,放在老虎时常出没的地方。并发动群众,悬赏捕获,捕虎一头,赏银三两。经过半年的努力,在山后、溪头、平溪等处,接连击毙三只老虎,虎患从此绝迹。因为了解到,寿宁虎患,始于西门城楼坍塌之后,于是重建四座城楼,希望以此能够标本兼治。

(二)兴文立教与城乡教化

当时的寿宁,因为经济落后,文教基础也十分薄弱,"学校虽设,读书者少。自设县至今,科第斩然。经书而外,典籍寥寥,书贾亦绝无至者。父兄教子弟以成篇为能,以游泮为足,以食饩为至"②。

一县的最高学府县学,"学宫久倾圮,值廖、吕二师尊同事,皆留意作兴。适有详过修学赎锾二十八金,余益以二十馀金,繇是堂宇载整,学门重建"③。廖即廖燦,福建延平府尤溪县人,以岁贡于崇祯八年

---

① 冯梦龙著、卞岐校点:《寿宁待志》,江苏古籍出版社 1993 年版,第 67—68 页。
② 冯梦龙著、卞岐校点:《寿宁待志》,第 28 页。
③ 冯梦龙著、卞岐校点:《寿宁待志》,第 5 页。

（冯梦龙雕像）

（1685）出任寿宁县学教谕，九年（1686），升建宁府学正。吕即吕元英，北直保定府祁州人，以岁贡于崇祯七年（1684）出任寿宁县学训导。二人在《寿宁待志·官司》中均有载。以充修学校的罚款，及冯梦龙的捐助为基础，修整学宫，重建大门，将泮池放在了学宫的院内。破败的棂星门，维修时缺乏大的木料，恰好有旧吏叶际高，长期欠官府罚金十两，无钱，有远处一块山林求售不得，冯梦龙"乃捐俸代输，伐其木"，解决了木料的问题。据《寿宁待志·学宫》记载，修复了学宫，"门外设木屏，以便行者，泮池亦易木桥，朱丹既饰，视昔加焕焉。同事者为今任李师尊"①。李师尊，即廖燦的继任者，浙江温州府瑞安县人，以岁贡，于崇祯九年（1686）任寿宁教谕。

学宫既已修复，接着便是学校教学的正规化。"自余立月课，且颁《四书指月》，亲为讲解，士欣欣渐有进取之志，将来或未量也"②。冯梦龙设立月课，将自己编写的《四书指月》作为教材，亲自讲授，在生员中，逐渐形成了学习进取的风气。冯梦龙也希望由此作育一批读书种子，改变寿宁一地文风不振，科第绝响的局面。

而在一般民众层面，冯梦龙则实施其城乡教化工程。一方面，是民

---

① 冯梦龙著、卞岐校点：《寿宁待志》，江苏古籍出版社1993年版，第5页。
② 冯梦龙著、卞岐校点：《寿宁待志》，第28页。

间信仰的重建。寿宁地方，"民间佞佛者，男奉三官，女奉观音"，虔诚崇奉马仙；而"关圣，县无庙宇，止肖像于东门之桥亭"，后来方有三峰寺僧人化缘，在东门外街上修建了小阁。崇祯九年（1636），有百姓联名报告，欲筹钱建祠，冯梦龙颇为赞同，"亦少佐俸资"，终于落成。复修"遗爱公所"，"自知县戴镗以下，凡有功地方者，从众议立主，以存士民忠厚之意"。民间信仰崇拜，是民俗文化的重要构成，"对我国的政治思想、哲学宗教、文学艺术、风俗习惯、科学技术等都产生一定的影响"，"已化为一种集体无意识融化在我们的血液中，沉淀在我们的意识最深处"①。其在古代中国社会治理中，曾经发挥了十分重要的作用。另一方面，树立正、反两方面典型，奖善惩恶。《坊表》载，县治有状元坊，为宋人缪蟾立，虽然为"有司不察"而建，其子孙申请重建，"以为诸生劝"，冯梦龙则"姑听之"②，因为可以作为劝诫的榜样，同意了他们的申请。冯梦龙认为："磨世砺俗，必章劝诫。故忠孝节义，日而月之，下者醇谨无咎，备名耆宿，亦宜表著，用风顽钝。……其旌善、申明二亭所标，比于钟之铭、鼎之铸，流芳遗臭，余窃有取焉。"③《寿宁待志·劝诫》中，具体开列了先进、孝子、节妇、乡宾、耆民，各自为其作传，以为榜样。又有"旌善亭"，万历二十年（1592）以前有黄彦畴等 7 人，在其后，复列柳衡三等 5 人，以备将来旌表；"申明亭"，列张谏久、符丰等 13 人，又附陈伯进一人。其中谈道："申明之典亦久旷矣。符丰者，余初莅任时所申也。仇视其族，遍讼各台，更名借籍，诬杀陷盗，如鬼如蜮，不可端倪。然今日观之，丰不足怪，殆有甚焉。姑附一人于左，以惕其馀。"其"有甚"者陈伯进，"虽申究问徒，未蔽其辜，终当以丹书垂戒"④。

（三）移风易俗与整治民风

据《寿宁待志·风俗》中记载："寿邑山险而偪，水狭而迅，人感其气以生，故性悍而量窄，虽锥刀之细，骨肉至戚，死不相让。不知法律，以气相食，凌弱蔑寡，习为固然。丁盛之家，人侧目焉。亲戚佣佃，亦号家

---

① 郑土有：《中国仙话与仙人信仰研究》，上海人民出版社 2016 年版，第 143 页。
② 冯梦龙著、卞岐校点：《寿宁待志》，江苏古籍出版社 1993 年版，第 63 页。
③ 冯梦龙著、卞岐校点：《寿宁待志》，第 63 页。
④ 冯梦龙著、卞岐校点：《寿宁待志》，第 67—68 页。

丁，遇有争斗，各于其党，一呼而集，且快目前，逆理犯上弗忌也。"①

在寿宁陋俗之中，以溺死女婴，最为触目惊心："闽俗重男而轻女，寿宁亦然，生女则溺之。自余设厉禁，且捐俸以赏收养者，此风顿息。"② 冯梦龙为此专门颁发了《禁溺女告示》，这是一篇接地气、有特色，别具一格的公告文字，引录如下：

> 寿宁县正堂冯，为严禁淹女以惩薄俗事：访得寿民生女，多不肯留养，即时淹死，或抛弃路途，不知是何缘故，是何心肠。一般十月怀胎，吃尽辛苦，不论男女，总是骨血，何忍淹弃？为父者你自想，若不收女，你妻从何而来？为母者你自想，若不收女，你身从何而活？况且生男未必孝顺，生女未必忤逆。若是有家的收养此女，何损家财？若是无家的收养此女，到八九岁过继人家，也值银数两，不曾负你怀抱之恩。如今好善的百姓，畜生还怕杀害，况且活活一条性命，置之死地，你心何安？今后，各乡各堡，但有生女不肯留养，欲行淹杀或抛弃者，许两邻举首。本县拿男子，重责三十，枷号一月，首人赏银五线。如容隐不报，他人举发，两邻同罪。或有他故必不能留，该图呈明，许托别家有奶者抱养。其抱养之家，本县量给赏三钱，以旌其善；仍给照，养大之后，不许本生父母来认。每月朔望，乡头结状中并入"本乡无淹女"等语。事关风俗，毋视泛常，须至示者。③

为了达到晓谕普通村民，令妇孺皆知的目的，首先，文告通篇用白话写作，通俗浅显，明白易懂。其次，循循善诱，晓之以理，动之以情，告知养女儿的好处和弃女婴的荒谬。其三，明文规定，严厉打击弃溺女婴的行为。其四，广泛发动群众，将此项列入"每月朔望，乡头结状"中所应报告而不可缺少的内容。不仅如此，还自己捐献薪水，设立收养女婴奖励，可谓用心良苦，此风气终得以改变。

有趣的是，早在宋代，大文学家苏轼贬官黄州期间，也曾为地方溺

---

① 冯梦龙著、卞岐校点：《寿宁待志》，江苏古籍出版社 1993 年版，第 27—28 页。
② 冯梦龙著、卞岐校点：《寿宁待志》，第 30 页。
③ 冯梦龙著、卞岐校点：《寿宁待志》，第 31 页。

杀婴儿事,撰有《与朱鄂州书》,向鄂州太守朱寿昌陈情,颇堪与冯梦龙此文对读,可见出精神情怀之一脉传承。其中云:

> 昨日武昌寄居王殿直天麟见过,偶说一事,闻之辛酸,为食不下。念非吾康叔之贤,莫足告语,故专遣此人。俗人区区,了眼前事,救过不暇,岂有馀力及此度外事乎?天麟言:岳鄂间田野小人,例只养二男一女,过此辄杀之,尤讳养女,以故民间少女,多鳏夫。初生,辄以冷水浸杀,其父母亦不忍,率常闭目背面,以手按之水盆中,咿嘤良久乃死。有神山乡百姓石揆者,连杀两子,去岁夏中,其妻一产四子,楚毒不可堪忍,母子皆毙。报应如此,而愚人不知创艾。天麟每闻其侧近有此,辄驰救之,量与衣服饮食,全活者非一。既旬日,有无子息人欲乞其子者,辄亦不肯。以此知其父子之爱,天性故在,特牵于习俗耳。闻鄂人有秦光亨者,今已及第,为安州司法。方其在母也,其舅陈遵,梦一小儿挽其衣,若有所诉。比两夕,辄见之,其状甚急。遵独念其姊有娠将产,而意不乐多子,岂其应是乎?驰往省之,则儿已在水盆中矣,救之辄免。鄂人户知之。
>
> 准律,故杀子孙,徒二年。此长吏所得按举。愿公明以告诸邑令佐,使召诸保正,告以法律,谕以祸福,约以必行,使归转以相语,仍录条粉壁晓示,且立赏召人告官,赏钱以犯人及邻保家财充,若客户则及其地主。妇人怀孕,经涉岁月,邻保地主,无不知者。若后杀之,其势足相举觉,容而不告,使出赏固宜。若依律行遣数人,此风便革。公更使令佐各以至意诱谕地主豪户,若实贫甚不能举子者,薄有以赒之。人非木石,亦必乐从。但得初生数日不杀,后虽劝之使杀,亦不肯矣。自今以往,缘公而得活者,岂可胜计哉。
>
> 佛言杀生之罪,以杀胎卵为最重。六畜犹尔,而况于人。俗谓小儿病为无辜,此真可谓无辜矣。悼耄杀人犹不死,况无罪而杀之乎?公能生之于万死中,其阴德十倍于雪活壮夫也。……
>
> 轼向在密州,遇饥年,民多弃子,因盘量劝诱米,得出剩数百石别储之,专以收养弃儿,月给六斗。比期年,养者与儿,皆有父母之爱,遂不失所,所活亦数千人。此等事,在公如反手耳。恃深契,故

不自外。不罪！不罪！此外，惟为民自重。不宣。①

寿宁当地，还有"信巫不信医"的陋俗。据冯梦龙记载，百姓人家，但凡有人生病，照例要请巫师前来迎神，邻居则敲锣打鼓，俗云"打冞""驱祟"；病人之家，还要摆酒设宴，宴请众人。哪家不照此办理，便会遭邻居白眼，讥讽其吝啬刻薄，群起攻之。而在"打冞"之际，举家竞观，竟置床上病人于不顾。在喧阗锣鼓、鼎沸噪音中，常常有病人绝气而亡，尸骨已冷，家人尚然不知的情况发生。针对这一陋俗，冯梦龙也专门发布告示，严厉禁止，并捐俸施药，于是"人稍知就医"，观念有所改变，但积习已久，"乡村此风不能尽革也"②。

## 三、"有志不行"的苦闷

冯梦龙对于寿宁各坊隅图甲，做过十分深入细致的调查，由其《寿宁待志·都图》中关于各图甲地理、物产、税额、民风、经济状况等方面的详细记载，不难看出。其《寿宁待志·官司》中亦云："岭峻溪深，民贫俗俭。……宽其赋役，可使无饥；……茧丝令急，而上与下相仇；赎锾额增，而治与谷争胜"③。但这些与民生疾苦关涉最深，冯梦龙也最想解决的问题，却常常因为"肘掣于地方，而幅窘于资格"，虽然有相应的改革设想，却最终大抵走向夭折。

关于升科，冯梦龙在《寿宁待志·升科》中认为，此属于"天下有名美而实不美者"一类。平原地带，土地资源丰富，荒芜的田地很多，开垦生田，向国家交税，乃理所应当之事；但在寿宁这样土地资源稀缺的贫瘠山区，"沙浮土浅，梯石而耕，连雨则漂，连晴则涸，但有抛荒，宁留馀地"④，其可耕地资源，十分有限，所谓的垦荒，无非是原本已经纳入交税范围，而后"抛荒"了的"故田"。所谓"抛荒"，其实也是"穷民鬻产未足，并粮鬻之。彼享无粮之租，此认无田之粮。积欠不偿，一逃自脱，虚悬岁久，莫穷根柢"者，卖去田产的百姓，依然要承受原有的交租之责，时

---

① 孔凡礼点校：《苏轼文集》卷四十九，中华书局 1986 年版，第 1417—1418 页。
② 冯梦龙著、卞岐校点：《寿宁待志》，江苏古籍出版社 1993 年版，第 32 页。
③ 冯梦龙著、卞岐校点：《寿宁待志》，第 54 页。
④ 冯梦龙著、卞岐校点：《寿宁待志》，第 10 页。

间久了，负租已多，无法完成，一走了之，空挂在他们名下的土地，于是成了"悬空"的"荒田"。冯梦龙了解到这一问题的存在，提出"欲以本图所升之数，即抵本图所悬之数，升愈多则悬愈少，行之数年，虚粮渐实，可免图民赔累之苦"，以新开垦田地，抵充原有的悬空亩数，因此可以避免土地虚增所带来的百姓租税负担不断增加的痛苦。但冯梦龙这一关心民瘼的构想，因涉及官吏政绩考核，招致"吏书固争，谓升科系考成一款，必不可少"，阻力太大，"不得已听之"，所谓"今身值升科之事，牵于文法，不行其志"，终于未能付诸实施。

关于赋税，冯梦龙在《寿宁待志·赋税》中指出："寿粮原额四千八百，而丁粮居半。男子每丁约纳银四钱三分，妇女每口纳银一分三厘，男丁太重。而审丁之日未曾加意推敲，逃一丁，即悬一丁之粮，茧丝之难以此。"并且，旧额"起解才一千六百馀两，馀俱本县存支，所以解额易足。即穷民稍有拖欠，而支或未尽，亦可缓之以市义"；以"中外势逢交困之会，虏寇患切剥肤之时"，朝廷"以佐军兴事"，前后加派，"共一千二百八十二两六钱五分九厘，总起解之数多至三千三百有奇，捐助、借扣不与焉"，如此，"所存支几何？而纲银、驿站等费俱在其中。民无赊欠，库无馀财，欲有司之有为于地方，盖亦难矣"①。该款后，并附其《催征》诗云："不能天雨粟，未免吏呼门。聚敛非吾术，忧时奉至尊。带青舂早稻，垂白鬻孤孙。安得烽烟息，敷天颂圣恩。"②明末，东北有与满族贵族连年的战争，内地有风起云涌的农民起义烽火，狼烟四起，封建朝廷财政空虚，苛捐杂税，层出不穷，不断加大对人民的搜刮，冯梦龙目睹百姓饥寒交迫，卖儿鬻女，作为封建官员，固不能抗命不遵，而只得违心"聚敛"，他惟有祈盼烽烟早息，其内心的煎熬可以想见。

关于地方军饷权的归属，据冯梦龙在《寿宁待志·兵壮》中记录，寿宁银矿，曾设兵驻守，有固定的编制。最初千户、百户各一名，统领旗军200人。弘治年间，裁革百名。嘉靖年间，银矿关闭，仅留10名看守，因为在荒远的地方戍守，发给全饷。而兵壮的粮饷，由卫中呈空头文书向

---

① 冯梦龙著、卞岐校点：《寿宁待志》，江苏古籍出版社1993年版，第11—12页。
② 冯梦龙著、卞岐校点：《寿宁待志》，第18页。

捕厅领取,与县衙不发生关系。冯梦龙了解到,所谓的 10 名兵壮,根本没有在岗,全属于吃空饷一类。于是,他上报知府,希望能够将经费划归县管,其一,可以杜绝兵卫冒领,其二,可用此经费,招募把守关隘的兵丁,守矿、守关均可。但知府认为,军粮有定制,不可挪移;旗军既不在岗,可唤回另派差事,将原来编制撤销。冯梦龙的合理建议,再被否决。冯梦龙因此感慨:"俟后人图之,余不敢再详矣。"

关于盐法,具体关涉到民生日用。《寿宁待志·盐法》记载,寿宁原有盐船 9 只,因折本、争斗等原因,万历三十七年(1609),徽州盐商 2 人离去,仅存 7 船;天启五年(1625),因盐商与灶户之间的矛盾,商人改水户,商权益轻,又有一船停运;至崇祯六年(1633),又一户亏本回籍,仅剩本地 5 船。但"商本益削",前途未卜,百姓吃盐都成了严重问题。此外,上司有每年缉获私盐 2000 斤的任务,而贩私盐者,行走于山间小道,人多势众,官府不敢过问,十多名弓兵更无法完成限定额度,于是从他们的工资中扣除,弓兵苦不堪言。在广泛调研的基础上,冯梦龙提出,灶户承担盐税,不能再加剥夺,只有以官府出面,招徕商人,丰富货源,切实保障百姓用盐,抑制私贩;鉴于当下盐船不足,燃眉之急,则是遵照大盐事例,计户供应食盐,各乡设立官牙,由他们包足一年数额。但冯梦龙的这一构想,报告上去,同样是泥牛入海,逾年未得到批复。

关于里役,《寿宁待志·里役》记载:"图甲十年一轮,凡征解、送迎出入之费悉见年任之。征则雇经催、报殷实,解则金粮户、出水脚;送迎出入,则备人夫治饮馔。而衙门公馆修理不敷,亦取办焉,即古者'力役之征'意也。"① 但是,雇佣经办人催粮,会有光棍包收的弊端;申报殷实大户,则有私下约定轮流充当的问题;粮户出解税银运费,还有包揽解送税银者过多索取的弊病。百姓缺乏办官差的经验,要有人承包其事。承包者用一报十,一两银子的本钱要挣二两,使得穷苦百姓典妻卖子,家破人亡,尚且不能清还摊派。冯梦龙以造细户花名册,解决了诸如拖欠、经办人雇用、轮流充当殷实户、运费摊派等问题。但另有大造黄册、迎新送旧两大问题,图民"往往以轮及破家",冯梦龙虽然提出了具体设

---

① 冯梦龙著、卞岐校点:《寿宁待志》,江苏古籍出版社 1993 年版,第 36 页。

想,却并未能够得到解决。

黄册,是明朝国家为核实户口、征调赋役,编制的户口版籍。十年造一次,寿宁220甲居民,甲首不懂得如何编制,要雇人来做。承包者或包一甲,或包数甲,最后集中由两名总书来总成。未团局之前,要收缴供给、纸张、油烛等各项费用,犒赏不计在内。团局的时候,不一两天,各人便将材料带回家去,任意拖延,以工钱不够为由,不断勒索费用,数月之后,方才拿出草稿,敷衍塞责。而延期所带来的罚款,或不合要求而退回返工,费用仍然要向百姓摊派,百姓苦不堪言。对此,冯梦龙提出了自己的改革设想:首先,责成22图各甲人户,照依家册编造细册,根据新的变化,不断完善,到了大造黄册的时候,只需审查人口,无需审查产业,便已经省去了工程的大半。其次,把握"三关"。严把用人关,必须是这方面的行家里手,方允其承包;严把经费使用关,雇方已经出了工食、犒谢,倘若因延误或有差错,多出的一切开销,由受雇方负责;其三,费用包干,与总书、算手有切肤关系,他们自然会严把质量关。百姓负担,可以因此大大减轻。但黄册十年一轮,早在冯梦龙到任之前,崇祯七年(1634)已经造办,下一轮在十年之后,冯梦龙的构想,也只能流于一种理想。

官员迎送,据《寿宁待志·里役》中记载,最突出的问题,是官员的离任和到任,送旧迎新。一方面,官员去任、到任,常要动用人夫百馀,少也有数十人之众。本境之内,所到之处,还要备饭接待,随从则肆意索要酒食。乡民不熟悉办理官差,要雇人经办。承包之人,费一开二,或开三、四,并且所需费用,要整笔拿出,凑集不易,只能借贷,加上利息,等到还钱,更加一倍。另一方面,新任一官,衙门便要重新装修,包括置办各种家具,所费不赀。因为缺乏明确制度规定,使得奸民得以自己科敛。还有,《寿宁待志》中例举:"如崇祯七年二月,尹知县去任,罗、何二照磨连换署印,至八月卑职到任,三送三迎,俱值一岁,所费不赀",百姓负担十分沉重。冯梦龙特向知府汇报,希望能够将其制度化,严格规定新任、离任官员使费额度,"画为定规,通县均派,竟送本官自行备办,此外不许需索分毫";至于衙门中各种家具资产,属于国有资产,官员离任时,须登记造册,交付明白,"前官所造,自足充后官之用",即使补充更换,数量有限。但对于冯梦龙的这一建议,知府批复"嫌于私派,仰县再酌",最终也未能够通过。冯梦龙于此有小注曰:"然从来县官有能不送不迎者乎? 送迎有能不费者乎? 既无额设公费,有能不责之里役者乎? 若不通县公派,势必累见年。倘酌定一规则,送官自办,尚可救靡费之大半也。"①冯梦龙的无奈及其苦闷,洋溢于字里行间。

### 四、《春秋》经世理想的实践

冯梦龙在其《〈麟经指月〉发凡》中说:"不佞童年受经,逢人问道,四方之秘策,尽得疏观;廿载之苦心,亦多研悟。纂而成书,颇为同人许可。"②其弟冯梦熊《〈麟经指月〉序》中也说:"余兄犹龙,幼治《春秋》,胸中武库,不减征南。居恒研精覃思,曰:'吾志在《春秋》。'墙壁户牖皆置刀笔者,积二十馀年而始惬。……烨烨乎古之经神也哉! 而荏苒至今,犹未得一以《春秋》举也。于是抚书叹曰:'吾惧吾之苦心,土蚀而蠹残也。吾其以《春秋》传乎哉?'……高皇帝尊用儒说,独取胡氏列学官者,非但以其为严冬大雪独秀之松柏者,取其忧患愤发之意,合焉而可以为异日拨乱之书也。今天下镐京磐石,邈禾黍之离;辨琛叩关,绝金缯之耻,似无所用其忧患愤发。然而纪纲之隳窳也,形势之单靡也,夷狄之侵陵也,则亦儒臣专以《春秋》入侍时也。诸葛武侯劝其君曰:'申、韩之书,益人意智。'岂时可以申、韩,则申、韩;时可以《春秋》,而反不可以《春秋》欤! 迩者夷氛东肆,庙算张皇,即行伍中冀有狄武襄、岳少保深沉好《春秋》者,而研精覃思积二十馀年者,独令其以《春秋》抱牍老诸生间,痛土蚀而悲蠹残也! 岂时可以《春秋》而学《春秋》者,亦自有其时而后可欤?"③

冯梦龙自"童年受经",以研究《春秋》著名。孔子修《春秋》,用《孟子·滕文公章句下》中的话说,也即:"世道衰微,邪说暴行有作,臣弑君者而有之,子弑其父者有之。孔子惧,作《春秋》。《春秋》,天子之事也;

---

① 冯梦龙著、卞岐校点:《寿宁待志》,江苏古籍出版社 1993 年版,第 37—38 页。
② 冯梦龙著、李廷先、田汉云校点:《麟经指月》,江苏古籍出版社 1993 年版,发凡第 1 页。
③ 冯梦龙著、李廷先、田汉云校点:《麟经指月》,叙第 2—3 页。

是故孔子曰：'知我者其惟《春秋》乎！罪我者其惟《春秋》乎！'"①司马迁《太史公自序》中，更进一步揭示了《春秋》经世的思想，有云："子曰：'我欲载之空言，不如见之于行事之深切著明也。'夫《春秋》，上明三王之道，下辨人事之纪，别嫌疑，明是非，定犹豫，善善恶恶，贤贤贱不肖，存亡国，继绝世，补弊起废，王道之大者也。"②冯梦龙数十年不辍，浸淫于《春秋》研究，深受其影响，有着坚执的经世"治平"抱负。冯梦熊也感慨乃兄梦龙精研《春秋》而"抱牍老诸生间"，"无所用其忧患愤发"。由此不难觇知，冯梦龙何以在花甲之年，从人间天堂的苏州，不辞千山万水，远赴"岭峻溪深"、贫穷荒芜的山区小县寿宁，任职七品芝麻小官。

《麟经指月》开卷有云："既曰人君之用，又曰体元，非体、用对说，体即是用，言当体此而用之也。'用'字固重，'职'字亦重，必到朝廷百官远近，莫不一于正，方是尽职。而其所先在正心，则是元也，安可不体备于我而用之哉！'深明其用'句要玩，只为当时人君，但求正人而不求正己之心，把君职都废了，故《春秋》深明之。元者，天地生物之心，人君体此为心，便是正心，无缺经纶，总不外此。"③元，即"天地生物之心"，天有好生之德，天地之生，以人为本，端明此心，自能"尽职"尽责。冯梦龙在《寿宁待志》中言及"寿令可为而不可为"，清醒地认识到，虽然囿于资格，自己贡生的身份，很难有升迁的机会，而在上司眼中，又低人一等，且地方多有掣肘，但其"一念为民之心，惟天可鉴"④，认为"以勤补缺，以慈辅严，以廉代匮，做一分亦是一分功业，宽一分亦是一分恩惠。若夫升沉明晦，则天也"⑤，在其位，谋其政，恪尽职守，修筑关隘城门、练习民兵、明断诉讼、铲黑恶、除虎患、兴文立教、乡村教化、移风易俗等，无不体现出其尽职王事的深切用心，及其仁政爱民的拳拳初心。升科、赋税、里役诸事，虽然"有志不行"，但他并不回避，自称："余生平作事不求

① 杨伯峻：《孟子译注》，中华书局 1960 年版，第 155 页。
② 司马迁：《史记》卷一三〇，中华书局 1959 年版，第 3297 页。
③ 冯梦龙著，李廷先、田汉云校点《麟经指月》，江苏古籍出版社 1993 年版，第 1 页。
④ 冯梦龙著，卞岐校点：《寿宁待志》，江苏古籍出版社 1993 年版，第 70 页。
⑤ 冯梦龙著，卞岐校点：《寿宁待志》，第 54 页。

名而求实，故详及之。"①

《寿宁待志·都图》中云："此旧志之缺，必当补载者。"何以故？乃"为有司者，别风气之淳顽，而雨露不得不济以雷霆；察户口之肥瘠，而催科不得不参以抚字"，其于寿宁220甲地理、经济、出产、民风、赋税，皆有细致切实的调查，如"坊隅一图一甲"："南门，离城十里，住青竹岭洋尾村。民贫，耕读，粮易。""二甲"："军户，东门，离城二十里，住楹洋村。有石形如将军。出梨，出碳，出石鳞鱼。民淳，粮易。""坊隅二图二甲"："东门，离城二十里，住卓家洋村。出柿干。男耕读，女绩麻。民顽，粮多，难完。""福安里二甲"："东门，离城四十里，住西溪楼下村。出戏子，白曲。泉极清，酒为一县之冠。民淳，粮易。""三甲"："西门，离城六十里，住水绕洋村。出星术，出铁匠，出化笋。民淳，男耕女绩。至泰顺县二十里。"②在在体现出了他求是务实的作风。

礼节、仪式，关乎名分秩序，冯梦龙同样予以高度重视。县治"大堂年久倾斜，不久必当重整"，"仪仗库在堂东厢赞政厅之后。然实无卤簿，惟龙亭、香案，而年久敝坏，联以索绹。余至，始修整彩绘，设五龙帐，置赭伞、金瓜，规模稍立。于堂东隙地，别建一楹供养，扁曰'鸾驾库'，使人知敬"③；"名宦祠在仪门之左，仅破屋一间，全无窗槅。余纠工，上加覆尘，中设栅栏，非祭日则关锁之，始免嚣秽"④；"朔望有司拜谒，首文庙，次城隍庙，次马仙庙，次关庙，各行四拜礼。土地祠行二拜礼。报功祠则丁祭日始拜祀之。先圣生辰、忌辰设祭，皆学中为政。而关圣诞日，有司必恭拜，此礼相沿久矣。城隍一邑之主，有事必祷，而民间香火祈祀，绝不及焉，此亦衰敝一征也"，"天地、山川、厉坛，想创县之初，必有屋宇，今废为榛莽，逢时祭则削草下拜。余谓事神、治民，有司之责，未有不能事神而能治民者。于崇祯八年，已捐俸建屋二进于天地坛。崇祯十年正月，余因马仙宫僧徒不和，为之改门右偏，而左偏有屋

---

① 冯梦龙著、卞岐校点：《寿宁待志》，江苏古籍出版社1993年版，第38页。
② 冯梦龙著、卞岐校点：《寿宁待志》，第38—54页。
③ 冯梦龙著、卞岐校点：《寿宁待志》，第3—4页。
④ 冯梦龙著、卞岐校点：《寿宁待志》，第6页。

料未成,系凶方不可建竖,余为移置于山川坛。惟厉坛尚有待"①。

《福宁府志》称赞冯梦"首尚文学,遇民以恩,待士以礼"②。在寿宁任期,冯梦龙与福建地方文人徐𤊹交往相对较为密切。

徐𤊹(1563—1639),字惟起,又字兴公,别号三山老叟、天竿山人、竹窗病叟、笔耕惰农、笃雪道人、鳌峰居士等,福建闽县(今福建福州)人,著名诗人,与曹学佺并称晚明福建诗坛盟主。其图书收藏名扬海内,有藏书楼"红雨楼"为人熟知,是著名的藏书家。著作有《红雨楼书目》《红雨楼纂》《闽画记》《荔枝谱》《闽南唐雅》《鳌峰诗集》等约 50 种。冯梦龙与徐𤊹订交,应该在崇祯八年(1635)。据徐𤊹崇祯九年丙子(1636)所撰《寿宁冯父母诗序》中记载:"予闻先生名且久,竟孤一识面。昨岁浪游建州,而先生新拜寿宁令,赴大府期会,彼此投刺,交相重而交相赏也。"③初次见面,相见恨晚,把酒论文,言谈甚欢。当年的腊月,冯梦龙还曾致函并赠送礼品给徐𤊹,请他为自己的诗稿《游闽吟草》作序。徐𤊹有《寄冯寿宁》书札两通,前者对冯梦龙来函及赠以礼品表示致谢:"辱父台笃念贫交,远贻竿牍,兼拜隆贶,高谊薄云,感知曷喻"④;后者,一方面说明其迟迟未曾复信的原因:"客腊,辱赐腆仪。某尚客武夷,未遑裁答,今春始作报章";对于作序之事,则满口应允:"承委作序,某何人斯,敢于著秽,然向往鄙私,积有岁年,漫成一篇请正,幸祈痛加改削,庶不为佳集之玷。"⑤信中还提及:"缅惟父台山城卧治,著作日富,铅椠大业,侈于爱书。"⑥说冯梦龙寿宁任上,政简讼刑清,讼事不多,文人本色,著书不辍。徐𤊹的《寄冯寿宁》《寿宁冯父母诗序》,对于我们了解冯梦龙在寿宁任内的情况,提供了重要资料。

清乾隆《福宁府志》将冯梦龙列入《寿宁循吏》,赞美他"政简刑清,

---

① 冯梦龙著、卞岐校点:《寿宁待志》,江苏古籍出版社 1993 年版,第 6—8 页。

② 赵廷玑修、柳上芝纂:《寿宁县志》卷四《守官志·宦绩》,《中国方志丛书·华南地方》第 218 号,台湾成文出版社有限公司 1974 年版,第 175 页。

③ 徐𤊹:《红雨楼集》,《上海图书馆未刊古籍稿本》第 42 册,复旦大学出版社 2008 年版,第 26 页。

④ 徐𤊹:《红雨楼集》,《上海图书馆未刊古籍稿本》第 44 册,复旦大学出版社 2008 年版,第 82 页。

⑤ 徐𤊹:《红雨楼集》,《上海图书馆未刊古籍稿本》第 44 册,第 118 页。

⑥ 徐𤊹:《红雨楼集》,《上海图书馆未刊古籍稿本》第 44 册,第 82 页。

首尚文学,遇民以恩,待士有礼"①,这是官方对冯梦龙寿宁任期工作的考评。冯梦龙自谓:"余虽无善政及民,而一念为民之心,惟天可鉴。"②"无善政及民"自是他的谦虚,"一念为民之心"则绝非华丽的言辞标榜,具体体现在了他为官一任的一言一行之中,因此,他有了任内"聚敛非吾术,忧时奉至尊"的矛盾纠结。贡生官的身份,"掣肘于地方,而幅窘于资格",资格困人,其志向追求不免时时遭遇挫折,上述他的革除弊政,步履艰难,在某种程度上,便说明了这一点。但冯梦龙已经竭尽了他的努力,不独"惟天可鉴",历史留下了他的美名。

退一步海阔天空,冯梦龙想得透,看得开。在公务之暇,他或"丹铅著书",或"撚须吟咏";虽然"闽中五十七邑令之闲,无逾先生……而百端苦心,政平讼理,又超于五十七邑之殿最"③,"山城卧治",是福建地方文坛领袖徐𤊹对他的评价。

冯梦龙在寿宁任上的著述,有诗集《游闽吟稿》、剧本《万事足》,还有专门为寿宁而写的《寿宁待志》。《万事足》传奇中有诗曰:"山城公署喜清闲,戏把新词信手编。但愿闺人除妒嫉,不愁家谱绝流传。夫妻恩爱原无碍,朋友周旋亦可怜。少壮几时须远虑,休言万事总繇天。"④既可以佐证徐𤊹诗序中所言不虚,也透露出其文艺创作,包括编写戏曲剧本,同样是其乡村教化工作的有机组成部分。

# 第三节　暮年苍茫

## 一、退休归来

三年任期内,所谓的"山城卧治",更多的是一种美称。西汉时期东海太守汲黯的"卧闺阁内不出。岁馀,东海大治",其真实性如何,令人

---

① 李桂修、李拔纂:《福宁府志》卷十七《秩官·循吏》,《中国方志丛书》第 74 号,台湾成文出版社有限公司 1967 年版,第 332 页。

② 冯梦龙著、卞岐校点:《寿宁待志》,江苏古籍出版社 1993 年版,第 70 页。

③ 徐𤊹:《红雨楼集》,《上海图书馆未刊古籍稿本》第 42 册,复旦大学出版社 2008 年版,第 27 页。

④ 冯梦龙编著、俞为民校点:《墨憨斋定本传奇》(上),江苏古籍出版社 1993 年版,第 697 页。

怀疑。冯梦龙在寿宁任上，则是付出了很多心力，做出了有目共睹的政绩，"百端苦心，政平讼理"，是一个有根据的评价。然而，最终因为"资格所拘"，冯梦龙既得不到升迁，也无法继续留任，他不得不辞别寿宁，告老还乡。虽然其心有不甘，或许还带着些许的无奈，但扪心自问，冯梦龙已经问心无愧，他可以坦然释然地荣休还乡了。

文从简《冯犹龙》诗中赞冯梦龙："早岁才华众所惊，名场若个不称兄。一时文士推盟主，千古风流引后生。桃李兼栽花雾湿，宓琴流响讼堂清。归来结束墙东隐，翰胠机杼手自烹。"[1]誉美其早年以《春秋》研究驰名科场，文社雅集为众人推为盟主，曾为学官桃李芬芳，任职县令政简刑清，退职归来有张翰、陆机之怡然自得之乐。

在友人看来，早过了耳顺之年的冯梦龙，回到美丽的家乡，理所当然地要颐养天年，享受天伦之乐了。然而，伴随着农民起义烽火的四处燃起，满族贵族的立号建国，大明时局的日趋艰危，天下兴亡、匹夫有责，冯梦龙难以找到退休归来、无官一身轻的解脱感。他有一首《冬日湖村即事》诗，或许是回到家乡后不久所作。诗云：

> 蒹葭一望路三叉，遥认农家去路斜。
> 舟响小溪过蟹舍，屋颓高岸露牛车。
> 霜轻堤柳留疏叶，气暖村桃放早花。
> 平野萧条聊极目，远天寒影散群鸦。

著名刻书家、常熟人毛晋有和诗云：

> 湖曲波寒鱼可叉，一舟如叶渡头斜。
> 高篱悬瓠刳春榼，矮屋添茅覆水车。
> 沽酒前村逢故友，寻僧废寺见梅花。
> 萧然野外无人事，古木干霄聚暮鸦。[2]

对读毛晋的和诗，我们可以更清晰地把握冯梦龙该诗中所表现出的那种思想脉动。冯诗中的蒹葭苍苍、水路歧途、颓屋衰柳、萧条平野、

---

① 陈济生：《天启崇祯两朝遗诗》，中华书局 1958 年版，第 1043 页。
② 毛晋著、朱新华等笺校：《汲古阁集笺注》，东方出版中心 2019 年版，第 87 页。

寒鸦一片等系列萧瑟迷茫的意象，与毛诗中的湖曲波寒、独舟自横、茅草荒长、废寺荒庵、萧然野外、古木暮鸦，相互发明，有一种相通的萧然情怀，也有着不同的认识取向。年轻的毛晋，相较苍然暮年的冯梦龙，似乎更易于看得开——萧瑟归于萧瑟，湖曲波寒有鱼可叉，高篱悬瓠堪剖春榼，未见僧人而得睹梅花，皆其聊可娱乐之事；而冯梦龙诗中所表现的情绪，则透露出他寿宁归来时，崇祯末期颓败动荡的社会时局，在一个关怀国事的读书人内心深处，留下的一层挥之不去的阴霾。

出身资格，挡住了冯梦龙的仕途进取之路，却无法消磨去他抚心世道的炽热情怀。概观冯梦龙自寿宁退职归来，迄于明朝覆亡之间的各类著作，颇可以看出他持续的"公情"救世理想一脉，以及他坚定执着的社会关切与使命担当。

明代中期以后，戏曲艺术风靡社会，成为令"举国若狂"的大众娱乐文化样式。在江南地区，城市乡村，戏曲表演更是普遍流行。冯梦龙既充分认识到戏剧艺术的重要意义，也给予了高度的实际关注。具体而言，早在天启七年(1627)之前，冯梦龙便开始了他的传奇戏曲改定工作，他的"墨憨斋改刻传奇定本"已经有了一些完成的作品。但这一工程，显然在持续不断的进行中，如他的《墨憨斋重定双雄记传奇·叙》中说："余发愤此道良久，思有以正时尚之讹。因搜戏曲中情节可观，而不甚奸律者，稍为窜正。年来积数十种，将次第行之，以授知音。"①正因为不断地改定，也在断续的刻印推出之中，后人对其传奇定本的数量，也有了不同的说法。我们今天能够见到的"墨憨斋定本传奇"，总计有14种：《双雄记》《万事足》《新灌园》《酒家佣》《女丈夫》《量江记》《精忠旗》《梦磊记》《洒雪堂》《楚江情》《风流梦》《邯郸梦》《人兽关》《永团圆》。另外有《杀狗记》，题署"龙子犹订定"；《三报恩》，题署"同邑龙子犹窜"。其中，《万事足》编定于崇祯八年(1635)冯梦龙寿宁任上，《人兽关》《永团圆》则应该是冯梦龙从寿宁归来以后所改定。

冯梦龙为什么会对于改编修订传奇表现出如此浓厚的兴趣？他究竟有怎样的追求？这在其有关序言中，有具体的披露。

---

① 冯梦龙编著、俞为民校点：《墨憨斋定本传奇》(上)，江苏古籍出版社1993年版，第480页。

《墨憨斋重定新灌园传奇·序》中说："自余加改窜，而忠孝志节，种种具备，庶几有关风化，而奇可传矣。若夫律必叶，韵必严，此填词家法，即世俗论议不及，余宁奉之惟谨。"[1]这里讲，他的改定，首先是强化"忠孝志节"，有关风化；其次，调协韵严，恪守曲家家法。

《墨憨斋详定酒家佣传奇·叙》中说："马季常，经术名儒，一为不义，千载而下，讨不得一副干净面孔。而文姬、王成、郭亮、吴佑，至今凛凛有清霜烈日之色。令当场奏伎，虽妇人女子，胸中好丑，亦自了了。传奇之衮钺，何减《春秋》笔哉！世人勿但以故事阅传奇，直把作一具青铜，朝夕照自家面孔，可矣！"[2]这里讲，传奇戏曲，亦如《春秋》之褒贬与夺，明辨是非，善善恶恶，古人因此而或遗香遗臭，观戏者则如照镜子，可见自家美丑。

《墨憨斋新订精忠旗传奇·叙》中说："旧有《精忠记》，俚而失实，识者恨之。从正史本传，参以汤阴庙记事实，编成新剧，名曰《精忠旗》。精忠旗者，高宗所赐也。涅背誓师，岳侯慷慨大节所在。他如张宪之殉主，岳云、银瓶之殉父，蕲王诸君之殉友，施全、隗顺之殉义，生死或殊，其激于精忠则一耳。……方之旧本，不径庭乎？"[3]这里讲，其改编《精忠记》，以其"俚而失实"，唐突先贤；其新编易名《精忠旗》，凸显其朝廷所赐，彰显岳飞之慷慨大节，以及张宪、岳云、银瓶、蕲王诸君、施全、隗顺等人之"精忠"报国，行为世范，有益风化。

《墨憨斋重定双雄记传奇·叙》中，则批评了当时剧坛，"《荆》《刘》《蔡》《杀》而后，坊本彗出，日益滥觞。高者浓染牡丹之色，遗缺精神；卑者学画葫芦之样，不寻根本。甚至村学究手撷一二桩故事，思漫笔以消闲；老优施腹烂数十种传奇，亦效矍而奏技。中州韵不问，但取口内连罗；九宫谱何知？只用本头活套。作者逾乱，歌者逾轻。调冈别乎宫商，惟凭口授；音不分乎清浊，只取耳盈。或因句长而板妄增……或认调差而腔并失"等等乱象，指出其改订传奇的目的，正在于"思有以正时

---

① 冯梦龙编著、俞为民校点：《墨憨斋定本传奇》（上），江苏古籍出版社1993年版，第3页。
② 冯梦龙编著、俞为民校点：《墨憨斋定本传奇》（上），第99页。
③ 冯梦龙编著、俞为民校点：《墨憨斋定本传奇》（上），第367页。

尚之讹"①。总评中谈及该剧的创作,是"感愤而作。虽云伤时,亦足以警俗"②。关心风化,维护传奇戏曲健康发展,同样是其重要目的。

《墨憨斋订定万事足传奇叙》中说:"览斯剧者,能令丈夫爱者明,弱者有立志,胜捧诵佛说怕婆经多多矣。其闺人或览而喜,或览而怒;喜则我梅,怒则我邪。孰贤孰不,孰吉孰凶,到衰老没收成时,三更梦醒,自有悔着此。自为身家百年计,勿恃陈状元棒喝不到为幸也。"又有总评曰:"旧有《万全记》,词多鄙俚,调复不叶,此记缘饰情节而文之。"剧本第一折《家门大意》中有诗云:"巧撮合闺门贤德,莽治妒朋友高情。三及第同窗富贵,万事足奕世簪缨。"③儆惕淫悍,颂扬"闺门贤德",宣扬封建家庭道德,是其重要命意。

此外,如《墨憨斋新定洒雪堂传奇》总评中说:"是记穷极男女生死离合之情,词复婉丽可歌,较《牡丹亭》《楚江情》未必远逊,而哀惨动人更似过之。若当场更得真正情人写出生面,定令四座泣数行下。"④《墨憨斋重定三会亲风流梦小引》中说:"夫曲以悦性达情,其抑扬清浊,音律本于自然。若士亦岂真以捩嗓为奇?……余虽不佞甚,然于此道窃闻其略,僭删改以便当场。"该剧结尾有诗曰:"新词催泪落情肠,情种传来玉茗堂。谁按宫商成雅奏? 菰芦深处有龙郎。"⑤不复赘引,上述冯梦龙的有关论述,不难看出,他改定传奇,一是使之合乎声律,便于演出,美听美视;二是以其故事内容,感化世人,匡挽世俗,以其"情教"思想,教导世人,尽作有情人、忠孝人、贤德人。这也是他重视戏曲创作最根本的目的所在。

章回小说《新列国志》,大约也成书于这一时期。该书的创作,首先,针对之前余邵鱼《列国志传》中存在的大量问题,进行了堪称拨乱反正的工作。如《凡例》中所云:"旧志事多疏漏,全不贯穿,兼以率意杜撰,不顾是非","旧志姓名,率多自造,即偶入古人,而不考其世","旧志

① 冯梦龙编著、俞为民校点:《墨憨斋定本传奇》(上),江苏古籍出版社1993年版,第479—480页。
② 冯梦龙编著、俞为民校点:《墨憨斋定本传奇》(上),第481页。
③ 冯梦龙编著、俞为民校点:《墨憨斋定本传奇》(上),第587、589、593页。
④ 冯梦龙编著、俞为民校点:《墨憨斋定本传奇》(上),第823页。
⑤ 冯梦龙编著、俞为民校点:《墨憨斋定本传奇》(下),江苏古籍出版社1993年版,第1047、1169页。

叙事,或前后颠倒,或详略失宜",以及失实、诗词过俚、地名混乱等;而《新列国志》,则"凡列国大故,一一备载,令始终成败,头绪井如,联络成章,观者无憾",人物"凡有名史册者,俱考订详慎,不敢以张冒李",叙事"一案史传,次第敷演,事取其详,文撮其略。其描写摹神处,能令人击节起舞;即平铺直叙中,总属血脉筋节,不致有嚼蜡之诮",制度"悉按古制,一洗旧套",诗词"尽出新裁",地名"悉依《一统志》查明分注"。① 冯梦龙所述,皆大抵不虚。其次,小说中所叙写故事的起讫,有了比较大的差异。余邵鱼《列国志传》,叙写商周春秋列国故事;冯梦龙《新列国志》,则叙东周列国故事,起于宣王荒淫无道、平王东迁,结束于秦朝的统一,更为名实相符。其三,冯梦龙创作该书,有其羽翼信史、总结历史兴衰经验教训,加以道德训诫,资治教化的鲜明追求。如其《引首》中说:"史官论谓有幽厉,必有东迁;有东迁,必有春秋战国,虽则天运使然,然历览往迹,总之得贤者胜,失贤者败;自强者兴,自怠者亡。胜败兴亡之分,不得不归咎于人事也。"②其创作旨归彰然可见。

通俗小说《三教偶拈》(包括《皇明大儒王阳明先生出身靖乱录》《济颠罗汉净慈寺显圣记》《许真君旌阳宫斩蛟传》三部小说)的纂辑成书,也应该在这一时期。该书《序》中,冯梦龙说:"是三教者,互相讥而莫能相废,吾谓得其意皆可以治世,而袭其迹皆不免于误世。……其间于释教吾取其慈悲,于道教吾取其清净,于儒教吾取其平实。所谓得其意皆可以治世者,此也。偶阅《王文成公年谱》,窃叹谓文事武备,儒家第一流人物,暇日演为小传,使天下之学儒者,知学问必如文成,方为有用。因思向有济颠、旌阳小说,合之而三教备焉。夫释如济颠,道如旌阳,儒者未或过之,又安得以此而废彼也。"③调和三教,经世致用,有以济世,显然是冯梦龙编纂这部小说的命意所在。《王阳明先生出身靖乱录》篇尾有诗云:

① 冯梦龙编、黄希坚等校点:《新列国志》,江苏古籍出版社 1993 年版,凡例第 1—2 页。
② 冯梦龙编、黄希坚等校点:《新列国志》,引首第 2 页。
③ 冯梦龙编著、魏同贤校点:《三教偶拈》,江苏古籍出版社 1993 年版,序第 1—2 页。

三言妙诀致良知，孔孟真传不用疑。今日讲坛如聚讼，惜无新建作明师。

平蛮定乱奏奇功，只在先生掌握中。堪笑伪儒无用处，一张利口快如风。①

置身于大明王朝风雨飘摇之末代，冯梦龙忧心如焚。他对于王阳明的推崇，也何尝不是置身于当时社会，忠君爱国有识之士，为疗治乱世，所开出的一剂药方！

这一时期，冯梦龙还编撰了大众历史读本《纲鉴统一》。崇祯十五年（1642）壬午，黄道周为该书作序，述其源流，盛赞司马光《资治通鉴》"事举辞核，灼然备兴衰之观，明得失之鉴"；朱熹《资治通鉴纲目》"斥偏隅之僭称，明正统之有属，褒贬予夺，断断无少错贷。于是，天下凛然于君臣父子与夫邪正是非之关，厥功伟矣"；进而赞誉冯梦龙能够赓续传统，该书"综会《纲》《鉴》，独成一书；参诸史之异同，洗前哲之讹谬。观其《发凡》《引例》，往往创出前人，是正迷惑，俾采要者不苦其繁，务广者不恶其略，虽涑水、新安二氏尚以为功臣，况碌碌著作之流哉"②。《纲鉴统一》之总结历史经验和教训，惩恶扬善，弘扬忠义爱国精神，显然是冯梦龙编写此书的重要目的之一。

崇祯十六年（1643）春天，冯梦龙七十大寿。诗坛巨擘、常熟钱谦益

---

① 冯梦龙编著、魏同贤校点：《三教偶拈》，江苏古籍出版社1993年版，第79页。
② 冯梦龙辑，张玉范、沈乃文校点：《纲鉴统一》（上），江苏古籍出版社1993年版，序第1—2页。

专门为他写了祝寿诗《冯二丈犹龙七十寿诗》，诗曰：

> 晋人风度汉循良，七十年华齿力强。
>
> 七子旧游思应阮，五君新咏削山王。
>
> 书生演说鹅笼里，弟子传经雁瑟旁。
>
> 纵酒放歌须努力，莺花春日为君长。①

钱谦益(1582—1644)，字受之，号牧斋，晚号蒙叟、东涧老人，苏州府常熟县人。学者称虞山先生。明万历三十八年(1610)探花，后为东林党领袖之一，官至礼部侍郎。崇祯十年(1637)，在与温体仁的斗争中失败，削籍还乡。清初诗坛盟主。该诗作于其赋闲居家期间。诗中夸赞冯梦龙集魏晋风度与循吏清官于一身，身体硬朗，古稀犹健。小注云："冯为同社长兄，文阁学、姚宫詹，皆社中人也。"追忆了自己与冯梦龙、文震孟、姚希孟等人结社的友谊，称颂他小说创作、经学教育的影响，最后致以良好的祝福：纵酒放歌，享受人生，生命璀璨，春天永驻。

但时局的急剧变化，使得钱谦益这美好的祝愿，也成为泡影。古稀之年的冯梦龙，很快被裹挟进了时代的乱离中。他不辞年迈，以"草莽老臣"自许，为抗清救亡呐喊奔走，在惶惶不可终日里，走完了他最后的人生。

## 二、草莽老臣

公元 1644 年，农历三月十九日清晨，李自成起义军占领北京外城，未久，崇祯帝朱由检自觉回天乏力，自缢于煤山。

冯梦龙在《甲申纪事叙》中记录了他此时最真实的心情："甲申之变，天崩地裂，悲愤莫喻，不忍纪亦不忍不纪。"②此后，他著述中的署名，悄然发生了变化，如《甲申纪事叙》题署"七一老人草莽臣冯梦龙述"，《甲申纪闻》题署"七一老臣冯梦龙识"，《中兴实录叙》题署"七一老臣冯梦龙拜述"等。位卑未敢忘忧国，这一署名的变化，反映出了"七一老人"冯梦龙心系明朝的拳拳忠君爱国之心。

---

① 钱谦益著、钱曾笺注，钱仲联标校：《初学集》卷二十，上海古籍出版社 1985 年版，第 713 页。
② 冯梦龙编著、吴伟斌校点：《甲申纪事》，江苏古籍出版社 1993 年版，叙第 1 页。

在人生即将谢幕的年纪,冯梦龙顾不得身心的衰惫老迈,竭尽忠诚,不辞艰辛,为救亡图存呐喊,奔走呼号。他的人生馀晖,显得不无苍凉惨愁,也有一些悲壮。

崇祯十七年(1644)五月初三日,福王朱由崧号称监国,十五日,于南京即皇帝位。此为南明弘光王朝。小朝廷的建立,使得忠心于明朝的臣民,似乎看到了一丝光复的亮光。对于冯梦龙而言,友人祁彪佳的再度出山,奉命巡抚江南,升大理寺丞、右佥都御史,更给他衰迈的身体注入了一股强劲的能量。一方面,他以自己的著述,表彰忠义,抨击奸佞,鼓舞抗战士气,如编辑《甲申纪事》。其《叙》中谈道:

> 余既博采北来耳目,草《纪事》一卷,忠、逆诸臣,别为《绅志略》……未几,得程进士《孤臣纪哭》。又未几,得无名氏《都城日纪》。最后,得陈太学《再生纪略》。合之,而事迹始备。……至于倡义讨逆诸檄,总见薄海臣庶之同心;奏疏书议诸篇,多关国家经济之大略:并加采拾,以供观览。而淮阳、京口之变,逖听多所未悉,亦稍稍访辑以代答问。其感愤、吊忠诗,偶有惠教,即不能尽传,聊附一二于简末。因冠以圣谕、圣旨二道,见新天子宽厚而复精明。如此,百尔臣工所不仰体宸衷,同心戮力![1]

该书《绅志略》,分别收录了"死难诸臣""幸免诸臣""从逆诸臣"。对于死难诸臣,其评价云:"愚谓死者,人臣自了之事,非所以尽职而报国也。……将相大臣,事权在握,安危倚之,如屋有楹,如柱有础。平日所营何事,乃临时一无所恃,而仅以捐躯塞责?然则拼此七尺躯,人人可充将相之选乎?必如闲散下僚、新进书生,不谋其政,复不爱其生,乃为难耳。若台省可以争是非,将相之责已当分半,即死何逃不能之罚?第泄沓之习,酝酿非一朝夕。况国破君王,度不能复仇雪耻,除却一死更无他路。故列一时死难诸臣,详其爵里,以愧夫不能死者。"[2]其表彰忠义的用心不难看出。

《甲申纪事》第十三卷,收录了感愤、吊忠诗篇。其中有冯梦龙和同

① 冯梦龙编著、吴伟斌校点:《甲申纪事》,江苏古籍出版社 1993 年版,叙第 1 页。
② 冯梦龙编著、吴伟斌校点:《甲申纪事》,第 15 页。

（《甲申纪事》书影）

乡许琰绝命诗之作，小序记录了许琰殉国的过程。诗云：

> 朝宁何人肯急君？坐令烈日掩祲氛。
>
> 诸公底事名声气，一个书生已绝群。
>
> 平时标榜尽虚空，节义文章生死中。
>
> 肉食偷生藿食死，儿童亦自别奸忠。

再和诗中有云：

> 谁如草莽不忘君？衔恨重泉为敌氛。
>
> 莫道诸生无国士，衣冠羞杀马牛群。

又有《奉挽玉重先生四绝》，其中有句云：

> 先生一死非多事，要与时流换肺肝。[1]

从诗中抒写，不难感受到此时冯梦龙的悲愤之情，及其对许琰殉节朱明王朝之举的赞叹激赏；也可以发现，他之所以将此等作品刊布于众，目的还在于激发天下臣民同仇敌忾、光复明朝的抗战情绪。

另一方面，冯梦龙又竭尽忠心赤诚，为弘光小朝廷献计献策。在

---

① 冯梦龙编著、吴伟斌校点：《甲申纪事》，江苏古籍出版社 1993 年版，第 270—271 页。

《甲申纪事·叙》中，他首先分析了当前危亟的形势："方今时势，如御漏舟行江湖中，风波正急，舵师、楫手兢兢业业，协心共济，犹冀免溺；稍泄玩，必无幸矣！况可袖手而闲诟谇乎？庙堂隐忧，莫大于此！"继之，针对危局，他提出"立军政"乃当务之急："古者用兵，宁使饷浮于兵，不使兵浮于饷。今未具饷而先具兵，兵既聚而饷不足。于是倡为打粮之说，公然扫掠民间"，"有兵之处，闾里皆空"，"兵之为害，历历可见"；"若夫战，吾亦知非兵不可。而在今日之兵必不可。何也？勇于残民而怯于赴敌，则军政之不立也；军政立，而一兵费一兵之饷，饷何患不足？一兵得一兵之用，兵何患不强？"①

在《甲申纪事》中，他还收录了《中兴制寇策》《制虏议》《屯守议》《禁卫议》《整卫所议》《理财议》《原祸戡乱议》，以及他个人撰写的《钱法议》。在《钱法议》中，他专就铜钱铸造流通等问题，发表了自己的看法。他认为"钱识帝号，其制之美恶，价之贵贱，与世之安危相应"，关系重大；嘉靖、万历时代，铜钱坚厚，享国长久；崇祯朝，铸钱者损公肥私，"扣铜价，征样钱，勒馀羡"②，掺铅石，铜钱低劣，民益贫而国益窘，此乱之征兆。因此，他建议弘光新朝，亟需革新钱法，加强管理，铸造大钱，花纹有别，变革赋税制度等。由此不难看出冯梦龙对于小朝廷的热切期待。

弘光元年（1645）五月二十四日，清军占领南京，朱由崧被俘，弘光朝覆灭。闰六月，唐王朱聿键在郑芝龙等人拥立之下，于福州称帝，而曾经为冯梦龙《纲鉴统一》作序的黄道周，任武英殿大学士。由于消息隔绝，同月，鲁王朱以海监国于绍兴，拜祁彪佳为兵部侍郎，总督苏、松。

据沈自晋《重定南词全谱凡例续纪》记载："越春初，子犹为苕溪、武林游，道经垂虹言别，杯酒盘桓，连宵话榻，丙夜不知倦也。"③又王挺《挽冯犹龙》诗中提到："去年戒行役，订晤在鸯水。及泛西子湖，先生又行矣。石梁天姥间，于焉恣游履。"④自 1645 年春初，冯梦龙即奔波于吴江、湖州、杭州、台州，是因为祁彪佳的原因，奔鲁王小朝廷而去；还是因

---

① 冯梦龙编著、吴伟斌校点：《甲申纪事》，江苏古籍出版社 1993 年版，叙第 1—2 页。

② 冯梦龙编著、吴伟斌校点：《甲申纪事》，第 243 页。

③ 张树英点校：《沈自晋集》，中华书局 2004 年版，第 257 页。

④ 陈瑚：《离忧集》卷上，《四库禁毁书丛刊补编》第 47 册，北京出版社 2005 年版，第 648 页。

黄道周的原因,奔唐王朱聿键而去,史无记载,不得而知。

弘光朝覆亡之后,新建的鲁王、唐王政权,再度燃起冯梦龙心中复兴明朝的希望。在《中兴伟略·引》中,冯梦龙便表达了对唐王隆武政权的拥戴:

> 《中兴伟略》者,为南北变故而辑也。我太祖高皇帝逐胡清华,三百年来文治日久,武备废弛,官军眼眼相觑,贪生怕死,是以致虏寇两犯神京,震惊皇陵,莫大之惨,莫大之冤,恨不咀其肉而灰其魄也。……闽中南安郑伯芝龙,仝诸故老元勋朱公继祚、黄公道周等恭迓唐王监国,固守闽广一隅,诏谕彰明,招贤纳士,待天下之清,协扶幼主中兴大务,恢复大明不朽之基业,在兹举矣。①

南明隆武二年(1646,清顺治三年)春夏之交,冯梦龙耗尽了他生命的全部心力,病逝于家中。临终有《辞世》诗,已亡佚不复得见。据沈自晋《重定南词全谱凡例续纪》记载,冯梦龙临终有遗言,让儿子冯焴将他的《墨憨斋词谱》未完稿,交给沈自晋,托其代为完成。这应该不是冯梦龙遗言的全部内容,因为他还有更大的未竟事业——光复明朝,也许已觉绝望,不忍再说;或者如陆游《示儿》诗中所云:“王师北定中原日,家祭无忘告乃翁。”②寄希望于后来。沈自晋有《和子犹〈辞世〉原韵二律》,其中有句云:“生刍一束烽烟阻,肠断苍茫山水边”;“词隐琴亡凭汝寄,墨憨薪尽问谁传”③,表达了对亡友无尽的哀思,以及对其曲学成就的高度评价。

---

① 冯梦龙编、卞岐校点:《中兴伟略》,江苏古籍出版社1993年版,引第1页。
② 陆游著、钱仲联校注:《剑南诗稿校注》卷八十五,上海古籍出版社1985年版,第4542页。
③ 张树英点校:《沈自晋集》,中华书局2004年版,第258页。

# 结束语:晚明"大众文化"的巨擘

  正如有学者所概括:"冯梦龙是明代末期的著名作家,他的文学活动是多方面的。对诗文、小说、戏曲、民间文学等都有一定的成就。但他毕生的大部分精力是用于搜辑、整理并介绍民间文学和通俗文学上面……最突出而影响最大的是小说方面的成绩"[①];"冯梦龙的文学活动,领域相当广阔,有创作、更定,也有编选、注释;涉及的文体有:时尚小曲、通俗小说、戏剧、散曲、诗文、经史、杂记、曲谱、笑话、酒令、牌经以致绘画"[②]。如此多方面、跨领域的文化建树,要做到一言以蔽之,论定其贡献,洵非易事。

  事实上,人们对于冯梦龙贡献的概括评价,也确实众说纷纭,人言言殊,如"在通俗文学的各个方面都作出了重大贡献的作家"[③],"'全能'通俗文学家"[④],"通俗文学的爱好者和积极宣传者"[⑤],"中国俗文学一代宗师"[⑥],"杰出的编辑家"[⑦],"一位伟大的通俗文学家"[⑧],"明末通俗文学的旗手"[⑨],"晚明主情、尚真、适俗文学思潮的代表人物,通俗文学

---

① 胡士莹:《话本小说概论》,中华书局1980年版,第413—415页。
② 陆树仑:《冯梦龙研究》,复旦大学出版社1987年版,第56页。
③ 游国恩等:《中国文学史》第四册,人民文学出版社1964年版,第115页。
④ 缪咏禾:《冯梦龙和三言》,上海古籍出版社1979年版,第14页。
⑤ 陆树仑:《冯梦龙研究》,前言第1页。
⑥ 王凌:《畸人·情种·七品官:冯梦龙探幽》,海峡文艺出版社1992年,第107页。
⑦ 张弦生:《杰出编辑家冯梦龙和造就他的时代》,《殷都学刊》1997年第1期,第64—72页。
⑧ 郭预衡:《中国古代文学史》第四册,上海古籍出版社1998年版,第205页。
⑨ 陈曦钟:《冯梦龙》,春风文艺出版社1999年版,第1页。

的一代大家"①,"勤奋而高产的作家和学者"②等等。而大多数评价,着眼于冯梦龙的通俗文学创作。但平心而论,首先,这最多也只能说是揭示了其"最突出而影响最大"的贡献,其戏剧艺术、实用类书、游艺之作等,便很难统摄在内;其次,上述评价,更忽略了冯梦龙文化创造活动的时代语境,即"大众娱乐文化"崛起的历史背景,因此,其评价也就不仅难以全面概括冯梦龙文化创造的实绩,也难以确切地反映出其文化贡献的本质特色。而立足于"大众文化"视域,则游刃有余,不仅可以更加客观全面地论定冯梦龙的文化贡献,还能够更加恰切地反映其文化创造的本质。

## 一、明代"大众文化"的历史语境

"大众文化"是一个特定的概念,英文中叫"popular culture",中文里也译作"流行文化"或"通俗文化"。何谓"大众文化"? 亦可谓众说纷纭,英国学者约翰·斯道雷在其《文化理论与通俗文化导论》中概括有六种说法:其一,它是一种"广受欢迎,或者众人喜好的文化";其二,它"泛指达不到高雅文化标准的文化作品与文化实践";其三,它是"为了满足大量消费而大批量生产的文化,其观众是没有鉴别力的消费者";其四,它是"为人民服务的人民的文化";其五,它是"社会中从属群体的抵抗力量与统治群体的整合力量之间相互斗争和谈判的场所";其六,它是一种"消融了'高雅文化'和'大众文化'之间、艺术与商业之间界限的文化类型"。而作为现代范畴的"大众文化",其内涵"往往是特指文化工业部分批量生产的商业化的消费文化"。③ 在中国明代中后期涌现出的具有商业化、娱乐化、模式化诸特征的文化成果,虽然并不能等同于现代意义的"大众文化",事实上已经具有了"大众文化"的若干特质。

戏曲演出艺术,丘濬创作于成化年间的《五伦全备记》剧本第一出有云:"书会谁将杂曲编,南腔北曲两皆全";"今世南北歌曲,虽是街市

① 袁行霈:《中国文学史》第四卷,高等教育出版社 2014 年版,第 159 页。
② 傅承洲:《冯梦龙文学研究》,中国社会科学出版社 2013 年版,第 1 页。
③ 陶东风:《大众文化教程》,广西师范大学出版社 2008 年版,第 16—19 页。

子弟、田里农夫，人人晓得唱念"①，便已经揭示了当时社会南北歌曲流行的盛况。成化年间进士陆容，其《菽园杂记》卷十记载，成化、弘治年间，浙江戏曲十分繁盛："嘉兴之海盐，绍兴之余姚，宁波之慈溪，台州之黄岩，温州之永嘉，皆有习为优者，名曰'戏文子弟'，虽良家子亦不耻为之。"②正、嘉之后，在江南地区，更是伎乐风行，如管志道所说："今之鼓弄淫曲，搬演戏文，不问贵游子弟，庠序名流，甘与俳优下贱为伍，群饮酗歌，俾昼作夜，此吴、越间极浇极陋之俗也。"③清人陆文衡《啬庵随笔》卷四记载，吴地百姓痴迷于戏剧，"我苏民力竭矣，而俗靡如故。每至四五月间，高搭台厂，迎神演剧，必妙选梨园，聚观者通国若狂"④；清初《苏州竹枝词》有云："家歌户唱寻常事，三岁孩子识戏文。"⑤也正是晚明以来这一文化传统的延续，反映出戏曲艺术的风行，及其大众娱乐文化的特质。

曲艺表演艺术在明代中期以后，也走向繁荣。田汝成《西湖游览志馀·熙朝乐事》记载杭州八月观潮，提到了"弹词"："其时，优人百戏，击球、关扑、鱼鼓、弹词，声音鼎沸"，"杭州男女瞽者，多学琵琶，唱古今小说、平话，以觅衣食，谓之陶真。大抵说宋时事，盖汴京遗俗也……若《红莲》《柳翠》《济颠》《雷峰塔》《双鱼扇坠》等记，皆杭州异事，或近世所拟作者也。"⑥《清稗类钞》记载了说评话兴盛："评话，即说书，又名平词。明末国初，盛于江南。"⑦《壶天录》也载："苏郡有评话词客，每岁腊月间择宽敞书场，按名集资，各奏尔能，说书十回、八回不等。听者喜其分门别类，异曲同工，趋之若鹜。由月初至岁杪，约二十日。"⑧

---

① 丘濬：《伍伦全备记》，明绣谷唐氏世德堂刊本。
② 陆容：《菽园杂记》卷十，中华书局1985年版，第124页。
③ 管志道：《从先维俗议》卷五《家宴勿张戏乐》，《四库全书存目丛书·子部》第88册，齐鲁书社1995年版，第464—465页。
④ 陆文衡：《啬庵随笔》卷四，光绪二十三年刻本。
⑤ 瓶园子：《苏州竹枝词》，丘良壬等编：《中华竹枝词全编·江苏卷》，北京出版社2007年版，第295页。
⑥ 田汝成：《西湖游览志馀》卷二十，《景印文渊阁四库全书》第585册，台湾商务印书馆1986年版，第549—554页。
⑦ 徐珂：《清稗类钞·音乐类·评话》，中华书局1986年版，第4952页。
⑧ 转引自陈汝衡：《说书史话》，《陈汝衡曲艺文选》，中国曲艺出版社1985年版，第133页。

大众文化类读物的出版,其中之类书,如刘天振《明代通俗类书研究》①所揭示,既有定位于大众阅读、方便实用的民间日用类书,也有如《日记故事》《书言故事》《劝惩故事》《金璧故事》《故事雕龙》《幼学琼林故事》《图像合璧君臣故事句解》等道德故事类大众文史读物,还有如《国色天香》《绣谷春容》《燕居笔记》《万锦情林》等娱乐性大众文艺读物。此外,如小说、剧本、曲选、笑话集、说唱话本等,也均为定位于大众阅读而出版的大众文艺读物。通俗小说类,其"无虑数百十家,而《水浒传》称为行中第一"②(天都外臣《水浒传·序》),"《水浒》一书,坊间梓者纷纷"③(双峰堂刊《忠义水浒传评林·水浒辩》),"上自士大夫,下至厮养隶卒,通都大邑,穷乡小邑,罔不目览耳听,口诵舌翻,与纸牌同行"④;《三国志演义》,"坊间所梓《三国》,何止数十家"⑤(余象斗《三国辩》);甚至如《大宋演义中兴英烈传》,在明代后期,也有不少于七家私人书坊刊印。文言小说与白话小说合刊,或小说与其他文体合刊,其大众文艺读物的性质同样无可置疑,如万历刊《小说传奇合刊》,上栏为话本小说,下栏为文言传奇;明代中后期由金陵、建阳等地书坊刊刻的《国色天香》《绣谷春容》《万锦情林》《燕居笔记》等,则上、下分栏,兼收中篇文言小说、诗文杂类,并且文字中间也有插图出现。这都说明了当时通俗小说创作出版所达到的盛况。戏曲类,如弘治十一年(1498)金台岳家书籍铺刻《奇妙全相注释西厢记》终卷卷尾有云:"本坊谨依经书重写绘图,参订编次大字魁本,唱与图合,使寓于客邸、行于舟中、闲游坐客得此一览始终,歌唱了然,爽人心意。"⑥天启年间刊《牡丹亭还魂记·凡例》云:"戏曲无图,便滞不行,故不惮仿摹,以资玩赏,所谓未能免俗,聊复尔尔。"⑦多家书坊趋之若鹜,将戏曲作为重要出版题材,其间绘图绣像,以利行销,如明代金陵书坊广庆堂、文林阁、世德堂、师俭堂、环翠堂、继志

① 刘天振:《明代通俗类书研究》,齐鲁书社 2006 年版。
② 丁锡根:《中国历代小说序跋集》,人民文学出版社 1996 年版,第 1462 页。
③ 刘世德、陈庆浩、石昌渝:《古本小说丛刊》第 12 辑,中华书局 1991 年版,第 1 页。
④ 许自昌:《樗斋漫录》卷六,《续修四库全书》第 1133 册,上海古籍出版社 2002 年版,第 102 页。
⑤ 石昌渝:《中国古代小说总目》(白话卷),山西教育出版社 2004 年版,第 299 页。
⑥ 王实甫:《奇妙全相注释西厢记》,弘治十一年金台岳家书籍铺刻本。
⑦ 汤显祖:《牡丹亭还魂记》,明天启五年梁台卿刻《词林双艳》本。

结束语:晚明『大众文化』的巨擘

斋、富春堂,钱塘书坊容与堂等,都刻印了大量剧本、曲选。作为大众读物,为了赢得更多的读者喜欢,书坊也在不断探索,通过丰富活跃版面,以进一步加强其可读性,如明刻《八能奏锦》《乐府玉树英》《乐府万象新》《大明春》等,均分上、中、下三栏,上、下栏为曲选,中栏为时调;明刻《词林一枝》《玉谷新簧》分上、中、下三栏,上、下栏为曲选,中栏为散曲、时调;明刻《摘锦奇音》分上、下栏,上栏为小曲等,下栏为戏曲;明刻《尧天乐》分上、下栏,曲选附笑谈、酒令;明刻《时调青昆》分上、中、下三栏,上、下栏为曲选,中栏为笑话、酒令等。笑话集在明代后期也蜂拥而出,如《笑府》《广笑府》《古今谭概》《古今笑》《山中一夕话》《谐语》《雅谑》《笑林》《雪涛谐史》《笑赞》《笑禅录》《广滑稽》《广谐史》《谐史集》等。见于《丛书综录·小说类·谐戏之属》著录之明代后期笑话集便有数十部之多,可见其繁荣之一斑。

关于晚明通俗类书,郑振铎有精彩论说:"当万历年间,民间的一般文化大约是颇高的,所以供给一般民众需要的'通俗书籍'大为流行。搜辑了许多诗、词、小说或剧本、唱词、笑谈,乃至实用的地理知识等为一书的东西,今所知的已有不少。他们不是《居家必备》一类的家庭实用百科全书,也不是《诸书法海》(即后来的传家宝的祖先)、《事文类聚》、《翰墨大全》一类的平民实用的'万事须知'、'日用百科全书'。他们是超出于应用的目的之外的。他们乃是纯文学的产物,一点也不具有实际上应用的需要的。他们的编纂,完全是为了要实用一般民众的文学上与心灵上的需求与慰安,决不带有任何实际应用的目的。"[1]由此不难看出,在明代中后期的中国社会,特别是江南地区,以戏剧演出、曲艺表演、大众文化读物的出版等为标志,已经迎来了中国的"大众文化"时代。丹纳《艺术哲学》中说:"时代的趋向始终占着统治地位,企图向别方面发展的才干会发觉此路不通;群众思想和社会风气的压力,给艺术家定下一条发展的路,不是压制艺术家,就是逼他改弦易辙。"[2]晚明大众消费社会的形成,大众文化消费心理及新的风气,深刻影响了晚明

---

① 郑振铎:《西谛书话》,生活·读书·新知三联书店 1983 年版,第 146—147 页。
② 丹纳著、傅雷译:《艺术哲学》第二章,安徽文艺出版社 1998 年版,第 72 页。

文化的发展,促成了"大众文化"蔚然兴起。

## 二、冯梦龙著作的"大众文化"性质

"子犹著作满人间"①。冯梦龙一生著述宏富,因了时代的久远,历史长河的淘洗,加之其著作本身的非主流大众文化性质,以及书坊冒名伪造等原因,或亡佚失传,或真伪难辨。对此,研究者已经做了大量钩沉索隐、辨伪存真的工作。在此基础上,有关论著并对其加以归类,如缪咏禾《冯梦龙和三言》一书将其归纳为九大类别:1. 话本·小说类,2. 话本·讲史类,3. 民歌类,4. 笔记小品类,5. 传奇类,6. 散曲、诗集、曲谱类,7. 时事类,8. 应举类,9. 其他;陆树仑《冯梦龙研究》一书则归纳为五类(即通俗文学、戏曲、诗文笔记、经史、杂著)十五项(时尚歌曲、通俗小说、笑话、戏剧、散曲、曲谱、诗、文、笔记、经学、纪事、注释、方志、画及其他杂著)。上述统计中,除了如陆树仑明确标示"为广招徕而假冯梦龙名义刊布梓行的小说"②数部外,其实仍存在不少作品归属不当,或遗漏未录的问题。如小说《盘古至唐虞传》《有夏志传》《有商志传》《两汉志传》《古今烈女演义》,民歌《夹竹桃》《黄莺儿》,笔记小品《癖史》《燕居笔记》,诗歌《抗战诗钞》,散曲《最娱情》,以及《楚辞句解评林》《权术揣摩》等,便很难说是冯梦龙的著作;而史著中,如《甲申纪闻》《绅志略》《再生纪略》《淮城纪事》《扬州变略》《京口变略》等,均收录于《甲申纪事》一书中,似也没有单列统计的必要。

结合最新研究成果,我们不妨将基本确认为冯梦龙著作的作品重新加以归类,大体可分成七类十五项:(一)通俗小说:1. 话本小说(《喻世明言》《警世通言》《醒世恒言》《三教偶拈》);2. 长篇章回小说(《三遂平妖传》《新列国志》)。(二)戏曲、散曲、曲谱:1. 传奇《墨憨斋定本传奇》(《新灌园》《酒家佣》《女丈夫》《量江记》《精忠旗》《双雄记》《万事足》《梦磊记》《洒雪堂》《楚江情》《风流梦》《邯郸梦》《人兽关》《永团圆》,另有《杀狗记》《三报恩》《一捧雪》《占花魁》改本未见);2. 散曲(《宛转歌》

① 张无咎:《批评北宋三遂平妖传序》,黄霖、韩同文选注:《中国历代小说论著选》(上),江西人民出版社 1982 年版,第 234 页。
② 陆树仑:《冯梦龙研究》,复旦大学出版社 1987 年版,第 107 页。

《太霞新奏》);3.曲谱(《墨憨斋词谱》)。(三)民歌俗曲(《挂枝儿》《山歌》)。(四)文言小说、专题故事:1.笑话(《笑府》《古今谭概》);2.智慧故事(《智囊》《智囊补》);3.情感故事(《情史》);4.文言小说(《太平广记钞》)。(五)史著类(《寿宁待志》《甲申纪事》《中兴伟略》)。(六)实用类图书:1.科举教材(《麟经指月》《春秋衡库》《春秋定旨参新》《四书指月》《纲鉴统一》);2.民间生活类图书(《折梅笺》);3.游艺类图书(《牌经》《马吊脚例》)。(七)诗集(《七乐斋集》《游闽吟稿》)。

上述冯梦龙的著作,其属于传统雅文化范围的,大约仅有第五类"史著类"、第七类"诗集"等数种而已。其主要著作,无一例外的均可列入"大众阅读"类图书范围。

首先,我们看冯梦龙的通俗小说类编著。关于通俗小说的大众娱乐文化性质,已有不少学者从不同角度加以探讨,已刊拙文也对此有进一步论说①。在明代中后期的商业出版大潮中,图书出版结构较之以往有了重大调整,大众文化读物已然成为最重要的题材内容;通俗小说商业出版的生产渠道,决定了其文化商品的属性,其通俗化的题材形式与休闲娱乐的性能,皆隶属于这一本质特征,服务于这一基本属性。冯梦龙编订"三言",是应书贾之邀而为。绿天馆主人《古今小说叙》说:"茂苑野史氏,家藏古今通俗小说甚富。因贾人之请,抽其可以嘉惠里耳者,凡四十种,畀为一刻。"②书坊天许斋《古今小说识语》云:"本斋购得古今名人演义一百二十种,先以三分之一为初刻云。"③衍庆堂《醒世恒言识语》云:"本坊重价购求古今通俗演义一百二十种,初刻为《喻世明言》,二刻为《警世通言》,海内均奉为邺架玩奇矣。兹三刻为《醒世恒言》,种种典实,事事奇观。总取木铎醒世之意,并前刻共成完璧云。"④其《新列国志》的创作,也因《三国志演义》"为世所尚",历史演义小说风行,而自我标榜"奇奇怪怪,邈若河汉,海内惊为异书",还表示"浸假两

---

① 冯保善:《江南大众娱乐文化与明清通俗小说的崛起》,《江苏社会科学》2015年第4期,第189—196页。
② 丁锡根:《中国历代小说序跋集》,人民文学出版社1996年版,第774页。
③ 丁锡根:《中国历代小说序跋集》,第774页。
④ 丁锡根:《中国历代小说序跋集》,第780页。

汉以下,以次成编,与《三国志》汇成一家言,称历代之全书,为雅俗之巨览"①(吴门可观道人《新列国志序》)。其通俗小说"大众文学"读物的性质,毋庸置疑。

其次,我们看冯梦龙的散曲评选、戏曲改订、曲谱编制。"时曲、戏曲,世所共艳,选几相匹"②(《词林逸响·凡例》);"乐府选行,实繁种类"③(《月露音·凡例》);"杂曲选本,流传甚繁"④(《新镌歌林拾翠》卷首竹轩主人识语),晚明以降,适应市场需求,曲选一类图书甚夥。冯梦龙改定戏曲,编选散曲,制作曲谱,皆是立足于音乐文学、大众表演艺术的根本,让散曲回归散曲,让戏曲回归戏曲的举措。其《太霞新奏·序》中论散曲云:"散套推陈致新,戛戛乎难之。当行也,语或近于学究;本色也,腔或近于打油。又或运笔不灵,而故事填塞,侈多闻以示博;章法不讲,而饾饤拾凑,摘片语以夸工,此皆世俗之通病也。作者不能歌,每袭前人之舛谬,而莫察其腔之忤合;歌者不能作,但尊世俗之流传,而孰辨其词之美丑。"⑤散曲乃音乐文学形式,既不可以学究艰涩,亦不能流于打油,必须考虑其"腔之忤合",是否适宜于歌唱,以及"词之美丑",语言的美观美听。《墨憨斋重定双雄记传奇·叙》则论其改订剧本工作:"余发愤此道良久,思有以正时尚之讹。因搜戏曲中情节可观,而不甚妍律者,稍为窜正。年来积数十种,将次第行之,以授知音。"⑥戏曲作为大众艺术,有其规律和本质特征,必须当行本色,因此,冯梦龙针砭了当时剧坛"坊本彗出,日益滥觞。高者浓染牡丹之色,遗缺精神;卑者学画葫芦之样,不寻根本。甚至村学究手撷一二桩故事,思漫笔以消闲;老优施腹烂数十种传奇,亦效颦而奏技。中州韵不问,但取口内连罗;九宫谱何知?只用本头活套。作者逾乱,歌者逾轻。调罔别乎宫商,惟凭口授;音不分乎清浊,只取耳盈"诸乱象⑦,希望戏曲表演可以美听美视,

① 丁锡根:《中国历代小说序跋集》,人民文学出版社 1996 年版,第 864—865 页。
② 许宇:《词林逸响》,王秋桂主编:《善本戏曲丛刊》第二辑,台湾学生书局 1984 年版,第 10—11 页。
③ 凌虚子等:《月露音》,王秋桂主编:《善本戏曲丛刊》第二辑,第 9 页。
④ 无名氏:《歌林拾翠》,王秋桂主编:《善本戏曲丛刊》第二辑。
⑤ 冯梦龙评选、俞为民校点:《太霞新奏》,江苏古籍出版社 1993 年版,序第 1 页。
⑥ 冯梦龙编著、俞为民校点:《墨憨斋定本传奇》,江苏古籍出版社 1993 年版,第 480 页。
⑦ 冯梦龙编著、俞为民校点:《墨憨斋定本传奇》,第 479 页。

有益教化。正如有研究者所说:"冯梦龙的传奇改编,在戏曲观念上重视舞台表演,将文人的审美情趣与艺人的表演艺术融合,折衷传奇发展过程中的经典化和通俗化,试图在戏曲舞台上实现'文'与'艺'的双美。……在一定程度上实现了文本的舞台化创造,并为舞台演出所接受。"①冯梦龙戏曲改本的"大众文化"性质,由此也可见一斑。

其三,我们看冯梦龙的民歌选评。明人沈德符《万历野获编·词曲·时尚小令》记民歌小调的发展云:"自宣、正至成、弘后,中原又行《锁南枝》《傍妆台》《山坡羊》之属。……嘉、隆间,乃兴《闹五更》《寄生草》《罗江怨》《哭皇天》《干荷叶》《粉红莲》《桐城歌》《银纽丝》之属,自两淮以至江南,渐与词曲相远,不过写淫媟情态,略具抑扬而已。比年以来,又有《打枣竿》《挂枝儿》二曲,其腔调约略相似,则不问南北,不问男女,不问老幼良贱,人人习之,亦人人喜听之,以至刊布成帙,举世传诵,沁人心腑。"②顾启元《客座赘语·俚曲》中也记载了当时人对于此类小调的喜欢:"里衖童孺、妇媪之所喜闻者,旧唯有《傍妆台》《驻云飞》《耍孩儿》……后又有《桐城歌》《挂枝儿》《干荷叶》《打枣竿》等。"③民歌小调为大众文化形式,的无异议。明末清初金陵书商郑元美奎碧斋刊《新镌南北时尚万花小曲识语》中说:"此集小曲数种,尽皆合时,出自各家规式。本坊不惜重金镌梓,以供消闲清赏。"④书贾肯于"不惜重金镌梓",正因其可"供消闲清赏",有着广大的消费群体和市场。冯梦龙友人俞琬纶在其《打枣竿小引》中说冯梦龙《挂枝儿》的编刻,"聊以是为估客乐"⑤,也透露出冯梦龙编辑此类书籍的原因。清初吴江人钮琇《觚剩续编》中记载,冯梦龙编辑的《挂枝儿》和《叶子新斗谱》刊印行世,"浮薄子弟,靡然倾动致有覆家破产者"⑥,可见《挂枝儿》《山歌》作为大众读物,在其出版后受到欢迎的程度。

其四,冯梦龙删定文言小说集,编纂专题故事集,其大众文化追求

① 涂育珍:《〈墨憨斋定本传奇〉研究》,齐鲁书社 2011 年版,第 216 页。

② 沈德符:《万历野获编》卷二十五,中华书局 1959 年版,第 647 页。

③ 顾启元撰、张惠荣校点:《客座赘语》卷九,凤凰出版社 2005 年版,第 336 页。

④ 王桂秋:《善本戏曲丛刊》第五辑,台湾学生书局 1987 年版,第 4 页。

⑤ 俞琬纶:《自娱集》卷八,明万历四十六年刻本。

⑥ 钮琇:《觚剩·续编》,《笔记小说大观》第 17 册,江苏广陵古籍刻印社 1983 年版,第 67 页。

同样昭然可见。《太平广记》由宋人李昉等奉宋太宗之命编纂,全书500卷。冯梦龙"自少涉猎,辄喜其博奥,厌其芜秽",鉴于其"繁琐""卷帙浩漫",以及已有印本"挂漏差错,往往有之",于是"去同存异,芟繁就简,类可并者并之,事可合者合之,前后宜更置者更置之,大约削简十三,减句字复十二,所留才半,定为八十卷",希望以适量的篇幅,可信的本子,便于读者的阅读,并以之为"疗俗之圣药",让世人阅读后一洗俗肠,于是有沈飞仲"爱而刻之",流通于世(冯梦龙《太平广记钞·小引》)①。其智慧故事集《智囊》《智囊补》的编纂,是"忧夫人性之锢于土石,而以纸上言为之畚锸,庶于应世有瘳尔",希望"令人学智"(《智囊自序》)②,"知人之所不能知,而断人之所不能断。害以之避,利以之集,名以之成,事以之立"③(《明智部总序》),具有开民智的用心。其编选情感故事集《情史》,是抓住大众感兴趣的热门题材,以此张扬其"情教"思想,如其《序》中说:"我欲立情教,教诲诸众生。子有情于父,臣有情于君,推之种种相,俱作如是观","知情之可久,于是乎无情化有,私情化公,庶乡国天下,蔼然以情相与,于浇俗冀有更焉"④。后世书贾将《情史》易名《情天宝鉴》等等,翻印不辍,无非是冯梦龙其书本身大众性特色的进一步放大而已。笑话类著作的编纂,据韵社第五人题《古今笑》中记载,冯梦龙认为:"夫雷霆不能夺我之笑声,鬼神不能定我之笑局,混沌不能息我之笑机。眼孔小者,吾将笑之使大;心孔塞者,吾将笑之使达。方且破烦蠲忿,夷难解惑,岂特疗腐而已哉!"于是社中人怂恿:"吾兄无以笑为社中私,请辑一部鼓吹,以开当世之眉宇。"以之"疗腐",以之"破烦蠲忿,夷难解惑",这正是冯梦龙编纂《古今谭概》的初衷⑤。然如李渔《古今笑史序》中说:"无如世之善谈者寡,喜笑者众……同一书也,始名《谭概》,而问者寥寥,易名《古今笑》,而雅俗并嗜,购之惟恨不早"⑥,以"谭概"命名,读者寥寥,易名"古今笑",则"雅俗并嗜,购之惟恨不早",易名之举,

---

① 冯梦龙编、薛正兴校点:《太平广记钞》,江苏古籍出版社1993年版,小引第1—2页。
② 冯梦龙辑,缪咏禾、胡慧斌校点:《智囊》,江苏古籍出版社1993年版,自序第2页。
③ 冯梦龙辑,缪咏禾、胡慧斌校点:《智囊》,第122页。
④ 冯梦龙评辑,周方、胡慧斌校点:《情史》,江苏古籍出版社1993年版,第122页。
⑤ 杨晓东:《冯梦龙研究资料汇编》,广陵书社2007年版,第159页。
⑥ 杨晓东:《冯梦龙研究资料汇编》,第161页。

无非更加彰显其"大众文化"读物的性质而已。相比较,《笑府》的定位要更为显豁。其《序》中云:"古今来莫非话也,话莫非笑也。……经书子史,鬼话也,而争传焉。诗赋文章,淡话也,而争工焉。褒讥伸抑,乱话也,而争趋避焉。或笑人,或笑于人;笑人者亦复笑于人,笑于人者亦复笑人,人之相笑宁有已时?《笑府》集笑话也,十三篇犹云薄乎云尔。或阅之而喜,请勿喜;或阅之而嗔,请勿嗔。古今世界,一大笑府,我与若皆在其中,供人话柄。不话不成人,不笑不成话,不笑不话不成世界。布袋和尚,吾师乎! 吾师乎!"①

第五,我们看冯梦龙编著的实用类文化教育图书。在晚明商业出版大潮中,各种应用类图书如雨后春笋般涌现,"凡人世所有,日用所需,靡不搜罗而包括之"②,如有研究者所说:"仅据现在能见到的各种书目文献统计就有二百馀种。既有综合性的日用类书,又有蒙学类、尺牍类、商业类、法律类和通书等专门性的日用类书。"③冯梦龙编辑的《折梅笺》属于尺牍类,《牌经》《马吊脚例》为游艺类;《麟经指月》《春秋衡库》《春秋定旨参新》《四书指月》《纲鉴统一》,则属于科举考试类应试图书,这都是明清商业出版中重要的出版题材,有着广泛的读者受众。

由此我们不难看出冯梦龙著述的"大众文化"取向;而其商业性质,也反映出与中国文化史上早已有之的"通俗文化"的差异。尤其值得关注的是,冯梦龙的"大众文化"著作,在不同领域开拓创新,领导潮流,占据着高地,体现出很高的成就。如其编辑改定的"三言"代表了明代白话短篇小说的最高成就,引领了明末清初白话短篇小说创作走向高潮;他编选的《山歌》被誉为中国第一部由作家个人采录编辑的地方歌谣集④;他编辑的专题故事集《古今谭概》《智囊补》《情史》等具有开创性,《笑府》等在总体上超迈了前人,影响颇大,"特点突出,构思别具匠心,

① 杨晓东:《冯梦龙研究资料汇编》,广陵书社2007年版,第161页。
② 余象斗:《类聚三台万用正宗引》,《新刻天下四民便览三台万用正宗》卷首,万历二十七年(1599)双峰堂刻本。
③ 张献忠:《从精英文化到大众传播——明代商业出版研究》,广西师范大学出版社2015年版,第167页。
④ 巫瑞书:《冯梦龙〈山歌〉与歌谣学史》,《中国文学研究》1988年第1期,第36—42页。

引人注目,在中国民间故事发展史上占有一定的地位"①。

## 三、冯梦龙的"大众文化"理论建树

冯梦龙能够超越自我,实现突破,以他丰硕的编创成果,创造出卓越的"大众文化"实绩,与他宏通进步的文化观念、文艺主张密切相关。从他关于文学文化的若干论述,我们还可以觇知其毕生致力于"大众文化"建树的动因所在。

(一) 文化的大众性

署名"江南詹詹外史述"《情史叙》广为人知。以往的评说,多以为其比附经史,缺乏对于文学自身独立地位的充分认识。其实,这正是局限于"文学"视域所带来的误判。先看序文:

> 六经皆以情教也。《易》尊夫妇,《诗》有《关雎》,《书》序嫔虞之文,《礼》谨聘奔之别,《春秋》于姬姜之际详然言之。……异端之学,欲人鳏旷以求清净,其究不至无君父不止,情之功效亦可知已。是编也,始乎"贞",令人慕义;继乎"缘",令人知命;"私""爱"以畅其悦,"仇""憾"以伸其气,"豪""侠"以大其胸,"灵""感"以神其事,"痴""幻"以开其悟,"秽""累"以窒其淫,"通""化"以达其类,"芽"非以诬圣贤,而"疑"亦不敢以诬鬼神。辟诸《诗》云,兴、观、群、怨、多识,种种俱足,或亦有情者之朗鉴,而无情者之磁石乎!②

"詹詹外史"的意思十分显豁,无非认为世界是有情的世界,以"六经"为代表的一切文字,皆以情教人化人,凡优秀的文化,皆根植于情;只有文化异端,才会扼杀人性人情,使道德崩坏,人伦渐灭。这里,他显然不是局限于"文学"立论,而是着眼于文化本质来阐释。其《情史》的编纂,张扬"情"之种种,"使人知情之可久,于是乎无情化有,私情化公,庶乡国天下,蔼然以情相与,于浇俗冀有更焉",以及"欲立情教,教诲诸

---

① 祁连休:《冯梦龙在保存和传承民间传说故事方面的贡献》,邹华明主编:《新巷冯梦龙与民间价值建构》,学苑出版社 2013 年版,第 8 页。
② 冯梦龙评辑,周方、胡慧斌校点:《情史》,江苏古籍出版社 1993 年版,序第 3 页。

众生"，"死后不能忘情世人，必当作佛度世，其佛号当云'多情欢喜如来'"①(吴人龙子犹叙)，以自己的著述，体现文化的功能，情教大众、普度众生的用心彰然可见，这也是他执着于大众文化著述的不竭动力所在。

"三言"的命名，所谓"喻世""警世""醒世"，以"世人"(大众)为读者定位，同样可以看出他文化大众化的良苦用心和追求。其序言中，更有对小说大众化的具体论述。署名绿天馆主人《古今小说叙》中说："皇明文治既郁，靡流不波。即演义一斑，往往有远过宋人者。而或以为恨乏唐人风致，谬矣。食桃者不费杏，绨縠毳锦，惟时所适。以唐说律宋，将有以汉说律唐，以春秋、战国说律汉，不至于尽扫羲圣之一画不止。可若何？太抵唐人选言，入于文心；宋人通俗，谐于里耳。天下之文心少而里耳多，则小说之资于选言者少，而资于通俗者多。"②冯梦龙不仅反对以古律今，还从大众文化角度，对通俗小说的"谐于里耳"，可以让更广泛的普通大众受益，而称赏有加，赞叹不置。署名无碍居士《警世通言叙》中说："经书著其理，史传述其事，其揆一也。理著而世不皆切磋之彦，事述而世不皆博雅之儒。于是乎村夫稚子，里妇估儿，以甲是乙非为喜怒，以前因后果为劝惩，以道听途说为学问，而通俗演义一种，遂足以佐经书史传之穷。……其真者可以补金匮石室之遗，而赝者亦必有一番激扬劝诱，悲歌感慨之意。事真而理不赝，即事赝而理亦真，不害于风化，不谬于圣贤，不戾于诗书经史，若此者其可废乎！……譬如村醪市脯，所济者众。遂名之曰《警世通言》，而从臾其成。"③同样是着眼于大众阅读与教育，从通俗小说的史料价值和利济众生两个方面，对其进行了热情的礼赞。署名可一居士《醒世恒言叙》中说："六经国史而外，凡著述皆小说也。而尚理或病于艰深，修词或伤于藻绘，则不足以触里耳而振恒心。此《醒世恒言》四十种所以继《明言》《通言》而刻也。……则兹刻者，虽与《康衢》《击壤》之歌并传不朽可矣。"④他之所以

---

① 冯梦龙评辑，周方、胡慧斌校点：《情史》，江苏古籍出版社1993年版，序第1页。
② 丁锡根：《中国历代小说序跋集》，人民文学出版社1996年版，第774页。
③ 丁锡根：《中国历代小说序跋集》，第776—777页。
④ 丁锡根：《中国历代小说序跋集》，第779—780页。

从事通俗小说编辑改定,正因为其"触里耳而振恒心",具有大众文化的特点,直接关乎社会道德秩序的建设。

冯梦龙编辑小说、评选散曲、改订戏曲、编制曲谱、搜集评点民歌、删定文言小说集、编纂专题故事集等等,正因他对于这些文体的大众特性有着清晰的认识,深切了解它们所具有的广泛的影响,于是或完善提升其形式,或借其载体,传播文化,以"情"教人,化育众生。

(二)文化的娱乐性

冯梦龙曾参加韵社,为韵社社长。限于资料,我们对于韵社的组成等具体情况,所知甚少。署名"韵社第五人题于萧林之碧泓"的《题〈古今笑〉》中,谈到了韵社的活动内容:

> 韵社诸兄弟抑郁无聊,不堪复读《离骚》,计唯一笑足以自娱,于是争以笑尚,推社长子犹为笑宗焉。子犹固博物者,至稗编丛说,流览无不遍,凡挥麈而谈,杂以近闻,诸兄弟辄放声狂笑,粲风起而郁云开,夕鸟惊而寒鳞跃,山花为之遍放,林叶为之振落。日夕相聚,抚掌掀髯,不复知有南面王乐矣。……余私与子犹曰:"笑能疗腐邪?"子犹曰:"固也。夫雷霆不能夺我之笑声,鬼神不能定我之笑局,混沌不能息我之笑机。眼孔小者,吾将笑之使大;心孔塞者,吾将笑之使达。方且破烦蠲忿,夷难解惑,岂特疗腐而已哉!"诸兄弟前曰:"吾兄无以笑为社中私,请辑一部鼓吹,以开当世之眉宇。"子犹曰:"可。"乃授简小青衣,无问杯馀茶罢,有暇,辄疏所睹记,错综成帙,颜曰"古今笑"。……方今方古,笑亦无穷,即以子犹为千秋笑宗,胡不可?世有三年不开口如杨子者,请先以一编为之疗腐。①

从该题词我们得知,韵社活动的重要内容之一便是笑谈自娱。而《古今谭概》(后易名《古今笑》)的付梓面世,则有以之"破烦蠲忿""开当世之眉宇",娱乐世人,并为之"疗腐"的目的追求,换言之,这也是对于文化娱乐性的一种具体实践。

---

① 杨晓东:《冯梦龙研究资料汇编》,广陵书社 2007 年版,第 159 页。

署名绿天馆主人《古今小说叙》中谈道：

> 史统散而小说兴……若通俗演义，不知何昉。按南宋供奉局，有说话人，如今说书之流。其文必通俗。其作者莫可考。泥马倦勒，以太上享天下之养。仁寿清暇，喜阅话本，命内珰日进一帙，当意，则以金钱厚酬。于是内珰辈广求先代奇迹及间里新闻，倩人敷演进御，以怡天颜。然一览辄置，卒多浮沉内庭，其传布民间者，什不一二耳。然如《玩江楼》《双鱼坠记》等类，又皆鄙俚浅薄，齿牙弗馨焉。暨施、罗两公，鼓吹胡天，而《三国志》《水浒》《平妖》诸传，遂成巨观。要以韫玉违时，销熔岁月，非龙见之日所暇也。①

这里由通俗小说起源于南宋说话谈起，论说了朝廷供奉艺人为太上皇说书，上皇清闲多暇，喜读话本小说自娱，于是宫中宦官广泛搜罗民间新闻故事，请人敷演，"以怡天颜"；一脉相承，绵延而至于《三国志》《水浒》《平妖》等通俗小说，由此揭示了通俗小说消闲娱乐的功能。这也是冯梦龙对于话本小说、通俗演义文体特性的准确把握，是他从事通俗小说创作编辑的原则指针。

其他，如《警世通言叙》中称话本为"村醪市脯"、齐东之言，以之"佐酒"云云，暗示了话本小说具有娱乐读者的作用。江南詹詹外史述《情史·序》中称该书所收故事"耳目不广，识见未超，姑就睹记凭臆成书，甚愧雅裁，仅当谐史"②，为其定性为"谐史"，也不难看出其对于大众娱乐的追求。至于其所编写的《牌经》论品、吊、发、捉放、斗、灭、留、隐、忍、还、意、损益、胜负，《马吊脚例》论缘起、名目、牌式、坐次拍散、买注、斗百老法、吊法、看赏法、免斗、开注、罚例，本身便是纯粹的游戏娱乐文化内容。

（三）文化的教育性

冯梦龙自称欲立情教，欲做教主，不仅是一种戏称，其中既反映了他对于新崛起的"大众文化"特质的敏锐捕捉，也蕴含了中国传统士人"铁肩担道义"的使命追求。其《情史·序》中说："使人知情之可久，于

---

① 丁锡根：《中国历代小说序跋集》，人民文学出版社 1996 年版，第 773—774 页。
② 冯梦龙评辑，周方、胡慧斌校点：《情史》，江苏古籍出版社 1993 年版，序第 3 页。

是乎无情化有,私情化公,庶乡国天下,蔼然以情相与,于浇俗冀有更焉。"①其《情史类略》卷一《情贞类》卷末情主人批语曰:"自来忠孝节烈之事,从道理上做者必勉强,从至情上出者必真切。夫妇其最近者也,无情之夫,必不能为义夫;无情之妇,必不能为节妇。世儒但知理为情之范,孰知情为理之维乎。"②综合而观,不难看出,冯梦龙对于既往文学(文化)存在的主观空疏之说教流弊,有深入的思考和清醒的认识,因此其顺应"大众文化"崛起时代的消费心理,注入了主情思潮的内涵,提出了新颖的"情教"主张,希望以情化人,教化众生,革除伪诈,改良浇薄世风,使每一个人都能够发自衷情去自觉践行"忠孝节烈之事",使社会成为有情有序和谐的社会。

　　要实现这一主张,便必须充分发挥"大众文化"的大众性,以大众乐于接受的形式实施其教化大众的目的。署名可一居士《醒世恒言叙》中说:"明者,取其可以导愚也。通者,取其可以适俗也。恒则习之而不厌,传之而可久。三刻殊名,其义一耳。……惕孺为醒,下石为醉;却嘑为醒,食嗟为醉;剖玉为醒,题石为醉。又推之,忠孝为醒,而悖逆为醉;节俭为醒,而淫荡为醉。耳和目章,口顺心贞为醒,而即聋从昧,与顽用嚣为醉。人之恒心,亦可思己。从恒者吉,背恒者凶。心恒心,言恒言,行恒行,入夫妇而不惊,质天地而无怍。下之巫医可作,而上之善人君子圣人亦可见。恒之时义大矣哉!"③署名绿天馆主人《古今小说叙》中说:"试今说话人当场描写,可喜可愕,可悲可涕,可歌可舞。再欲捉刀,再欲下拜,再欲决脰,再欲捐金。怯者勇,淫者贞,薄者敦,顽钝者汗下。虽小诵《孝经》《论语》,其感人未必如是之捷且深也。噫,不通俗而能之乎?"④署名无碍居士《警世通言叙》中说:"里中儿代庖而创其指,不呼痛,或怪之。曰:'吾顷从玄妙观听说《三国志》来,关云长刮骨疗毒,且谈笑自若,我何痛为!'夫能使里中儿有刮骨疗毒之勇,推此说孝而孝,说忠而忠,说节义而节义,触性性通,导情情出。视彼切磋之彦,貌而不

① 冯梦龙评辑,周方、胡慧斌校点:《情史》,江苏古籍出版社1993年版,序第1页。
② 冯梦龙评辑,周方、胡慧斌校点:《情史》,第36页。
③ 丁锡根:《中国历代小说序跋集》,人民文学出版社1996年版,第779—780页。
④ 丁锡根:《中国历代小说序跋集》,第774页。

情;博雅之儒,文而丧质,所得而未知熟赝而熟真也!"①以"大众文学"的"明言"而"导愚","通言"而"适俗","恒言"而使之"不厌、可久",以其形象生动而使"怯者勇,淫者贞,薄者敦,顽钝者汗下",最终的目的,则是"说孝而孝,说忠而忠,说节义而节义,触性性通,导情情出",改造人性,改良社会。

署名无碍居士撰《警世通言叙》中说:"野史尽真乎?曰:不必也。尽赝乎?曰:不必也。然则,去其赝而存其真乎?曰:不必也。……人不必有其事,事不必丽其人。……事真而理不赝,即事赝而理亦真"②,其对于文学虚构,显然是赞同的,其主张的是一种文学的真实,情理的真实。但在其《新列国志·凡例》中,则又严厉批评了《列国志传》故事的"多疏漏"、"率意杜撰",姓名的"率多自造",叙事的"前后颠倒",以及地名使用上的混乱③。研究者也因此将冯梦龙归入历史小说中的"信史派"一类。冯梦龙的前后论说,是否存在着矛盾?有学者认为,这是因为话本小说属于故事小说,而演义小说属于历史小说,在古人那里,原本就有着不同的要求④。浅见以为,倘若我们将冯梦龙视作"大众文化"作家,便豁然醒悟,他的大众教化,不独是思想道德的,还有人生的、知识的、经验的。他主张历史演义小说创作要符合历史真实,正因为此类创作还有着传播历史知识的功能,因此在基本史实上,便不可以以讹传讹,正如无碍居士撰《警世通言叙》中说:"村夫稚子,里妇估儿,以甲是乙非为喜怒,以前因后果为劝惩,以道听途说为学问,而通俗演义一种,遂足以佐经书史传之穷。"⑤其《智囊》的编著,则属于传播智慧经验一类,其《自序》中说:"人有智,犹地有水;地无水为焦土,人无智为行尸。智用于人,犹水行于地。地势坳则水满之,人事坳则智满之。周览古今成败得失之林,蔑不由此","智犹水,然藏于地中者,性;凿而出之者,学。井涧之用与江河参。吾忧夫人性之锢于土石,而以纸上言为之畚

---

① 丁锡根:《中国历代小说序跋集》,人民文学出版社 1996 年版,第 777 页。
② 丁锡根:《中国历代小说序跋集》,第 776—777 页。
③ 冯梦龙编、黄希坚等校点:《新列国志》,江苏古籍出版社 1993 年版,凡例第 1—2 页。
④ 傅承洲:《冯梦龙文学研究》,中国社会科学出版社 2013 年版,第 95—96 页。
⑤ 丁锡根:《中国历代小说序跋集》,第 776 页。

锤，庶于应世有廖尔"①，用意十分显然。

综上所述，"大众文化"虽然是一个舶来的现代范畴，却并不意味着作为文化存在，是现代社会凭空产生的文化现象，而有着其历史的渊源。事实上，我国明代中期以后大批涌现出的具有商业化、娱乐化、模式化诸特征的文化成果，便已经具有了"大众文化"的若干特质。在晚明大众娱乐文化崛起的大潮中，冯梦龙的著述，便体现出鲜明的"大众文化"取向，与之前业已存在的"通俗文化"表现出明显的差异。而冯梦龙在"大众文化"领域开疆拓土，领导潮流，所取得的卓异成就，及其关于文化大众性、娱乐性、教育性深入系统的阐发，也使他当之无愧地成为晚明"大众文化"的巨擘，晚明"大众文化"领域里的旗手。

---

① 冯梦龙辑，缪咏禾、胡慧斌校点：《智囊》，江苏古籍出版社 1993 年版，自序第 1—2 页。

# 附录:冯梦龙简谱

**明万历二年甲戌(1574) 1岁**

钱谦益《冯二丈犹龙七十寿诗》有"莺花春日为君长"句,知其或当出生于春天。

南直隶苏州府长洲县人。关于冯梦龙的里籍,或云"长洲人",或云"吴县人",其自称"直隶苏州府吴县籍长洲县人",据拙文《冯梦龙生平史实新证》考辨,吴县乃其庠籍,里籍为长洲县。

先祖冯昌,字世昌,明初"靖难之役",隐居苏州。清凌寿祺《浒墅关志》卷十三《冢墓》记:"处士冯昌墓,在高景山,永乐十九年葬。昌字世昌,靖难兵起,隐居于姑苏,为葑溪冯氏始祖。贡生其盛、知县梦龙、本朝翰林勔皆其后。"

伯父冯其盛,字躬甫,号安予,贡生,苏州地方儿科名医,著有《幼科辑粹大成》传世。见《康熙十八年鸿博姓氏录》之"冯勔履历",详拙文《冯梦龙史实三考》。

父冯曙,字升甫,号熙东,廪生,曾"校正"乃兄《幼科辑粹大成》。母张氏。见《康熙十八年鸿博姓氏录》之"冯勔履历",详拙文《冯梦龙史实三考》。

兄弟四人:冯梦桂、冯梦龙、冯梦熊、冯梦麟。见《康熙十八年鸿博姓氏录》之"冯勔履历",详拙文《冯梦龙史实三考》。

冯梦桂,字丹芬,庠生,诗人,画家;妻王氏。曾孙冯勔,字方寅,号勉曾,又号葑东逸史,康熙十八年(1679)博学鸿词科以第十三名录取,授检讨,著作有《葑东集》《游闽纪略》。

冯梦熊,字非熊,别字孝当,号杜陵居士,晚年更名师之,字少璜,诸生,诗人,有《冯杜陵集》。无子,贫病而死。

冯梦麟为儒医,事迹不详。

### 万历二十年壬辰(1592) 19岁

本年之前考取秀才。文从简《冯犹龙》诗赞其"早岁才华众所惊,名场若个不称兄",冯梦龙为人所赞誉者,乃指其早岁研究《春秋》,达到很高的造诣,取得了不俗的成就。详见拙文《冯梦龙生平史实新证》。

### 万历二十四年丙申(1596) 23岁

本年,已开始关注搜集民歌小调。《山歌·乡下人》冯梦龙批语曰:"余犹记丙申年间,一乡人棹小船放歌而回,暮夜误触某节推舟,节推曰:'汝能即事作歌,当释汝。'乡人放声歌曰……节推大喜,更以壶酒劳而遣之。"又王挺《挽冯犹龙》诗记其"石上听新歌,当堤候月起",亦可觇知其早岁搜集民歌情况。

### 万历二十八年庚子(1600) 27岁

本年,李贽《藏书》在南京刻印出版,"海内又以快意而歌呼读之",冯梦龙"酷嗜李氏之学,奉为蓍蔡,见而爱之",接受其学说,或在此时。

"少时从狎邪游",与青楼女子侯慧卿相恋,应该发生在此后不久。数年后失之,有《怨离诗》《怨离词》《端二忆别》《怨梦》《有怀》《誓妓》诸作。

### 万历三十五年丁未(1607) 34岁

本年前后,创作戏曲处女作《双雄记》,得到戏曲大家沈璟"倾怀指授"。

### 万历三十八年庚戌(1610) 37岁

万历三十五年(1607),浙江山阴人祁承爜出任长洲知县;三十六年(1608),湖广麻城人陈无异出任吴县令,或许即因两位县令的共同"识拔",冯梦龙由长洲县学"改学"吴县,成为吴县秀才。详见拙文《冯梦龙生平史实新证》。

杨定见"游吴,访陈无异使君,而得袁无涯氏",当在万历三十六年(1608)至三十八年(1610)之间,冯梦龙与其交往,校勘李贽评本《水浒传》。

该年为冯梦龙《挂枝儿》辑成时间的下限。

### 万历四十一年癸丑(1613)　40岁

冯梦龙怂恿书坊以重价购刻《金瓶梅》。

### 万历四十五年丁巳(1617)　44岁

陈无异、王大可盛赞冯梦龙研究《春秋》的造诣,于是有了麻城田氏的邀请。冯梦龙前往麻城,在本年前后。他参加了当地研习《春秋》的文社,并将自己的《麟经指月》初稿向大家请教,加以完善。名列《〈麟经指月〉参阅姓氏》者,多应是对这部书的完成有过具体帮助的人。

吴江毛莹《冯梦龙先生席上同楚中耿孝廉夜话》诗,所写当为冯梦龙游楚归来后,楚中友人耿氏过访吴地,冯梦龙设宴,相与话别忆旧之情。

### 万历四十六年戊午(1618)　45岁

秋天,在南京,值秋榜之后,应该是参加了本年的乡试,与同样不第的扬州李云翔相晤,"偕游诸院",怂恿其撰《金陵百媚》,品六院名姬。卷首图像后,有题署"吴中友弟龙子犹九顿"跋语:"泼墨时动惜花心,恍然合圃生春。落笔时动疾花心,倏焉满苑悲秋。花兮花兮,素以艳冶媚人,今悉向绮语瑰词受钧衡也。"

九月,李长庚为其《春秋衡库》作序,有云:"余邑《春秋》,其世业也,习是经者十人而九。……每思国家明经初指,非以隐癖傲士,欲辑一书,备载近代各家之题,采加评定。而冯犹龙《指月》一刻,先余同然。……犹龙氏近复以《衡库》出矣。犹龙氏才十倍于余。是二书出,为习《春秋》者百世之利也。"此时,冯梦龙研究《春秋》,已有《麟经指月》《春秋衡库》二书完稿。

### 万历四十八年庚申(1620)　47岁

本年之前参加韵社,被推选为社长。

《古今谭概》纂辑成书,当在万历四十三年(1615)至四十八年(1620)之间。本年春天,《古今谭概》改名《古今笑》刊行。

改本《北宋三遂平妖传》序刊。

### 天启三年癸亥(1623)　50岁

《情史》成书时间,约在天启三、四年之间。

**天启四年甲子（1624）　51 岁**

《古今小说》序刊于本年之前，《警世通言》序刊于本年腊月。

**天启五年乙丑（1625）　52 岁**

二月，应毛以燧之邀，为其刊印王骥德《曲律》撰序。

**天启六年丙寅（1626）　53 岁**

辑成《太平广记钞》《智囊》。

**天启七年丁卯（1627）　54 岁**

《警世通言》《太霞新奏》成书序刊。本年之前，开始其传奇剧本改定工作。

**崇祯三年庚午（1630）　57 岁**

成为吴县县学贡生，见同治《苏州府志》卷六十二《选举四·明贡生》。

进京考选，顺利过关。徐懋曙《京口访犹龙不遇赋赠》诗中有云："有才如君宁不得，酬以一毡天且刻。人之患在好为师，使诸大夫有矜式。无庐无舆食无鱼，弹铗者冯君是欤？"对冯梦龙大才而选学官，甚表惋惜。道经河北沙河，作《渡沙河曲》。

上一年，祁彪佳致函袁于令，托其"留神"冯梦龙"初刊……《玉麟》《双串》《合衫》《存孤》"；本年，致函冯梦龙，向其讨要《太霞新奏》等书。

**崇祯四年辛未（1631）　58 岁**

选官丹徒训导，任期为崇祯四年（1631）至六年（1633）。编刊教材《四书指月》，同乡陈仁锡为之撰序。江宁艾荣有诗《寄冯梦龙京口，著有〈智囊〉〈衡库〉等集》，叙及其丹徒训导任上生活。阮大铖有《同虞来初冯犹龙潘国美彭天锡登北固甘露寺》诗，记其与冯梦龙、虞来初、潘国美、彭天锡同游镇江甘露寺。

**崇祯五年壬申（1632）　59 岁**

向知县张文光提议修整县学。向新任知县石景云建议，重新丈量焦山沙滩，纠正垦田亩数，避免贻累百姓。

**崇祯六年癸酉（1633）　60 岁**

祁彪佳任职苏松巡抚，作《与冯学博犹龙》书札，有"凤耳芳声，幸瞻风采"云云，表达了仰慕已久，终得相见后的喜悦心情。冯梦龙任职丹徒训导三年期满后，升任福建寿宁知县，与时任苏松巡按的祁彪佳有很大关系。

### 崇祯七年甲戌（1634）　61 岁

辑成《智囊补》。

六月升寿宁知县，八月到任。祁彪佳《祁忠敏公日记》本年六月十三日，记"广文冯犹龙亦以升令进谒"，可知冯梦龙已获任命为寿宁县令。冯梦龙《寿宁待志·里役》载："八月卑职到任。"又其中《祥瑞》条记载："余于崇祯七年甲戌八月十一日到任。"可知其抵达寿宁知县任的具体时间。

对于赴任贫穷山区小县县令，冯梦龙有清醒的认识。《寿宁待志·官司》中言及"寿令可为而不可为"之种种，然其抱定志向："以勤补缺，以慈辅严，以廉代匮，做一分亦是一分功业，宽一分亦是一分恩惠。若夫升沉明晦，则天也。"任期内，修缮城门关隘，加强民兵建设，决狱讼、杜冤案，铲黑恶、除虎患，修复学宫，自立月课，实施城乡教化，移风易俗、整治民风，取得了系列成绩。但于升科、赋税、地方军饷权之归属、盐法、里役、造黄册、官员迎送诸问题，则有心无力，改革设想未能实施，然其"一念为民之心，惟天可鉴"，亦称无憾。

### 崇祯八年乙亥（1635）　62 岁

结识福建诗人徐㷧。腊月，致函并赠送礼品，请他为《游闽吟草》作序。

寄赠著作给祁彪佳，托其在福建巡抚应霞城处为自己揄扬。祁彪佳有《与应霞城》，其中谈及："惟寿宁令冯梦龙作诸生时，为先人所识拔；作学博时，又与弟有共事之谊，恐被资格所拘，难以一时露颖，并祈台台垂盼及焉。"

编写《万事足》传奇，乃其乡村教化工作的有机组成部分。

### 崇祯九年丙子（1636）　63 岁

徐㷧撰《寿宁冯父母诗序》，序其《游闽吟草》诗集。

### 崇祯十年丁丑（1637）　64 岁

孟春，《寿宁待志》序刊。

地方官员考察，冯梦龙以"老疾"未能过关，夏初，即因年龄原因致仕。福建诗人曹学佺《赠别冯犹龙大令》诗有"暂然抛墨绶"句，乃赠别其致仕离任之作,时间在崇祯十年(1637)夏至之前。冯梦龙寿宁县令任期乃三年,而非四年。

康熙《寿宁县志》卷四《冯梦龙》载:"冯梦龙,江南吴县人,由岁贡崇祯七年知县事,政简刑清,首尚文学,遇民以恩,待士有礼。"乾隆《福宁府志》卷十七《寿宁循吏·冯梦龙传》同,可谓对其任期政绩之客观考评。

### 崇祯十一年戊寅(1638)　65 岁

回到家乡苏州。文从简《冯犹龙》诗有云:"归来结束墙东隐,翰胵机莼手自烹。"祝其如张翰、陆机之退职归来,可享怡然自得之乐。

作《冬日湖村即事》,透露其寿宁归来后,面对颓败动荡社会时局,内心深处挥之不去的阴霾。著名刻书家、常熟人毛晋有和诗。

继续其"墨憨斋改刻传奇定本"改订工作。《人兽关》《永团圆》当为其寿宁归来后改定。小说《新列国志》《三教偶拈》,大约完成于这一时期。

### 崇祯十五年壬午(1642)　69 岁

编撰大众历史读本《纲鉴统一》,总结历史经验教训,惩恶扬善,弘扬忠义,黄道周为之作序。序刊《三报恩》传奇。

### 崇祯十六年癸未(1643)　70 岁

春天,七十大寿。诗坛巨擘、常熟钱谦益作《冯二丈犹龙七十寿诗》贺寿,赞其"晋人风度汉循良,七十年华齿力强",祝福"纵酒放歌须努力,莺花春日为君长"。小注云:"冯为同社长兄,文阁学、姚宫詹,皆社中人也。"忆其往昔与冯梦龙、文震孟、姚希孟等人结社之友谊。

### 崇祯十七年甲申(1644)　71 岁

三月十九日,崇祯帝朱由检自缢于煤山,明朝覆灭。五月初三日,福王朱由崧号称监国,在南京即皇帝位。祁彪佳出任江南巡抚,升都察院右佥都御史,后拜疏乞归,十二月十五日,冯梦龙等至吴江送别,赠以家刻书籍。

辑《甲申纪事》,其中收录自撰《甲申纪闻》《绅志略》《钱法议》《中兴实录叙》《和韵二首》《再和》(和许琰《绝命诗》)《奉挽玉重先生四绝》。《甲申纪事叙》述其悲愤之情:"甲申之变,天崩地裂,悲愤莫喻,不忍纪亦不忍不纪。"

## 清顺治二年乙酉（1645） 72 岁

正月，往游湖州、杭州，道经吴江，拜访沈自晋，"杯酒盘桓，连宵话榻，丙夜不知倦也"（沈自晋《重定南词全谱凡例续纪》）。

五月二十四日，清军占领南京，福王朱由崧被俘，弘光朝覆灭。闰六月，唐王朱聿键在郑芝龙等人拥立下，于福州称帝，曾为《纲鉴统一》作序的黄道周任武英殿大学士。同月，鲁王朱以海监国于绍兴，拜祁彪佳为兵部侍郎，总督苏、松。自1645年春初，冯梦龙奔波于吴江、湖州、杭州、台州，是因祁彪佳的原因，奔鲁王小朝廷而去；抑或为黄道周而投奔唐王朱聿键，不得而知。

新建的鲁王、唐王政权，燃起冯梦龙对于复兴明朝的希望。撰《中兴伟略》，《引》中表达了对唐王隆武政权的拥戴。

在浙江台州，作《题杨忠愍赠养虚先生诗册三绝句》。

## 顺治三年丙戌（1646） 73 岁

春夏之交，病逝。临终有《辞世》诗，已亡佚。沈自晋《重定南词全谱凡例续纪》载其临终遗言，命其子冯焴将其《墨憨斋词谱》未完稿，交付沈自晋代为完成。沈自晋有《和子犹〈辞世〉原韵二律》，其一云："忆昔离筵似黯然，别君犹是太平年。杯深吐胆频忘醉，漏尽论词剧未眠。计日幸瞻行斾返，逾期惊听讣音传。生刍一束烽烟阻，肠断苍茫山水边。"其二云："感托遗编倍怆然，填修乐府已经年。豕讹几字疑成梦，枣到三更喜不眠。词隐琴亡凭汝寄，墨憨薪尽问谁传？芳魂逝矣犹相傍，如在长歌短叹边。"表达对亡友无尽的哀思，以及对其曲学成就的高度评价。

冯梦龙子嗣不繁。有子冯焴，字赞明，然据《冯勖履历》，其叔祖有"焴，庠生"，冯焴或亦冯梦桂之子，过继给梦龙者。焴子端虚，聘丁宏度次女为妻，未婚病逝，丁氏守节未嫁。

# 参考文献

## A

《按吴尺牍》,〔明〕祁彪佳著,明末祁氏远山堂抄本

## B

《本语》,〔明〕高拱著,《景印文渊阁四库全书》第 849 册,台湾商务印书馆 2008 年版

## C

《采铜于山:马泰来文史论集》,马泰来著,国家图书馆出版社 2017 年版

《沧州集》,孙楷第著,中华书局 2009 年版

《藏书》,〔明〕李贽著,中华书局 1959 年版

《巢林笔谈》,〔清〕龚炜撰,钱炳寰点校,中华书局 1981 年版

《陈如衡曲艺文选》,陈如衡著,中国曲艺出版社 1985 年版

《陈司业文集》,〔清〕陈祖范著,《四库全书存目丛书·集部》第 274 册,齐鲁书社 1997 年版

《崇祯长编》,〔明〕佚名著,于浩辑《明清史料丛书》第 7 册,北京图书馆出版社 2005 年版

崇祯《太仓州志》,〔明〕钱肃乐修、张采纂,康熙十七年增刻本

《处实堂续集》,〔明〕张凤翼著,《续修四库全书》第 1353 册,上海古

籍出版社 1995 年版

《樗斋漫录》，[明]许自昌著，《续修四库全书》第 1133 册，上海古籍出版社 2002 年版

《传习录》，[明]王阳明著，吴光等编校《王阳明全集》，上海古籍出版社 1992 年版

《吹景集》，[明]董斯张著，《丛书集成续编》第 89 册，上海书店出版社 1994 年版

《春秋定旨参新》，[明]冯梦龙著，田汉云、李廷先校点，江苏古籍出版社 1993 年版

《春秋繁露义证》，苏舆撰、钟哲点校，中华书局 1992 年版

《春秋衡库》，冯梦龙著，《四库全书存目丛书·经部》第 123 册，齐鲁书社 1997 年版

《春秋左传正义》，[周]左丘明传，[晋]杜预注，[唐]孔颖达疏，浦卫忠等整理，北京大学出版社 1999 年版

《词馀丛话》，[清]杨恩寿著，《中国古典戏曲论著集成》（九），中国戏剧出版社 1959 年版

《从精英文化到大众传播——明代商业出版研究》，张献忠著，广西师范大学出版社 2015 年版

《从先维俗议》，[明]管志道著，《四库全书存目丛书·子部》第 88 册，齐鲁书社 1995 年版

《存友札小引》，[明]徐𣌀著，《丛书集成续编》第 155 册，上海书店出版社 1994 年版

## D

《大明律》，[明]刘惟谦等撰，《续修四库全书》第 862 册，上海古籍出版社 2002 年版

《大学衍义补》，[明]丘濬著，《景印文渊阁四库全书》第 712 册，台湾商务印书馆 1986 年版

《大众文化教程》，陶东风主编，广西师范大学出版社 2008 年版

《东江家藏集》，[明]顾清著，《景印文渊阁四库全书》第 1261 册，台

湾商务印书馆 1983 年版

《董氏诗萃》，〔清〕董熿辑，乾隆十年董氏刻本

《都公谈纂》，〔明〕都穆著、陆采编次，李剑雄校点，《历代笔记小说大观·明代笔记小说大观》，上海古籍出版社 2005 年版

《都门入里尺牍》，〔明〕祁彪佳撰，《祁彪佳文稿》，国家图书馆出版社 1991 年版

《读史方舆纪要》，〔清〕顾祖禹撰，贺次君、施和金点校，中华书局 2005 年版

《读书堂西征随笔》，〔清〕汪景祺著，上海书店 1984 年版

《杜牧集系年校注》，〔唐〕杜牧原著，吴在庆笺注，中华书局 2008 年版

E

《二程集·河南程氏遗书》，〔宋〕程颢、程颐著，中华书局 1981 年版

F

《方望溪全集》，〔清〕方苞著，中国书店 1991 年版

《分甘馀话》，〔清〕王士禛撰，张世林点校，中华书局 1989 年版

《焚书 续焚书》，〔明〕李贽著，中华书局 1975 年版

《风流院》，〔明〕朱京藩著，《古本戏曲丛刊二集》，国家图书馆出版社 2016 年版

《冯梦龙》，陈曦钟著，春风文艺出版社 1999 年版

《冯梦龙和三言》，缪咏禾著，上海古籍出版社 1979 年版

《冯梦龙集笺注》，高洪钧编著，天津古籍出版社 2006 年版

《冯梦龙年谱》，徐朔方著，《徐朔方集》第二卷，浙江古籍出版社 1993 年版

《冯梦龙曲学剧学研究》，王小岩著，中国社会科学出版社 2015 年版

《冯梦龙〈山歌〉研究》，〔日〕大木康著，复旦大学出版社 2017 年版

《冯梦龙文学研究》，傅承洲著，中国社会科学出版社 2013 年版

《冯梦龙新论》,龚笃清著,湖南人民出版社 2002 年版

《冯梦龙研究》,陆树仑著,复旦大学出版社 1987 年版

《冯梦龙研究》,聂付生著,学林出版社 2002 年版

《冯梦龙研究资料汇编》,杨晓东编著,广陵书社 2007 年版

《冯梦龙与候慧卿》,傅承洲著,中华书局 2004 年版

《凤麓小志》,[清]陈作霖著,陈作霖《金陵琐志九种》(上),南京出版社 2008 年版

《福建通志》,[清]谢道承等编纂,《景印文渊阁四库全书》第 528 册,台湾商务印书馆 1986 年版

## G

《陔馀丛考》,[清]赵翼撰,商务印书馆 1957 年版

《纲鉴统一》,[明]冯梦龙著,张玉范、沈乃文校点,江苏古籍出版社 1993 年版

《高文襄公文集》,[明]高拱著,《四库全书存目丛书·集部》第 108 册,齐鲁书社 1997 年版

《艮斋杂说》,[清]尤侗著,《续修四库全书》第 1136 册,上海古籍出版社 2002 年版

《觚剩续编》,[清]钮琇著,《笔记小说大观》第 17 册,江苏广陵古籍刻印社 1983 年版

《古今谭概》,[明]冯梦龙编,陆国斌、吴小平校点,江苏古籍出版社 1993 年版

《古今笑》,[明]冯梦龙著,冯氏墨憨斋明末刻本

《谷山笔麈》,[明]于慎行撰,吕景琳点校,中华书局 1984 年版

《顾曲杂言》,[明]沈德符著,《中国古典戏曲论著集成》(四),中国戏剧出版社 1959 年版

《顾曲麈谈 中国戏曲概论》,吴梅著,上海古籍出版社 2000 年版

《挂枝儿》,[明]冯梦龙辑,陆国斌校点,江苏古籍出版社 1993 年版

光绪《丹徒县志》,[清]何绍章等修、杨履泰等纂,《中国方志丛书·华中地方》第 11 号,台湾成文出版社有限公司 1970 年版

光绪《嘉定县志》,[清]程其珏修、杨震福等纂,《中国地方志集成·上海府县志辑》第八册,上海书店出版社 2010 年版

光绪《桐乡县志》,[清]严辰等纂修,《中国方志丛书·华中地方》第 77 号,台湾成文出版社有限公司 1967 年版

《广阳杂记》,[清]刘献廷撰,汪北平、夏志和点校,中华书局 1957 年版

《广志绎》,[明]王士性撰,周振鹤点校,中华书局 2006 年版

《郭店楚简校释》,刘钊著,福建人民出版社 2005 年版

《国朝献征录》,[明]焦竑撰,《续修四库全书》第 531 册,上海古籍出版社 1995 年版

《国榷》,[明]谈迁著,张宗祥校点,中华书局 1958 年版

## H

《寒夜录》,[明]陈弘绪撰,《续修四库全书》第 1134 册,上海古籍出版社 2002 年版

《汉上宧文存　梁祝戏剧辑存》,中华书局 2009 年版

《汉书》,[东汉]班固著,[唐]颜师古注,中华书局 1964 年版

《鹤征录》,[清]李集辑、李富孙等续辑,《四库未收书辑刊》贰辑第 23 册,北京出版社 2000 年版

《红雨楼集》,[明]徐𤊻著,《上海图书馆未刊古籍稿本》第 42 册,复旦大学出版社 2008 年版

弘治《吴江志》,[明]莫旦纂,刘兆祐主编《中国史学丛书三编》第四辑,台湾学生书局 1987 年版

《侯忠节公全集》,[明]侯峒曾著,沈乃文主编《明别集丛刊》第五辑第 58 册,黄山书社 2016 年版

《后汉书》,[宋]范晔撰,[唐]李贤等注,中华书局 1965 年版

《浒墅关志》,[清]凌寿祺撰,钦瑞兴点校,广陵书社 2012 年版

《话本小说概论》,胡士莹著,中华书局 1980 年版

《皇明常熟文献志》,[明]管一德纂,《苏州掌故丛书》,苏州古旧书店 1986 年复印本

《皇明经世文编》，[明]陈子龙等辑，《续修四库全书》第 1659 册，上海古籍出版社 2002 年版

《皇明通纪集要》，[明]陈建辑、江旭奇补订，《四库禁毁书丛刊·史部》第 34 册，北京出版社 1997 年版

《晦庵先生朱文公文集》，[南宋]朱熹著，朱杰人等主编《朱子全书》第 23 册，上海古籍出版社、安徽教育出版社 2002 年版

《汇纂功过格》，清康熙年间介邑刘氏刻本

# J

《畸人·情种·七品官——冯梦龙探幽》，王凌著，海峡文艺出版社 1992 年版

《激变良民：传统中国城市群众集体行动之分析》，巫仁恕著，北京大学出版社 2011 年版

《汲古阁集笺注》，[明]毛晋著，朱新华等笺校，东方出版中心 2019 年版

《己未词科录》，[清]秦瀛撰，《续修四库全书》第 537 册，上海古籍出版社 2002 年版

嘉靖《江阴县志》，[明]张衮修、赵锦纂，《天一阁藏明代方志选刊》，上海古籍书店 1963 年版

《甲申朝事小纪》，[清]抱阳生编著，任道斌校点，书目文献出版社 1987 年版

《甲申纪事》，[明]冯梦龙编著，吴伟斌校点，江苏古籍出版社 1993 年版

《蒹葭堂稿》，[明]陆楫著，《续修四库全书》第 1354 册，上海古籍出版社 2002 年版

《剑南诗稿校注》，[南宋]陆游著，钱仲联校注，上海古籍出版社 1985 年版

《建阳刻书史》，方彦寿著，中国社会出版社 2003 年版

《江南通志》，[清]黄之隽等编纂，《景印文渊阁四库全书》第 511 册，台湾商务印书馆 1986 年版

《江苏诗征》,〔清〕王豫编,焦山海西庵诗征阁藏板,道光元年王豫序本

《江盈科集》,〔明〕江盈科著,黄仁生辑校,岳麓书社 2008 年版

《鲒埼亭集》,〔清〕全祖望撰,朱铸禹汇校集注,上海古籍出版社 2000 年版

《金陵诗征》,〔清〕朱绪曾编,光绪十八年萃古山房书庄刻本

《金圣叹史实研究》,陆林著,人民文学出版社 2015 年版

《近事丛残》,〔明〕沈瓒著,北京广业书社 1928 年版

《警世通言》,〔明〕冯梦龙编著,吴书荫校,中华书局 2015 年版

《静啸斋存草》,〔明〕董斯张著,《续修四库全书》第 1381 册,上海古籍出版社 2002 年版

《剧说》,〔清〕焦循著,《续修四库全书》第 1759 册,上海古籍出版社 2002 年版

## K

《开元天宝遗事》,〔五代〕王仁裕撰,丁如明校点,《唐五代笔记小说大观》,上海古籍出版社 2000 年版

《康熙博学鸿儒著述考》,王卓华著,广西师范大学出版社 2017 年版

康熙《常熟县志》,〔清〕高士鹨、杨振藻修,〔清〕钱陆灿等纂,《中国地方志集成·江苏府县志辑》第 21 辑,凤凰出版社 2008 年版

《康熙己未鸿词科名贤履历》,清刻本,天津图书馆藏本

《康熙十八年鸿博姓氏录》,国家图书馆藏清抄本

康熙《吴江县志》,〔清〕郭琇修、屈运隆纂,《江苏历代方志全书·苏州府部》第 95 册,凤凰出版社 2017 年版

《客座赘语》,〔明〕顾起元撰,张惠荣校点,凤凰出版社 2005 年版

《空同集》,〔明〕李梦阳著,《景印文渊阁四库全书》第 1262 册,台湾商务印书馆 2008 年版

《困知记》,〔明〕罗顺钦著,中华书局 1990 年版

《老子校释》，朱谦之撰，中华书局1984年版

《离忧集》，〔清〕陈瑚辑，《四库禁毁书丛刊补编》第47册，北京出版社2005年版

《礼记正义》，〔汉〕郑玄注，〔唐〕孔颖达疏，龚抗云整理，北京大学出版社1999年版

《李温陵集》，〔明〕李贽著，《续修四库全书》第1352册，上海古籍出版社2002年版

《李温陵外纪》，〔明〕袁中道著，《四库禁毁书丛刊补编》第25册，北京出版社2005年版

《李贽评传》，许苏民著，南京大学出版社2006年版

《李贽文集》，张建业主编，社会科学文献出版社2000年版

《李贽研究参考资料》第二辑，厦门大学历史系编，福建人民出版社1976年版

《李贽研究资料汇编》，张建业汇编，社会科学文献出版社2013年版

《利玛窦中国札记》，〔意〕利玛窦、〔法〕金尼阁著，何高济等译，中华书局1983年版

《聊斋志异》，〔清〕蒲松龄著，张友鹤辑校，上海古籍出版社1978年版

《列朝诗集小传》，〔清〕钱谦益著，上海古籍出版社1983年版

《烈皇小识》，〔明〕文秉撰，《明季稗史初编》，上海书店1988年版

《麟经指月》，〔明〕冯梦龙著，李廷先、田汉云校点，江苏古籍出版社1993年版

《陆九渊集》，〔南宋〕陆九渊著，中华书局1980年版

《潞水客谈》，〔明〕徐贞明著，《续修四库全书》第851册，上海古籍出版社2002年版

《论语译注》，杨伯峻译注，中华书局1980年版

# M

《满洲实录》，[清]佚名撰，《国学文库》第九编，崇文书局 2014 年版

《漫吟稿》，[清]丁宏度著，林登昱主编《稀见清代四部补编·集部》，台北经学文化事业有限公司 2019 年版

《眉公见闻录》，[明]陈继儒著，《宝颜堂秘笈·眉公杂著》第一帙，文明书局 1922 年版

《梅国桢集》，凌礼潮笺校，湖北人民出版社 2006 年版

《孟子译注》，杨伯峻译注，中华书局 1960 年版

《孟子注疏》，[汉]赵岐注，[宋]孙奭疏，廖明春、刘佑平整理，北京大学出版社 1999 年版

《民国汉南续修郡志》，[清]严如熤原本、杨名飏续纂，《中国地方志集成·陕西编》第 50 辑，凤凰出版社 2007 年版

民国《麻城县志前编》，余晋芳纂，《中国方志丛书·华中地方》第 357 号，台湾成文出版社有限公司 1975 年版

民国《双林镇志》，蔡蓉升纂，《中国地方志集成·乡镇志专辑》第 22 册（下），上海书店 1992 年版

民国《吴县志》，曹允源、李根源纂，江苏古籍出版社 1991 年版

《明代出版史稿》，缪咏禾著，江苏人民出版社 2000 年版

《明代后期吴越城市娱乐文化与市民文学》，戴健著，社会科学文献出版社 2012 年版

《明代通俗类书研究》，刘天振著，齐鲁书社 2006 年版

《明代通俗日用类书集刊》，中国社会科学院历史研究所文化室编，西南师范大学出版社、东方出版社 2011 年版

《明代文学思想史》，罗宗强著，中华书局 2013 年版

《明代小说史》，陈大康著，上海文艺出版社 2000 年版

《明代心学与诗学》，左东岭著，学苑出版社 2002 年版

《明代政治史》，张显清、林金树主编，广西师范大学出版社 2003 年版

《明代志怪传奇小说叙录》，陈国军著，商务印书馆国际有限公司

2015 年版

《明画录》，〔清〕徐沁著，华东师范大学出版社 2009 年版

《明末清初小说述录》，林辰著，春风文艺出版社 1988 年版

《明清家乐研究》，刘水云著，上海古籍出版社 2005 年版

《明清两代嘉兴的望族》，潘光旦著，商务印书馆 1947 年版

《明清戏曲家考略全编·续编》，邓长风著，上海古籍出版社 2009 年版

《明清之际党社运动考》，谢国桢著，辽宁教育出版社 1998 年版

《明神宗实录》，台湾"中央研究院"历史语言研究所 1962 年影印本

《明诗综》，〔清〕朱彝尊编选，《景印文渊阁四库全书》第 1460 册，台湾商务印书馆 1986 年版

《明史》，〔清〕张廷玉等撰，中华书局 1974 年版

《明史纪事本末》，〔清〕谷应泰撰，中华书局 1977 年版

《明史讲义》，孟森著，上海古籍出版社 2002 年版

《明世宗实录》，台湾"中央研究院"历史语言研究所 1962 年影印本

《明通鉴》，〔清〕夏燮著，《续修四库全书》第 366 册，上海古籍出版社 2002 年版

《墨憨斋定本传奇》，〔明〕冯梦龙编，俞为民校点，江苏古籍出版社 1993 年版

《〈墨憨斋定本传奇〉研究》，涂育珍著，齐鲁书社 2011 年版

《墨子校注》，吴毓江撰、孙启治点校，中华书局 1993 年版

《牧斋初学集》，〔清〕钱谦益著、钱曾笺注，钱仲联标校，上海古籍出版社 1985 年版

## N

《南词叙录》，〔明〕徐渭著，《中国古典戏曲论著集成》（三），中国戏剧出版社 1959 年版

《农政全书》，〔明〕徐光启著，《景印文渊阁四库全书》第 731 册，台湾商务印书馆 1986 年版

# P

《潘之恒曲话》,[明]潘之恒原著,汪效倚辑注,中国戏剧出版社1988年版

《品味奢华:晚明的消费社会与士大夫》,巫仁恕著,中华书局2008年版

《评弹通考·论"评弹"》,谭正璧著,谭寻辑,中国曲艺出版社1985年版

《平望志》,《平望志》(三种),[清]翁广平等撰,沈春荣等点校,广陵书社2011年版

# Q

《祁彪佳文稿》,[明]祁彪佳著,书目文献出版社1991年版

《岐海琐谈》,[明]姜准著,蔡克骄点校,上海社会科学院出版社2002年版

《奇妙全相注释西厢记》,[元]王实甫著,弘治十一年(1498)金台岳家书籍铺刻本

《耆年集:陆林文史杂稿三编》,陆林著,人民文学出版社2016年版

《祁忠敏公日记·巡吴省录》,[明]祁彪佳著,远山堂抄本

《千顷堂书目》,[清]黄虞稷撰,瞿凤起、潘景郑整理,上海古籍出版社2001年版

乾隆《长洲县志》,[清]李光祚修、顾诒禄等纂,《中国地方志集成·江苏府县志辑》第13辑,江苏古籍出版社1991年版

乾隆《福宁府志》,[清]朱珪修、李拔纂,《中国方志丛书》第74号,台湾成文出版社有限公司1967年版

乾隆《吴江县志》,[清]倪师孟等纂,《中国方志丛书·华中地方》第163号,台湾成文出版社有限公司1975年版

乾隆《震泽县志》,[清]沈彤等纂,《中国地方志集成·江苏府县志辑》第23册,江苏古籍出版社1991年版

《潜研堂文集》,[清]钱大昕著,清嘉庆十一年段玉裁序本

《钦定大清会典事例》，[清]刘启端等纂，《续修四库全书》第 804 册，上海古籍出版社 1995 年版

《钦定续文献通考》，[清]嵇璜等撰，《景印文渊阁四库全书》第 630 册，台湾商务印书馆 1986 年版

《清稗类钞》，徐珂编撰，中华书局 1986 年版

《清代档案史料丛编》第六辑，中国第一历史档案馆编，中华书局 1980 年版

《清诗初集》，[清]蒋钹、翁介眉辑，《四部禁毁书丛刊·集部》第三册，北京出版社 1997 年版

《清史稿》，赵尔巽、柯劭忞等撰，中华书局 1976 年版

《情史》，[明]冯梦龙辑评，周方、胡慧斌校点，江苏古籍出版社 1993 年版

《〈情史〉故事源流考述》，金源熙著，凤凰出版社 2011 年版

《情种》，[明]宋存标著，《四库未收书辑刊》第三辑第 28 册，北京出版社 1997 年版

《求是集：戏曲小说理论与文献丛稿》，陆林著，中华书局 2011 年版

《曲律》，[明]王骥德著，《中国古典戏曲论著集成》（四），中国戏剧出版社 1959 年版

《曲论》，[明]徐复祚著，《中国古典戏曲论著集成》（四），中国戏剧出版社 1959 年版

《曲品校注》，[明]吕天成撰，吴书荫校注，中华书局 2006 年版

《曲体研究》，俞为民著，中华书局 2005 年版

《全明诗话》，周维德集校，齐鲁书社 2005 年版

《全唐诗》，[清]彭定求等编校，中华书局 1960 年版

### R

《日知录》，[清]顾炎武著、黄汝成集释，秦克诚点校，岳麓书社 1994 年版

《榕村语录》，李光地撰，徐用锡、李清植辑，《景印文渊阁四库全书》第 725 册，台湾商务印书馆 1986 年版

## S

《三教偶拈》，［明］冯梦龙编著，魏同贤校点，江苏古籍出版社1993年版

《三教同原录》，［明］徐道著，康熙刊本

《三鱼堂文集》，［清］陆陇其著，南开大学古籍与文化研究所编《清文海》第19册，国家图书馆出版社2010年版

《三垣笔记》，［明］李清著，中华书局1982年版

《嵩庵随笔》，［清］陆文衡著，光绪二十三年刻本

《山歌》，［明］冯梦龙辑，陆国斌校点，江苏古籍出版社1993年版

《善本戏曲丛刊》第五辑，王桂秋主编，台湾学生书局1987年版

《上海县志》，［清］李文耀修、谈起行等纂，《稀见中国地方志汇刊》第1册，中国书店1992年版

《少室山房笔丛》，［明］胡应麟著，上海书店出版社2009年版

《沈璟集》，［明］沈璟著，徐朔方辑校，上海古籍出版社1991年版

《沈璟年谱》，徐朔方著，《徐朔方集》第二卷，浙江古籍出版社1993年版

《沈氏月旦》，［明］沈长卿著，《续修四库全书》第1131册，上海古籍出版社2002年版

《沈自晋集》，张树英点校，中华书局2004年版

《盛湖志》，［清］仲廷机辑，《中国地方志集成·乡镇志专辑》第11册，江苏古籍出版社1992年版

《圣武记》，［清］魏源著，《续修四库全书》第402册，上海古籍出版社2002年版

《石仓诗稿》，［明］曹学佺著，《四库禁毁书丛刊·集部》第143册，北京出版社1997年版

《石洞集》，［明］叶春及著，《文渊阁四库全书·集部》第1286册，台湾商务印书馆1986年影印

《十二楼》，［清］李渔著，崔子恩校点，江苏古籍出版社1991年版

《石匮书》，［明］张岱著，《续修四库全书》第320册，上海古籍出版

社 2002 年版

《石匮书后集》，〔明〕张岱著，中华书局 1959 年版

《识小录》，〔明〕徐树丕著，《涵芬楼秘笈》第一集，国家图书馆出版社 2000 年版

《史记》，〔汉〕司马迁著，中华书局 1959 年版

《寿宁待志》，〔明〕冯梦龙著，卞岐校点，江苏古籍出版社 1993 年版

《寿宁县志》，〔清〕赵廷玑修、柳上芝纂，《中国方志丛书·华南地方》第 218 号，台湾成文出版社有限公司 1974 年版

《书林清话》，叶德辉著，刘发等校点，辽宁教育出版社 1998 年版

《菽园杂记》，〔明〕陆容著，中华书局 1985 年版

《水东日记》，〔明〕叶盛著，魏中平点校，中华书局 1980 年版

《水浒志传评林》，万历二十二年双峰堂余象斗刊本

《说书史话》，陈汝衡著，作家出版社 1958 年版

《松窗梦语》，〔明〕张瀚著，盛冬铃点校，中华书局 1985 年版

《丝纶录》，〔明周永春辑，《四库禁毁书丛刊·史部》第 74 册，北京出版社 1997 年影印

《思想·文化·道德》，张岱年著，巴蜀书社 1992 年版

《俟后编》，〔明〕王敬臣著，《四库全书存目丛书·子部》第 107 册，齐鲁书社 1995 年版

《四库全书总目》，〔清〕永瑢等著，上海古籍出版社 1992 年版

《四书章句集注·中庸章句》，〔宋〕朱熹著，上海书店 1987 年版

《四友斋丛说》，〔明〕何良俊著，中华书局 1959 年版

《苏轼文集》，〔宋〕苏轼著，孔凡礼点校，中华书局 1986 年版

《苏州府长元吴三邑诸生谱》，〔清〕钱国祥辑，光绪丙午刊本

《隋唐制度渊源略论稿》，陈寅恪著，生活·读书·新知三联书店 2001 年版

## T

《太霞新奏》，〔明〕冯梦龙著，俞为民校点，江苏古籍出版社 1993 年版

《汤显祖诗文集》，[明]汤显祖著，徐朔方笺校，上海古籍出版社1982年版

《汤一介散文集》，汤一介著，译林出版社2015年版

《唐伯虎集笺注》，[明]唐寅著，陈书良、周柳燕笺注，中华书局2020年版

《唐代政治史论稿》，陈寅恪著，上海古籍出版社1997年版

《陶庵梦忆》，[明]张岱著，夏咸淳、程维荣校注，上海古籍出版社2001年版

《桃花扇》，[清]孔尚任著，王季思等注，人民文学出版社1959年版

《天爵堂笔馀》，[明]薛冈著，中国社会科学院历史研究所明史研究室编《明史研究论丛》第五辑，江苏古籍出版社1991年版

《天启崇祯两朝遗诗》，[清]陈济生编选，中华书局1958年版

天启《海盐县图经》，[明]樊维城修、胡震亨等纂，《中国方志丛书·华中地方》第589号，台湾成文出版社有限公司1983年版

《天下郡国利病书》，[清]顾炎武著，上海商务印书馆1936年版

《听雨丛谈》，[清]福格著，汪北平点校，中华书局1984年版

《桐薪》，[明]钱希言著，明万历四十一年钱希言自叙本

同知《苏州府志》，[清]李铭皖等修、冯桂芬纂，《中国方志丛书·华中地方》第五号，台湾成文出版社有限公司1970年版

## W

《晚明曲坛盟主：话说沈璟》，朱万曙、朱雯著，江苏人民出版社2017年版

《晚明史》，樊树志著，复旦大学出版社2016年版

《晚明史籍考》，谢国桢著，国立北平图书馆1932年版

《晚明史论：重新认识末世衰变》，刘志琴著，江西高校出版社2004年版

《晚明思潮》，龚鹏程著，商务印书馆2005年版

《晚明思想史论》，嵇文甫著，东方出版社1996年版

《晚明小品选注》，朱剑心选，商务印书馆1964年版

《晚宜楼集》，〔明〕毛莹著，《清代诗文集汇编》第九册，上海古籍出版社 2010 年版

万历《嘉定县志》，〔明〕韩浚、张应武等纂修，《四库全书存目丛书·史部》第 208 册，齐鲁书社 1996 年版

万历《昆山县志》，〔明〕周世昌纂，刘兆祐主编《中国史学丛书》三编，台湾学生书局 1987 年版

《万历疏钞》，〔明〕吴亮辑，《续修四库全书》第 469 册，上海古籍出版社 2002 年版

《万历野获编》，〔明〕沈德符著，中华书局 1959 年版

《王廷相集》，〔明〕王廷相著，王孝鱼点校，中华书局 1989 年版

《猥谈》，〔明〕祝允明著，《四库全书存目丛书·子部》第 125 册，齐鲁书社 1995 年版

《味水轩日记》，〔明〕李日华著，上海远东出版社 1996 年版

《文人结社与明代文学的演进》，何宗美著，人民出版社 2011 年版

《文心雕龙译注》，赵仲邑译注，漓江出版社 1982 年版

《文远集》，〔明〕姚希孟著，《四库禁毁书丛刊·集部》第 179 册，北京出版社 2000 年版

《文徵明集》，〔明〕文徵明著，周道振辑校，上海古籍出版社 1987 年版

《吴风录》，〔明〕黄省曾著，《续修四库全书》第 733 册，上海古籍出版社 2002 年版

《吴郡岁华纪丽》，〔清〕袁学澜著，江苏古籍出版社 1998 年版

《吴梅戏曲论文集》，王卫民编，中国戏剧出版社 1983 年版

《无梦园遗集》，〔明〕陈仁锡著，《续修四库全书》第 1383 册，上海古籍出版社 2002 年版

《伍伦全备记》，〔明〕丘濬著，明绣谷唐氏世德堂刊本

《五杂组》，〔明〕谢肇淛著，上海书店出版社 2009 年版

## X

《西谛书话》，郑振铎著，生活·读书·新知三联书店 1983 年版

《西湖游览志》,〔明〕田汝成著,明万历二十五年刻本

《西湖游览志馀》,〔明〕田汝成著,《景印文渊阁四库全书》第585册,台湾商务印书馆1986年版

《西厢记》,〔元〕王实甫著,张燕瑾校注,人民文学出版社1994年版

《戏瑕》,〔明〕钱希言著,《笔记小说大观》第17编,台湾新兴书局有限公司1977年版

《先拨志始》,〔明〕文秉著,《续修四库全书》第437册,上海古籍出版社2002年版

《闲情偶寄》,〔清〕李渔著,《李渔全集》第三卷,浙江古籍出版社1991年版

《乡土·民俗·鬼神》,钟叔河编,《周作人文类编·花煞》,湖南文艺出版社1998年版

《响玉集》,〔明〕姚希孟著,《四库禁毁书丛刊·集部》第178册,北京出版社2000年版

《消夏闲记摘抄》,〔清〕顾公燮著,涵芬楼秘笈第二集,上海商务印书馆1919年影印

《小说旁证》,孙楷第著,人民文学出版社2000年版

《孝经注疏》,〔唐〕李隆基注,〔宋〕邢昺疏,邓洪波整理,北京大学出版社1999年版

《新刻天下四民便览三台万用正宗》,〔明〕余象斗纂,万历二十七年双峰堂刻本

《新列国志》,〔明〕冯梦龙编,黄希坚等校点,江苏古籍出版社1993年版

《新巷冯梦龙与民间价值建构》,邹华明主编,学苑出版社2013年版

《醒世恒言》,〔明〕冯梦龙编著、张明高校,中华书局2015年版

《幸存录》,〔明〕夏允彝著,于浩辑《明清史料丛书八种》,北京图书馆出版社2005年版

《续名贤小纪》,〔明〕徐晟述,《涵芬楼秘笈》第七集,上海商务印书馆1919年影印

《杨大洪先生文集》，[明]杨涟著，《四库禁毁书丛刊·集部》第 10 册，北京出版社 1997 年版

《扬州画舫录》，[清]李斗著，汪北平、涂雨公点校，中华书局 1960 年版

《奕庆藏书楼书目》，祁理孙编，国家图书馆藏清抄本

《艺术哲学》，[法]丹纳著，傅雷译，安徽文艺出版社 1991 年版

雍正《昭文县志》，[清]劳必达修、陈祖范纂，《中国地方志集成·江苏府县志辑》，江苏古籍出版社 1991 年版

《涌幢小品》，[明]朱国祯著，王根林校点，上海古籍出版社 2012 年版

《咏怀堂集》，[明]阮大铖著，胡金望、汪长林校点，黄山书社 2006 年版

《幼科辑粹大成》，[明]冯其盛著，中医古籍出版社 2002 年版

《豫变纪略》，[明]郑廉著，《丛书集成续编》第 279 册，台北新文丰出版公司 1988 年版

《寓圃杂记》，[明]王锜著，张德信点校，中华书局 1984 年版

《喻世明言》，[明]冯梦龙编著、陈熙中校，中华书局 2015 年版

《御选明诗》，[清]张豫章等纂选，《景印文渊阁四库全书》第 1442 册，台湾商务印书馆 1986 年版

《袁宏道集笺校》，[明]袁宏道著，钱伯城笺校，上海古籍出版社 1981 年版

《远山堂尺牍》，[明]祁彪佳著，南京图书馆藏明抄本

《远山堂曲品》，[明]祁彪佳著，《中国古典戏曲论著集成》（六），中国戏剧出版社 1959 年版

《乐府传声》，[清]徐大椿著，《中国古典戏曲论著集成》《七》，中国戏剧出版社 1959 年版

《阅世编》，[清]叶梦珠撰，来新夏点校，中华书局 2007 年版

《乐章集校注》，[宋]柳永著，薛瑞生校注，中华书局 1994 年版

《云间据目抄》，[明]范濂著，《笔记小说大观》第13册，江苏广陵古籍刻印社1983年版

## Z

《在儒学中寻找智慧》，汤一介著，中国人民大学出版社2014年版

《张载集》，[宋]张载著，张锡琛点校，中华书局1978年版

《照隅室古典文学论集》，郭绍虞著，上海古籍出版社2009年版

《肇域志》，[清]顾炎武著，《续修四库全书》第587册，上海古籍出版社2002年版

《震川先生集》，[明]归有光著，周本淳校点，上海古籍出版社1981年版

正德《姑苏志》，[明]林世远修、王鏊等纂，《北京图书馆古籍珍本丛刊》第26册，书目文献出版社2000年版

正德《松江府志》，[明]陈威等修、顾清等纂，《天一阁藏明代方志选刊续编》第5册，上海书店1990年版

《执拗的低音：一些历史思考方式的反思》，王汎森著，生活·读书·新知三联书店2020年版

《智囊》，[明]冯梦龙辑，缪咏禾等校点，江苏古籍出版社1993年版

《中国地方志民俗资料汇编·华东卷》，丁世良、赵放主编，书目文献出版社1989年版

《中国古代图书流通史》，李瑞良著，上海人民出版社2000年版

《中国古代文学史》，郭预衡主编，上海古籍出版社1998年版

《中国历代小说序跋集》，丁锡根编著，人民文学出版社1996年版

《中国曲艺通史》，姜昆、倪锺之主编，人民文学出版社2005年版

《中国书史》，郑如斯、肖东发著，书目文献出版社1987版

《中国思想史·导论》，葛兆光著，复旦大学出版社2001年版

《中国文学史》，游国恩等主编，人民文学出版社1982年版

《中国文学史》，袁行霈主编，高等教育出版社2014年版

《中国戏曲发展史》，廖奔、刘彦君著，山西教育出版社2003年版

《中国仙话与仙人信仰研究》，郑土有著，上海人民出版社2016

年版

《中国小说丛考》,赵景深著,齐鲁书社 1980 年版

《中国印刷史》,张秀民著,浙江古籍出版社 2006 年版

《中国哲学简史》,冯友兰著,世界图书出版公司北京公司 2013 年版

《中华竹枝词全编·江苏卷》,丘良壬等编,北京出版社 2007 年版

《中兴伟略》,[明]冯梦龙编,卞岐校点,江苏古籍出版社 1993 年版

《朱泽吉文集》,朱泽吉著,社会科学文献出版社 2021 年版

《竹西花事小录》,[清]芬利它行者著,王文濡编《香艳丛书》,岳麓书社 1994 年版

《庄子集释》,[清]郭庆藩撰,王孝鱼点校,中华书局 1961 年版

《紫阳书院志》,杨镜如主编,苏州大学出版社 2006 年版

《自娱集》,[明]俞琬纶著,明万历年间吴郡章镛刻本

《宗伯集》,[明]冯琦著,《四库禁毁书丛刊·集部》第 16 册,北京出版社 1997 年版

《走进晚明》,商传著,商务印书馆 2014 年版

《柞林纪谭》,[明]袁中道著,张建业主编《李贽文集》第七卷,社会科学文献出版社 2000 年版

# 后　记

在我个人的研究中,持续关注时间最久的,要算是晚明苏州作家冯梦龙了。

1985年初秋,丹桂飘香的时节,我告别了读书、生活四年,地处大河南岸的母校河南大学,来到了扬子江畔的古都南京,进入南京师范大学中文系,师从陈美林先生,攻读元明清戏曲小说方向研究生。第一学年的课程,与系里举办的全国宋元明清文学助教进修班一道上课。课程内容安排得格外丰富,师资亦足称豪华,即如其中的"中国古代小说专题",本系的老师,美林师、李灵年、谈凤梁、何永康、张中诸先生,悉数上阵,讲各自的研究专长;还请了校外如刘世德、苏兴、吴圣昔、缪咏禾、萧欣桥、吴新雷等先生,分别讲《三国演义》《西游记》、冯梦龙与"三言"、李渔及其小说、曹雪芹与《红楼梦》等,眼界为之大开,也由此深化了对于古代小说的认识,并初窥学术之门径。

第二学年,要考虑毕业论文题目,首先想到的便是冯梦龙。但这一题目,并未能够得到老师的认可。像冯梦龙这样一位著述丰富,有着多方面重要贡献的经典作家,以自己当时的积累,是确乎无法驾驭的。何况,彼时的冯梦龙研究,还相当薄弱,不仅资料稀少,即便其个人著述,也大抵沉睡于图书馆中,难以一睹真容。最终,毕业论文确定研究凌濛初及其小说创作,但从此与冯梦龙结缘,冯梦龙及其创作开始驻留在了个人的学术视野中。也就是在这一时段,在南京图书馆古籍部翻阅阮大铖的《咏怀堂诗集》,意外发现了一首《同虞来初冯犹龙潘国美彭天锡登北固甘露寺》的诗作,是之前未见人提及的一条新资料,草成了《冯梦龙阮大铖交游小考》一篇小文,后刊发于《江海学刊》1988年第1期。虽然写得十分粗浅,却是我发表的第一篇研究冯梦龙的文章。

1988年6月,研究生毕业后,进入江苏古籍出版社任编辑工作。机缘巧合,恰好社里有出版《冯梦龙全集》的选题计划,而冯梦龙的几部著作,如《纲鉴统一》《折梅笺》《四书指月》《春秋定旨参新》《麟经指月》《牌经》《马吊脚例》等书,因藏本甚少,一时难以落实。我也因此奉命进京,在著名小说版本学家陈翔华先生的帮助下,分别拜见了国家图书馆、北京大学图书馆等馆有关老师,整理者多得以敲定。编辑《冯梦龙全集》,阅读冯梦龙的著述,对于冯梦龙其人,有了更为全面深入的了解认知。此后,冯梦龙研究也成为我个人研究中一个重点关注的领域,断续刊布了一些研究成果。

能够承担《江苏文库·研究编》中冯梦龙评传的写作任务,要衷心感谢江苏文脉研究院姜建副院长的信任。姜建先生注意到我多年来执着于该课题的研究,承他不弃,本人也得以名列《江苏历代文化名人传》约稿名单。不算短的五年写作过程中,姜建先生不间断的耐心鞭策和督促,使我不敢懈怠。还要感谢审稿专家细致中肯的评审意见和建议,感谢江苏人民出版社张凉编审和责任编辑王翔宇先生为此书出版付出的诸多心力,感谢我所在学科刘欢萍、张响、吴蔚博士耽搁宝贵的时间,查阅资料,通读校样,谨致以最诚挚的谢意。

辛丑除夕,有感而作〔中吕·喜春来〕《钟山赏梅》:"严飙摇落尘寰清,钟阜氤氲霞彩明,玉蝶惊梦驾东风。疏影动,聊作报春鸿。"这是身处疫情中的一种祈盼。春天的脚步近了,祝福新的一年,天下所有人都能够顺遂无虞,所得皆所愿。

冯保善

2023年2月15日

于外秦淮河寓所